W0022629

Jürgen Trimborn

Rudi Carrell

Jürgen Trimborn

RUDI CARRELL

Ein Leben für die Show

DIE BIOGRAPHIE

C. Bertelsmann

Produktgruppe aus vorbildlich
bewirtschafteten Wäldern und
anderen kontrollierten Herkünften

Zert.-Nr. SGS-COC-1940
www.fsc.org
© 1996 Forest Stewardship Council

Verlagsgruppe Random House FSC-DEU-0100
Das für dieses Buch verwendete FSC-zertifizierte Papier *EOS*
liefert Salzer, St. Pölten.

1. Auflage
© 2006 by C. Bertelsmann Verlag, München,
in der Verlagsgruppe Random House GmbH
Umschlaggestaltung: R · M · E Roland Eschlbeck und Rosemarie Kreuzer
Satz: Uhl + Massopust, Aalen
Druck und Bindung: GGP Media GmbH, Pößneck
Printed in Germany
ISBN-10: 3-570-00941-6
ISBN-13: 978-3-570-00941-3

www.bertelsmann-verlag.de

Inhalt

Was, wenn die Welt eine Art – Show wäre!
Was, wenn wir alle nur Talente wären,
vom großen Talentsucher dort oben zusammengestellt?
Die große Show des Lebens!
Jeder ein Schauspieler!
Was, wenn Unterhaltung der Sinn des Lebens wäre!

Philip Roth, *On the Air*, 1970

Vom Leben verstehe ich nichts,
dafür alles vom Fernsehen.
Fernsehen ist meine Droge.
Ich bin für das Medium geboren,
so wie Charlie Chaplin für den Film.

Rudi Carrell, 1990

Vorwort

Am 7. Juli 2006 schlief Rudi Carrell für immer ein. Anderthalb Jahre nachdem er die Diagnose bekommen hat, unheilbar an Lungenkrebs erkrankt zu sein, fünf Monate nachdem er sich für immer aus der Öffentlichkeit zurückgezogen hat. Nachdem er zwei letzte große Interviews gegeben hatte – in Deutschland im Magazin der *Süddeutschen Zeitung*, in den Niederlanden in der Tageszeitung *Volkskrant* –, hatte er sich jeglichen weiteren Interviewanfragen verweigert, nur ganz selten noch hat er sich von da ab öffentlich zu Wort gemeldet, zweimal, als es um dieses Buch ging, einmal zum achtzigsten Geburtstag seines Weggefährten Peter Alexander. Doch über seinen Gesundheitszustand, darüber, wie er seine Tage von da ab gestaltete, hat er konsequent geschwiegen – eben weil er der Meinung war, dass es nichts mehr zu sagen gibt und sein Sterben kein Thema für die Öffentlichkeit ist.

Doch hinter den Kulissen hat Rudi, wie er es sein ganzes Leben lang gewöhnt war, sehr hart und höchst diszipliniert weitergearbeitet – an diesem Buch. Wiederholt hat er sich mit mir zusammengesetzt, um über sein Leben zu sprechen, zum letzten Mal Ende Mai. Gemeinsam haben wir Fotos ausgewählt und hunderte E-Mails ausgetauscht, in denen es um Details aus seinem Leben und seiner Karriere ging. Noch am 2. Juli, nur fünf Tage vor seinem Tod, beantwortete er mir per E-Mail die letzte Frage zu diesem Buch.

Rudis Tochter Annemieke teilte mir gleich am Morgen nach Rudis Ableben die traurige Nachricht mit, als ich mich gerade hinsetzte, um das letzte Kapitel dieses Buchs abzuschließen. Und ich habe an diesem Tag wie geplant weitergeschrieben, weil ich wusste, dass dies im Sinne Rudis gewesen wäre und ich ihm keinen größeren Gefallen tun könnte. In seinem letzten Interview sagte er: »Ich bleibe Profi bis zum Schluss.« Und genau so, als absoluten Vollprofi, habe auch ich ihn erleben dürfen. Ich bin nicht nur dankbar für das große Vertrauen, das Rudi mir geschenkt hat, sondern auch dafür, miterleben zu dürfen, wie ruhig, wie gelassen, wie im Einklang mit sich selbst man diese Welt verlassen kann. Ich glaube, dass Rudi das vorliegende Buch als sein Vermächtnis betrachtet hat.

Geleitwort

Ich glaube, das grösste Glück meines Lebens war die Tatsache, dass ich in der fernsehlosen Zeit geboren und aufgewachsen bin.

Meine ganze Jugend war dennoch auch nicht eine Sekunde langweilig. Ich war wissenshungrig und pausenlos auf der Suche nach Menschen, die mir etwas beibringen konnten in Sachen Humor, Abenteuer, Liebe und Gefühle. Aber nicht nur Menschen haben mich interessiert. Mit fünfzehn hatte ich die komplette Stadtbibliothek rauf- und runtergelesen. Mit achtzehn hatte ich im Kino alle Filme gesehen, die seit 1938 gedreht worden sind.

Ich war, noch in kurzen Hosen, in den schönsten Museen von Amsterdam und Paris. Saß stundenlang auf einer Bank im Vondelpark oder im Bois de Boulogne, um Leute zu beobachten. Schrieb Liebeslieder, Gedichte und komische Lieder. Und küsste zwischendurch alle schönen Mädchen der Stadt.

Und genau in dem Moment, wo ich wissenssatt und gereift genug war, kam das Fernsehen. Ein Medium mit Millionen Möglichkeiten, die noch niemand vor mir ausgenutzt hatte.

Selbstverständlich übertreibe ich, wenn ich sage: »Das Fernsehen wurde für mich gemacht« oder: »Ich bin für das Fernsehen geboren.«

Aber etwas ist schon dran...

Rudi Carrell, im Juni 2006

Prolog

Showmaster ist sein Beruf

Es ist der 2. Februar 2006. Zum einundvierzigsten Mal wird die *Goldene Kamera* der Fernsehzeitschrift *Hörzu* vergeben. Wieder einmal hat sich die Crème de la crème der deutschen Fernsehunterhaltung in Berlin eingefunden, um sich zu feiern. Der rote Teppich vor der Ullstein-Halle im Axel-Springer-Haus ist ausgerollt, Horden von Pressefotografen haben ihre Kameras gezückt, zahlreiche Reporter belagern die Promis, die den vorfahrenden Nobellimousinen entsteigen. Alle sind da, die Stars und die Sternchen, die Medienprominenz defiliert im Blitzlichtgewitter der Reporter an den Fernsehkameras vorbei. Alle präsentieren sich bereitwillig den Medien, nehmen sich Zeit, führen ihre Outfits vor, zeigen ihr strahlendstes Lächeln. Ja, mittlerweile kann man das durchaus auch in Deutschland.

1964, als er, der heute Abend mit dem Ehrenpreis der Goldenen Kamera für sein Lebenswerk ausgezeichnet werden soll, noch ein Nobody aus Holland war, sah das noch ganz anders aus: »Ich erinnere mich an ein Ereignis, da war ich gerade nach Deutschland gekommen und bereitete mich auf meine ersten Fernsehshows vor. Damals kannte mich hierzulande noch niemand, und so stand ich unerkannt zwischen Tausenden von Menschen vor dem Kurhaus in Baden-Baden, wo ein großes Schlagerfestival stattfand. Die ganzen Stars, ich erinnere mich etwa an Peggy March und Conny Froboess, wurden in Kutschen vorgefahren. Sie stiegen aus und verschwanden im Kurhaus, ohne sich auch nur ein einziges Mal umzudrehen, ohne sich dem wartenden Publikum und den Fans zu zeigen. In der letzten Kutsche saß dann mein Landsmann Johannes Heesters, der Ehrengast der Veranstaltung war. Er stieg aus, die Kutsche fuhr weg, und als Einziger blieb er stehen, präsentierte sich minutenlang seinem Publikum, ließ sich fotografieren und hatte für alle ein Lächeln. In diesem Moment begriff ich, wie wichtig solche Gesten sind – schließlich leben wir vom Publikum und von der Zuneigung der Fans. Das lernte ich spätestens an diesem Tag, als ich Jopie beobachtete. Und ich habe diese Lektion mein ganzes Leben lang nicht mehr vergessen.«[1]

Ja, die Holländer. Die haben uns in Deutschland tatsächlich schon sehr früh gezeigt, wie locker, herzlich und unprätentiös Stars auch sein können, mit welcher Nonchalance man Unterhaltung auf der Leinwand und dem Bildschirm auch präsentieren kann. Dass man Star sein kann, aber dennoch nicht seine Bodenhaftung verlieren muss, auch wenn man wie Rudi Carrell auf eine mehr als fünfzigjährige und wie Johannes Heesters auf eine weit über achtzigjährige Karriere zurückblicken kann. Operettenlegende Jopie Heesters, der Grandseigneur aller im deutschen Showbusiness populär gewordenen Niederländer, zeigte den Deutschen schon in den dreißiger und vierziger Jahren, wie elegant und charmant man im maßgeschneiderten Frack und in blank polierten Lackschuhen auf der Leinwand dahintänzeln kann. Während seine deutschen Kollegen im Nazi-Kino angepasste Biedermänner oder kraftstrotzende Helden spielten, verlieh er dem deutschen Film internationalen Glanz und bezauberte mit einem smarten Lächeln auf den Lippen die deutschen Kinogänger.

Doch als das Fernsehen auch in Deutschland begann, dem Theater und dem Kino den Rang abzulaufen, bekam der dienstälteste Holländer hierzulande schnell Konkurrenz aus der Heimat, denn Lou van Burg und Rudi Carrell sorgten bereits in den sechziger Jahren dafür, dass man sich deutsche Fernsehunterhaltung schon bald nicht mehr ohne die Niederländer vorstellen konnte. Sie brachten frischen Wind in die leicht angestaubte deutsche Fernsehwelt und waren binnen kürzester Zeit so berühmt und beliebt wie ihre deutschen Kollegen Peter Frankenfeld und Hans-Joachim Kulenkampff, die Dinosaurier der deutschen Fernsehunterhaltung. Während »Mister Wunnebar« Lou van Burg seine Erfahrung als Conférencier auf internationalen Showbühnen auf den deutschen Bildschirm mitbrachte, zeigte Rudi Carrell den Deutschen, dass man Fernsehen auch mit einem gehörigen Schuss Selbstironie machen kann, dass der Moderator nicht auf einem Sockel stehen, nicht zwangsläufig wie eine Vater- oder Autoritätsfigur daherkommen muss. Von der deutschen Presse wurde Carrell bereits in den sechziger Jahren auffallend häufig als der »nette Junge von nebenan« bezeichnet, weil er nach amerikanischem Vorbild demonstrierte, dass man sich vor den Kameras auch ganz normal verhalten kann, und er zudem eine Wärme, Herzlichkeit und Lockerheit ins deutsche Fernsehen brachte, die man so vorher nicht kannte: »Sei wie zu Hause, rede wie zu Hause, verstell dich nicht« war zeitlebens Carrells Credo.

Während Lou van Burg trotz massiver Zuschauerproteste 1967 seinen Hut nehmen musste, weil sein Lebenswandel dem ZDF nicht genehm war, konnte Carrell seine Position festigen und neben der Mattscheibe bald auch schon die Kinoleinwände, die Hitparaden und das deutsche Werbefernsehen erobern; auch im Radio und auf der Bühne war er schnell präsent. Spätestens mit seiner im Frühjahr 1974 startenden Erfolgsshow *Am laufenden Band* ist er zu einem der populärsten deutschen Entertainer aufgestiegen – und zudem zum beliebtesten holländischen

»Gastarbeiter« in Deutschland. Die Deutschen liebten und lieben ihre »Fernseh-Holländer«, der holländische Akzent ist nicht zuletzt dank Carrell zum festen Bestandteil der deutschen Fernsehunterhaltung geworden – wahlweise sprechen die Journalisten vom »Windmühlenidiom«, vom »Gouda-Deutsch« oder gar vom »Tulpenton in der Stimme«. Überhaupt liebte man es im deutschen Fernsehen lange Zeit, wenn Deutsch mit Akzent gesprochen wurde, vermittelte dies doch so etwas wie internationalen Glanz und einen Hauch von Exotik. Aus Österreich holte man sich Peter Alexander, aus der Schweiz Vico Torriani, Chris Howland aus England und aus den Vereinigten Staaten Bill Ramsey, und es ist sicherlich kein Zufall, dass die gebürtige Italienerin Caterina Valente zum Superstar jener Tage avancierte.

Doch wohl aus keinem Land kamen so viele Publikumslieblinge der deutschen Fernsehzuschauer wie aus den benachbarten Niederlanden, denn Lou van Burg und Rudi Carrell blieben beileibe nicht die letzten Holländer, die sich anschickten, das deutsche Fernsehen zu erobern. Viele folgten ihnen, nicht allen gelang es freilich, dauerhaft in Deutschland Fuß zu fassen – Schlagersängerin Corry Brokken etwa blieb nur rund zehn Jahre in Deutschland, bevor sie ihre eigene Fernsehshow abgab und sich wieder in ihre Heimat verabschiedete. Gleichwohl vermochten viele Niederländer, die Herzen des deutschen Publikums nachhaltig zu erobern; man denke nur an Schlagersänger Heintje oder Liedermacher Herman van Veen, an Plattenmillionär Vader Abraham mit seinen Schlümpfen, an Mareijke Amado, Linda de Mol und Harry Wijnvoord, an Stargeiger André Rieu und natürlich an Frau Antje aus Holland, eine der populärsten Werbefiguren des deutschen Fernsehens, die dafür sorgte, dass der Absatz holländischen Käses astronomische Ausmaße annahm. Schon 1974 fragte sich der *Spiegel* angesichts der auffälligen Invasion von Show-Holländern: »Ist da ein Nest?«[2] Es ist viel darüber gerätselt worden, warum es ausgerechnet die Niederländer dem deutschen Fernsehpublikum so angetan haben, warum gerade die Holländer so eine besondere Begabung dafür zu haben scheinen, die breite Masse zu unterhalten – Rudi Carrell hat es einmal so erklärt: »Wir Holländer haben keine Hemmungen. Eigentlich denkt jeder Holländer, dass er ein geborener Showmaster ist.«

Doch nicht nur auf dem Bildschirm sind die Niederländer mit ihrem Rudi-Carrell-Deutsch präsent, auch hinter den Kulissen ziehen sie viele Fäden – die holländischen Entertainment-Produzenten Joop van den Ende und John de Mol haben die deutsche Fernsehunterhaltung der letzten fünfzehn Jahre nachhaltig geprägt. *Endemol Entertainment* etwa ist mit fünfzehntausend Stunden Programm im Jahr mittlerweile die erfolgreichste Fernsehproduktionsgesellschaft Europas und mischt auch auf dem deutschen Fernsehmarkt kräftig mit. Angesichts der vielen Shows und Sendungen, die niederländische Produzenten für das deutsche Fernsehen realisieren, wurde wiederholt sogar schon von einer »Holland-Connection« gesprochen, die das deutsche Fernsehen fest im Griff habe. Aber selbst wenn dem so wäre, dem Fernsehen in Deutschland hat das beileibe nicht geschadet, andernfalls würden sich die Stars und die Programme aus dem Nachbarland hierzulande nicht so großer Beliebtheit erfreuen.

Doch kein Holländer im deutschen Fernsehen ist so populär wie Rudi Carrell – und vor allem vermochte niemand das Publikum so generationenübergreifend anzusprechen wie er. Da er in einer Zeit angefangen hat, in Deutschland Fernsehen zu machen, als sich noch die ganze Familie geschlossen vor dem Bildschirm versammelte und seine Shows gigantische, längst nicht mehr erreichbare Einschaltquoten von bis zu achtzig Prozent erzielen konnten, er andererseits aber auch noch bis Ende 2005 mit der erfolgreichen Comedy-Sendung *7 Tage – 7 Köpfe* im Programm vertreten war, gibt es wohl kaum einen Fernsehzuschauer in Deutschland, dem Rudi Carrell kein Begriff ist. Jetzt, vierzig Jahre nach seinem Start in Deutschland, wo ihm die Goldene Kamera für sein Lebenswerk überreicht wird, ist er der einzige Show-Dinosaurier des deutschen Fernsehens, der nach wie vor im Fokus des öffentlichen Interesses steht. All die anderen, die damals mit Carrell um die Gunst des Publikums buhlten, gibt es heute schon längst nicht mehr. Hans-Joachim Kulenkampff und Vico Torriani, Wim Thoelke und Hans Rosenthal, Peter Frankenfeld und Harald Juhnke – sie alle sind schon längst von der Bühne des Lebens abgetreten. Einzig Peter Alexander, den Carrell immer als ebenbürtigen Kollegen geschätzt und der in diesem Jahr seinen achtzigsten Geburtstag gefeiert hat, lebt noch – doch seine letzte *Peter Alexander Show* hat er bereits 1995 präsentiert und sich danach völlig aus der Öffentlichkeit zurückgezogen. Rudi Carrell kann insofern heute zweifelsfrei von sich behaupten, der einzige Fernsehstar zu sein, den wirklich alle Generationen kennen – schon Ende der siebziger Jahre, als er bereits längst zum Inbegriff der großen Samstagabendunterhaltung geworden war, bestätigte ein Journalist ihm, einen Bekanntheitsgrad zu haben »wie der Bärenmarke-Bär, der Tchibo-Experte oder das Testbild«.[3] Wobei man hinzufügen muss, dass Carrell alle drei überlebt hat.

Solch eine lange, kontinuierliche Karriere erreicht man durch Talent und harte Arbeit, aber auch durch ein untrügliches Gespür dafür, was einerseits beim breiten Publikum ankommt und wann es andererseits auch wieder Zeit ist, sich von einem Erfolgskonzept zu verabschieden und etwas Neues zu beginnen. Carrell ist mit seinen Shows nie auf einen bereits fahrenden Zug aufgesprungen und hat nie das gemacht, was all seine Kollegen gerade mehr oder weniger erfolgreich vorexerzierten, sondern er hat immer auf etwas völlig Neues gesetzt. Wenn die anderen alle Quizshows machten, entschied er sich innovativ für eine Spielshow, bei der es um die Kreativität und Spontaneität der Kandidaten ging. Und als in den achtziger Jahren alle erklärten, dass die große Samstagabendunterhaltung tot sei, bewies er mit seiner Überraschungsshow, dass es durchaus noch Sendungen gibt, die die ganze Familie vor den Fernseher locken. Weil Carrell sich immer auf seinen Instinkt verlassen konnte, ist es ihm häufiger als jedem anderen Showmaster in Deutschland gelungen, Trends zu setzen und die Entwicklung der deutschen Fernsehunterhaltung maßgeblich zu prägen und mitzugestalten. *Rudis Tagesshow* war die erste Nachrichtensatire im deutschen Fernsehen und das Vorbild für Erfolgsshows wie *RTL Samstag Nacht*, Carrells *Herzblatt* hat zahllose Flirtshows nach sich gezogen, und die *Rudi Carrell Show* der achtziger Jahre hat gleich zwei entscheidende Impulse gegeben – einerseits den zu gefühlsbetonten Überraschungsshows wie *Nur die Liebe zählt* oder *Verzeih mir* und andererseits, aufgrund der Beliebtheit des Imitatoren-Wettbewerbs, den zu einer wahren Flut von Casting-Shows bis hin zu *Deutschland sucht den Superstar* und *Star Search*.

Kein Wunder, dass unzählige Fernsehgrößen in Deutschland, von Harald Schmidt bis Thomas Gottschalk und Alfred Biolek, von Hape Kerkeling bis Michael Mittermeier, von Kurt Felix und Hugo Egon Balder bis hin zu Thomas Hermanns, Rudi Carrell als ihr Vorbild betrachten, dass er für nahezu jeden, der heute in Deutschland Fernsehen macht, eine Ikone ist, einer der ganz Großen in der Hall of Fame des deutschen Fernsehens. Viele haben von Carrell profitiert, manche ihm auch ihre Karriere zu verdanken. Carrell war gefürchtet für seine Kollegenschelte, dafür, dass er nie ein Blatt vor den Mund genommen hat, wenn ihn Journalisten zu seiner Meinung über andere Fernsehgrößen baten. Aber wenn er ausgeteilt und kritisiert hat, dann immer nur auf gleicher Augenhöhe – er sprach über die Schwächen der anderen großen Showmaster ebenso offenherzig wie über die eigenen Stärken. Wenn Carrell jedoch einen Newcomer oder ein neu gestartetes Sendeformat mit einem Lob bedachte, dann empfanden alle in der Branche dies als Ritterschlag. Wer von ihm, der länger als alle anderen im deutschen Fernsehen tätig war, positiv erwähnt oder auch nur eines Kommentars für würdig befunden worden ist, der wurde gleich ein bisschen ernster genommen im harten Konkurrenzkampf des Fernsehgeschäfts. Wie viele Newcomer sind in den letzten Jahrzehnten von ihren Sendern vollmundig als die künftigen Stars aufgebaut und von der Presse vorschnell zu neuen Hoffnungsträgern der deutschen Fernsehunterhaltung ausgerufen worden – an die wenigsten von ihnen vermag man sich heute überhaupt noch zu erinnern. Rudi Carrell hingegen, der gleich mit seiner ersten deutschen Show Mitte der sechziger Jahre zu einem der größten Publikumslieblinge der Nation avancierte, ist immer noch da – ein wahrer Dauerbrenner in einer Branche, in der schon so viele Eintagsfliegen ihr Bildschirmleben ausgehaucht haben. Anlässlich seines siebzigsten Geburtstags im Dezember 2004 konstatierte die *Frankfurter Allgemeine Zeitung* dem Mann, »der nie aufgehört hat zu begeistern«, anerkennend: »Wenn je das Etikett ›Urgestein der deutschen Fernsehunterhaltung‹ haftsicher zu vergeben wäre, es müsste an ihm kleben.«[4]

Fast alle sind sie heute Abend da, die Stars und die Sternchen des deutschen Fernsehens, um Rudi Carrell ihre Reverenz zu erweisen. Mit dem Ehrenpreis der Goldenen Kamera bekommt Carrell die höchste deutsche Fernsehauszeichnung, den deutschen Fernseh-Oscar. Bereits dreimal hat Rudi die Goldene Kamera, mit der jeweils die herausragenden Fernsehereignisse des Jahres honoriert werden, verliehen bekommen – 1974 für *Am laufenden Band*, 1982 für *Rudis Tagesshow* und 1991 für die *Rudi Carrell Show*. Auch fast alle anderen Fernsehpreise sind ihm im Laufe seiner langen Karriere überreicht worden – der Goldene Bildschirm und der Goldene Löwe ebenso wie der österreichische Fernsehpreis Romy und gleich mehrfach der Bambi. Ebenso mangelt es nicht an prestigeträchtigen Ehrenpreisen in Carrells Sammlung – so wurde ihm 2001 etwa die Ehrenrose des Internationalen Fernsehfestivals in Montreux und 2003 der Ehrenpreis der Stifter des Deutschen Fernsehpreises überreicht, 2005 ist er gar mit der Aufnahme in die Hall of Fame des Festivals Rose d'Or in Luzern als einer der bedeutendsten Fernsehmacher weltweit geehrt worden. Rudi Superstar. Nachdem es in den neunziger Jahren, insbesondere nachdem Carrell vom öffentlich-rechtlichen Fernsehen zum Privatsender RTL gewechselt ist, eine Zeit lang eher launische Presseartikel über ihn gab, fliegen ihm jetzt wieder die ungeteilten Sympathien der deutschen Journalisten zu – die *Süddeutsche Zeitung* etwa feiert Rudi Carrell als »Schwergewicht der leichten Unterhaltung«[5] und als den »größten deutschen Showmaster«[6].

Derjenige, der auf Rudis ausdrücklichen Wunsch hin heute Abend die Laudatio auf ihn hält, ist ein alter Weggefährte: Alfred Biolek. Dieser hat 1974 zusammen mit Carrell die Kultshow *Am laufenden Band* aus der Taufe gehoben und lange Zeit als Produzent betreut – in seiner Rede erinnert er mit sehr persönlichen Eindrücken an diese Zeit und an Carrells »einzigartiges Lebenswerk«. Bevor der Preis an den, wie Alfred Biolek es formuliert, »größten Entertainer des deutschen Fernsehens« überreicht wird, beleuchtet ein kleiner Einspielfilm noch einmal einige der Höhepunkte von Rudis langer Fernsehkarriere – dann endlich der große Moment. Carrells Erscheinen wird mit enormer Spannung erwartet. Es ist der erste öffentliche Auftritt des Einundsiebzigjährigen, seit im November des Vorjahres bekannt geworden ist, dass Carrell unheilbar an Lungenkrebs erkrankt ist. Am 31. Dezember 2005 hatte er sich mit einem kurzen Auftritt in der von ihm produzierten und ins Leben gerufenen Comedy-Show *7 Tage – 7 Köpfe* vom Bildschirm verabschiedet – heute tritt er zum allerletzten Mal vor sein Publikum, bevor er sich endgültig aus dem Scheinwerferlicht zurückzieht.

Als sich das große Showportal öffnet und Rudi im Smoking aus den Kulissen kommt, erheben sich die geladenen Gäste zu standing ovations. Rudi ist schmal geworden, aber braun gebrannt, erst gestern ist der Showmaster von einem vierwöchigen Karibikurlaub zurückgekehrt. Seine Stimme ist aufgrund seiner Erkrankung hoch und heiser und verfügt nicht mehr über das Volumen von einst – was Rudi jedoch, um seinen Zuhörern und den Zuschauern am Fernsehschirm gleich jede Befangenheit zu nehmen, mit einem Witz auffängt: »Wie Sie hören, habe ich gewisse Probleme mit meinen Stimmbändern – nur ist das nicht so schlimm. Mit dieser Stimme kann man in Deutschland immer noch Superstar werden.« Auch Carrells weitere Rede folgt diesem erfrischenden, heiterbeschwingten Tonfall, der auf jegliche Sentimentalitäten und auf jedes Heischen nach Mitleid verzichtet. Als Parodie darauf, dass sich bei Preisverleihungen sonst immer die Preisträger bei ihren Partnern, Kindern, Eltern und Geschwistern bedanken, beginnt Rudi seine Rede mit der Bemerkung: »Die Tatsache, dass ich hier heute diesen Ehrenpreis in Empfang nehmen kann, verdanke ich meiner deutschen Krankenversicherung, dem Klinikum Bremen-Ost und der deutschen Pharmaindustrie.« Rudi hält eine Rede mit vielen Lachern, zieht Bilanz und blickt auf seine vierzigjährige Fernsehkarriere in Deutschland zurück, aber auch auf den Moment, als er in Holland damit begann, Fernsehen zu machen. Am Schluss seiner Dankesrede nutzt der sichtlich bewegte Carrell die Gelegenheit, sich beim deutschen Fernsehpublikum, das ihm über so viele Jahre die Treue gehalten hat, zu bedanken: »Es war eine Ehre, Fernsehen in diesem Land zu machen.«

Die neunhundert Gäste erheben sich erneut zu stehenden Ovationen, in vielen Augen sieht man Tränen. Carrells Auftritt ging zu Herzen – das Wissen, die Ikone des deutschen Fernsehens, den Mann, dem man so viele schöne, lustige, rührende und unvergessliche Stunden vor dem Fernseher zu verdanken hat, heute zum letzten Mal gesehen zu haben, bewegt. Die Verleihung des Ehrenpreises an Rudi Carrell ist fraglos der emotionalste Moment des Abends, die Krönung der Veranstaltung. Wieder einmal – ein letztes Mal – hat Rudi Carrell unter Beweis gestellt, dass er nicht umsonst einer der populärsten und beliebtesten Fernsehstars in Deutschland ist und dass er nach wie vor, auch in einer so schwierigen Lebenssituation, in der es heißt, Abschied zu nehmen, sein Publikum fest im Griff hat. Mit seinem untrüglichen Gespür für den richtigen Ton und einer riesigen Portion Menschenkenntnis hat Rudi an diesem Abend wieder einmal einen Moment zu schaffen verstanden, den man nie vergessen wird, wenn man ihn miterlebt hat – auch wenn man die Szene nur am Bildschirm verfolgen konnte. Ein würdiger Abschied.

Ganze Generationen von Deutschen sind mit Rudi Carrell aufgewachsen, und auch ich kann dies von mir behaupten, im wahrsten Sinne des Wortes sogar. Denn Carrell begegnete ich zum ersten Mal, als ich noch gar nicht auf der Welt, aber zumindest schon ziemlich fest entschlossen war, diese eines doch recht nahen Tages zu betreten. Im Frühjahr 1971 war es, als meine Eltern eines Sonntags bei herrlichem Wetter über die Düsseldorfer Königsallee schlenderten, meine Mutter, am Arm meines Vaters, hochschwanger. Plötzlich wurde ihr gemütlicher Schaufensterbummel jäh gestoppt, weil sich ein riesiger Menschenauflauf mitten auf der »Kö« gebildet hatte. Menschen, die eben noch gelassen flanierten und an ihrem Eis schleckten, ließen plötzlich ihre Ehepartner und Kinder stehen und ihr Eis fallen, um, mit verzücktem Gesichtsausdruck und aufgeregt »Da ist Rudi Carrell, da ist Rudi Carrell« rufend, zum Mittelpunkt des Auflaufs vorzudringen. Carrell, durch seinen üppigen Haarschopf auch in der riesigen Menschenmenge gut auszumachen, zeigte sich – wie meine Mutter sich heute noch voller Hochachtung erinnert – trotz oder wahrscheinlich eher wegen des Trubels um seine Person in glänzender Laune. Der Ansturm der vielen Fans schien ihm rein gar nichts auszumachen, ganz im Gegenteil. Er schrieb fleißig Autogramme, war freundlich und nett zu jedem, der einen Schnappschuss von ihm machen wollte, und hatte für jeden ein Lächeln.

Nun sind meine Eltern keine Menschen, die jemals einen Fernsehstar um ein Autogramm bitten würden, und so haben sie sich auch an diesem Tag brav wieder in ihren Sportflitzer gezwängt und sind zurück nach Köln gefahren, wo ich dann im Juni 1971 zur Welt kam. Aber dennoch hat sich die Begegnung mit Carrell offensichtlich stark in ihr Gedächtnis eingebrannt. Denn ich erinnere mich noch sehr gut daran, dass immer dann, wenn Rudi Carrell auf dem Bildschirm erschienen ist – und das war, da meine Kindheit in die siebziger Jahre fiel, ziemlich oft –, mein Vater beinahe zwanghaft zu mir sagen musste: »Guck mal, da ist der Rudi. Den hast du auch schon getroffen.« Ob es mich damals als Kind beeindruckt hat, dass es die Menschen aus dem Fernsehen auch tatsächlich im richtigen Leben gibt, weiß ich leider nicht mehr, aber durchaus, dass Carrells Erscheinen im Fernsehen dadurch immer was ganz Besonderes für mich war. Denn den hatte ich schließlich den Worten meines

Vaters zufolge schon getroffen – irgendwie zumindest –, und das konnte ich von Hans Rosenthal und Wim Thoelke nicht behaupten.

So viel wie heute gab es damals, in meiner Kindheit, im Fernsehen noch nicht zu sehen, und man kann es heutigen Kindern wohl kaum noch verständlich machen, dass man manches Mal eine halbe Stunde vor dem Fernseher saß und auf den Beginn der *Sesamstraße* wartete, während man gebannt das Pausenbild anstarrte. Das wäre so, als wenn man ihnen erklären wollte, was eine Schallplatte ist oder dass es einmal eine Zeit gab, in der man Briefe statt E-Mails schickte und zum Telefonieren in Telefonzellen ging. Als ich geboren wurde, war an eine Dauerberieselung vierundzwanzig Stunden am Tag auf unzähligen Kanälen noch lange nicht zu denken. Damals war das Farbfernsehen gerade einmal vier Jahre alt, und meine Eltern hatten nach meiner Geburt auch sofort einen Farbfernseher angeschafft, denn schließlich sollte ich meinen Freund Rudi Carrell auch immer in Farbe sehen können. Ob man dem Farb- oder dem Schwarz-weiß-Fernsehen Vorrang gab, das war damals tatsächlich noch eine Glaubensfrage, zumindest in meiner Familie: Während meine Eltern der festen Überzeugung waren, dass es ihrem Kind nicht zugemutet werden konnte, mit einem Schwarz-weiß-Fernsehgerät aufzuwachsen – denn schließlich ist die wirkliche Welt ja auch bunt –, wehrte mein Großvater sich noch lange tapfer gegen diese seiner Meinung nach unnötige Neuerung.

Aber meine Eltern und mich störte diese standhafte Verweigerungshaltung meines Großvaters nicht sonderlich, schließlich war man am Samstagabend eh immer zu Hause, und so konnten wir Rudi, wie gewohnt, in schönen bunten, knalligen Farben sehen – ich glaube, das Fernsehen war nie wieder so bunt wie in den Siebzigern. Allerdings war da ja irgendwie alles schrecklich bunt, wenn ich mich da an meinen grasgrünen Pullunder erinnere, den ich gern zu einem orangefarbenen Hemd trug, doch lassen wir das lieber – schließlich trug Rudi damals auch fliederfarbene Smokings mit Fliegen so groß wie Flugzeugpropeller. *Am laufenden Band* jedenfalls war Pflichtprogramm in meiner Kindheit, keine Folge wurde verpasst. Und so knüpft sich auch gerade an diese Show eine meiner frühesten Kindheitserinnerungen. Als ich drei oder vier Jahre alt war, durfte ich natürlich noch nicht so lange aufbleiben, um ganze Samstagabendshows anzusehen, doch eines Tages, nachdem meine Mutter mich schon zu Bett gebracht hatte, erlaubte sie mir doch noch mal aufzustehen, denn in Rudis Weihnachtsausgabe gab es einen Nikolaus zu bewundern. Aber nicht nur für die richtige Weihnachtsstimmung sorgte Carrell damals, sondern auch dafür, dass es in meiner Kindheit so wunderbare Sommer gab. Rudi sang *Wann wird's mal wieder richtig Sommer?*, und wir bekamen prompt einen »Jahrhundertsommer«. So konnte ich meinen vierten Geburtstag 1975 draußen im Garten bei strahlendem Sonnenschein feiern – danke, Rudi!

Je älter ich wurde, desto mehr Fernsehen gab es – und Rudi war immer präsent, denn gerade die achtziger und neunziger Jahre waren seine produktivste Zeit, in der er mit zahlreichen neuen Showkonzepten startete und Erfolge am laufenden Band verbuchen konnte. *Rudis Tagesshow* etwa war Kult für mich. Da ich mit den immer etwas langweiligen und drögen Nachrichtenbildern der siebziger Jahre aufgewachsen bin, war es wie eine Offenbarung, die ganzen großen Politiker einmal jenseits der steifen Nachrichtensendungen und Politikerrunden zu sehen und vorgeführt zu bekommen, dass sie ganz normale Menschen sind: stolpernde Bundeskanzler, Minister, die Modenschauen vorzuführen schienen oder sich in der Nase bohrten – immer mit den entsprechenden flapsigen Kommentaren von Carrell. Ich glaube, *Rudis Tagesshow* hat, was die Auflockerung unserer politischen Kultur angeht, mehr bewirkt als sechzig Jahre deutsches Fernsehkabarett – wie könnte man es sich auch sonst erklären, dass die Sendung heute noch ständig wiederholt wird, wo die Politiker, die in ihr karikiert werden, längst im Ruhestand und zum Teil auch schon vergessen sind. Und auch später hatte Rudi immer wieder neue Ideen und brachte immer wieder neue Shows auf den Bildschirm – *Herzblatt* und *Die verflixte 7*, die *Rudi Carrell Show* mit ihren Überraschungen und den Star-Imitatoren, und zum Schluss das erfolgreiche Comedy-Format *7 Tage – 7 Köpfe*. Als ich in den neunziger Jahren begann, Film- und Fernsehwissenschaft zu studieren und später dann zu unterrichten, war es an der Zeit, mich auch wissenschaftlich mit dem auseinander zu setzen, was ich da in den zurückliegenden zwei Jahrzehnten so alles gesehen hatte. Und das, was mir auch vorher schon unbewusst klar war, bestätigte sich jetzt auch auf den näheren, analysierenden Blick: Carrell hat nicht nur gute Shows und gute Unterhaltung produziert, sondern er hat immer auch Trends gesetzt und die Latte für andere, die in Deutschland Fernsehunterhaltung machen wollten, ziemlich hoch gelegt. Weil Carrell regelmäßig über den Tellerrand hinausschaute und sich dafür interessierte, was sich im Showbusiness und im Fernsehen anderer Länder so alles tat, gelang es ihm immer wieder, etwas auf den Bildschirm zu bringen, das sich wohltuend von dem abhob, was seine deutschen Kollegen so machten, und darüber hinaus aber auch internationalen Maßstäben standhielt.

Da ich *Am laufenden Band* noch aus der Kinderperspektive erlebt habe, ist für mich persönlich heute Rudis Überraschungsshow aus den achtziger Jahren die perfekte Carrell-Show – auch Rudi selbst bezeichnet sie rückblickend als seine »schönste Show«. Nicht zuletzt an dieser Sendung hat sich mir sehr schnell offenbart, dass man Carrells Erfolg letztlich nicht »wissenschaftlich« erklären kann – denn Rudis Shows sind vor allem deshalb so gut beim Publikum angekommen, weil sie immer eine unglaubliche Wärme und Menschlichkeit ausstrahlten, die von Carrell selbst kam. In Rudis Shows sind Kandidaten nie vorgeführt oder abfällig von oben herab behandelt worden, sondern Carrell hat sich immer bemüht, ihnen ein Forum zu bieten, um sich im bestmöglichen Licht darzustellen. Und obwohl seine Shows stets perfekt durchorganisiert waren, Rudi nichts dem Zufall überließ und jeder noch so kleine Gag geprobt war, wirkten sie dennoch nie kalt, effekthascherisch oder abgeklärt, sondern zielten immer mitten in die Herzen der Zuschauer. Carrell hat es wie kaum ein anderer Entertainer im deutschen Fernsehen geschafft, Stimmungen zu erzeugen, komische Effekte, aber auch rührende, bewegende Momente zu schaffen, ohne dabei in den Kitsch oder die Rührseligkeit abzudriften. Bei den Familienzusammenführungen in der Überraschungsshow etwa war alles so perfekt vorbereitet, dass Carrell völlig in den Hintergrund treten und den Emotionen freien Lauf lassen konnte. Er musste nie wie seine Kolleginnen und Kollegen im Privatfernsehen mit brüchiger Stimme Hände drücken oder Taschentücher zücken, um die Menschen, wie im Ablaufplan der Sendung vorgesehen, zum Weinen zu bringen. Nein, jede in Carrells Show vergossene Träne war echt – und ich behaupte, dass diese Ehrlichkeit, mit der Carrell zeitlebens Fernsehen gemacht hat und die man als Fernsehzuschauer in jeder seiner Sendungen bewusst oder unbewusst spürt, der Garant für seinen einmaligen Erfolg gewesen ist.

Dass Rudi Carrell ein Perfektionist und absoluter Vollprofi ist, das hat er – auch in einer für ihn fraglos nicht leichten Lebenssituation – mit seinem Auftritt bei der Verleihung der Goldenen Kamera im Februar 2006 ein weiteres Mal unter Beweis gestellt. Wie so viele saß auch ich an diesem Abend vorm Fernseher, denn Preisverleihungen üben ja immer einen ganz besonderen Reiz aus, gerade wenn sie so perfekt inszeniert sind wie das Spektakel um die Goldene Kamera. In den wenigen Minuten, in denen ich mir Alfred Bioleks Laudatio anhörte, den obligatorischen Einspielfilm mit den Höhepunkten aus Carrells Karriere sah und Rudis bewegender Dankesrede lauschte, entstand die Idee zu diesem Buch. Was für ein Leben – was für eine Karriere. Der ideale Stoff für eine opulente Biographie. Doch von Beginn an war mir klar, dass ich kein Buch schreiben will, das nur Fakten zusammenträgt, nur die hinlänglich bekannten Stationen von Carrells Karriere nachzeichnet, sondern dass ich darüber hinaus wissen wollte, wie der Mensch gestrickt ist, dem es gelingt, solche Gänsehautmomente wie den bei der Verleihung der Goldenen Kamera zu schaffen.

Als ich damit begann, Berge von Pressematerial über Carrell zu sichten, wurde mir schnell klar, dass in den zurückliegenden vierzig Jahren zwar enorm viel über den Showmaster geschrieben worden ist, aber man letztlich dennoch recht wenig über den Menschen Rudi Carrell weiß – was umso erstaunlicher ist, wenn man bedenkt, dass es eigentlich kaum einen Aspekt seines Lebens gab, der nicht zum Gegenstand zentimeterhoher Schlagzeilen in der *Bild*-Zeitung wurde. Und dennoch haben selbst Menschen, die teils eng und lange mit Rudi Carrell zusammengearbeitet haben, das Gefühl, ihm nie wirklich persönlich nahe gekommen zu sein. Jochen Busse, der Rudi schon Anfang der siebziger Jahre bei Filmdreharbeiten kennen lernte und neun Jahr lang die von Carrell produzierte Comedy-Show *7 Tage – 7 Köpfe* moderierte und wiederholt zu Rudis kleinem Freundeskreis gezählt wird, hat einmal auf die Frage, was für ein Mensch Carrell denn nun eigentlich sei, geantwortet: »Ich weiß nicht, was Rudi Carrell für ein Mensch ist. Ich kenne Rudi nur beruflich. Ich glaube, Rudi ist auch nur beruflich.«[7] Und auch Alfred Biolek, der in der Phase, als er Produzent von *Am laufenden Band* war, sehr intensiv mit Rudi zusammengearbeitet, ihn auch immer wieder in seinem privaten Kosmos erlebt hat und der einer der Ersten war, die ich für dieses Buch interviewte, sagte mir: »Ich kenne keinen Menschen, der ein so eingeschränktes Privatleben hat wie Rudi. Selbst wenn man beruflich eng mit ihm zu tun hatte, kam man nicht an ihn als Privatmensch heran.«[8] Dass er keine Freunde habe und auch gar keine wolle, hat Rudi oft freimütig bekannt, und er hat auch so manches Mal damit kokettiert, dass die Öffentlichkeit sich trotz unzähliger Schlagzeilen über sein Privatleben eigentlich kein Bild über ihn als Privatmenschen machen kann. In einem Fernsehporträt über sich selbst, das sein alter Haussender Radio Bremen realisiert hat, begrüßt er die Zuschauer am Beginn beispielsweise: »Wenn Sie erst diese Woche einen Fernseher gekauft haben – mein Name ist Rudi Carrell. Und wenn Sie mich schon länger kennen und immer wissen wollten: Was ist das eigentlich für ein Mensch? Am Ende dieser Sendung haben Sie immer noch keine Ahnung.«[9]

Doch ein Biograph hätte zweifellos seinen Job verfehlt, wenn er sich damit zufrieden gäbe, nur die »öffentliche Figur« zu beleuchten, denn er muss darüber hinaus auch hinter die für die Öffentlichkeit bestimmten Kulissen blicken und eine Idee entwickeln, wie der Mensch, über den er schreibt, privat ist, was der Antrieb für seine Karriere war, wie sich der berufliche Erfolg auf das Privatleben und die Psyche ausgewirkt hat und warum der Porträtierte sein Leben so gelebt hat, wie er es gelebt hat. Und so war mir von der ersten Sekunde an klar, dass es nur Sinn macht, dieses Buch zu schreiben, wenn Rudi Carrell und sein engstes Umfeld bereit sind mitzuwirken – und genau das teilte ich Carrell auch mit, als ich ihn von meinem Plan zu dieser Biographie in Kenntnis setzte. Nach nur wenigen Tagen Bedenkzeit gab Rudi glücklicherweise grünes Licht und erklärte sich bereit, das Buch nach allen Kräften zu unterstützen: »Wenn Sie glauben, dass so ein Buch Erfolg haben wird, kann ich nur zustimmen. Und selbstverständlich fühle ich mich sehr geehrt.«[10]

Am 20. März traf ich Rudi dann zu einem ersten Gespräch für das geplante Buch, was auch für den Biographen, der schon mit Leni Riefenstahl Tee und mit Johannes Heesters so manchen Whisky getrunken hat, keine einfache Situation war, denn nur drei Tage zuvor hatte die *Süddeutsche Zeitung* ein großes, Aufsehen erregendes letztes Interview mit Carrell veröffentlicht, in dem dieser die Befürchtung aussprach, in diesem Jahr seine Rhododendren nicht mehr blühen zu sehen – vermutlich weil ich die Natur ebenso liebe, wie Carrell das zeitlebens getan hat, ging mir gerade dieser Ausspruch nicht mehr aus dem Kopf. An diesem tristen, kalten, regnerischen Tag nach Bremen zu fahren, an dem man den Eindruck hatte, dass es noch eine halbe Ewigkeit dauern wird, bis der Frühling kommt, musste ich immer an die Rhododendren und Rudis Bekenntnis »Ich fühle den Tod« denken. Doch so, wie er es sein Leben lang immer verstanden hat, Menschen, die ihm auf der Straße begegneten oder die sich – wie beispielsweise Hape Kerkeling – als blutjunge Fernsehanfänger der Ikone Rudi Carrell näherten, jegliche Befangenheit zu nehmen, so war es auch bei dieser Begegnung. Spätestens nachdem wir gemeinsam schrecklich über Hildegard Knef lachen mussten, die einmal in Rudis Beisein von einem Affen gebissen wurde, war das Eis gebrochen. Gleich fünf Stunden haben wir an diesem Tag zusammengesessen und über Rudis Karriere, aber sehr viel auch über seine Kindheit und Jugend in Holland gesprochen. Auch danach habe ich ihn noch mehrmals in Wachendorf besucht, um Gespräche mit ihm zu führen, Fotos für dieses Buch gemeinsam mit ihm auszusuchen – und natürlich auch, um ihn in seinem privaten Kosmos, im Umgang mit seiner Frau, seinen Kindern und Enkelkindern zu erleben, mit denen Rudi viel Zeit verbringt, seitdem er sich aus der Öffentlichkeit zurückgezogen hat. Und das Wunder, mit dem Rudi selbst nicht mehr gerechnet hatte, geschah – es wurde Frühling, und es wurde Sommer, und die Rhododendren vor Rudis Haus blühten um die Wette.

Aber auch ich erlebte ein kleines Wunder, denn das, was mir in den vier Monaten von der ersten Idee zu diesem Buch bis zum Abschluss des Manuskripts widerfahren ist, stellte den absoluten Idealfall für einen Biographen dar. Nicht nur dass Rudi mir freimütig gleich bergeweise Material für meine Arbeit in die Hände drückte – Stapel von Fotos, Alben und Scrapbooks, die mir etwa die Möglichkeit gaben, erstmals Carrells holländische Bühnen- und Fernsehkarriere, über die man bislang nur verhältnismäßig wenig wusste, genauer und ausführlicher zu beleuchten und so manches Unbekannte und Erstaunliche zu entdecken. Nein, auch die persönlichen Gespräche mit Rudi, aber ebenso seine Bereitschaft, über Wochen und Monate jede noch so kleinste Detailfrage binnen weniger Stunden per E-Mail zu beantworten, machten das Schreiben dieser Biographie zu einer großen Freude. Carrell arbeitete mit einer unglaublichen Intensität an diesem Buch mit und nahm auch an vielen Detailfragen rund um das Projekt regen Anteil. Als ich ihm etwa sagte, dass ich als Untertitel für die Biographie *Ein Leben für die Show* wählen möchte, war er sofort damit einverstanden und befand: »So war's.« Und als ich ihm den Cover-Entwurf zeigte, war er ebenfalls höchst zufrieden: »Optimal!« Auch die Reihe von Porträts, die jedes der Kapitel in diesem Buch einleiten, haben wir gemeinsam ausgesucht und so lange getüftelt, bis wir eine Abfolge von Bildern zusammengestellt hatten, mit denen wir beide zufrieden waren. Aber auch in den Bildteilen, die ich wenige Tage nach Rudis Tod zusammenstellte, habe ich mich bemüht, möglichst viele Fotos zu berücksichtigen, die Rudi besonders am Herzen lagen und die er gern in diesem Buch veröffentlicht sehen wollte. Und noch etwas zeigte mir sehr schnell, wie wichtig Rudi dieses Buchprojekt gewesen ist: Nur einen Tag nach meinem ersten Besuch bei ihm hatte er selbst bereits persönlich dafür gesorgt, dass das Buch zeitgleich auch in niederländischer Übersetzung erscheinen kann, indem er mir einen holländischen Verleger vermittelte.

Aber nicht nur Rudis eigene intensive Mitarbeit und Anteilnahme an diesem Buchprojekt waren erfreulich, ebenso wichtig war es, dass auch Rudis Umfeld, dem er sehr früh vom Entstehen dieses Buchs berichtete, dazu bereit war, mitzumachen. Um den privaten Carrell aufzuspüren, war es natürlich eine enorm große Hilfe, dass ich dank Rudis Vermittlung mit jedem Menschen, der in seinem Privatleben in den letzten Jahren eine Rolle spielt, sprechen konnte – und angesichts dessen, dass er seinen ganz privaten Kosmos über Jahrzehnte hin streng abgeschirmt hatte, war das alles andere als eine Selbstverständlichkeit. Die Art und Weise, wie offen Rudi, seine Frau Simone, seine Kinder Annemieke, Caroline und Alexander, seine Schwester Truus und sein Bruder Adriaan, aber auch seine Schwägerin Birgit, die Schwester seiner verstorbenen Frau Anke, sowie weitere Menschen aus dem »inneren Zirkel« Carrells mir Rede und Antwort gestanden und bereitwillig alle meine Fragen beantwortet haben, hat mich so manches Mal in Erstaunen versetzt – weil ich das in meinem bisherigen Leben als Schriftsteller in dieser Intensität und Offenheit so noch nie erlebt habe. All die, die jahrzehntelang jedes Gespräch über Privates mit der Presse abgelehnt und sich selbst ein Schweigeverbot auferlegt haben, weil sie wussten, dass Rudi keine Tugend so sehr schätzt wie die Loyalität, waren plötzlich bereit, sich ausführlich zu äußern, nachdem Rudi einmal grünes Licht gegeben hatte. Seine Kinder etwa bat er ausdrücklich darum, mir umfassend Auskunft zu geben und schickte gleich hinterher, dass sie ruhig auch negativ über ihn sprechen könnten. Und als seine Schwägerin Birgit ihn aus Australien anrief, um sich zu erkundigen, ob sie mir wirklich »alles« erzählen könne, war seine schlichte Antwort: »Ja, alles!« Diese Offenheit, mit der Carrell diesem Buchprojekt gegenüber stand, zeigt, dass er zwar voll und ganz hinter diesem Buch stand, aber ganz bewusst keine Heiligenlegende und keine Selbstbeweihräucherung wollte, sondern ein offenes und ehrliches Buch über sich, in dem auch alle Menschen aus seinem privaten Kosmos unzensiert zu Wort kommen sollen.

Sie alle, mit denen ich sehr ausführliche, stundenlange und intensive Gespräche führen konnte, haben dazu beigetragen, dass ich dem Menschen Rudi Carrell ein ganzes Stückchen näher gekommen bin, dass ich so manche unbekannte Seite an Carrell entdecken und in dieser Biographie darstellen konnte, und neben dem Showmaster auch den Menschen, den Vater und Ehemann, porträtieren kann. Ohne das Vertrauen, das Rudi und seine Familie mir geschenkt haben, hätte ich das Buch nie in der vorliegenden Form schreiben können. Die zurückliegenden vier Monate, die ich mit Gesprächen mit und über Rudi Carrell, mit den Recherchen und Interviews von Weggefährten, mit dem Hören von Carrell-Songs und dem Betrachten alter Carrell-Shows verbrachte, habe ich auf diese Weise persönlich als eine sehr bereichernde Zeit erlebt – nicht nur, weil es mir gelungen ist, den Menschen hinter dem Showmaster aufzuspüren, sondern auch, weil Rudis Leben so reich an schönen Momenten, an spannenden Begegnungen und an hart erkämpften Erfolgen ist. Aber folgen Sie mir doch einfach auf die Reise durch Rudis abenteuerliches Leben.

1. Eine Kindheit in Holland

ALKMAAR IN DEN NIEDERLANDEN, Provinz Noord-Holland, rund vierzig Kilometer nordwestlich von Amsterdam gelegen. Kaum sonst wo ist Holland so holländisch wie hier. Die kleine Stadt ist mittlerweile über siebenhundertfünfzig Jahre alt. Der von Grachten umsäumte und im Norden durch den die Provinz querenden Noordhollands-Kanaal begrenzte Altstadtbereich mit seinen engen, pittoresken Gässchen, den alten, reich geschmückten Kaufmanns- und Gildehäusern sowie den stolzen spätgotischen Kirchen und der für diese Region so charakteristischen Kornmühle zählt zweifellos zu den schönsten seiner Art im Norden Hollands.

Aber nicht nur das Städtchen selbst, auch das Umland entspricht allen gängigen Holland-Klischees: Alkmaar liegt eingebettet in die abwechslungsreiche Polderlandschaft Noord-Hollands, das auf drei Seiten vom Wasser umgeben ist – im Westen von der Nordsee, im Norden vom Wattenmeer und im Osten vom IJsselmeer, der früheren Zuidersee. Und so werden auch das Aussehen dieser Region und das Leben der Menschen hier in starker Weise vom Wasser geprägt. Schon früh haben die Holländer damit begonnen, dem Meer zusätzliches Land abzutrotzen; bereits im vierzehnten Jahrhundert gab es hier erste Landgewinnungsprojekte, bei denen nach und nach neuer Lebensraum geschaffen wurde. Viele der Städte, die heute im Landesinnern Noord-Hollands zu finden sind, lagen früher einmal auf Inseln im Meer – auch die ersten *Alkmaarders* haben ursprünglich einmal auf einem von Meer und Sumpfgebieten umgebenen Sandrücken gelebt und mussten vor Hochwasser und Sturmfluten zittern.

Aber die Provinz ist nicht nur durch den ewigen Kampf gegen das Wasser geprägt, die Nähe zur See ist natürlich auch ein Segen für die Region – die wunderschönen Dünengebiete der Nordseeküste locken schon seit dem neunzehnten Jahrhundert die Touristen an und machen Noord-Holland zu einem beliebten Reiseziel mit prachtvollen, kilometerlangen Sandstränden und florierenden Seebädern – ganz in der Nähe von Alkmaar, nur rund fünf Kilometer entfernt, liegt etwa der Badeort Bergen aan Zee. Zwischen dem Nordseestrand und dem Städtchen Alkmaar wird die Landschaft vor allem von den mit zahllosen Wassergräben durchschnittenen und von den umliegenden Deichen geschützten Polderwiesen geprägt. Auf diesem saftigen Grün grasen die schwarz-weißen friesischen Kühe, die die hochwertige Milch liefern, aus der die weltweit bekannten holländischen Käse hergestellt werden. Aber neben den Weideflächen finden sich auch intensiv landwirtschaftlich genutzte Ackerflächen und die in allen denkbaren Farben blühenden Tulpenfelder. Das Landesinnere hier, mit seinen oft endlos wirkenden Ausblicken, lässt einen oft vergessen, dass man sich gerade in einem der am dichtesten besiedelten Länder Europas befindet.

Schon früh ist die Provinz Noord-Holland zu Wohlstand gelangt, zunächst durch das Fischereigewerbe, die Salzgewinnung und den Getreidehandel, später auch durch die Ansiedlung von Manufakturen und Industriebetrieben. Eine besondere Rolle für den wirtschaftlichen Aufschwung der Region spielten über Jahrhunderte die Häfen an der ehemaligen Zuidersee, von denen einst die Handelsschiffe nach West- und Ostindien aufbrachen, exotische Waren nach Holland und Europa zurückbrachten und die holländischen Händler reich machten. Viele Geschäftsleute, die ein glückliches Händchen in ihren Unternehmungen hatten und die Vorteile zu nutzen wussten, an einem der wichtigsten Warenumschlagplätze Europas beheimatet zu sein und einer der größten Handelsnationen der Welt anzugehören, gelangten schnell zu Wohlstand, bauten sich immer prächtigere Häuser, und die Dörfer und Städte im Norden Hollands blühten und gediehen. Dörfer wurden zu Klein- und diese wiederum zu Großstädten, wobei Amsterdam die bei weitem größte Bedeutung erlangte.

Alkmaar hingegen ist für niederländische Verhältnisse eher mittelgroß zu nennen. Schon Anfang des zwanzigsten Jahrhunderts war Alkmaar eine florierende Stadt und beherbergte rund achtzehntausend Menschen – was im Vergleich zur Gegenwart aber noch höchst bescheiden zu nennen ist, denn heute liegt die Einwohnerzahl bereits bei weit über neunzigtausend. Alkmaar war und ist ein wichtiges Versorgungszentrum für das weitere Umland und eine Stadt mit hoher Lebensqualität. Seit der Mitte des neunzehnten Jahrhunderts ist Alkmaar durch die Bahnlinie mit Städten wie Amsterdam und Haarlem, Den Haag und Rotterdam verbunden. Doch trotz der bequemen Nähe zum großen Ballungsraum und der gleichzeitig verlockenden Möglichkeit für seine Bewohner, in den Sommermonaten schnell einen der nahen Strände aufsuchen zu können, ist Alkmaar immer eine überschaubare Stadt geblieben, deren historischer Innenstadtbezirk zum gemütlichen Bummeln und Flanieren einlädt. Kein Wunder, dass die *Alkmaarders* ihre Stadt lieben und stolz auf sie sind; aber sie ist auch für die Bewohner der kleineren Ortschaften aus dem Umland höchst attraktiv; ihnen erscheint Alkmaar wie das lebendig schlagende Herz Noord-Hollands. Mit seiner Beschaulichkeit und Behaglichkeit ist Alkmaar darüber hinaus aber auch ein großer Anziehungspunkt für Touristen aus aller Welt.

Denn Alkmaar ist eine Stadt, in der Traditionen gepflegt werden. Man empfindet Stolz auf die lange Geschichte, auf die man zurückblicken kann, und ganz besonders stolz ist man auf den Beitrag, den die Vorväter im sechzehnten Jahrhundert zum niederländischen Befreiungskampf geleistet haben, der 1568 einsetzte. Als die Spanier sich daranmachten, die siebzehn niederländischen Provinzen fest in ihr Reich einzugliedern, regte sich Widerstand, ganz besonders in den sieben protestantischen Nordprovinzen, die für ihre Religionsfreiheit, ihre Privilegien und ihre Freiheit zu kämpfen bereit waren und sich gegen die spanische Militärmacht erbittert zur Wehr setzten. Die Spanier hatten 1573 die Städte Haarlem und Naarden erobert und belagerten im selben Jahr auch sieben Wochen lang die Stadt Alkmaar – ohne jedoch die Gegenwehr der *Alkmaarders* brechen zu können. Mit kochendem Teer und brennenden Astbündeln kämpften sie von den Stadtmauern und Befestigungsanlagen gegen die Spanier und trotzten auf diese Weise den Belagerern, bis diese schließlich aufgaben. Auch wenn für die endgültige Befreiung der Niederlande noch Jahrzehnte des Kampfes notwendig waren und die Unabhängigkeit des Landes erst 1648 im Westfälischen Frieden besiegelt werden konnte, war der Sieg von Alkmaar ein entscheidender Wendepunkt im Kampf gegen die spanische Okkupation. Voller Stolz gedenkt man noch heute an jedem 8. Oktober an diese über vierhundert Jahre zurückliegende Heldentat, verweist auf den Triumph von einst: »In Alkmaar begann der Sieg.«

Aber noch auf etwas anderes ist man stolz, denn Alkmaar ist neben Gouda und Edam eine der berühmten holländischen Käsestädte – bis heute wird in den Sommermonaten immer freitags der traditionelle *Kaasmarkt*, der Käsemarkt, abgehalten. Ort des Geschehens ist der *Waagplein*, der Waageplatz, an dem sich auch das Prunkstück Alkmaars erhebt: die *Waag*, ein prachtvolles Gebäude mit reich verzierter Renaissance-Fassade, das davon zeugt, dass Alkmaar bereits im sechzehnten Jahrhundert eine der reichsten niederländischen Städte war. Heute ist der weit über die Grenzen der Niederlande bekannte Käsemarkt vor allem eine Touristenattraktion, die auf keiner Holland-Reise fehlen darf – rund hunderttausend Besucher aus aller Herren Länder lockt er Jahr für Jahr nach Alkmaar. Doch bis zum Ersten Weltkrieg war er ein notwendiges Handelsgeschehen, bei dem pro Markttag gut dreihundert Tonnen Käse umgesetzt wurden und das Versteigern der Käselaibe oft bis spät in die Nacht dauerte. Heute beträgt der Umsatz keine zehn Prozent des damaligen Umsatzes – dennoch ist es natürlich etwas ganz Besonderes, dass der Käse hier noch auf so traditionelle Weise verkauft wird.

Die Marktgeschäfte sind durch die Zunftregeln von 1751 streng reglementiert, und auf die Einhaltung der alten Bräuche und Rituale wird streng geachtet. Für die Durchführung des Käsemarktes ist ausschließlich die *Kaasdragersgilde*, die Käseträgergilde, zuständig, die bereits 1593 gegründet wurde und sich einen Bibelspruch als Devise gewählt hat: »Falsche Waage ist dem Herren ein Gräuel, aber ein volles Gewicht ist sein Wohlgefallen.« Die Mitglieder der Gilde sind für den Transport und das Wiegen des Käses während des Käsemarkts zuständig, die Käseträger sind in traditioneller Kluft gekleidet: einem schneeweißen Anzug und einem roten, gelben, grünen oder blauen Strohhut. Schon am frühen Morgen stapeln sie die zum Verkauf stehenden, karrenradgroßen Käselaibe zu Pyramiden; pünktlich um zehn Uhr wird dann die Glocke geläutet, die den Käsemarkt eröffnet. Die Träger beladen ihre schlittenartigen Tragen und bringen pro Gang bis zu hundertsechzig Kilo Käse zu den historischen Waagen. Dort wird die Ware für die jeweiligen Einkäufer abgewogen, während Prüfer die Qualität des Käses mit Hämmern und Bohrern bestimmen. Stimmt das Gewicht und ist der Käufer zufrieden mit der Beschaffenheit des Käses, so wird der Handel nach altem Ritual per Handschlag besiegelt.

Am 12. Juni 2004 wurde um den Käsemarkt von Alkmaar ein ganz besonderes Spektakel betrieben, denn schließlich feierte die Stadt in diesem Jahr ihr siebenhundertfünfzigjähriges Bestehen. Kein Wunder, dass man weder Kosten noch Mühen scheute, schließlich ist der Käsemarkt längst die beste Werbung für die Stadt und für den holländischen Käse. In der Innenstadt war ein kleines holländisches Dorf mitsamt Windmühle entstanden, wo alte Handwerkszünfte ihr Können präsentierten, überall in der Stadt konnte man an Ständen Käse und andere Leckereien probieren. Und für den Käsemarkt hatte man sich an diesem Tag etwas ganz Besonderes ausgedacht: Die Käseräder wurden nicht, wie sonst üblich, in Lastwagen zum Waagplein transportiert, sondern wie einst auf Booten über die Grachten zum Markt gerudert. Die Käseträger trugen an diesem Tag Gewänder, die noch älter waren als ihre traditionelle Kleidung, und benutzten alte Gerätschaften, die zu diesem Zweck aus dem Käsemuseum von Alkmaar ausgeliehen worden waren. Und noch etwas war an diesem Tag besonders, denn man hatte eigens einen der berühmtesten Söhne der Stadt einfliegen lassen, um den Käsemarkt zusammen mit Bürgermeisterin Marie van Rossen zu eröffnen – Rudi Carrell. Und der hatte natürlich keine Sekunde gezögert, die Einladung anzunehmen, denn wenngleich er seit vierzig Jahren in Deutschland lebte, hat er sich zeitlebens immer zu seiner Heimatstadt bekannt und wurde an diesem 12. Juni folglich auch mit entsprechender Begeisterung begrüßt – ja, auf Rudi ist man stolz in Alkmaar. Um Punkt zehn Uhr läutete er die Glocke, die traditionell den Käsemarkt eröffnete, und gab damit zum Gaudium der *Alkmaarders* und der Touristen den Startschuss für dieses farbenfrohe Schauspiel.

1934, wenige Tage vor Weihnachten, am 19. Dezember, einem Mittwoch, wird hier in Alkmaar der Mann geboren, der später in den Niederlanden und seiner Wahlheimat Deutschland unter dem Namen »Rudi Carrell« für Furore sorgen und zu einem der populärsten Stars der Fernsehgeschichte aufsteigen wird. Die Geburt findet, wie in dieser Zeit noch üblich, zu Hause statt, eine Hebamme hilft der siebenundzwanzigjährigen Catharina Houtkooper dabei, ihr erstes Kind auf die Welt zu bringen, während ihr Mann, der bald dreiundzwanzigjährige Andries Kesselaar, den sie genau neun Monate zuvor geheiratet hat, nervös auf den ersten Schrei des Neugeborenen wartet – wie schon zahllose Väter vor und nach ihm. Um halb vier Uhr morgens ist es endlich soweit, das erstgeborene Kind des jungen Paares ist da; zur Freude des Vaters ist es ein Sohn. Noch am selben Tag meldet Andries die Geburt seines Stammhalters im Gemeindeamt und lässt ihn unter dem Namen Rudolf Wijbrand Kesselaar ins Taufregister von Alkmaar eintragen.

Die Kesselaars bewohnen zu dieser Zeit die erste Etage eines jener typischen kleinen holländischen Arbeiterhäuschen, dessen Beengtheit Carrell rückblickend ironisch beschreibt: »Es war so klein, dass, als meine Mutter im sechsten Monat schwanger war, ein Stuhl aus dem Wohnzimmer auf den Dachboden gebracht werden musste und in ihrem neunten Monat dann noch das Sofa.«[1] Rudis Geburtshaus in der Spoorstraat 35 steht auch heute noch – in den neunziger Jahren kamen Stimmen auf, dass es höchste Zeit sei, endlich mittels einer Gedenktafel darauf hinzuweisen, dass hier der »weltberühmte Rudi Carrell geboren worden ist«[2], bisher jedoch ohne entsprechende Resonanz bei der Stadtverwaltung. Das schlichte spitzgieblige, zweigeschossige Reihenhäuschen aus der Zeit der Jahrhundertwende zeugt auch heute noch von den sehr bescheidenen Verhältnissen, in denen Carrell aufgewachsen ist. Seine Eltern sind lediglich Mieter hier, im Erdgeschoss wohnen noch die Eigentümer des Häuschens – der Leinweber Hendrik Koster und seine Frau Trijntje Trompetter.[3] Man kann sich lebhaft vorstellen, wie beengt es in dem nordwestlich vom alten Alkmaarer Stadtkern gelegenen Häuschen in der Spoorstraat zugeht. Schnell wird klar, dass die junge Familie hier nicht noch länger wohnen bleiben kann, denn Rudi wird nicht das einzige Kind des Paares bleiben – in den nächsten zehn Jahren gesellen sich noch eine Schwester und zwei Brüder hinzu. Am 4. September 1936 kommt die auf den Namen Geertruida Catharina getaufte und von Kindesbeinen an »Truus« gerufene Schwester zur Welt, am 26. November 1941 folgt der Bruder Adriaan und am 2. November 1944 der jüngste Spross der Familie, der auf den Namen André getauft wird.

Schon wenige Monate nachdem Rudi auf die Welt gekommen ist, im April 1935, verlassen die Kesselaars das Haus in der Spoorstraat und wechseln zunächst für kurze Zeit in eine Wohnung in der Baansingel 44a. Genau ein Jahr später, im April 1936, noch bevor das zweite Kind des Paares geboren wird, ziehen die Kesselaars in ein kleines Reihenhäuschen im nahe gelegenen Bergerweg 44 – hier, im Westen Alkmaars, ist vor kurzem das letzte vor dem Krieg realisierte neue Stadtviertel entstanden; es ist das Armenviertel Alkmaars. Zwar bewohnen die Kesselaars im Bergerweg ein ganzes Haus und verfügen auch über einen kleinen Garten, doch sind die Wohnverhältnisse auch weiterhin beengt und sehr bescheiden zu nennen – nur ein einziger Kachelofen steht in Rudis Kindheit zur Verfügung, um das ganze Haus zu beheizen: »Alles war klein. Die ›gute Stube‹, das Wohn- und Esszimmer, die Küche. Die Toilette – besser gesagt, das Plumpsklosett – war draußen im Hof.«[4] Ein Freund der Familie erinnert sich heute: »Sie waren so arm wie Kirchenmäuse. Ihr Mobiliar bestand aus Apfelsinenkisten.«[5] Rudis Schwester Truus bestätigt rückblickend: »Wir hatten wirklich ein sehr einfaches Leben, aber wir haben das Beste daraus zu machen gewusst.«[6]

Der erstgeborene Sohn, der von klein auf mit dem Kosenamen »Rudi« gerufen wird, ist der ganze Stolz des jungen Paares. Beide, Catharina wie Andries, sind echte *Alkmaarders* – Andries Kesselaar ist am 27. Dezember 1911 und Catharina Houtkooper am 5. März 1907 hier geboren worden. Wie in den Niederlanden üblich, wird Catharina in amtlichen Papieren auch nach der Hochzeit am 7. März 1934 noch unter ihrem Mädchennamen geführt.[7] Andries, von Freunden oft auch kurz »Dries« genannt, ist gelernter Bäcker und entstammt einer vielköpfigen Familie – er ist das zwölfte von insgesamt dreizehn Kindern seiner Eltern Geertruida Brouwer und Johannes Jacobus Kesselaar, eines Maurers, der ebenfalls aus Alkmaar stammt, während Rudis Großmutter Geertruida in Hoogwoud, einem kleinen, nordöstlich von Alkmaar gelegenen Dörfchen, zur Welt gekommen ist.[8] Geertruida sollte Rudi nie kennen lernen, sie ist schon fünf Jahre vor seiner Geburt im Alter von nur sechsundfünfzig Jahren an Tuberkulose gestorben.[9] Zehn Monate nach Geertruidas frühem Tod, der Johannes plötzlich mit seiner Kinderschar und fünf in seinem Haus lebenden Enkelkindern allein dastehen ließ, heiratet Johannes Jacobus Kesselaar ein zweites Mal. Auch seine zweite Frau heißt Geertruida – Geertruida Wilhelmina Schiebergen, sie stammt aus Amsterdam.[10]

Johannes – Andries' Vater und Rudis Großvater – ist der Erste aus seiner Familie[11], der in Alkmaar zur Welt kam; sein Vater, der ebenfalls Johannes Kesselaar hieß und Eisenbahnbeamter war, ist 1833 in Hoorn, einem knapp dreißig Kilometer östlich von Alkmaar gelegenen Städtchen, geboren worden.[12] Zusammen mit seiner aus Hoorn stammenden Frau Maartje Herman ist er 1867 erstmals nach Alkmaar gezogen, doch im Laufe seines Berufslebens musste er noch öfter seinen Wohnort wechseln. Erst 1875, nachdem er nach dem frühen Tod seiner ersten Frau ein zweites Mal geheiratet hatte, ließ er sich mit seiner Frau Aagje Blokker endgültig in Alkmaar nieder und eröffnete ein Café an der Laat, einer der wichtigsten Straßen der Stadt.[13] Sein Vater Johannes Kesselaar, Rudis Urgroßvater, ist einer von drei unehelichen Söhnen von Geertje Kesselaar – sein Vater ist im Geburtsregister von Hoorn als »unbekannt« eingetragen. Geertje, Rudis Ururgoßmutter ist 1799 in Hoorn geboren worden, ihre Eltern, ein ohne Vornamen verzeichneter Kesselaar und seine Frau Naatje Brands, Rudis Ururgroßeltern, die ebenfalls Mitte des achtzehnten Jahrhunderts in Hoorn gelebt haben, sind väterlicherseits die ältesten recherchierbaren Vorfahren von Rudi Carrell.[14]

Rudis Mutter Catharina, von Freunden »Trien« genannt, ist die Tochter von Wijbrand Houtkooper und Maria Margaretha van Doorn, der einzigen Katholikin unter Rudis Vorfahren – seine Eltern und sein Großvater Johannes gehören keiner Glaubensgemeinschaft an, Großmutter Geertruida ist – wie hier im Norden der Niederlande üblich – Protestantin und ebenso wie Wijbrand Houtkooper Mitglied der Reformierten Kirche der Niederlande. Wijbrand und Margaretha stammen wie auch Rudis Großeltern väterlicherseits aus Alkmaar, das Paar hat zusammen neun Kinder.[15] Trotz des Kinderreichtums sind die Houtkoopers – deren Vorfahren sich bis zum Jahr 1755 im nordholländischen Dörfchen Schermer nachweisen lassen – finanziell etwas besser gestellt als die dem einfachen Handwerkermilieu entstammenden Kesselaars, denn Wijbrand, von dem Rudi seinen zweiten Vornamen erhält, ist – zumindest in der Zeit vor Rudis Geburt – Inhaber des beliebten Alkmaarer Kaffeehauses *De Korenbeurs*, der »Kornbörse«. Es liegt an der Gracht Luttik Oudorp, jenes Wasserweges, der unmittelbar auf den Waageplein und den Käsemarkt zu verläuft – wenn man vor die Tür tritt, erblickt man rechter Hand den prachtvollen Renaissanceturm der *Waag*, jenes Gebäudes, in dem traditionell der Käse auf der historischen Käsewaage abgewogen wird. Besonders an den Markttagen wird Großvater Wijbrands Kaffeehaus eine wichtige Anlaufstätte in dem kleinen Städtchen gewesen sein – doch als Rudi geboren wird, ist er Anfang sechzig und lebt bereits im Ruhestand: »Mir war niemals bekannt, dass mein Großvater eine Kneipe hatte.«[16]

Rudis Vater Andries Kesselaar ist bei der Geburt seines ersten Sohnes zweiundzwanzig Jahre alt; den Beruf des Bäckers, den er ursprünglich erlernt hat, übt er zu diesem Zeitpunkt schon nicht mehr aus. Zwischenzeitlich hat er als Versicherungsagent gearbeitet, teils war er auch arbeitslos gemeldet, später, ab 1939, wird sein Beruf in den Unterlagen der Gemeinde Alkmaar mit »Lagerangestellter« angegeben. Andries hat es ebenso wie zigtausende andere Niederländer in diesen Jahren schwer, eine geregelte Arbeit zu finden, denn auch das kleine Land leidet in der ersten Hälfte der dreißiger Jahre noch unter den Auswirkungen der Weltwirtschaftskrise – die Löhne und Sozialleistungen sind gesunken, die Arbeitslosenzahlen rapide angestiegen. Wie in Deutschland bereitet auch in den Niederlanden der wirtschaftliche Niedergang den Boden für nationalsozialistisches Gedankengut – 1936, zwei Jahre nach Rudis Geburt, hat die von Anton Adriaan Mussert gegründete *Nationaal-Socialistische Beweging* (NSB) rund fünfzigtausend Mitglieder. Zu wirklich gravierender Bedeutung wird die NSB jedoch erst in Zeiten der deutschen Besatzung gelangen.

Andries Kesselaar hat andere Sorgen, als sich mit politischen Fragen zu beschäftigen, er muss eine langsam, aber stetig wachsende Familie ernähren – und das ist in diesen Zeiten nicht immer leicht. Carrell erinnert sich: »Mein Vater hat alles Mögliche verkauft, Gemüse und Kartoffeln, und irgendwie hat er es sogar immer geschafft, dass einmal in der Woche Fleisch auf den Tisch kam. Keine Ahnung, wie er das angestellt hat. Letztlich sind wir immer irgendwie über die Runden gekommen, aber es war schwierig für ihn, eine bezahlte Arbeit zu finden.«[17] Natürlich ist Andries sich seiner Verpflichtung, seine noch junge Familie zu versorgen, durchaus bewusst, gleichwohl schlägt sein Herz für etwas ganz anderes als für nüchterne Brotberufe – er träumt von einer Karriere als Conférencier, Witzeerzähler, Sänger oder Schauspieler; hin und wieder steht er auch schon mit selbst geschriebenen Witzen und Liedern auf der Bühne. Schon als Kind hatte er sich aus alten Tüchern und Besenstielen ein Zelt gebaut und darin selbst ausgedachte Theaterstücke gespielt – freilich gegen Eintritt, denn er war von seinen Spielkameraden mit Murmeln bezahlt worden.[18] Aber auch mit Anfang zwanzig sieht Andries seine Zukunft nach wie vor auf der Bühne und hat sich auch schon für einen Künstlernamen entschieden: »André Carrell« nennt er sich, wenn er auftritt. Der Anstoß, diesen Namen zu wählen, kommt von einem Zauberkünstler, mit dem Andries Kesselaar in dieser Zeit häufig zusammenarbeitet, Emil Moretti. Der schlägt ihm vor, aus Andries den französisch klingenden Vornamen »André« zu machen und zusätzlich auf den Namen des populären Chirurgen Alexis Carrel zurückzugreifen, der als Begründer der Gefäßchirurgie gilt und 1912 einen Nobelpreis verliehen bekommen hat: »Du brauchst einen anderen Namen. Ich habe gerade etwas über den Nobelpreisträger Dr. Alexis Carrel gelesen. Statt Andries Kesselaar wäre doch ›André Carrell‹ ideal.«[19]

Andries ist noch jung, man könnte seine Bühnenträume als Flausen abtun, aber in seiner Familie stößt Andries durchaus nicht nur auf Unverständnis, weil es, was seinen eigentlichen Berufswunsch angeht, durchaus so etwas wie eine familiäre Vorbelastung gibt. Denn auch sein Vater, Rudis Großvater Johannes, hatte zeitlebens immer eine große Affinität zur Bühne und stand wiederholt als Laienschauspieler auf den Brettern. Und selbst unter Andries' Brüdern gibt es einige, die ihm mit ihrem komischen Talent und ihrer Freude daran, Menschen zum Lachen zu bringen, in nichts nachstehen. Zusammen mit drei von ihnen, nämlich Piet, Jan und Klaas, ist Andries bereits etliche Male in Alkmaar aufgetreten – die vier nennen sich »De vier K's«[20], was im Holländischen ein kleines Wortspiel darstellt, denn gemeint sind natürlich »Die vier Kesselaars«, da aber »K's« im Holländischen wie *Kaas*, also wie Käse, ausgesprochen wird, macht sich das Komiker-Quartett sozusagen als die »Die vier Käse« einen Namen – in der Käsestadt Alkmaar natürlich ein gelungener Gag: »In meiner Familie gab es viele, die Humor hatten und eine große Begabung zur Komik. Aber mein Vater war der Einzige, der es auch beruflich machen wollte.«[21]

Und tatsächlich lässt sich Andries Kesselaar, alias André Carrell – der als der talentierteste unter den vier Brüdern gilt –, von nichts und niemandem davon abhalten, seine Bühnenträume weiterzuverfolgen, auch nicht von den besorgten Mahnungen seiner Frau Catharina, die es lieber hätte, wenn ihr Ehemann sich nach einem festen Brotberuf umsähe, der der Familie ein regelmäßiges Einkommen sicherte. Nein, Andries fühlt sich zur Bühne berufen und träumt davon, die Leute zu unterhalten, ihnen Freude zu bereiten, sie zum Lachen, aber ebenso zum Weinen zu bringen – und eines Tages auch davon leben zu können. Und so tingelt er jahrelang als Zauberkünstler, Witzeerzähler, Entertainer und Conférencier – zunächst durch Alkmaar und die Dorfsäle der näheren Umgebung, später auch durch die ganzen Niederlande und auf Tourneen in die niederländischen Kolonien. Davon, dass der Anfang hart ist, dass die Bühnenträume nicht allzu leicht in die Tat umzusetzen sind, wenn man aus einer kleinen holländischen Provinzstadt kommt und einen niemand kennt, lässt Andries sich nicht abschrecken. Er versucht alles, um seinem Wunschberuf immer noch ein Stückchen näher zu kommen. Als er eines Tages – Rudi ist gerade erst ein paar Monate alt und Andries wieder einmal arbeitslos – den berühmten niederländischen Theater- und Filmschauspieler Jan Lemaire vor dem einzigen Hotel Alkmaars trifft, spricht er ihn sofort an und eröffnet ihm unverblümt: »Ich möchte so gerne Schauspieler werden. Können Sie mir helfen?« Doch der gefeierte Schauspielstar, der gerade an der Seite des jungen Johannes Heesters den Film *Die bleiche Bet* abgedreht hat, wimmelt den enttäuschten Andries lediglich mit dem Rat ab, zunächst einmal eine Schauspielschule zu besuchen. Erst zwanzig Jahre später sollen sich die beiden wiedersehen, dann wird sich das Verhältnis umgekehrt haben, und Andries Kesselaar ist ein berühmter Conférencier, den man längst in ganz Holland unter dem Namen »André Carrell« kennt, während der in Vergessenheit geratene Jan Lemaire verzweifelt nach Engagements sucht. Diesmal ist er es, der zum Bittsteller wird: »Guten Tag, Herr Carrell. Ich heiße Jan Lemaire, ich war früher Schauspieler. Zurzeit mache ich nur noch Hörspiele. Aber ich möchte wieder auf die Bühne. Wenn Sie mal jemanden brauchen für einen Sketch oder so etwas ...«[22]

Doch in den dreißiger Jahren, also während Rudis Kindheit, ist dies noch Zukunftsmusik. Noch sind die Einnahmen, die Andries mit seinen Auftritten erwirtschaftet, äußerst bescheiden, noch muss er zu Tricks greifen, um seine Familie mit seinen Bühnenambitionen ernähren zu können. Oft ist es tatsächlich seinem Erfindungsreichtum und nicht selten auch einer gehörigen Portion Dreistigkeit zu verdanken, dass es ihm immer wieder gelingt, seine Familie in Krisenzeiten über die Runden zu bringen. Rudi Carrell erinnert sich: »Er hat zum Beispiel den Bauern Zaubertricks verkauft und dafür als Lohn Essbares oder frische Milch bekommen. Kurze Zeit später sind die Bauern dann alle zusammengekommen und wollten sich gegenseitig die Zaubertricks vorführen, die sie von meinem Vater gelernt hatten. Und da stellte sich schnell heraus, dass er jedem Bauern den gleichen Trick verkauft hatte, und sie haben sich natürlich fürchterlich geärgert. Aber für Beschwerden war es da längst zu spät, da hatten wir Vaters Lohn schon aufgegessen und die Milch getrunken.«[23]

Doch solche Episoden, über die man in der Familie Kesselaar noch lange lacht, können nicht darüber hinwegtäuschen, dass die wirtschaftliche Lage oftmals prekär ist – auch den Kindern kann dies nicht entgehen. Lange Zeit gibt es nicht einmal genug Geld, um wenigstens ein einziges Fahrrad für die Familie anzuschaffen – und das, wo ein Fahrrad eigentlich zur Grundausstattung eines jeden Holländers gehört. Während Vater Andries stets Optimist bleibt und seinen Kindern das Bild zu vermitteln sucht, dass es irgendwie schon immer weitergehen wird, lässt die Mutter ihre Kinder oft an ihrem Pessimismus teilhaben. So manchen Tag weiß Catharina einfach nicht mehr, wie sie ihre Familie durchbringen soll; häufig fragt sie ihren Mann: »Warum sind wir bloß so arm? Wie lange gibt's noch Geld?«[24] Rudi Carrell erinnert sich, dass die Ehe seiner Eltern trotz der Spannungen, die sich immer auf die oft leere Haushaltskasse bezogen, stets harmonisch gewesen ist – die Mutter ihren Kindern gegenüber aber durchaus stets ihre Nöte und Befürchtungen nicht verschwiegen hat: »Wir sind aufgewachsen mit den ständigen Sorgen unserer Mutter. Und sie war oft verzweifelt, weil sie nicht wusste, wie sie uns durchbringen, wie sie uns ernähren sollte. Aber dennoch – Streit, wirklichen Streit, gab es nie zwischen meinen Eltern.«[25] Auch seine Schwester Truus bestätigt: »Vater hat es immer wieder geschafft, Mutter aufzumuntern. Auch wenn sie jeden seiner Witze schon hunderte Male gehört hat, musste sie jedes Mal wieder lachen.«[26]

Als Kind sieht man die Welt ohnehin mit anderen Augen, die Erwachsenensorgen gehen so manches Mal in den kindlichen Abenteuern des Alltagslebens unter. Als Kind findet man sich eher zurecht mit der Welt, in die man hineingeboren ist, und kann, weil man es gar nicht anders kennen gelernt hat, vielleicht auch leichter mit Entbehrungen umgehen als die Erwachsenen mit ihren Sorgen und Nöten, ihren Ambitionen und Hoffnungen. Man spielt mit den Nachbarskindern, erkundet die Welt, in der man aufwächst – im Falle Rudis das Städtchen Alkmaar und die nähere Umgebung. Und natürlich sind da noch die Geschwister, Schwester Truus und die beiden Brüder. Rudi Carrell erinnert sich: »Wir vier haben uns phantastisch verstanden, und das, obwohl wir eigentlich alle sehr unterschiedlich waren.« Eine besondere Rolle spielt für ihn zeitlebens seine Schwester Truus, mit der zusammen er aufgrund der räumlichen Enge in Kindertagen auch in einem Bett schläft: »Truus war mir vermutlich immer am nächsten, was sicher auch daran lag, dass wir altersmäßig nur eineinhalb Jahre auseinander liegen. Truus hat einen herrlichen Humor, sie ist eigentlich viel komischer als ich und hat mich, was Humor betrifft, immer sehr stimuliert. Aber sie war stark von meiner Mutter beeinflusst, und so hat sie den Schritt ins Showbusiness nie gewagt. Aber sie hat das nie bereut, sie ist auch ohne das sehr glücklich geworden. In unserer Kindheit haben wir beide wirklich wahnsinnig viel gelacht zusammen. Wenn wir etwa einen lustigen Film im Kino gesehen haben, haben wir nachts im Bett stundenlang die Gags wiederholt und konnten vor lauter Lachen nicht einschlafen.«[27] Truus, die heute mit ihrem Mann in Hilversum lebt, entsinnt sich ebenso gerne dieser Zeit wie ihr Bruder: »Rudi war wirklich der beste Bruder, den man sich wünschen konnte – für uns alle. Wir hatten alle ein sehr gutes Verhältnis. Natürlich gab es schon mal ein bisschen Streit, wie unter allen Geschwistern, aber so was dauerte nie lange.«[28]

Die Brüder, Adriaan und André, sieben und zehn Jahre jünger als Rudi, spielen aufgrund des Altersunterschieds, der in Kindertagen natürlich schwerer wiegt als im Erwachsenenalter, in Rudis Kindheit eine weniger bedeutende Rolle als Truus; erst später wird das Verhältnis zu ihnen inniger und wichtiger. Adriaan, den Älteren der beiden, empfindet Rudi als sehr sachlich und beherrscht. Wenn im Hause Kesselaar das Spiel »Wer zuletzt lacht, kriegt 'nen Gulden« gespielt wurde, bei dem Rudis Vater Witze um die Wette erzählte, ging Adriaan meistens als Sieger hervor, weil er sich unter dem Tisch heftig mit einer Nadel in ein Bein pikste, um bloß nicht lachen zu müssen. »Adriaan war ganz anders als ich, weniger frech, weniger impulsiv. Später hat er bei einer Lebensversicherung gearbeitet, aber er war immer ein großer Fan von mir.«[29] Obwohl auch Adriaan in jungen Jahren Bühnenluft schnuppert, entwickelt er im Gegensatz zu seinem Bruder nie ernsthafte Ambitionen in diese Richtung, was Adriaan auch rückblickend bestätigt: »Ich habe zwar am Anfang auch auf der Bühne mitgemacht, Kasperletheater mit Rudi gespielt, später ein Jahr lang als sein Sekretär gearbeitet und ihn 1960 sogar auch mal auf Tournee begleitet, aber ich wollte nicht ins Showbusiness. Ich bin dann in die Versicherungsbranche gegangen und immer da geblieben, und das war genau das Richtige für mich. Aber über die Erfolge, die Rudi hatte, habe ich mich immer wahnsinnig gefreut und bin stolz darauf, was er beruflich alles erreicht hat. Seit er in Deutschland lebt, habe ich ihn meist nur einmal im Jahr gesehen, aber ich habe ihm oft Briefe geschrieben; er hat mir jedoch nie zurückgeschrieben. Wenn unsere Mutter ihn besuchte und zurückkam, hat sie mir immer gesagt, dass Rudi sich wahnsinnig über meine Briefe freue. Aber auf die Idee, auch mal zurückzuschreiben, ist er nie gekommen.«[30]

André, Rudis jüngster Bruder, der als Vornamen den Künstlernamen des Vaters erhält, ist der jüngste Spross der Kesselaars, das Nesthäkchen der Familie: »André ist leider sehr früh gestorben, er ist nur neunundvierzig geworden. Er war der ›Jesus‹ unserer Familie. Er war unglaublich lieb und unglaublich beliebt, er war für mich der liebste Mensch der Welt. Als er 1994 starb, hat der *Telegraaf*, die größte niederländische Zeitung, eine halbe Seite mit Todesanzeigen veröffentlicht von Leuten, die ihn mochten, darunter auch viele Prominente.« André Kesselaar, verheiratet und Vater von drei Söhnen, hat viele Jahre für den niederländischen Fernsehproduzenten Joop van den Ende gearbeitet und war für die Akquisition und Betreuung ausländischer Gäste zuständig, bis er 1994 plötzlich im Schlaf an einem Herzinfarkt starb. »Er hat seinen Job fabelhaft gemacht, er war ein Schatz von einem Menschen. Aber er hat immer alles in sich hineingefressen, während ich immer alles aus mir herausgebrüllt habe.«[31]

Obwohl die vier Geschwister so unterschiedliche Charaktere sind, geht es harmonisch zu im Hause Kesselaar, was sicherlich nicht zuletzt auch daran liegt, dass keines der Kinder von den Eltern bevorzugt wird, sondern alle gleich behandelt werden.[32] Andries und Catharina gehen stets liebevoll mit ihren Kindern um und verstehen es, eine Atmosphäre häuslichen Wohlbehagens zu schaffen. Abends wird zusammen gespielt, bei jeder Familienfeier und jeder Geburtstagsparty macht man sich Gedanken, wie man den Tag zu etwas ganz Besonderem machen kann, führt kleine Sketche auf, singt zusammen, erfindet Witze um die Wette. Andries erzählt seinen Kindern abends vor dem Schlafengehen oft Geschichten, doch taugen diese meist nicht als Gute-Nacht-Geschichten, da er sich so lustige Sachen ausdenkt, dass seine Sprösslinge vor lauter Lachen erst recht nicht einschlafen können.

Ja, im Hause Kesselaar wird immer viel gelacht: »Ich bin wirklich mit wahnsinnig viel Humor aufgewachsen. Das hat einerseits sicherlich viel mit der Veranlagung meiner Familie zu tun, andererseits aber einfach auch mit der holländischen Sprache, denn die ist sehr humorvoll und witzig.« Beinahe gewinnt man das Gefühl, dass die Kesselaars die Armut, mit der sie in dieser Zeit tagtäglich konfrontiert sind, einfach auslachen. Jahrzehnte später bekennt Carrell: »Nicht die heile Welt, sondern Hunger und Elend treiben Gags und Witze hervor.«[33] Das Leben mit Humor zu nehmen, die Sorgen und Nöte beiseite zu schieben und über die lustigen, absonderlichen und absurden Seiten des Lebens zu lachen, stellt für Andries und Catharina eine Möglichkeit dar, ihren Kindern ein positives, optimistisches Lebensgefühl zu vermitteln. Und so blickt Rudi Carrell auch voller Dankbarkeit auf seine Kindheit und seine Eltern zurück: »Ich hatte eine wirklich tolle Kindheit. Wir hatten nichts – und wir hatten alles.«[34]

Als Kind und später auch als Jugendlicher liebt Rudi es, durch die Straßen von Alkmaar zu schlendern und jede Gasse und jeden Winkel seiner behäbigen Vaterstadt zu erkunden, die zur Zeit seiner Kindheit rund dreißigtausend Menschen beherbergt: »Ich war ständig unterwegs, ich war mehr draußen als drinnen. Es gab nichts Schöneres für mich, als samstags und sonntags auf der Hauptstraße von Alkmaar spazieren zu gehen und einfach die Leute zu beobachten, ein bisschen mit den Mädels zu flirten, herumzustreunen. Ich fand Alkmaar wirklich toll, die Stadt hat meine ganze Arbeit und mein ganzes Leben geprägt. Es gab da alles, von Arm bis Reich, und man lernt wirklich alles kennen, das ganze Leben. Mir konnte für meinen späteren Beruf einfach nichts Besseres passieren, als in so einer Kleinstadt aufzuwachsen.«[35]

Aber noch etwas anderes gibt es, was der kleine Rudi über alles liebt – das Kino. Diese Leidenschaft teilt er mit seiner Schwester Truus, und sie beide können sie sich nur leisten, weil sie in den Pausen der Platzanweiserin beim Einsammeln des Mülls helfen und so freien Zutritt zu den Vorstellungen bekommen: »Wir hatten vier Kinos in Alkmaar, alle im Umkreis von hundert Metern. Sonntags gingen wir manchmal dreimal ins Kino, und ich habe so viele Filme gesehen, dass ich mich an das meiste gar nicht mehr erinnern kann. Was ich besonders liebte, waren die Filme von Charlie Chaplin – Truus heulte, und ich lachte – und dann die vielen Showfilme aus Amerika, mit Fred Astaire und so. Die sah ich teilweise bis zu fünfmal. Ganz besonders geliebt habe ich, das war allerdings schon nach dem Krieg, *The Best Years of Our Lives* [»Die besten Jahre unseres

Lebens«], der erzählte von amerikanischen Soldaten, die zurück in ihre Heimat kamen und versuchten, in ihrem alten Leben wieder Fuß zu fassen. Das war ein toller Film, den habe ich mindestens viermal gesehen.«[36] Truus erinnert sich noch an ein anderes Kinoerlebnis, das bleibenden Eindruck bei ihr hinterlassen hat: »Mein absoluter Favorit war *Jour de fête* [»Tatis Schützenfest«] von Jacques Tati, da haben wir so schrecklich gelacht, dass ich auf einmal Rudi neben mir im Kinosessel vermisste und dachte, wo ist er bloß geblieben? Und dann sah ich ihn vor lauter Lachen auf dem Boden liegen und sich den Bauch halten. Wir waren so begeistert von dem Film, dass wir ihn bestimmt zwei Jahre lang jede Woche einmal nachgespielt haben.« Überhaupt ist Kino etwas, das Rudi anregt, auch selber kreativ zu werden: »Als wir Doris Day *Tea for Two* singen hörten, haben wir das tagelang nachgesungen, und dann hat Rudi ein Lied für mich geschrieben. Er hat einfach gesagt: ›Das kann ich auch, das mache ich selbst.‹ Und dann hat er es auch gemacht.«[37]

Rudi liebt es, mit den Helden auf der Leinwand mitzuleiden, mitzufiebern, sich ganz in die Geschichten, die er zu sehen bekommt, hineinziehen zu lassen – ein paar Stunden dem überschaubaren Kosmos seiner Vaterstadt zu entfliehen und den Duft der großen weiten Welt zu schnuppern, die eines Tages zu erkunden er sich fest vornimmt. Sechzig Jahre später bekennt er: »Ich habe mir damals gedacht: Alles, wirklich alles, was ich da auf der Leinwand sehe, das will ich auch erleben, alles auskosten. Das Leben, das Lieben, alles. Und ich habe ja dann auch alles bewusst erlebt – bewusst erleben dürfen. Nur das Sterben noch nicht. Aber auch da habe ich mir vorgenommen, dass ich das bewusst erleben will.«[38]

Doch natürlich besteht auch für den kleinen Rudi Kesselaar das Leben nicht nur aus Leute-Beobachten und Kinoträumen. Als Rudi seinen fünften Geburtstag feiert, tobt in anderen Teilen Europas schon der Zweite Weltkrieg, nur knapp ein halbes Jahr später erreicht er auch die Niederlande. Während es dem kleinen Land erfolgreich gelungen ist, sich aus den kriegerischen Auseinandersetzungen des Ersten Weltkriegs herauszuhalten, nutzt diesmal das erneute Pochen auf den Status der Neutralität nichts. Obwohl Adolf Hitler mehrfach versichert hatte, die Neutralität des Nachbarlandes zu achten, überfallen die Deutschen die Niederlande im Frühjahr 1940 im Zuge ihrer Westoffensive – ein tief sitzender Schock für die Niederländer, die zu diesem Zeitpunkt bereits ein Jahrhundert lang im Frieden gelebt haben.

Am 9. Mai 1940, dem Vorabend des deutschen Angriffs, findet im Rathaus von Alkmaar noch eine Sitzung des Gemeinderats statt. Doch so recht kann sich an diesem Abend keiner der Ratsherren auf die Sitzung konzentrieren, bei der es unter anderem um die Finanzierung der sich hinauszögernden Restaurierung der Sankt-Laurentius-Kirche geht. Angesichts der soeben erfolgten Besetzung Dänemarks und Norwegens wächst die Befürchtung, dass Hitler nun bald auch im Westen losschlagen und den Niederlanden das gleiche Schicksal wie den beiden Ländern drohen könnte. Dass der deutsche Überfall jedoch nur noch wenige Stunden auf sich warten lassen wird, kann zu diesem Zeitpunkt freilich noch niemand ahnen – die Tarnung des bevorstehenden Militärschlags ist den Deutschen bis zum letzten Augenblick gelungen.

Am Morgen des 10. Mai 1940 werden die diplomatischen Vertreter von Belgien und den Niederlanden in die Berliner Wilhelmstraße zitiert, wo ihnen mitgeteilt wird, dass deutsche Truppen kurz davorstehen, die belgischen und niederländischen Grenzen zu überschreiten. Doch zu diesem Zeitpunkt hat der deutsche Militärschlag in Wirklichkeit schon längst begonnen. Bereits um drei Uhr nachts hat die deutsche Luftwaffe etwa damit angefangen, den Flugplatz der nordwestlich von Alkmaar gelegenen Stadt Bergen zu bombardieren. Viele *Alkmaarders*, darunter auch die Kesselaars, hören das Dröhnen der deutschen Bomber und versammeln sich verängstigt auf den Straßen, von wo aus sie die deutschen Flugzeuge mit den Balkenkreuzen auf den Tragflächen am Himmel erkennen können – bald auch den Feuerschein des brennenden Flugplatzes von Bergen: »Ich kann mich genau an die Nacht vom 10. Mai 1940 erinnern«, erzählt Rudi Carrell über sechzig Jahre später. »Richtung Westen gab es diesen gigantischen Feuerschein, und mein Vater sagte mir, dass die Holländer die großen Öltanks nördlich von Amsterdam, am Nordseekanal, angezündet haben, damit die Deutschen nicht in den Besitz des Öls kommen.«[39]

Schon am frühen Morgen des 10. Mai ergehen an den Bürgermeister von Alkmaar telefonische Anweisungen aus Den Haag, dass sich die Bevölkerung der Stadt darauf vorbereiten soll, Flüchtlinge aus zu evakuierenden Gebieten aufzunehmen. Und Alkmaar wird in den nächsten Wochen tatsächlich mit Einwohnern der Stadt Den Helder überschwemmt, die an der Nordspitze der Provinz Noord-Holland, direkt vis-à-vis der Insel Texel, liegt. Bereits in früheren Kriegen hatte Den Helder wegen seiner strategisch wichtigen Lage eine besondere Rolle gespielt – schon Napoleon hatte befohlen, das »Gibraltar des Nordens« zu befestigen, woraufhin dort Forts und Werften gebaut wurden. 1942 entstehen für die Flüchtlinge aus Den Helder am südlichen Stadtrand von Alkmaar rund zweihundertfünfzig Häuser – das neue Wohnviertel Bergerhof.

Trotz des Schreckens, der mit dem Überfall der deutschen Truppen und den Luftangriffen verbunden ist, geht das Leben in Alkmar an diesem 10. Mai 1940, einem Freitag mit herrlichstem Frühlingswetter, weitgehend seinen gewohnten Gang – selbst der Alkmaarer Käsemarkt öffnet ganz normal seine Pforten. Allerdings kommt es, wie überall in den Niederlanden, kurzfristig zu einer Hamsterwelle, bei der die *Alkmaarders* sich mit so vielen haltbaren Lebensmitteln wie möglich eindecken. Königin Wilhelmina, die bei ihrem Volk höchste Popularität genießt, ruft noch am Vormittag in einer Rundfunkansprache ihre Untertanen dazu auf, trotz des deutschen Militärschlags Ruhe zu bewahren. Joseph Goebbels notiert im fernen Berlin gehässig in sein Tagebuch: »Die Königin von Holland wendet sich an ihr Volk. Sie wird vermutlich nicht mehr lange Gelegenheit dazu haben. Die alte Tante. Soll sich zum Teufel scheren und nicht dem Rad der Geschichte im Weg stehen.«[40]

Die niederländischen Soldaten kämpfen tapfer, sie erweisen sich als unerschrockene, harte und zähe Verteidiger ihres Vaterlandes und sorgen für unerwartet hohe Verluste bei den Invasoren. Doch gegen die militärische Übermacht und vor allem gegen die völlig neuartige Angriffsstrategie der Deutschen haben sie letztlich keine Chance. Das deutsche Militär hat für den »Fall Weiß«, wie der Deckname für den Überfall auf Belgien und die Niederlande im Oberkommando der Wehrmacht lautet, die erste umfangreiche Luftlandeoperation in der Geschichte der Kriegführung vorbereitet. Während nur eine einzige Panzerdivision die niederländischen Grenzen am Boden überschreitet, wird das Land durch Fallschirmjäger und starke deutsche Luftlandekräfte, die weit hinter der Front abgesetzt werden, erobert. Das ist eine Art der Kriegführung, die die niederländischen Verteidiger völlig unvorbereitet trifft und der sie letztlich nur wenig entgegensetzen können.

Dennoch schaffen es die Niederlande, sich fünf Tage lang zur Wehr zu setzen und einer von den Deutschen längst erwarteten Kapitulation zunächst zu trotzen. Der Widerstand des kleinen Landes gegen den deutschen Angriff ist erstaunlich – und etwas, womit die Deutschen in diesen Ausmaßen nicht gerechnet haben. Weil sich die niederländische Armee trotz der auf einen weiteren »Blitzsieg« abgestellten Kriegführung so tapfer hält, geben Hitler und Göring am 14. Mai den Befehl, Rotterdam zu bombardieren – das soll die Niederländer zur Aufgabe zwingen, so wie schon im Vorjahr die völlige Zerstörung Warschaus durch einen massiven deutschen Luftangriff zur sofortigen Kapitulation der polnischen Armee geführt hatte. Obwohl die Verhandlungen zur friedlichen Übergabe der Stadt an die Deutschen zu diesem Zeitpunkt bereits laufen, legen hundert deutsche Bomber die Stadt in Schutt und Asche – Rotterdam hat achthundert tote Zivilisten und mehrere tausend Verletzte zu beklagen, während fast achtzigtausend Menschen aufgrund des Bombardements und des in der verwinkelten Altstadt ausgebrochenen Großfeuers obdachlos geworden sind. Der Schock im ganzen Land sitzt tief. Wenige Stunden nach der Zerstörung Rotterdams streckt die niederländische Armee die Waffen – die holländische Königsfamilie und ihre Minister haben sich bereits am Vortag auf zwei britischen Zerstörern nach London abgesetzt, was den Kampfwillen der holländischen Truppen endgültig erlöschen lässt. Der 15. Mai 1940 besiegelt nach fünf Tagen erbittert geführter Gefechte das Ende der freien Niederlande; fünf Jahre lang werden die Deutschen das Land besetzt halten.

Hitler setzt den achtunddreißigjährigen Arthur Seyß-Inquart, der seit dem »Anschluss« Österreichs im Jahr 1938 als »Reichsstatthalter der Ostmark« fungiert hat, als »Reichskommissar für die besetzten Niederlande« ein. Zu diesem Zeitpunkt geht man in Berlin noch davon aus, das Land problemlos »germanisieren« zu können. Die Niederländer werden von den Nazis als blutsverwandte »Germanen«, als Vertreter der »nordischen Rasse«, angesehen – insofern soll das bisherige Staatsgebiet der Niederlande, das 1648 aus dem Heiligen Römischen Reich Deutscher Nation ausgegliedert worden ist, Hitlers Plänen zufolge in das nach dem »Endsieg« zu schaffende »Großgermanische Reich Deutscher Nation«[41] eingegliedert werden. Zudem sollen die Niederländer neben den Dänen und den Norwegern dazu herangezogen werden, später einmal die noch zu erobernden Ostgebiete zu besiedeln und zu »germanisieren«.

Doch schnell zeichnet sich ab, dass Hitlers diesbezügliche Pläne scheitern werden und sich hierfür keine Mehrheit in der niederländischen Bevölkerung finden lassen wird, dass die holländische Gesellschaft nicht als Ganzes für die nationalsozialistische Idee zu gewinnen ist. Nicht einmal der niederländische Faschistenführer Anton Adriaan Mussert, der Adolf Hitler willfährig als »Führer aller Germanen«[42] feiert, unterstützt dieses Vorhaben. Auch er betont wiederholt die Eigenständigkeit der Niederlande und unterdrückt alle Bestrebungen, das Land an das Deutsche Reich anzuschließen und die Niederlande so zum »germanischen Modellstaat« zu machen. Die Tatsache jedoch, dass die Deutschen zunächst noch davon ausgehen, dass sie die Niederländer mit einer gezielten Propaganda für Hitlers Pläne werden einnehmen können, erweist sich für das Land als Glücksfall. Denn anders als das benachbarte Belgien und auch das einen Monat später eroberte Frankreich, wo bis zur Befreiung durch die alliierten Truppen deutsche Militärverwaltungen installiert werden, bekommt das Land ebenso wie Norwegen eine Zivilverwaltung.

Alkmaar wird erst einen Tag nach der Kapitulation von deutschen Truppen besetzt. Am 16. Mai 1940 übernimmt ein deutscher Ortskommandant die Gewalt über die Zivilbevölkerung des beschaulichen Städtchens. Um die Stimmung nicht unnötig anzuheizen, versucht die Gemeindeverwaltung von Alkmaar sich, so gut es geht, mit den Besatzern zu arrangieren und ruft die Bevölkerung auf, sich provozierender antideutscher Äußerungen und Taten zu enthalten. Und auch der deutsche Kommandant ist darum bemüht, das Leben in Alkmaar so normal und unbeeinträchtigt wie möglich weiterlaufen zu lassen. Im *Alkmaarsche Courant*, der hiesigen Tageszeitung, gibt er Anordnung, dass niemand etwas zu befürchten habe, der sich ruhig und ordentlich verhalte und sich den gegebenen Umständen der Besatzungsherrschaft anzupassen bereit sei. Außerdem seien seine Untergebenen angewiesen, sich korrekt gegenüber der Bevölkerung von Alkmaar zu verhalten. Und so nimmt das Leben schnell wieder seinen normalen Verlauf, als wäre nichts geschehen – zumindest in den ersten Wochen und Monaten der Besatzung kommt es zu keinen nennenswerten Zwischenfällen. Auch Rudi Carrell meint im Rückblick, dass das Verhältnis zwischen den *Alkmaarders* und den Deutschen in der Anfangszeit »eher friedlich« gewesen sei.[43]

Gerade für die Kinder von Alkmaar hat sich in den ersten Monaten der deutschen Besatzung nichts wesentlich geändert. Am 19. Dezember 1940 ist Rudi sechs Jahre alt geworden, folglich wird er im Frühjahr 1941 eingeschult und besucht fortan die *Openbare Lagere School*, also die öffentliche Volksschule in der Snaarsmanslaan, die den Namen des niederländischen Dichters Nicolaas Beets trägt[44] – in seiner Klasse werden gleichermaßen Jungen wie Mädchen unterrichtet. Aus der Zeit seiner ersten Schultage stammt eine von Rudis frühesten Kindheitserinnerungen: »Wir saßen abends in der Schule bei einer Filmvorführung. Es war schon Krieg, und aus Angst vor Luftangriffen galt die Verdunklungspflicht. Obwohl es in unserer Schule, wie es damals in Holland üblich war, keine Vorhänge gab, waren Filmvorführungen erlaubt. Wir schauten irgendeinen Naturfilm, in Schwarz-Weiß natürlich, und plötzlich sah ich einen Farbschimmer auf der Leinwand – es war, als hätte ich eine Vision. Wir drehten uns dann um und sahen, dass das Haus gegenüber der Schule lichterloh brannte. Wir wurden natürlich sofort zurück nach Hause geschickt, und ich erzählte meiner Mutter aufgeregt von dem, was geschehen war. Und während ich erzählte, lief eine bestimmte Melodie im Radio. Immer, wenn ich später in meinem Leben diese Melodie wieder hörte, sah ich sofort das brennende Haus vor mir.«[45]

Der Brand in dem Haus direkt gegenüber der Schule in der Snaarsmanslaan ist noch keine Folge britischer Luftangriffe, die nun auch auf das Gebiet der von den Deutschen besetzten Niederlande ausgedehnt werden – noch sind keine Bomben auf Alkmaar gefallen. Das Haus ist infolge eines Unfalls in Flammen aufgegangen: Dort wohnt einer der Alkmaarer Filmvorführer, der einen alten Projektor für den Privatgebrauch auf dem Dachboden aufbewahrt[46], und weil das Filmmaterial zu dieser

Zeit aus leicht entzündlicher Nitrozellulose besteht, ist es zu diesem Hausbrand gekommen. Doch schon kurze Zeit später brennt es bereits wieder in Alkmaar, denn am 12. April 1941 fallen die ersten Fliegerbomben des Krieges auf die Stadt. Ein Flugzeug der britischen Luftwaffe greift die am Helderseweg gelegene Gasfabrik an, die nur fünfhundert Meter von Rudis Schule entfernt liegt – die von Deutschen besetzten Niederlande sind für die Briten feindliches Gebiet, und mit dem Bombardement soll die Energieversorgung des Landes gestört werden. Das Schlimmste bleibt den *Alkmaarders* bei diesem und einem weiteren Luftangriff zwei Tage später erspart; niemand kommt ums Leben, und zwei der Bomben explodieren erst gar nicht. Weil die Fabrik jedoch Feuer fängt, entsteht dennoch ein erheblicher Schaden, und die Gasproduktion für Alkmaar muss von diesem Zeitpunkt an halbiert werden.

Die Einschränkung der Gasversorgung wird sich schnell als ernst zu nehmendes Problem erweisen, da der Versorgungsengpass aufgrund der Kriegslage nicht durch Lieferungen aus anderen Städten behoben werden kann. Die *Alkmaarders* werden von den deutschen Besatzern zum Gassparen aufgerufen, es werden sogar Tipps gegeben, wie man beim Kochen so wenig Gas wie möglich verwendet. Doch spätestens im harten Winter 1941/42 spitzt sich die Situation zu, da auch unabhängig vom Gas kaum noch genügend Brennstoff für die Bevölkerung zur Verfügung steht. Da die Lage in vielen anderen Teilen der Niederlande ebenso aussieht, ist mit Nachschub an Brennmitteln nicht zu rechnen, die frierenden Bewohner beginnen damit, alles Holz, das sie entbehren können, zu verheizen. Allerdings ist diese Möglichkeit ebenfalls bald erschöpft, sodass man in den öffentlichen Grünflächen und Parks verzweifelt nach Brennmaterial sucht – auch der spindeldürre Rudi wird mit dem Bollerwagen losgeschickt, um Holz zu beschaffen. Doch da sich bei weitem nicht genug Reisig auftreiben lässt, beginnen die *Alkmaarders* schon bald damit, Äste abzureißen, teils werden trotz Verbots sogar ganze Bäume gefällt. Um das zu verhindern, werden Bürgerwachen aufgestellt, und in den ohnehin spärlichen Wäldern um Alkmaar wimmelt es von deutschen Soldaten, die das illegale Fällen von Bäumen verhindern sollen.

Aber nicht nur das Brennmaterial wird knapp, auch die sonstige Versorgungslage für die Bevölkerung von Alkmaar verschlechtert sich ab 1941 rapide – zunehmend herrscht Hunger. Wegen des mangelnden Warenangebots werden einige der Märkte nicht mehr abgehalten, auch die Zufuhr für den traditionellen Käsemarkt versiegt schnell. Im Januar 1942 werden an vier Stellen in der Stadt Garküchen eröffnet, wo bedürftige Bewohner einmal täglich eine warme Mahlzeit bekommen können. Binnen kurzer Zeit entsteht ein Schwarzmarkt, auf dem Nahrungsmittel und Steinkohle zu Wucherpreisen verkauft werden. Glücklich darf sich jeder schätzen, der einen eigenen Garten hat, in dem er während der Sommermonate Gemüse anbauen kann – Andries Kesselaar kultiviert in dem kleinen Garten hinter seinem Haus im Bergerweg sogar eine Tabakpflanzung. Die Familie Kesselaar verfügt außerdem über einen Hühnerstall mit zehn Hühnern, für deren Pflege Rudi zuständig ist. »Alle zwei Wochen musste ich das Gehege umgraben. Weil man das immer gebückt machen muss, habe ich mir den Rücken dabei kaputtgemacht. Aber so hatten wir wenigstens auch im Krieg immer frische Eier.«[47]

Trotz der sich zuspitzenden Versorgungslage, die es auch Andries Kesselaar zunehmend schwieriger macht, seine Familie zu ernähren, will er weiterhin der alleinige Versorger der Familie sein; doch seine Frau Catharina ergreift sehr zu seinem Missfallen immer häufiger selbst die Initiative und bittet auch ihre Kinder, zum Überleben der Familie beizutragen. »Mutter hat uns zum Brombeerpflücken in die Dünen geschickt und dann Marmelade eingekocht. Einmal sind wir auf ihr Betreiben hin auch in die Konservenfabrik gegangen und haben geholfen, Bohnen zu schälen. Doch darüber war mein Vater sehr sauer. Er wollte nicht, dass wir Kinder so was machen. Er wollte ganz alleine für den Unterhalt der Familie sorgen.«[48]

Die Kesselaars sind beileibe nicht die einzigen *Alkmaarders*, für die sich die Lage im Krieg dramatisch zuspitzt – viele Menschen hungern und frieren, manche sehen bald schon keinen Ausweg mehr. Wie im ganzen Land ereignen sich auch in Alkmaar in diesen Tagen schlimme Tragödien, etwa wenn Familien einfach nicht mehr wissen, wie sie über die Runden kommen und ihre Kinder ernähren sollen. Auch die Eltern von Rudis Schulfreund Henk sehen eines Tages kein Licht mehr am Ende des Tunnels und setzen ihrem Leben und dem ihrer Kinder ein Ende. »Es gab wirklich viel Armut in Alkmaar zu dieser Zeit. Ich erinnere mich an ein erschreckendes Erlebnis in meiner Kindheit. Ich wollte einmal morgens auf dem Weg zur Schule einen Schulkameraden abholen. Dessen Eltern waren so arm, dass sie keinen anderen Ausweg mehr gewusst haben, als sich und ihre Kinder mit Gas zu töten. Ich klopfte und klopfte und keiner machte auf. Ich holte dann die Nachbarn, und die riefen die Polizei. Die ganze Familie war tot.«[49]

Je prekärer die Versorgungslage wird und je länger der Krieg und die Besatzungszeit dauern, desto schwieriger gestaltet sich auch das Verhältnis zwischen den Holländern und den Besatzern – und umso wichtiger wird es den Deutschen, die Kontrolle über das holländische Zivilleben zu behalten. Ab der zweiten Jahreshälfte 1941 verzeichnet der deutsche Sicherheitsdienst verstärkt antideutsche Aktivitäten in Alkmaar; die Stadt wird langsam, aber sicher zu einem wichtigen Zentrum der Widerstandsbewegung. Wiederholt kommt es zu Sabotageakten, die sich gegen Einrichtungen der Deutschen richten – so werden etwa immer wieder Kabel und Leitungen der deutschen Wehrmacht oder der Besatzungsbehörden zerstört. Auch häufen sich Fälle von Diebstahl oder Einbruch, woraufhin die Deutschen Alkmaarer Bürger zur Bewachung ihrer Einrichtungen zwingen – so auch Rudis Vater Andries Kesselaar. »Es gab eine leer stehende Baracke in Alkmaar, die von der Wehrmacht genutzt werden sollte. Und um einen Einbruch zu verhindern, hatte mein Vater diese zu bewachen.«[50]

Die Alkmaarer Polizei, die von einem prominenten Mitglied der niederländischen Faschistenpartei NSB angeführt wird, ist angewiesen, Widerstandsakte gegen Einrichtungen der Wehrmacht oder der Besatzungsbehörden unverzüglich der deutschen Sicherheitspolizei zu melden. Doch 1941 hat der Alkmaarer Polizeichef Walraven, der hierfür zuständig ist, noch einen mächtigen Gegenspieler, nämlich Bürgermeister van Kinschot. Walraven jedoch fällt es nicht sonderlich schwer, diesen auszuschalten, indem er ihn als »Judenfreund« denunziert und ihn zudem einer zwielichtigen Haltung gegenüber dem Nationalsozialismus verdächtigt. Dass van Kinschot zur Zeit des deutschen Überfalls die Anweisung gegeben hat, holländische Nationalsozialisten zeitweise unter Arrest zu setzen, bricht ihm jetzt politisch das Genick – im Februar 1942 muss er seinen Hut nehmen, und sein Posten wird durch einen, allerdings als gemäßigt geltenden, NSB-Mann besetzt. Zu derartigen Maßnahmen wird jetzt im ganzen Land gegriffen – nach und nach werden unliebsame Beamte in der Gemeindeverwaltung und den Polizeibehörden durch linientreue NSB-Leute ersetzt, die jeden Befehl der Deutschen vorbehaltlos befolgen.

Doch auch durch die sukzessive Gleichschaltung der Verwaltung und der Polizei lassen sich antideutsche Ressentiments nicht gänzlich und vor allem nicht dauerhaft unterdrücken. In Alkmaar entstehen erste Widerstandsgruppen, denen auch die Familie Kesselaar nahe steht, denn sie beteiligt sich, wie Rudi Carrell sich erinnert, aktiv an der Verteilung holländischer Untergrundflugblätter: »Ich habe damals in Alkmaar für meine Eltern eine illegale Zeitung verbreitet, *Het Parool*. Wenn meine Eltern abends wegen der Sperrzeit ab acht Uhr nicht mehr aus dem Haus gehen durften, dann habe ich das übernommen. Ich war unauffällig, ich war zehn Jahre, und da hat man sicher auch gedacht: Na, wenn ich erwischt worden wäre – er ist ein Kind, dem tun sie schon nichts.«[51]

In den Niederlanden entstehen dieser Tage drei wichtige Untergrundzeitungen, darunter *Het Parool* und *Vrij Nederland*, nach dem Krieg die Keimzellen großer niederländischer Zeitungen. Die Bedeutung der teils als Flugblätter verbreiteten illegalen Zeitungen kann nicht hoch genug eingeschätzt werden, denn alle offiziell erscheinenden Presseorgane unterliegen der Zensur der deutschen Besatzungsmacht. Seit dem Beginn der Besatzung ist in den Niederlanden keine freie Berichterstattung mehr möglich, die Holländer hören und lesen nur noch von den angeblich an allen Fronten siegreichen deutschen Truppen und werden mit nationalsozialistischer Propaganda zugedröhnt – jede antideutsche Sabotageaktion etwa wird selbstverständlich als feindseliger Terrorakt hingestellt. Dagegen wird in den illegal hergestellten und verbreiteten Zeitungen auch über die wahre Kriegslage und über das, was die NS-Propaganda verschweigt, berichtet. Diese Zeitungen zu besitzen und zu lesen bedeutet natürlich ein großes Risiko – dennoch beteiligen sich die Kesselaars eifrig an deren Verbreitung, was ein höchst gefährliches Unterfangen ist, denn wenn Rudi beim Austragen der Zeitungen erwischt würde, könnte dies für die ganze Familie mit fatalen Konsequenzen verbunden sein.

Obwohl Andries und Catharina also die gegenwärtige Lage ihres Landes ablehnen und der Stimme der freien Niederlande folgen, sprechen sie in Gegenwart ihrer Kinder niemals schlecht über die deutschen Besatzer: »Ich habe keine Erinnerung daran, dass in meinem Elternhaus je etwas Böses oder Negatives über die Deutschen gesagt wurde.«[52] Worüber sie jedoch auch den Kindern gegenüber keinen Hehl machen, ist ihre Verachtung derjenigen unter den eigenen Landsleuten, die zu willfährigen Handlangern der deutschen Besatzer geworden sind. Wie jener Nachbar der Kesselaars, der seine prodeutsche und pronationalsozialistische Gesinnung durch seinen schwarzen Ledermantel und seine Hakenkreuzbinde auch öffentlich zum Ausdruck bringt. Andries nimmt angesichts einer solchen Anbiederei auch seinem Sohn gegenüber kein Blatt vor den Mund: »Der ist ein Landesverräter, der arbeitet mit den Deutschen zusammen.«[53]

Dass von Holländern, die sich den Besatzern angedient haben, eine mindestens ebenso große Gefahr für jeden Andersdenkenden ausgeht wie von den Deutschen selbst, das sollen die Kesselaars noch am eigenen Leibe zu spüren bekommen, denn sie lassen sich neben dem Verbreiten der illegalen Zeitungen auf ein noch viel lebensbedrohlicheres Unterfangen ein, als sie 1941 eine Jüdin auf dem Dachboden ihres Hauses verstecken. Damit begeben Andries und Catharina sich und ihre Kinder in eine enorme Gefahr, gleichwohl zögern sie auch nicht eine Sekunde, der in Not geratenen Frau Unterschlupf zu gewähren – fast ein ganzes Jahr lebt sie heimlich im Hause der Kesselaars. Dass Rudis Eltern diese enorme Zivilcourage aufbringen, ist wohl nicht zuletzt auch der regelmäßigen Lektüre der illegalen Zeitungen zu verdanken, in denen auch vom Schicksal der Juden im besetzten Holland unverblümt die Rede ist – auf die Deportierten warte als Endziel der sichere Tod.[54] Rudis Eltern wissen also Bescheid darüber, welches Schicksal den Juden droht, insofern sehen sie einfach keine andere Möglichkeit, als der um ihr Leben bangenden Frau zu helfen und sie auf dem Dachboden ihres Hauses zu verstecken. Zudem betrachten Andries und Catharina, die selbst keiner Religionsgemeinschaft angehören, die Jüdin aus Amsterdam schlicht und einfach als Landsmännin, der man in ihrer Not helfen muss – vom Rassenwahn, den die Nazis auch in den Niederlanden mit massiver antisemitischer Propaganda anzustacheln versuchen, lassen sie sich nicht beeindrucken.

Zum Zeitpunkt, als die Kesselaars die Frau in ihr Haus aufnehmen, beginnt sich die Lage der Juden in den Niederlanden dramatisch zu verschlechtern. Dass man die niederländischen und die aus Deutschland und Österreich nach Holland emigrierten Juden nicht verschonen werde, haben die Deutschen schon früh klar gemacht. 1940, zur Zeit des deutschen Überfalls, leben hundertsechzigtausend Juden in den Niederlanden, darunter vierundzwanzigtausend deutsche, die nun von dem braunen Terror eingeholt werden, vor dem sie aus ihrer Heimat geflohen waren. Was in Deutschland und Österreich zu diesem Zeitpunkt längst vollzogen ist – nämlich die völlige Ausgrenzung der Juden aus dem Gesellschaftsleben, ihre soziale Degradierung und öffentliche Demütigung und Verfolgung –, das wird nun in den besetzten Niederlanden in besonders rasantem Tempo nachgeholt. Unmittelbar nach der Kapitulation werden Juden aus allen Ämtern und dem Kulturleben verdrängt, im Januar 1941 folgt der Befehl zur Registrierung sämtlicher im Land lebenden Juden. Ab dem 1. Mai 1942 besteht die Pflicht, den Judenstern mit der holländischen Aufschrift »Jood« zu tragen – den Juden wird ihre Staatsbürgerschaft aberkannt, damit sind sie vogelfrei.

In Alkmaar leben zu diesem Zeitpunkt nur noch wenige Juden – und dies sind solche, die in so genannten Mischehen leben, also mit Nichtjuden verheiratet sind und insofern einen Sonderstatus genießen. Zwei Drittel der in Alkmaar registrierten Juden haben bereits im März 1942 auf Befehl der deutschen Besatzungsbehörden die Stadt verlassen müssen. Am 4. März hatten sie sich ein letztes Mal in der Alkmaarer Synagoge in der Hofstraat versammeln können, am nächsten Tag waren hundertachtundsiebzig der zweihundertdreizehn in Alkmaar amtlich gemeldeten Juden per Zug nach Amsterdam gebracht worden und von dort in das berüchtigte holländische Sammellager Westerbork, dem Ausgangspunkt für die Deportation niederländischer Juden in den Osten – am 15. Juli 1942 rollt der erste Sonderzug von Westerbork nach Auschwitz. Hundertfünfzig der hundertachtundsiebzig aus Alkmaar verschleppten Juden fallen dem nationalsozialistischen Rassenwahn zum Opfer.

Insgesamt werden fünfundsiebzig Prozent der in den Niederlanden lebenden Juden ermordet – damit ist der Anteil höher als in irgendeinem anderen westeuropäischen Land, was belegt, dass die massive antisemitische Propaganda der Deutschen auf Dauer ihre Wirkung nicht verfehlt hat. Denn ohne einheimische Kollaborateure, ohne die niederländische Polizei, die beim Aufspüren versteckt lebender Juden behilflich ist, und ohne Denunzianten, die *Onderduikers* – untergetauchte Juden – verraten, wäre es den Deutschen nicht möglich gewesen, einen so großen Prozentsatz der niederländischen Juden zu deportieren und zu ermorden. Im benachbarten Belgien sieht es ganz anders aus – hier weigert sich die Bevölkerung immer wieder standhaft, den deutschen Sonderkommandos zu helfen; wiederholt kommt es auch zu Sabotageakten und Überfällen auf Deportationszüge, sodass insgesamt sechzig Prozent der in Belgien lebenden Juden den Krieg überleben.[55] In den Niederlanden dagegen ist die Bereitschaft zur Zusammenarbeit mit den Nazis wesentlich größer. Der deutsche Polizeichef Hans Rauter bekundet in einem Schreiben an den Reichsführer-SS Heinrich Himmler folglich auch seine ausdrückliche Zufriedenheit mit den holländischen Polizeibehörden: »Sie machen sich in der Judenfrage ausgezeichnet und verhaften Tag und Nacht zu Hunderten die Juden.«[56] Doch nicht nur die Polizei, auch ganz normale niederländische Bürger arbeiten den Deutschen zu, dabei nicht selten, um sich persönlich zu bereichern. Denn für die Denunziation von *Onderduikers* wird als zusätzlicher Anreiz ein Kopfgeld ausgesetzt – zunächst bezahlen die Deutschen für jeden verratenen Juden sieben Gulden, später wird die Belohnung auf fünfundzwanzig Gulden hinaufgesetzt.

Die Gefahr also, angezeigt zu werden, wenn man verfolgte Juden versteckt, wird immer größer, je länger die deutsche Besatzung andauert – und dennoch gehen die Kesselaars das Risiko ein. Über einen befreundeten Bibliothekar kommt der Kontakt zu einer wohlhabenden, etwa sechzigjährigen Frau aus Amsterdam zustande – der »Anne Frank der Familie Kesselaar«[57], die von den Kindern »Tante Jo« genannt wird. Nahezu ein Jahr lang wird sie im Haus der Kesselaars versteckt, flüchtet auf den Dachboden des Hauses im Bergerweg 44, sobald Besucher kommen, und wird von den Kesselaars verpflegt und umsorgt. Andries und Catharina machen ihren Kindern die Situation mit großer Offenheit klar: »Warum sie sich verstecken musste, wurde uns ausführlich erklärt, auch warum wir mit niemandem darüber reden sollten.«[58]

Für die Familie, die so beengt in dem kleinen Häuschen wohnt und oft nicht weiß, wie sie über die Runden kommen soll, stellt es eine erhebliche Belastung dar, sich nun auch noch um einen Flüchtling zu kümmern und die Verantwortung für ihn übernehmen zu müssen. Schon allein die Notwendigkeit, trotz der prekären Versorgungslage auch noch zusätzliches Essen für Tante Jo zu beschaffen, stellt die Familie vor ein großes Problem. Zudem nimmt das Ehepaar Kesselaar ein lebensgefährliches Risiko für sich und seine Kinder auf sich, denn für Holländer, die es trotz der immer rigoroseren Judenverfolgung wagen, Juden zu verstecken, sind harte Strafen vorgesehen – Zuchthaus oder der Abtransport ins KZ. Im Sommer 1942, als die Zahl der *Onderduikers* zunimmt, drohen die Deutschen den Holländern, die es wagen, Juden zu verstecken, sogar mit standrechtlicher Erschießung. Trotz dieses Risikos, das ein Jahr lang wie ein Damoklesschwert über der Familie hängt, und trotz der psychischen Belastung, die mit der Situation einhergehen muss, halten die Kesselaars durch – sie weisen Tante Jo nicht die Tür. Doch 1942, als die Deportationen der niederländischen Juden in die Vernichtungslager im Osten auf vollen Touren laufen und der Druck der Deutschen auf die holländische Zivilbevölkerung immer größer wird, verursacht ein folgenreiches Missgeschick eine dramatische Wende. Rudis Schwester Truus erinnert sich an dieses Ereignis: »Wenn Besuch kam und jemand an der Tür klopfte, dann rannte Tante Jo immer schnell nach oben und versteckte sich. Eines Tages war ein Nachbar gekommen und sprach mit Mutter im Nebenzimmer. Rudi kam ins Haus gestürmt und konnte nicht ahnen, dass der Nachbar da war, und rief laut: ›Tante Jo, komm mal runter!‹ Und seitdem wurde in der Nachbarschaft viel getuschelt, was natürlich gefährlich für uns alle war, und meine Mutter wurde sehr ängstlich.«[59] Seitdem die Nachbarn Wind davon bekommen haben, dass die Kesselaars in ihrem Haus einer Jüdin Zuflucht gewähren, erhöht sich für Andries und Catharina die Gefahr, bei der Gestapo angezeigt zu werden, von Tag zu Tag.

So mutig Rudis Eltern zu ihrer Entscheidung auch ein Jahr lang gestanden haben, die Angst um ihre Kinder – neben Rudi und Truus hat Catharina noch für ihren gerade einmal einjährigen Sohn Adriaan zu sorgen – überwiegt, und es bleibt ihnen nichts anderes übrig, als Tante Jo schweren Herzens aufzufordern, ihr Versteck zu verlassen. Truus erinnert sich: »Das war schlimm, dass wir sie wegschicken mussten. Für uns genauso wie für sie. Wir hatten sie alle sehr ins Herz geschlossen, sie war eine reizende, wirklich sehr liebe Frau, aber meine Eltern hatten einfach keine andere Wahl mehr. Glücklicherweise hat sie es geschafft, sich woanders zu verstecken und den Krieg zu überleben. Erst nach dem Krieg haben wir erfahren, dass Tante Jo in Wirklichkeit Bertha Schwarz hieß. Sie lebte dann noch lange in Arnheim, und meine Mutter hat sie noch mehrmals besucht und bis zu ihrem Tod Kontakt mit ihr gehalten.«[60]

Das, was Bertha Schwarz und Rudis Eltern in diesen Tagen passiert, ist und bleibt kein Einzelfall in den Niederlanden. Abgesehen vom weltbekannten Fall der Familie Anne Franks, die ebenfalls von Holländern an die Deutschen verraten wird, geht es auch noch vielen anderen untergetauchten Juden und ihren unerschrockenen holländischen Beschützern ähnlich wie den Kesselaars. Von den fünfundzwanzigtausend in den Niederlanden versteckt lebenden Juden wird etwa ein Drittel verraten oder entdeckt – am Ende des Krieges können nur noch rund sechzehntausend *Onderduikers* befreit werden. So mutig Rudis Eltern der verfolgten Jüdin auch beigestanden und sie zu beschützen versucht haben, nach dem Ende des Krieges ist dieses düstere Kapitel, wie Rudi Carrell sich erinnert, nie wieder ein Thema – und vor allem nichts, womit man herumprahlt: »Nach 1945 wurde nie wieder groß über diese Sache gesprochen. Für meine Eltern war es völlig selbstverständlich, dass sie geholfen haben. Das war gar kein Thema.«[61]

Auch wenn die Zeiten alles andere als erfreulich sind – Andries Kesselaar alias André Carrell bastelt weiter an seiner Bühnenkarriere. Vielleicht gerade auch, weil er spürt, wie sehr sich die Menschen in der Zeit des Hungerns und des Frierens, der Bedrängnis und der Knechtschaft nach Ablenkung und Zerstreuung sehnen, wie froh und glücklich er sie machen kann, wenn er sie für eine oder zwei Stunden aus ihrem Alltag entführt, sie zum Lachen bringt und aufheitert. Die Kinos und Theater, Revuen und Varietés Europas sind in diesen Tagen überfüllt – je länger der Krieg andauert und je dramatischer sich die Lage zuspitzt, desto größer wird das Bedürfnis der Menschen nach seichter Unterhaltung und Amüsement. Das ist auch in ländlichen Gebieten nicht anders, und so wird Andries immer häufiger engagiert – mittlerweile steht er ein paar Abende pro Woche als »André Carrell« auf der Bühne. Bald gibt es in Alkmaar und Umgebung keinen Vereinsabend, keinen runden Geburtstag und keine Hochzeit mehr ohne seine kleinen Showeinlagen und Witze; seine Zaubertricks und sein Kasperletheater dürfen auf keinem Schulfest und keinem Kindergeburtstag mehr fehlen. Er ist jetzt so oft im Einsatz, dass er sich angewöhnt, einen Koffer mit den Requisiten, die er für seine Auftritte braucht, schon fertig gepackt im Hausflur zu deponieren. Doch es wird immer schwieriger, auf abendlichen Veranstaltungen aufzutreten, denn auch für Andries gilt die Sperrstunde – um acht Uhr muss er zu Hause sein. Seine Tochter Truus weiß noch, wie er »manches Mal mit seinem Pianisten abgehetzt nach Hause gerannt kam, weil die Sperrstunde schon angefangen hatte. Aber er war trotzdem einfach nicht zu Hause zu halten.«[62]

Die Auftritte, die er zu absolvieren hat, beginnen seine Familie zu ernähren – und zwar im wahrsten Sinne des Wortes, denn oft erhält Andries in diesen Tagen seine Gage in Form von Lebensmitteln. Zudem sind die Engagements so unterschiedlich, dass sie ihm ermöglichen, seine Vielseitigkeit und Kreativität, die ganze Bandbreite seines Könnens, unter Beweis zu stellen. Andries kann endlich allen zeigen, dass er ein richtiger Showmaster ist, der sämtliche Facetten seines Berufs beherrscht, der eine Hochzeitsgesellschaft in der Stadt ebenso gut zu unterhalten vermag, wie er einen Kindergarten im Dorf mit seinen Kasperletheater-Stücken zum Jauchzen bringt. Andries ist glücklich, endlich hat sich sein lang gehegter Traum erfüllt, und er ist in der Lage, seine Familie mit seinen Auftritten über Wasser zu halten. Im Alkmaarer Adressbuch lässt er sich fortan selbstbewusst als »Kleinkunstartist« führen.

Dass bald auch der Rundfunk auf ihn aufmerksam wird und er wiederholt zu der äußerst beliebten Unterhaltungssendung *Bonte Dinsdagavondtrein*, »Bunter Dienstagabendzug«, eingeladen wird, um darin seine Lieder und seine Witze vorzutragen, erhöht seinen Bekanntheitsgrad enorm, und bereits nach kurzer Zeit folgen Auftritte und Engagements in den ganzen Niederlanden. Auch von der niederländischen Naziorganisation *Vreugde en Arbeid*, »Freude und Arbeit«, wird er angeheuert[63] – es handelt sich hierbei um eine Unterabteilung der nach deutschem Vorbild geschaffenen und unter Nazileitung stehenden Einheitsorganisation niederländischer Künstler. *Vreugde en Arbeid* organisiert Unterhaltungsabende mit bekannten und populären Künstlern, die die Menschen in den besetzten Niederlanden bei Laune halten sollen. Es soll ein Erholungs- und Unterhaltungsangebot, das bislang nur bestimmten sozialen Schichten zugänglich war, auch für die breite Masse geschaffen werden, gerade auch für die Arbeiter in den Fabriken werden solche »bunten Abende« veranstaltet – Ziel ist die Entspannung und Regeneration, um so letztlich die Arbeits- und Produktionsleistungen der Menschen noch zu erhöhen. Solange die von *Vreugde en Arbeid* engagierten holländischen Künstler sich jeglicher antideutscher Kommentare enthalten, haben sie völlig freie Hand in der Gestaltung ihrer Auftritte: »Kein einziger Künstler wurde gezwungen, auf der Bühne Propaganda zu machen.«[64] Ein heute noch vereinzelt in Alkmaar kursierendes Gerücht, dass André Carrell in der Zeit der deutschen Besatzung vor Wehrmachtssoldaten aufgetreten und dafür nach dem Krieg bestraft worden sein soll, entbehrt jeglicher Grundlage.[65]

Da Andries Kesselaar alias André Carrell in den Kriegsjahren immer bekannter wird, genießt auch seine Familie ein gewisses Ansehen. Obwohl die Kesselaars immer noch im Armenviertel Alkmaars leben und so manches Mal hungern und frieren müssen: Sobald Andries mit seinen Kindern an der Hand auf die Straße tritt, ist er ein Star. Rudis Vater ist ein bunter Hund, wenn er – stets gut gelaunt und ein Lied auf den Lippen oder vor sich hin pfeifend – durch die Straßen von Alkmaar schlendert, gibt es keinen Menschen, der ihn nicht freundlich grüßt. Seinen Sohn Rudi beeindruckt das, er himmelt seinen Vater an, schaut begeistert zu ihm auf: »Als wir wie jeden Sonntag zu Oma und Opa spazierten, ging ich an der Hand eines Lokalhelden, weil alle Menschen, die mir begegneten, meinen Vater begrüßten oder im Vorbeigehen den Hut abnahmen.«[66] Wohl nicht zuletzt ist es diese Hochachtung, die seinem Vater entgegengebracht wird, weil er den Menschen Freude bereitet, weshalb sich Rudi wenige Jahre später vornehmen wird, unbedingt in die Fußstapfen seines Vaters zu treten: »Ich begriff durch ihn schon sehr früh, dass die Menschen, wenn man ihnen Freude bringt, einem immer freundlich begegnen.«[67]

Doch je näher das Ende des Krieges heranrückt, desto mehr rücken die Bühnenträume in den Hintergrund; bald schon wird der reine Lebenserhalt wichtiger. Für Andries ist es in diesen Tagen oberstes Gebot, der drohenden Zwangsarbeit in Deutschland zu entgehen und bei seiner Familie in Alkmaar bleiben zu können. Dass ihm das bis zum Kriegsende gelingt und er nicht wie viele niederländische Männer seines Alters zur Arbeit in deutschen Rüstungsbetrieben herangezogen wird, ist eher dem Zufall zu verdanken. Dem ersten Aufruf, sich zum Arbeitseinsatz in Deutschland zu melden, muss Andries im Mai 1943 nicht Folge leisten, da er nur Männer im Alter von zwanzig bis dreiundzwanzig Jahren betrifft, er aber zu diesem Zeitpunkt bereits jenseits der dreißig ist. Doch Ende 1944, wenige Tage bevor die Deutschen mit der Ardennenoffensive ein letztes Mal versuchen, das Ruder herumzureißen und die ihnen drohende Niederlage abzuwenden, kommt es zu einer großen Razzia in Alkmaar, der Andries nur dank eines glücklichen Umstands entgeht.

In der Nacht zum 11. November 1944 werden überall in der Stadt überraschend Bekanntmachungen ausgehängt, denen zufolge alle Männer zwischen siebzehn und vierzig Jahren am nächsten Morgen mit gepackten Sachen vor ihren Häusern auf den Abtransport mit Wagen der deutschen Wehrmacht zu warten haben. Da es bei ähnlichen Aktionen zuvor immer wieder dazu gekommen ist, dass viele der holländischen Männer sich noch rechtzeitig vor dem Zugriff der Deutschen versteckten, wird Alkmaar in den frühen Morgenstunden des 12. November hermetisch von der Außenwelt abgeriegelt – niemandem gelingt es auf diese Weise, dem Arbeitseinsatz zu entgehen. Unzählige Männer werden im Zuge der großen Razzia mit Wehrmachtsautos zum Bahnhof gebracht und anschließend auf Güterzügen nach Deutschland befördert, wo sie bis Kriegsende in einer Munitionsfabrik in der Nähe von Düsseldorf arbeiten müssen. Eine Viertelmillion Niederländer werden auf diese Weise als Zwangsarbeiter nach Deutschland verschleppt und gezwungen, Kriegsgut für Deutschland zu produzieren.

Auch der dreiunddreißigjährige Andries wäre unter normalen Umständen in Alkmaar unter den Deportierten gewesen, doch glücklicherweise hat er in dieser Nacht – ob aus Zufall oder weil er vorab gewarnt worden war, ist ungewiss – in der leer stehenden Wehrmachtsbaracke übernachtet, deren Bewachung ihm von den Deutschen befohlen worden war. Andries hat Glück, er ist auf diese Weise einer der wenigen *Alkmaarders* seines Alters, die auch weiterhin bei ihrer Familie bleiben können. Die Razzien im ganzen Land belasten das ohnehin bereits angespannte Verhältnis zwischen den Niederländern und den deutschen Besatzern bis zum Zerreißen. Auch Niederländer, die den Deutschen bislang neutral oder freundlich gegenüberstanden oder gar mit den Nazis sympathisierten, reagieren jetzt, da es ihre eigenen Familien, ihre Väter, Brüder und Söhne betrifft, mit unverhüllter Ablehnung. Nach der Razzia gehen mehrere der von den Deutschen benutzten Gebäude in Alkmaar in Flammen auf – in den gleichgeschalteten Zeitungen findet sich kein Wort über diese Protestaktionen, entsprechende Meldungen fallen der Zensur zum Opfer.

Aber nicht nur die Razzien und die mittlerweile katastrophale Versorgungslage belasten das Verhältnis zwischen Deutschen und Niederländern, auch wiederholte Beschlagnahmungen von Lebensmitteln, Autos oder Gebrauchsgütern verschärfen die Situation noch. Doch was die Holländer am meisten trifft, ist, dass die Deutschen noch nicht einmal davor zurückschrecken, ihre Fahrräder zu konfiszieren. Die Holländer lieben ihre Räder, ihre *Fiets*, über alles. Dass die Deutschen ihnen diese wegnehmen, wird langwierige, ja beinahe traumatische Folgen haben. Noch Jahre und Jahrzehnte nach Kriegsende wird so mancher Holländer bei jedem Deutschen, dessen er ansichtig wird, beinahe reflexartig rufen müssen: »*Hee, m'n Fiets terug!*« – »He, gib mir mein Fahrrad wieder.«[68]

Auch die Kesselaars bleiben davon nicht verschont, und dies hat sich Rudi Carrell tief ins Gedächtnis eingebrannt. Jahrelang hatte sich seine Familie kein eigenes Fahrrad leisten können, und als man sich endlich eins anschaffen konnte, hütete man es wie einen Augapfel und versteckte es wegen der drohenden Beschlagnahmung in der Scheune im Hinterhof. Doch als Rudi sich eines Tages beim Holzhacken verletzt und sein Daumen heftig blutet, holt Andries kurzerhand das Rad aus dem Schuppen, um seinen Sohn zum Arzt zu bringen. Natürlich kommt es zum Unvermeidlichen – ein deutscher Wehrmachtssoldat bemächtigt sich des Rades: »Schweigend ließ mein Vater den Mann mit unserem Fahrrad verschwinden, und ich kann mich noch genau erinnern, dass ich durch meine Tränen hindurch sah, wie auch in seinen Augen Tränen standen.«[69]

Und was die Holländer den Deutschen neben den willkürlichen Beschlagnahmungen in jenen Tagen auch nicht verzeihen können, ist, dass sie tatenlos zusehen müssen, wie ihre Heimat bald zum Schauplatz des Krieges wird. Die Menschen in Alkmaar wie in den ganzen Niederlanden leben im ständigen Bangen um das, was auf sie zukommt. Einerseits hofft man auf baldmögliche Befreiung des Landes, andererseits aber auch darauf, dass das Land von Kämpfen und Bombardierungen verschont bleibt. Doch die Deutschen machen schnell deutlich, dass sie nicht willens sind, das Land kampflos aufzugeben, und bereiten sich auf die Abwehr etwaiger alliierter Angriffe vor. Auch in Alkmaar haben die Deutschen ab 1942 rund um den Stadtkern einen Ring aus Verteidigungsstellungen und Betonbunkern errichtet. Also auch hier müssen die Bewohner sich darauf einstellen, dass ihre bislang vom Krieg nahezu unberührt gebliebene Stadt zum Schauplatz der Kämpfe wird.

Im harten Winter 1944/45, in dem es den Alliierten gelingt, Hitlers Ardennenoffensive zu stoppen und damit die letzte entscheidende Kriegswende herbeizuführen, mangelt es wieder einmal allenthalben an Brennmaterial. Viele *Alkmaarders* müssen frieren, auch die Kesselaars – doch wenigstens einmal steht ihnen das Glück bei. Eines Tages beobachtet der zehnjährige Rudi, wie ein deutscher Lokführer am Bahndamm von Alkmaar noch glühende Asche und Schlacke aus seiner Dampflokomotive herausschaufelt. Da die Mehrzahl der dreißigtausend niederländischen Eisenbahner – auf das baldige Kriegsende bauend – in einen Proteststreik getreten und untergetaucht sind, um auf diese Weise die deutschen Militär- und Waffentransporte zu boykottieren, sind sie durch deutsche Kollegen ersetzt worden. Der Mann spricht kurz mit Rudi, erzählt ihm, dass sein eigener Sohn acht Jahre ist und in Deutschland auf ihn wartet. Aus Mitgefühl mit dem kleinen holländischen Jungen gibt er ihm einen Tipp: Gleich neben dem Bahndamm befinden sich versteckte Koksvorräte, die mit Grasnarben abgedeckt sind. Rudi buddelt wie ein Goldgräber nach diesem Schatz, und als er am Abend glücklich strahlend mit einem Eimer voll Koks nach Hause kommt, ist er der Held der Familie. Die Kesselaars können sich zum ersten Mal seit langem wieder um einen warmen Ofen versammeln und müssen nicht frierend zu Bett gehen. Doch Rudi behält das Geheimnis nicht für sich, sondern erzählt auch den Nachbarn von der Goldgrube direkt vor der Haustür: »Nach einem Monat glich die Wiese neben dem Bahndamm einer Mondlandschaft und lag leer und verlassen da.«[70] Der Lokführer, der wenige Wochen später – vor Rudis Augen – bei einem Luftangriff der britischen Royal Air Force in seiner Lokomotive ums Leben kommt, hinterlässt einen nachhaltigen Eindruck auf ihn: »Das war meine erste Begegnung mit einem sympathischen Deutschen. Und ich habe diesen Mann nie vergessen. Vielleicht habe ich später unbewusst für Männer wie ihn Fernsehen in Deutschland gemacht.«[71]

Neben der Tatsache, dass es holländische Landsleute gewesen sind, die den Kesselaars angedroht haben, sie bei der Gestapo anzuzeigen, weil sie eine Jüdin auf dem Dachboden versteckten, ist es zum anderen dieses Erlebnis mit dem freundlichen deutschen Lokführer, das Rudi dazu bringt, sich ganz eigene Gedanken über die Deutschen und seine Landsleute anzustellen: »Diese beiden Erlebnisse haben mich geprägt. Einmal dieser deutsche Lokführer, der gut zu mir war. Da habe ich sofort begriffen: Nicht alle Deutschen sind Unmenschen. Und dann diese Nachbarn, die drohten, meine Eltern bei der Gestapo anzuschwärzen. Da war mir klar: In Holland gibt's auch Arschlöcher. Ich habe diese Lehre aus meiner Kindheit nie vergessen, und darum war ich wohl auch nie anfällig für diese Schwarz-weiß-Malerei, die es in Holland gerade nach dem Krieg gab. Ich habe seitdem nie mehr aufgehört, meine eigenen Landsleute auch ein bisschen skeptisch zu betrachten.«[72]

2.

Conférencier Kesselaar

Die via BBC London verkündete Nachricht, dass die deutschen Streitkräfte in den Niederlanden kurz vor der Kapitulation stehen, breitet sich am 4. Mai 1945 wie ein Lauffeuer im ganzen Land aus. Erst am Abend des 8. Mai, des Tages, an dem der Krieg auf dem europäischen Kontinent endlich vorüber ist, wird auch Alkmaar von der Besetzung durch die Deutschen befreit – kanadische und britische Truppen marschieren in die Stadt ein. Das nahende Kriegsende hatte sich schon sechs Tage zuvor abgezeichnet, als britische Flugzeuge tausendfünfhundert Pakete mit Nahrungsmitteln über Alkmaar abgeworfen hatten. Die Stimmung ist ausgelassen und fröhlich. Die Befreier werden mit Blumen und Küssen begrüßt, die *Alkmaarders* geben ihnen Genever und Limonade aus, haben Erbsensuppe für sie gekocht. Die deutschen Soldaten sind abgezogen, auch viele holländische Faschisten haben sich nach Deutschland abgesetzt. In Alkmaar wie überall im Land werden Mitglieder der NSB, der seit 1940 einzig zugelassenen Partei in den Niederlanden, verhaftet. Der Anfang 1942 abgesetzte Bürgermeister van Kinschot kann wieder in sein Amt zurückkehren, er wird in einem offenen Feuerwehrauto durch die Stadt gefahren und von der Bevölkerung bejubelt. Alkmaar ist frei. Die Niederlande sind frei.

Die niederländische Königsfamilie und die Exilregierung kehren wieder aus London zurück, sie werden weniger euphorisch begrüßt als die Soldaten der alliierten Befreier. Viele Holländer sind schlecht auf die einst so populäre Königin Wilhelmina zu sprechen, deren Widerstand sich fünf Jahre lang auf Radioansprachen über den BBC-Sender *Radio Oranje* beschränkt hatte. Kaum jemand mag ihren Beteuerungen Glauben schenken, dass sie davon ausgegangen sei, vom Ausland aus mehr für ihr Land tun zu können. Dass sie ihr Land und ihr Volk schmählich im Stich gelassen hat, als es von deutschen Truppen überfallen wurde, nimmt man ihr nach wie vor übel: »So empfand es das Volk, und so hat sie es selbst nachher empfunden.«[1] Die Beliebtheit der Vorkriegsjahre wird Wilhelmina nie wieder erreichen, drei Jahre später wird sie zugunsten ihrer Tochter Juliana abdanken.

Wie überall in Europa, so schaut man auch in den Niederlanden nicht lange zurück, sondern macht sich daran, das Land wieder aufzubauen, die Wirtschaft zu stärken, Kriegsschäden zu beheben, die Trümmer zerstörter Städte wie Rotterdam zu beseitigen. Gegen zahlreiche Kollaborateure, Denunzianten und niederländische Faschisten geht man erst gar nicht vor, sondern stellt vor allem die Haupttäter unter Anklage. Hitlers »Reichskommissar« Arthur Seyß-Inquart, einer der Hauptverantwortlichen für den Terror gegen die Juden und die politischen Gegner in den Niederlanden, wird im Hauptkriegsverbrecherprozess in Nürnberg zum Tode verurteilt und im Oktober 1946 hingerichtet. Zu diesem Zeitpunkt ist der holländische Faschistenführer Anton Adriaan Mussert bereits tot, er war am 22. März 1946 als Kollaborateur in Den Haag erschossen worden. Da die Verstrickungen vieler Niederländer in die Machenschaften der deutschen Besatzungsherrschaft in der frühen Nachkriegszeit unter den Teppich gekehrt werden, entsteht für lange Zeit das Bild, dass quasi jeder Niederländer im Widerstand gewesen sei – die Taten einzelner, tapferer und mutiger Holländer werden auf die ganze Nation projiziert. Es sind – wie die niederländische Historikerin Nanda van der Zee es treffend beschreibt – die »Jahre des großen Schweigens«.[2] Erst in den achtziger und neunziger Jahren gelingt es holländischen Historikern allmählich, ein ausgewogenes Bild von den Niederlanden unterm Hakenkreuz zu zeichnen und mit dem Mythos aufzuräumen, die Niederlande insgesamt seien eine Nation von Widerstandskämpfern gewesen.

Doch in Rudis Kindheit ist es gang und gäbe, die Holländer als die Guten und die Deutschen als die Bösen hinzustellen, Unterschiede werden kaum gemacht – dass es auch deutsche Besatzungssoldaten gab, die sich korrekt gegen die Niederländer verhalten haben, will man ebenso wenig zur Kenntnis nehmen wie Berichte über Landsleute, die zu willfährigen Mitläufern und Mittätern der Besatzer geworden sind. Etwas, worauf sich die überwiegende Mehrzahl der Niederländer in diesen Jahren geeinigt hat, ist der Hass auf die Deutschen, die *Moffen*. Alles, was den Anruch von Deutschem hat, ist in den befreiten Niederlanden verpönt, man will sich um jeden Preis von den »Teutonen« abgrenzen – jeder, der Deutsch spricht, macht sich verdächtig, weil man den grässlichen Nachbarn lange Zeit nicht zutraut, dass sie den Wandel von der Diktatur zur Demokratie bewältigen. *Moffe blijv Moffe,* »Deutscher bleibt Deutscher«, ist ein beliebter Spruch der Zeit.

Vielleicht nicht zuletzt durch die positive Begegnung mit dem deutschen Lokführer, dessen Mitmenschlichkeit ihn tief beeindruckt hat, teilt der zehnjährige Rudi die Einstellung der meisten seiner Landsleute nicht: »Deutschland hat mich immer interessiert. Und ich habe immer auch Deutsch verwendet, sogar manchmal, wenn ich Liebesbriefe geschrieben habe und auch in den Liedern, die ich später für meine ersten Programme verwendet habe.«[3] Doch mit seiner Haltung steht Rudi ziemlich allein auf weiter Flur. Immer wieder beobachtet er in den folgenden Jahren, wie seine Landsleute deutschen Touristen ein hasserfülltes »*Fiets terug!*« hinterherrufen. Er kann diese rückwärtsgewandte und unversöhnliche Einstellung der Holländer nicht nachvollziehen: »Ich habe das nie verstanden. Ich habe immer gesagt: Hört doch auf damit, lasst uns lieber alles dafür tun, dass so etwas nie wieder passiert. Ich war in meiner Jugend schon absolut begeistert von der europäischen Idee.«[4]

Der junge Rudi wird ein Anhänger des populären niederländischen Politikers Sicco Mansholt, dem Abkömmling einer sozialdemokratisch gesinnten Großbauernfamilie aus Groningen, der später Mitglied der *Sociaal Democratische Arbeiders Partij* wurde und im Zweiten Weltkrieg im niederländischen Widerstand gegen die deutschen Besatzer aktiv war. Unmittelbar nach Kriegsende wurde er als jüngster Minister für das Ressort Landwirtschaft, Fischerei und Lebensmittelversorgung in das erste Nachkriegskabinett der Niederlande geholt. Der von ihm ausgearbeitete und nach ihm benannte *Mansholt-Plan*, der eine radikale Umstrukturierung der westeuropäischen Landwirtschaft beinhaltet, wird später die Basis für die Landwirtschaftspolitik der Europäischen Gemeinschaft bilden. Mansholts Ideen vom Zusammenwachsen Europas sind es, die Rudi besonders ansprechen: »Die Idee, ein Europa ohne Grenzen zu schaffen, für eine Welt zu kämpfen, in der so etwas wie die zurückliegenden Kriege nicht mehr möglich ist, hat mich mein ganzes Leben lang fasziniert. Als ich eine meiner ersten Fernsehshows in Deutschland machte, wählte ich das Thema Grenzen und sang *Ein Lied mit Kindern ohne Grenzen*. Und am Schluss der Sendung haben wir den Schlagbaum mit Sägen zerstört.«[5]

Dänische Bauern sind es, die dem zehnjährigen Rudi zum ersten Mal im Leben ermöglichen, Holland zu verlassen und fernab seiner Heimat die Ferien zu verbringen. Aus Mitleid laden sie hungernde Kinder der befreiten Niederlande im Sommer 1945 nach Dänemark ein, um sie wieder aufzupäppeln. Rudi und die anderen Kinder werden mit Lastwagen abgeholt, die sie nach Dänemark bringen. Schon kurz nachdem er sich auf die Reise gemacht hat, schreibt Rudi am 5. August 1945 an seine Eltern in Alkmaar: »Lieber Vater, liebe Mutter, wir sind im Augenblick in einem Lager in der Nähe der Tabakfabrik in Nieuwegein. Wir hatten eine prächtige Reise. Um fünf Uhr werden wir mit den Dänen nach Dänemark aufbrechen, aber erst gehen wir noch essen. Dann fahren wir mit den dänischen Autos weg, wir werden auf Strohmatratzen in den Autos schlafen. Küsse von Rudi Kesselaar.«[6] An diese erste Reise, die ihn weg von seiner vertrauten Umgebung führt, behält Rudi Carrell zeitlebens lebendige Erinnerungen – auch an seine ersten Eindrücke des besiegten Deutschland. Im Scheinwerferlicht des Lastwagens nimmt er nachts das Ruinen- und Trümmerchaos wahr, sieht den zerstörten Hamburger Hauptbahnhof.

»Ich weiß sicher, dass ich damals – als Zehnjähriger – gedacht habe: Meine Güte, was müssen die Deutschen auch gelitten haben in diesem Krieg.«[7]

Zwei Monate später ist er zurück in Alkmaar, die Familie ist wieder vereint. Im Oktober 1945 lässt Rudis Mutter Catharina sich im Alkmaarer Fotoatelier Ris in der Nieuwesloot mit ihren vier Kindern ablichten, nur Andries fehlt. Er ist in dieser Zeit sehr häufig unterwegs, denn er hat wieder viele Engagements zu absolvieren, reist durch die ganzen Niederlande und verschafft den Menschen Ablenkung und Zerstreuung – das Verlangen danach ist gerade in den ersten Monaten nach Kriegsende groß. André Carrell hat zu seiner Freude sehr viel zu tun, er bringt die Menschen landauf, landab in Cafés und Festsälen, Vereinsheimen und Schulen mit seinen Liedern, Witzen und Conférencen zum Lachen – und nicht nur seine Landsleute wollen unterhalten werden, sondern auch die heimwehgeplagten alliierten Befreier, die sich nach dem Sieg über Hitler-Deutschland freuen, für einige Zeit auf andere Gedanken zu kommen.

Rudi besucht, zurück in Alkmaar, weiterhin die Schule. Im Frühjahr 1947 wechselt der Zwölfjährige von der *Openbare Lagere School*, der öffentlichen Volksschule in der Snaarsmanslaan, in die Klasse 1c der *Uitgebreid Lagere School*, der weiterführenden Volksschule in der Krelagestraat. Rudis Interesse an der Schule schwindet zusehends, seine Leistungen sind eher mittelmäßig zu nennen, wie sich sein Klassenkamerad Wessel Boonstra erinnert.[8] Der Unterricht scheint Rudi oftmals zu langweilen, besonders die Fächer Mathematik und Physik hasst er, doch sehr zur Freude seiner Mitschüler schafft er es immer wieder, dröge Schulstunden durch Scherze aufzulockern. Er genießt es, im Mittelpunkt zu stehen, Aufmerksamkeit auf sich zu ziehen. Er bemüht sich, Mitglied der Fußballmannschaft zu werden, was allerdings am mangelnden Talent scheitert. Doch schon durch seinen berühmten Vater, den jedes Kind in Alkmaar kennt, kann er sich profilieren. Als Andries mit seinem Kasperletheater in der Schule zu Gast ist, hilft Rudi ihm, spielt mit ihm zusammen für die Mitschüler. Auch wenn man zunächst nur seine Stimme hört, so gibt ihm die allererste Zusammenarbeit mit dem Vater dennoch Auftrieb und stärkt sein Ego. Sein Mitschüler Jacob Sins kann das bestätigen: »Schon als Rudi zwölf war, war klar, dass er ein Showmann wird.«[9]

Rudis Tatendrang ist fortan kaum noch zu bremsen. Als Zwölfjähriger organisiert er etwa Ausflüge für seine Mitschüler und die Nachbarskinder. Er sammelt von ihnen Geld ein, organisiert einen Pferdewagen und Getränke und fährt mit ihnen zum Strand. Solche gelungenen Unternehmungen machen ihn natürlich beliebt bei den anderen Kindern – und diese Beliebtheit nutzt Rudi auch gleich aus, um auszuprobieren, wie er beim anderen Geschlecht ankommt. Rudis Klassenkameradin Sonja Karseboom erinnert sich sechzig Jahre später: »Ich war elf und er zwölf, und eines Mittags sind wir zum Heiloër Bos geradelt und haben eine Rast am Fuße des Kattenbergs gemacht. Als wir im Gras unter dem hohen Baum lagen, sagte Rudi zu mir: ›Ich wette um eine Münze, dass ich dir ein Küsschen geben kann.‹« Sonja geht darauf ein, und Rudi kommt zu seinem ersten ersehnten Kuss – rückblickend fügt sie amüsiert hinzu: »Die versprochene Münze habe ich natürlich nie bekommen.«[10]

Am Vorabend seines vierzehnten Geburtstags steht Rudi zum ersten Mal auf einer Bühne. Bei einem der in seiner Schule traditionell veranstalteten Schulabende – den Lehrer, Schüler und interessierte *Alkmaarders* besuchen – ist er dazu ausgewählt worden, durch den Abend zu führen, die Darbietungen seiner Mitschüler anzumoderieren. »Mach deinen Vater mal ein bisschen nach«, heißt es. Es ist der 18. Dezember 1948 – ein Tag, über den er wenige Jahre später notiert: »Das erste Mal, dass ich als Conférencier auf der Bühne stand. Ich zitterte, ging dreimal in zehn Minuten auf die Toilette, und als ich auftrat, wurde die ganze Bühne durch mein Zittern durchgerüttelt. So ist auch das bekannte Lied *Shake Your Ass* entstanden. Ich hatte viel Erfolg, und nach diesem Abend wurde es Brauch, dass ich bei jedem unserer Schulabende als Conférencier fungierte.«[11] Doch das Schönste für Rudi ist, dass sein Vater, der zuvor ein halbes Jahr auf Tournee durch die holländische Kolonie Indonesien war, just an diesem Abend wieder zurück ist und, ohne dass Rudi es ahnt, die ganze Zeit hinten im Zuschauerraum steht und so den allerersten richtigen Auftritt seines Sohnes mitverfolgen kann: »Er kam dann nach der Vorstellung hinter die Kulissen, und ich habe geweint wie nie wieder in meinem Leben. Einmal, weil die ganze Anspannung von mir fiel, zum anderen, weil mein Vater wieder da war und das alles miterlebt hat.«[12]

Durch den Auftritt – über den er später lakonisch bekennen wird, dass er eines der wenigen Ereignisse war, die ihm in seiner Schulzeit je gefallen haben – ist Rudi an seiner Schule so bekannt wie sein Vater in ganz Alkmaar. Sein neuer Ruf als Unterhalter und Komiker verpflichtet ihn gerade dazu, sich vor seinen Mitschülern zu produzieren, wie ein Klassenkamerad sich entsinnt: »Er war ein ganz Frecher. Er stand immer in der ersten Reihe, wenn es irgendetwas anzustellen gab.« Rudi liebt die neue Aufmerksamkeit, die ihm seine Mitschüler entgegenbringen. Bald schon steht er im Ruf, auf höchst amüsante Weise seine Lehrer parodieren zu können. So textet der vierzehnjährige Rudi etwa einen in den Niederlanden der frühen Nachkriegszeit höchst populären Schlager um und münzt ihn auf eine seiner Lehrerinnen. Toon Hermans, damals einer der größten Komiker des Landes, hat in diesen Tagen einen Ohrwurm, der oft im Radio zu hören ist.[13] Hintergrund des Liedes ist, dass die kanadischen Truppen, als sie die Niederlande nach der Befreiung wieder verließen, viele ihrer Militärjeeps an die Holländer verkauften. Und Toon Hermans singt: »Päh, tüüüüt, piep, daar heb je de Jeep« – »Päh, tüüüüt, piep, da habt ihr den Jeep.« Rudi macht aus diesem Lied eine Parodie auf seine Lehrerin Frau Du Bois, die von den Kindern »Tante Dub« genannt wird. Diese ist eingefleischte *Bromfietsfahrerin*, also leidenschaftlich gern mit dem Moped unterwegs, was angesichts ihrer stattlichen Leibesfülle für so manchen Spott unter den Schülern sorgt. Und Rudi dichtet sehr zur Gaudi seiner Klassenkameraden: »Päh, tüüüt, pup, daar komt tante Dub. Daar komt tante Dub aangebrommen« – »Päh, tüüüt, pub, da kommt Tante Dub. Da kommt Tante Dub angebrummt.«[14]

Die wohlwollende Aufmerksamkeit, die ihm seine Auftritte, Conférencen und Parodien auf dem Pausenhof einbringen, stachelt ihn an. Er hat Blut geleckt. Ebenso wie sein Vater verspürt er eine große Freude daran, die unterschiedlichsten Dinge auszuprobieren, seine Talente auszuloten. Natürlich singt er auch und beginnt Lieder einzustudieren, die er mit Klassenkameraden zur Musik von der Schallplatte zum Besten gibt: »Ich habe damals mit ein paar Freunden eine Boygroup gegründet. Und weil wir immer im Schlafanzug aufgetreten sind, haben wir uns *De Nachtbrakers*, ›Die Nachtschwärmer‹, genannt. Hätten wir uns bloß *Tokio Hotel* genannt – dann könnten wir heute klagen.«[15] Etwa zur gleichen Zeit wird ihm bei einem Wettbewerb in einer Jugendherberge der erste Preis zuerkannt: »Ich habe in meinem Sketch einen Bauern gespielt, der zum ersten Mal in seinem Leben eine Lokomotive sieht. Den Sketch habe ich von meinem Vater übernommen.«[16] Auch erste Auftritte im Radio kommen bald hinzu – 1949 gewinnt er den Vortragskünstlerpreis von Radio Hilversum. In der Schule gründet er eine monatlich erscheinende Schülerzeitung, wie Rudis Schwester Truus sich erinnert: »In ihr hat er allerhand Gags und Neuigkeiten gebracht, das hat ihm wirklich Spaß gemacht, und er war ganz der Herr Journalist. Als einmal die Königin zu Besuch in Alkmaar war und sich alle Honoratioren der Stadt darum stritten, wer das Recht hat, auf der Ehrentribüne zu sitzen, ist Rudi einfach hingegangen, hat gesagt, er sei von der Presse, und – schwups! – schon saß er auf der Ehrentribüne, als Königin Juliana kam. Er war immer so frech, er hat so was einfach gemacht. Da hatte er keine Hemmungen.«[17]

Dass der Sohn von André Carrell Bühnenambitionen hat, kann bald keinem mehr entgehen, denn er engagiert sich neben seinen vielfältigen Aktivitäten auch in der Theatergruppe seiner Schule. 1949 führt *Emagosas*, die Schülervereinigung der Krelage School, das Theaterstück *De Witte Vrouw*, »Die weiße Frau«, auf – nicht in der Schule, sondern im kleinen Alkmaarer Theater *Het Gulden Vlies*, »Das Goldene Vlies«, in der Koorstraat. Auch Rudi macht mit, er übernimmt im Stück eine Frauenrolle und spielt das Dienstmädchen Kaatje. Der Theaterkritiker des *Alkmaarsche Courant*, der ausführlich über die viel besuchte Aufführung berichtet, hebt Rudis Leistung als herausragend hervor, lobt ihn fast in den Himmel. Er attestiert Rudi höchste Professionalität und staunt, dass der Vierzehnjährige agiert wie ein ausgebildeter Schauspieler – ein wahres Wunderkind sei Rudi, heißt es von da an in Alkmaar. Nach diesem Erfolg steht Rudi auch in weiteren Aufführungen des Schultheaters auf der Bühne, so etwa zusammen mit seiner Schwester Truus, der ebenso wie ihrem Bruder »Künstlerblut« bescheinigt wird. Trotz dieses Zuspruchs sieht diese ihre Zukunft im Gegensatz zu ihrem Bruder nicht auf der Bühne: »Ich war das einzige Mädel neben drei Brüdern, und meine Mutter erwartete schon, dass ich sie im Haushalt unterstütze und ihr auch bei meinen beiden jüngeren Brüdern half. Und später, als Rudi so einen Erfolg hatte, hätte ich auch Angst gehabt, ständig mit ihm verglichen zu werden und etwas falsch zu machen.«[18]

Rudi selbst ist nach den Erfolgen auf den Schulabenden auf den Geschmack gekommen, und Frits Klitsie, dem Direktor von *Het Gulden Vlies*, hat er es zu verdanken, dass er seiner Theaterleidenschaft frönen kann, obwohl er und seine Familie kein Geld haben, um die Vorstellungen zu besuchen. Klitsie erlaubt Rudi, von dessen offensichtlichem Talent er sich bei den Schulaufführungen selbst überzeugen konnte, jederzeit in sein Theater zu kommen und alle Vorstellungen und Gastspiele kostenlos zu sehen. Allerdings ist die Perspektive ziemlich ungewöhnlich, denn Rudi muss jedes Mal eine schmale, steile Treppe hinaufklettern, die ihn auf einen Balustradenumgang oben in den Prospekten führt, sodass er die Bühne immer nur von oben im Blick hat, nie aus der Sicht der Zuschauer im Saal: »Auf diese Weise habe ich wahnsinnig viel gelernt – und zudem alle holländischen Komiker langsam kahl werden sehen.«[19]

Der Drang zur Bühne wird bei Rudi Kesselaar immer stärker, der Wunsch, in die Fußstapfen seines Vaters zu treten und etwas ganz Besonderes aus seinem Leben zu machen, ist ihm längst wichtiger geworden als die Schule. Ohnehin ist in ihm das Gefühl übermächtig, dass er in der Schule nichts mehr zu suchen hat – »weil ich die gesamte Stadtbibliothek schon hinter mir hatte und der Meinung war, von den Lehrern nichts mehr lernen zu können. Außerdem fühlte ich mich in der Schule wie eingesperrt.«[20] Rudis Schwester Truus bestätigt: »Wir waren Kinder, die immer unheimlich viel gelesen haben, und Rudi hat damals einfach gedacht, dass er schon alles weiß und es eine Zeitverschwendung wäre, noch länger auf der Schule zu bleiben.«[21] Im Alter von knapp fünfzehn trifft er mit der Zustimmung seiner Eltern, die sich seinem Freiheitsdrang nicht in den Weg stellen wollen, die Entscheidung, die Schule zu verlassen – eine Entscheidung, die er nie bereuen sollte, denn von all seinen Mitschülern wird er es schließlich am weitesten bringen: Seiner Prominenz ist es zu verdanken, dass er und seine Genossen von der *Uitgebreid Lagere School* sich vierzig Jahre später noch einmal zu einem Klassentreffen im niederländischen Fernsehen einfinden – in der Fernsehsendung *Klasgenoten*, »Klassenkameraden«.[22]

Wie genau es weitergehen soll, nachdem er die Schule geschmissen hat, steht zunächst noch in den Sternen. Nur ein ganz klares Ziel hat er vor Augen, er will hoch hinaus. »Eins war mir klar: Ich wollte berühmt werden. Egal, womit. Ob als Fußballer oder als Radprofi oder als Radiojournalist. Hauptsache berühmt. Und irgendwie wusste ich immer, dass ich es schaffen würde.«[23] Kurzfristig spielt er mit dem Gedanken, Journalist zu werden und sich bei der hiesigen Zeitung *Alkmaarsche Courant* oder bei einem Radiosender zu bewerben, weil ihn der Gedanke, überall vor Ort zu sein, alles zu sehen zu bekommen, fasziniert. Er verwirft diese Idee jedoch schnell wieder – nein, das ist doch nicht das Richtige für ihn. Wie, ja, wie kann er nur berühmt werden? Noch ist er weit davon entfernt, genau zu wissen, welchen Weg er einschlagen soll. Noch läuft er sogar in kurzen Hosen herum: »Bis ich siebzehn wurde, trug ich nur kurze Hosen, das war damals so. Und man freute sich richtig darauf, endlich eine lange Hose, eine richtige Hose, zu bekommen. Darum hieß auch eins meiner ersten Lieder, das ich geschrieben habe: *Wenn du achtzehn Jahr wirst – und eine Hose kriegst…*«[24]

Bevor er sich entscheiden wird, wie es beruflich weitergehen soll, möchte Rudi zumindest ein bisschen von der Welt außerhalb Alkmaars kennen lernen. Doch wenngleich Rudis Vater mittlerweile etwas besser verdient, die Kesselaars verfügen noch lange nicht über das finanzielle Polster, um ihrem Sohn einen solchen Wunsch zu erfüllen – schließlich gilt es von Andries Einkommen eine sechsköpfige Familie zu versorgen, und sonderlich hoch sind die Gagen auch noch nicht. Also leiht Rudi sich ein Fahrrad aus und klappert die Jugendherbergen Hollands ab – das kann er sich gerade noch leisten, denn in diesen Tagen verdient er sich ein bisschen Geld, indem er englische und deutsche Touristen durch Alkmaar führt. So kann er zwar Alkmaar immer wieder mal für ein paar Tage den Rücken kehren, aber die große weite Welt sind die Jugendherbergen Hollands nun gerade nicht. Nein, den Fünfzehnjährigen gelüstet es nach mehr, er will weiter herumkommen, als seine Eltern und Großeltern es je geschafft haben. Oft sitzt er am Nordseestrand und sieht sehnsuchtsvoll im Westen die Sonne untergehen, stellt sich vor, wie es dort drüben, in Amerika, wohl zugehen mag – er fragt sich, ob er jemals das, was hinter dem Horizont liegt und was er bislang nur aus den Büchern von Mark Twain und Karl May kennt, mit eigenen Augen sehen wird. Doch Amerika liegt zu diesem Zeitpunkt noch in zu weiter Ferne für den fünfzehnjährigen Rudi aus Alkmaar, und mit London sieht es nicht anders aus. Aber ein Ziel gibt es, eine Stadt, die für ihn erreichbar ist, wenn er all seine Energie darauf konzentriert, um an dieses Ziel zu gelangen – Paris.

Bevor er seine abenteuerliche Reise in die französische Hauptstadt antreten kann, muss er sich zumindest ein wenig Geld beschaffen. Nachdem er sich zuvor in den Schulferien schon hin und wieder als Helfer bei der Kartoffelernte oder als Erdbeerpflücker auf den Feldern um Alkmaar etwas verdient hat, verdingt er sich nun als *Bollenpeller* – als Tulpenzwiebelschäler. Er arbeitet in einer inmitten der Tulpenfelder gelegenen Lagerhalle am Dünenrand und steht – das Ziel Paris vor Augen – am Fließband, um alte, vertrocknete Schalen von den Tulpenzwiebeln zu pulen, bevor diese zum Weiterversand verpackt werden. So verschafft er sich zumindest die finanzielle Basis, um in Paris einigermaßen über die Runden zu kommen.

1950, im Alter von fünfzehn Jahren, bricht Rudi auf – im Nachhinein wird er es gerne so darstellen, als ob seine liberalen Eltern sich ihm dabei nicht in den Weg gestellt und ihm dieses Abenteuer großzügig erlaubt hätten, doch ganz so war es nicht. Rudis Schwester Truus beschwert sich noch heute: »Rudi hatte es nicht für nötig befunden, unseren Eltern Bescheid zu sagen. Eines Morgens war er einfach verschwunden. Kein Mensch wusste, wo er war. Vater war gerade in Amsterdam, Mutter heulte den ganzen Tag, und ich war furchtbar böse auf ihn, dass er mich nicht eingeweiht hat. Tage später kam eine Karte aus Paris, auf der nichts weiter stand als: ›Alles o.k., Rudi.‹«[25] Um Geld zu sparen, hat Rudi sich per Anhalter zur französischen Hauptstadt durchgeschlagen, wo er ganze drei Monate lang, völlig auf sich gestellt, bleibt. Nachts schlägt er sein Zelt, das er tagsüber im Rucksack verstaut, im Bois de Boulogne auf: »Früher konnte man so was noch machen, heute wäre das viel zu gefährlich.«[26] Rudi genießt es, die Stadt ganz allein, auf eigene Faust, erkunden zu können, auf niemanden Rücksicht nehmen zu müssen. Er besucht alle Kirchen, alle Museen und Theater, er liebt das Flair der französischen Metropole, die so ganz anders ist als die kleine Provinzstadt Alkmaar. Am besten gefällt es ihm, die Menschen in Paris zu beobachten, die Atmosphäre der Stadt einzusaugen: »Ich habe diese Zeit in Paris genossen, es war toll. Ich habe keine Ahnung mehr, wovon ich damals gelebt habe, was ich gegessen habe. Ich weiß nur noch, dass ich morgens Milchflaschen geklaut habe – aber immer nur, wenn da zwei vor der Tür standen, nie wenn da nur eine stand, das hätte ich nicht übers Herz gebracht. Ich glaube, das ist typisch holländisch. Am schönsten war es für mich, einfach durch die Stadt zu streifen und auf den Champs-Élysées den Frauen nachzugehen. Nur weil sie so schön gekleidet waren und so gut rochen. Solche Gerüche gab es in Holland nicht.«[27]

Die drei Monate in Paris erweitern seinen Horizont – zum ersten Mal erfährt er in eigener Anschauung, dass es neben der beschaulichen Provinz auch noch ein anderes, aufregenderes Leben gibt. Instinktiv begreift er, wie wichtig es für ihn sein wird, die Enge seiner Geburtsstadt hinter sich zu lassen und neue Erfahrungen zu sammeln, sobald sich ihm eine Gelegenheit dazu bietet. Noch wird dies dauern, aber dennoch, das Vierteljahr Paris und all das, was er hier und bei späteren Reisen dorthin sieht und erlebt, sind prägend für sein ganzes weiteres Leben – auch und gerade für sein Berufsleben: »Paris war Showbusiness. Ich habe da viel beobachtet und gelernt, auch später immer wieder. Am wichtigsten war sicherlich das, was ich im ›Lido‹ gesehen habe. Plötzlich schwebte wie auf Zauberhänden eine Tanzfläche auf die Bühne, dann kam ein Wasserfall dazu, und da habe ich begriffen: Auch wenn man nur eine einzige Deko hat, sind da so viele Möglichkeiten. Und als ich später Fernsehshows zu machen begann, habe ich mir gedacht: Das, was die in Paris im ›Lido‹ machen, das muss doch auch im Fernsehen zu machen sein. Und es war natürlich eine brillante Idee, sie funktionierte fabelhaft.«[28]

Zurück im heimatlichen Alkmaar, gilt es allerdings zunächst zu überlegen, womit er künftig seinen Lebensunterhalt bestreiten wird. Wohl nicht zuletzt Mutter Catharinas Ermahnungen, doch erst einmal »etwas Ordentliches«, Bodenständiges und Solides zu erlernen, lässt ihn schließlich den Entschluss fassen, eine Banklehre zu absolvieren und seine Bühnenambitionen hintanzustellen. Er bewirbt sich bei der *Hoornsche Crediet- en Effectenbank* in Alkmaar und wird dort auch am 7. Februar 1951 gleich als »Jüngster Bediensteter« eingestellt und in der Folgezeit vor allem in der Versicherungsabteilung der Bank eingesetzt.[29] Damit tritt er in die Fußstapfen eines anderen berühmten Niederländers, denn auch Johannes Heesters, der sein Heimatland schon 1934, noch bevor Rudi geboren wurde, verlassen hat, um in Wien und Berlin seinen Weg zu machen, hatte dreißig Jahre zuvor eine Banklehre begonnen, obwohl er zu diesem Zeitpunkt ebenfalls bereits von einer Theaterkarriere träumte. Doch ebenso wie Rudi sollte auch er seine Banklehre nie beenden; nach anderthalb Jahren kündigte er, um zukünftig die Theater- und Operettenbühnen, später auch die Filmleinwand zu erobern. Rudi Kesselaar hat wenig Spaß an seiner Banklehre; ebenso wie zuvor schon in der Schule fühlt er sich eingesperrt und schnell gelangweilt. Später erinnert er sich: »Als jüngster Angestellter einer Bank muss ich eine Tasche von Alkmaar nach Hoorn transportieren. Im Zug entdecke ich, dass die Tasche vierhunderttausend Gulden enthält. Ich grüble lange, ob ich das Geld nehmen soll oder nicht. Ich grüble zu lange, denn auf einmal bin ich am Bestimmungsort und sehe das Geld im Tresor verschwinden.«[30]

Doch auch wenn Rudi sich als verlässlicher und vertrauenswürdiger

Mitarbeiter erweist – schnell merkt er, dass ihm das trockene Bankgewerbe auf Dauer nicht liegt und eine Banklehre absolut nicht das ist, was er sich von seinem Leben erwartet. Der Drang zur Bühne ist einfach stärker – noch vor Beendigung seines zweiten Lehrjahrs entschließt Rudi sich im November 1952 dazu, die Ausbildung »auf eigenen Wunsch« abzubrechen und stattdessen fortan bei seinem Vater in die Lehre zu gehen.[31] Der Sechzehnjährige ist sich absolut sicher, dass er zukünftig nur noch für die Bühne und das Showgeschäft leben will und für diesen Beruf geboren ist – was liegt also näher, als von dem Mann zu lernen, den er schon von klein auf bewundert und der inzwischen schon so viel Erfahrung in seinem Metier gesammelt hat, dass Rudi sich keinen besseren Lehrer wünschen und vorstellen kann. Andries Kesselaar, der mittlerweile eine eigene Künstlertruppe namens *Het Nederlands Cabaret* leitet, freut sich, dass er sein Wissen an seinen Sohn weitergeben kann, dass Rudi den gleichen Weg beschreiten will, den auch er gegangen ist – noch kann er nicht ahnen, wie sehr Rudi ihn einmal in den Schatten stellen wird, noch kann niemand voraussehen, dass der Sohn einmal wesentlich populärer werden wird, als der Vater es jemals war. Nicht nur der Vater, auch Rudis Mutter Catharina stellt sich – wenngleich sie anfangs befürchtet, dass Rudi es in diesem Fach schwer haben wird, weil sie ihn für einen Träumer und Idealisten hält – letztlich nicht gegen den Berufswunsch ihres Sohnes, weil sie die Leidenschaft spürt, mit der er zur Bühne strebt: »Sie hatte einen tollen Humor. Ich habe ihr tagein, tagaus Sketche vorgespielt. Und sie hat mir dabei zugeschaut und selig gelächelt. Beide, mein Vater und meine Mutter, waren wichtig, und beiden habe ich dafür zu danken, was aus mir geworden ist. Von meinem Vater habe ich das Handwerkszeug gelernt und das Talent geerbt, von meiner Mutter die Menschlichkeit und das große Gespür für Menschen.«[32]

Bis zum Jahr 1953 arbeitet Rudi vor allem hinter den Kulissen mit seinem Vater zusammen, als dessen Assistent und Privatsekretär, zudem verdingt er sich auf dessen Vermittlung hin als »Jüngster Bediensteter« im Theaterbüro von Frans van Klingeren. In dieser Zeit fühlt er sich durchaus noch als Lehrling, noch betrachtet er sich selbst nicht als Berufskünstler, sondern als Amateur, der seine ersten Erfahrungen sammelt – der Start zu seiner eigenen Bühnenkarriere wird erst im Herbst 1953 erfolgen. Doch auch schon in den zwei Jahren davor absolviert er eine ganze Reihe kleinerer Auftritte, wenn er mit seinem Vater durch Holland tingelt. Auch in Alkmaar steht Rudi noch wiederholte Male auf der Bühne – auch nachdem er selbst schon von der Schule abgegangen ist, wirkt er noch bei den bunten Abenden seiner ehemaligen Schule mit, die seine Schwester Truus zu diesem Zeitpunkt noch immer besucht. 1950 etwa steht er zusammen mit Truus in dem Sketch *Recht ist Recht* auf der

Bühne, der als Höhepunkt des Abends gefeiert wird. In dem von Rudis und Truus' Vater geschriebenen Stück ist erstmals Hans de Leeuw ihr Bühnenpartner, er spielt den Richter. Truus wird sich in Hans verlieben, sich mit ihm verloben und ihn sieben Jahre später heiraten – 2007 werden die beiden ihre goldene Hochzeit feiern. Wiederum wird die herausragende schauspielerische Begabung der beiden Kinder André Carrells gelobt, doch diesmal gibt der hiesige Theaterkritiker Rudi maßregelnd mit auf den Weg: »Nichtsdestotrotz finden wir, dass dem jugendlichen Rudi Kesselaar ein sicheres Maß an Bescheidenheit nicht schlecht zu Gesicht stünde.«[33]

Ein Jahr später, am 7. April 1951, beteiligt Rudi sich erneut am jährlichen Festabend von *Emagosas*, der Schülervereinigung seiner alten Schule. Diesmal arbeitet er bereits Hand in Hand mit seinem Vater, denn im Alkmaarer Theater *Het Gulden Vlies* wird die von André Carrell geschriebene Revue *Een beetje zon*, »Ein bisschen Sonne«, aufgeführt, und als Verantwortlicher für die Zusammenstellung und Regie wird Rudi Kesselaar auf dem Programmzettel genannt. Höhepunkt des Abends ist das von André Carrell geschriebene Lied *Weet je nog wel oudje?*, »Erinnerst du dich noch, Alte?«, das Rudi zusammen mit seiner Schwester Truus singt – es kommt besonders gut an, weil hier viele bekannte Alkmaarer Persönlichkeiten besungen werden. Wie in jedem Jahr, so ist Rudi auch jetzt für die Conférencen zuständig, und wiederum hat er die Möglichkeit, seine Schlagfertigkeit unter Beweis zu stellen. Immer wieder muss er auf Zurufe aus dem Publikum reagieren und kann zeigen, dass ihn so schnell nichts aus der Ruhe bringt. Als ein Schüler den zaundürren Rudi lautstark auffordert, endlich hinter dem Mikrofon hervorzukommen, weil man ihn sonst gar nicht sehe, wartet er das Gelächter des Publikums ab, tritt einen Schritt beiseite und fährt souverän im Programm fort: »So gut? Dann können wir jetzt weitermachen.«

Der Sohn von André Carrell wird immer bekannter, bald lernt ihn ganz Alkmaar kennen, denn schnell kommen auch viele *Alkmaarders* und Schüler von anderen Schulen, eigens um ihn zu sehen. Nach den Vorstellungen wird er von Scharen begeisterter Mädchen umringt, die ihn um Autogramme bitten. Zunehmend wird er auch von anderen Schulen im Umkreis für deren bunte Abende engagiert, so etwa von *Berméonto*, der Schülervereinigung der Mädchenschule im benachbarten Bergen. Hier tritt er im englischen Stück *De Privé Secretaresse*, »Die Privatsekretärin«, auf, in dem sich trotz seiner zweifellos vorhandenen schauspielerischen Begabung nicht verleugnen lässt, dass seine Zukunft nicht auf der Theaterbühne liegen wird, sondern ihm das Improvisieren und die Arbeit als Conférencier wesentlich mehr zusagen als das Befolgen eines vorgeschriebenen Rollentextes. Man gewinnt beinahe das Gefühl, dass Rudi es langweilig erscheint, wenn er einen auswendig gelernten Text vortragen soll, denn immer wieder weicht er ab, improvisiert spontan, wenn ihm etwas Lustiges einfällt, womit er den Aufführungen natürlich eine besondere Lebendigkeit verleiht und das Publikum amüsiert. In *De Privé Secretaresse* etwa reichert er – wie der Theaterkritiker vom *Noordhollandse Dagblad* schreibt – »den Text seiner Rolle als Büroangestellter Markmann immer wieder mit seinen eigenen lustigen Einfällen an«.[34]

Rückblickend beurteilt Rudi all diese Auftritte lediglich als die ersten Schritte eines Amateurs, der sich auf den Start in sein Berufsleben vorbereitet. Noch steht er auch als »Rudi Kesselaar« auf der Bühne, noch trägt er ausschließlich Texte von Liedern, Witzen und Sketchen vor, die aus der Feder seines Vaters stammen. Doch wenngleich er diese Gastauftritte im Nachhinein als Fingerübungen betrachtet, auch in dieser Zeit erregt er schon ein erstaunliches Maß an Aufmerksamkeit. Im Dezember 1952 etwa fungiert er als Conférencier auf der Weihnachtsfeier der Seefahrtsschulen-Vereinigung im Kasino von Den Helder – und der »Conférencier Kesselaar« schafft es auch gleich in die Schlagzeilen. Die Presse macht ihn zum Star des Abends und bedauert: »Ausgerechnet dieser junge Mann, R. Kesselaar, muss kein Seefahrtsschüler sein!« Man ist begeistert von dem jungen Entertainer, findet jedoch, dass er erst noch seine künstlerische Eigenständigkeit unter Beweis stellen muss, und gibt ihm den Rat mit auf den Weg: »Einzig sollte er sich einen eigenen Stil angewöhnen und nicht im Sog seines Vaters André Carrell weiterfahren.«[35] Obwohl Rudi sich selbst zu diesem Zeitpunkt noch nicht als »Berufskünstler« bezeichnet – die wohlwollenden Kritiken sprechen Bände davon, dass da ein Talent heranwächst, das in den Startlöchern ungeduldig auf die entscheidende Chance wartet, auf den Moment, der alles ändern wird.

Rudis Stunde schlägt am 17. Oktober 1953, als er im Alter von achtzehn Jahren bei einem Gastspiel für seinen Vater einspringt. Das Engagement kommt eher durch Zufall zustande. Floris Meslier, Impresario der Theatertruppe *Het Theater Plezier*, sucht für einen bunten Abend in Arnheim, zu dem tausendzweihundert Beamte der Stadt erwartet werden, noch nach einem weiteren Showakt. Schließlich fällt ihm André Carrell ein. Rudi erinnert sich: »Als der Impresario anrief, war ich zufällig am Telefon. Er erkundigte sich, ob mein Vater am 17. Oktober bei ihm auftreten könne, aber der hatte da schon ein anderes Engagement. Da sagte ich ihm: ›Ich kann alles von meinem Vater auswendig.‹ Und er war gleich einverstanden und hat mich gefragt, ob ich dann nach Arnheim käme. Ich habe, ohne zu zögern, sofort zugesagt, und auch mein Vater war damit einverstanden. Er sagte nur: ›Na, dann mach mal.‹«[36]

Und Rudi »macht«. Bei diesem ersten professionellen Auftritt im berühmten Arnheimer Theater *Musis Sacarum*, für den er mit fünfzig Gulden entlohnt wird und bei dem er erstmals unter dem Namen »Rudi Carrell« auf der Bühne steht, kommt er beim Publikum glänzend an: »Wahrscheinlich fanden die Leute es toll, weil ich so jung war und mich traute, mich da einfach hinzustellen und Witze zu erzählen.«[37] Aber Rudi Carrell ist an diesem Abend nicht nur Conférencier und mitwirkender Künstler, sondern zugleich auch für das ganze Programm verantwortlich, das er mit Mitgliedern von *Jean Mikkenie's Cabaretgezelschap* gestaltet – es reicht von Akkordeonnummern bis hin zu Wiener Operettenmelodien und wird von einem anschließenden Ball gekrönt. Im ersten Teil des Abends singt Rudi das Lied *Dat neem ik niet!*, »Das nehm ich nicht!« Nach der Pause führt er einen amüsanten Sketch seines Vaters vor, eine Parodie auf Menschen mit verschiedenen Hüten, bei der er – diverse Hutmodelle ausprobierend – darüber philosophiert, wie sehr Kleidungsstücke einen Menschen doch anders erscheinen lassen können. Rudis Auftritt wird ein großer Erfolg; am nächsten Tag widmet der Arnheimer Theaterkritiker ihm gleich die Schlagzeile seines Berichts über den bunten Abend: »Rudi Carrells Kabarett amüsiert das Personal der Gemeindebetriebe.« Er lobt Rudis erfrischende Conférencen, die Art seines »vortrefflichen Vortrags« und resümiert: »Mit diesem Programm haben Rudi Carrell und die Seinen es verstanden, die richtige Stimmung zu zaubern, die der lebhafte Ball im Anschluss brauchte. Und der bunte Abend davor hat bei vielen Mitarbeitern der Gemeinde den Gedanken geweckt: ›Dieser Pfirsich schmeckt nach mehr.‹«[38]

Der 17. Oktober 1953 ist ein Datum, das Rudi Carrell nie vergessen wird, ein Tag, über den er wenig später notiert: »Mein erster Abend als Berufskünstler.«[39] Er kehrt aus Arnheim mit dem Gefühl nach Alkmaar zurück, dass es ihm jetzt gelingen kann, die ganze Welt zu erobern – wenn man so einen großen Saal hat fesseln können, dann schafft man alles. Von hier an übernimmt er den Künstlernachnamen seines Vaters und nennt sich fortan »Rudi Carrell« – später wird er immer am 17. Oktober sein Bühnenjubiläum feiern. Tatsächlich fällt an diesem Tag der Startschuss zu Carrells einmaliger Karriere. Doch so groß auch die Euphorie der Stunde ist, der angehende Showmaster lernt schnell, dass er sich zu keiner Zeit auf seinen Lorbeeren wird ausruhen können, dass es trotz des Beifalls und der guten Kritiken ratsam ist, nie übermütig zu werden und Erfolg nicht als etwas Selbstverständliches zu betrachten: »Am nächsten Abend bin ich stolz rausgekommen auf die Bühne, ich dachte, ich kann das schon. Doch das Publikum hat den frechen, eingebildeten Kerl einbrechen lassen, ganz furchtbar. Das war eine gute Lehre.«[40] Aber durch solche Erfahrungen wird man schlauer: »An diesem Abend lernte er, dass Bescheidenheit eine Tugend und das Künstlersein ein echter Beruf ist, für den hart gearbeitet werden muss. Das war die Lektion seines Lebens. Eine gute Lektion.«[41] Und dennoch: Dies ist die Geburtsstunde des Showmasters Rudi Carrell, ein entscheidender Dreh- und Angelpunkt seiner Biographie. Ab diesem Zeitpunkt wird er zunächst die Bretter und dann die Rundfunk- und die Fernsehstudios der Niederlande erobern – als jüngster Ansager und Conférencier seines Heimatlandes – und zehn Jahre später einer der bekanntesten Showmaster Europas werden. Doch wohin ihn der Weg führen wird, das kann er 1953 noch nicht ahnen, nur eins weiß er ganz sicher: Er will berühmt sein, ein Star werden.

3.
Von Alkmaar nach Hilversum

»ANDEREN FREUDE ZU BEREITEN bedeutet Kummer für dich selbst.« Diesen Spruch, ausgeschnitten aus einer holländischen Zeitung, klebt Rudi Carrell 1953 auf die erste Seite seines Scrapbooks, das er in den folgenden fünf Jahren mit Fotos, Kritiken, Verträgen, Programmzetteln und allem, was seine frühe Karriere in seinem Heimatland dokumentiert, bestücken wird. Die Erkenntnis, dass es Verdruss und harte Arbeit für einen selbst bedeutet, wenn man die Menschen zum Lachen bringen will, dass die leichte Muse ein schwerer Job ist, steht also schon ganz am Anfang von Carrells Karriere – ebenso aber auch das Wissen, dass es für ihn selbst nichts Schöneres geben kann, als Menschen zu unterhalten, sie zu amüsieren: »Ich habe diesen Beruf aus Idealismus ergriffen, nie um viel Geld zu verdienen. Er war immer etwas Heiliges für mich. Das Lachen der Leute, die Gewissheit, ihnen Freunde und Spaß zu bereiten, das war immer das Schönste für mich.«[1]

Dem Buch, das in einzigartiger Weise seinen Aufstieg zum Star in Holland dokumentiert, stellt der achtzehnjährige Carrell ein selbst verfasstes Gedicht voran, dem er den deutschen Titel *Die Geschichte eines jungen Künstlers* gibt und das zeigt, was der junge Carrell für Vorstellungen von seinem Beruf hat, welche Erwartungen, welche Befürchtungen ihn ganz am Anfang seiner Karriere umgetrieben haben:

> Tatsächlich, alles ist wahr.
> Ausgenommen die »Wahrheit«.
> Lest, lest mehr,
> denn das Bier ist wieder besser,
> und es schäumt, und es kann nicht kratzen.
> Lest dieses Buch, geht ganz dicht mit den Augen heran,
> sodass ihr alles vor euren Augen wieder aufleben seht!
>
> Alles in diesem Buch ist wahr, so wahr mir … helfe.
> Ich bin ein Künstler. Ein Star. Ich bin nicht der einzige Star.
> Denn Sterne strahlen überall in ihrem Überall.
> Applaus, Blumen, Huldigungen,
> Schelte, Buhrufe, Brennnesseln.

Publikum, ich habe Sie lieb. Ich bin Ihre Liebe.

Lest dieses Buch und veranstaltet danach
eine Kollekte für mich!

Sie, die sterben werden, grüßen Sie![2]

Nach Rudis erstem Auftritt als Berufskünstler am 17. Oktober 1953 in Arnheim geht es Schlag auf Schlag. Im Windschatten seines Vaters und aufgrund der guten Kritiken, die er selbst bekommt, folgt ein Engagement auf das andere. Nur für einen ganz besonderen Termin ist es noch zu früh, denn bereits im November tritt André Carrells *Het Nederlands Cabaret* im Schloss Soestdijk vor Königin Juliana und ihrer Familie auf. Schon drei Monate zuvor hatte der *Alkmaarsche Courant* stolz von dieser großen Ehre berichtet – auch, dass dieses Mal Andries' Sohn Rudi mit von der Partie sein soll, »der zum ersten Mal in die Gesellschaft seines Vaters aufgenommen wurde und sein Debüt geben soll. Rudi soll in den kommenden Monaten beweisen, ob er ein würdiger Nachfolger seines Vaters sein wird.«[3] Welche Talente er tatsächlich besitzt, das wird er bald schon landauf, landab unter Beweis stellen können, beim Auftritt vor der Königsfamilie aber ist er noch nicht mit dabei.[4]

Der Erfolg in Arnheim veranlasst den Achtzehnjährigen, seine berufliche Selbstständigkeit zu zementieren und noch im Oktober 1953 eine eigene Truppe zu gründen, die er *Rudi Carrell's Cabaretgezelschap* nennt und mit der er bereits im Winter 1953 auf Tour geht. Jeder soll merken, dass es ihm mit seiner Berufsentscheidung ernst ist, und so lässt er sich auch gleich eigenes Briefpapier drucken, mit der selbstbewussten Aufschrift: »Rudi Carrell – Conférencier – Maertenshof 6 – Alkmaar«[5]. Hier, im Maertenshof 6, haben die Kesselaars 1951 eine neue Bleibe gefunden, nachdem das winzige Häuschen im Bergerweg und auch eine für kurze Zeit gemietete Wohnung in der Alkmaarer Kinheimstraat 28 endgültig zu eng für die sechsköpfige Familie geworden waren. Im Gegensatz zu den bisherigen Wohnverhältnissen der Familie stellt die neue Bleibe fraglos eine Verbesserung dar und zeugt vom sozialen Aufstieg André Carrells und der Seinen – im Maertenshof 6 beziehen die Kesselaars »eine geräumige, moderne Wohnung, nicht zu vergleichen mit dem Bergerweg und der Kinheimstraat davor.«[6] Es wird ihre letzte Adresse in Alkmaar sein, 1955 werden sie die Stadt für immer verlassen.

Am 24. November 1953 unterschreibt Rudi seinen ersten eigenen Vertrag mit der *Provinciale Commissie voor Cultureel Werk in Arbeiderkampen*, einer regionalen Kommission, die kulturelle Auftritte vor Arbeitern organisiert. Am 2. Dezember 1953 tritt er dann erstmals mit seiner *Rudi Carrell's Cabaretgezelschap* auf, es ist ein Programm zum bevorstehenden Nikolaustag, der in den Niederlanden traditionell wesentlich aufwendiger gefeiert wird als das Weihnachtsfest. Für das von ihm zusammengestellte Programm wird er mit hundertfünfundsiebzig Gulden entlohnt, wovon er noch seine vier Bühnenpartnerinnen bezahlen muss.[7] In der Vorweihnachtszeit werden viele Festveranstaltungen und Weihnachtsfeiern organisiert, folglich sind auch allerorten Bühnenkünstler und Conférenciers gefragt – zwischen seinem Debüt am 17. Oktober 1953 und dem Jahresende absolviert Rudi Carrell bereits dreizehn Vorstellungen, die eine Hälfte mit seiner eigenen Truppe, die andere Hälfte zusammen mit seinem Vater.[8]

Am Beginn seiner Karriere, als Rudi gerade erst aus dem Schatten seines Vaters herauszutreten beginnt, wird er von den Kritikern und vom Publikum natürlich noch oft mit André Carrell verglichen. Doch diese Vergleiche schmerzen ihn nicht – einerseits, weil er seinen Vater als seinen Lehrmeister betrachtet und ihn nach wie vor für sein Können bewundert, andererseits, weil ihm bald schon von allen Seiten bestätigt wird, dass er den Vergleich mit dem berühmten Carrell senior nicht zu scheuen braucht. Nur manchmal wird ihm in der Anfangszeit zur Last gelegt, dass er sich zu sehr an den Stil und das Repertoire seines Vaters anlehne, wird er dafür kritisiert, dass er sich noch zu wenig bemühe, einen eigenen Weg zu beschreiten. Und tatsächlich trägt Rudi 1953 und während der überwiegenden Zeit des Vorjahrs vor allem noch die Texte und Lieder aus der Feder seines Vaters vor, erst 1954 wird er damit beginnen, sich nach und nach freizuschwimmen und immer mehr eigene Texte zu schreiben – wobei er auch da noch nicht ganz auf die Schöpfungen seines Vaters verzichten wird. Gerade bei den Auftritten seiner ersten Zeit als Berufskünstler fühlen sich viele, die das Repertoire seines Vaters kennen, stark an André Carrell erinnert, was wohl nicht zuletzt auch daran liegt, dass die Stimmen von Vater und Sohn sich auffällig gleichen. Als problematisch erweist sich, dass man so manchen Witz, den der mittlerweile zweiundvierzigjährige André Carrell für sich selbst geschrieben hat und der bei seinen eigenen Auftritten problemlos zündet, dem achtzehnjährigen Rudi nicht so ganz abnimmt, einfach weil man spürt, dass der junge Mann über die Lebenserfahrung, der sich einige Witze oder Sketche erst verdanken, zwangsläufig noch nicht verfügen kann. Rückblickend bekennt Carrell selbst: »Ich habe Witzchen erzählt, die ich selbst nicht begriffen habe, aber von denen ich wusste, dass das Publikum bei meinem Vater über sie lachte.«[9]

Bei einem seiner ersten Auftritte erweist sich genau das als ein Problem, auf das von den Kritikern auch sehr genau hingewiesen wird. Wie schon im Vorjahr, so ist Rudi auch im Dezember 1953 für die Weihnachtsfeier der Seefahrtsschulen-Vereinigung im Kasino Den Helder engagiert worden. Auch diesmal ist er wieder für die Gestaltung des ganzen Abends verantwortlich, den er unter das Motto *Koldercapriolen*, »Kapriolen des Blödsinns«, stellt – der Programmzettel verspricht »ein vielseitiges Theaterprogramm mit Gesang, Vorträgen, Sketchen und Musik«.[10] Rudi trägt in seinen eigenen Parts ausschließlich Texte und Lieder seines Vaters vor. Die Kritiker erkennen das hohe Maß an Professionalität, mit der er seinen Auftritt meistert, durchaus an und vermelden die »Geburtsstunde« des »Berufskünstlers Rudi Carrell«, fügen aber deutlich hinzu, dass es dem jungen Mann noch an Originalität fehle und er sich zu sehr auf das Repertoire seines Vaters stütze: »Der Blödsinn muss in der Hauptsache von Rudi Carrell kommen, der als Conférencier und in den Sketchen häufig im Rampenlicht erschien. Er ist dabei sichtlich von dem Standpunkt ausgegangen, dass der Erfolg in dem Maß zunehmen würde, je mehr Witze er erzählt. Die jugendlichen Schultern von Carrell haben diese Last nicht ganz tragen können. Viele Witze waren allbekannt und sind sicher nicht dem Gehirn von Rudi Carrell selbst entsprungen.«[11]

Auch solche Negativkritiken klebt Rudi Carrell in sein Scrapbook und nimmt sie sich, da er sie als sachlich und konstruktiv empfindet, zu Herzen – ebenso wie er auch die Ermahnungen seines Vaters verinnerlicht, der Rudi ebenfalls auffordert, in seinen Auftritten selbstständiger zu werden und eigene Ideen zu entwickeln: »Mein Vater war nicht sehr glücklich mit seinem Lehrling. Schließlich tingelte ich mit seinen Witzen.«[12] Wenn sein Vater ihn kritisiert, dann ist das für Rudi eine Kritik, die er anzunehmen bereit ist – ganz einfach weil er spürt, dass sein Lehrmeister Recht hat, und außerdem weil es ihm ja letztlich auch selbst darum geht, sich auf der Bühne zu verwirklichen und die Leute zukünftig einmal mit seinen eigenen Einfällen zu erfreuen. Ganz anders sieht es jedoch aus, wenn Rudi sich zu Unrecht kritisiert fühlt, wenn er sich mit Vorwürfen konfrontiert sieht, die er schlicht und einfach als unhaltbar betrachtet. Dann entwickelt der junge Mann Kampfgeist und ein erstaunliches Selbstbewusstsein, wie ein Vorfall belegt, der sich schon zwei Jahre vor dem Start seiner Berufslaufbahn zugetragen hat. Nachdem der sechzehnjährige Rudi bei einer Alkmaarer Schulaufführung in André Carrells Revue *Een beetje zon* geglänzt hatte, fühlte sich das Komikerduo *Wi-Jo*, das bei der *Amusementsgezelschap* im benachbarten Bergen unter Vertrag stand, von ihm kopiert und warf Rudi vor, bei ihnen Ideen geklaut zu haben.

Im Juli 1951 schrieb der Direktor der *Amusementsgezelschap* von Bergen daraufhin an Rudi: »Junger Herr, von verschiedenen Seiten sind wir darauf aufmerksam gemacht worden, dass Du vor einigen Wochen bei Deinem Auftritt auf einem Schulabend von einzelnen Teilen aus unserem

Programm Gebrauch gemacht hast. Wir schreiben Dir dies nicht, weil wir uns hierdurch benachteiligt fühlen, denn es ist doch immer so, dass es nie von einem anderen so gebracht werden kann, wie wir das selbst tun, und darüber hinaus sind die Sachen beim Publikum häufig schon bekannt, und so findet es die Übernahme ›widerlich‹, oder die Güte der Vorstellung nimmt seiner Meinung nach dadurch stark ab. Natürlich ist es für uns nicht spaßig, wenn ein anderer unser Programm übernimmt, und das müsste Dein Vater doch auch gut wissen, und er sollte auch gut wissen, dass Du niemals etwas erreichst, wenn Du nicht Deinen eigenen Stil entwickelst. Wir schreiben Dir das, weil Du durch die Übernahme unseres Programms schon viel an Popularität verloren hast, und wir finden, dass dies für jemanden, der vielleicht einiges auf der Bühne erreichen will, sehr schade ist. Sind wir auch Fremde für Dich, so nimm dennoch diesen Rat an: Nur dann kannst Du etwas erreichen, wenn Du hart für Deine Sache arbeitest und Deinen eigenen Stil entwickelst, und vergiss vor allem nicht, dass Du immer mit beiden Beinen auf dem Boden bleibst. Viel Erfolg in der Zukunft und denk noch mal über diesen Rat nach. Mit kameradschaftlichen Grüßen, W. Lakeman.«[13]

Zwei Tage später antwortete ihm Rudi mit einem Schreiben, in dem er die in seinen Augen unhaltbaren Anschuldigung richtig stellt: »Sehr geehrter Herr, mit großer Verwunderung habe ich Ihren Brief vom 24. diesen Monats gelesen. Ich bin durchaus mit Ihnen einig, dass die Übernahme aus dem Repertoire eines anderen keine Kunst ist. Aber ich rate Ihnen, sich erst einmal gut zu informieren, bevor Sie jemanden dessen beschuldigen. Ihrer Aussage zufolge haben Sie von verschiedenen Seiten über diesen Vorfall gehört. Ich bin wirklich sehr gespannt darauf, wer diese ›verschiedenen Seiten‹ sind. Im zweiten Satz behaupten Sie, dass ich ›einige Teile‹, das würde bedeuten, zumindest skizzenhaft, aus Ihrem Programm auf unserem Schulabend verwendet habe. Diese Revue ist samt und sonders von André Carrell geschrieben worden. Das einzige Mal, dass ich das *Duo Wi-Jo* gesehen habe, war nach diesem Schulabend – mithin besteht also einzig die Möglichkeit, dass das *Duo Wi-Jo* Teile aus *meinem* Programm verwendet hat. Ich habe Ihren Brief viele Menschen lesen lassen, die Ihr und mein Programm gesehen haben, und alle sind der Meinung, dass Sie sich tüchtig irren. Wenn Sie noch weiterhin auf diese lächerliche Geschichte eingehen wollen, dann nennen Sie bloß die Dinge, die ich Ihrer Meinung zu kopieren versucht haben soll, beim Namen. Ich war sehr erfreut zu hören, dass ich schon so viel Popularität besitze, dass ich sie jetzt schon wieder ein wenig einbüßen könnte – das ist etwas, dessen sich das *Duo Wi-Jo* leider nicht rühmen kann. Wenn Sie noch mal so einen ›Fall‹ haben, suchen Sie sich dann einen älteren Widersacher aus als einen Jungen von sechzehn Jahren. Hochachtungsvoll, R.W. Kesselaar.«[14]

Rudi Carrell lernt rasch, eigene Ideen zu entwickeln, selbst Lieder, Sketche und Gags zu schreiben. Seine schnell wachsende Bühnenerfahrung gibt ihm ein – für seine weitere Karriere äußerst wertvolles – Gespür dafür, was beim breiten Publikum ankommt und was nicht. Doch auch wenn er seine Conférencen und Sketche zunehmend mit eigenen, oftmals auch spontanen Einfällen würzt und auch häufiger eigene Witze in sein Programm aufnimmt – seine größten Bühnenerfolge feiert er in den ersten Monaten seiner Karriere noch mit zwei Nummern seines Vaters. Besonders gut kommt der Sketch *Behoedt U voor een hoed*, »Behüten Sie sich vor einem Hut«, an – die Nummer, mit der er schon bei seinem ersten Auftritt als Berufskünstler in Arnheim so großen Erfolg gehabt hat. Das Publikum amüsiert sich prächtig, wenn Rudi mit beschwingtem Humor vorführt, wie unterschiedlich ein Mann mit diversen Kopfbedeckungen wirken kann, und auch die Kritiker sind voll des Lobes: »Rudi Carrell, ein würdiger Nachkomme seines Vaters, hat viele kleine Rollen, doch eine lässt in ihm den kommenden Künstler besonders aufblühen. In seinem Einakter ›Hüte‹ treten die künstlerischen Fähigkeiten dieses jungen Mannes besonders stark zutage.«[15] Eine andere Nummer, die jedes Mal viele Lacher garantiert, ist sein Auftritt als Willem Wouter van Wognum junior, eine Kunstfigur, die sein Vater kreiert hat: Willem ist ein etwas einfältiger nordholländischer Bauer, dessen Namen sich aus einem beliebten niederländischen Kindervers ableitet und über dessen stark ländlichen Dialekt man sich gerade in anderen Teilen der Niederlande sehr amüsiert. Doch auch eine von Rudi selbst entwickelte Nummer sorgt für Furore, seine Parodie auf den in Holland seit den Tagen des Ersten Weltkriegs höchst populären Sänger und Revuestar Lou Bandy – den Maurice Chevalier der Niederlande. Mit Bandys obligatorischem Strohhut auf dem Kopf erntet Rudi, wie die Presse vermerkt, »wahre Ovationen«.[16]

Indem er sich freischwimmt, wird er bald schon nicht mehr nur als Anhängsel seines Vaters gesehen, sondern macht sich sehr schnell auch unabhängig von diesem einen Namen – bis er schließlich berühmter sein wird, als es André Carrell je war. Im Laufe des Jahres 1954 kristallisiert sich jedenfalls immer deutlicher heraus, dass der neunzehnjährige Rudi Carrell mehr als nur ein begabter Nachahmer seines Vaters ist und dass er sich anschickt, ein ernst zu nehmender Künstler zu werden, der schon bald ganz auf eigenen Füßen stehen wird. Bereits in einer der nächsten Kritiken, die sich in seinem Scrapbook findet und sich auf einen Auftritt Carrells auf einem Wohltätigkeitsabend zur Bekämpfung der Tuberkulose bezieht, attestiert ein Kritiker ihm: »Der junge Rudi Kesselaar, voller Humor und ausgelassener Lebenslust, verspricht ein würdiger Nachfolger seines Vaters, André Carrell, zu werden. Er ist ohne jedwede

Zurückhaltung impulsiv, geistreich und witzig und hat einen unmittelbaren Kontakt mit seinem Publikum.«[17]

Rudi entwickelt durchaus auch sehr schnell eigene Vorstellungen von seinem Beruf, die von denen seines Vaters abweichen. Während André Carrell seinem Sohn mit auf dem Weg gibt, dass das Publikum an jedem Abend mindestens zweimal auch gerührt sein und zum Weinen gebracht werden will, propagiert Rudi ausschließlich die humoristische Variante: »Ich wollte das nicht glauben und fand die Vorstellung schrecklich. Eigentlich habe ich erst Jahrzehnte später begriffen, dass er damit Recht hat. Ich habe lange darauf gesetzt, das Publikum so oft wie möglich zum Lachen oder zumindest zum Schmunzeln zu bringen. Erst in meiner Überraschungsshow in den achtziger Jahren habe ich die Idee meines Vaters aufgegriffen, und erst da habe ich gemerkt: Mensch, mein Vater hatte wirklich Recht, das Publikum will nicht nur zum Lachen gebracht, sondern auch mal gerührt werden. Eigentlich komisch, dass ich so lange gebraucht habe, um das zu kapieren. Denn schon früher, wenn ich mit meiner Schwester Truus im Kino war, saß sie bei Chaplin-Filmen in ihrem Sessel und weinte, während ich mich kaputtlachte. Schon da hätte ich eigentlich begreifen müssen, wie nah Lachen und Weinen beieinander liegen.«[18]

Von seinem Vater kann sich Rudi in diesen Jahren sehr viele wichtige Grundlagen seines Berufs aneignen – nicht nur die lange Bühnenerfahrung und sein ausgeprägter Sinn für Komik sind es, die André Carrell zum idealen Lehrmeister machen, sondern auch sein feines Gespür für die Bedürfnisse des Publikums und seine großen Kenntnisse von der Natur des Menschen und seinem Humor. So lernt Rudi etwa von ihm, dass es eines hohen Maßes an Menschenkenntnis bedarf, um eigene Witze und Sketche zu kreieren, die bei der breiten Masse des Publikums ankommen sollen. Rudis Vater verzichtet dabei auf ermüdende Vorträge, sondern findet immer wieder Mittel und Wege, seinem Sohn das, was er vermitteln möchte, auf höchst amüsante und anschauliche Weise beizubringen – so etwa, als er ihm zu erklären versucht, was ein »Practical Joke« ist. Nach einem Auftritt in Maastricht übernachten Rudi und sein Vater 1954 in einem Doppelzimmer eines kleinen Hotels und unterhalten sich, bereits im Bett liegend, darüber, wie sich eine witzige Idee oder ein spontaner Einfall in einen gelungenen Bühnengag umformen lässt. André hat gleich eine Idee, wie er Rudi am lebenden Beispiel klar machen kann, wie so etwas funktioniert: Er schleicht sich leise ins Nachbarzimmer, wo das holländische Komikerduo *Chic en Co* nächtigt – die beiden heißen eigentlich Jupp und Heinz und tingeln mehr oder weniger erfolgreich mit einer Stan Laurel & Oliver Hardy-Parodie durchs Land. André vertauscht ihre Gebisse in den Gläsern neben ihren Betten und simuliert dann einen Brand auf dem Flur vor ihrer Tür. Als sie von den »Feuer!«-Rufen geweckt werden und den Rauch bemerken, kommen die beiden Komiker aus dem Zimmer gestürmt – jeder mit dem nicht passenden Gebiss des anderen im Mund. Das Gelächter ist ebenso groß wie Rudis Staunen darüber, dass sein Vater mit der Prophezeiung, dass Menschen auch in solch einer vermeintlichen Notsituation erst zu ihren Gebissen greifen, bevor sie sich in Sicherheit bringen, Recht behalten hat, dass ihr Verhalten derart vorausschaubar ist und man das Wissen darüber dazu nutzen kann, um Leute zu amüsieren. Auf diese höchst anschauliche und amüsante Weise lernt Rudi Carrell, dass es vor allem einer Voraussetzung bedarf, um ein guter Komiker und Entertainer zu werden: der Menschenkenntnis.

Ebenso wie bei seinem Vater ist auch Rudis Humor stärker von optischen Effekten als von Wortspielen geprägt – André sagt über seinen Sohn, dass dieser schon als Kind über eine ausgesprochen »optische Phantasie« verfügt habe. Auch später werden es immer wieder optische Gags und slapstickhafte Elemente sein, die Carrells Humor ausmachen: Torten, die in Gesichtern landen, Eimer Wasser, der über Köpfen ausgeleert werden, ein Pullover, der bis zu den Zehenspitzen ausgedehnt wird – solche Dinge tauchen immer wieder in Carrells Laufbahn auf. »Meine Komik war immer in erster Linie optisch und nie so sehr von Wortwitz oder Wortspielen geprägt. Und das kam mir gerade in meiner Anfangszeit in Deutschland, als ich noch schlecht Deutsch sprach, sehr zu Hilfe, denn optische Gags funktionieren immer, auch unabhängig von der Sprache.«[19] Aber der Vater hilft seinem Sohn nicht nur dabei, die eigenen Stärken zu erkennen und gezielt weiterzuentwickeln, sondern er vermittelt ihm auch noch etwas ganz Elementares, nämlich wie man sein Publikum in den Griff bekommt. Wie kaum sonst jemand beherrscht André Carrell diese Kunst – selbst wenn er vor einer Horde betrunkener Soldaten auftritt, die Bierflaschen auf die Bühne werfen, schafft er es binnen weniger Sekunden, ihre Aufmerksamkeit zu erlangen, sich Respekt zu verschaffen und sie in seinen Bann zu ziehen: »Wenn nichts mehr geht, holst du jemanden auf die Bühne. Das zieht immer. Stellen Sie sich vor: Tausend Leute im Saal, und der Showmaster verarscht einen. Da freuen sich 999, dass sie nicht von ihm verarscht werden.«[20] Alles, was André Carrell seinem Sohn beibringt, saugt Rudi dankbar in sich auf. Das, was er von seinem Vater lernt, bildet die Grundlage seines späteren Erfolgs. Rückblickend bekennt er: »Ohne meine Lehrjahre wäre ich nicht so weit gekommen.«[21]

Das, was André und Rudi Carrell in diesen Jahren beruflich machen, würde man in Deutschland als »tingeln« bezeichnen, in den Niederlanden gibt es dafür das schöne Wort *Schnabbeltoer*, »Schnabbeltour«, denn jeder Gelegenheitsauftritt ist für die Künstler ein *Schnabbel*, ein Nebenverdienst – und da sich Hunderte von Künstlern in der frühen Nachkriegszeit durch so viele kleine Engagements wie möglich über Wasser halten, bürgert sich für diese Form der Unterhaltung schnell der Begriff »Schnabbeltour« ein. In den vierziger und fünfziger Jahren, bevor das Fernsehen seinen Siegeszug antritt, ist die Schnabbeltour in Holland die am weitesten verbreitete und beim Publikum beliebteste Art der Unterhaltung. Ganze Heerscharen von Künstlern – Schauspieler und Musiker, Zauberer und Komiker, Imitatoren und Parodisten, Artisten und Akrobaten, Bauchredner und Conférenciers – begeben sich in diesen Jahren auf Schnabbeltour, sowohl die Stars ihres jeweiligen Genres als auch diejenigen, die nicht in der ersten Reihe stehen und auch niemals dorthin kommen werden.

Prinzip der Schnabbeltour ist, dass die Künstler jeden Abend für andere Auftritte gebucht werden können, dass sie jeden Abend auf einer anderen Bühne, oft auch in einer anderen Stadt und fast immer vor einem völlig anderen Publikum auftreten. Am einen Abend hat man es in den größeren Städten mit anspruchsvollen Zuschauern zu tun, die mit gewissen Erwartungen an das Niveau des Aufgeführten gekommen sind, am anderen Tag steht man in Kleinstädten oder Dörfern vor Bauern und Handwerkern, die es nach seichter Unterhaltung verlangt und die sich vor allem amüsieren wollen. Den einen Abend tritt man im Saal des vornehmen Hotels »Krasnapolsky« in Amsterdam oder im Seebad Scheveningen auf, den anderen in kleinen Dorfsälen oder Gemeindehäusern, in denen Landfrauenverbände, Sportvereine oder Nachbarschaftsvereinigungen ihren jährlichen bunten Abend veranstalten. Manchmal steht man auf richtigen Theaterbühnen, hat geräumige Garderoben und wird anschließend in schönen, komfortablen Hotels untergebracht. Häufiger jedoch muss man sich mit improvisierten Bühnen und beengten Garderoben begnügen, in die es hineinregnet, und nächtigt in den preiswertesten Hotels und Pensionen am Ort: »Winzige Zimmer, die inklusive Frühstück wesentlich weniger kosteten als heute nur das Frühstück.«[22] Auf der Schnabbeltour kann einem Künstler täglich alles passieren: Es gibt Sänger, die nicht mit dem Pianisten des Abends harmonieren, Pianisten, die mit völlig verstimmten Klavieren zu kämpfen haben, nicht funktionierende Mikrofonanlagen, Licht, das mitten in der Vorstellung ausfällt. All diesen widrigen Umständen muss man sich blitzschnell anpassen. Denn so unzulänglich die Auftrittssituationen manches Mal auch sind, das oberste Gebot für alle Beteiligten lautet: Man klagt und jammert nicht – andernfalls macht man sich sehr schnell bei den Kollegen unbeliebt. Von allen ist großes Improvisationstalent verlangt, denn es gilt, aus der gegebenen Situation das Beste zu machen. Punkt und aus.

Für einen Auftritt im Rahmen eines bunten Abends werden immer mehrere Künstler gebucht, meist wird auf Komplettangebote von Kompanien wie *Rudi Carrell's Cabaretgezelschap* oder André Carrells *Het Nederlands Cabaret* zurückgegriffen. Die ausrichtenden Veranstalter fragen bei der Truppe, die sie engagieren wollen, an, ob sie für den gewünschten Abend frei ist, und wenn man sich über das Honorar geeinigt hat, gilt die Veranstaltung als gebucht, und die Verträge werden gemacht. Die meisten Künstler und Gesellschaften sind darauf angewiesen, jedes Engagement anzunehmen, um sich das Jahr über finanzieren zu können – nur den wirklichen Stars steht es frei, wählerisch zu sein. Auch wenn die Bedingungen vor Ort an manchem Abend noch so unzumutbar sind, bleibt den Künstlern nichts anderes übrig, als die Vorstellung durchzuziehen, denn den Verdienstausfall können sich die meisten einfach nicht leisten – und das Honorar wird erfahrungsgemäß immer erst nach dem Auftritt ausbezahlt.

So unterschiedlich teils auch das Publikum ist, mit dem die Künstler im Rahmen der Schnabbeltour es zu tun bekommen, die Erwartungshaltung der Niederländer an so einen bunten Abend ist in den vierziger und fünfziger Jahren nahezu überall gleich. Und so unterscheiden sich auch die Programme, mit denen die verschiedenen Kompanien unterwegs sind, letztlich nur geringfügig voneinander. Fast jede Vorstellung beginnt und endet obligatorisch mit einer Akkordeonnummer – kein holländisches Showprogramm in dieser Zeit ist ohne Akkordeonisten denkbar, dessen Aufgabe darin besteht, für die richtige Stimmung zu sorgen und das Publikum mit bekannten Melodien zum Mitsingen und Mitklatschen zu animieren. Durch das Programm führt ein Conférencier, der die einzelnen Nummern anmoderiert, meist aber selbst auch noch Gesangseinlagen und Sketche zu bieten hat. Nach einer kurzweiligen Abfolge von Sketchen und Liedern, den Auftritten von Bauchrednern oder Zauberern, endet fast jeder bunte Abend mit einem Ball, bei dem oft bis in den frühen Morgen getanzt wird. Gerade in Provinzstädtchen, in denen es sonst wenig Möglichkeiten zur Ablenkung gibt, in denen keine Theater, Tanzorchester oder Revuepaläste existieren, wollen die Gäste der bunten Abende in allererster Linie für einige Stunden ihren Alltagstrott vergessen – die eingeladenen Künstler müssen insofern vor allem Garanten für gute Laune sein und eine ausgelassene, unbeschwerte Stimmung herbeizaubern. *Weg met de zorgen en weg met verdriet* – »Fort mit den Sorgen und fort mit Verdruss« – ist das Motto, unter dem all diese Auftritte stehen.

Die bunten Abende haben eine große Anziehungskraft, die Säle sind stets voll, über mangelndes Publikum können sich die Künstler, die auf Schnabbeltour gehen, beileibe nicht beklagen – das wird sich erst Anfang der sechziger Jahre ändern, wenn immer mehr Menschen zu Hause bleiben, um vor dem Fernseher zu sitzen. Dadurch, dass das Publikum bei den einzelnen Veranstaltungen so enorm unterschiedlich ist und die Künstler gleichermaßen vor lokalen Honoratioren oder höchsten Beamten der niederländischen Ministerien wie vor Landfrauen, Bauern und Schülern auftreten müssen, lernt Rudi Carrell, wie Unterhaltung für eine möglichst breite Zuschauerschicht aussehen muss – denn der Adressat der bunten Abende ist die breite Masse. Deshalb sind die Erfahrungen, die Carrell vor dem Beginn seiner Radio- und Fernsehkarriere auf den Bühnen seines Heimatlandes sammelt, enorm wichtig für seine spätere Fernsehkarriere, weil man im Fernsehen ebenso wie auf der Schnabbeltour auf Dauer nur bestehen kann, wenn man den Massengeschmack trifft.

Die Frage, ob er seine Auftritte jeweils auf die unterschiedlichen, jeden Tag wechselnden Publikumskreise habe zuschneiden und auf die immer neuen Situationen habe reagieren müssen, verneint Rudi Carrell rückblickend: »Bernd Stelter, mit dem ich wahnsinnig gerne in meiner Show *7 Tage – 7 Köpfe* zusammengearbeitet habe, hat dieses unglaubliche, sehr seltene Talent, auf die Bühne zu gehen und sofort zu erfassen, wie die Stimmung im Saal ist, wer sein Publikum ist, wie er auf die gegebene Situation reagieren muss. Und innerhalb von wenigen Sekunden hat er das Publikum im Griff. Bei mir war das anders, als ich damals durch Holland tingelte und jeden Abend vor einem völlig anderen Publikum auftrat, das oft verschiedenartiger nicht hätte sein können. Ich habe schnell gemerkt, dass die Menschen so unterschiedlich gar nicht sind, auch wenn sie einen ganz anderen Hintergrund haben oder aus verschiedenen Schichten stammen. Letztlich lachen sie alle über dasselbe. Und ich habe in dieser Zeit gelernt, die breite Masse anzusprechen, ein Programm zu machen, das so vielen Menschen wie möglich Freude bereitet. Darum war ich später auch im Fernsehen so erfolgreich, denn in den sechziger und siebziger Jahren musste man im Fernsehen einfach ein breites Publikum ansprechen – die ganze Familie von Jung bis Alt, und eben genauso den Arbeiter wie den Ministerialdirektor. Nur so konnte man sich als Showmaster behaupten. Die Zeit der Schnabbeltour war wirklich die beste Schule, die man sich als Showmaster wünschen konnte.«[23]

Rudi Carrell tritt in den Jahren ab 1953 durchaus nicht nur mit seiner eigenen Kabarett-Truppe auf, sondern wird außer den Auftritten mit *Het Nederlands Cabaret* seines Vaters auch noch von anderen Kompanien engagiert – so bucht etwa Jean Mikkenie, mit dem auch schon André Carrell wiederholt zusammengearbeitet hat, Rudi im Dezember 1953 für einen »fröhlichen Abend« in Arnheim. Hier wird er bereits hochtrabend als der »bekannte Conférencier Rudi Carrell« angekündigt und führt durch den Abend, für dessen Zusammenstellung er auch die Verantwortung trägt – im ersten Teil des Abends steht er mit dem Lied *Dat neem ik niet* auf der Bühne, im zweiten Teil, nach der Pause, tritt er erneut auf, diesmal verzeichnet der Programmzettel: »Rudi Carrell und sein Repertoire«.[24] Der Veranstalter des Abends ist begeistert und bedankt sich wenige Tage später in einem Brief bei Rudi und prophezeit ihm: »In fünf Jahren werden Sie nicht mehr zu bezahlen sein! Machen Sie dann für mich eine kleine Ausnahme?«[25]

Tatsächlich kann sich Rudi vor Anfragen bald nicht mehr retten – das Geschäft läuft immer besser. In der Saison 1954/55 lässt er nach der Vorjahreskreation *Koldercapriolen* ein neues Programm folgen, eine Kabarettrevue, der er den Titel *Poppenkast*, »Kasperletheater«, gibt. Carrell entscheidet sich für eine bunte Mischung aus Zaubertricks und Imitationen, Sketchen und Liedern und setzt neben der obligatorischen Akkordeonnummer auch noch einen Auftritt des beliebten Kunstpfeifers Jan Tromp auf das Programm. Je weiter die Zeit voranschreitet, desto eigenständiger wird Rudi Carrell in dem, was er auf die Bühne bringt. Aufgrund seiner stetig zunehmenden Bühnenerfahrung und seines Einfühlungsvermögens in die Bedürfnisse des Publikums entwickelt er eine immer größere künstlerische Eigenständigkeit, die auch durchaus Anerkennung findet. Im Anschluss an einen Auftritt am 14. September 1954 in Steenwijk vor den Mitarbeitern der städtischen Behörden dankt ihm der Veranstalter überschwänglich auf offener Bühne: »Lieber Herr Carrell, Sie haben heute Abend, ohne es zu wissen, vor einer Jury gestanden. Denn wir hatten Ihre Mutter kontaktiert, weil wir Ihren Vater engagieren wollten, aber der hatte keine Zeit. Ihre Mutter sagte, dass Sie auch sehr gut seien. Nun kann so was immer Mutterliebe oder die Wahrheit sein, aber Sie können Ihrer Mutter nun ausrichten, dass dies wirklich die Wahrheit war.«[26]

Auch die Presse konstatiert immer häufiger, dass André Carrell in seinem Sohn ein ernst zu nehmender Konkurrent herangewachsen ist: »Rudi Carrell mag vielleicht noch nicht auf der gleichen Höhe stehen wie sein Vater, aber dieser junge Mann ist sicher ein Versprechen für die Zukunft.«[27] Die Qualität dessen, was er macht, ist nicht mehr zu übersehen und findet auch in den Presseberichten zunehmend ihren Niederschlag. Immer wieder wird Rudi Carrell für seine kurzweiligen, ebenso geistreichen wie flotten Conférencen gelobt sowie für den Charme, mit denen er diese vorträgt. Seine originellen Ideen, was die Zusammenstellung des Programms angeht, aber auch sein trockener Humor, mit dem er durch die Abende führt, machen ihn in den Augen vieler Kritiker zu einem der besten Künstler, die gegenwärtig auf Schnabbeltour im Land unterwegs sind, zumal er sich nicht nur als Conférencier, sondern darüber hinaus auch als Sänger, Parodist und Humorist einen Namen macht und immer wieder seine erstaunliche Vielseitigkeit unter Beweis stellt. Schon der zwanzigjährige Rudi Carrell wird in der Presse als »erfahrener Conférencier«[28] bezeichnet, den das »Flair eines alten Routiniers«[29] umgebe.

Carrell gelingt es schnell, eine Schar zuverlässiger Kolleginnen und Kollegen anzuheuern, mit denen er einerseits gut harmoniert und die andererseits beim breiten Publikum gut ankommen. Eine seiner ersten Mitarbeiterinnen ist die schöne junge Kabarettistin Freddy van Bergen, mit der Rudi die Sketche *Opinieonderzoek*, »Meinungsumfrage«, und *De slag bij Waterloo*, »Die Schlacht bei Waterloo«, spielt. Später folgen Annie Palmen – über die Rudi Carrell in seinem Album notiert: »Wohl die Beste«[30] – und Truus Koopman als Kabarettistinnen von *Rudi Carrell's Cabaretgezelschap*. Tonny Schifferstein komponiert viele Lieder für Carrell und begleitet die Truppe als Pianist; Nick Godart ist für die obligatorischen Akkordeoneinlagen zuständig. Zeitweise wird das Team von Frans van Dusschoten, einem Imitator niederländischer und internationaler Künstler, dem jungen Kunstpfeifer Jan Tromp und Haak van Overloop ergänzt, einem Zauberer und Bauchredner. Doch die Zusammensetzung einer solchen Gruppe ist immer dynamisch, die Künstler wechseln von Kompanie zu Kompanie, und es kommt auch immer auf die Auftragslage und das Finanzpolster der Einladenden an, wie viele der Künstler zu einem Auftritt mitreisen – denn natürlich richtet sich die Zahl der Mitwirkenden an einem bunten Abend immer nach dem Honorar, das die Truppe zuvor ausgehandelt hat. Im Herbst 1955 werden Rudi etwa für einen Abend, an dem außer ihm auch noch sein Vater, die Kabarettistin Marianne van den Berg und der Musiker Tonny Schifferstein mitgewirkt haben, zweihundertfünfzig Gulden ausgezahlt, nach Abzug aller Kosten und der Gagen für die Mitwirkenden bleiben noch fünfunddreißig Gulden für Rudi Carrell selbst.[31]

Wie alle konkurrierenden Kompanien wird auch *Rudi Carrell's Cabaretgezelschap* von den unterschiedlichsten Institutionen und Vereinen aus allen Gegenden der Niederlande engagiert – von Nachbarschafts- und Mittelstandsvereinigungen ebenso wie von Wohnungsbaugenossenschaften, Jugendwerken und Fußballklubs. Einladende sind unter anderem der Eissport-Verein Amsterdam-Nord, die *Muziekvereiniging Prinses Juliana*, die *Beverwijksche Harmoniekapel*, eine Musikgruppe des nördlich von Haarlem gelegenen Ortes Beverwijk, oder das *Boskoops Strijkorkester*, das Streichorchester des Städtchens Boskoop unweit von Gouda. Sind klassische Orchester die Einladenden, so werden bei den abendlichen Veranstaltungen oft erstaunliche Mischungen kreiert: Im ersten Teil des Abends wird klassische Musik dargeboten, während der weitere Abend, nach einer kurzen Pause, dann von *Rudi Carrell's Cabaretgezelschap* bestritten wird, deren Aufgabe es ist, unter dem Motto *Even tijd voor vrolikheid*, »Einen Augenblick Zeit für Fröhlichkeit«, für die notwendige Stimmung zu sorgen und auf den anschließenden geselligen Ball einzustimmen. So kommt es zu einer absurd anmutenden Kombination von Mozart, Schubert und Rossini auf der einen und Zaubertricks, populären Schlagern sowie schmissiger Akkordeonmusik auf der anderen Seite – eine Mixtur, die beim zeitgenössischen holländischen Publikum jedoch hervorragenden Anklang findet und auch für die Mitwirkenden einmal etwas ganz anderes ist. Zu einer derartigen Veranstaltung, bei der zunächst Psalmen, Stücke von Wagner, Schubert und Mozart erklingen und anschließend *Rudi Carrells Cabaretgezelschap* ihr Programm *Zoek de zon op*, »Such die Sonne auf«, zum Besten gibt, notiert Carrell in sein Scrapbook: »Eine der schönsten Vorstellungen – von Psalm 137 zu *Zoek de zon op*!«[32]

Solche Auftritte zeigen, wie wechselvoll und erlebnisreich die Zeit der Schnabbeltour für die Künstler sein kann. Es gibt kaum etwas, was Rudi Carrell in diesen Tagen nicht macht. Neben den Auftritten mit seiner eigenen Kompanie, die stets ein »volles« Programm absolviert, wird er immer wieder auch für andere Veranstaltungen gebucht. So moderiert er etwa wiederholt Modenschauen oder am 13. März 1955 einen Amateur-Kabarettabend in seiner Heimatstadt Alkmaar. Kurze Zeit später, am 1. Mai 1955, steht er wieder in größerem Rahmen auf der Bühne und präsentiert vor zweitausend Besuchern als Moderator das *Internationaal Jazz Festival* in Den Haag: »Ich war der Conférencier, und nach der Pause sollte Louis Armstrong auftreten. Und natürlich warteten alle auf ihn, er hatte aber vorher noch einen Auftritt in einer anderen Stadt und war noch nicht da. Da habe ich mich nach der Pause einfach auf die Bühne gestellt und die Leute bei Laune gehalten und so lange Witze erzählt, bis Armstrong endlich angekommen ist.«[33] Auch privat ist Rudi in diesen Tagen ein großer Jazzfan – Mart Groentjes, der damals in der Nachbarschaft der Kesselaars wohnte, erinnert sich noch heute daran, dass aus Rudis Zimmer oft laute Jazzrhythmen schallten.[34]

Zusätzlich zu den Abendveranstaltungen werden häufig noch Kindernachmittage gebucht – und auch hier ist Rudi Carrell selbstverständlich mit von der Partie. Er bastelt sich selbst ein Kasperletheater und schreibt eigene Stücke – oft führt er sie auch zusammen mit seinem Bruder Adriaan auf. Im Sommer finden diese Kindernachmittage wegen des riesigen Andrangs, der auch schon mal Verkehrsbehinderungen verursachen kann, bevorzugt im Freien statt – dann ist das Kasperletheater entweder im Fond eines Kastenwagens untergebracht, dessen Türen nur geöffnet werden müssen, oder es wird auf einer improvisierten Bühne errichtet:

»Einmal kam eine Windböe und hat das Kasperletheater umgeweht, und ich hockte da mit meinem Bruder, und wir spielten fröhlich mit den Handpuppen vor uns hin. Ich habe Kinder noch nie so lachen sehen.«[35]

Gerade die vielen Vorstellungen für Kinder sind Rudi Carrell besonders im Gedächtnis haften geblieben. Bereits 1954 gibt er allein siebenundzwanzig solcher Vorstellungen, und auch im Folgejahr tritt er immer wieder mit seinem Kasperletheater auf, wobei seine Vorstellungen meist von ganzen Heerscharen von Kindern umlagert werden. So etwa, als er im April 1955 am *Koninginnendag*, dem »Königinnentag«, auftritt, oder am 1. Mai 1955, als er anlässlich eines Maifestes für Kinder vor siebenhundertfünfzig kleinen Zuschauern spielt: »Rudi Carrell wusste die Kleinen durch sein Spiel so zu fesseln, dass es ein Jammer war, dass die spannende Erzählung schließlich ein Ende nahm.«[36] Die Auftritte mit dem Kasperletheater beflügeln seine Phantasie, sie lassen ihn nicht nur das Revueprogramm *Poppenkast* entwickeln, sondern inspirieren ihn auch zu einem seiner ersten selbst geschriebenen Lieder *Poppenkastbaast*, »Kasperletheater-Boss«, mit dem er auch noch im Radio große Erfolge feiern wird. Reporter, denen nicht entgeht, mit welcher Freude Rudi für die Kinder spielt, beschreiben ihn in diesen Momenten als »Kind unter Kindern«[37], und auch Carrell selbst gesteht rückblickend ein, dass er sich zeitlebens seine kindliche Begeisterungsfähigkeit bewahrt hat. Auf die Frage, ob es ein bestimmtes Ereignis gegeben habe, das für ihn einen endgültigen Bruch mit der Kindheit bedeutet hätte, antwortet er: »Eine komplizierte Frage. Mein Beruf hat mich immer jung gehalten. Wie ein Kind habe ich mich gefreut über erfundene Gags, gelungene Shows, ein Lied von mir im Radio, eine gute Kritik. Ich kann mich nicht erinnern, dass das irgendwann aufgehört hat.«[38]

Die Schnabbeltour stellt für Rudi Carrell wie für alle seine Kollegen ein wahres Wechselbad der Gefühle dar. Es gibt viele Höhepunkte und erfreuliche Ereignisse, daneben aber auch etliche ernüchternde Erlebnisse – und wenn man zu einem Auftritt aufbricht, weiß man nie, was einen erwartet, was der Tag so bringen wird. Nach den schönsten Erfahrungen in dieser Zeit befragt, erinnert Rudi Carrell sich: »Wir machten damals viele Auftritte ohne Gage, in Altersheimen, Krebskrankenhäusern, Psychiatrien etc. – Hieran habe ich die besten Erinnerungen, es waren die dankbarsten Auftritte.«[39] Aber es werden durchaus auch völlig entgegengesetzte Erfahrungen gemacht, die einen darüber nachdenken lassen, warum um Himmels willen man sich bloß für diesen Beruf entschieden hat. Über einen Auftritt im Winter 1953 notiert Carrell in sein Scrapbook: »Hier haben wir das Publikum verloren, und es ist auch nicht mehr zu uns zurückgekommen.«[40] Auch wenn eine Vielzahl der Auftritte harmonisch und zufriedenstellend verlaufen, so sind doch hin und wieder Engagements darunter, bei denen Carrell sich alles andere als willkommen fühlt: »Den schlimmsten Auftritt meines Lebens erlebte ich vor holländischen Bauunternehmern. Die hatten erst getagt, dann gefressen, dann gesoffen – und zum Schluss sollte ich sie unterhalten. Was ich auch versucht habe – ich bekam keine Reaktionen! In der ersten Reihe haben zwei sogar geschlafen. Als mein Vater in der Veranstaltung zu mir kam, fragte er: ›Wie läuft's?‹ – ›Die wollen nicht.‹ – ›Lass mich mal!‹ Er ging auf die Bühne und zu dem Ersten, der geschlafen hat, scheuerte dem eine und sagte: ›He, aufpassen!‹ Und schon hatte er ihre Aufmerksamkeit.«[41]

Eine Erfahrung ganz anderer Art stellt für Rudi ein Auftritt auf einem Festabend der Wohnungsbaugesellschaft Rochdale in Alkmaar dar. Ein Reporter des *Alkmaarsche Courant* hält fest: »Als Rudi Carrell ein englisches Liedchen sang, wurde er von einem gerade eben erst hereingekommenen Besucher an seinem Auftritt gehindert. Das Publikum hinten im Saal versuchte den Mann durch heftiges Zischen zum Schweigen zu bringen, was die Situation für Rudi nur noch peinlicher machte.« Der Mann lässt schließlich alle Hemmungen fallen, verkündet lauthals, dass er Rudis Liedchen geschmacklos findet, und beginnt zudem dessen Vater auf unflätigste Weise zu beschimpfen. Als sich beim Einschalten der Saalbeleuchtung herausstellt, wer der Rabauke ist, ist das Gelächter des Publikums groß: »André Carrell, denn er war, wie das zunächst entrüstete Publikum erst beim Angehen des Lichts bemerkt, selbst der Störenfried, brüllte seine Kritik auch weiter über die Köpfe der Menschen, bis er schließlich unter dem Jubel und Grölen der Zuschauer selbst im Publikum Platz nahm.«[42] Rudi Carrell erinnert sich: »Solche Effekte mitten aus dem Publikum liebte mein Vater. Bei einer anderen Nummer war ich derjenige, der stören musste. Bei einem Sketch, der in einer vornehmen Amsterdamer Familie spielte, stellte mein Vater einen Mann dar, der sein ganzes Geld an der Börse verloren hat. Am Schluss des Sketches stand er völlig verzweifelt auf der Bühne und murmelte immer wieder ›geen uitkomst‹ – ›keine Lösung‹ – vor sich hin. Das sagte er sechs- oder siebenmal, und ich hatte dann, hinten im Saal sitzend, aufzuspringen und zu rufen: ›Na, wenn es keine Lösung gibt, dann mach doch den Vorhang zu.‹ Meistens war das natürlich ein garantierter Lacher, aber einmal bin ich auch aus dem Theater geschmissen worden, weil die Leute dachten, ich wäre ein wirklicher Störer. Es war schon eine herrliche Zeit. Ich habe in keiner Zeit meines Lebens so viel gelacht.«[43]

Für das Jahr 1954, das erste Jahr seines Lebens, in dem er voll und ganz als Berufskünstler gelebt hat, kann Rudi Carrell eine positive Bilanz ziehen: »Dieses Jahr war ein gutes Jahr zum Arbeiten und um einige Kontakte zu knüpfen.«[44] Als er sich Silvester 1954 hinsetzt, um seine Steuererklärung zu machen, kann der nun Zwanzigjährige resümieren, dass die Geschäfte gut laufen. Für das zurückliegende Jahr vermerkt er genau hundert Vorstellungen – davon siebenunddreißig Auftritte mit *Rudi Carrell's Cabaretgezelschap*, sechsunddreißig Vorstellungen zusammen mit seinem Vater André Carrell und zusätzlich noch siebenundzwanzig Kindervorstellungen sowie drei Radioauftritte. Der Bruttoverdienst seiner eigenen Gesellschaft beträgt in diesem Jahr viertausendeinhundert Gulden, als Nettoerlös für das Jahr 1954 gibt er rund zweitausendneunhundert Gulden an.[45] Neben der Verwaltung seiner eigenen Gesellschaft führt Rudi außerdem das Management von *Het Nederlands Cabaret*, der Kompanie seines Vaters. Auch über den bewältigten Arbeitsaufwand gibt er detailliert Aufschluss: Für das Jahr 1954 spricht er von tausendsiebenhundertfünfzig eingehenden und tausendzweihundertfünfzig ausgehenden Briefen sowie zehn Besprechungen. Am Jahresende kann er eine erfreuliche Bilanz ziehen und notiert stolz: »Musste im Jahr 1953 noch Geld durch André Carrell zugezahlt werden, so konnte Rudi Carrell im Jahr 1954 so gut wie alles selbst bezahlen.«[46]

Mitte der fünfziger Jahre kommt für Rudi Carrell neben den Bühnenauftritten ein Arbeitsfeld hinzu, das ihm besonderes Vergnügen bereitet, ihm ein zusätzliches Einkommen sichert und zudem dafür sorgen wird, dass er in der zweiten Hälfte der fünfziger Jahre weit populärer werden wird, als er es bislang gewesen ist, und seinen Namen bald schon wesentlich bekannter machen wird – der Rundfunk. Den Einstieg beim Radio, dem in dieser Zeit nach wie vor wichtigsten Medium, hat Rudi fraglos seinem Vater zu verdanken, denn André Carrell ist bereits Anfang der vierziger Jahre mit seinen Liedern und Sketchen in Radiosendungen aufgetreten, schon damals in der Unterhaltungsshow *Bonte Dinsdagavondtrein*, »Bunter Dienstagabendzug«, einer der beliebtesten Radiosendungen der Niederlande, die das Prinzip des bunten Abends im Radio übernommen hat. Auch in der Folgezeit gab es für Rudis Vater immer wieder die Möglichkeit, in Radiosendungen mitzuwirken und sich so landesweit einen Namen zu machen, und nun, Mitte der fünfziger Jahre, nutzt er die Gelegenheit, auch seinen Sohn beim Rundfunk unterzubringen – Rudi steht zum ersten Mal im Sommer 1954 vor einem Radiomikrofon, zusammen mit seinem Vater; die Sendung – eine Ausgabe vom *Bonte Dinsdagavondtrein* – wird im westfriesischen Leeuwarden produziert.[47] Für Rudi geht mit diesem ersten Rundfunkauftritt ein lang gehegter Traum in Erfüllung, denn schon als Kind hat er sich ausgemalt, wie es wäre, einmal im Radio aufzutreten; damals jedoch schwebte ihm eher noch eine Karriere als Sportreporter vor: »Ich habe mir schon mit zehn Jahren das Teesieb geschnappt, es mir wie ein Mikrofon vor den Mund gehalten und für meine Mutter ganze fiktive Fußballspiele kommentiert.«[48]

Der gemeinsame Auftritt von Vater und Sohn kommt bei den Hörern ebenso wie bei den Verantwortlichen im Sender gut an, sodass auch Rudi Carrell in der Folgezeit häufiger für Rundfunksendungen engagiert wird, bald auch unabhängig von seinem Vater. Haussender der Carrells wird AVRO, ein in den zwanziger Jahren in Hilversum gegründetes Hörfunkunternehmen, das auch für den *Bonte Dinsdagavondtrein* verantwortlich zeichnet. Neben den protestantisch orientierten Anstalten NCRV und VPRO sowie der katholischen KRO, der kommunistisch orientierten CPN und der der Arbeiterbewegung nahe stehenden VARA – Carrells späterem Fernsehsender – gilt AVRO im Spektrum der niederländischen Rundfunkanstalten als eher konservativ. Das imposante AVRO-Studiogebäude am 's-Gravelandseweg in Hilversum wird in der zweiten Hälfte der fünfziger Jahre einer der wichtigsten Arbeits- und Schaffensplätze Rudi Carrells. Bei seinen ersten vereinzelten Auftritten 1954 wird er zunächst noch als »Sohn des Radiokünstlers André Carrell«[49] angekündigt, doch schon bald findet sich in Zeitungsberichten und auf Programmzetteln häufig hinter dem Namen Rudis der Vermerk *»bekend van AVRO's Bonte Trein«* – »bekannt aus AVRO's *Bonte Dinsdagavondtrein*«. Ein solches Werbemittel ist in diesen Tagen in den Niederlanden nichts Ungewöhnliches und ohne weiteres auch schon nach nur einem einzigen kleinen Radioauftritt gang und gäbe.

Ist Rudi Carrell 1954 lediglich dreimal im Radio zu hören, so steigen seine Rundfunkengagements ab 1955 sprunghaft an. In diesem Jahr tritt er wiederholte Male in der AVRO-Sendung *Tip-Top-Taptoe* auf, was man mit »Zi-Za-Zapfenstreich« übersetzen könnte. Die Sendung wird alle zwei Wochen ausgestrahlt und ist aus einem Unterhaltungsprogramm für die niederländischen Streitkräfte hervorgegangen. AVRO engagiert dafür eine Reihe beliebter Unterhaltungskünstler und schickt sie zusammen mit einem Übertragungswagen in die Kasernen der Luft-, See- und Landstreitkräfte, um dort die Soldaten zu unterhalten. Rudi Carrell ist bei den Auftritten auf dem Militärplatz in Wittenberg, im Fliegerkamp Valkenburg und in der Oranje-Nassau-Kaserne in Amsterdam mit von der Partie – für die drei Sendungen erhält er ein recht bescheidenes Honorar von rund sechzig Gulden.[50] Ganz besonderer Beliebtheit erfreut sich bei diesen Auftritten sein Lied vom Kasperletheater-Boss.

Seinen eigentlichen Durchbruch beim Rundfunk erlebt Rudi Carrell allerdings erst 1956, dem Jahr, in dem er auch bereits die ersten zaghaften Gehversuche beim Fernsehen wagt. Noch bevor er bei beiden Medien so richtig Fuß fasst, spürt Rudi schon untrüglich, dass hier – im Radio und besonders im Fernsehen – seine Zukunft liegen wird. Im Sommer 1956 beginnt er deshalb, noch bevor die ersten Schritte in diese Richtung unternommen sind, selbstbewusst ein neues Kapitel in seinem Scrapbook und widmet der erhofften beruflichen Neuorientierung eigens eine Doppelseite in seinem Album: Auf der linken Seite, auf die er »Ende von Teil eins / 1934–1956« schreibt, malt er eine Wiege und eine Theaterbühne – von der Bühne, die ihm dank der väterlichen Vorbelastung in die Wiege gelegt worden ist und die ihm in den zurückliegenden drei Jahren seine berufliche Heimat war, scheint er sich damit endgültig verabschieden zu wollen, um nun zu neuen Ufern aufzubrechen. Auf die rechte, gegenüberliegende Seite zeichnet er einen Radio- und einen Fernsehapparat und vermerkt: »Teil zwei / Carrell & Martron« – denn die Hoffnungen auf das neue Kapitel, das nun in seinem Leben beginnen soll, knüpft Rudi zu diesem Zeitpunkt noch an einen Bühnenpartner namens Huub Martron. Doch schnell wird sich zeigen, dass Rudi keinen Partner braucht, um sich in eine neue Karriereumlaufbahn zu katapultieren.

Huub Martron ist bislang Teil des berühmten Komikerduos *Mayer & Martron* gewesen, das sich in den zurückliegenden Jahren mit amüsanten Gesangsparodien einen Namen gemacht hat. Doch nun existiert das Duo nicht mehr – Jo Mayer hat sich dazu entschlossen, die Niederlande zu verlassen, um sich vertraglich in Dänemark zu binden, während sich sein jung verheirateter Partner Huub Martron dafür entscheidet, in Holland zu bleiben. Auf der Suche nach einem neuen Bühnenpartner, der so bald wie möglich hermuss, weil zahlreiche bestehende Verträge zu erfüllen sind, landet Martron schnell bei Rudi Carrell, von dem er schon viel Positives gehört hat – ohne lange zu zögern, ergreift Rudi die Gelegenheit beim Schopf und sagt zu. Von Martron gefragt zu werden stellt so etwas wie einen Ritterschlag dar, schließlich ist dieser aufgrund seiner zahlreichen Radio- und Fernsehauftritte zu diesem Zeitpunkt bereits eine weit größere Nummer als Rudi Carrell. Zudem muss es Rudi mit seinen Ambitionen als äußerst verlockend erscheinen, dass er an der Seite von Huub Martron schon in allerkürzester Zeit in beliebten Radiosendungen und sogar in einer Samstagabendshow im Fernsehen auftreten soll. Der *Alkmaarsche Courant*, die Zeitung von Rudis Vaterstadt, verkündet stolz: »Rudi Carrell sieht seinen Stern in der Welt des Amüsements schnell steigen.«[51] Dass Rudis spontane Zusage eine goldrichtige Entscheidung ist, wird nicht zuletzt aus der Tatsache ersichtlich, dass es mit einem Mal nicht mehr nur die lokalen und kleineren Zeitungen sind, die sich mit ihm befassen, denn seitdem Carrell junior als neuer Partner von Huub Martron gilt, berichten plötzlich auch der renommierte *Telegraaf*, die größte Zeitung der Niederlande, oder *Het Nieuwsblad*, eine wichtige, in Amsterdam erscheinende Tageszeitung, über ihn.

Alles soll rasend schnell gehen. Erst Mitte August 1956 hat sich das

Duo Mayer & Martron getrennt und sich zum letzten Mal zusammen präsentiert, schon Mitte September soll das neue Gespann Carrell & Martron auftreten – für den 13. September ist ein erster gemeinsamer Bühnentermin in Enschede, für den 29. September ein Auftritt in der populären Wochenend-Fernsehshow der AVRO und für den 2. Oktober das Mitwirken des Duos im *Bonte Dinsdagavondtrein* im Radio geplant. Huub und Rudi beginnen hart für das Bühnendebüt zu arbeiten, doch aus den gemeinsamen Proben wird schnell ersichtlich, dass die beiden auf der Bühne nicht miteinander harmonieren – denn Martron erwartet keine Persönlichkeit mit eigenem Entfaltungsdrang neben sich, sondern einen Partner, der eins zu eins den Part übernimmt, den sein ehemaliger Partner Jo Mayer in dem Duo gespielt hat. Es dauert nicht lange, bis es zum Bruch kommt – »Ende nach drei Wochen«, notiert Rudi lapidar in sein Scrapbook. Auch die Presse verkündet rasch das frühe Aus für das mit Spannung erwartete neue Komikerduo. Der Zeitung *Het Nieuwsblad* erklärt Carrell, warum aus den Plänen nichts geworden ist: »Rudi Carrell, der als Nachfolger von Mayer bei Martron & Mayer vorgesehen war, hat uns mitgeteilt, dass schon bei den Proben mit Martron deutlich geworden sei, dass die Zusammenarbeit kein Erfolg werden kann. Carrell hat bereits drei Jahre allein auf der Bühne gestanden, und es kommt nicht mehr für ihn in Frage, sich einem anderen anzupassen.«[52]

Doch auch wenn das Projekt Carrell & Martron, an das Rudi so große Hoffnungen geknüpft hatte, gescheitert ist, so wird sich gleichwohl bald herausstellen, dass das ganze Unternehmen dennoch einen enormen Karriereschub für Carrell darstellt. Denn sehr zu seiner Freude entscheiden sich sowohl die Verantwortlichen vom *Bonte Dinsdagavondtrein* als auch die der AVRO-Fernsehshow, in der sich das neue Komikerduo dem ganzen Land vorstellen sollte, dazu, keinen von beiden auszuladen, sondern beide als Solisten in den Sendungen unterzubringen. Und so steht Rudi Carrell am 29. September 1956 zum ersten Mal im Leben vor einer Fernsehkamera – und das nicht als der Juniorpartner eines bereits wesentlich bekannteren Komikers, sondern in der Rubrik »Fernsehdebütanten« mit einer Solonummer. Hier singt er, ebenso wie wenige Tage später in der Radioshow *Bonte Dinsdagavondtrein*, die in diesen Tagen noch wesentlich mehr Menschen erreicht als das Fernsehen, das selbst geschriebene Lied vom *Poppenkastbaast*. Und erstmals taucht er auch im Radio nicht als Anhängsel seines Vaters oder als Teil einer größeren Künstlergruppe wie in *Tip-Top-Taptoe* auf, sondern steht allein im Mittelpunkt des Interesses. Zu diesem Zeitpunkt hat Rudi bereits rund achthundertmal auf der Bühne gestanden, doch erst jetzt, dank dieser beiden Soloauftritte im Rundfunk und im Fernsehen, ist er wirklich im ganzen Land in aller Munde.

Rudi Carrell kann nun am eigenen Leib erleben, wie die goldene Regel, der zufolge jeder Künstler von einem Auftritt im *Bonte Dinsdagavondtrein* doppelt und dreifach profitiert, sich tatsächlich bewahrheitet. Das Radio ist in der Zeit des noch jungen und noch verhältnismäßig wenig verbreiteten Fernsehens die wichtigste Plattform, um seine Karriere voranzutreiben und zudem im ganzen Land bekannt zu werden. Die wichtigsten Stars der Niederlande treten hier auf, aber auch Künstler, die bislang nur von ihren Auftritten auf der Schnabbeltour bekannt waren und bis dato höchstens lokale Bedeutung erlangt haben, können schon durch einen einzigen Radioauftritt über Nacht berühmt werden – so etwa die Sängerin und spätere Grand-Prix-Gewinnerin Corry Brokken, die 1950 als Achtzehnjährige fürs Radio entdeckt worden ist. Der Rundfunk sucht in diesen Tagen fast fieberhaft nach immer neuen Talenten. Hilversum gilt landesweit als das wichtigste Sprungbrett für Nachwuchskräfte, wer es hierhin geschafft hat und regelmäßig engagiert wird, gilt als Star, denn der Rundfunk lässt nicht einfach jeden erstbesten Künstler ans Mikrofon. Selbst solche, die sich auf ihrer Schnabbeltour längst einen gewissen Namen gemacht haben, werden zum Vorsprechen gebeten und auf ihre Eignung für den Rundfunk getestet. Oft müssen sie wochenlang auf Post aus Hilversum warten und können sich glücklich schätzen, wenn ihnen die Chance geboten wird, zu einer der populären Unterhaltungssendungen eingeladen zu werden – und dann hängt es einerseits von ihrem Talent und andererseits von der Zuschauergunst ab, ob es bei einem einmaligen Radioauftritt bleibt oder ob einem Aufstieg zum Radiostar nichts mehr im Wege steht.

Hat man erst einmal »einen Fuß in der Tür«, so zieht der Erfolg schnell weite Kreise, denn wer im Radio gut ankommt, wird zumeist bald auch schon von der holländischen Plattenindustrie kontaktiert, weil die aus dem Hörfunk bekannten Lieder und Melodien auch auf Schallplatten reißenden Absatz finden. Und auch was die Bühnenauftritte anbelangt, stellt die zusätzliche Popularität durch den Rundfunk fraglos eine Steigerung des Marktwerts dar. Wer landesweit durch den Auftritt in Radiosendungen bekannt ist, lockt zu den bunten Abenden natürlich auch wesentlich mehr Publikum an, folglich kann er ein höheres Honorar fordern. Rudi Carrell, der für ein komplettes Abendprogramm Ende 1953, am Beginn seiner Karriere, rund hundertsiebzig Gulden berechnete und Mitte 1955, als er nur hin und wieder im Rundfunk auftreten durfte, mit rund zweihundertfünfzig Gulden für einen bunten Abend entlohnt wurde, kann nun, ein Jahr später, aufgrund seiner neuen Popularität durch den Hörfunk zwischen vierhundertsiebzig und fünfhundertsechzig Gulden verlangen.[53]

Denn Rudi Carrell hat das Glück, dass sein erster Soloauftritt beim

Bonte Dinsdagavondtrein so gut beim Publikum und den Verantwortlichen im Sender angekommen ist, dass AVRO ihn dauerhaft an sich binden möchte und dem Einundzwanzigjährigen für die Radiosaison 1956/57 einen Festvertrag offeriert – damit ist er der jüngste Künstler, der einen festen Vertrag mit dem *Bonte Dinsdagavondtrein* geschlossen hat. Plötzlich ein längerfristiges Engagement zu haben ist für Rudi natürlich enorm viel wert, nicht nur, weil er dadurch über ein geregeltes monatliches Einkommen verfügt, sondern auch, weil er durch regelmäßige Auftritte in einer der beliebtesten Radiosendungen des Landes seine neue Popularität noch festigen und steigern kann. Rudi ist wild dazu entschlossen, die Chance, die sich ihm nun bietet, zu nutzen – schließlich hat er sich schon vor Jahren, als er sich für diesen Beruf entschied, vorgenommen, ein Star zu werden. Und endlich macht er auf dem Weg dorthin einen großen Schritt vorwärts. Zunächst bekommt Rudi eine, später sogar zwei feste Rubriken im *Bonte Dinsdagavondtrein* und ist von nun an einmal die Woche im Rundfunk zu hören.

Carrell tritt fortan vier Jahre lang jeden Dienstagabend als *Krantenjongen*, als »Zeitungsjunge«, auf und kommentiert als solcher auf lustige Art und Weise aktuelle Meldungen aus den Nachrichten mit selbst geschriebenen Texten und Liedern. Über zweihundertmal gibt Rudi, der zeitlebens ein begeisterter Zeitungsleser bleiben wird, den *Krantenjongen*, die Rolle wird so populär, dass die Presse von ihm sogar schon als »Rudi ›Krantenjongen‹ Carrell«[54] zu sprechen beginnt und ihn als den »kommenden Mann«[55] bezeichnet. Rudi genießt seine neue Popularität – und auch, dass er mit einem Mal richtige Fans hat, die ihm schreiben und ihn um Autogramme bitten. Im Oktober 1956 erhält er den ersten Fanbrief seines Lebens, stolz klebt er ihn unter der Überschrift »Der erste Fan!!« in sein Scrapbook ein: »Sehr geehrter Rudi Carrell, hiermit möchte ich Sie höflichst um ein Autogramm bitten. Ich finde Sie als Conferansier (ich hoffe, dass ich das richtig schreibe) sehr reizend. Vor allem, seit der *Bonte Dinsdagavondtrein* mit Ihnen als Zeitungsjunge ausgestrahlt wird. Weiterhin hoffe ich, dass Sie die niederländischen Radiohörer noch viele kalte Winterabende amüsieren werden. Ich hoffe, dass Sie dieser Brief bei bester Gesundheit erreicht. Bis Dienstagabend.«[56]

Besonders bei der Damenwelt kommt der junge Carrell, dessen Foto jetzt immer häufiger in den wichtigen Zeitungen des Landes zu sehen ist, gut an. Als Journalisten Frauen auf den Straßen Amsterdams auf den neuen Radiostar Rudi Carrell ansprechen, bekommen sie fast unisono die Antwort: »Ach, was ist der niedlich!«[57] Aber Stars in den Niederlanden werden nie zu sehr hofiert, die Holländer meinen ständig dafür sorgen zu müssen, dass ihre Radio- und TV-Größen nur ja auf dem Teppich bleiben. Und so folgt den Lobeshymnen auch gleich die flapsige Bemerkung eines Kritikers: »Carrell ist nicht der beste, nicht der schlechteste, aber sicher der dünnste Conférencier der Niederlande.«[58] Doch unabhängig von solchen Einschätzungen ist für viele Hörer des *Bonte Dinsdagavondtrein* der zehnminütige Soloauftritt Carrells als *Krantenjongen* der Höhepunkt der Sendung, wie er von begeisterten Fans immer wieder bestätigt bekommt.[59] Rudi lässt es sich nicht nehmen, auch gleich ein passendes Lied zu seiner Paraderolle zu schreiben, das er *De Krantenjongen* nennt und das zusammen mit anderen Liedern wie *In de krant*, »In der Zeitung«, auch auf Schallplatte veröffentlicht wird:

Jede Woche kommt er im Ätherland,
die besten News stets bei der Hand.
Und seine Krant vergisst er nie,
das hört ihr auch in diesem Lied.

Rudi Carrell, Sie kennen ihn gut,
und es kann gar nicht anders sein,
Rudi Carrell, Sie kennen ihn gut,
den Krantenjongen vom Bonte Avondtrein,
Die jüngsten News liest er Ihnen stets vor,
bei ihm bleiben Sie allzeit auf der besten Spur.[60]

Rudis Auftritte als *Krantenjongen* kommen so gut an und ziehen so viele begeisterte Hörerbriefe nach sich, dass man sich bei AVRO entscheidet, Carrell bald noch eine zweite Rubrik im *Bonte Dinsdagavondtrein* zu geben. Mit *Sterren strijden overal*, »Stars streiten überall«, wird »ein sportiver Wettstreit bekannter Niederländer mit Rudi Carrell als Spielleiter«[61] ins Leben gerufen – Carrell fungiert in diesem Spiel bereits als Star unter Stars, mittlerweile wird er mit hundertzwanzig Gulden für jeden seiner Auftritte entlohnt.[62] Neben seinen beiden festen Rubriken wird er in der Folgezeit immer wieder auch zu besonderen Radioereignissen eingeladen, so zu einer AVRO-Rheinfahrt mit der *Kasteel Staverden*, dem größten Passagierschiff der Niederlande – dem Showboat-Prinzip folgend, hat Rudis Sender hierfür im Juli 1956 zahlreiche Künstler und vierhundert Hörer eingeladen, die somit ihre Radiostars im Rahmen des Unterhaltungsprogramms an Bord auch einmal live erleben können.

Trotz vereinzelter Auftritte im Fernsehen bleibt Rudi Carrells Karriere in den Jahren zwischen 1956 und 1960 in erster Linie noch auf das Radio konzentriert. In den wöchentlichen Sendungen und zahlreichen Gastauftritten in anderen Shows kann er immer wieder beweisen, was in ihm steckt, wie perfekt er das Medium beherrscht – und dass er durchaus auch den internationalen Vergleich nicht zu scheuen braucht. Als der englische Bandleader und Musikproduzent Edmundo Ros, der in dieser Zeit in Europa und Amerika höchst populär ist und von der Presse als »König der lateinamerikanischen Musik« gefeiert wird, die Gelegenheit erhält, Rudi Carrell einmal bei einem seiner Auftritte in einem holländischen Radiostudio zu erleben, äußert er niederländischen Journalisten gegenüber beeindruckt: »Ich hab kein Wort verstanden, aber es war großartig.«[63]

Da die Geschäfte für André und Rudi Carrell Mitte der fünfziger Jahre nicht zuletzt aufgrund der Radioengagements immer besser laufen, kann die Familie Kesselaar sich auch endlich einen anderen Lebensstil leisten. Sie beschließen, Alkmaar zu verlassen und nach Loosdrecht umzuziehen, einem kleinen, idyllischen Städtchen nordwestlich von Hilversum, in der Provinz Utrecht gelegen. Auch wenn die Kesselaars nach wie vor an ihrer Heimatstadt hängen und hier viele Freunde haben, spricht vieles für den Umzug nach Loosdrecht – der Ort liegt im Gegensatz zu Alkmaar in einem zentraleren Teil der Niederlande, sodass Bühnenauftritte in allen Landesteilen bequemer zu bewältigen sind. Doch noch viel wichtiger ist die Tatsache, dass man von Loosdrecht aus im Handumdrehen in Hilversum ist, der Stadt, in der die meisten holländischen Radio- und Fernsehstudios angesiedelt sind, was Hilversum auch den Titel »Radiostadt der Niederlande« eingebracht hat. Dass André und Rudi sich dazu entscheiden, ihren Lebensmittelpunkt hierhin zu verlegen, ist ein deutliches Zeichen dafür, dass sie darauf hoffen, ihre berufliche Zukunft demnächst beim Radio – und vielleicht auch mal beim Fernsehen – gestalten zu können.

Aber nicht nur rein praktische Erwägungen sind es, die die Kesselaars zu diesem Ortswechsel veranlassen, auch das reizvolle, äußerst idyllische Umland von Loosdrecht lockt – wegen der vielen Seen und Teiche wird es auch der »Wassergarten der Niederlande« genannt und zählt zu den schönsten Flecken des Landes. Besonders Rudi genießt die wasserreiche Landschaft; die Natur wird zeitlebens eine äußerst wichtige Rolle für ihn spielen, sie wird immer ein Ort des Rückzugs und der Regeneration für ihn sein, ein Ort, den er als Ausgleich zum Showbusiness und zum Leben in der Öffentlichkeit braucht, an dem er Kraft schöpfen und nachdenken kann. Das Umland von Loosdrecht lockt nicht nur die Kesselaars an, schon seit langem ist es eine äußerst beliebte Wohngegend. Bereits im achtzehnten Jahrhundert, als hier eine bedeutende Porzellanmanufaktur angesiedelt war, haben sich in und um Loosdrecht betuchte Amsterdamer ihre Landvillen errichten lassen; jetzt wohnen hier vor allem Künstler, Musiker, Schauspieler und Radiostars.

Im September 1955 ist es soweit, die Kesselaars beziehen ein gemietetes Haus in Nieuw-Loosdrecht, zu diesem Zeitpunkt wohnen noch alle vier Kinder bei den Eltern, auch Rudi bleibt noch anderthalb Jahre im Kreis der Familie. Rudis Schwester Truus erinnert sich an die Atmosphäre, die damals im Hause Kesselaar geherrscht hat: »Seit dem Moment, als Rudi beruflich in die Fußstapfen unseres Vaters getreten ist, war zu Hause eigentlich nur noch vom ›Fach‹ die Rede, auch bei den gemeinsamen Essen. An dem einen Tischende saß Vater, am anderen Mutter und in der Mitte Rudi – wir drei anderen Geschwister ihm gegenüber. Rudi konnte überhaupt nicht abschalten, es ging immer nur ums Geschäft, um Auftritte, um neue Programme. Wir anderen Kinder schauten und hörten immer ganz entgeistert zu, wie Rudi und Vater fachsimpelten.«[64] Doch je erfolgreicher er beim Rundfunk wird, desto häufiger kommt es zu Spannungen zwischen Vater und Sohn: »Mein Vater hatte ein Problem damit, dass ich so schnell Erfolg hatte. Er ist fünfzehn Jahre durch das Land getingelt, bevor ihn mal jemand ins Radio eingeladen hat, und ich mache da so schnell Karriere. Er hat so lange dafür gebraucht, dass der Name Carrell auch über Alkmaar hinaus ein Begriff ist, und mir fliegt das alles so zu – so hat er es wohl empfunden. Es war sehr schwer für ihn, damit umzugehen.«[65]

Die Verbitterung darüber, dass Rudi durch seine Radioauftritte längst populärer geworden ist, als er es je war und als er es – wie er wohl spüren wird – je sein wird, lässt Andries zunehmend in den Alkohol flüchten, denn ebenso wie seine Eltern, Rudis Großeltern, ist Andries Kesselaar Trinker. Das Alkoholproblem von Andries' Eltern ist immer ein offenes Geheimnis in der Familie gewesen – und hieran knüpfen sich zudem einige der frühesten Kindheitserinnerungen von Rudi. Wenn er sonntags gemeinsam mit seinem Vater die Großeltern besuchte, verließen diese immer abwechselnd und unter einem fadenscheinigen Vorwand den Wohnraum, um ins Hinterzimmer zu gehen, wo sie sich heimlich einen Weinbrand genehmigten – erst wenn sie allein waren, »ließen sie sich ungestört voll laufen.« Doch dass sie auch im Laufe des Besuchs immer betrunkener wurden, konnte nicht einmal Rudi und seinen Geschwistern entgehen. Die Veranlagung zum Alkoholismus hat Andries also ganz offensichtlich bereits von seinen Eltern geerbt, doch jetzt, wo er sich durch Rudis schnellen Erfolg in den Schatten gestellt fühlt und seine eigenen beruflichen Perspektiven im Gegensatz zu denen seines Sohns alles andere als rosig aussehen, beginnt auch er zu trinken, und auch er macht dies vor allem heimlich, wenn er etwa eine Flasche Genever ausgetrunken hat und die im Anschluss mit Wasser auffüllt, damit niemand merken soll, dass er getrunken hat. Doch seine Trunksucht belastet das Familienleben natürlich oft schwer, weil Andries im betrunkenen Zustand meist »aggressiv und bösartig«[66] wird. Für Rudi ist dies ein Grund, sich bereits in frühester Jugend fest vorzunehmen, harte Alkoholika und alles, was süchtig machen könnte, strikt zu meiden, da er große Angst davor hat, ebenso wie sein Vater und seine Großeltern zum Alkoholiker zu werden – zwar wird er, seit er im *Bierkelder* in Alkmaar sein erstes Bier getrunken hat, zeitlebens zu einem wahrhaft leidenschaftlichen Biertrinker, aber von Rum und Schnaps, Wein und Champagner, selbst auch vom holländischen Nationalgetränk Genever, dem sein Vater und seine Großeltern so zusprechen, lässt er konsequent die Finger. Bier jedoch wird für ihn geradezu zu einem Grundnahrungsmittel, zwanzig bis dreißig Bier pro Tag sind keine Seltenheit, gerade wenn er am Schreibtisch sitzt und sich Gags ausdenkt: »Dabei hat mich Bier eigentlich nie lustiger, trauriger oder betrunken gemacht, sondern immer nur beruhigt. Eine Beruhigung, die ich unbedingt brauchte, um zwölf bis vierzehn Stunden täglich auf meinem Bürostuhl zu kleben, damit ich etwas Neues für meine Shows erfinden konnte.«[67]

Sowohl Andries' Abgleiten in den Alkohol als auch seine Verbitterung über Rudis beruflichen Erfolg, die immer wieder bei ihm durchbricht, machen den Umgang zwischen Vater und Sohn zunehmend schwieriger. Rudi beschließt, zukünftig sowohl künstlerisch als auch privat verstärkt eigene Wege zu gehen und sich von seiner Familie zu lösen – und dies geht natürlich am besten, indem er eine eigene Familie gründet. Schon im Alter von siebzehn Jahren hat Rudi auf einer Party bei Freunden die damals fünfzehnjährige Truus de Vries kennen gelernt, die aus dem winzigen nordholländischen Dörfchen Sint Pancras stammt, nur rund zehn Kilometer nordöstlich von Alkmaar gelegen.[68] Eigentlich besteht der kleine, in Kohlfelder eingebettete Ort lediglich aus einer Dorfstraße und ein paar Häusern, die sich um eine kleine weiße Kirche scharen. Rudi findet die junge Frau, die er schnell mit dem Kosenamen »Truusje« ruft, attraktiv und interessant; es dauert nicht lange, bis er sich in sie verliebt – und sie sich in ihn. Die beiden verloben sich bald, schon 1953 ist Truus Rudis Verlobte. Doch zunächst handelt es sich um eine reine Jugendliebe, sich allzu früh fest zu binden beabsichtigt Rudi nicht, zumal er sich zuerst einmal austoben will. Denn spätestens seit er im Alter von elf Jahren die erste nackte Frau in einer Badeanstalt gesehen hat, als diese vergessen hatte, die Tür der Umkleidekabine abzuschließen[69], ist er für das andere Geschlecht entflammt. Mit vierzehn war er zum ersten Mal verliebt, in die Tochter des Bürgermeisters von Alkmaar. Die Folgejahre hat er darauf verwendet, seinen Marktwert beim anderen Geschlecht auszuloten, doch zunächst steht ihm seine Zurückhaltung dabei noch im Weg. Auch als er schon im Berufsleben Fuß gefasst hat, ist er zunächst noch äußerst schüchtern und gehemmt, wenn es darum geht, Frauen anzusprechen und kennen zu lernen, was sich jedoch schon bald legen wird: »Ich war einundzwanzig, frech auf der Bühne, aber ziemlich schüchtern im Privatleben. Frauen gegenüber war ich unheimlich verlegen, was wahrscheinlich auf einen kleinen Komplex meinerseits zurückzuführen war. Ich fand mich selbst dünn und hässlich und war davon überzeugt, dass Frauen nur aus Mitleid mit mir ins Bett wollen.«[70]

Doch dieser Komplex ist zu heilen. Wenn man sich auf Schnabbeltour begibt, kommt man viel herum, und an allen Orten der Niederlande, in denen Rudi in dieser Zeit auftritt, gibt es Mädchen und Frauen, die am Bühnenausgang warten und einem kleinen Flirt oder einem flüchtigen Abenteuer mit einem der Künstler nicht abgeneigt sind. Und natürlich trifft man immer wieder auch auf Kolleginnen, auf Sängerinnen oder Tänzerinnen, die ebenso jung und ungebunden sind wie man selbst, aber auch die vielen Ehepaare, die sich gemeinsam auf Schnabbeltour begeben, nutzen die Gelegenheit für Seitensprünge und kleine Abenteuer – wenn auch über diesen Aspekt des Tingelns in Künstlerkreisen nicht groß gesprochen wird. Rudi fällt es also nicht sonderlich schwer, allerhand Erfahrungen zu sammeln, die schnell sein Selbstbewusstsein stärken. Zunächst befällt ihn dabei jedoch immer noch ein leichtes Erstaunen, wenn seine Avancen von Erfolg gekrönt sind: »Aus Dankbarkeit gab ich mir dann so viel Mühe, dass ich am nächsten Morgen Mitleid mit ihnen hatte, und verstand dann nie, warum sie nicht mehr wegwollten.«[71] Manches Mal auch muss er sich erst mit einigen Bieren Mut antrinken, bevor er sich traut, eine Frau anzusprechen, doch seine anfängliche Schüchternheit legt sich schnell, je erfolgreicher er beim anderen Geschlecht wird, und sein Selbstbewusstsein kennt bald schon kaum noch Grenzen: »Nur für ganz schöne Frauen fühlte ich mich überhaupt nicht geeignet.«[72]

Obwohl Rudi spüren wird, dass er wohl nie nur für eine Frau da sein wird, sondern die Frauen für ihn eine zu große Versuchung verkörpern, als sich lediglich mit einer einzigen zu begnügen, hält er es dennoch für eine gute Idee, eine eigene Familie zu gründen – zumal er sehr in Truus verliebt ist, während die zahlreichen Begegnungen auf der Schnabbeltour für ihn lediglich flüchtige sexuelle Abenteuer ohne jegliche weiteren Absichten oder Verpflichtungen darstellen. Den Anstoß, seiner Verlobten Truusje einen Heiratsantrag zu machen, bekommt Rudi, als ihm seine zwei Jahre jüngere Schwester mitteilt, dass sie und ihr Verlobter Hans im Juli 1957 heiraten werden: »Er hat uns dann gesagt: ›Das ist schön, ich glaube, ich heirate auch.‹ Und er hat sich umgedreht und ist auf der Stelle losgezogen und hat ein Haus gesucht, in das er mit Truus einziehen kann. Er hatte es mit einem Mal unheimlich eilig, und er hat dann tatsächlich sogar noch zwei Monate vor uns geheiratet.«[73]

Am 16. Mai 1957 ist es soweit, Truus und Rudi treten in Truusjes Heimatdorf Sint Pancras vor den Traualtar – Rudi ist zu diesem Zeitpunkt zweiundzwanzig, Truus zwanzig Jahre alt. Für Journalisten, die ihn später immer wieder auf den Umstand ansprechen, dass er ja sehr früh geheiratet habe, hält er ein oft wiederholtes Bonmot parat: »Ja, wir haben früh geheiratet, morgens um halb zehn.« Für sich und seine junge Braut hat Rudi ein Sommerhäuschen auf einer kleinen Insel in der Nähe von Loosdrecht gemietet, wo die beiden ihre Flitterwochen zum Schwimmen, Angeln und Faulenzen nutzen; zum ersten Mal seit Jahren nimmt Rudi sich im Sommer 1957 wenigstens eine kurze Auszeit von der Arbeit. Drei Monate lang leben Rudi und Truus in dem idyllischen Haus, das nur mit einem kleinen Ruderboot zu erreichen ist. Oft haben sie Freunde zu Besuch, fast jedes Wochenende kommen Rudis Schwester Truus und ihr Verlobter Hans, die zu diesem Zeitpunkt noch im Haus der Kesselaars in Nieuw-Loosdrecht wohnen. Truus und Hans schwärmen noch heute davon: »Es war eine herrliche Zeit. Wir haben wie die Kinder rumgetobt, sind geschwommen, haben Wasserpolo oder Verstecken gespielt. Einmal konnten wir Rudi beim besten Willen nicht finden, im ganzen Haus und auf der ganzen Insel nicht. Da hatte er sich doch tatsächlich in seinem Requisitenkoffer versteckt – weil er so dürr war, hatte er da reingepasst, womit natürlich keiner gerechnet hat. Wir hatten wirklich wahnsinnig viel Spaß in diesem Sommer.«[74]

Nach den Flitterwochen beziehen Rudi und Truus für rund ein Jahr ein möbliertes Hausboot, das im kleinen, ländlichen Ort Loenen aan de Vecht unweit von Loosdrecht vor Anker liegt. Mitte 1958, als schon das erste Kind des jungen Paares unterwegs ist, hat Rudi dank seiner Radioengagements und jetzt fast immer ausverkauften Bühnenauftritte genügend Geld gespart, um für sich und Truus ein eigenes kleines Reihenhäuschen in der Funtuslaan 83 in Oud-Loosdrecht zu kaufen. Es ist ein modernes Haus mit großen Fenstern, von denen aus man einen phantastischen Blick über einen der Loosdrechter Seen hat. Es liegt nur rund zehn Kilometer vom Haus seiner Eltern entfernt, und mit seinem kleinen Simca, den er sich zugelegt hat, ist Rudi von hier aus auch schnell in Hilversum, wenn ein Radio- oder Fernsehauftritt ansteht. Fünfundzwanzigtausend Gulden kostet das Häuschen, als seine Frau es dreißig Jahre später verkauft, ist es das Zehnfache wert.[75] Rudi ist durchaus stolz, es in so frühen Jahren bereits zu einem eigenen Häuschen geschafft zu haben – auch wenn dies wiederum etwas ist, was das Verhältnis zwischen ihm und seinem Vater trübt. Während Andries seiner Familie über viele Jahre nur äußerst beengte und bescheidene Lebensverhältnisse bieten konnte, die Familie in großer Armut lebte und er seinen Kindern außer Gags, Zaubertricks und beständig guter Laune wenig hatte bieten können, besitzt sein Sohn bereits als Vierundzwanzigjähriger ein eigenes Haus, und er selbst lebt immer noch zur Miete. Rudi jedoch scheut sich nicht, auch

Journalisten gegenüber immer wieder stolz auf sein eigenes Nest zu verweisen, und lässt sich für Zeitungen und Zeitschriften wiederholt auch bereitwillig in und vor seinem Haus fotografieren. Zeitlebens wird er nie einen Hehl daraus machen, was er besitzt, und dieses auch gern vorzeigen – schließlich ist er immer der Überzeugung, dass er hart für seinen Erfolg arbeitet und von daher auch ein Recht darauf hat, die Früchte seiner Arbeit in vollen Zügen zu genießen. Und natürlich ist er auch stolz darauf, seiner Frau bereits in so jungen Jahren ein eigenes Haus bieten zu können.[76]

Truus selbst übt keinen Beruf aus, sie übernimmt die Rolle der Hausfrau, richtet das Häuschen liebevoll ein und schafft ein behagliches Nest für Rudi und sich, später auch für die Kinder – die Rollenverteilung ist von vornherein klar und nichts, womit einer von beiden hadert. Rudis Tochter Annemieke resümiert: »An meinem Vater ist die Emanzipation schlicht und einfach vorbeigegangen. Für ihn war es klar, dass der Mann der Jäger und Sammler ist, der die Beute nach Hause bringt, und die Frau dafür zuständig ist, ein gemütliches Heim zu schaffen. Das ist natürlich einerseits eine rührende Vorstellung, aber andererseits auch wahnsinnig altmodisch. Aber Rudi hat immer wieder Frauen gefunden, die das mitmachen. Und meine Mutter ging in der Rolle voll auf und war damit auch zufrieden, aber in den fünfziger Jahren war das ja auch nichts Ungewöhnliches, sondern eher die Normalität.«[77] Journalisten gegenüber charakterisiert Rudi seine Frau als »ein liebes Mädchen, das nichts macht und immer zu Hause ist«.[78] Ein Reporter, der Rudi und Truus gemeinsam in ihrem Haus in Oud-Loosdrecht erlebt, konstatiert: »Sie ist bewunderungswürdig angepasst.«[79] Doch auch wenn dies für heutige Ohren antiquiert klingen mag, Rudi ist es enorm wichtig, in seiner Frau ein Gegengewicht zu seinem Beruf zu haben, einen Menschen an seiner Seite zu wissen, der nichts mit seinem Beruf zu tun hat, der ihn erdet und ihm ein Gefühl für die Normalität außerhalb der Bühne und der Studios gibt: »Nein, sie ist keine Künstlerin. Glücklicherweise nicht. Stellen Sie sich nur mal vor: Das eine Nervenbündel sitzt völlig übermüdet zu Hause, und der zweite Nervenpatient kommt rein. Das geht schlicht und einfach nicht.«[80] Rudi genießt es, dass Truus oft aufbleibt und ihn erwartet, wenn er nach seinen Auftritten häufig erst spät in der Nacht zurückkommt, und die beiden dann noch etwas zusammen trinken und den Tag gemeinsam ausklingen und Revue passieren lassen: »Ich habe jederzeit meine Frau, die mich ausbremst oder aufbaut, je nachdem. Sie ist eine enorme Stütze für mich, es ist immer wieder eine Erleichterung für mich, wenn ich mit ihr alles besprechen kann.«[81]

Gerade weil Rudi so hart an seiner Karriere arbeitet und wenig Zeit für Freundschaften hat, ist ihm ein behagliches Zuhause, in das er sich zurückziehen und in dem er abschalten kann, zeitlebens äußerst wichtig. Einem Journalisten gesteht er im Januar 1958: »Ich beschäftige mich ausschließlich mit meiner Arbeit und habe wenige Freunde. Es gibt so eine schreckliche Eifersucht in unserem Metier. Ich finde es wichtig, ein schönes Zuhause zu haben. Ich sitze am liebsten zu Hause und schaue Fernsehen, dann hat man auch keinen Ärger. Schreiben Sie das ruhig.«[82] Dass Rudi seine Arbeit über alles geht und sie ihm auch kaum Platz für ein normales Familienleben lässt, wird nicht immer einfach sein für Truus, doch ihr bleibt ebenso wie allen späteren Partnerinnen Carrells nichts anderes übrig, als sich damit abzufinden, mit einem Mann verheiratet zu sein, der letztlich für seinen Beruf und für die Öffentlichkeit stets mehr da sein wird als für sie und die Kinder. Denn 1958, Rudi ist dreiundzwanzig und Truusje einundzwanzig, wird das erste Kind des Paares geboren, eine Tochter, die den Namen Annemieke erhält. Rudi ist es enorm wichtig, bei der Geburt dabei zu sein – als er seine Tochter zum ersten Mal auf den Armen wiegt, empfindet er ein so starkes Glücksgefühl, dass er in Tränen ausbricht.[83] Am 20. August 1958 gibt das Ehepaar seinen Freunden und Verwandten bekannt: »Mit freundlichem Dank für Euer aufrichtiges Interesse in den zurückliegenden neun Monaten haben Rudi und Truusje Carrell das große Vergnügen, Euch berichten zu können, dass sie Vater und Mutter geworden sind, von einer Wolke von Tochter, die sie Annemieke nennen werden.«[84] Im Jahr 1962, als Rudi bereits zum beliebtesten Fernsehstar der Niederlande geworden ist, folgt noch ein zweites Kind, wiederum eine Tochter, der Rudi und Truus den Namen Caroline geben. Doch zu diesem Zeitpunkt wird die Ehe bereits enorme Risse aufweisen, die jetzt, nach der Geburt von Annemieke, noch nicht vorhanden sind. Rudi ist stolz auf seine junge Familie, besonders auf sein Töchterchen, und er zeigt es auch gerne vor, wenn Reporter ins Haus kommen. Im Dezember 1959 berichtet ein holländischer Journalist über den gerade vierundzwanzigjährigen Carrell: »Der junge Kabarettist hat noch eine große Zukunft vor sich. Vor ein paar Jahren hat ihn noch niemand gekannt, heute ist er einer der am meisten gefragten Conférenciers, und ein bisschen ist er auch schon ein reicher Mann mit einem eigenen Haus an den Loosdrechter Seen und einem Auto. Aber sein kostbarster Besitz ist seine Tochter Annemieke.«[85] Über Truus äußert Rudi sich der Presse gegenüber immer nur höchst anerkennend: »Sie ist nicht künstlerisch veranlagt, aber auch kein Heimchen am Herd. Sie ist für mich eine gute Frau und für Annemieke die beste Mutter, die sie sich wünschen kann.«[86]

Doch so harmonisch die Familie sich auch der Presse gegenüber präsentiert, das Familienleben muss beinahe zwangsläufig unter Rudis Beruf leiden. Er ist nach wie vor mehrere Abende pro Woche kreuz und quer durch die Niederlande unterwegs. Bis zu sechzigtausend Kilometer reist Carrell im Jahr – noch bis 1960 sind die Bühnenauftritte sein Hauptverdienst, die Radioengagements stellen lediglich ein willkommenes Zubrot dar. Nicht von jedem Ort aus ist abends die Rückreise nach Loosdrecht möglich, das Paar ist auf diese Weise oft getrennt. Hinzu kommen die sich häufenden Radioengagements, aufgrund deren Rudi nicht nur viele Stunden in den Studios in Hilversum verbringt, sondern er sich auch, wenn er einmal zu Hause ist, oft stundenlang zurückzieht, um seine Texte, Lieder und Conférencen zu schreiben. Die harte Arbeit ist eine Selbstverständlichkeit für ihn: »Ohne das kannst du nichts werden.«[87] Für ein Privatleben und für Hobbys bleibt ihm kaum Zeit, hinzu kommt, dass ihn eigentlich außerhalb des Showbusiness nicht wirklich etwas interessiert. Selbst die einzigen beiden Hobbys, die er sich in diesen Tagen zulegt, haben noch etwas mit seinem Beruf zu tun: Er kauft sich eine Schmalfilmkamera, mit der er bevorzugt seine Tochter Annemieke ablichtet, und zudem nutzt er seine knappe Freizeit dazu, an seiner Fernsehantenne herumzubasteln – stolz erzählt er Reportern, dass es ihm schon gelungen ist, polnische und russische, italienische und portugiesische Programme auf den Bildschirm zu zaubern. Hin und wieder nimmt er sich an seinen freien Tagen auch mal Zeit, um sich ganz seiner Frau und seiner Tochter zu widmen – die Bootspartien mit ihrem Vater gehören für Annemieke zu ihren schönsten und liebsten Kindheitserinnerungen.[88] Doch solche Momente der Muße, Momente, in denen Rudi einmal ganz privat ist, sind äußerst selten.

Was die Ehe der beiden letztlich noch weit schwerer belastet als Rudis Arbeitseifer und seine ständige Abwesenheit, sind seine unzähligen flüchtigen Affären, von denen er auch nach der Hochzeit nicht lassen kann. Truus ahnt, dass Rudi ihr nicht treu ist, manches Mal wird ihr sicherlich auch etwas zugetragen werden, und sie ertappt hin und wieder Rudi in flagranti. Natürlich liebt Rudi Truus über alles, und wenn man ihn auch sicherlich nicht als Mustergatten bezeichnen kann, so ist er dennoch zweifellos ein treuer Mensch, dem das Wohlergehen seiner Familie am Herzen liegt. Doch die Selbstbestätigung, die ihm seine Flirts und Affären verschaffen, scheint ihm mittlerweile geradezu lebensnotwendig geworden zu sein. Truus wird mit Rudis notorischer Untreue verständlicherweise nur schwer fertig, immer wieder kommt es deswegen zu heftigen Streitigkeiten, die das Paar schließlich entzweien werden. Rückblickend bekennt Rudi Carrell: »Ich war ein Womanizer. Wenn man Erfolg hat, im ganzen Land unterwegs ist und dann auch noch halbwegs gut aussieht, dann ist man«, fährt er mit ironischem Schmunzeln fort, »sozusagen ein pausenloses Opfer der Frauen – und ich war bestimmt nicht der Mann, der sich diesen Avancen entzogen hätte. Als ich Mitte der sechziger Jahre Holland verlassen habe, stand ich mit einem Kollegen vor einer Holland-Karte und ich habe zu ihm gesagt: ›Wenn ich bei jedem Ort, in dem ich was mit einer Frau hatte, ein kleines Fähnchen reinstecken würde, dann könnte ich auch gleich eine holländische Fahne über die ganze Karte hängen.‹ Es gab wirklich keinen Ort, an dem ich nichts mit einer Frau gehabt hätte. Das war in dieser Zeit einfach so, das gehörte nun mal dazu, wenn man als Künstler im ganzen Land unterwegs war.«[89]

Auch Rudis Vater hatte an nahezu jedem Ort, an dem er auftrat seine Affären und zudem mehrere Freundinnen, mit denen er seine Frau betrog. Ebenso wie später sein Sohn war auch André Carrell sein ganzes Leben lang ein fast notorischer Fremdgänger: »Er war alles andere als ein Playboy, aber wahnsinnig erfolgreich bei Frauen. Ich habe nie verstanden, was sie an ihm fanden. Er war fast hässlich und auf dem linken Augen nicht nur beinahe blind, sondern das Auge sah auch dementsprechend aus. Vielleicht war es seine warme, tiefe Stimme, die die Frauen von ihm schwärmen ließ. Ich weiß es nicht. Auf jeden Fall musste ich fürchterlich auf ihn aufpassen. Wenn ich mit einem Mädchen im Kaffeehaus saß und Vater hereinkommen sah, verließ ich mit dem Mädchen lieber gleich das Lokal durch die Hintertür – aus Angst, dass er sie mir wegschnappen könnte.«[90] Wenn André einmal mehrere Wochen hintereinander zu Hause ist, weil er gerade kein Engagement hat, fingiert er – indem er von einer Telefonzelle daheim anruft und als angeblicher Theaterimpresario mit verstellter Stimme mit seiner Frau spricht und sich quasi selbst engagiert – einen Auftritt, damit er sich wieder einmal ungestört einen Abend mit einer seiner Freundinnen vergnügen kann. Seine ständigen Seitensprünge sind nichts, was er vor seinem Sohn zu verbergen versuchen würde, vielmehr geht man ganz offen mit diesem Thema um: »Ja, er hat mich ganz schön erzogen. Als wir auf Tournee waren, kam er einmal morgens singend in die Hotelhalle, sah mich, drückte mir einen Zettel in die Hand und flüsterte in mein Ohr: ›Ich hatte diese Nacht eine 1936er Nymphomanin, toller Jahrgang – hier hast du die Telefonnummer.‹«[91]

Doch diese Offenheit und Libertinage, die in den ohnehin für ihren lockeren Lebenswandel bekannten Künstlerkreisen herrschen, sind etwas, womit die aus einfachen ländlichen Verhältnissen stammende Truus schlicht und einfach nicht umgehen kann: »Für Truus war das sehr schwer, und meine Untreue war auch der Hauptgrund, warum unsere Ehe dann gescheitert ist. Wenn sie mich erwischt hatte, dann redete sie zwei oder drei Wochen nicht mit mir. Keinen einzigen Ton. Das war natürlich tödlich. Das war schlimm für mich.«[92] Obwohl er sieht, dass er seine Ehe mit seiner notorischen Untreue aufs Spiel setzt, und Angst haben muss, dass Truus dies nicht ihr Leben lang mitmachen wird, verzichtet er auch weiterhin nicht auf seine Affären – und verletzt damit die Frau, die er eigentlich liebt. Rudis Tochter Annemieke resümiert: »Er hat meine Mutter sehr geliebt, und er hat mich auch sehr geliebt, daran gibt es gar nichts zu zweifeln. Aber das mit den anderen Frauen, das war halt so bei Rudi, immer, sein ganzes Leben lang. Ich glaube, er hat sich da manches Mal auch selbst im Weg gestanden. Einerseits wollte er ein harmonisches Familienleben, andererseits brauchte er immer auch ein gewisses Potential an Ärger in einer Beziehung. Irgendwie schien das für ihn immer dazuzugehören, sonst funktionierte das nicht für ihn. Das ist ein Muster in all seinen Beziehungen. Für meine Mutter jedenfalls war es sicherlich nicht immer einfach, und es hat die Ehe sehr belastet.«[93] Während Truus zu Hause sitzt und die Kinder aufzieht, flüchtet Rudi sich vor den häuslichen Spannungen in immer neue Affären – und natürlich in die Arbeit. Und hierzu wird sich in den nächsten Jahren mehr und mehr Gelegenheit bieten, denn der jüngste Conférencier der Niederlande wird sich zu einem der populärsten Fernsehstars des Landes mausern. Noch ahnt Rudi nichts davon, aber dass er beileibe noch nicht am Ziel ist, das spürt er deutlich: »Selbst bin ich noch lange nicht zufrieden. Und ich arbeite hart daran, einen Riesenerfolg zu landen.«[94]

4.
Wat een geluck – »Welch ein Glück«

Nach seinem Fernsehdebüt im September 1956 ist Rudi Carrell auch in der Folgezeit vereinzelt zu Gast in Unterhaltungssendungen des niederländischen Fernsehens, doch spielen diese Engagements für seine Karriere einstweilen eine weit unwichtigere Rolle als seine Auftritte im *Bonte Dinsdagavondtrein*, was vor allem damit zusammenhängt, dass das Fernsehen dem Rundfunk in dieser Zeit noch nicht den Rang als kulturelles Leitmedium abgelaufen hat – Rudi Carrell wird einer der letzten Fernsehstars der Niederlande sein, der sich seine Popularität und seine Fernsehkarriere erst durch das Radio erkämpfen musste.

1956, als Rudi zum ersten Mal vor einer Fernsehkamera steht, ist das Fernsehen in den Niederlanden ganze fünf Jahre alt – erst rund fünfzigtausend Fernsehapparate gibt es zu diesem Zeitpunkt in den Niederlanden. Zwar hatte es auch in Holland wie in vielen Ländern Europas und in den USA bereits in den dreißiger und vierziger Jahren TV-Versuchssendungen gegeben, doch von einer geregelten Programmabfolge kann man, ebenso wie in Deutschland, erst ab dem Jahr 1951 sprechen. Rudi war gerade einmal sechzehn, als das Fernsehen in Holland seinen Sendebetrieb aufnahm, und siebzehn, als seine Eltern sich den ersten eigenen Fernsehapparat anschafften; dennoch ist er von Beginn an ein begeisterter Fernsehkonsument: »Ich war vom ersten Augenblick an fasziniert. Fernsehen wurde meine Droge. Ich denke, ich bin für das Medium geboren, so wie Charlie Chaplin für den Film.«[1]

Trotz seines Erfolgs beim Rundfunk kommt lange Zeit niemand auf die Idee, Rudi eine eigene Fernsehsendung anzubieten – wenn auch zumindest ein niederländischer Fernsehkritiker schon früh Carrells tatsächliches Potential entdeckt und sich fragt, ob man dem populären Radiostar nicht eine eigene Fernsehsendung anvertrauen sollte. Als Carrell 1957 neben Stars wie Corry Brokken in der Fernsehsendung *Krokodil* des Senders KRO auftritt, bei dem er von den Programm-Machern als »einer unserer meistgelobten Jungstars« angekündigt wird, kann er mit seiner gelungenen Parodie auf die Radionachrichten Punkte bei dem Kritiker sammeln, während das Konzept der Sendung auf wenig Gegenliebe stößt: »Warum, so frage ich mich, gibt man die Leitung einer solchen Sendung um Gottes willen einem Romanschriftsteller und nicht – wie in Amerika oder Deutschland – an einen Humoristen? Ein Mann wie Rudi

Carrell könnte hier was ganz anderes zustande bringen, scheint mir. Dass er spontan und geistreich ist, hat er gestern Abend doppelt und dreifach bewiesen. So einem Jungen muss die KRO mal eine Chance geben!«[2]

Doch auf die Chance muss Rudi noch volle drei Jahre warten, denn niemand hört auf den weitsichtigen Kritiker, keiner der Verantwortlichen bei den fünf großen Sendern hält es für nötig, Rudi Carrell zu engagieren. Er selbst jedoch verfolgt durchaus bereits Ambitionen in diese Richtung, denn er ist längst überzeugt davon, fürs Fernsehen geboren zu sein, und entwickelt ein Showkonzept nach dem anderen, stößt damit zu seinem großen Verdruss aber nur auf Desinteresse. Im Sommer 1959 überwirft er sich deswegen sogar mit seinem bisherigen Arbeitgeber AVRO, der ihn zwar als Zugpferd für sein Radioprogramm betrachtet, seinen Fernsehideen jedoch keine weitere Beachtung schenkt: »Fünf Jahre lang hat Carrell eine Sammlung von Ideen für das Fernsehen angelegt. Er ging damit zu seinem Sender, wo man einen Blick auf die dicke Mappe mit seinen Ideen warf und ihm mitteilte, keine Zeit für ihn zu haben. Da ging er in die AVRO-Kantine, um dort schlecht gelaunt herumzusitzen. Da kam ein gut gelaunter, flötender Kellner zu ihm, der ihm die große Neuigkeit der Woche mitteilen wollte, nämlich dass er als Kunstflöter in der Wochenendshow im Fernsehen auftreten soll. Da stand Carrell auf, ging nach Hause und vernichtete den ganzen Inhalt seiner Mappe, woran er Jahre gearbeitet hatte.«[3]

Da er von seinen Ideen fürs Fernsehen überzeugt ist, ist das Desinteresse bei seinem Sender an ihm ein ausreichender Grund, im Juni 1959 seinen Hut zu nehmen und AVRO zu verlassen. Das kann er sich vor allem deshalb leisten, weil er einen Monat zuvor einen wichtigen Preis gewonnen hat, der ihm neue Popularität verliehen hat und ihm in beruflicher Hinsicht enorm den Rücken stärkt. Am 1. Mai 1959 hat Carrell sich am jährlichen Kabarettwettstreit beteiligt, der vom *Internationaal Cultureel Centrum* in Amsterdam veranstaltet wird. Dabei präsentieren sich Nachwuchskräfte einer Jury, die aus den bedeutendsten Kabarettisten der Niederlande besteht und vom holländischen Star der Branche, Wim Sonnefeld, angeführt wird. Carrell, der sich bislang vor allem als Conférencier und Sänger einen Namen gemacht hat, gilt an diesem Tag zunächst als Außenseiter unter den Bewerbern, zur großen Überraschung aller gelingt es ihm jedoch, sich gegen die anderen acht Finalisten durchzusetzen. Er gewinnt nicht nur den ersten Preis der Jury, der mit immerhin siebenhundertfünfzig Gulden dotiert ist, sondern außerdem noch den Publikumspreis, was Carrell besonders freut. Am nächsten Tag wird Rudi als Sieger des Wettstreits in der Samstagabend-Fernsehshow der VARA präsentiert, und die Presse ist voll des Lobes: »Rudi Carrell ist mit einem Mal berühmt. In diesem jungen Kabarettisten kann man eine amüsante, intelligente Bühnenpersönlichkeit begrüßen, die einen sehr routinierten Eindruck macht.«[4] Über Nacht ist von Carrell als dem zweiten Toon Hermans die Rede, dem großen niederländischen Komiker, dessen Lieder Rudi schon auf dem Schulhof parodiert hat.

Carrell nutzt die Gunst der Stunde – »ich ergriff die Chance mit beiden Händen«[5] – und ist erfreut darüber, dass die VARA Interesse an ihm signalisiert, auch wenn er zu diesem Zeitpunkt bereits mit seinem alten Arbeitgeber AVRO über eine neue, ganz auf ihn zugeschnittene Radioshow verhandelt. Doch da er mit seinen Fernsehideen bei seinem Haussender nur auf taube Ohren gestoßen ist, entschließt sich der in seiner Eitelkeit gekränkte Carrell dazu, das Angebot der VARA anzunehmen und seinen Vertrag mit der AVRO zu kündigen. Ab Oktober 1959 bekommt er im Radioprogramm der VARA eine eigene, aufwendig produzierte Samstagabend-Show mit vierzigköpfigem Orchester, mit der er ein Millionenpublikum erreicht. *Week uit, week in*, »Heraus aus der Woche, hinein in die Woche«, heißt die Sendung, durch die Rudi nicht nur als Conférencier führt, sondern für die er wiederum auch alle Texte und Lieder selbst schreibt. Wobei er eine ebenso kreative wie eigenwillige Methode entwickelt hat, seine Lieder zu »komponieren«: »Ich kann keine Noten lesen. Wenn ich ein Musikinstrument in die Hand bekomme, stelle ich mich so stümperhaft an wie ein junger Vater, der zum ersten Mal sein frisch geborenes Baby im Arm hält. Fällt mir eine schöne Melodie ein, dann springe ich ins Auto und rase blitzschnell zu einem befreundeten Komponisten, lege ihm den Text des Liedes auf den Flügel und pfeife ihm die Melodie vor. Und dann schreibt er alles auf und macht was daraus.«[6] Mit Hilfe zweier befreundeter Komponisten, Dick Schallies und Bert Page, sind auf diese Weise bereits rund hundertfünfzig Lieder entstanden. Die holländische Presse ist beeindruckt: »Das ist ein Unikum in der niederländischen Kabarettwelt. Er kann keine Note lesen, aber ›schreibt‹ doch selbst seine Musik.«[7]

Zwar ist die neue, auf ihn persönlich zugeschnittene Radioshow ein schöner Erfolg, aber das Fernsehen lässt zu Rudis Bedauern nach wie vor noch auf sich warten. Zu seiner eigenen Fernsehshow wird er erst durch einen Umweg kommen, denn es ist nicht der Conférencier und Showmaster Rudi Carrell, der die Programmverantwortlichen schließlich dazu bewegen wird, ihm eine eigene Unterhaltungssendung anzuvertrauen, sondern vielmehr der Sänger Rudi Carrell. In seinen Radiojahren hat Rudi immer wieder mit seinen Liedern, die auch als Schallplattenaufnahmen reißenden Absatz fanden, Aufmerksamkeit erregt. Insofern ist es für die holländische Plattenindustrie nahe liegend, Carrell auch einmal beim *Nationaal Songfestival* ins Rennen zu schicken, bei dem der niederländische Teilnehmer des nächsten Grand Prix ermittelt werden soll.

Das Komponistenduo Willy van Hemert und Dick Schallies, das auch den Grand- Prix-Siegertitel des Vorjahres, *'N beetje*, kreierte, bietet Rudi Ende 1959 an, ihn als Teilnehmer des nächsten Songfestivals vorzuschlagen, und offeriert ihm den Titel *Wat een geluck*, »Welch ein Glück«, ein lebenslustiges Liedchen, von dem Rudi schon beim ersten Lesen meint, dass es ihm wie auf den Leib geschrieben ist. Am 1. Januar 1960 wird das Lied im Plattenstudio aufgenommen; von da an bleiben Carrell noch fünf Wochen, um sich auf den Auftritt beim *Nationaal Songfestival* vorzubereiten. Doch mit einem Mal ist er sich gar nicht mehr so sicher, ob die ganze Sache so eine gute Idee war, ihn befällt eine große Nervosität. Wochenlang probiert Rudi sein Lied von morgens bis abends, seine Frau Truus muss eine Engelsgeduld aufbringen, denn ihr Mann singt sein Lied bei jeder Gelegenheit, gleich morgens nach dem Aufwachen im Bad, beim Frühstück, im Auto, während er Interviews gibt – und Stunde um Stunde. Wenn ihm wieder eine andere Stimmnuance eingefallen ist oder er bei einer bestimmten Liedstelle einen neuen Gesichtsausdruck einstudiert hat, muss sie immer wieder die Frage »Wie findest du es?« beantworten.

Bis spät in die Nacht übt er, mit Truus als Publikum, im Wohnzimmer seines Hauses – eine kleine Stehlampe, die er ansingt, dient ihm dabei als Ersatz für die Kamera. Doch schon bei der ersten Studioprobe muss er realisieren, dass die Atmosphäre im Fernsehstudio sich erheblich von den »Proben« im heimischen Wohnzimmer unterscheidet – die Kameras sind riesengroße Monster und acht Meter entfernt, auch das Orchester ist weit weg, Rudi befällt Panik, er findet: »Ich sollte zu Hause bleiben.« Doch Truus gelingt es, ihn zu beruhigen und ihm Mut zuzusprechen. Sie entschließt sich, ihren Mann ins Fernsehstudio zu begleiten, etwas, was sie sonst bei seinen Bühnen- oder Radioauftritten nie macht. Für Rudi ist dies eigentlich indiskutabel, denn, so findet er, ein Zimmermann nimmt seine Frau ja auch nicht mit auf die Arbeit, also sollte ein Showmaster das ganz genauso handhaben. Doch diesmal setzt Truus sich durch, was sich für Rudi als Glücksfall erweist, denn ihre Anwesenheit nimmt ihm tatsächlich jegliche Nervosität, da er sich, wenn er sein Lied vorträgt, ganz allein auf seine Frau konzentriert und alles andere um sich herum vergisst: »Ich singe das Lied für sie. Nur für sie. Da kommt ein echtes Gefühl von Glück über mich, wenn die Musik einsetzt. Ich weiß nicht genau, wie, aber sie hat es geschafft, mich in eine glückliche Stimmung zu bringen. Sie ist und bleibt mein größter Fan.«[8]

Am 9. Februar 1960 ist es soweit, das *Nationaal Songfestival* wird im Foyer des AVRO-Studios in Hilversum veranstaltet und live im Fernsehen übertragen. Sechzehn Bewerberinnen und Bewerber treten mit acht Liedern an – je ein Lied wird von zwei Interpreten vorgestellt. In der ersten Runde wird das Lied, mit dem Holland beim Grand Prix in London vertreten werden soll, von den Zuschauern gewählt, in der zweiten Runde entscheidet eine Fachjury, welcher der beiden Interpreten das Lied in London präsentieren wird.[9] *Wat een geluk* wird neben Rudi Carrell auch noch von Annie Palmen dargeboten, mit der zusammen Rudi schon Mitte der fünfziger Jahre auf Schnabbeltour gewesen ist – doch zu guter Letzt fällt die Wahl auf Rudi. Der Titel *Wat een geluck* hat ihm tatsächlich Glück gebracht, denn er darf nun die Niederlande beim Grand Prix 1960 als Künstler repräsentieren. Fotografen umringen ihn, alle wollen dem überglücklichen Carrell die Hand schütteln und ihm gratulieren, seine Frau Truus gesteht den Journalisten: »Ich bin stolz auf ihn.«

Was in den nächsten Tagen folgt, ist ein regelrechter Ausnahmezustand, ein Rummel, wie ihn Rudi Carrell bis jetzt noch nie erlebt hat. Am nächsten Tag klingelt das Telefon bis zu fünfhundertmal; Bekannte, Freunde, Wildfremde wollen ihm zu seinem Erfolg gratulieren und Glück wünschen. Ständig bimmelt die Türglocke, denn es werden Unmengen Post, Telegramme, Früchtekörbe und Champagnerflaschen abgegeben, und draußen belagern Reporter und Fotografen das Haus. Weil er den Berg von Fanbriefen und den Bitten um Autogrammkarten nicht allein bewältigen kann, stellt er für ein Jahr seinen Bruder Adriaan als Sekretär ein: »Das war eine herrliche Zeit, als ich für Rudi gearbeitet habe; ich habe die ganze Fanpost beantwortet und auch die Autogramme für ihn unterschrieben.«[10] Es gibt kaum eine Zeitung und kaum ein Magazin, das ihn nicht interviewen und ausführliche Carrell-Homestorys bringen will. Rudi erfüllt jeden Interviewwunsch, erzählt ein ums andere Mal von den Stationen seiner bisherigen Karriere und lässt sich geduldig zusammen mit seiner Frau und seiner anderthalbjährigen Tochter ablichten. Auch darüber, wie er sich gegenwärtig fühlt, gibt er bereitwillig Auskunft: »Das Songfestival hat mich viele schlaflose Nächte gekostet. Meine Nerven haben sich übrigens immer noch nicht beruhigt. Ich kann es noch gar nicht glauben. Junge, Junge, ich gehe nach London.«[11]

Plötzlich interessiert sich jedermann für Carrell, für die Presse ist er nur noch »unser Rudi Carrell«, und der genießt es sichtlich, von wildfremden Menschen auf der Straße angesprochen zu werden, die ihm »Viel Glück in London!« zurufen. Die Straße betrachtet er von diesem Zeitpunkt an wie einen roten Teppich – der öffentliche Raum ist für ihn fortan ein Ort, wo er sich seine Bestätigung holt und sein Selbstbewusstsein stärkt. Er kostet es regelrecht aus, dass er mit einem Mal bekannt ist wie ein bunter Hund, dass er endlich der Star geworden ist, der er schon als Achtzehnjähriger hatte werden wollen. Freimütig gesteht er Journalisten: »Wisst ihr, was ich zwei Tage nach dem Songfestival getan habe?

Ich bin nach Amsterdam gefahren und den Tag sechsmal die Kalverstraat auf und ab gelaufen. Es gab mir ein herrliches Gefühl, dass ich praktisch von jedem erkannt wurde.«[12] Die Journalisten registrieren, dass Carrell zwar einerseits im Ruhm badet und sich beinahe kindlich über seinen Erfolg freut, dass er aber andererseits trotz seiner neu gewonnenen Popularität auf dem Boden bleibt und sich seine Natürlichkeit bewahrt, unbefangen mit ihnen scherzt und völlig frei von Starallüren ist. Reporter, die ihn in diesen Tagen interviewen, stellen fest, dass Rudi Carrell ein »prachtvoller Kerl« und trotz des Trubels um seine Person »er selbst geblieben« ist – in den Niederlanden fast das größte Kompliment, das man bekommen kann.

Doch wo Licht ist, ist auch Schatten, denn auf die Jubelberichte folgen ebenso schnell Negativschlagzeilen. Böse Zungen streuen das Gerücht, dass Willy van Hemert, der Komponist von Rudis Lied, Geld, viel Geld gezahlt habe, damit Rudi mit seinem Lied in London antreten kann. Da er jetzt bereits zum dritten Mal in Folge den niederländischen Grand-Prix-Titel stellt, stößt das Gerücht, dass es sich beim *Nationaal Songfestival* um ein abgekartetes Spiel gehandelt habe, um Carrells Platte zu einem Riesenerfolg zu verhelfen, durchaus auf offene Ohren. Gestützt wird diese Vermutung nach Auffassung einiger Journalisten dadurch, dass Briefe von Rudis Plattenfirma aufgetaucht sind, in denen Händlern die Single *Wat een geluck* angepriesen wird, mit einem faksimilierten Brief Carrells: »Ich wünsche guten Verkauf.« Brisanterweise sind diese Briefe, die als Werbemaßnahme in alle Teile Hollands verschickt wurden, bereits am 9. Februar um achtzehn Uhr abgestempelt worden, also vier Stunden, bevor in Hilversum die Entscheidung zugunsten Carrells gefallen ist. Rudis Plattenfirma und er selbst wiegeln jedoch ab, die Platte sei bereits am 1. Januar eingespielt worden, und es sei ein völlig normaler Vorgang, sie am Tag nach dem *Nationaal Songfestival* auf den Markt zu bringen: »Hand aufs Herz, ich kann erklären, dass nichts an den Gerüchten dran ist.«[13] Auch wenn es eine Zeit lang einen Rundfunkboykott gegen Rudis Lied gibt und viele niederländische Radiostationen demonstrativ *Wat een geluck* nur noch in der Version von Annie Palmen, Rudis unterlegener Konkurrentin, spielen, wird die Platte schnell ein Erfolg – schon wenige Tage nach dem Erscheinen rückt die Single, die neben *Wat een geluck* auf der B-Seite noch den Titel *Panama-Kanal* enthält, von null auf Platz neun der niederländischen Single-Charts.

Der Erfolg spricht schließlich für sich, und die Korruptionsvorwürfe verstummen recht bald wieder. Rudi ist gefragt wie nie zuvor, es gibt keinen Abend mehr ohne berufliche Verpflichtungen, alle wollen den holländischen Grand-Prix-Teilnehmer präsentieren. Am 17. Februar wird im *Lido* in Amsterdam ein festliches Dinner zu Ehren des Festivalgewinners gegeben, bei dem als Nachtisch die »Eisbombe Carrell mit Palmendekor« serviert wird; am 6. März findet ein »Huldigungsabend für Rudi Carrell und Willy van Hemert« in Den Haag statt. Doch so schön es auch ist, dermaßen hofiert zu werden – je näher der Auftritt beim Grand Prix in London rückt, bei dem Rudi sich erstmals einem internationalen Publikum präsentieren soll, desto mulmiger wird es ihm: »Ich will nicht dahin. Ich wünschte, das Festival wäre schon vorbei.« Was seine Nervosität noch steigert, ist die Tatsache, dass er die Hoffnung der Nation auf seinen Schultern lasten fühlt – einen Tag, bevor ihn das Flugzeug nach London bringt, titeln die niederländischen Zeitungen: »London stempelt Rudi bereits zum Festivalgewinner.« Doch Rudi selbst findet solche Prognosen übertrieben und unrealistisch, er ist sich bewusst, dass die Konkurrenz in London stark sein wird, man die Erwartungen nicht übertreiben und das Ganze vielmehr sportlich sehen sollte. Der Presse gegenüber wiegelt er ab: »Nur eins hoffe ich wirklich – dass ich nicht Nummer dreizehn werde.«[14] Im Gegensatz zu vielen arrivierten Sängern, die beim Grand Prix antreten, kann Rudi die Sache tatsächlich recht locker angehen – er ist jung, er hat nichts zu verlieren, aber alles zu gewinnen.

Ende März 1960 sitzt Rudi Carrell zum ersten Mal in seinem Leben in einem Flugzeug und macht sich auf den Weg nach London – ohne seine Frau Truus, die den Grand Prix zusammen mit Tochter Annemieke am Bildschirm verfolgt. In die englische Presse hatte Rudi Carrell es bereits einmal sechs Jahre zuvor geschafft, und zwar durch eine amüsante Geschichte. Im Dezember 1954 war er zum Küstenort Bergen aan Zee geradelt, weil dort ein unter panamaischer Flagge fahrendes Frachtschiff auf Grund gelaufen war. Als er den Strand entlanglief, um sich das havarierte Schiff aus der Nähe anzuschauen, entdeckte er im Sand eine Flaschenpost – diese war einen Monat zuvor von der sechzehnjährigen Britin Susan Salt aus Northfield Crescent in Wells auf der anderen Seite des Ärmelkanals ins Wasser geworfen worden. Rudi antwortete dem Mädchen sofort. Sowohl die holländische Presse – »Englisches Mädchen bekommt Antwort aus Alkmaar« – als auch britische Zeitungen brachten, Überschrift »Message in a Bottle«, umgehend die Meldung: »Susan Salt bekam Post von Rudi Carrell aus Alkmaar in Holland. Herr Carrell, ein zwanzigjähriger Entertainer, der in Radioshows in Hilversum auftritt, entdeckte die Flasche am Strand, als er das gestrandete Frachtschiff aus nächster Nähe sehen wollte. In seinem Brief hofft er, dass Susan überrascht ist, dass sie ihren Brief zurückbekommt, und bittet sie, ihm zurückzuschreiben, wie lange die Flasche unterwegs war.« Und Rudi Carrell wäre nicht Rudi Carrell, wenn er den Brief an die unbekannte junge Britin nicht gleich auch noch zu einer kleinen Pointe genutzt hätte:

»Er fügt hinzu, dass Susan das nächste Mal doch bitte darauf achten solle, dass außer dem Brief auch etwas zu trinken in der Flasche sei. Zum Schluss wünscht er Susans Familie ein frohes neues Jahr und weitet diesen Wunsch auf jedermann im wundervollen England aus.«[15]

Im März 1960 ist Rudi Carrell nun endlich selbst zum ersten Mal in England, um sein Vaterland beim internationalen Songwettbewerb zu vertreten, der am 29. März in der Royal Festival Hall in London stattfindet. Ganz Holland blickt an diesem Tag gespannt nach London, denn die Erwartungshaltung ist enorm groß, nachdem drei Jahre zuvor, als der Grand Prix in Frankfurt stattfand, die Niederländerin Corry Brokken mit ihrem Titel *Net als toen* haushoch gewann und im Vorjahr Teddy Scholten mit dem ebenfalls von Willy van Hemert und Dick Schallies komponierten Titel *'N beetje* in Cannes wiederum für die Niederlande siegreich gewesen war. 1960 nehmen insgesamt dreizehn Länder am Wettbewerb teil: Großbritannien, Frankreich, Schweden, Dänemark, Norwegen, Italien, Monaco, Belgien, die Niederlande, Luxemburg, Deutschland, Österreich und die Schweiz. In diesen Zeiten ist der Grand Prix noch eine höchst gediegene Veranstaltung; die Herren treten selbstverständlich in Anzügen mit sorgfältig gebundenen Krawatten auf, die Damen singen ihre Lieder in langen Abendkleidern mit langen weißen Handschuhen; jeder will sein Land so solide wie möglich vertreten.

Rudi Carrell hat an diesem Abend die Startnummer zehn und trägt gut gelaunt seinen Titel vor: *Wat een geluck, dat ik en stukje van de wereld bin* – »Welch ein Glück, dass ich ein Stückchen von der Welt bin«. Doch gegen die internationale Konkurrenz hat er keine Chance, Siegerin wird mit zweiunddreißig Punkten Jacqueline Boyer aus Frankreich, die mit dem Titel *Tom Pillibi*, einem kinderliedartigen Chanson, angetreten ist, gefolgt von Bryan Johnson aus Großbritannien und François Deguelt aus Monaco. Carrell ergattert für die Niederlande lediglich den vorletzten Platz, ganze zwei Pünktchen kann er einheimsen – einen aus Italien, einen aus dem benachbarten Belgien. Hinter ihm, auf Platz dreizehn, rangiert nur noch Camillo Felgen, der für Luxemburg mit dem auf Letzeburgisch gesungenen Titel *So laang we's du do bast* angetreten ist – nur ganz knapp ist er dem Makel entgangen, der erste Sänger der Grand-Prix-Geschichte zu werden, der ohne einen einzigen Punkt nach Hause fährt. Deutschland wird in diesem Jahr von Wyn Hoop vertreten, der mit dem Lied *Bonne nuit, ma chérie* angetreten ist, mit dem er sich bei der deutschen Vorentscheidung gegen Heidi Brühls *Wir wollen niemals auseinandergeh'n* durchgesetzt hatte. In London landet er mit elf Punkten immerhin auf Platz vier – aus den Niederlanden bekommt Wyn Hoop vier Punkte, während die deutsche Jury Rudi Carrell keinen einzigen Punkt zuerkennt. Die Niederlande müssen noch fünfzehn Jahre warten, bis sie wieder den Grand-Prix-Siegertitel stellen werden – erst 1975 wird es mit dem Lied *Ding-A-Dong* der Gruppe *Teach-In* in Schweden so weit sein.

Die Niederlage auf internationalem Parkett versteht Rudi Carrell, wieder in heimatlichen Gefilden, in einen strahlenden Sieg zu verwandeln, indem er sich der Öffentlichkeit nicht, wie vielleicht erwartet, als deprimierter, enttäuschter Verlierer präsentiert, sondern sich schlicht und einfach über seinen vorletzten Platz lustig macht – mit einer Leichtigkeit und Schlagfertigkeit, die ihm wohl keiner in dieser Situation zugetraut hätte. Zurück in der Heimat, textet er sein Grand-Prix-Lied für einen Fernsehauftritt gleich um: »*Wat een geluck dat it niet nét de allerlaatste ben*« – »Welch ein Glück, dass ich nicht der Allerletzte geworden bin«. Rudis Selbstironie imponiert, und bald schon spricht die niederländische Presse von »Rudi Carrell, der das europäische Songfestival auf so überzeugende Art und Weise verloren hat«.[16] Die Holländer schließen Rudi endgültig in ihr Herz, und die enorme Fähigkeit, sich selbst auf den Arm zu nehmen, mit der er 1960 seine Landsleute bezaubert, wird Rudi Carrell sich sein ganzes Leben lang bewahren. Und es wird nicht zuletzt seine Selbstironie sein, mit der er fünf Jahre später auch das deutsche Fernsehen vereinnahmen wird, das seine Entertainer bis dato auf Podeste gehoben hat und in der Vor-Carrell-Zeit stark zur Selbstbeweihräucherung neigt. Aber auch in seinem Heimatland punktet er mit dieser Selbstironie: »Das hat den Zuschauern imponiert, dass ich nicht gejammert habe, sondern dass ich mich über meinen vorletzten Platz einfach lustig gemacht habe. Das kam super an.«[17] Die Art und Weise, wie Carrell mit der Niederlage umgeht, ist kein Kalkül, sondern entspricht schlicht und einfach seinem Naturell. Rudis Mutter erklärt gegenüber der Presse: »Rudi hat eine Eigenschaft, die ihn vor allen großen Enttäuschungen bewahrt: – Humor. Zum Beispiel seine Niederlage beim Grand Prix; Rudi bekämpft das mit einem Lacher. Das ist keine Pose, so ist er.«[18]

Auch die Verantwortlichen beim niederländischen Fernsehen sind begeistert, wie Carrell in diesen Tagen auftritt, sodass endlich Rudis lang gehegter Wunsch in Erfüllung geht und ihm eine eigene Show angeboten wird. Die Art und Weise, wie locker und ungezwungen Carrell sich vor der Kamera zu präsentieren weiß, seine langjährige Berufserfahrung auf der Bühne und im Radio, gerade aber auch die große Portion Selbstironie, mit der er seine Grand-Prix-Niederlage weggesteckt hat, machen ihn zum idealen Kandidaten für eine eigene Unterhaltungsshow im Fernsehen – sowohl VARA als auch KRO buhlen nun um ihn. Und dass sein früherer Sender AVRO mit seinem Versuch, den beliebten *Bonte Dinsdagavondtrein* in eine TV-Show umzuwandeln, kläglich gescheitert ist, steigert Rudis Freude über die Angebote nur noch. Die Entscheidung fällt ihm nicht schwer – er lehnt das Angebot der katholischen KRO ab und entscheidet sich für die sozialistische VARA. Joop Koopman, Chef der VARA, der auch schon dafür gesorgt hatte, dass Rudi seine eigene Samstagabend-Radioshow *Week uit – week in* bekam und ihn zum Grand-Prix-Auftritt nach London begleitete, bietet Carrell 1960 an, eine Fernsehshow ganz nach eigenen Wünschen und Vorstellungen zu gestalten. Auch wenn zunächst nur eine einzige Ausgabe geplant ist, um zu testen, wie Carrell als Showmaster beim Fernsehpublikum ankommt, kann Rudi überglücklich über diese Chance und das Vertrauen sein, das die VARA in ihn setzt – und er ist wild entschlossen, diese Chance auch zu nutzen, denn mittlerweile hat das Fernsehen dem Radio endgültig den Rang als wichtigstes Medium abgelaufen.

Hatte es 1956 bei Rudis Debüt im Fernsehen erst rund fünfzigtausend Apparate gegeben, so konnte im Sommer 1959 bereits der fünfhunderttausendste TV-Konsument in den Niederlanden begrüßt werden. Gegenwärtig steigt die Zahl der Fernsehnutzer rapide an, schon 1961 wird es eine Million Fernsehapparate in Holland geben – der millionste Fernsehzuschauer wird im November 1961 in der *Rudi Carrell Show* begrüßt werden. Da es für Rudi zwischen seinem ersten Fernsehauftritt und seinem Entschluss, zukünftig beim Fernsehen Karriere machen zu wollen, bis zur jetzigen Chance, erstmals eine eigene Show fürs Fernsehen zu gestalten, volle vier Jahre gedauert hat, hatte er die Gelegenheit, alles, was im Fernsehen, gerade im Bereich der Unterhaltung, passiert, sorgfältig zu beobachten, Aspekte der Fernsehunterhaltung zu studieren und gleichzeitig eigene Ideen zu entwickeln, zu überlegen, wie sich das, was er auf der Bühne und im Rundfunk mittlerweile so routiniert beherrscht, auch auf das neue Medium übertragen ließe. Als das holländische Fernsehen jetzt, Anfang der sechziger Jahre, endlich auf Rudi Carrell aufmerksam wird, ist er insofern bestens vorbereitet und hat den Kopf voller Ideen, wie man die seiner Ansicht nach perfekte Fernsehshow machen könnte.

Carrell konzipiert für die VARA eine halbstündige Sendung, die im Konzertsaal in Laren aufgezeichnet und am 20. August 1960, einem Samstagabend, ausgestrahlt wird: *Rudi Carrell vraagt: Heeft u dat nou ook?*, »Rudi Carrell fragt: Passiert Ihnen das auch immer?« Statt der ursprünglich geplanten Ein-Mann-Show entscheidet Carrell sich schließlich für eine Anderthalb-Mann-Show, denn in vielen Sketchen steht ihm sein Vater André Carrell zur Seite: »Die Deko bestand aus einer leeren Bühne voll mit Requisiten. Einziger Gast war mein Vater, der damit zum ersten Mal im Fernsehen aufgetreten ist.«[19] Die Presse ist sich einig, dass der Abend »*die* Fernsehchance seines Lebens« ist und einen neuen Höhepunkt in der »Blitzkarriere Rudi Carrells« darstellt – und dass der Fünfundzwanzigjährige nun, mit der eigenen Fernsehshow, die Gelegenheit hat, sich endgültig ganz nach oben zu katapultieren.[20] Wie wichtig ein Erfolg der Show sein wird, darüber ist sich Rudi natürlich auch selbst im Klaren, denn in Interviews, die er kurz vor Ausstrahlung der Sendung gibt, lässt er bereits durchblicken, dass Fortsetzungen zu erwarten sind, wenn der »Probelauf« bei den Zuschauern gut ankommt.

Und die Show kommt hervorragend an, und gerade auch Rudis Idee, die halbe Stunde zusammen mit seinem Vater zu bestreiten, erweist sich als goldrichtig. Der Bekanntheitsgrad von Vater und Sohn hat sich mittlerweile umgekehrt – war es am Anfang von Rudis Karriere noch so, dass er ständig mit seinem berühmteren Vater verglichen wurde, so steht nun André Carrell in Rudis Schatten. Carrell senior tingelt zu diesem Zeitpunkt zwar immer noch mit seiner eigenen Kabarett-Truppe durchs Land, im Radio jedoch hört man ihn so gut wie gar nicht mehr, und im Gegensatz zu seinem Sohn hat er auch noch nie vor einer Fernsehkamera agiert. Doch in der Sendung ergänzen sich die beiden wunderbar – während Rudi für Gags und gute Laune sorgt, ist sein Vater für die anrührenden Szenen zuständig: »Er hatte eine Nummer, die er jahrelang auf der Bühne gemacht hat und die er nun auch in meiner ersten Show zeigte. Er hat sich vor dem Publikum auf alt geschminkt und dann einen langen Mantel und einen Zylinder angezogen. Dann ist er auf eine Holzleiter geklettert, die einen Kutschbock darstellen sollte, hat sich oben hingesetzt und so getan, als ob er Zügel in der Hand halte. Er stellte sich vor, dass er der letzte Droschkenkutscher Hollands sei und eine Beerdigungskutsche führe, und machte sich Gedanken darüber, wie er selbst bald sterben wird und wie er dann selbst hinten auf der Kutsche liegen würde. Die Nummer hat mich schon als Kind schrecklich mitgenommen, und ich musste immer ganz fürchterlich weinen. Ich fand das so traurig, dass ich deshalb jahrzehntelang selbst mein Publikum nie zum Weinen bringen wollte.«[21] Nach so einem Moment der Rührung sorgt Rudi gleich wieder mit einem selbst geschriebenen, fröhlichen Lied für beschwingte Stimmung – Höhepunkt der Show wird jedoch das Duett *Vader en zoon*, »Vater und Sohn«, das Rudi und André singen, wobei sie sich streiten, wer von ihnen auf der obersten Stufe des Siegertreppchens stehen darf. Das Lied ist am nächsten Tag Gesprächsthema in ganz Holland und wird auch schon bald, zusammen mit anderen Liedern aus der Show, auf Schallplatte herausgebracht:

> Ich habe an deiner Wiege gestanden
> und dir die Windeln umgetan,
> und du heultest auf meinen Schoß,
> das war nicht einfach!
>
> Und nun steh'n wir zwei zusammen auf der Bühne,
> denn so geht das bei einem Vater und seinem Sohn.

Alles, was Carrell in dieser ersten Show macht, die von Regisseur Ben de Jong ins Bild gesetzt wird, wirkt so lässig, entspannt und ungezwungen, wie man es bislang noch von niemandem im niederländischen Fernsehen erlebt hat. Er bewegt sich frei und locker vor den Kameras, hat nichts von der Steifheit altbackener Conférenciers, die im Fernsehen genau das gleiche Programm wie auf der Bühne abspulen, sondern agiert vor den Fernsehkameras so, als wenn er das schon immer getan hätte. Rudi begeht als einer der wenigen in diesen Jahren nicht den weit verbreiteten Fehler, die Inszenierungsformen der Theaterbühne kopieren zu wollen, sondern er konzipiert ein Programm, das exakt auf die Möglichkeiten zugeschnitten ist, die ihm das Medium Fernsehen bietet. Dessen genuine Mittel nutzt er nicht nur, sondern spielt auch sogleich mit ihnen auf eine äußerst moderne und innovative Art und Weise: »Erst war nur sein Oberkörper zu sehen, dann seine vortrefflich steptanzenden Beine. Erst als die Zuschauer sich schon wunderten, dass Rudi so perfekt steptanzen kann, wurde das Ganze als Fernsehtrick aufgelöst: Der heftig sich bewegende Oberkörper gehörte Rudi, die Beine aber waren die eines professionellen Steptänzers.«[22] Mit diesem Gag, den er auch in einer seiner ersten *Rudi Carrell Shows* in Deutschland wiederholen wird, will Rudi demonstrieren, wie leicht man im Fernsehen tricksen, wie einfach man mittels des Bildschnitts manipulieren kann.

Die holländischen Kritiker sind nach der Ausstrahlung von Rudis erster Show begeistert – »Das war echtes, modernes Fernsehkabarett«[23] – und prophezeien dem Newcomer schon nach dieser ersten halbstündigen Sendung eine lange Laufbahn beim Fernsehen – wie Recht sie damit behalten werden, können sie natürlich nicht ahnen. Doch wie innovativ das, was Rudi in seiner ersten eigenen Show präsentiert hat, für das Fernsehen ist, das ist mehr als offensichtlich. So selbstverständlich es rückblickend erscheint, das Fernsehen als eigenständiges Medium mit entsprechenden Gestaltungsmitteln zu begreifen, im Fernsehen des Jahres 1960 ist dies noch etwas nahezu Revolutionäres. Nicht nur die Kritiker, sondern auch die holländischen Fernsehzuschauer sind sich einig: Nein, so etwas wie Rudis Show hat es vorher hierzulande noch nicht gegeben. Rudi hat die Feuertaufe bestanden, er hat tatsächlich unter Beweis gestellt, dass er für das Fernsehen geboren zu sein scheint, dass er der Mann ist, auf den das niederländische Fernsehen gewartet hat.

Da Carrells Name seit dem *Nationaal Songfestival* und dem Grand Prix in Holland in aller Munde ist und ihm die erste Fernsehshow noch einmal einen neuen Popularitätsschub verschafft, werden ihm im Herbst 1960 eine ganze Reihe viel versprechender Offerten unterbreitet – so wird ihm nicht nur eine eigene, monatliche Fernsehshow für die Saison 1961/62 angeboten, sondern auch eine Vielzahl attraktiver und gut bezahlter Bühnenengagements. Im Winter 1960/61 ist Rudi Zugpferd einer Revue, die unter dem Titel *Wat een geluck* steht und durch ganz Holland tourt – Veranstalter ist sein neuer Sender VARA, der mit dieser Bühnenshow sein fünfunddreißigjähriges Bestehen feiert. In Interviews am Rande der Tournee erklärt Carrell überraschend, dass er am 1. Juli 1961 mit einer eigenen Kabarettgruppe und einem anspruchsvollen Bühnenprogramm starten wolle; die Idee dazu sei ihm im März des Vorjahres gekommen, als er in London das Musical *West Side Story* gesehen habe, das ihn tief beeindruckt habe.

Obwohl ihm ein Engagement beim Fernsehen so wichtig war, dass er seinen alten Sender AVRO deswegen verlassen hat, und obwohl er seit seiner ersten eigenen Show als neue niederländische TV-Hoffnung gefeiert wird, sieht Rudi seine Zukunft zu diesem Zeitpunkt durchaus noch nicht allein in der Präsenz auf dem Bildschirm. Wohl nicht zuletzt im Hinblick auf den im Mai 1960 erlangten Kabarettpreis schwebt ihm vielmehr eine große Bühnenkarriere vor. Einem Journalisten gesteht er: »Wissen Sie, wovon ich träume? Vom Auftreten im Theater, in guten Kabarettprogrammen. Kein Varieté, keine Revue, aber Kabarett. Theater, das ist für mich das Ziel. Es geht nichts übers Theater! Radio und Fernsehen sind gut, um bekannt zu werden, aber Theater ist unvergänglich.«[24]

Das, was ihn beschäftigt, ist etwas ganz anderes als das, was er einst zur Zeit der Schnabbeltour gemacht hat. Diesmal soll es ein großes, aufwendiges Bühnenprogramm mit allem Drum und Dran sein, ein Großunternehmen, das vom finanziellen und technischen Aufwand nichts mehr mit Carrells früheren Programmen zu tun hat. Das Risiko, das Rudi damit eingeht, ist nicht gering, denn bereits bevor so ein Programm tourneereif ist, verschlingt es einiges an Geld – seit Jahren schon hat Rudi für dieses Projekt gespart. Aufgrund seiner neuen Fernsehpopularität sorgt das Unternehmen bereits im Vorfeld für Wirbel bei der Presse, nicht zuletzt auch, weil Carrells Vorhaben etwas ganz Neuartiges im niederländischen Bühnengeschehen darstellen soll. Er will zwar anspruchsvolles Kabarett machen, aber kein politisches Kabarett, weil er davon ausgeht, dass ihm das in seinem Alter noch niemand abnimmt – und so entscheidet er sich auch ganz bewusst dafür, sich als Bühnenpartner keine altbekannten, renommierten politischen Kabarettisten an die Seite zu stellen, sondern ausschließlich auf junge, viel versprechende Talente zu setzen, was die niederländische Presse bereits vom Start einer neuen holländischen Kabarettgeneration sprechen lässt.

Rudi konzipiert ein Bühnenprogramm für acht Künstler – dass er selbst als Zugpferd der Show im Mittelpunkt stehen soll, ist von vornherein klar. Sein Vorbild in diesen Tagen ist der französische Chansonnier Gilbert Bécaud, »Monsieur 100 000 Volt«, den er vor kurzem bei einem seiner Auftritte in Antwerpen gesehen und danach auch längere Zeit gesprochen hat: »Dieser Mann ist enorm. Gewaltig. Wenn ich so einen Mann sehe, dann denke ich: Eines Tages mache ich so was auch. Das klingt vielleicht frech und arrogant, aber so meine ich es nicht. Ich will nur sagen, dass ich an mich selbst glaube. Die meisten meiner Kollegen können dies nicht von sich behaupten. Ich schon, denn ein Künstler ohne Glauben an sich selbst ist wertlos.«[25]

Als Regisseur der Show ist zunächst Wim Sonneveld vorgesehen, der renommierteste niederländische Kabarettist, der gerade äußerst erfolgreich in der Rolle des Professor Higgins in *My Fair Lady*, Hollands erster großer Musicalproduktion, auf der Bühne gestanden hat und von Rudi hoch geschätzt wird: »Wim Sonneveld war meiner Meinung nach der beste Kabarettist des Landes, für mich sogar der beste Kabarettist aller Zeiten.«[26] Doch letztendlich entscheidet Rudi sich, die Regie selbst zu übernehmen, schließlich hat er seine ganz individuellen Vorstellungen von seinem Programm und will diese auch eins zu eins auf der Bühne umgesetzt sehen. Sonneveld steht Carrell aber dennoch für Tipps zur Verfügung und hilft ihm auch bei der Probenarbeit; zudem bietet er ihm an, das Programm zusammen mit Mitgliedern seiner eigenen Kabarettgruppe *Lurelei* auf die Beine zu stellen. Rudi macht sich begeistert an die Arbeit, das Programm, dem er den Titel *Schermutselingen*, »Scharmützel«, gibt, wird die erste wirklich große, aufwendige Bühnenshow, für die er verantwortlich ist. Dass bei einer solchen Produktion größere Effekte als bei den bunten Abenden möglich sind, entzückt ihn, doch er merkt auch schnell, dass die Konzeption eines Kabarettabends, der sich vor allem an ein städtisches Publikum richten soll, etwas ganz anderes ist, als das Programm für eine Provinzveranstaltung zusammenzustellen. Aus seinen alten Bühnenprogrammen kann er so gut wie nichts mehr verwenden, er muss zuallererst neue Lieder und Texte für sich schreiben, außerdem nimmt er Gesangsstunden und denkt auch über Ballettunterricht nach.

Bevor *Schermutselingen* am 1. Juni 1961 im *De la Mar-Theater* in Amsterdam seine Premiere erlebt, gibt es, wie bei allen größeren Bühnenproduktionen in den Niederlanden üblich, wenige Tage zuvor eine Vorabpremiere, um zu testen, wie das Programm beim Publikum ankommt. Carrell entschließt sich, diese im Theater *Het Gulden Vlies* in seiner Geburtsstadt Alkmaar durchzuführen, dort, wo zehn Jahre zuvor sein Debüt auf der Bühne stattfand. Die allererste Vorstellung vor geladenem Publikum kommt hervorragend an und lässt für die Amsterdamer Premiere hoffen. Doch sowohl in Amsterdam als auch bei den nachfolgenden Tourneestationen in verschiedenen Teilen der Niederlande erweist sich schnell, dass Carrells Programm auf wenig Gegenliebe stößt; es wirkt unzusammenhängend und unausgegoren, fällt bei den Kritikern wie beim Publikum durch. Auch zwischen Carrell und Wim Sonnevelds Kabarettgruppe *Lurelei* kommt es schnell zu Spannungen, da die Mitglieder von *Lurelei*, die feinsinniges Kabarett machen wollen, ganz andere Vorstellungen von einem solchen Kabarettabend haben als Carrell, der sich vor allem auf seine Erfahrungen aus den bunten Abenden stützt und ein stimmungsvolles, rasantes Programm auf die Bühne zaubern will. Jasperina de Jong, die damals bei *Schermutselingen* zusammen mit Carrell auf der Bühne stand, erinnert sich: »Das Publikum erwartete etwas anderes, denn sie wurden ja durch den Namen Carrell angelockt. Aber er machte dann damals ganz andere Dinge, Witze und Conférencen, auf eine Art und Weise, wie er sie schon immer gemacht hatte. Es war ordinär, es war ganz und gar kein Kabarett mehr. Er machte einfach, was die Menschen von ihm wollten.«[27]

Da Rudi Carrell wenig Interesse daran hat, nun plötzlich kapriziöses Kabarett zu machen und auch die Meinungsverschiedenheiten hinter den Kulissen nicht länger hinnehmen will, trennt er sich kurzerhand von Wim Sonnevelds Truppe, engagiert seinen Vater und weitere Künstler, mit denen er besser harmoniert, und führt die Tournee im eigenen Stil weiter. Ursprünglich war eine Laufzeit von acht Monaten geplant, letztlich erlebt *Schermutselingen* aufgrund der schlechten Presse jedoch nur wenige Wochen – nicht zuletzt aber auch, weil Rudis neue, monatliche Fernsehshow im September 1961 beginnt und noch vorbereitet werden muss. Die Erfahrung mit *Schermutselingen* ist Carrell eine Lehre und führt ihm deutlich vor Augen, dass er weder für die Revue- noch für die Kabarettbühne geschaffen ist und sich hier keine Zukunftsperspektive für ihn auftun wird. Glücklicherweise ist der Sechsundzwanzigjährige mittlerweile längst in der Position, in der er wählerisch sein kann und nicht mehr wie früher, als er noch auf Schnabbeltour durch das ganze Land tingelte, Angebote annehmen muss, um sich über Wasser zu halten. Da sein Marktwert aufgrund seiner Radio- und Fernsehauftritte gestiegen und er zum landesweit bekannten Star avanciert ist, kann er sich leisten, auch Engagements abzulehnen – so etwa jenes des renommierten Amsterdamer Revuetheaters *Carré*. Dort will ihn das beliebte Komikerduo *Snip & Snap*, das aus Piet Muyselaar und Johannes Heesters' Jugendfreund Willi Walden besteht, als Gast der aktuellen Show einladen: »Ich habe mir dann ihre Show angeschaut und gedacht, das ist passé, stinklangweilig, hier passiert nichts, und ihnen dann gesagt: ›Hier passe ich nicht hin.‹ Ich war auch kein Revuemensch – ich bin für ein Wohnzimmer mit zwei Leuten geschaffen.«[28]

5.

Von Hilversum nach Montreux

In den holländischen Wohnzimmern ist Rudi Carrell ab Herbst 1961 regelmäßig zu Gast, denn die erste von Carrell konzipierte Fernsehshow hat eine dermaßen gute Resonanz gefunden, dass ihm Joop Koopman im Namen der VARA eine monatliche, fünfundvierzigminütige Show offeriert, die Rudi ganz nach seinen eigenen Ideen und Vorstellungen gestalten kann: »Ich bin besessen vom Fernsehen, und ich bin glücklich, dass ich alle Chancen von der VARA bekomme. Sie lassen mir meine Freiheit, und ich kann tun, was ich will.«[1] Carrell ist Ideenlieferant, Autor, Conférencier und Hauptdarsteller in einer Person – die *Rudi Carrell Show* ist geboren. Rudi ist glücklich, er kann seiner Kreativität endlich auch auf dem Bildschirm freien Lauf lassen und erreicht mit jeder seiner Sendungen zukünftig weitaus mehr Menschen, als ihm das bislang mit seinen Bühnenauftritten gelungen ist. Und während ihm das Radio Spaß bereitet hat, ist er für das Fernsehen geradezu entflammt; er spürt, dass das Fernsehen *sein* Medium ist – endlich ist er am Ziel angekommen.

Und dass er tatsächlich für das Fernsehen geboren ist, stellt er gleich ganz am Anfang seiner neuen Karriere unter Beweis. Denn er entwickelt eine Idee, die im europäischen Fernsehen etwas völlig Neues und Revolutionäres darstellt – nämlich eine ganze Unterhaltungsshow aus nur einer einzigen Dekoration zu senden und sich damit inhaltlich auch ganz konsequent an ein einziges Thema zu binden: »Damals wurde in den Fernsehshows ständig umgebaut, so als wollte man den Leuten beweisen, dass man das Geld für möglichst viele teure, aufwendige Dekorationen hat. Ich erkannte, dass ein gutes Showkonzept das nicht braucht, und hatte die Idee, meine ganze *Rudi Carrell Show* mit nur einer einzigen Deko pro Ausgabe zu machen. Das war *die* Idee. Vielleicht die beste Idee meines Lebens.«[2] Dass Carrell im Jahr 1961 dieser zündende Einfall kommt, hat in erster Linie zwei Gründe. Zum einen basiert sein Konzept auf seinem biographischen Hintergrund, denn die Tatsache, dass er den Alltag in der Provinzstadt, in der er aufgewachsen ist, bereits als Kind und Jugendlicher aufmerksam beobachtet und wie eine Bühne empfunden hat, auf der sich das ganze Leben in all seinen Facetten abspielt, lässt ihn jetzt erkennen, dass man keinen ständigen Szenenwechsel braucht, um eine abwechslungsreiche, unterhaltsame Show inszenieren zu können. Zum anderen erinnert er sich jetzt an das, was er in Paris gesehen hat, wenn etwa im *Lido* plötzlich wie von Zauberhand Tanzflächen oder Wasserfälle auf die Bühne schwebten und schnell deutlich machten, dass sich auch in einer einzigen Themendekoration durchaus eine abwechslungsreiche Show mit vielen unterschiedlichen Effekten inszenieren lässt.

Am 10. September 1961, einem Freitag, flimmert um halb zehn Uhr abends die erste *Rudi Carrell Show* über den Bildschirm – die ersten zwei Ausgaben werden noch voraufgezeichnet, erst ab der dritten Show im November 1961, wenn Carrells Team bereits eingespielt ist, wird die VARA live auf Sendung gehen. Der Umstand, dass die erste Show vom Band kommt, gibt Rudi die Möglichkeit, am Abend der Ausstrahlung durch Loosdrecht zu streifen und durch die vorhanglosen Fenster seiner Nachbarn zu schauen. Fünfundvierzig Jahre später erinnert er sich: »Ich bin von Fenster zu Fenster gelaufen und habe die Leute beobachtet, wie sie meine Show gesehen haben. Und ab und zu habe ich ans Fenster geklopft und gerufen: ›Hallo, hier bin ich!‹«[3] Ein solcher Moment ist natürlich unwiederholbar, solche Anfangsfreude verfliegt mit der Zeit, und dennoch wird Fernsehmachen für Carrell zeitlebens nie zur Routine werden, sondern immer etwas ganz Besonderes bleiben.

Als Handlungsort für seine erste Sendung hat Rudi sich für eine »Liederfabrik« entschieden, deren Direktor er selbst ist. Neben Sketchen, Gags und Rudis Conférencen gibt es dem Thema entsprechend natürlich viel Musik, Tanz und Gesang. Die Mitwirkenden der Show stammen fast ausnahmslos aus den Niederlanden, für teure Gäste aus dem Ausland ist das Budget zu knapp. Auch mehrere Mitglieder von Rudis *Schermutselingen*-Tournee vom vergangenen Sommer sind mit von der Partie, so etwa die Kabarettistin Jasperina de Jong und das populäre Komikerduo *De Mounties*, die in der Kluft von Monteuren für zahlreiche lustige Zwischenfälle in der Fabrik sorgen. Die beiden Komiker, Piet van Bamberger und Fred Plevier, hat Rudi schon vor vielen Jahren auf seiner Schnabbeltour kennen gelernt, jetzt ist er mit ihren Auftritten in seiner ersten Show dermaßen zufrieden, dass er sie gleich für die ganze Staffel verpflichtet – *De Mounties* werden so zum festen und auch vom Publikum geschätzten Bestandteil der *Rudi Carrell Show*. Doch schon die erste Sendung zeigt, dass Carrell selbst die tragende Säule der *Rudi Carrell Show* ist: Er singt die meisten Lieder, spielt in nahezu allen Sketchen mit – in den fünfundvierzig Minuten der Show ist er fast ununterbrochen im Bild, er ist nicht nur Präsentator der Sendung, sondern auch ihr Dreh- und Angelpunkt.

Nicht nur Rudi selbst ist mit dem Start seiner Showreihe zufrieden – »Ja, das war wirklich eine schöne Fernsehshow«[4] –, auch die Kritiker und die Zuschauer sind begeistert und fiebern schon der nächsten Ausgabe entgegen, wie Carrell aus den positiven Kritiken und den Hunderten von

Briefen ersehen kann, die ihn nach der Show erreichen. Vom Spätsommer 1961 an ist die *Rudi Carrell Show*, die einmal monatlich an einem Freitagabend ausgestrahlt wird, ein fester Termin des niederländischen TV-Kalenders; von vielen wird Rudis Sendung gar als *das* neue Programm-Highlight angesehen. Schon im November 1961, als gerade erst die dritte Ausgabe in Vorbereitung ist, erreicht die *Rudi Carrell Show* bereits Platz vier auf der Liste der beliebtesten niederländischen Fernsehsendungen.[5]

Anhand des riesigen Erfolgs erweist sich schnell, dass Carrells Konzept einer Show, die nur in einer einzigen Dekoration spielt, fabelhaft funktioniert und beim Publikum äußerst gut ankommt. Eine einzige, aufwendig und liebevoll gestaltete Bühnenausstattung kann tatsächlich der Aufhänger für alles sein, was in den fünfundvierzig Minuten einer Show geschieht: »War mein Schauplatz zum Beispiel ein Wochenmarkt, dann wurde einfach alles verwendet, was so ein bunter Markt zu bieten hat – die Handwerker, das Feilschen, Sketche mit Kaufleuten, Kunden und Trödlern.«[6] Sobald der Grundgedanke steht und Carrell sich thematisch für seine nächste Show festgelegt hat, machen sich die Bühnenarbeiter der VARA daran, die aufwendigen Dekorationen mit viel Liebe zum Detail zu bauen, während für Rudi Carrell harte Stunden und Tage am Schreibtisch beginnen, um eine fünfundvierzigminütige Sendung mit Inhalt zu füllen und sich Geschichten, Sketche und Lieder auszudenken, die sich um das jeweilige Thema der Show ranken.

Potentiell kann alles zum Thema einer *Rudi Carrell Show* werden, doch Rudi wählt bevorzugt Schauplätze, die den Zuschauern aus ihrem eigenen Erfahrungshorizont bekannt sind und an denen möglichst viele Menschen zusammenkommen und insofern auch allerhand passiert – so etwa ein Hotel oder ein Kaufhaus, ein Wochenmarkt oder ein Trödelmarkt, oder aber eine Kirmes, ein Ausflugsboot, ein Campingplatz, ein Bahnhof oder ein Sportplatz. Das alles sind dankbare Sujets, die sich mit Sketchen und vielen kleineren Gags, die sich mit Liedern und Tanzeinlagen füllen lassen und bei denen Rudi während der Vorbereitung zur jeweiligen Show aus dem Vollen schöpfen kann: Verkäufer streiten mit nervigen Kunden, man kann Verwechslungsgeschichten im Hotel inszenieren, lustige Erlebnisse von Reisenden mit Kofferträgern am Bahnhof schildern, in der Schuhabteilung des Kaufhauses einen Stepptanz aufführen und viele kleine Geschichten erzählen, die dem Alltagsleben der Zuschauer entnommen sind. Nur selten greift Rudi zu Sujets, die selbst schon »Show« sind – zwar gibt es Ausgaben der *Rudi Carrell Show*, die unter dem Motto Oper oder Zirkus stehen, aber lieber sind Carrell Handlungsorte aus dem Alltag der Menschen, denen erst durch seine Kreativität Showeffekte abgerungen werden.

Natürlich kommt es im Laufe der Zeit auch schon mal vor, dass Rudi bei einem Thema danebenliegt und ein Sujet wählt, das ihm zwar im ersten Moment originell vorkommt, das sich jedoch, wenn er sich an die Ausarbeitung der Show macht und die Dekorationen bereits gebaut werden, als wenig geeignet erweist, um als Hintergrund einer fünfundvierzigminütigen Show zu dienen. Manchmal sind es Themen und Dekorationen, die im ersten Moment reizvoll erscheinen, zu denen ihm dann aber in den langen, einsamen Stunden am Schreibtisch nicht genügend einfallen will, um damit eine ganze Show zu füllen – so ein Thema waren etwa die Dächer von Amsterdam: »Die Dekoration war wunderschön, aber zu spät habe ich gemerkt, dass außer dem Schornsteinfeger, dem Antennenbauer und Sinterklaas [der, wie die Kinder in Holland glauben, mit seinem Pferd über die Dächer reitet], dass außer diesen wenigen Möglichkeiten kaum etwas auf den Dächern zu machen ist. Das reichte für eine Viertelstunde, nicht aber für eine ganze Show.«[7] Doch aus solchen Fehlern lernt man, und Rudi begreift rasch, wie wichtig es im Vorfeld ist, das richtige Sujet für die nächste Ausgabe der *Rudi Carrell Show* zu finden.

Für die Januarausgabe 1962 jedoch hat er ein Thema gewählt, das er aus aktuellem Anlass kurzfristig wieder aufgeben muss – die gesamte Show soll unter dem Motto *Fünfzig Minuten Verspätung* in einer Bahnstation der niederländischen Eisenbahn spielen; die Dekorationen sind schon gebaut, die Gags und Lieder geschrieben. Doch am Montag, dem 8. Januar 1962, als Carrells Team schon mit den Proben begonnen hat, kommt die Hiobsbotschaft: In Harmelen ist der Schnellzug von Leeuwarden nach Rotterdam mit dem entgegenkommenden Zug von Rotterdam nach Amsterdam zusammengestoßen. Mit dreiundneunzig Toten und zweiundfünfzig teils schwer Verletzten ist dies das schlimmste Zugunglück in der Geschichte der Niederlande. Die holländische Regierung ordnet viertägige Staatstrauer an, auch das Radio- und Fernsehprogramm wird der Tragödie entsprechend abgeändert. Carrell bricht die Proben für seine Show sofort ab, jedem ist klar, dass man am Freitagabend keine beschwingte Unterhaltungsshow in einer Bahnhofsdekoration wird bringen können. Doch da das Fernsehprogramm ab Freitagabend wieder normal laufen soll und eine *Rudi Carrell Show* angekündigt ist, muss blitzschnell ein komplett neues Showkonzept her. Rudi entscheidet sich für das unverfängliche Thema Park, arbeitet vier Tage und Nächte lang nahezu ohne Unterbrechung an der neuen Show und schreibt dazu passende Lieder und Sketche, während die Bühnenbildner der VARA unter der Leitung des Chefdekorateurs Hans Christiaan von Langeveld schnell eine neue Dekoration bauen. Alle machen bereitwillig Überstunden, und am Freitagabend geht die *Rudi Carrell Show* pünktlich auf Sendung, so als wäre nichts gewesen – erst im Nachhinein erfahren die Zuschauer davon, welch ein Kraftakt die neue Ausgabe war, denn Rudi wollte um keinen Preis Kapital aus der Tragödie schlagen und hatte der Presse gegenüber Stillschweigen gewahrt. Da seiner Show beileibe nicht anzumerken war, dass sie mit der heißen Nadel gestrickt worden ist, reagiert die Presse enthusiastisch: »Vier Tage Zeit hatte er nur, und es ist ihm geglückt. Das ist einmalig. Einmalig in den Niederlanden und einmalig in der Welt. Dieser Rudi ist einmalig.«[8] Nur aus der Chefetage der VARA ist die süffisante Bemerkung zu hören: »Wenn der Carrell so eine Show auch in vier Tagen machen kann, warum braucht er dann sonst immer vier Wochen?«[9]

Carrell ist es enorm wichtig, der Presse und den Zuschauern zu vermitteln, dass die so locker daherkommende *Rudi Carrell Show* Arbeit enorm viel Arbeit macht, dass er schwer für die Publikumsgunst, die guten Kritiken und für seinen Erfolg schuftet. Schon vor dem Start seiner Fernsehkarriere war es ihm stets ein Herzensanliegen, deutlich zu machen, dass die Leichtigkeit und Unbeschwertheit, mit der er bei seinen Auftritten auf der Bühne oder im Rundfunk Lieder oder Sketche vorträgt, das Resultat intensiver Arbeit ist: »Ich arbeite sehr hart für meinen Job. Ich bin ein seriöser Spaßvogel. Mein Fach ist ein ganz seriöses. Die meisten Menschen denken, dass es alleine aus Lachen besteht. Wäre das mal wahr! Man muss sich dafür hart abrackern. Sich einen Witz auszudenken ist teilweise die reinste Nervenanspannung.«[10] Dass man Witze erst aus dem Ärmel schütteln kann, wenn man sie vorher hineingetan hat, das ist ein Bonmot, das Carrell zeitlebens gern zum Besten gibt, um klar zu machen, dass es mitunter ein sehr anstrengender Job sein kann, das Publikum zu erheitern – egal, ob auf der Bühne, im Rundfunk oder im Fernsehen.

Tatsächlich widmet er der Fernseharbeit mittlerweile fast sein ganzes Leben, er ist nahezu rund um die Uhr im Einsatz, um Ideen und Anregungen für seine monatliche Show zu sammeln. Oft sitzt er bis in die Nacht am Schreibtisch, um sich neue Gags und Lieder auszudenken, und wenn freitagabends eine neue Sendung ansteht, herrscht schon tagelang vorher Ausnahmezustand für Carrell und alle, die mit ihm zusammenarbeiten. Da die Dekorationen aufgrund der knappen Studiokapazitäten in Hilversum immer erst am Donnerstag aufgebaut werden können, wird für die ersten drei Tage der Proben stets ein Theater, meist das *Bellevue* in Amsterdam, angemietet. Erst am Donnerstagvormittag, nachdem die Lichttechniker zuvor zwei Stunden ihre Scheinwerfer platziert haben, kann eine erste Probe in der fertigen Studiodekoration stattfinden, am Freitagmorgen eine zweite und am Nachmittag eine dritte Probe, die Generalprobe, bevor die Sendung am Abend live über den Sender geht. Carrell überlässt nichts dem Zufall, jeder Sketch, jede Gesangs- oder

Tanzeinlage wird bis zur Erschöpfung und oft bis spät in die Nacht geprobt, bis jedes noch so kleine Detail stimmt und die Choreographie der einzelnen Nummern perfekt aufeinander abgestimmt ist. Seine eigenen Lieder und Conférencen studiert Rudi so lange und sorgfältig ein, bis auch jeder Anwesende im Studio die Texte auswendig kennt. Noch größere Sorgfalt verwendet er jedoch auf die Parts seiner Gäste und der vielen Kleindarsteller, die er für Gags oder Sketche braucht – hier probt er so lange, bis er sicher sein kann, dass jeder Auftritt in der Show reibungslos klappt.

Rudi ist ein absoluter Perfektionist und in seinem Team schnell dafür bekannt, dass er keine mittelmäßigen Leistungen und keine Unaufmerksamkeiten duldet, sondern nur mit dem Besten zufrieden ist. Er ist selbst immer voll und ganz bei der Sache, arbeitet höchst konzentriert für das Gelingen der Show und erwartet genau das Gleiche auch von allen anderen, die vor oder hinter den Kulissen mit ihm zusammenarbeiten. Besonders seit die *Rudi Carrell Show* live ausgestrahlt wird, ist Rudi noch unerbittlicher bei den Proben, alles muss perfekt sitzen, »denn eine Livesendung ist definitiv, sie muss gut sein«.[11]

Meist grübelt Carrell noch bis wenige Minuten vor Beginn der Show, ob er wirklich alle Möglichkeiten, die das jeweilige Thema bietet, ausgeschöpft hat oder ob es nicht doch noch etwas gibt, was man in letzter Minute verändern, hinzufügen oder verfeinern könnte. Oft streicht er sogar nach der Generalprobe noch Sketche oder Lieder, die er vorher hundertmal hat proben lassen, weil er plötzlich der Meinung ist, dass die Nummern doch nicht in seine Show passen. Seine Mitarbeiter bringt dieser Perfektionswahn, diese höchste Anspannung bis zum Schluss, manches Mal an den Rand des Nervenzusammenbruchs. Doch für Carrell ist es eine Selbstverständlichkeit, alles zu geben, so gut zu sein wie möglich, nichts dem Zufall zu überlassen: »Ich kann mir keine Mittelmäßigkeit erlauben. Was ich mache, muss gut sein, spitze.«[12] Und trotz der harten, intensiven Arbeit, trotz des Feilens an der Show bis zur allerletzten Minute, hat er nach Ablauf der Livesendung dennoch oft das Gefühl, immer noch nicht alles gegeben zu haben: »Es hätte noch viel besser sein können.«[13]

Fernsehen zu machen bedeutet für Carrell ein ständiges Lernen, ein stetiges Sichweiterentwickeln. Deshalb führt er schon in seiner holländischen Zeit eine Tradition ein, an der er später auch in Deutschland festhalten wird. In der Woche nach der Livesendung trommelt er noch einmal das gesamte Team seiner Show zusammen und schaut sich gemeinsam mit allen Mitarbeitern und Kollegen im Cinécentrum in Hilversum eine Aufzeichnung seiner letzten Sendung an; in der ersten Reihe sitzen Rudi und seine Frau Truus, der Regisseur der Show sowie Joop Simons, der Unterhaltungschef der VARA: »Er studiert buchstäblich jede

Show, die er gemacht hat, und bespricht sie mit seinem Team. Über Fehler wird nicht geschwiegen.«[14] Der Presse, die diesen ungewöhnlichen Arbeitseifer merkwürdig findet, erklärt er: »Das mache ich nach jeder Show, und Sie können sich nicht vorstellen, wie viel wir hieraus gelernt haben.«[15]

Rudis Gewohnheit, noch bis kurz vor Beginn der Liveausstrahlung an seiner Show zu feilen und überraschend Änderungen vorzunehmen, wird dadurch erleichtert, dass man im holländischen Fernsehbetrieb der frühen sechziger Jahre noch recht flexibel ist und die Sender noch keine großen bürokratischen Apparate sind. Carrell kann so noch am Tag der Sendung spontane Ideen einbauen, ohne dass diese schon Tage vorher von der VARA-Redaktion abgesegnet werden müssten, und auch noch kurz vor Beginn der Show neue Requisiten anzufordern stellt kein Problem dar – Carrells Mitarbeiter haben immer wieder die Gelegenheit, ihre Flexibilität unter Beweis zu stellen. Alle Beteiligten hinter den Kulissen haben Spaß an der Arbeit und unterstützen Carrells Kreativität bereitwillig, es herrscht eine geradezu fieberhafte Arbeitsatmosphäre: »Es war eine herrliche Zeit, damals in Holland. Gerade weil das Fernsehen sich noch nicht zu einer riesigen Industrie entwickelt hatte, machte es Spaß, auch mit geringen Mitteln und in kurzer Zeit gute Sendungen zu liefern.«[16] Sehr zur Freude seines Senders versteht Carrell es perfekt, aus einer Not eine Tugend zu machen: »Wenn man kein Geld für ein großes Ballett oder riesige Orchester und internationale Show-Acts hat, muss man halt Ideen haben.«[17] Und an neuen Ideen mangelt es Carrell nie.

Einer seiner brillantesten Einfälle ist das Spiel mit der Tagesaktualität, womit er, seit seine Sendung live ausgestrahlt wird, etwas völlig Neues, bislang noch nicht Dagewesenes in die holländische Fernsehunterhaltung eingeführt hat. Unterhaltungsshows waren bis dato frei von jedem Bezug zum Alltagsleben und kamen so daher, als ob sie in einem zeitenthobenen Paralleluniversum angesiedelt wären. Doch Carrells Shows greifen in Liedern, Sketchen und seinen Conférencen immer wieder aktuelle Themen auf, persiflieren Nachrichten vom Tage oder präsentieren Künstler, die gerade im Moment im Gespräch sind – dieser Wunsch, so aktuell wie möglich zu sein, macht das Arbeiten und Feilen an den Sendungen bis zur allerletzten Sekunde geradezu zur Voraussetzung. Carrell greift hier etwas auf, was ihm schon bei seiner Bühnenlaufbahn in den fünfziger Jahren wichtig gewesen ist: »Wenn man will, kann man in den Niederlanden fünfundzwanzig Jahre mit dem gleichen Programm auftreten. Ich kenne sogar einen Künstler, der schon fünfunddreißig Jahre mit demselben Repertoire durchs Land reist. Aber meine Erfahrung ist, dass Zuschauer erst lachen, wenn du mit was Neuem, was Frischem kommst, etwas, was für mich selbst auch noch neu und frisch ist.«[18] Und genau diese Erkenntnis hat ihm auch im Radio zum Durchbruch verholfen, wo er als Zeitungsjunge zwei Jahre lang aktuelle Meldungen humorvoll aufs Korn genommen hat. Dass sich auch das Fernsehen nicht nur in Nachrichtensendungen oder politischen Magazinen mit den aktuellen Themen beschäftigen muss, sondern man die Menschen auch in Unterhaltungssendungen besser erreicht, wenn man aktuelle Bezüge in die Sendungen einbaut, ist für Carrell eine Selbstverständlichkeit. Journalisten verkündet er sein Credo, an dem er sein ganzes Leben lang festhalten wird: »Fernsehen muss aktuell sein.«[19]

Später, in Deutschland, wird Carrell hiermit ebenfalls Standards setzen, denn auch hierzulande gibt es in den fünfziger und sechziger Jahren eine geradezu peinlich genaue Trennung von aktueller Berichterstattung und Unterhaltung – eine Vermischung der einzelnen Sparten ist in Deutschland völlig verpönt und von den Programm-Machern auch nicht gewünscht. Die Folge ist, dass wie am Fließband Unterhaltungssendungen produziert werden, die man, sind sie vorab aufgezeichnet, in völlig beliebiger Reihenfolge ausstrahlen könnte, ohne dass ein Zuschauer dies merken würde – eine Ausnahme stellen hier bestenfalls die Weihnachtsausgaben der Shows dar. Heutzutage ist das Spiel mit der Aktualität, das Rudi Carrell schon in den frühen sechziger Jahren so virtuos beherrscht, im Fernsehen kaum noch wegzudenken. Es ist kaum noch vorstellbar, dass Thomas Gottschalk eine Sendung wie *Wetten, dass?* beginnt, ohne dass er in seine Begrüßung scherzhafte Bemerkungen zu einem wichtigen Fußballspiel des Tages, zu tagesaktuellen Nachrichten aus Politik oder Showbusiness einflicht oder einen aktuellen Gag zur Stadt macht, in der die Sendung gerade zu Gast ist. Doch Anfang der sechziger Jahre ist Carrells Methode, in seinen Shows mit der Aktualität zu spielen, im Bereich der Fernsehunterhaltung nicht nur in den Niederlanden, sondern auch europaweit noch etwas völlig Neuartiges. Rudi Carrell erinnert sich: »Damals waren aktuelle Gags in einer Sendung absolut neu. Da meine Sendungen immer live ausgestrahlt wurden, versuchte ich stets, einige aktuelle Gags zu finden. Ich wollte ›beweisen‹, dass es keine Konserve war. Tagesereignisse, Sportergebnisse, ich mache gerne Anspielungen auf hochaktuelle Geschehnisse. Fernsehen heißt für mich eben ›live‹, und live heißt aktuell sein.«[20]

Dieses blitzschnelle Reagieren auf das Tagesgeschehen macht der leidenschaftliche Zeitungsleser und Nachrichten-Junkie Carrell zum Prinzip seiner gesamten Fernseharbeit. Wenn er ab Mitte der sechziger Jahre in Deutschland mit der *Rudi Carrell Show* auf den Bildschirm kommt, wird er auch hier Anspielungen auf aktuelle Geschehnisse machen. Auch in seiner erfolgreichsten Show, *Am laufenden Band*, werden am Schluss jeder Sendung, ähnlich wie in Hans-Joachim Kulenkampffs Quizshow

Einer wird gewinnen, stets drei Fragen zu Themen aus der aktuellen, vor Beginn der Sendung ausgestrahlten *Tagesschau* gestellt, ebenso sind in Carrells Eröffnungslied immer ganz aktuelle Ereignisse enthalten – Rudi macht es sich schon in Holland zur Angewohnheit, eine Stunde vor Beginn seiner Shows mit der Nachrichtenredaktion seines Senders zu telefonieren, um zu hören, ob es ausgefallene Meldungen gibt, die er noch schnell in sein Eröffnungslied mit einbauen könnte, sodass dieses manches Mal erst Minuten vor Beginn der Liveshow fertig wird. Und Sendungen wie *Rudis Tagesshow* in den achtziger oder *7 Tage – 7 Köpfe* in den neunziger Jahren basieren sogar beinahe ausschließlich auf der Idee, tagesaktuelle Meldungen zum Gegenstand amüsanter Betrachtungen zu machen.

Was nicht zuletzt durch Carrell zum Standard der Fernsehunterhaltung werden wird, sorgt Anfang der sechziger Jahre noch für Aufsehen – nicht umsonst erhält die *Rudi Carrell Show* von der niederländischen Presse das Etikett »frisch, fröhlich und aktuell«[21]. Und Carrell beweist in seiner Sendung tatsächlich immer wieder ein unglaubliches Gespür dafür, wie sich einer aktuellen Meldung etwas Unterhaltsames abgewinnen lässt, wie man das Tagesgeschehen auf beschwingte Art und Weise in seine Conférencen und Lieder einfließen lassen kann. Wenn es gerade Nachwuchs im holländischen Königshaus gibt, wenn sich ein politischer Skandal ereignet hat, ein wichtiges Sportereignis stattfand oder die *Beatles* in Amsterdam ein Konzert gegeben haben, kann man sicher sein, dass dies in der nächsten Ausgabe der *Rudi Carrell Show* ein Thema ist oder zumindest in einer kleinen, flapsig hingeworfenen Randbemerkung Erwähnung findet. Auch herausragende Fernsehereignisse, die die Nation beschäftigen, finden in Rudis Sendung ihren Niederschlag: Als im November 1961 ganz Holland über ein Aufsehen erregendes und schlagzeilenträchtiges Fernsehinterview mit dem niederländischen Außenminister spricht, spielt Rudi das Interview zusammen mit seinem Vater für die *Rudi Carrell Show* spontan nach. Um zu beweisen, dass seine Sendung tatsächlich live ausgestrahlt wird und keine Konserve ist, gewöhnt Carrell es sich zudem an, sich noch während der Sendung die Ergebnisse von wichtigen Fußballspielen oder Boxwettkämpfen mitteilen zu lassen, damit er diese gleich an das Saalpublikum und die Fernsehzuschauer weitergeben kann. Aktuell zu sein bedeutet für Carrell jedoch auch, Künstler, die gerade im Gespräch sind, in seine Sendung einzuladen: Wer gerade mit einem Nummer-eins-Hit in den holländischen Charts vertreten ist, hat ebenso große Chancen, in der nächsten *Rudi Carrell Show* aufzutreten, wie das Musicalensemble, das in Amsterdam zur gleichen Zeit mit der niederländischen Fassung von *My Fair Lady* auf der Bühne steht.

Was Carrell macht, ist bestes Showbusiness – mit der Art und Weise, wie er neue Standards setzt, wie geschickt er mit den genuinen Mitteln des Fernsehens zu spielen weiß und wie locker und beschwingt er seine Shows präsentiert, führt er amerikanische Maßstäbe in die europäische Fernsehunterhaltung ein. In Europa findet Carrell – außer mit Peter Frankenfeld in Deutschland – in diesen Tagen höchstens noch in England seinesgleichen, denn das britische Showbusiness und auch das britische Fernsehen orientieren sich traditionell stark an amerikanischen Vorbildern. Und so ist es für den ehrgeizigen Carrell, der sein Können immer noch weiter perfektionieren will, eine glänzende Idee, sich einen englischen Berater zuzulegen. Anfang 1962, noch während die erste Staffel der *Rudi Carrell Show* läuft, kommt der amerikanische Choreograph und Top-Regisseur Leslie Roberts, der große Fernsehshows für die BBC London inszeniert, nach Amsterdam und schaut sich die Proben für die Januarausgabe von Carrells Show an. Rudi Carrell: »Mein Sender, die VARA, suchte damals jemanden aus dem englischen Showgeschäft, der jungen Talenten was beibringen kann. Und da Leslie gerade Krach mit der BBC hatte, ist er nach Holland gekommen, um die Teilnehmer des nächsten *Nationaal Songfestival* zu coachen. Und er kam dann auch gleich und hat sich angeschaut, was ich so mache.«[22] Leslie, der sein Alter zu diesem Zeitpunkt mit fünfundvierzig angibt, aber locker zehn bis fünfzehn Jahre älter sein dürfte, ist sofort begeistert von der Art und Weise, wie Carrell Fernsehen macht, wenngleich er durchaus noch Potential sieht, Rudi zu einem noch besseren Showmaster zu formen. Niederländischen Journalisten gegenüber äußert er sogleich seine Anerkennung für Rudis Arbeit: »Carrell könnte in England eine große Karriere machen. Er ist ein Fernsehstar, so würden wir ihn bei uns nennen. Er hat ein Talent, das ihn besonders geeignet für Fernsehauftritte macht – und das haben nur wenige. Es muss ihm nur jemand über etwas hinweghelfen, woran viele Künstler des niederländischen Showbusiness leiden: Er ist noch zu reserviert, zu gehemmt.«[23]

Dass Leslie Roberts mit seinem Kennerblick und seiner internationalen Erfahrung dieses grundsätzlich positive Urteil fällt, freut nicht nur Rudi, sondern man ist auch in ganz Holland stolz darauf, dass Carrell von dem renommierten Showexperten so gute Noten bekommt. Dass Leslie Roberts Rudi unter seine Fittiche nimmt, wird wie ein Gütesiegel für Carrell aufgefasst, denn, so betont die holländische Presse, Roberts nehme schließlich nicht jeden. Die beiden verstehen sich auf Anhieb, es ist der Beginn einer äußerst fruchtbaren, fast zwanzigjährigen Zusammenarbeit – Leslie wird einer der wichtigsten Weggefährten Carrells; noch in den siebziger Jahren wird Rudi seinen Berater für jede Ausgabe seiner Spielshow *Am laufenden Band* aus London einfliegen lassen, um jedes Detail seiner Sendung mit ihm zu besprechen. Auch im Januar 1962 nimmt Leslie Roberts sich gleich die Zeit, Rudi für die in Vorbereitung befindliche Ausgabe der *Rudi Carrell Show* in einem Saal des *Hotel American* in Amsterdam zu coachen – gemeinsam gehen sie Carrells Lieder und Conférencen durch. Leslie, der vor seiner Karriere als Choreograph selbst Tänzer gewesen ist, gibt Rudi wertvolle Tipps, wie er sich auf der Bühne und vor den Kameras bewegen, wie er laufen und sich ausdrücken soll, wo er seine Hände lassen soll, wenn er singt oder einen Gag macht.

Rudi, der sich zeitlebens nicht zu schade sein wird, Ratschläge anzunehmen, wenn sie aus berufenem Munde kommen, ist begeistert davon, dass der alte Showhase ihn so unter seine Fittiche nimmt, ihn an seinem Erfahrungsschatz teilhaben lässt und ihm grundlegende Tipps gibt, die ihm sofort einleuchtend erscheinen: »Er hat mir zum Beispiel gesagt, dass ich immer von links auftreten soll, denn links geht die Sonne auf. Von da an habe ich mich daran immer gehalten und bin nie wieder in einer Show von rechts aufgetreten.«[24] Journalisten gegenüber hat Carrell kein Problem damit, einzugestehen, von Leslie noch eine Menge lernen zu können: »Zu einigen Punkten gibt er wirklich brauchbare Ratschläge. Er hat eine enorme Erfahrung auf diesem Gebiet, und er schlägt einem wirklich originelle Lösungen vor, woran man selbst noch gar nicht gedacht hat.«[25] Dass Rudi sich so bereitwillig coachen lässt, spricht holländischen Journalisten zufolge ebenso »für sein Talent wie für seine Bescheidenheit«[26]. Je mehr Carrell von Leslie erfährt, desto sicherer ist er, dass auf dem Fernsehgebiet noch so manches für ihn zu entdecken sein wird: »Fernsehen? Da haben wir die Möglichkeiten hier noch lange nicht durch. Das ist Schwindel erregend.«[27]

Insgesamt werden drei Staffeln der niederländischen *Rudi Carrell Show* produziert, die erste umfasst acht Sendungen von September 1961 bis Juni 1962 – mit der äußerst gelungenen Sendung vom 1. Juni 1962 verabschiedet Rudi Carrell sich in die Sommerpause: Am Beginn der Show erwartet er, im Frack und in Begleitung seines Butlers, eine Reihe prominenter Gäste, doch nach und nach sagen alle ab; und so wird die festlich gedeckte Tafel von der Bühne getragen, und Rudi wechselt seinen eleganten Frack gegen einen normalen Straßenanzug. Da jedoch dummerweise die Fernsehzuschauer eine Show erwarten, entschließt er sich kurzerhand, dem Publikum einmal vorzuführen, wie es hinter den Kulissen eines solchen Fernsehstudios aussieht – natürlich ist das nur die Überleitung zu einem schwungvollen Showprogramm mit vielen Liedern, Sketchen und opulenten Balletteinlagen. Hierfür hat Leslie Roberts seine eigene Girltruppe *The Leslie Roberts Silhouettes* aus London mitgebracht, die durch ihre zahlreichen Auftritte in BBC-Sendungen mit den speziellen Erfordernissen einer Fernsehshow aufs Beste vertraut sind – Leslies Gruppe legt so perfekt choreographierte und fernsehgerechte Tanzeinlagen aufs Parkett, wie man es vorher im holländischen Fernsehen noch nie gesehen hat.

Als Carrell im Juni 1962 in die Sommerpause geht, rangiert seine *Rudi Carrell Show* bereits auf Platz zwei der beliebtesten holländischen Fernsehsendungen, er selbst wird nach nur einem halben Jahr Bildschirmpräsenz in Umfragen von Fernsehzeitschriften zum beliebtesten Fernsehstar der Niederlande gewählt. Als besonders positiv wird gewertet, dass Carrell in seinen Shows zumeist auf große Namen verzichtet und immer wieder auch neue Gesichter präsentiert, begabten Nachwuchskünstlern, die bislang nur auf der Bühne oder im Radio aufgetreten sind, eine Chance bietet, ihr Talent auch einmal vor einer Kamera unter Beweis zu stellen. Carrell will damit zum einen Abwechslung bieten, da es seiner Meinung nach schon genügend Shows gibt, in denen man immer nur dieselben Gesichter sieht, zum anderen weiß er aber auch aus eigener Erfahrung, wie sehr man als junger Künstler auf eine solche Chance wartet; schließlich haben seine ersten Fernsehauftritte seiner Karriere ebenfalls einen enormen Schub gegeben. Wie auch später in seinen deutschen Shows, so werden auf diese Art und Weise in der holländischen *Rudi Carrell Show* immer wieder mal neue Talente entdeckt: »Es gibt sonst niemanden, der etwas für diese jungen Menschen tut, und darum will ich mich für sie einsetzen. Ich investiere im Durchschnitt wesentlich mehr Zeit in die Vorbereitung ihrer Nummern als in mein eigenes Repertoire.«[28]

Doch je länger die *Rudi Carrell Show* läuft, desto wichtiger wird es für Rudi, Stars in seine Sendung zu locken, die auch über die Grenzen Hollands hinaus bekannt sind. Während in den ersten sieben Ausgaben ausschließlich niederländische Künstler aufgetreten sind, gelingt es Rudi, seit er von Leslie Roberts betreut wird, immer öfter, britische und internationale Showgrößen in seiner Show zu begrüßen, da Roberts viele gute Kontakte zur europäischen »Szene« hat. Der erste große internationale Star, der in der *Rudi Carrell Show* auftritt, ist im April 1962 Cliff Richard, der zu dieser Zeit noch von seiner Band *The Shadows* begleitet wird. Da der Brite ohnehin Auftritte in Amsterdam, Rotterdam und Den Haag zu absolvieren hat, bittet Rudi seine Mitarbeiter, einmal ihre Fühler auszustrecken, worauf aus der Umgebung des Sängers umgehend signalisiert wird, dass dieser nicht an einem Auftritt im niederländischen Fernsehen interessiert sei. Doch Carrell ist nicht bereit, sich so einfach geschlagen zu geben, und fliegt wenige Tage vor der Show, als schon die Proben begonnen haben, eigens nach London, wo es ihm tatsächlich gelingt, Cliffs

Manager dazu zu überreden, dass Richards nicht nur drei Lieder in seiner Show singt, sondern auch noch einen Sketch mit ihm spielt.

Der Presse gegenüber, die Carrell am Amsterdamer Flughafen Schiphol gespannt erwartet, berichtet er stolz von seinem Erfolg und erklärt, dass er den Star zwar in die Show einzubinden plane, ihm jedoch nicht zu viel Übergewicht lassen wolle: »Ich will Cliff Richard nicht nur drei Liedchen singen lassen, ich will zwischendurch auch noch etwas Nettes mit ihm anstellen. Aber es soll sicherlich keine *Cliff Richard Show* werden, sondern es muss eine *Rudi Carrell Show* bleiben. Das habe ich mit ihm abgesprochen, und er ist intelligent genug, das zu verstehen.«[29] Tatsächlich spielt Cliff gut gelaunt einen kleinen Sketch mit Carrell und singt, sehr zur Gaudi der Zuschauer, auch noch gemeinsam ein Duett mit ihm – der Gast auf Englisch, Rudi Carrell auf Holländisch. Stars, auch internationale Top-Stars, nicht nur als Show-Acts in seinen Sendungen auftreten zu lassen, sondern sie auch gleich mit kleinen Gags und Sketchen in die Sendung einzubauen ist etwas, was Carrell während seiner ganzen Karriere liebt. Seit seiner Erfahrung mit Cliff Richard sucht er immer dann, wenn Manager, Agenten oder Fernsehredakteure ein solches Ansinnen sofort kategorisch ablehnen, das Gespräch mit den Stars selbst: »Wenn mir das jemand auszureden versuchte und sagte, der oder die machen das nie im Leben mit, dann hab ich mit den Stars selbst geredet, und natürlich haben sie das dann auch fast alle gemacht. Warum auch nicht? Die können das, das ist ihr Job.«[30]

Cliff Richard bleibt nicht der einzige ausländische Gast; in weiteren Ausgaben der *Rudi Carrell Show* treten 1962 etwa die deutsche Beatband *The Lords* und der deutsche Schlagersänger Gerhard Wendland auf. Doch nicht immer hat Carrell Glück, sein Wunsch, Heidi Brühl und Peter Alexander, Frank Sinatra und Helen Shapiro in seine Sendung einzuladen, geht nicht in Erfüllung. Mit internationalen Top-Stars, angesagten Künstlern aus den USA oder weltweit erfolgreichen Varietényummern ist es ohnehin schwierig; meist sind die Künstler schon auf Jahre hin ausgebucht oder stellen astronomische Gagenforderungen, die für einen kleinen niederländischen Fernsehsender absolut unbezahlbar sind. Doch immer dann, wenn die Presse über gescheiterte Verhandlungen mit internationalen Stars berichtet, die für die *Rudi Carrell Show* kontaktiert worden waren, kann Rudi die Zuschauer beruhigen: »Zwei Stars kommen auf jeden Fall – Carrell und Rudi.«[31]

Sein Haussender VARA ist mehr als zufrieden mit Carrells Leistung, er ist binnen kürzester Zeit zum Aushängeschild und Zugpferd des Senders geworden. Und so bedarf es keiner großen Diskussion, um Rudi auch für die anstehende Fernsehsaison 1962/63 unter Vertrag zu nehmen. Somit geht am 21. September 1962 die erste von neun Ausgaben der zweiten Staffel der *Rudi Carrell Show* auf Sendung. Obwohl Carrell im April verkündet hatte: »Ich will eine Show, die alle vierzehn Tage kommt, damit es eine ganz normale Sache wird. Ich habe keine Angst davor, so häufig zu kommen, dafür ist das Medium doch gemacht«[32], bleibt man bei VARA dabei, Carrells Show nur einmal im Monat ins Programm zu nehmen. Ein wichtiger Wunsch jedoch wird Rudi erfüllt: nämlich der nach einem neuen Regisseur, den er sich dieses Mal sogar selbst aussuchen darf. Denn mit Nico Knapper und Eimert Kruidhof, den ersten beiden von der VARA bestellten Regisseuren, ist Carrell bei der ersten Staffel überhaupt nicht zurechtgekommen – wobei man der Fairness halber sagen muss, dass es während Carrells gesamter Karriere für jeden Regisseur schwer sein wird, neben Rudi Carrell zu bestehen. Der Perfektionsbesessene ist jemand, der alle Zügel selbst in der Hand halten will; die Show, die seinen Namen trägt, soll von der ersten Idee bis zur fertigen Sendung zu hundert Prozent sein Produkt sein. Er hat – erst recht, seit er von Leslie Roberts beraten wird – so genaue Vorstellungen davon, wie eine gute Show auszusehen hat, dass er sich von niemandem in seine Arbeit hineinreden lässt und alle Anweisungen an die Kameraleute, die Licht- und Tontechniker, die Bühnenbildner und Requisiteure selbst geben will, was natürlich für reichlich Konfliktstoff mit einem speziell für die Sendung engagierten Regisseur sorgt, der erstens eigene Vorstellungen realisieren will und zweitens natürlich empfindlich reagiert, wenn er sieht, dass ihm ein anderer in sein Handwerk pfuscht.

Mit den ersten beiden Regisseuren der VARA ist es insofern schnell zu heftigen Zusammenstößen gekommen, schon ab der dritten Folge hat Carrell die Regie seiner Sendung deshalb selbst übernommen – im Nachspann heißt es seitdem: »Zusammenstellung, Texte und Regie: Rudi Carrell«, während Eimert Kruidhof und Nico Knapper ab da nur noch für die »Kameraregie« verantwortlich zeichnen. Doch auch nach dieser Degradierung herrschte immer noch kein Frieden hinter den Kulissen, sodass man bei VARA einlenkte und Carrell zugestand, sich selbst einen neuen Regisseur zu suchen. Dieser entscheidet sich nun sehr zur Verwunderung seines Senders nicht für einen erfahrenen Fernsehregisseur, sondern für einen Mann, der bis dato noch überhaupt nicht mit dem Fernsehen in Berührung gekommen ist, auf dessen Urteil und Fähigkeiten Rudi jedoch trotzdem vertraut: Dick Harris. Carrell und Harris kennen sich bereits seit 1953, seit Rudi auf der Bühne steht. Der sieben Jahre ältere Harris, 1927 in Groningen geboren, ist ein wahrer Showbusiness-Narr – und dies, seit er zu seinem vierzehnten Geburtstag von seinen Eltern das Buch *Die Zauberkunst und ihre Geheimnisse* geschenkt bekam. Sein Studium der Philosophie und der französischen Sprache an der Universität Amsterdam hat er nach zwei Jahren abgebrochen, um fortan sein Hobby zum Beruf zu machen und als Varietékünstler aufzutreten. Seit 1947 steht er als Jongleur und Zauberer, teils auch als Conférencier auf der Bühne; einen Namen in der Welt der Schnabbeltour macht er sich jedoch vor allem als Pianist und musikalischer Begleiter so berühmter holländischer Stars wie Lou Bandy und Willy Alberti. Rudi Carrell denkt gern daran zurück: »Als ich im Fach begann, arbeitete er als Pianist. Harris war der Einzige, der mir ständig Ratschläge gab und mir sagte: ›Du musst es so machen und nicht so.‹«[33] Schon 1954 hat Carrell in seinem Scrapbook unter einem Foto von Dick notiert: »Viele gute Tipps!«[34]

Wie noch so oft in seinem Leben kommt Carrell auch im Falle von Dick Harris auf einen Menschen zurück, den er als begabt und viel versprechend einschätzt, den er in guter Erinnerung behalten hat und von dem er vor allem noch nie enttäuscht worden ist, der ihm garantiert, dass er sich in der Zusammenarbeit fest auf ihn verlassen kann. Rudi sieht in Dick ebenso wie in Leslie Roberts einen Menschen, der immer wieder über den Tellerrand hinauszuschauen bereit ist und der vor allem nicht nur die holländische Showbusiness-Szene kennt, sondern auch international orientiert ist. Wohl vor allem das enorme Wissen, das Harris sich in den zurückliegenden fünfzehn Jahren angeeignet hat, ist der Grund dafür, dass Carrells Wahl ausgerechnet auf ihn fällt: »Dick war ein Showbiz-Wahnsinniger. Ich habe nie einen Menschen kennen gelernt, der so dermaßen in das Showbiz vernarrt war wie Dick Harris. Er war alle vierzehn Tage in Paris und hat sich die neuen Shows angeschaut, mit Edith Piaf, mit Yves Montand, ist ständig nach Hamburg oder nach London geflogen, um sich das neue Programm von Bob Hope, ein Musical oder ein Varietéprogramm anzuschauen. Er kannte einfach alles, was gerade angesagt war, und wusste genau, was gut ist und was nicht. Genau so einen Mann brauchte ich.«[35] Neben Leslie Roberts wird Dick Harris in künstlerischer Hinsicht der zweite wichtige Weggefährte Carrells; ab 1969 bis Mitte der achtziger Jahre wird Harris sogar als Manager Carrells fungieren: »Es gibt niemanden, der meine Karriere so intensiv und so lange begleitet hat wie Dick Harris.«[36]

Carrell hatte Harris, nachdem er ihm zufällig im Amsterdamer *Hotel American* begegnet war, dessen nobles Art-déco-Café schon seit der Eröffnung 1902 ein wichtiger Treffpunkt für Künstler und Intellektuelle ist, als Pianist zur VARA geholt – ein Angebot, auf das dieser umso lieber einging, als er dadurch endgültig der Zeit der Schnabbeltour ade sagen konnte – denn sosehr er diese Welt auch liebt, Anfang der sechziger Jahre wird es aufgrund der Konkurrenz des Fernsehens immer schwieriger, sich mit Bühnenauftritten über Wasser zu halten. Da Carrell auf Dick Harris als neuem Regisseur seiner Show besteht, absolviert dieser auf Wunsch und auf Kosten der VARA einen Kursus in Fernsehregie; ab der zweiten Staffel ist er dann als Regisseur mit an Bord; wie schon seine Vorgänger wird er im Nachspann unter der Rubrik »Kameraregie« geführt – das Heft für die Showregie will Carrell sich auch von seinem alten Bekannten nicht aus der Hand nehmen lassen. Diese Zusammenarbeit ist ebenfalls nicht ganz frei von Spannungen, wie Carrell rückblickend eingesteht: »Mit den ersten Regisseuren hatte es gar nicht geklappt, aber mit Dick Harris erwies es sich auch als schwierig. Wir kannten uns einfach zu lange, wir hatten zu wenig Respekt voreinander.«[37]

Dennoch ist die zweite Staffel, für die Carrell wiederum das beim Publikum so beliebte Komikerduo *De Mounties* engagiert hat und bei der er als Handlungsorte unter anderen ein Klassenzimmer, eine Arztpraxis und eine Fabrik wählt, ein großer Erfolg. Die erste Sendung nach der Sommerpause, bei der die Zuschauer noch ihren Urlaubserinnerungen nachhängen, gestaltet Rudi als Campingplatz am Strand, was ihm die Gelegenheit gibt, auch von seinen eigenen Sommererlebnissen zu erzählen, denn die dreimonatige Fernsehpause hat er nicht etwa dazu genutzt, sich zu erholen und auszuspannen, sondern um ein außergewöhnliches Engagement wahrzunehmen. Zusammen mit dem Musiker Tonny Eyk, einem weiteren wichtigen Weggefährten und einem der wenigen engeren Freunde Carrells, und den beiden Kabarettistinnen Marijke Morley und Philippine Aeckerlin ist er nach Neuguinea gereist, um in der letzten noch verbliebenen niederländischen Kolonie die holländischen Soldaten zu unterhalten. Die kleine Truppe hatte ein anstrengendes Programm zu absolvieren – vierzig Auftritte in siebzehn Tagen, teils auf holländischen Kriegsschiffen, teils bei großer Hitze von fünfundvierzig Grad Celsius mitten im Dschungel. »An einen dieser Auftritte erinnere ich mich besonders gut: Wir haben vor ungefähr dreißig holländischen Soldaten gespielt, und ringsherum saßen vierhundert halb nackte Papuas und haben über ganz andere Dinge gelacht als unsere Landsleute.«[38]

Die Mitwirkenden der Tournee hat Rudi nun in seine Fernsehshow eingeladen und führt die aus Neuguinea mitgebrachten Souvenirs vor, außerdem spielen *De Mounties* Sketche rund um das Thema Urlaub und Urlaubsgewohnheiten, eine komplette Pfadfindergruppe tritt zum Appell an, und Carrell präsentiert die freundliche Karikatur eines deutschen Ehepaares, das am holländischen Strand Urlaub macht. Rudi meldet sich mit einer rundum gelungenen, flotten Show auf dem Bildschirm zurück. Die in Den Haag erscheinende Zeitung *Het Vaderland* befindet: »Vortrefflich!«[39] Andere Zeitungen betonen, dass es sich hier um »herausragende und moderne Fernsehunterhaltung«[40] handle und Carrell seine Sendung wieder einmal mit dem »beherzten Auftreten eines selbstbewussten Showmanns«[41] präsentiert habe.

Im November 1962 hat Carrell endlich die Möglichkeit, seine Bahnhofshow nachzuholen, die er im Januar wegen der Zugkatastrophe hatte ausfallen lassen müssen, und im Dezember 1962 gibt es die *Rudi Carrell Kerstshow*, die Weihnachtsausgabe der *Rudi Carrell Show* – eine Sendung, an die Carrell zeitlebens ganz besonders gern zurückdenken wird. Sie ist für das Fernsehprogramm des zweiten Weihnachtstags bestimmt, muss aber ausnahmsweise bereits am ersten Weihnachtstag aufgezeichnet werden, weil die Halle am nächsten Tag nicht zur Verfügung steht – was Rudi endlich wieder einmal die Gelegenheit gibt, während der Ausstrahlung durch die Straßen von Loosdrecht zu streifen und die Menschen dabei zu beobachten, wie sie seine Sendung schauen und in ihren Wohnzimmern darauf reagieren: »Ich kann an der Art und Weise, wie die Leute gucken, ablesen, ob ihnen die Show gefällt.«[42]

Für die Sendung, dem Höhepunkt des diesjährigen Weihnachtsprogramms im holländischen Fernsehen, hat sich Carrell eine Alt-Holland-Kulisse einfallen lassen, eine verschneite Amsterdamer Gracht mit einer ausgedehnten Eisfläche, auf der die ganze Show stattfinden soll. Alle Gäste und Mitwirkenden, darunter auch die komplette Fußballmannschaft von *Feyenoord Rotterdam*, müssen sich auf Schlittschuhen präsentieren. Rudi Carrell erinnert sich: »Ob eine Show funktioniert oder nicht, hat ja nie nur alleine mit dem Konzept der Sendung zu tun, sondern oft sind auch noch ganz andere Faktoren wichtig. So war es zum Beispiel bei einer meiner liebsten Shows, die ich in Holland gemacht habe. Es war die Weihnachtsausgabe der *Rudi Carrell Show*, und wir hatten eine riesige Eisfläche aufgebaut, und alle Mitwirkenden und auch ich als Showmaster haben tagelang von morgens bis abends auf Schlittschuhen geprobt – drei Tage ununterbrochen auf dem Eis, drei Tage ununterbrochen auf Schlittschuhen, und ich war wirklich völlig fertig, als die Sendung endlich aufgezeichnet war.« Die Show hätte weihnachtlicher und stimmungsvoller nicht sein können, doch da in Holland schon wochenlang fast frühlingshaftes Wetter herrscht, ist von Weihnachtsstimmung im ganzen Land keine Spur: »Und als ich dann ins Auto stieg, um nach Hause zu fahren, und die Scheinwerfer anmachte, sah ich so kleine helle Partikel in der Luft und dachte noch: Mücken zu dieser Jahreszeit? Und dann sah ich, dass es Schneeflocken waren. Es hatte tatsächlich angefangen zu schneien. Und es schneite die ganze Nacht durch, am nächsten Tag lag ein halber Meter Schnee in Holland. Und dann wurde die Aufzeichnung ausgestrahlt, und ich fuhr in Schlittschuhen übers Eis und sang *White Christmas*. Das war nicht mehr zu toppen.«[43]

Carrell wird in der Tat immer besser, sein untrüglicher Instinkt dafür, was beim breiten Publikum ankommt, gepaart mit den Einblicken ins internationale Showbusiness, die Leslie Roberts und Dick Harris ihm fortwährend vermitteln, machen ihn geradezu unschlagbar und lassen ihn schon bald in der niederländischen Fernsehlandschaft allein auf weiter Flur stehen. Seine so erfrischend anders erscheinenden Shows werden in der holländischen Presse zu Recht für das Beste gehalten, was der niederländische Bildschirm zu bieten hat,[44] noch Jahrzehnte später werden sie als ein Höhepunkt der niederländischen Fernsehgeschichte angesehen. Innerhalb von nur zwei Jahren ist es Rudi Carrell gelungen, der populärste Fernsehstar der Niederlande zu werden und dem holländischen Fernsehen internationales Niveau zu verleihen. Bereits 1963 wird Rudi Carrell deshalb mit dem bis heute wichtigsten Fernsehpreis der Niederlande ausgezeichnet.[45] Die *Zilveren Nipkowschijf*, benannt nach dem deutschen Fernsehpionier Paul Nipkow, ist im Vorjahr erstmals von der Gesellschaft der niederländischen Kritiker verliehen worden – der Preis trägt einerseits der neuen Bedeutung Rechnung, die das Fernsehen mittlerweile errungen hat, und soll andererseits als Anreiz dienen, die Qualität der Fernsehsendungen noch zu steigern, indem besonders herausragende und innovative Fernsehkünstler damit geehrt werden. Die Zeremonie findet im Frühjahr 1963 im *Wapen van Amsterdam* in 's-Graveland, einem kleinen, westlich von Hilversum gelegenen Ort, statt; Rudi Carrell wird mit der *Zilveren Nipkowschijf* ausgezeichnet, während der fünf Jahre älteren Mies Bouwman, dem neben Rudi Carrell bekanntesten Gesicht des holländischen Fernsehens dieser Tage, bereits der in diesem Jahr erstmals vergebene Ehrenpreis, die *Ere Zilveren Nipkowschijf*, verliehen wird: »Mies war wirklich toll, sie war für Holland das, was Kulenkampff für Deutschland war«[46], schwärmt Rudi Carrell.

Mies Bouwman, gebürtige Amsterdamerin, ist die holländische Fernsehfrau der allerersten Stunde. Da Mies' Vater im Verwaltungsrat des Rundfunks saß, schlug er 1951 seine Tochter vor, als eine Ansagerin für das erste Fernsehprogramm der Niederlande gesucht wurde. Mies machte ihre Sache gut und wurde schnell zum Liebling der Fernsehnation – besonders ihre natürliche, unverstellte Art kommt bei den Holländern gut an, bald schon ist kein Fernsehabend mehr denkbar ohne ihre herzliche Begrüßung *Dag lieve mensen*, »Guten Tag, liebe Menschen«. Fast drei Jahre lang bleibt sie beim katholischen Sender KRO – bis den Verantwortlichen dort ihr Lebenswandel nicht mehr gefällt: Mies Bouwman hat eine Affäre mit dem Kameramann Leen Timp, der erstens noch verheiratet und zweitens nicht katholisch ist; KRO trennt sich von Mies. Seit 1955 steht Mies Bouwman bei AVRO, Rudis früherem Sender, unter Vertrag und wird schnell zum Aushängeschild des Senders. Obwohl sie nicht aus dem Unterhaltungsbereich kommt, zuvor weder auf der Bühne gestanden noch im Radio reüssiert hatte, steigt Mies Bouwman binnen kürzester Zeit zu einem der bedeutendsten niederländischen Fernsehstars auf. Ab 1957 moderiert sie eine beliebte Quizshow und von da an zahlreiche Unterhaltungsshows, die sich fast alle als wahre Publikumsrenner entpuppen. Mies Bouwman ist eine weitere wichtige Weggefährtin und auch Ideengeberin Carrells, denn sie wird später die Spielshow *Een van de acht* erfinden, mit deren deutscher Version *Am laufenden Band* Rudi Carrell wahre Triumphe feiern wird.

Persönlich kennen gelernt haben sich die beiden erst kurz vor der Preisverleihung, nachdem Rudi Mies in seine *Rudi Carrell Show* eingeladen hatte, in der die beiden auch ein Duett sangen. Mies Bouwman erinnert sich: »Ich war damals Tagesgespräch in Holland, und Rudi war immer wahnsinnig schnell, aktuelle Themen aufzugreifen und die Leute einzuladen. Er hatte ein grandioses Gefühl für Aktualität. Ich hatte für meinen Sender eine Spendengala moderiert, vierundzwanzig Stunden am Stück, so was hatte es auf der ganzen Welt noch nicht gegeben – damit bin ich dann auch ins *Guinness-Buch der Rekorde* gekommen. Rudi hat mich dann sofort in seine Show eingeladen, und wir haben uns gleich auf Anhieb blendend verstanden und uns seitdem eigentlich auch nie wieder aus den Augen verloren.«[47]

Von dem, was Carrell damals im holländischen Fernsehen präsentierte, spricht Mies Bouwman auch heute noch voller Hochachtung: »Was Rudi damals in seiner Show gemacht hat, fand ich einfach phantastisch. Es war etwas ganz Besonderes – und das hat auch jeder in der Branche so empfunden. Was mich besonders beeindruckt hat, war sein wahnsinniges Gefühl für Details. Er hat sich wirklich um jedes klitzekleine Detail seiner Sendung selbst gekümmert, hat nichts dem Zufall überlassen. So etwas gibt es heutzutage gar nicht mehr, aber das zeigt in meinen Augen, dass Rudi immer ein echter Vollprofi gewesen ist – und vor allem jemand, bei dem man spürte, dass er seinen Beruf wirklich von Herzen liebt. Er hat fast fieberhaft gearbeitet, er war immer von dem Gedanken getrieben, wie er es noch besser machen könnte. Es gab damals in Holland wirklich wenige, die so tolle Ideen hatten wie Rudi, er war unglaublich kreativ und hatte zudem ein ganz großes Gefühl für das richtige Tempo und die richtige Choreographie seiner Sendungen. Sein einziges Ziel war stets die perfekte Show – mit etwas anderem hätte er sich gar nicht erst zufrieden gegeben.« Die Kompromisslosigkeit, mit der Rudi an die Arbeit geht, hat ihm Mies Bouwman zufolge einerseits Achtung und Anerkennung innerhalb der Fernsehbranche eingebracht, andererseits jedoch auch dafür gesorgt, dass er oft angeeckt ist: »Er hat selbst sehr hart gearbeitet, und er erwartete das auch von allen anderen. Er ging oft sehr streng mit seinen Mitarbeitern um, er war nicht gerade taktisch und diplomatisch, wenn etwas nicht so lief oder funktionierte, wie er sich das vorstellte; und mit seinem Verhalten hat er sich so manches Mal sicherlich keine Freunde gemacht. Aber was für ihn zählte, war allein, ob das Endergebnis Bestand haben würde.«

Beide, Mies und Rudi, haben damals, in der Pionierzeit der Fernsehunterhaltung, noch eine völlig andere Auffassung vom Beruf des Showmasters, als es heutzutage der Fall ist: »Solche Showmaster wie Rudi oder auch mich gibt es heute gar nicht mehr. Heute stehen alle steif vor einem Teleprompter und lesen Texte ab, die sie nicht mal selbst geschrieben haben. Wir haben damals alles, wirklich alles, selbst gemacht, und darum waren wir auch so erfolgreich. Wir waren sicherlich nicht die besten Sänger, aber wir haben in unseren Shows gesungen. Wir waren sicherlich nicht die besten Tänzer – Rudi konnte eigentlich gar nicht tanzen –, aber wir haben in unseren Shows getanzt. Wir haben alles ausprobiert, was nun mal eben zum Showbusiness dazugehört. Wir können das eigentlich alles nicht so gut, aber wir haben es in unseren Shows gemacht und versucht; und genau deshalb sind wir beim Publikum so gut angekommen. Es geht nicht darum, dass ein Showmaster perfekt ist und so tut, als sei er der Allergrößte; man muss einfach spüren, dass er eine wirkliche Freude an dem hat, was er da macht und präsentiert. Und bei Rudi hat man diese beinahe kindliche Freude an seinem Beruf immer gespürt.«[48]

Mit dem wichtigsten Fernsehpreis des Landes ausgezeichnet zu werden ist für den achtundzwanzigjährigen Carrell natürlich ein wahrer Triumph, der sein Selbstbewusstsein und sein Ego noch einmal enorm stärkt. Im Gegensatz zu vielen seiner Kollegen sieht er nicht ein, kleine Brötchen zu backen und sein Können und seine Erfolge kleinzureden. Früh gewöhnt der mit glänzenden Kritiken bedachte und jetzt auch noch preisgekrönte Publikumsliebling sich an, selbstbewusst auf seine Stärken und auf das, was er schon erreicht hat, hinzuweisen. Dabei nimmt er – was später in Deutschland noch so manches Mal für Pressewirbel und Aufregung in der Fernsehbranche sorgen wird – auch kein Blatt vor den Mund, wenn es darum geht, Zensuren an Kollegen zu verteilen, öffentlich darüber zu sprechen, wo deren Schwächen liegen, und auch nicht zu verschweigen, wenn er jemanden für gänzlich untalentiert hält. Nicht bei jedem kommen diese offenen Worte gut an, für manch einen ist er ein »arroganter und von sich selbst eingenommener junger Mann«[49], wie etwa für einen Leserbriefschreiber, der sich schon im Sommer 1962 abschätzig über Carrell äußert, oder, wie ein Kritiker zur gleichen Zeit schreibt, ein Mann »mit einer nicht geringen Dosis Selbstvertrauen, das fast an Brutalität grenzt«[50].

Doch Rudi, der extrem hart für seine Karriere und seine Erfolge arbeitet, findet zeitlebens, dass eine gesunde Portion Selbstbewusstsein nichts mit Arroganz zu tun hat. In der holländischen Presse wehrt er sich: »Ich bin überhaupt nicht arrogant, bin es nie gewesen.«[51] Rückblickend bekennt er: »Ich gelte in meinem Vaterland als zu überzeugt von mir selbst. Doch ich finde, wenn man in Holland groß geworden ist, wird man geradezu dazu gezwungen, auch mal etwas selbstbewusster aufzutreten. In Holland wird alles immer kleingeredet, und sobald man einen Preis gewinnt oder zu viel gute Kritiken bekommt, haben die Holländer gleich Angst, dass man sich etwas einbildet und hochnäsig wird. Als ich beim Grand Prix auf dem vorletzten Platz gelandet bin, als ich also eigentlich ein Verlierer war, haben sie mich in die Arme geschlossen. Doch wenn ich mal auf meine Stärken hingewiesen habe, dann galt ich gleich als arrogant. Dabei war das nur eine Form der Selbstverteidigung, geradezu ein Reflex, denn ich sah und sehe es überhaupt nicht ein, diese holländische Volkskrankheit des ständigen Sich-klein-Machens mitzumachen.«[52] Rudis Schwester Truus bestätigt, dass es für ihren Bruder schon immer eine Selbstverständlichkeit war, öffentlich zu seiner Meinung zu stehen, auch wenn es um unbequeme Wahrheiten ging: »Rudi war sein ganzes Leben lang immer zutiefst ehrlich. Das hat er von unserer Mutter geerbt, die konnte einem auch die unbequemsten Wahrheiten mitten ins Gesicht sagen. Er hat es gehasst, wenn andere nach ihrer Meinung nach bestimmten Künstlern gefragt wurden und taktierten und rumdrucksten. Er sagte: ›Nein, wenn ich jemanden schlecht finde, dann sage ich das auch. Warum sollte ich mich verstellen und was anderes sagen? Warum?‹ So war Rudi immer. Er hat sich von niemandem verbiegen lassen, er ist sich immer treu geblieben.«[53]

Für große Wellen der Aufregung sorgt ein Interview Carrells, das er, wenige Tage nachdem er im März 1963 mit der *Zilveren Nipkoschijf* ausgezeichnet worden ist, der Zeitung *De Wereldkroniek*, »Die Weltchronik«, gegeben hat. Die Art und Weise, wie Carrell sich dort darstellt, sorgt in der holländischen Medienlandschaft für erhitzte Diskussionen und stößt bei vielen Kollegen auf harsche Ablehnung. Selbstbewusst bezeichnet Carrell sich dort als wichtigsten Fernsehstar der Niederlande und verweist auf das internationale Niveau seiner Shows, indem er über das deutsche Fernsehen äußert: »Jeder spricht vom deutschen Fernsehen, aber was das deutsche Fernsehen nicht hat, das ist eine *Rudi Carrell Show*.« Das Interview nutzt Rudi sogleich noch zum Rundumschlag, bei dem er an kaum einem seiner Kollegen ein gutes Haar lässt. Toon Hermans, dem Idol seiner Schulzeit, wirft er vor, dass er seine Familie und sein Privatleben zur Schau stelle, und Kabarettlegende Wim Sonneveld prangert er an, weil der mittlerweile nur noch altbackenen Kram in seinen Programmen bringe. Doch für die meiste Aufregung sorgt folgender Satz: »Wenn ich über die Straße laufe, dann bin ich Gott, und das ist eine vollkommen reale Sache – in diesem Moment zumindest. Wenn meine nächste Show ein Reinfall wird, dann ist alles wieder vorbei.« Sämtliche

Zeitungen Hollands drucken die Carrell-Zitate ab, landauf, landab wird diskutiert, was wohl in Rudi Carrell gefahren ist, ob er am Ende gar größenwahnsinnig geworden sei.

Lediglich Mies Bouwman steht Rudi bei, leistet ihm in einem in der Zeitschrift *Televizier* abgedruckten offenen Brief Schützenhilfe und plädiert dafür, dass es auch in diesem Metier möglich sein muss, frei seine Meinung zu äußern: »Warum die ganze Aufregung? Dürfen wir uns in Interviews mittlerweile nicht mehr so geben, wie wir sind? Müssen wir ständig ausrufen, wie gut die anderen sind, und sagen, dass wir selbst nichts sind? Warum darf man nicht sagen, wie gut man selbst ist, wenn jeder Zeitungsjunge einem das erzählen kann? Die gleiche Naivität und Gesichtslosigkeit, die die meisten unserer Fernsehprogramme kennzeichnet, scheinen uns selbst auch schon befallen zu haben. Das Interview beweist, dass Carrell sich nicht anders gibt, als er in Wirklichkeit ist. Daher ist er auf dem Gebiet der Fernsehunterhaltung vielleicht der Einzige, der es schaffen wird. Was mich betrifft, so mag Rudi Carrell tun und lassen, was er will, ein Scheißkerl oder ein Allerweltsfreund sein, seinen Mund halten oder jedem seine Meinung sagen, solange er nur seine Shows macht, für die wir jedes Mal extra zu Hause bleiben. Glück für die Zukunft, Rudi!«[54]

Je mehr Rudis Fernsehkarriere floriert, desto mehr frisst die Arbeit sein Privatleben auf. Doch es ist keineswegs so, dass ihn dies ernsthaft belasten würde, vielmehr interessiert ihn in diesen Jahren kaum etwas anderes als seine Arbeit und seine Karriere. Er weiß, dass er sich nicht auf den bereits erkämpften Erfolgen ausruhen darf und dass er, will er noch mehr erreichen und immer noch besser werden, auch weiterhin hart arbeiten muss. Zwar spielt sein Wunsch, gutes Geld zu verdienen, damit seine Familie versorgt ist, bei seinen Überlegungen sicherlich auch keine unwesentliche Rolle, doch auf die Idee, in Rudi Carrell in diesen Jahren einen Familienmenschen zu sehen, kommt wohl niemand, auch er selbst nicht. Einem Journalisten gesteht er: »Tja, die Show. Ich denke an nichts anderes mehr. Ich arbeite höchst konzentriert, und es gefällt mir sehr. Die Show geht über alles. Und ich bin auch sehr stolz auf sie. Rund um die Uhr bin ich mit ihr beschäftigt. Ich habe für nichts anderes mehr Zeit. Nur zu Hause in Oud-Loosdrecht mit Frau und Kindern kann ich mich mal einen Moment entspannen.«[55] Der »Moment Entspannung« ist dabei durchaus wörtlich zu nehmen, denn mehr als einen kurzen Augenblick vermag Rudi zumeist wirklich nicht von der Arbeit abzuschalten; auch für seine Tochter Annemieke ist er in diesen Zeiten nur äußerst sporadisch präsent – »Fünf-Minuten-Vatersein« nennt Annemieke diese seltenen Momente rückblickend.[56]

Auch für seine Frau Truus hat Rudi immer weniger Zeit, was die sich in jüngster Zeit abzeichnende Entfremdung zwischen den beiden natürlich noch verstärkt. Selbst wenn er einmal daheim ist, verbleibt kaum Zeit, sich ernsthaft miteinander zu beschäftigen oder gar auszusprechen, da Rudi auch in diesen Momenten nur selten den Showmaster abstreifen kann. Während er nach wie vor seine flüchtigen Affären hat, bei denen er sein männliches Ego bestätigt, betrachtet er Truus zunehmend vor allem als Mutter seiner Kinder und als Ratgeberin in beruflichen Dingen: »Meine Frau ist steinhart und ehrlich. Wenn ich ihr einen Witz erzähle, und sie lacht nicht, weiß ich, dass er schlecht ist; aber wenn sie lacht, weiß ich, dass sie ihn wirklich gut findet und ich ihn mit ruhigem Gewissen in der Show bringen kann.«[57] Nach wie vor ist Rudi extrem viel unterwegs, denn neben seinen Fernsehshows absolviert er pro Woche noch zwei oder drei abendliche Bühnenauftritte, die zwar gutes Geld einbringen, aber den Haussegen oftmals gewaltig schief hängen lassen. Wenn er spätnachts nach Hause kommt, wird er schon mal von Truus mit einem bissigen »Guten Tag mein Herr, wohnen Sie hier?« empfangen.[58]

Auch die Geburt eines zweiten Kindes – Tochter Caroline kommt am 15. Juli 1962 zur Welt – vermag die Risse in der Ehe nicht mehr zu kitten. Rudis Erstgeborene Annemieke, damals gerade einmal vier Jahre alt, erinnert sich: »Als meine Schwester Caroline geboren wurde, ging die Ehe meiner Eltern eigentlich auch schon in die Brüche. Und so, dass ich es mit meinen vier Jahren auch durchaus schon mitbekam. Meine Mutter hatte einfach genug von Rudis ständigen Affären, ihr war aber zudem auch diese ganze Fernsehwelt zuwider, damit konnte sie nichts anfangen, das war nicht ihre Welt. Und Rudi war in dieser Zeit voll auf seine Karriere konzentriert, viel anderes interessierte ihn nicht. Das konnte auf die Dauer nicht gut gehen.«[59] Die Schwierigkeiten in der Ehe haben zudem eine Auswirkung auf Carrells Selbstdarstellung nach außen hin. Hatte er Truus und Annemieke 1960 rund um den Trubel mit dem *Nationaal Songfestival* und dem Grand Prix noch ständig vor die Kameras der Fotografen gezerrt, so gibt es jetzt, wo Rudi längst zum bedeutendsten holländischen Fernsehstar avanciert ist, auffälligerweise überhaupt keine Homestorys mehr, sein Privatleben wird mehr und mehr zum Tabu. Wird er von der Presse darauf angesprochen, so wiegelt Carrell ab: »Häusliche Veränderungen? Nein. Kürzlich ist unsere zweite Tochter geboren worden. Wir bleiben fein in Oud-Loosdrecht wohnen.«[60]

Das, was sich andere aus dem Privatleben und der Partnerschaft an Kraft, Anerkennung und Bestätigung schöpfen, das zieht Rudi zunehmend aus dem Applaus seines Publikums und insbesondere aus seinen zufälligen Begegnungen mit Fans und Zuschauern. Seine Popularität in Holland kennt 1963 keine Grenzen mehr, seine Show ist so beliebt, dass er nirgendwo mehr hingehen kann, ohne erkannt, angesprochen und von Fans umringt zu werden. Im Gegensatz zu Kollegen, denen es lästig ist, wenn wildfremde Menschen sie bedrängen, liebt Rudi Carrell es geradezu, kein Restaurant und keine Kneipe mehr betreten zu können, ohne dass er erkannt und angesprochen wird. Stets hat er einen Vorrat an Autogrammkarten in der Sakkotasche, er badet geradezu in der öffentlichen Anerkennung. Einem Reporter, der den Showmaster in diesen Tagen beobachtet, fällt dabei auf, dass Rudi erst zur Hochform aufläuft, wenn er auf der Straße erkannt und von Fans bestürmt wird: »Rudi Carrell, die Zukunftshoffnung des holländischen Fernsehens, hält viel von Popularität. Er liebt seine Berühmtheit.«[61] So wie er es schon 1960, nach dem Sieg beim *Nationaal Songfestival*, genossen hat, die Aufmerksamkeit der Menschen auf der Straße zu spüren, so ist es ihm auch jetzt noch, wo er sich eigentlich längst an die Fernsehpopularität gewöhnt haben dürfte, wichtig, die Anerkennung von Fans und Zuschauern zu spüren: »Nach jeder Show gehe ich mir am folgenden Tag auf der Straße meinen Applaus holen. Vielleicht ist das übertrieben, aber mir tut das gut, wenn mir eine Marktfrau zuruft: ›Junge, ich hab mich gestern Abend totgelacht.‹«[62]

Im Dezember 1962 überrascht Rudi Carrell die holländischen Fernsehzuschauer mit der Ankündigung, sich nach dem Ablauf der zweiten Staffel seiner *Rudi Carrell Show* im Sommer 1963 vom Bildschirm zurückziehen zu wollen. Zunächst gibt er sich noch geheimnisvoll und lässt sogar offen, wann und ob überhaupt er ins Fernsehen zurückkehren wird: »Es ist gut, wenn mich die Menschen ein paar Jahre nicht sehen. Vielleicht gehe ich in den Bereich Journalismus.«[63] Da die Telefone bei VARA nach dieser Ankündigung nicht mehr stillstehen und sich unzählige schockierte Zuschauer betroffen über diese Nachricht zeigen, beeilt sich Rudis Sender, der Öffentlichkeit mitzuteilen, dass Carrell lediglich eine Pause von einem Jahr einlegen wolle und in der Saison 1964/65 wieder mit seiner *Rudi Carrell Show* auf den Bildschirm zurückkehren werde.

Am 1. Mai 1963 ist es soweit, die vorerst letzte Ausgabe von Rudis Show geht über den Sender – zusammen mit Kollegin Mies Bouwman lässt Carrell in diesem beschwingten Rückblick die Höhepunkte aus den letzten siebzehn Folgen noch einmal Revue passieren. Carrell präsentiert sich wieder einmal gut gelaunt und in Topform; die Presse überschlägt sich nach der Abschiedsshow geradezu, bezeichnet Rudi als »unseren Showman Nr. 1«[64], ein Kritiker fragt begeistert: »Ist es Ihnen auch so gegangen? Wir waren verloren. Diese Blumenlese aus den letzten siebzehn Shows, die er in den letzten zwei Jahren für VARA entworfen, geschrieben und bei denen er Regie geführt hat (alles in einer Hand), war im höchsten Maße fesselnd und lebendig und der überzeugende Beweis dafür, wie geschickt und spielerisch Carrell ist. Für uns ist er fraglos im Unterhaltungssektor der allerbeste und vielseitigste niederländische Künstler, ausgerüstet mit großer Phantasie, Ursprünglichkeit und Fernsehqualitäten.«[65] Vom wahren Grund, weshalb sich Rudi Carrell für ein Jahr vom Bildschirm zurückzieht, ahnt zu diesem Zeitpunkt immer noch niemand etwas – Rudi und sein Sender haben die Fernsehpause mit Überarbeitung aufgrund des Stresses der zurückliegenden zwei Jahre begründet. Beim Fest, das die VARA-Verantwortlichen für Rudi im Anschluss an die letzte Sendung im *Gooise Boer* in Laren geben, äußert der Showmaster einem Reporter gegenüber: »Fünf Jahre kein Urlaub! Ich brauche diese Pause. Ich weiß nicht, was danach kommen wird.«[66] Die Presse zeigt sich verständnisvoll: »Obwohl er einen frischen Eindruck macht, hat er einmal einen wirklich langen Urlaub nötig. Allein Eingeweihte wissen, wie ermüdend Zusammenstellung und Aufführung einer Show sind – und Carrell hat siebzehn solcher Kraftanstrengungen in den letzten zwei Jahren geleistet. Danke, Rudi Carrell, wir sehen uns im September 1964 wieder.«[67] Doch die Fernsehzuschauer sind nicht so tolerant wie die Journalisten – die holländischen Zeitungen melden schon wenige Wochen später: »Die Fernsehzuschauer: Wir wollen Rudi Carrell zurück!«[68]

Wie man sich denken kann, zieht Carrell, dem in diesen Jahren seine Arbeit und seine Karriere über alles gehen, sich nicht für ein Jahr aus dem Showbusiness zurück, weil er sich tatsächlich ausgebrannt fühlt, sich beruflich neu orientieren oder sich einmal ausgiebig Zeit für seine Familie nehmen will, sondern er hat vielmehr vor, sich voll und ganz einem höchst ehrgeizigen Unterfangen zu widmen, das seine ganze Kraft und Energie erfordert. Da die *Rudi Carrell Show* in den Niederlanden so erfolgreich ist und immer wieder davon gesprochen wird, dass das, was Carrell hier macht, auch internationalen Maßstäben standhalten könne, hat er sich entschlossen, mit einer Produktion am Internationalen Fernsehfestival im schweizerischen Montreux teilzunehmen, auf dem seit 1961 die weltweit besten Fernsehproduktionen des zurückliegenden Jahres mit einer Goldenen, einer Silbernen und einer Bronzenen Rose bedacht werden. In der Fernsehbranche genießt diese Auszeichnung ganz besonderes Ansehen, weil sie nicht vom Publikum, sondern von einer kompetenten Fachjury vergeben wird, die aus Experten aus insgesamt zehn Ländern besteht, die die eingereichten Beiträge aus fast allen Ländern Europas, aus den Vereinigten Staaten, Kanada und Japan sichten und bewerten.

Rudi hat sich vorgenommen, eine Show speziell für Montreux zu konzipieren, und da er als Profi und Perfektionist weiß, wie viel Arbeit und Konzentration dies erfordern wird, will er sich ein Jahr lang ausschließlich mit der Planung und Produktion dieser einen Sendung beschäftigen, ohne nebenbei noch mit dem Stress einer monatlichen Show belastet zu sein.[69] Frühzeitig hat er die VARA-Verantwortlichen über seine Absicht ins Vertrauen gezogen, die zu seiner Freude von der Idee sofort äußerst angetan waren, ihm jegliche Unterstützung zugesagt haben und sich schweren Herzens auch mit der einjährigen Fernsehpause einverstanden erklärten, obwohl sie eine ganze Fernsehsaison auf ihr wichtigstes Zugpferd im Programm verzichten müssen. Doch schließlich verspricht Carrells Projekt, das als offizieller Wettbewerbsbeitrag der Niederlande in Montreux an den Start gehen soll, für den Fall, dass Rudi tatsächlich mit seiner Show bei den Juroren in Montreux punkten kann, auch einen großen Prestigegewinn für VARA als Rudis Haussender.

Und Rudi ist nicht unvorbereitet, er hat sich schon genaue Gedanken gemacht, wie eine Show gestrickt sein muss, die auch auf internationalem Parkett ankommen soll. In den Jahren 1962 und 1963 ist Carrell bereits auf eigene Faust nach Montreux gereist, um einerseits die internationale Atmosphäre des Fernsehfestivals zu schnuppern und sich andererseits aber auch einen Überblick zu verschaffen, welche Shows die Anerkennung der Jury finden. Auf Anhieb realisiert er, dass in Montreux ein verdammt harter Wettbewerb mit äußerst starken Konkurrenten herrscht – hier treten die besten Produktionen, die es momentan auf dem internationalen Fernsehmarkt gibt, gegeneinander an. Doch Resignieren ist Rudis Sache nicht, die Aussicht, eine der Rosen von Montreux zu erringen, stachelt seinen Ehrgeiz an – denn dass er nicht nur teilnehmen, sondern auch gewinnen will, steht für ihn von Beginn an fest. Zusammen mit Leslie Roberts und Dick Harris, der auch als Regisseur der geplanten Show fungieren wird, überlegt er, wie er sein Können am eindrucksvollsten unter Beweis stellen könnte. Klar ist, dass er etwas möglichst Ausgefallenes, bislang noch nicht Dagewesenes bieten muss, wenn er mit seinem Wettbewerbsbeitrag für die kleinen Niederlande ankommen und sich gegen Konkurrenten aus den USA und Großbritannien durchsetzen will. Die Schwäche, der übermächtigen internationalen Konkurrenz mit dem niedrigen Budget eines niederländischen Senders per se unterlegen zu sein, muss er in Stärke umwandeln. Doch was soll er den Großproduktionen aus dem angloamerikanischen Raum entgegensetzen? Er ist sich bewusst, dass gerade die Showbusiness-Länder Großbritannien und USA teure Shows mit einem riesigen Aufwand an Dekorationen und der Mitwirkung international bekannter Stars präsentieren werden: »Meine Idee musste also ganz schlicht und einfach sein – je einfacher, desto besser.«[70]

Nach langem Überlegen kommt ihm eine geniale Idee: Hatte er für seine *Rudi Carrell Show* bislang ausschließlich Orte gewählt, an denen möglichst viele Menschen zusammenkommen und sich allerhand lustige und heitere Geschichten ereignen können, so würde er jetzt zum genauen Gegenteil greifen – nämlich eine ganze Show auf einer der kleinsten denkbaren Flächen inszenieren: einer winzigen, unbewohnten Insel mitten im Ozean. Natürlich ist er sich bewusst, dass es eine ganz besondere Herausforderung darstellt, eine komplette Unterhaltungsshow auf einem kleinen Eiland spielen zu lassen, wo er auf alle großen Showeffekte, auf Tanzeinlagen, Ballettszenen und das Mitwirken vieler Komödianten und Komparsen würde verzichten müssen – also auf alles, was seine Show bislang ausmachte. Andererseits verbirgt sich hier natürlich auch ein riesiges Potential: Gelingt es ihm, diese Herausforderung zu meistern, so hat er große Chancen, sich in Montreux gegen die internationale Konkurrenz durchzusetzen. Seine Vision nimmt immer konkretere Züge an: »Wie so oft, ging ich auch hier von der Dekoration aus. Ich sah sie deutlich vor mir: ein Stückchen Erde, vier Meter lang, vier Meter breit, und weiter nichts als Wasser, viel Wasser. Auf der Insel ein Minimum an Ausstattung: zwei Palmenbäume und eine kleine selbst gebastelte Hütte. Weiter nichts. Und auf diesen sechzehn Quadratmetern sollte sich eine Show von vierzig Minuten abspielen!«[71]

Das Konzept steht, doch bei der Ausarbeitung der Show erweist sich die Umsetzung der Idee tatsächlich als eine große Herausforderung. Zehn Monate lang tüftelt Rudi insgesamt an der Konzeption und am Drehbuch, bis die Show aufgezeichnet werden kann. Zunächst steht nur eins fest: Er will alles so visuell wie möglich anlegen, um zu vermeiden, dass der Jury in Montreux allzu viele Gags aufgrund der Sprachunterschiede entgehen. Auf der Suche nach geeigneten Gags wälzt er stapelweise Bücher mit Seemannswitzen, beratschlagt sich immer wieder mit Dick und Leslie. Tag für Tag sitzt er am Schreibtisch, notiert sich Gags, verwirft sie wieder: »Ich glaube, ich habe noch nie so viel Papier voll geschrieben und später in den Papierkorb geworfen.«[72] Doch schließlich steht wenigstens schon einmal die Grundidee: »Rudi lebt schon ein Jahr auf einer unbewohnten Insel. Wie er dahin gekommen ist, wird nicht enthüllt. Einziges Problem ist, wie er wieder in die bewohnte Welt zurückkehren kann. Er hat sich in dieser langen Zeit mit seiner Robinson-Crusoe-Existenz abgefunden und macht das Beste daraus. Alles auf der Insel hat er selbst gebastelt: eine Hütte, eine Angelrute, einen Flaggenmast, an dem er jeden Morgen voller Optimismus die Flagge (ein Unterhemd) hisst. Er zeigt, wie er seine langen Tage verbringt, wie er den winzig kleinen Strand absucht, ob vielleicht etwas angespült wurde, wie er sich mit einem (glücklicherweise geretteten) Kartenspiel die Zeit vertreibt.«[73]

Doch damit ist immer noch keine ganze Show gefüllt, sondern es kommen höchstens zehn Minuten Sendezeit zusammen. Es ist klar, dass mehr passieren muss – nur was? Rudi kommt die Idee, dass der Einsiedler eine im Sand vergrabene Kiste mit Gold und Juwelen entdecken könnte – die absurde Situation, plötzlich reich zu sein, aber mit dem Schatz auf der einsamen Insel nichts anfangen zu können, ist ein schöner Effekt, der sich auch in einem Lied umsetzten lässt: *Wat heb ik aan het geld?*, »Was nützt mir das Geld?« Eine weitere Möglichkeit, eine schöne und unterhaltsame Geschichte zu erzählen, ist das überraschende Eingeständnis des Einsiedlers, doch nicht ganz allein auf der Insel zu sein – denn in der kleinen Hütte wird ein Schimpanse namens »Freitag« versteckt, der aus dem Zoo von Amersfoort stammt und den Rudi wochenlang selbst für diesen Auftritt dressiert: »Ich verlangte einiges: ›Freitag‹ musste mit mir einen Spielkartentrick ausführen, sich mit Juwelen aus der Schatzkiste schmücken, einen Tango mit mir tanzen – kurz: So einfach war die Rolle wirklich nicht.«[74] Und schließlich, als Höhepunkt der Show, sieht Carrell den Auftritt einer Meerjungfrau vor, die von der noch kaum bekannten, aber bereits als viel versprechend geltenden israelischen Sängerin Esther Ofarim verkörpert wird: Rudi schläft ein und träumt von einer schönen Frau; während sich der Nebel, der sich kurzzeitig über die Insel gelegt hat, wieder lichtet, erscheint wie ein Traumbild eine Nixe – Esther Ofarim in einem bezaubernden Paillettenkostüm: »Für die Art und Weise, wie sie in wenigen Tagen einen Sechs-Minuten-Dialog in perfektem Holländisch auswendig gelernt hat, mache ich jetzt, nach so vielen Jahren, noch immer eine tiefe Verbeugung.«[75] Gemeinsam mit Rudi singt Esther auch noch ein Duett auf Englisch, *If You Are the Only Girl* – fast dreißig Jahre später werden die beiden es noch einmal zusammen singen: in einer VARA-Jubiläumsgala des Jahres 1990.

Jetzt, da das Konzept steht, wären Rudis Pläne nur noch in die Tat umzusetzen, doch schon allein das vorgesehene Bühnenbild zu erstellen erweist sich als äußerst schwierig. Die Bühnenbildner der VARA konstruieren ein großes Becken von dreizehn Metern Durchmesser, in dessen Mitte die aus Stahlträgern, Holz, Erde und Sand gebaute Insel mitsamt Palmen, Sträuchern und Kakteen verankert wird – doch es findet sich kein Theater und kein Fernsehstudio in ganz Holland, das dem enormen Gewicht von hunderttausend Litern Wasser standgehalten hätte. Also muss Carrell in ein festes Zirkusgebäude in Scheveningen ausweichen, das zwar über einen normalen Lehmboden verfügt, das sich jedoch, da es normalerweise nur im Sommer genutzt wird, nicht beheizen lässt, sodass es für die Bühnenarbeiter, Kameraleute und alle Mitwirkenden eine wahre »Zitterpartie« wird, dort die Show zu installieren. Immer wieder, bis hin zur Generalprobe, ergeben sich neue Schwierigkeiten, Rudis

Ideen in die Tat umzusetzen, doch im März 1964 ist es soweit, und die Show kann vor Publikum aufgezeichnet werden.

Vor Beginn der Aufzeichnung, während die Zuschauer ins Gebäude strömen und ihre Plätze einnehmen, versteckt Rudi sich eine Stunde lang in der kleinen Hütte auf der Insel. Zu Beginn der Show steht er dann zur Überraschung des Publikums plötzlich wie von Zauberhand hingestellt auf der Insel und singt sein Eröffnungslied *Ik ben helemaal alleen op een einland*, »Ich bin völlig allein auf einer Insel.« Alles klappt reibungslos, alles funktioniert so, wie Rudi es sich gedacht hat, bis hin zum Abschlussgag: Unvermittelt erscheint ein kleines Schiff vor der Insel, das den Einsiedler retten soll – im Boot sitzt Bert Postmaar, ein gestandener Varietékünstler, den Rudi als sein Maskottchen betrachtet; jahrelang hat er in jeder *Rudi Carrell Show* mindestens einen kleinen Auftritt: »Bert ist mein Talisman. Ich weigere mich, eine Show ohne Bert zu machen.«[76] Vor lauter Freude, endlich gerettet zu werden, springt Rudi ins dreizehn Grad kalte Wasser, taucht unter und nach exakt sieben Sekunden wieder auf, um sein Schlusslied *Terug naar Holland*, »Zurück nach Holland«, zu singen. Die Show kommt beim Publikum in Scheveningen derart gut an, dass es minutenlangen Schlussapplaus spendet.

Der Rest ist Geschichte – und fraglos eine der Sternstunden des holländischen Fernsehens. Am 1. Mai 1964 wird die Sendung unter dem Titel *Robinson Crusoe – Het Onbewoonde Eiland* von VARA ausgestrahlt; schon zuvor ist sie, mit englischen Untertiteln versehen, nach Montreux geschickt worden. Anfang Mai reist Rudi in Begleitung von Dick Harris in die Schweiz, die Nervosität der beiden steigt, je länger das Festival dauert. Am 5. Mai 1964 ist es soweit; die Gewinner des diesjährigen Wettbewerbs werden verkündet. Rudi Carrell wird für seinen Wettbewerbsbeitrag mit der Silbernen Rose von Montreux ausgezeichnet – die Goldene Rose geht in diesem Jahr in die Schweiz, die Bronzene Rose in die USA. Rückblickend gesteht Carrell: »Natürlich war ich überglücklich. Die anstrengende Arbeit war nicht umsonst gewesen. Für mich war ›Montreux 1964‹ das tollste Erlebnis meiner Karriere.«[77] Später, zurück im heimatlichen Loosdrecht, wird Rudi seine Silberne Rose in der Nähe einer kleinen roten Stehlampe platzieren – ihr Licht lässt die Rose beinahe golden leuchten.

Am Donnerstagabend wird der Preis in Montreux übergeben, am Freitag trifft Carrell wieder in den Niederlanden ein und gibt noch auf dem Flughafen Schiphol in Amsterdam eine Pressekonferenz, zu der neben Dick Harris auch seine Frau Truus und seine Töchter Annemieke und Caroline gekommen sind. Der Ansturm ist groß, unzählige Journalisten wollen ein Interview mit dem Preisträger, und natürlich ist Rudis Silberne Rose auch ein Thema für die Abendnachrichten, schließlich hat

Carrell für die Niederlande einen der renommiertesten internationalen Fernsehpreise gewonnen. Am nächsten Tag vermelden alle niederländischen Zeitungen Carrells Triumph auf der ersten Seite, sodass man eigentlich denken könnte, dass jeder Holländer von Rudis Sieg in Montreux wissen müsste; doch dem ist offensichtlich keineswegs so, denn Rudi macht eine befremdliche Erfahrung, die er jedoch als äußerst charakteristisch für die Mentalität seiner Landsleute betrachtet: »An diesem Samstag, an dem wirklich alle Zeitungen voll waren mit Carrell und Silberner Rose, da habe ich einen Kollegen wiedergetroffen, den ich schon längere Zeit nicht mehr gesehen hatte, und der begrüßte mich tatsächlich ernsthaft mit den Worten: ›Hallo, Rudi – lange nicht gesehen. Was machst du heutzutage eigentlich so?‹ Das ist Holland. So was passiert dir nur in Holland.«[78]

Tatsächlich kann man sich wohl kaum ein Land vorstellen, das so sehr zum Understatement neigt wie die Niederlande. In einem Land, in dem jeder jeden nach fünf Minuten duzt, ist offensichtlich schlicht und einfach kein Platz für Starkult – »In Holland gilt nur als Star, wer aus dem Ausland kommt«[79], hat Carrells Kollege Lou van Burg einmal formuliert. Auch wenn Rudi oft auf der Straße angesprochen und für seine Shows gelobt wird – es sind immer wieder solche Erlebnisse wie jenes nach der Silbernen Rose von Montreux, die einen auf den Teppich zurückholen. Schon 1960, als sein Name nach dem Sieg beim *Nationaal Songfestival* in aller Munde war und Fotos von ihm in allen Zeitungen prangten, machte er eine solche Erfahrung: Unmittelbar nachdem auf einem Festabend ihm zu Ehren Lobreden auf ihn gehalten und ihm von allen Gästen zugeprostet worden war, ging er zum aufgebauten Buffet und bat den Ober, der die ganze Zeremonie mitbekommen haben musste, noch um einen Kaffee. Sehr zu Rudis Verblüffung fragte dieser ihn nach seinem Namen, um den Kaffee auf seine Hotelrechnung setzen zu können. Völlig perplex nannte Rudi ihm einfach einen anderen Namen, den des berühmten Conférenciers und Sängers Cees de Lange – kommentarlos notierte der Ober diesen auf der Rechnung. Vielleicht ist diese unaufgeregte Normalität, mit der man auch mit den berühmtesten Landsleuten umgeht, der Grund dafür, warum Stars aus den Niederlanden so selten ihre Bodenhaftung verlieren. Rudi Carrell jedenfalls wird noch Ende der siebziger Jahre, als er durch seine Show *Am laufenden Band* schon längst zu einem Superstar des deutschen Fernsehens geworden ist, in seinem Heimatland nach wie vor als Mensch wie du und ich behandelt: »Nach fünfundzwanzig Jahren bist du wieder in deinem holländischen Geburtsort, gehst durch die Hauptstraße. Vor fünfundzwanzig Jahren lief Adrian auf der anderen Straßenseite und rief: ›Tag, Rudi!‹ und ging weiter. Heute bist du ein Star, ein internationaler Star, und Adrian geht wieder auf der anderen Straßenseite vorbei und ruft: ›Tag, Rudi!‹ und geht weiter. Moral: Wer in Deutschland glaubt, ein Star zu sein, der sollte eine Woche Urlaub in Holland machen.«[80]

6.
Shootingstar in Deutschland

»Jeder spricht vom deutschen Fernsehen, aber was das deutsche Fernsehen nicht hat, das ist eine *Rudi Carrell Show*« – das hatte Carrell im Frühjahr 1963 selbstbewusst als größtes Manko deutscher Fernsehunterhaltung ausgemacht. Jetzt, nur ein Jahr später, nachdem Rudi in Montreux auch auf internationalem Parkett bewiesen hat, dass er ein untrügliches Gespür dafür besitzt, was gutes Entertainment ist, wie man ein Millionenpublikum erreicht und gleichzeitig die Kritiker begeistert, erkennen auch die deutschen Fernsehmacher, dass ihnen tatsächlich eine so lockere und beschwingte Unterhaltungsshow wie die *Rudi Carrell Show* fehlt. Noch in Montreux ist Rudi von Mike Leckebusch, einem ebenso engagierten wie innovativen Unterhaltungsredakteur von Radio Bremen, gefragt worden, ob er sich vorstellen könne, seine Show auch in Deutschland zu machen. Trotz aller beruflichen Ambitionen ist es Rudi bis jetzt überhaupt noch nicht in den Sinn gekommen, sein Heimatland zu verlassen, um eine Karriere im Ausland anzustreben – noch im Dezember 1962 hatte er in einem Interview beteuert: »Meine Show ist typisch holländisch. Ich bin ein echter Holländer. Große Künstler wie Sonneveld und Hermans arbeiten lieber im Ausland. Ich nicht. Ich fühle mich in diesem Land herrlich. Ich habe das üble Klima lieb gewonnen und die Menschen, die unter ihm leiden. Holländer lieben ganz gewöhnliche Dinge. Und ganz gewöhnliche Dinge machen, das möchte ich am allerliebsten.«[1]

Doch je länger er über Leckebuschs Ansinnen nachdenkt, desto verlockender erscheint ihm die Offerte, zudem sich das deutsche Fernsehen geradezu um ihn zu reißen beginnt, denn dem Angebot von Radio Bremen folgen schnell noch weitere – auch der WDR in Köln, der NDR in Hamburg und der Bayerische Rundfunk in München melden ihr Interesse an, das Multitalent aus Holland unter Vertrag zu nehmen. »Die dachten: Der kostet nichts und spricht Deutsch, den müssen wir haben.«[2] In seinem Heimatland hat der Neunundzwanzigjährige binnen nur drei Jahren alles erreicht, was er erreichen konnte – den wichtigsten niederländischen Fernsehpreis hat er bereits gewonnen sowie dem holländischen Fernsehen mit seinem Sieg in Montreux erstmals internationale Anerkennung verschafft. Jetzt, wo er Bilanz zieht, muss es ihm zwangsläufig so vorkommen, als habe er in den Niederlanden seine beruflichen Möglichkeiten schon vollends ausgeschöpft und sei künstlerisch an einem toten Punkt angelangt, sodass ihm mit einem Mal der Gedanke reizvoll erscheint, sein Glück in Deutschland zu versuchen, auch wenn er nicht wirklich einschätzen kann, wie seine Chancen stehen, bei den deutschen TV-Konsumenten anzukommen. Herausforderungen haben seinen Ehrgeiz jedoch bisher immer noch anzustacheln gewusst, zudem steht Deutschland für den größeren Fernsehmarkt, das größere Publikum und vielleicht – irgendwann einmal – auch für die größeren Gagen. Nichts liegt also näher, als die Angebote genau zu prüfen, sich Zeit zu lassen, und die Offerte, die ihm am interessantesten erscheint, anzunehmen.

Schauspieler und Entertainer aus den Niederlanden sind gefragt im deutschsprachigen Raum, seit Johannes Heesters mit seinen Operetten und Filmen die Herzen des deutschen Publikums erobert hat – seit Anfang der sechziger Jahre steht Heesters auch regelmäßig vor den Fernsehkameras; 1961 präsentierte er unter dem Titel *Heut' geh ich ins Maxim* gar eine eigens auf ihn zugeschnittene Show, 1962 folgten die Shows *Ein zartes Band* und *Ich knüpfte manche zarte Bande* sowie 1963 *Es kommt auf die Sekunde an.* Aber zu diesem Zeitpunkt ist er bereits nicht mehr der einzige populäre Niederländer im deutschen Fernsehen, längst hat sein Landsmann Lou van Burg sich den Rang eines der beliebtesten Conférenciers und Showmaster erobert. Nach einem Umweg über das österreichische Fernsehen präsentierte er ab 1959 in der ARD das Musikquiz *Sing mit mir, spiel mit mir*, das jedoch 1962 eingestellt werden musste, nachdem herausgekommen ist, dass seine Starkandidatin, eine Münchner Friseuse, die ungewöhnlich viele Fragen beantworten konnte, eine Tante hatte, die in der Redaktion der Sendung arbeitete – es war der erste große Quizskandal des deutschen Fernsehens. Doch Lou van Burg, siebzehn Jahre älter als Carrell und aus Den Haag gebürtig, hat nach diesem empfindlichen Karriereknick beim neu gegründeten ZDF eine zweite Chance bekommen – sein *Goldener Schuss*, die erste interaktive Spielshow des deutschen Fernsehens, ist auf Anhieb zu einem gigantischen Erfolg geworden. Es ist das bisher erfolgreichste Sendekonzept des deutschen Fernsehens – *Der goldene Schuss* hat Deutschland zudem zum ersten Mal als Exportland für Showkonzepte bekannt gemacht; die Sendung läuft fortan auch als *The Golden Shot* in England und *Het Gouden Schot* in den Niederlanden, wird aber ebenfalls in die Schweiz, nach Australien, den USA und Japan verkauft. Wenn das ZDF mit Lou van Burg einen solchen Erfolg landen konnte, dann liegt es auch für Radio Bremen und die ARD nahe, es einmal mit einem begabten und viel versprechenden Holländer zu versuchen.

Doch bevor Rudi Carrell eine Entscheidung trifft, entschließt er sich dazu, sich zuerst einmal in dem Land umzusehen, das seine neue künstlerische Heimat werden könnte. Den Sommer 1964, die drei Monate vor

1 Ein eingeschworenes Team: Rudi und seine Schwester Truus, 1940.

2 Rudis Geburtshaus in Alkmaar, Spoorstraat 35. Die Familie bewohnte die erste Etage des Hauses. Aufnahme aus dem Jahr 2006.

3 Catharina mit ihren vier Kindern Geertruida (Truus), Adriaan, Rudolf (Rudi) und André, 1945.

4 Rudi zu Gast bei dänischen Bauern, August 1945.

5 Rudi, seine Schwester Truus und sein zukünftiger Schwager Hans de Leeuw im Sketch *Recht is Recht*, um 1951.

6 Einer der ersten Auftritte als Showmaster bei einem Schulabend, Alkmaar 1951.

7 Rudi mit seiner Boygroup *De Nachtbrakers*, »Die Nachtschwärmer«, um 1951.

8 Rudi in einem Sketch mit seiner Schwester Truus, Alkmaar um 1951.

9 Rudi im Kreis seiner Bühnenkollegen, 1955.

10 Rudi als junger Radiostar mit Gästen seiner Sendung *Sterren strijden overal*, 1957.

11 Rudis Jugendliebe und spätere Frau Truus, um 1956.

12 Hochzeitsfoto von Rudi und seiner ersten Frau Truus, 16. Mai 1957.

13 Rudi am Strand von Scheveningen, 1957.

14 Der stolze Vater: Rudi mit seiner ersten Tochter Annemieke, 1958.

15 Rudi als Teilnehmer beim Nationaal Songfestival, 1960.

16 Rudi mit seiner Frau Truus und Tochter Annemieke vor seinem ersten eigenen Haus in Loosdrecht, 1960.

17 Eine der ersten Rudi-Carrell-Karikaturen, 1960.

18 Rudi mit seiner Tochter Annemieke, um 1960.

19 Rudi mit dem holländischen Starkabarettisten Wim Sonneveld und Mitgliedern von dessen Kabarettgruppe *Lurelei*, 1961.

20 Die Geburt des Fernsehstars: Die *Rudi Carrell Show* in den Niederlanden, Mai 1963.

21 *Rudi Carrell Show*, Rudi mit seiner Kollegin Mies Bouwman, Mai 1963.

22 Rudi mit seinem Vater, dem Showmaster André Carrell, um 1963.

23 Rudi in der preisgekrönten Episode »Robinson Crusoe – das unbewohnte Eiland« der *Rudi Carrell Show*, 1964.

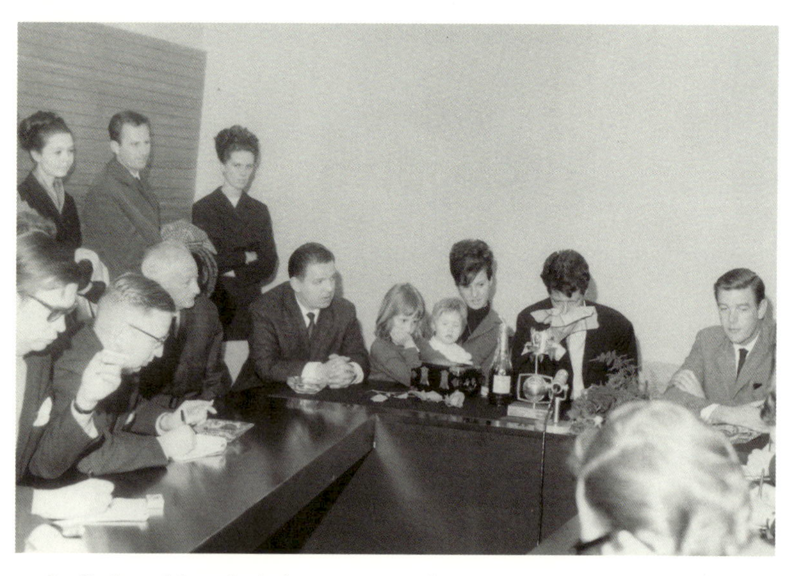

24 Rudi gibt auf dem Flughafen von Amsterdam eine Pressekonferenz, nachdem er die »Silberne Rose von Montreux« gewonnen hat. Neben ihm: sein Regisseur und späterer Manager Dick Harris sowie seine Frau Truus mit den Töchtern Annemieke und Caroline, Mai 1964.

dem Start der dritten Staffel der *Rudi Carrell Show* im niederländischen Fernsehen, nutzt Rudi zu einer ausgedehnten Deutschlandreise. Auch wenn er durch seinen Montreux-Sieg zwar bereits vereinzelte Male Erwähnung in der deutschen Presse gefunden hat, wird er noch von niemandem erkannt, sodass er sich unbehelligt durch die Bundesrepublik bewegen kann, um Land und Leute kennen zu lernen, um seine Sprachkenntnisse zu verbessern, um seit langer Zeit zum ersten Mal wieder seinen Marktwert bei Frauen auszutesten, für die er kein populärer Star ist – und um sich einen Überblick zu verschaffen, wie es mit dem Humorverständnis und der Fernsehunterhaltung in Deutschland bestellt ist.

Ebenso wie in den benachbarten Niederlanden ist das Fernsehen auch in Deutschland Mitte der sechziger Jahre längst zum wichtigsten Medium geworden, das dem Radio langsam, aber sicher den Rang abgelaufen hat. Gerade zur Zeit der Wirtschaftswunder-Euphorie mit ihrer Technikbegeisterung gehört eine »Flimmerkiste« zunehmend zur Ausstattung des täglichen Lebens; das Fernsehen ist *das* Medium einer fortschrittsgläubigen Zeit. Fernsehen zu schauen, um sich zu informieren und zu unterhalten, hat sich längst als festes Ritual in den Familien durchgesetzt – das, was am Abend im Programm läuft, ist oft der Gesprächsstoff des nächsten Tages. 1963 ist mit dem ZDF zum ersten ein zweites Programm hinzugekommen, und der Staatsbesuch des amerikanischen Präsidenten John F. Kennedy in Deutschland wurde zur bis dato größten Liveübertragung im deutschen Fernsehen. Das Medium wird als »Fenster zur Welt« begriffen und liefert immer häufiger Bilder, die sich ins visuelle Gedächtnis der Nation einbrennen – bald gibt es kein wichtiges Ereignis mehr, das nicht durch Fernsehkameras dokumentiert und ins heimatliche Wohnzimmer übertragen wird. 1964 hat sich der Fernsehkonsum der Bundesbürger auf durchschnittlich eine Stunde und zehn Minuten eingependelt – zehn Jahre später, als Carrell seine Erfolgsshow *Am laufenden Band* startet, werden die Deutschen täglich bereits eine ganze Stunde länger vor dem Fernsehapparat sitzen.

Im Gegensatz zu den Niederlanden oder auch Großbritannien hinkt das deutsche Fernsehen Mitte der sechziger Jahre der internationalen Entwicklung noch weit hinterher. Noch hat man in Deutschland nicht begriffen, dass das Fernsehen in allererster Linie ein Unterhaltungsmedium ist und dass letztlich nahezu alles, was im Fernsehen ausgestrahlt wird, der Unterhaltung der Zuschauer dient. Noch werden die »gesellschaftskritischen Aufgaben« des Mediums überbetont, Fernsehen wird quasi als Mittel der Erwachsenenbildung betrachtet und kommt oftmals wie eine flimmernde Volkshochschule daher. »Volksbildung im Fernsehen« ist das Schlagwort der Stunde. Selbst bei Unterhaltungssendungen dürfen die deutschen Zuschauer sich nicht entspannt zurücklehnen, sondern werden noch mit erhobenem Zeigefinger belehrt. Nicht umsonst ist das aus den USA importierte Fernsehquiz, dem man jedoch in Deutschland oft eine Aura des Bedeutungsvollen verleiht, das beliebteste Genre im deutschen Fernsehen der fünfziger und frühen sechziger Jahre.

Schon in den ersten Jahren des Mediums ist es zu einer regelrechten Inflation von Rate- und Gewinnspielen gekommen, nachdem sich 1953 das erste deutsche Fernsehquiz *Ich seh' etwas, was Du nicht siehst* zu einem wahren Publikumsrenner entwickelt hat. Zumeist werden erfolgreiche amerikanische Quizshows adaptiert, die in Deutschland aber einen spürbar didaktischeren Anstrich bekommen. Das spielerisch Leichte der US-Vorbilder sucht man hierzulande vergeblich, denn die deutschen Fernsehmacher wollen, dass die Zuschauer etwas lernen, wenn sie in ihrer Freizeit schon den Apparat einschalten. Paradebeispiel für die typische deutsche Rateshow ist das Quiz *Hätten Sie's gewusst?*, das von 1958 an zehn Jahre lang von dem ehemaligen Sportreporter Hans Maegerlein moderiert wird. Die Schwierigkeitsgrade der Fragen übersteigen bei weitem heutiges Niveau – schon die Ratekategorie »Was man weiß, was man wissen sollte« spricht Bände. Moderator Maegerlein wirkt wie ein verknöcherter Pauker und reagiert nicht selten missmutig und verstimmt, wenn seine Kandidaten einmal versagen. Zunächst wird er von der Presse noch wohlwollend als »wandelndes Lexikon« bezeichnet, doch schon bald als »Quizbeamter ohne Charme« kritisiert, der wie ein »Oberlehrer in der Volkshochschule Fernsehen« wirke.

Diese Bezeichnung könnte man auch auf ein anderes deutsches Fernseh-Urgestein ummünzen – Robert Lembke. Zwar hatte Lembke angesichts der sich geradezu epidemisch ausbreitenden Quizshows die Frage gestellt, ob das Quiz eine Seuche sei, doch spätestens 1955 war er selbst infiziert: Während eines Fortbildungsbesuchs bei der BBC London sicherte sich Lembke als stellvertretender Fernsehdirektor des Bayerischen Rundfunks die deutschen Rechte des in England und den USA höchst populären *What's my line?* – unter dem Titel *Was bin ich?* bringt er es auf den deutschen Bildschirm. Die überaus erfolgreiche, immer in der gleichen Dekoration daherkommende Show um das »heitere Beruferaten«, bei der jeweils vier »Ratefüchse« mit dem ewig gleichen, oft unfreiwillig komischen Formulierungen immer neue Berufsbilder und – am Schluss der streng ritualisierten Sendung, mit den obligatorischen Masken vor den Augen – einen Prominenten zu erraten haben, wird zu einem wahren Dauerbrenner des deutschen Fernsehens. Trotz seiner Androhung, Menschen mit seltenen Berufen noch bis ins Jahr 2100 zu finden[3], wird die Sendung nur bis zu Lembkes Tod im Januar 1989 ausgestrahlt – vierunddreißig Jahre lang mausert sich *Was bin ich?* mit konstant guten Einschaltquoten und höchst preisgünstigen Produktionskosten zu einer regelrechten Institution im deutschen Fernsehen. Mit der Wiederkehr des Immer-Gleichen wird Lembkes Quiz zum Symbol der Beständigkeit in einer sich stetig wandelnden Welt. Dass die Show ab 1967 in Farbe daherkommt und zuerst Lembkes Foxterrier »Struppi« und dann dessen Nachfolger »Jacky« in den Hundehimmel eingehen, werden auch schon die aufregendsten Ereignisse in vierunddreißig Jahren *Was bin ich?* gewesen sein.

Neben biederen und bildungsbürgerlichen Sendungen wie *Hätten Sie's gewusst?* und *Was bin ich?*, die letztlich nicht mehr als abgefilmtes Radio sind und die genuinen Möglichkeiten des Mediums Fernsehen weitestgehend ungenutzt lassen, gibt es natürlich auch noch die große Showunterhaltung, die vor Carrell vor allem durch zwei Namen geprägt wird: Peter Frankenfeld und Hans-Joachim Kulenkampff. Frankenfeld, rund zwanzig Jahre älter als Carrell, hat einen ähnlichen Hintergrund wie sein Kollege aus Holland. Auch seine Wurzeln liegen im Kabarett, im Varieté und in der Kleinkunst, schon als Sechzehnjähriger trat Frankenfeld als »Frank der Zauberer« in einem Wanderzirkus auf, bis er Ende der vierziger Jahre vom Rundfunk entdeckt wurde. Bevor er 1954 mit einer ersten eigenen Sendung zum Fernsehen kam, hatte also auch Frankenfeld die Möglichkeit gehabt, sich spielerisch in allen möglichen Bereichen auszuprobieren, vor allen Arten von Zuschauern aufzutreten und ein untrügliches Gefühl dafür zu entwickeln, was beim breiten Publikum ankommt und was nicht. Kaum einer im deutschen Fernsehen vermag so locker und unbeschwert mit Gästen aus dem Publikum umzugehen wie er, kaum einer besitzt so eine große Fähigkeit, schnell mit den unterschiedlichsten Menschen ins Gespräch zu kommen – gelernt ist eben gelernt. Frankenfeld ist der einzige deutsche Showmaster in dieser Zeit, der das Risiko eingeht, seine Sendung mit nicht zuvor gecasteten, zufällig aus dem Publikum ausgewählten Zuschauern zu gestalten – mittels »Fliegender Untertassen«, kleiner Spielzeugkatapulte mit Propellern, die ins Publikum geschossen werden, sucht er im Saal Kandidaten für seine originellen bis skurrilen kleinen Spielchen aus. Auch wenn *Der Spiegel* schon 1955 verkündete: »Der bunte Abend ist tot«[4] – noch bis weit in die sechziger Jahre hinein führen Frankenfelds Shows das Prinzip des bunten Abends, der vorher auf den Bühnen und im Radio Triumphe gefeiert hat, im Fernsehen fort. Seine Sendungen sind große, opulente Shows mit Ballett und Orchester, mit Conférencen, Spielen, Gags und Sketchen, umrahmt von einem musikalischen Nummernprogramm, zunächst vor allem mit deutschen, später auch mit internationalen Stars wie Josephine Baker.

Ähnlich wie Carrell ist auch der grandiose Selbstdarsteller Frankenfeld jemand, der die Souveränität besitzt, über sich selbst lachen zu können, der sich selbst auf den Arm nimmt und auch schon mal ganz bewusst Pannen in seine Shows einbaut oder sich ungeschickt anstellt, um dem Publikum zu demonstrieren, dass im Fernsehen nicht zwangsläufig alles immer so perfekt funktionieren muss. Ebenso wie Carrell benimmt Frankenfeld sich im Fernsehen so wie zu Hause, bildet auch schon mal unvollständige und grammatikalisch unkorrekte Sätze, lässt schon mal flapsige Bemerkungen fallen, manches Mal enden seine Moderationen auch in einem unverständlichen Gemurmel. Neben seiner Lockerheit und Spontaneität ist Frankenfeld ebenso wie seinem holländischen Kollegen schon sehr früh die Aktualität wichtig – auch er verliest mitten in seiner Sendung Sondermeldungen oder gratuliert Boxer Bubi Scholz zur Europameisterschaft im Mittelgewicht, um den Livecharakter seiner Shows zu unterstreichen.

Der redegewandte und zu Wortspielen, Witzen und Kalauern neigende Frankenfeld ist jahrelang der unangefochtene Liebling der deutschen Fernsehzuschauer, mit Sendungen wie *1:0 für Sie*, *Bitte recht freundlich* sowie *Wer will, der kann* und der Talentshow *Toi, Toi, Toi* wird er zum Zugpferd der deutschen Fernsehunterhaltung. Frankenfeld leistet einen enormen Beitrag dazu, das Fernsehen in Deutschland populär zu machen – wenn seine Sendungen laufen, sind die Straßen leer. Meinungsumfragen bestätigen, dass Frankenfelds Konterfei zeitweise so bekannt ist wie das von Bundeskanzler Adenauer, beider Bekanntheitsgrad liegt bei hundert Prozent – zudem ist er der erste Showmaster, der es auf das *Spiegel*-Cover geschafft hat. Zunächst ist er auch bei den Kritikern beliebt, die ihn als Stimmungskanone feiern und ihm zugestehen, dass er den Vergleich mit amerikanischen Vorbildern nicht zu scheuen braucht. Doch Ende der fünfziger Jahre bekommt seine Karriere einen empfindlichen Dämpfer; Kritiker, aber auch Fernsehzuschauer bemängeln immer häufiger seinen doch recht grobschlächtigen Humor, seine flachen Kalauer und werfen ihm vor, rüde mit seinen Publikumskandidaten umzugehen und sich auf deren Kosten lustig zu machen – indem er etwa bei Gewinnspielen immer wieder die vermeintliche Habgier seiner Kandidaten ins Lächerliche zieht. Je etablierter das Fernsehen wird und je mehr der Reiz des Neuen verfliegt, desto mehr steigen auch die Ansprüche des Publikums an die Qualität des Dargebotenen – Frankenfeld bekommt dies am eigenen Leib zu spüren. Doch 1964, als Carrell das Angebot unterbreitet wird, Fernsehen in Deutschland zu machen, ist Frankenfeld längst wieder obenauf, denn er feiert ein furioses Comeback mit der Game-Show *Vergissmeinnicht*, mit der die unbeliebten, neu eingeführten Postleitzahlen populär gemacht werden sollen und mit der zugleich die *Aktion Sorgenkind* eingeführt wird, die erste deutsche Fernsehlotterie für wohltätige Zwecke, mit der Spenden für körperlich und geistig behinderte Kinder gesammelt werden.

Die Konkurrenz für Carrell wird hart sein, denn 1964 startet noch eine andere Fernsehshow, die für lange Zeit zu einer festen Größe in der deutschen Fernsehunterhaltung werden wird – Hans-Joachim Kulenkampffs Spielshow *Einer wird gewinnen*, ein Spiel mit jeweils acht Kandidaten aus acht europäischen Ländern. Kulenkampff hat im Gegensatz zur Zirkusnatur Frankenfeld keine Imageprobleme, der Bremer Kaufmannssohn, der sein Fernsehdebüt nach seiner Zeit als Radio-Quizmaster 1953 mit dem Städtequiz *Wer gegen wen?* gegeben hatte, wird seinem Ruf als stets gut gelaunter, charmanter Spielmeister und als »gebildeter Herr« zu allen Zeiten gerecht. Auch seine Popularität kennt bald keine Grenzen mehr; langsam, aber sicher läuft er Frankenfeld den Rang als beliebtester deutscher Showmaster ab. Die Presse feiert ihn als den »nettesten und amüsantesten Mann im westdeutschen Fernsehen« und lobt seinen kultivierten, wenn auch stets etwas altväterlich wirkenden Charme. Hans-Joachim Kulenkampff ist schnell dafür bekannt, dass er sich gerne einmal verplaudert – die Einblendung »Die nachfolgenden Sendungen verschieben sich um etwa dreißig Minuten« wird zum festen Bestandteil von *Einer wird gewinnen*. Doch beim Publikum wie bei den ARD-Gewaltigen hat »Kuli«, wie er bald genannt wird, einen unbegrenzten Überziehungskredit, eine Stunde und fünfzehn Minuten Überziehung werden sein Rekord sein.

Auch wenn Carrell, dessen Sendungen immer bis auf die Minute fest getimt sind und einer strengen Choreographie folgen, nichts von Überziehungen hält und er findet, dass so etwas nur die Eitelkeit des Moderators befriedigt, ist er von der Art und Weise, wie Kulenkampff durch seine Sendungen führt, durchaus angetan: »Kulenkampff hatte Wärme, der redete mit den Menschen zu Hause so, als ob sie intelligente Erwachsene sind. Und er scheute sich auch nie, seine eigene Meinung zu sagen, das hat mir imponiert, dass er nie ein Blatt vor den Mund genommen hat, um sich nicht unbeliebt zu machen – das war und ist ein weit verbreitetes Phänomen im deutschen Fernsehen.« Auch die obligatorische Mantelszene mit Butler Martin Jente, in der Kulenkampff am Ende jeder Sendung mit einigen spitzen und despektierlichen Bemerkungen verabschiedet wird, schätzt Carrell sehr: »Das ist wichtig, dass ein Fernsehstar auch einmal eins auf die Mütze bekommt, dass er nicht als unantastbar dargestellt wird.«[5] Eins jedoch stört Carrell enorm an Kulenkampff: nämlich dass er nicht hundertprozentig hinter dem steht, was er macht. Auch wenn Kulenkampffs Ausflüge in andere Genres, in die Schauspielerei oder in die Talkshow, nie vom Publikum goutiert werden und er von der breiten Masse immer nur als Quizmaster akzeptiert wird, kokettiert er in seinen Sendungen unaufhörlich damit, dass er sich eigentlich als seriösen Schauspieler betrachte und der Beruf des Showmasters im Grunde keine Beschäftigung für ihn sei: »Ich bin Schauspieler – Quizmaster ist kein Beruf.«[6] Kulenkampffs Beteuerungen, dass er im Leben mehr erreichen will, als Shows zu moderieren, lassen Carrell, der zeitlebens immer voll und ganz hinter dem steht, was er macht, den Kragen platzen: »Wichtig ist, dass man überzeugt ist von dem, was man macht, dass man dahintersteht und nicht, wie Kulenkampff immer durchblicken lässt, dass man eigentlich etwas Besseres ist als nur Showmaster, nämlich ein richtiger, seriöser Schauspieler. Ha, die gibt es doch wie Sand am Meer.«[7]

Nach seinen Eindrücken gefragt, was er vom deutschen Fernsehen halte, hat Carrell generell viel Positives zu sagen – es gibt hervorragende Nachrichtensendungen, sehr gute Fernsehspiele, starke Schauspieler, gute Features und Diskussionsrunden; das Programm ist im Gegensatz zum amerikanischen Fernsehen noch nicht von der Werbung dominiert: »Die deutschen Fernsehprogramme sind die besten der Welt. Ganz bestimmt! Nur über die deutsche Fernsehunterhaltung sage ich lieber keinen Ton…«[8] Was Carrell vor allem stört, ist, dass die deutschen Unterhaltungsshows zwar mit üppigen Budgets, großen Stars und aufwendigen Dekorationen daherkommen, dass ihnen aber letztlich die Unbeschwertheit, Herzlichkeit und Menschlichkeit fehlen, die für ihn persönlich Fernsehen und Unterhaltung zeitlebens ausmachen werden. Deutsche Fernsehshows, wie er sie Mitte der sechziger Jahre zu sehen bekommt, sind für ihn »Millionen DM verschlingende, eiskalte, sterile, aber technisch perfekte Programme«[9].

Womit Rudi im »Unterhaltungs-Entwicklungsgebiet« Deutschland punkten will, das sind Shows, die wie seine holländische *Rudi Carrell Show* auf große Budgets, opulente, ständig wechselnde Dekorationen und einen Aufmarsch bekannter Gaststars verzichten und die stattdessen Unterhaltung mit Herz präsentieren – Shows also, bei denen der Mensch im Mittelpunkt steht: »Im deutschen Fernsehen war alles riesig. Riesige Shows, riesige Ballette, riesige Streichorchester, riesige Bühnenbilder – und der Showmaster sah vor dieser Kulisse aus wie ein Streichholz. Das wirkte alles kalt, war völlig ohne Wärme.«[10] Aber nicht nur Wärme und Herzlichkeit will er in die deutschen Wohnzimmer zaubern, auch – das erklärt er schon in seinen ersten deutschen Interviews – ein anderer Humor muss her. Carrell will nicht den typisch deutschen, etwas bemühten und biederen Humor à la Kulenkampff und Frankenfeld bedienen, sondern auf eine Komik setzen, die er selbst »internationalen Humor«[11] nennt und für die er das deutsche Fernsehpublikum erst erziehen und sensibilisieren muss – einen frechen, saloppen, jedoch nie verletzenden Humor, einen Humor, der auf ein Feuerwerk vieler kleiner lustiger Momente und vieler kleiner Lacher setzt: »Ich liebe kleine, schnelle Gags. Lieber jede halbe Minute ein Lächeln, ein Schmunzeln, als ein langatmiger Sketch von zehn Minuten mit nur einem großen Lacher zum Schluss.«[12] Doch es wird einige Zeit ins Land ziehen, bis diese Art von Humor, der Spaß um des Spaßes willen, in Deutschland ankommt: »Es dauerte jahrelang, bis das deutsche Publikum begriffen hatte, dass man auch mit einer Streichholzschachtel Spaß machen kann und dafür nicht immer eine riesige Maschinerie in Bewegung setzen muss.«[13]

Schnell wird klar, dass Rudi Carrell eine völlig andere Vorstellung von einer guten Unterhaltungsshow hat als die meisten seiner deutschen Kollegen – und genau hier sieht er auch die Chance, sich neben den gerade gestarteten Erfolgssendungen *Vergissmeinnicht* und *Einer wird gewinnen* zu positionieren. Indem er an die Prinzipien seiner holländischen, an angloamerikanischen Vorbildern orientierten *Rudi Carrell Show* anknüpft, wird er für die deutschen Fernsehzuschauer etwas völlig Neues und Innovatives auf den Bildschirm bringen. Wie in Holland, so will er auch in Deutschland auf große Showtreppen und prominente Showstars verzichten und hierzulande ebenfalls viel mehr das Alltagsleben in seinen Shows abbilden; denn in seiner Heimat hat er die Erfahrung gemacht, dass man die Zuschauer, wenn man sich auf ihre Lebensrealität bezieht, auf eine wesentlich unmittelbarere Art und Weise erreichen kann, als dies mit großen Ballettnummern und glitzernden Showtreppen der Fall ist: »Ich möchte nicht den großen Rahmen, die glanzvolle Show. Ich will mitten hinein in die Fernsehfamilien, die zu dritt oder zu viert vor ihrem Gerät sitzen und unterhalten werden wollen. Ich plaudere mit ihnen, ich erzähle ihnen was Neues. Ich lasse sie sozusagen mitspielen. Die Zuschauer haben hier zu viele glatte Shows gesehen und zu wenig Herz und zu wenig Persönlichkeit.«[14]

Mike Leckebusch hat mittlerweile mit seinem Vorgesetzten Hans Bachmüller, dem Unterhaltungschef von Radio Bremen, gesprochen und dabei angeregt, Rudi Carrell unter Vertrag zu nehmen. Bei Radio Bremen, dem kleinsten Sender der ARD, herrscht in diesen Tagen geradezu eine kreative Aufbruchstimmung. Wohl nicht zuletzt gerade, weil es bei den Bremern so klein und überschaubar ist und die Wege der Entscheidungsinstanzen so kurz sind, bringt man hier eher den Mut zu Veränderungen und Experimenten auf als in größeren ARD-Anstalten. So bereitet Mike Leckebusch etwa gerade die Sendung *Beat Club* vor, die den Musikgeschmack im deutschen Fernsehen revolutionieren, den Grundstein für eine neue Jugendkultur legen und gemeinsam mit ihrer ebenso legendären Nachfolgesendung *Musikladen* Anfang der siebziger Jahre ein neues

Fernsehzeitalter in Deutschland einläuten wird. Leckebuschs Vorschlag, Carrell ins Boot zu holen, stößt bei Unterhaltungschef Bachmüller sogleich auf offene Ohren – daran, dass Carrell Gold wert ist, besteht kein Zweifel, und auch nicht daran, dass er der denkbar beste Showmaster für Radio Bremen ist. Dafür spricht nicht nur die Tatsache, dass er seine Shows mit einer für Deutschland bislang recht untypischen Lockerheit und Unbeschwertheit präsentiert, sondern auch der Umstand, dass er brillante Unterhaltungsshows macht, die aufgrund der relativ sparsamen Ausstattung und des Verzichts auf große internationale Stars auch noch wenig Geld kosten – Carrell scheint wirklich der ideale Mann für Radio Bremen zu sein.

Sehr zur Freude der Verantwortlichen des Senders entscheidet Rudi sich tatsächlich gegen die größeren Anstalten WDR, NDR, Bayerischer Rundfunk und für Radio Bremen. Dies tut er einerseits, weil ihn die Atmosphäre im Sender und in den Studios von Radio Bremen an die überschaubaren Strukturen in Hilversum erinnert, andererseits aber auch, weil er sich sofort in die Stadt Bremen verliebt hat: »Ich mochte die Stadt einfach auf Anhieb. Sie hat mich sehr an Groningen erinnert, wo ich mich immer sehr wohl gefühlt habe. Alles war so holländisch-gemütlich. Und auch die Leute in Bremen mochte ich auf Anhieb. Für so eine kleine Show wie die *Rudi Carrell Show* war Bremen genau die richtige Stadt.«[15] Nachdem Rudi die Verträge bei Radio Bremen unterzeichnet hat, die ihn dazu verpflichten, von Oktober 1965 bis Mai 1967 alle zwei Monate eine Show für das Gemeinschaftsprogramm der ARD abzuliefern, muss er zunächst noch einmal für ein halbes Jahr nach Holland zurückkehren, denn vertragsgemäß hat er noch eine ganze Staffel seiner *Rudi Carrell Show* für VARA zu absolvieren, sodass er sich erst im Herbst 1965 dem deutschen Fernsehpublikum präsentieren kann. Doch die deutschen Fernsehzuschauer sollen zuvor schon einmal in den Genuss kommen, Carrell kennen zu lernen: Fast ein halbes Jahr nach Montreux, am 3. Oktober 1964, strahlt die ARD Rudis Montreux-Show mit viel versprechender Resonanz aus – im holländischen Original mit deutschen Untertiteln. Insgesamt ist Carrells Siegershow in vierzehn Länder verkauft worden, und wie überall gibt es auch von den deutschen Zuschauern eine positive Resonanz auf die Ausstrahlung, was Gutes für Rudis Fernsehstart in Deutschland verspricht.

Im Mai 1965 präsentiert Carrell die vierzigste und vorerst letzte *Rudi Carrell Show* im niederländischen Fernsehen. Natürlich hat er sich für den Abschied aus der Heimat etwas Spektakuläres ausgedacht, denn schließlich will er seinen Landsleuten in bester Erinnerung bleiben. Darum schwebt ihm auch ein ganz besonderer Clou vor: Während der Vorbereitung zu seiner Show liest er in der Zeitung, dass Richard Burton sich im Lande aufhält, weil einige Szenen seines aktuellen Films *Der Spion, der aus der Kälte kam* in Holland gedreht werden und er von seiner Frau Elizabeth Taylor begleitet wird, die zwei Jahre zuvor im Monumentalfilm *Cleopatra* von sich reden gemacht hat – zwar war der Streifen an den Kinokassen kein Erfolg, aber der Taylor hat er den Ruf als »schönste Frau der Welt« eingebracht. Ohne lange zu fackeln, lauert Rudi den beiden in der Bar ihres Hotels auf, traut sich dann jedoch nicht, das prominente Schauspielerpaar auch anzusprechen. Doch wieder einmal steht ihm das Glück zur Seite: Richard Burton ist es, der zu ihm kommt und ihn an seinen Tisch bittet: »Waren Sie nicht vor ein paar Monaten im englischen Fernsehen? Das war eine sehr originelle Show. Alle Achtung. Setzen Sie sich doch zu uns.« Drei Stunden lang erzählt Burton, drei Stunden sitzt Carrell Liz Taylor gegenüber und schaut sie fasziniert an, während Burton die Unterhaltung allein bestreitet: »Auge in Auge mit der damals schönsten Frau der Welt. Sie hat nur noch mich angeschaut. Und Richard saß daneben und hat erzählt mit seiner tollen Stimme.«[16] Rudis Faible für schöne Frauen kommt seinen eigentlichen Absichten in die Quere. Erst nachdem er sich von den beiden verabschiedet hat, fällt ihm ein, dass er völlig vergessen hat, die Taylor zu fragen, ob er sie in seine Sendung einladen darf – und so muss die vorerst letzte holländische *Rudi Carrell Show* ohne den Hollywood-Star auskommen.

Dennoch wird die Show etwas ganz Außergewöhnliches, denn Rudi lässt ausschließlich Frauen auftreten. Für seine Sendung hat er als Kulisse das niederländische Parlament detailgetreu im Fernsehstudio nachbauen lassen und besetzt sein Showparlament mit lauter prominenten Holländerinnen: »Ich wollte zeigen, wie es da zugeht, wenn nur noch das ›schwache Geschlecht‹ regiert. Es war Frühling 1965. Also in einer Zeit, in der das Wort ›Emanzipation‹ nur im Lexikon vorkam und das Wort ›Frauenbewegung‹ sich noch unanständig anhörte. Ich war mit meiner Idee eigentlich ein bisschen früh dran. Die Show wurde nur ein Erfolg, weil die gesamte holländische weibliche Prominenz als Abgeordnete im Showparlament mitmachte.«[17]

Die Kritiker überschlagen sich erneut vor Begeisterung, denn wieder einmal hat Rudi dem holländischen Fernsehen eine Sternstunde geschenkt. Doch in die Freude über die gelungene Abschiedsshow und den Stolz, dass Carrell im großen Nachbarland Karriere machen wird, mischen sich mehr und mehr auch kritische Untertöne, die spüren lassen, dass man Carrell ungern gehen lässt, dass man nicht wirklich damit einverstanden ist, dass der beliebteste holländische Showmaster seine Heimat verlässt: »Warum tut man in Hilversum nichts gegen die Auswanderung unserer Talente?«[18] Rudis Kollegin Mies Bouwman ist anderer Meinung: »Man fand das damals nicht so toll, dass Rudi nach Deutschland geht. Bei vielen schwangen da sicher auch noch Vorbehalte gegenüber den Deutschen mit, sodass sie es lieber gesehen hätten, wenn Rudi weiter in Holland Fernsehen gemacht hätte. Ich habe das absolut nicht so gesehen. Einerseits habe ich immer, wie Rudi auch, empfunden, dass wir nach vorne und nicht zurückschauen sollten, und außerdem habe ich mich einfach für Rudi gefreut, dass er so eine Chance bekommt und dass er sie auch wahrnimmt.«[19] Zunehmend werden Vorwürfe gegen Carrell laut – auch der Vorwurf, dass er vor allem des Geldes wegen nach Deutschland wechsle, schwingt mit. Rudi Carrell stellt rückblickend fest: »Das war natürlich völliger Quatsch. Ich habe mich schließlich für Radio Bremen entschieden, das war der kleinste und ärmste Sender der ARD. Ich habe da anfangs für meine Shows exakt das Gleiche verdient wie in Holland. Für mich war Fernsehen etwas Idealistisches, fast wie ein Wunder. Für die Leute auf der Straße waren wir wie Götter. Da war es mir doch egal, was ich verdiente.«[20] Obwohl Rudi immer wieder nach Holland zurückkehren wird, um Fernsehen zu machen, und er sein Heimatland im deutschen Fernsehen würdevoll repräsentiert, bleibt fortan immer eine gewisse Distanz zwischen ihm und seinen Landsleuten bestehen. Einerseits werden die Niederländer stolz sein, dass Rudi im deutschen Fernsehen so eine große Karriere macht, andererseits versuchen sie unermüdlich, Carrells Erfolg kleinzureden, indem etwa das Gerücht gestreut wird, Rudi komme in Deutschland nur wegen seines ulkigen Akzents so gut an: »Ich wäre froh, wenn es so leicht gewesen wäre, dann hätte ich nicht so hart arbeiten müssen.«[21]

Und wie er es aus Holland gewöhnt ist, so erachtet Rudi es auch in Deutschland als eine Selbstverständlichkeit, hart zu arbeiten – sein Ehrgeiz, es auch hierzulande zu schaffen und die Herzen der deutschen Fernsehzuschauer im Sturm zu erobern, spornt ihn wieder einmal zu Höchstleistungen an. Am 25. Oktober 1965 ist es endlich soweit, die erste deutsche *Rudi Carrell Show* flimmert über die Bildschirme – wie bei der ersten holländischen Staffel werden wiederum die ersten beiden Ausgaben voraufgezeichnet, erst von der dritten Sendung vom Januar 1966 an wird live ausgestrahlt. Die allererste Show ist in den Programmzeitschriften eigentlich bereits für den 4. Oktober angekündigt, muss dann aber ganz kurzfristig um drei Wochen verschoben werden, weil der Papst die UNO besucht und die ARD live überträgt. Obwohl die Sendung also am 4. Oktober gar nicht gelaufen ist, bringt der *Telegraaf*, Hollands wichtigste Tageszeitung, am nächsten Tag eine Kritik der Show: »Da die holländischen Fernsehprogramme gestern Abend langweiliger denn je waren, habe ich auf Deutschlands erstes Programm umgeschaltet. Hier bewies unser eigener Rudi Carrell, dass er sich auch in unserem Nachbarland gut bewährt. Sein Deutsch ist noch nicht perfekt, aber die Show bot so viel Lustiges, dass man ihm ein Kompliment machen muss.« Aber auch einige kritische Anmerkungen gibt es, etwa dass Carrell in der Wahl der Mitwirkenden nicht immer ein glückliches Händchen bewiesen habe. Da der gefürchtete und in den Niederlanden hoch geachtete Kritiker hier eine Show kritisiert, die noch gar nicht gesendet worden ist, lässt Rudi es sich selbstverständlich nicht nehmen, ihm drei Wochen später, kurz bevor die tatsächliche Ausstrahlung erfolgt, einen ironischen Brief zu schreiben: »Ich habe vor einigen Wochen Ihre Kritik über meine erste deutsche Show gelesen. Ich war froh, dass so vieles darin Ihnen gefallen hat. Was die einzelnen Teile betrifft, die Sie negativ beurteilten, lasse ich Sie wissen, dass ich mir Ihre Worte zu Herzen genommen habe und noch rechtzeitig vieles verbessern konnte. Die Show wird nämlich erst übermorgen gesendet.«[22]

Aufgezeichnet wurden die ersten beiden Folgen im Niederdeutschen Theater in Bremen, dessen winzige Bühne bis auf den letzten Quadratzentimeter ausgenutzt werden musste – erst ab der dritten Ausgabe kommt die *Rudi Carrell Show* dann live aus den Fernsehstudios von Radio Bremen. Die erste Show, für die Rudi das Thema »Marktplatz einer Kleinstadt« gewählt hat, hat eine Länge von nur vierzig Minuten, ab der zweiten Ausgabe, die in einem vorweihnachtlichen Kaufhaus spielt, dauern die einzelnen Sendungen jeweils sechzig Minuten. Noch bevor die allererste Show über den Sender geht, wird Carrell von Vertretern der deutschen Presse, die während der Aufzeichnung anwesend waren, bereits in höchsten Tönen gelobt und dem deutschen Fernsehpublikum wärmstens ans Herz gelegt: »Mit Rudi Carrell hat das deutsche Fernsehen endlich auch jene moderne Form der Unterhaltung gefunden, die allerorts seit längerem und mit großem Erfolg praktiziert wird. Witz und Witze, zum Hören und Sehen, und mit ebenso simpler wie ungewöhnlicher Pointe. Kalauer, geadelt durch Intelligenz, blitzschnelle Komik, die oft nur Sekunden braucht, um den trägen Denkkarren des Zuschauers über eine Weiche in eine neue Fahrtrichtung zu bringen. Herrlich doof wirkende Einfälle, wie sie nur von Klugheit und Phantasie gezeugt werden. Der lange, sympathische Holländer ist kein Showmann im altgewohnten Sinn. Gerade seine einfache, herzliche, ja simple Art nimmt das Publikum für ihn ein.«[23]

Schon mit seiner ersten deutschen Show steigt der Dreißigjährige auch hierzulande zu einem Publikumsliebling auf, der vor allem gerade auch bei jungen TV-Zuschauern blendend ankommt. Was Rudi so außergewöhnlich erscheinen lässt, ist, dass er neben den alten Showhasen Peter Frankenfeld und Hans-Joachim Kulenkampff so erfrischend jung wirkt, dass man aber, weil er bereits auf zweiundzwanzig Jahre Bühnenerfahrung zurückblicken kann und auch schon mit allen Fernsehwassern gewaschen ist, unweigerlich merkt, dass da ein Vollprofi am Werk ist. Weil er aber dennoch nicht den überheblichen Showmaster herauskehrt, sondern sich stattdessen den Zuschauern als einer der Ihren präsentiert, läuft das deutsche Publikum mit fliegenden Fahnen zu ihm über. Hierbei kommt ihm nicht zuletzt auch seine große Portion Selbstironie zu Hilfe, die Fähigkeit, sich immer wieder auch einmal selbst auf den Arm zu nehmen, die er schon in seiner Heimat wiederholt unter Beweis gestellt hat. Alfred Biolek erinnert sich, dass Rudi Carrell für ihn der erste Showmaster war, »der die Show betonte und nicht den Master und sich infolgedessen auch keineswegs scheute, Witze auf eigene Kosten zu machen«[24]. Rudi selbst ist sich zeitlebens bewusst gewesen, dass genau dies eine seiner größten Stärken ist – noch vierzig Jahre später erklärt er: »Ich habe mehr Selbstironie als alle meine deutschen Kollegen zusammen. Die kennen das Wort nicht einmal.«[25]

Aber nicht nur Carrells Auftreten, sondern auch das Konzept der *Rudi Carrell Show*, das mit der monothematischen Ausrichtung der einzelnen Ausgaben etwas völlig Neues auf dem deutschen Fernsehmarkt darstellt, sorgt für Aufsehen und bringt frischen Wind in die hiesige Fernsehunterhaltung. Eine Show, die ohne die üblichen Zutaten wie Showtreppen und opulente Balletteinlagen auskommt, sondern stattdessen dem Alltagsleben der Menschen Showqualitäten abringt, muss beinahe zwangsläufig überraschen, denn so etwas hat es hierzulande bisher nicht gegeben. Carrell bestätigt dies: »Bevor ich nach Deutschland kam, gab es hier im Fernsehen nur Ballett, Orchester und die große Showtreppe. Langweilig und fad! Das wollte in den Sechzigern keiner mehr sehen. Das Publikum gierte nach etwas Neuem. Und dann kam ich und machte Shows auf einem kleinen Markplatz.«[26] Tatsächlich ist vieles an Rudis Show neuartig für die deutschen Fernsehzuschauer, nicht nur die ungewöhnlichen, eigentlich Show-untypischen Handlungsorte wie eine Straße oder ein Campingplatz, ein Bahnhof oder eine Spielzeugfabrik oder der Umstand, dass die »Stars« der *Rudi Carrell Show* Verkäufer und Sekretärinnen, Schornsteinfeger und Zugschaffner, Bauarbeiter und Briefträger sind, sondern auch die unkonventionelle Art und Weise, wie Rudi Carrell seine Show präsentiert. Er kommt zu Beginn seiner Show nicht auf die Bühne und begrüßt als Erstes umständlich und steif das Publikum und die »Brüder und Schwestern im Osten«, wie sich das im bundesdeutschen Fernsehen eingebürgert hat, sondern beginnt jede seiner Shows mit einem eigens geschriebenen, beschwingten Lied, das mit dem Thema der jeweiligen Show spielt und zumeist auch hochaktuelle Aperçus aufweist.

Wie zuvor schon in seinen holländischen Shows zündet Rudi auch in der deutschen *Rudi Carrell Show* im Anschluss an das Eröffnungslied ein wahres Feuerwerk möglichst vieler abwechslungsreicher, lustiger Einfälle und Lieder, die sich alle um ein und dasselbe Thema ranken und Carrells unglaubliche Liebe zum Detail spüren lassen. Auch wenn man die Sendungen vierzig Jahre später noch einmal sieht – man merkt sofort, dass Rudi unzählige Stunden am Schreibtisch gesessen haben muss, bis er wirklich alle Möglichkeiten, die das jeweilige Thema bietet, auch wirklich ausgeschöpft hat. In seiner zweiten deutschen Show, die in einem Kaufhaus spielt, führt er beispielsweise alles vor, was sich in einem gut besuchten Warenhaus und dessen Abteilungen so abspielen kann. So kauft er etwa einen Pyjama und treibt den Verkäufer mit tausenden Extrawünschen zur Verzweiflung. Er imitiert einen Verkäufer, der seine Waren marktschreierisch anpreist, er blättert in Heftchenromanen, führt die Probleme mit einem widerspenstigen Passbildautomaten vor oder kümmert sich um ein kleines Mädchen, das seine Eltern verloren hat und das er mit einem Lied wieder aufmuntert. In der Spielzeugabteilung findet er eine sprechende Rudi-Carrell-Puppe, mit der er sich unterhält und mit der zusammen er ein Duett singt: »Bauchreden ist Silber, aber Schweigen ist Gold.« Running Gag der Show sind zwei Ladendiebe, die all ihre Tricks vorführen und sich immer wieder erfolgreich vor den Kaufhausdetektiven zu verstecken vermögen, indem sie etwa zu Schaufensterpuppen erstarren.

Auch die Showauftritte der Sendung sind komplett dem Umfeld des Warenhauses angepasst. In der Schuhabteilung führen die amerikanischen *Jonson Brothers* einen gekonnten Stepptanz vor, und in der Schallplattenabteilung studiert Rudi die aktuelle Hitliste und mokiert sich über die Nummer eins: »Diese Platte finde ich schrecklich.« Doch als Suzette Doucet, die aktuelle Nummer eins, plötzlich hinter ihm steht, korrigiert er sich schnell: »Diese Platte finde ich schrecklich gut« – woraufhin die Schlagersängerin ihm ihren aktuellen Titel *Bunter Drache* vorträllert. Dass prominente Gäste auf diese Weise in die Showhandlung einbezogen werden, ist neu im deutschen Fernsehen, auch dass sie nicht distanziert-respektvoll behandelt werden, sondern als ganz normale Menschen. Und wie in jeder Sendung nimmt Rudi, dessen Deutsch immer noch nicht perfekt ist, sich auch selbst auf den Arm – zusammen mit seinen britischen Gästen *Walter & Conny*, die eine populäre Fernsehsendung zum Englischlernen moderieren, singt er: »Ja, ja, wir lernen Deutsch.« Und der Schlussgag der Sendung setzt ebenfalls noch einen selbstironischen Akzent – Rudi legt sich in ein neuartiges, vollelektronisches Bett, an dessen Ende ein Fernseher steht: »Schalten Sie unsere Show ein, und Sie brauchen kein Schlafmittel mehr.«

Carrell versteht es brillant, aus der Not eine Tugend zu machen. Da er noch Probleme mit der deutschen Sprache hat und als Nicht-Muttersprachler verständlicherweise nicht so schlagfertig mit dem Deutschen umgehen kann wie seine deutschen Kollegen, die – wie Frankenfeld und Kulenkampff – vor allem auf Wortwitz und Wortspiele abzielen, ist es nahe liegend, dass Rudi sich in erster Linie auf optische Gags konzentriert. Hier kann er auf vieles zurückgreifen, was er schon in seinen frühen holländischen Bühnenprogrammen gemacht hat, wo er sein Gespür für visuelle Gags immer wieder unter Beweis stellen konnte – etwa in der Nummer, in der er demonstrierte, wie unterschiedlich ein Mensch mit verschiedenen Kopfbedeckungen aussehen kann. Viele dieser Gags sind schon aus Slapstick-Zeiten bekannt, funktionieren aber so gut wie immer: der Mann, der eine Torte ins Gesicht geworfen oder einen Eimer Wasser über den Kopf geschüttet bekommt, der Wirt, dem beim Bierzapfen das Bier ins Gesicht spritzt, ein übergewichtiger Kunde im Warenhaus, der sich auf eine sprechende Waage stellt, die ihm mitteilt: »Bitte nicht zu zweit!« All diese in erster Linie visuellen Gags sind in Unterhaltungsshows wie in Filmen garantierte Lacher – beim holländischen wie beim deutschen Publikum, bei Jung wie Alt.

Dass die Shows vor Publikum aufgezeichnet werden, ist für Carrell eine Selbstverständlichkeit. Zwar moderiert er in der ersten Staffel der *Rudi Carrell Show* immer nur in die Kamera, nie ins Publikum, spricht also immer nur die Fernsehzuschauer daheim in ihren Wohnzimmern an, aber dennoch ist es ihm wichtig, dass der Applaus und das Lachen seiner Studiogäste zu hören sind. Darauf, Zwischenschnitte des lachenden, gerührten oder applaudierenden Studiopublikums einzuschneiden, wie es später üblich werden wird, verzichtet man ganz; ab der zweiten Staffel geht man lediglich dazu über, am Anfang und am Ende der Show die Leute zu zeigen. Rudi Carrell erinnert sich: »Das war mehr oder weniger bewusst so, weil man im englischen oder amerikanischen Fernsehen auch nie das Publikum gezeigt hat. Wir zeigten nur am Anfang der Show kurz das Publikum, quasi als Beweis dafür, dass die Fernsehzuschauer zu Hause wussten, dass die Lacher nicht vom Band kommen. Das war ein Prinzip, an dem wir auch nachher noch bei *Am laufenden Band* festgehalten haben.«[27]

Die ersten beiden Shows im Oktober und November 1965 kommen bei Zuschauern wie auch Kritikern so gut an, dass die Programm-Macher von Radio Bremen Carrell, noch bevor er seine Sendung im Januar 1966 – dann live ausgestrahlt – fortsetzen wird, fragen, ob er nicht eine originelle Idee habe, wie man am Silvesterabend auf unterhaltsame Art und Weise einen Rückblick auf das Fernsehjahr 1965 gestalten könnte. Rudi hat eine Idee und greift auf ein Konzept zurück, das er drei Jahre zuvor schon sehr erfolgreich in Holland auf den Bildschirm gebracht hatte: »Die Idee war, dass ich eine Party mit Prominenten vorbereitet habe und die dann nach und nach alle absagen. Dann räumte ich das Buffet leer und bin mit einem Korb voller Essen und Trinken losgezogen und habe Leute besucht, die Silvester arbeiten müssen, also Ärzte, Feuerwehrmänner, Straßenbahnfahrer – das kam super an.«[28] Da er für diese beschwingte Silvestershow, in die dann ausgewählte Fernseh-Highlights eingestreut werden, Unterstützung braucht, engagiert Radio Bremen für ihn die beiden Kabarettisten Reinhold Brandes und Joachim Wolff – sie sind quasi für den Part zuständig, den in den holländischen Shows das Komikerduo *De Mounties* übernommen hatte. Bei seinem Weggang aus Holland hatte Rudi versucht, Piet van Bamberger zu überreden, ihn nach Deutschland zu begleiten und sein fester Sketchpartner in seiner Show zu werden. Doch da Bamberger und sein Partner Fred Plevier nicht nur Bühnenpartner, sondern seit über zwanzig Jahren auch beste Freunde waren, lehnte dieser ab: »Für Piet war das keine Option, ein Bruch mit Fred war undenkbar, ausgeschlossen. Dann eben kein deutsches Abenteuer.«[29] Im Oktober 1965 haben *De Mounties* in Holland dann eine eigene Fernsehshow bekommen, die jedoch tragisch verlaufen sollte: Vor laufender Kamera und im Beisein seines Freundes Piet erliegt Fred Plevier während der Livesendung einem Herzanfall.

Auch wenn Rudi kein Glück hatte, Piet van Bamberger für seine deutsche Show zu gewinnen – in einem anderen Fall ist sein Wunsch in Erfüllung gegangen, denn Radio Bremen hat ihm zugebilligt, seinen Regisseur Dick Harris aus Holland mitzubringen. Zunächst war Unterhaltungsredakteur Mike Leckebusch als Regisseur der Sendung vorgesehen, doch Carrell hielt wenig von dieser Idee: »Ich habe schnell gemerkt, dass es mit ihm und mir nicht funktionieren wird. Wir hatten einfach zu unterschiedliche Vorstellungen. Er wollte schöne Bilder machen, und ich wollte meine Gags platzieren.«[30] Und so schlägt Carrell Radio Bremen vor, Dick Harris als Regisseur seiner Sendung zu verpflichten, der sich rückblickend dazu äußert: »Rudi hatte einfach gefragt: ›Kann ich meinen eigenen Regisseur mitbringen?‹ Und da Radio Bremen ihn unbedingt haben wollte, haben die natürlich sofort ja gesagt, und so bin ich Rudi nach Deutschland gefolgt.«[31] Wie zuvor schon in den Niederlanden, zeichnet Dick Harris auch im Nachspann der deutschen *Rudi Carrell Show* für die »Bildregie« verantwortlich, während Carrell selbst wiederum für »Buch und Regie« zuständig ist. Doch obwohl Dick Rudis erste Wahl ist, erweist sich schnell auch diese Zusammenarbeit als problematisch. Vierzig Jahre später gesteht Carrell: »Die Arbeit war sehr schwierig – ich war in dieser Zeit sehr schwierig. Es war sehr schwer, es mir recht zu machen.«[32] Nach der ersten Staffel trennen sich ihrer beiden Wege, vorläufig zumindest. Dick Harris kehrt in die Niederlande zurück, aber ab Ende der sechziger Jahre wird er bis ins Jahr 1983 als Manager von Rudi Carrell fungieren.

Dick Harris ist nicht der einzige Mann, an dem Rudi bei seinem Wechsel nach Deutschland festhält: So bringt er etwa auch seinen holländischen Produktionsleiter Bronno Plaat mit, und Leslie Roberts, Carrells künstlerischer Berater, wird auf Rudis Wunsch hin ebenfalls von Radio Bremen engagiert und regelmäßig aus London eingeflogen, um ihm bei der Vorbereitung seiner Shows wie gewohnt zur Seite zu stehen. Mit seinem unglaublichen Gespür für Showbusiness und seiner langjährigen Fernseherfahrung ist Leslie Rudis wichtigster Ideen- und Ratgeber. Roberts und Carrell sind längst ein perfekt aufeinander eingespieltes Team, das wunderbar miteinander harmoniert – ebenso wie Rudi kennt auch Leslie keine festen Arbeitszeiten, wenn es darum geht, eine gute Show auf die Beine zu stellen. Zusammen basteln sie bis zur letzten Sekunde an den Shows und sind erst zufrieden, wenn sie alles gegeben, alle Möglichkeiten ausgereizt haben. Und nahezu immer gelingt ihnen nach langem Tüfteln eine mitreißende, kurzweilige Choreographie perfekt aufeinander abgestimmter Nummern – in der *Rudi Carrell Show* gibt es keine Längen, sondern einen beschwingten Tempowechsel zwischen kurzen Gags, die die Zuschauer zum Schmunzeln bringen, längeren Sketchen, die oft für wahre Lachsalven beim Studiopublikum sorgen, Liedern und Tanzeinlagen. Wer die *Rudi Carrell Show* einschaltet, kann sicher sein, eine Stunde lang gut unterhalten zu werden.

Bei Radio Bremen ist man mehr als zufrieden mit dem, was der Holländer abliefert. Seine Show hat gigantische Einschaltquoten von bis zu achtzig Prozent und hält problemlos internationalen Maßstäben stand; sie erfreut sich zudem nicht nur im deutschsprachigen Raum, sondern auch im benachbarten Ausland höchster Beliebtheit, aus den Niederlanden, Belgien und Luxemburg erhält Rudi ebenfalls viel Zuschauerpost – »und in der DDR lobt man mich jedes Mal«[33]. Und noch aus einem anderen Grund hat Radio Bremen Grund zur Freude: Schließlich macht eine Ausgabe der *Rudi Carrell Show* nur einen Bruchteil dessen aus, was große Unterhaltungsshows sonst in Deutschland verschlingen – fünfundsechzigtausend Mark kostet eine Folge, fünfundzwanzigtausend Mark gehen davon als Honorar an Carrell. Auch der ist hochzufrieden mit seinem Budget und erklärt der Presse: »Ich habe ein freies, niedriges Budget, Radio Bremen ist ein kleiner Sender. Aber das ist gut so, dann komme ich nicht in Versuchung, mich so aufzuspielen.«[34] Und Mike Leckebusch, nicht ohne Stolz darauf, derjenige gewesen zu sein, der Rudi nach Deutschland und zu Radio Bremen geholt hat, verkündet triumphierend: »Was gut ist, muss also nicht immer viel kosten, wenn man die richtigen Leute hat. Oder ist da jemand anderer Meinung?«[35]

Während Carrells Show beim deutschen Publikum vor allem deswegen so gut ankommt, weil sie so locker und beschwingt abläuft und damit die Garantie bietet, dass man sich einmal sechzig Minuten zurücklehnen und entspannen kann, merken Rudis Leute bei Radio Bremen schnell, dass es äußerst anstrengend ist, mit dem Perfektionisten aus Holland zusammenzuarbeiten. Nach wie vor fühlt Rudi sich für alle Details seiner Sendung verantwortlich, es gibt keinen Gag und keinen Sketch, der nicht von ihm selbst entwickelt wird. Natürlich dauert es einige Zeit, bis sein Team kapiert und akzeptiert hat, dass Rudi nicht nur Präsentator und Ideengeber seiner Show ist, sondern auch, wie er es selbst der Presse gegenüber darstellt, »Ideenentwickler, Texter, Regisseur, Showman und Sänger in einem – deswegen ist meine Show aus einem Guss«[36]. Sein damaliger Regisseur Dick Harris erinnert sich vierzig Jahre später: »Rudi konnte nie delegieren, er wollte immer alles selbst machen, jedes noch so kleine Detail bestimmen. Das hat sich erst gelegt, als er älter und gelassener wurde. Aber als er die *Rudi Carrell Show* in Deutschland machte, war eigentlich alles, was die Show betraf, Chefsache.«[37]

Weil natürlich bei Radio Bremen kein Kameramann, Bühnenbildner oder Techniker daran gewöhnt ist, sich vom Showmaster darüber belehren zu lassen, wie er seinen Job zu machen hat, herrscht gerade anfänglich oft eine angespannte Atmosphäre. Rudi Carrell kommt stets perfekt vorbereitet ins Studio und ist bereit, hart und hochkonzentriert zu arbeiten – und genau das Gleiche erwartet er auch von allen anderen Mitarbeitern vor und hinter den Kulissen. Wenn er das Gefühl bekommt, dass andere nicht mit dem gleichen Elan wie er selbst an die Arbeit gehen und nicht willens sind, ihr Bestes zu geben und professionelle Arbeit abzuliefern, sind Zornesausbrüche keine Seltenheit: »Ich bin bei Proben immer gespannt und konzentriert, ich reagiere schnell und erwarte das auch von allen anderen. Ich kann wütend werden, wenn ein Kleindarsteller, der einen einzigen Satz zu sagen hat, nach einer Woche den Satz immer noch falsch sagt. Dann fallen harte Worte.«[38]

Im Gegensatz zu Hilversum, wo er wegen der begrenzten Studiokapazitäten immer nur zwei Tage in den fertigen Dekorationen proben konnte, hat er bei Radio Bremen die Möglichkeit, die Show immer fünf komplette Tage in der Studiodeko einzustudieren. Wesentlich früher als in Holland kann er insofern auch mit den »heißen Proben«, also den Proben mit Kameras, beginnen, bei denen bereits die Kameraeinstellungen und -fahrten festgelegt werden. Da in Bremen eine längere Probezeit möglich ist, ist Carrell in der Lage, auch schon mal eine halbe Stunde zu unterbrechen, um Szenen oder Gags noch mal zu besprechen oder zu überdenken – bei seiner Änderungsmanie und seinem Perfektionsstreben kommt ihm diese Zeitreserve äußerst gelegen. Unzählige Male werden die einzelnen Nummern wiederholt und durchgesprochen, da Rudi nicht bereit ist, etwas dem Zufall zu überlassen. Alles muss bis ins allerkleinste Detail geplant, geprobt und vorbereitet sein, damit unter Livebedingungen alles reibungslos klappt. Einmal probt das Team einen Gag, bei dem einem Wirt beim Bierzapfen das Bier ins Gesicht spritzen soll, so oft, dass in der Livesendung die unter dem Tresen montierte Pressluftflasche leer ist und der Gag verraucht.

Wie bereits in Holland feilt Carrell auch in Deutschland noch bis zur letzten Sekunde an seinen Shows, und es kann schon mal vorkommen, dass er nach der Generalprobe, die immer am Nachmittag vor der abendlichen Liveausstrahlung stattfindet, die Reihenfolge der gesamten Show noch einmal umkippt, Nummern oder Lieder streicht und andere kurzfristig hereinnimmt. Zwei bis drei Stunden vor Beginn der Show zieht Carrell sich dann in seine Garderobe zurück und will von nichts und niemandem gestört werden – in dieser Situation kann er auch schon mal barsch werden und Leute schroff abwimmeln. Er braucht diese Zeit vor allem, um an seiner Eröffnungsconférence zu feilen und zu überlegen, welche aktuellen Gags er noch in letzter Minute einbauen kann. Bei Radio Bremen kursiert schnell das geflügelte Wort, dass die Drehbücher zu Carrells Shows eigentlich immer erst fertig sind, wenn die Show schon über den Sender gegangen ist. Mike Leckebusch gesteht im Interview: »Rudis Tick ist anstrengend, aber großartig im Ergebnis. Rudis Tick ist es, alles selber machen zu wollen. Er brütet die Gesamtidee aus, er schreibt das Drehbuch, er konzipiert die Kulissen, er sucht nach den richtigen Gästen für die Show. Und so weiß wochenlang niemand in Bremen so genau, was bei Rudis Brüten eines Tages herauskommen wird. Aber er hat uns nie im Stich gelassen. Man zittert bis zur letzten Probe, aber es lohnt sich.«[39]

Nach wie vor ist es Rudis Ziel, mit jeder Show, die er macht, noch hinzuzulernen, seine Sendungen stetig weiterzuverbessern oder gar zu optimieren. Ein wichtiger Bestandteil dieses Lernprozesses ist es für ihn nach wie vor, die gelaufenen Sendungen nachträglich noch einmal ganz genau mit seinem Team zu studieren. Hatte er dies in Holland immer in der Woche nach der Show gemacht, so führt er in Deutschland die Tradition ein, die Manöverkritik unmittelbar im Anschluss an die Livesendung durchzuführen: »Wenn das Publikum nach Hause gegangen ist, versammelt sich die ganze Mannschaft, Künstler, Techniker und alle anderen Mitwirkenden, zum letzten Mal im Studio. Wir nehmen dann auf der Publikumstribüne Platz und lassen die ganze Show auf den Monitoren noch einmal abspielen. Das ist unsere Art von Abreagieren. Die Spannung ist weg, abgeschminkt und mit einem Glas Bier in der Hand schaut die ganze Familie das Ergebnis unserer gemeinsamen Arbeit an. Jeder Künstler bekommt nach seinem Auftritt Applaus von den Kollegen – und einen Vorteil hat das Ganze auch noch, denn aus eigenen Fehlern kann man immer wieder lernen.«[40]

Diese durchaus ungewöhnliche Methode, sich die gesendete Show nochmals selbst einzuverleiben, zeigt, dass Rudi immer noch ständig von dem brennenden Ehrgeiz angetrieben ist, es vielleicht doch noch besser machen zu können. Das, was er vor wenigen Jahren schon holländischen Reportern gegenüber erklärt hat, bekommen nun auch deutsche Journalisten zu hören: »Ich kann mir keine Mittelmäßigkeit erlauben.«[41] Gerade wenn er einen großen Erfolg feiern und sich über hohe Einschaltquoten und blendende Kritiken freuen kann, hat er das Gefühl, sich nicht entspannt zurücklehnen zu können, sondern sich gerade jetzt noch mehr ins Zeug legen zu müssen. Rudis Mutter bestätigt dies: »Er ist allemal nicht überzeugt von seinem Erfolg. Im Gegenteil, Erfolg macht ihn unsicher, denn: ›Wie kann mein Programm nach diesem Erfolg noch ankommen? Es kann doch eigentlich nur enttäuschen.‹ Er rackert wie zwei Pferde für sein Programm und ist immer noch nicht zufrieden.«[42] Nach wie vor ist es Rudi wichtig, den Pressevertretern zu vermitteln, wie schwer er für seinen Erfolg schuftet, sodass das Abrackern für die Show auch in Deutschland zu einem festen Bestandteil der Berichterstattung über Carrells Sendung wird: »Wenn's ans Schreiben geht, wird es hart. Vier Wochen vor einer Sendung fange ich an, sitze wie ein Angestellter den halben Tag und die halbe Nacht am Schreibtisch – und renne oft wie ein unruhiger Tiger von Wand zu Wand. Dabei trinke ich bis zu fünfzehn Flaschen Bier, die Zigaretten kann ich gar nicht zählen.«[43]

Doch was Carrell erstaunlich perfekt beherrscht, ist, trotz der enormen Anspannung, trotz der harten, intensiven Arbeit bis zum Schluss seine Shows mit einer unglaublichen Gelassenheit und Unbeschwertheit zu präsentieren, die alles so wirken lässt, als würde ihm jeder Gag und jedes Bonmot gerade eben spontan einfallen: »Es ist erstaunlich, wie Rudi mit Natürlichkeit und Lebhaftigkeit auf dem Bildschirm die Strapazen der Vorbereitung vergessen macht.«[44] Kein anderer Showmaster in Deutschland bewegt sich so unbekümmert und locker vor der Kamera; wie Carrell in seinen Shows auftritt, wirkt nie so bemüht und angestrengt wie das, was seine deutschen Kollegen, etwa Hans Rosenthal oder Wim Thoelke, präsentieren. Thoelke selbst konstatiert: »Rudis sprichwörtliche Lockerheit ist angesichts des stabilen Showkorsetts eine besondere Leistung oder – um es anders auszudrücken – ein Teil seines ungewöhnlichen Talents für den Beruf des Entertainers.«[45] Zeitlebens empfindet Carrell es als das größte Kompliment, wenn Zuschauer ihn fragen, wie ihm in seinen Shows bloß immer so spontan so viele lustige Dinge einfallen können: »Was kann ein Showmaster sich Schöneres wünschen, als die Illusion hervorzurufen, dass alle Witze und Gags während der Sendung so ganz einfach aus dem Ärmel kullern! Schön wär's!«[46]

Carrells Präsentationsstil braucht sich nicht hinter dem seiner amerikanischen Showkollegen zu verstecken. Die Lockerheit, mit der er in seinen Shows daherkommt, die harte Arbeit und sein Können werden belohnt; von Beginn an gibt es in der deutschen Presse eine äußerst positive Berichterstattung über Carrell – so bringt etwa die Fernsehzeitschrift *Hörzu* im März 1966 einen ausführlichen Bericht über die *Rudi Carrell Show*, der Rudi dermaßen erfreut, dass er sich in Form eines Leserbriefs bei der Redaktion bedankt: »Nach Ihrem Bericht über meine Show habe ich etwa zweitausend Briefe bekommen. Vielen Dank, dass Sie einem in Deutschland bisher unbekannten Künstler eine Chance einräumen.«[47]

So positiv sich der Wechsel nach Deutschland für Rudis Karriere auswirkt, so belastend schlägt er sich auf die Beziehung zu seiner Frau Truus nieder. Die Erfolge im deutschen Fernsehen können nicht darüber hinwegtäuschen, dass in Carrells Privatleben schon längst nicht mehr alles eitel Sonnenschein ist. Die Spannungen, die sich schon in der holländischen Zeit abzuzeichnen begannen, verstärken sich jetzt nur noch – nicht zuletzt, weil Truus sich in Deutschland überhaupt nicht wohl fühlt, ihre Freunde und ihre Familie sowie ihre gewohnte Umgebung vermisst. Zunächst hat Rudi eine kleine Wohnung in der Bremer Innenstadt für sich allein gemietet, während seine Familie weiter in Loosdrecht wohnen geblieben ist; doch als sich abzeichnet, dass er längere Zeit in Deutschland bleiben und seinen Lebensmittelpunkt hierhin verlegen wird, holt er seine Frau und seine zwei Töchter nach.

Um Truus das Leben in Bremen so angenehm wie möglich zu machen, mietet Rudi für rund fünfhundert Mark im Monat einen komfortablen Bungalow in Oberneuland, einem Stadtteil im Osten von Bremen. Holländische Siedler waren es, die das Stück Land, auf dem das spätere Dorf Oberneuland entstanden ist, im zwölften Jahrhundert erworben und das sumpfige Gelände trockengelegt hatten. Der Bezug zu Holland blieb immer bestehen; um das Jahr 1614 herum entstand die erste Windmühle in Oberneuland, die später durch eine klassische Holländermühle ersetzt wurde – sie ist das heutige Wahrzeichen des Bremer Stadtteils. Als in der zweiten Hälfte des neunzehnten Jahrhunderts die Bahnstrecke Hamburg–Bremen fertig gestellt wurde, gewann das kleine Dörfchen neue Attraktivität – zunehmend ließen sich gut situierte Bremer Bürger hier nieder, und ansehnliche Villen entstanden, auch die vielen weitläufigen Park- und Gartenanlagen stammen aus dieser Zeit. Die Gegend ist idyllisch, der Holland-Bezug gut gemeint – sogar die Adresse von Rudis Haus lautet Nedderland 66 –, dennoch wird Truus nie wirklich heimisch hier. Während sich die siebenjährige Annemieke, die die hiesige Grundschule besucht, und die dreijährige Caroline recht schnell einleben und sich auch leicht damit tun, Deutsch zu lernen, hat Truus sich alles andere als eingelebt und kommt auch nicht so gut wie Rudi und ihre Töchter mit der Sprache zurecht. Vierzig Jahre später bekennt Carrell: »Sie hat sich nie in Bremen wohl gefühlt. Die Kinder schon. Aber Truus hat sich nie einleben können.«[48]

Erschwerend kommt hinzu, dass Truus viel mit den Kindern allein zu Hause ist, Rudi arbeitet hart an seinen Shows und steigt oft in seinen neuen, schneeweißen Pontiac Parisienne, mit dem er in ein paar Minuten an seinem neuen Arbeitsplatz, den Fernsehstudios von Radio Bremen, ist, um sich in die Vorbereitung seiner nächsten Show zu stürzen. Rudis Tochter Annemieke sagt hierzu: »Mein Vater hat in dieser Zeit unglaublich viel gearbeitet und insofern sehr wenig Zeit für meine Mutter und uns Kinder gehabt. Die Karriere in Deutschland war ihm superwichtig, es war sein Ziel, es hier zu schaffen. Er war voll auf seine Karriere gepolt, viel anderes interessierte ihn in dieser Zeit nicht. Es war schwierig, mit ihm auch nur über etwas anderes zu reden.«[49] Truus, die mit Rudis Fernsehwelt nichts anfangen kann, zieht sich immer mehr zurück; und Hoffnung, dass Rudi mit ihr wieder nach Holland geht, kann sie auch nicht ernsthaft hegen, denn ihr Mann ist fest entschlossen, in Deutschland Fuß zu fassen. Der Presse erklärt er freimütig: »Ich bleibe auf jeden Fall erst mal hier, sonst hätte ich auch meine Frau und meine Kinder nicht mitgenommen.«[50]

Eine zusätzliche harte Belastungsprobe stellen weiterhin Rudis Techtelmechtel und Affären mit anderen Frauen dar. In seinem autobiographischen Buch *Gib mir mein Fahrrad wieder* gesteht Rudi zwanzig Jahre später freimütig ein, dass er nachts oft noch Albträume von seiner Exfrau hat, »die mich beim Fremdgehen erwischt«, und wie »sie anfängt, mich zu verprügeln«.[51] Truus reagiert hier, in der Fremde, noch heftiger auf Rudis Eskapaden, jetzt kommt es aus diesem Grund immer häufiger zu Streitigkeiten – oft sprechen die beiden tagelang nicht miteinander, was die familiäre Situation natürlich weiterhin extrem verschärft. Obwohl das Paar immer mehr auseinander driftet und ein baldiger Bruch unvermeidlich erscheint, bleiben Rudi und Truus der Kinder zuliebe weiter zusammen und planen für den Sommer 1966 sogar eine gemeinsame USA-Reise.[52]

Für den Showbiz-Fan Carrell ist es ein lang gehegter Wunsch, endlich einmal nach Amerika zu reisen – schon als Jugendlicher hatte er am Nordseestrand gesessen, sehnsüchtig Richtung Horizont gestarrt und sich gefragt, ob er es jemals schaffen werde, dorthin zu gelangen. Ein Jahr lang hat Rudi hart gearbeitet, um sich den Luxus dieser Reise leisten zu können und Amerika endlich einmal mit eigenen Augen zu sehen. Ganz bewusst entscheidet er sich gegen einen Flug und bucht eine Schiffspassage für sich und Truus – er will auf diese Weise die große Entfernung zwischen der Alten und der Neuen Welt erspüren. Während Annemieke und Caroline bei den Großeltern in Holland untergebracht sind, wohnen Rudi und Truus drei Wochen lang in einem Hotel mitten auf dem Broadway, und Rudi saugt alles in sich auf, was ihm die Stadt zu bieten hat. Rund zwanzig Musicals und Shows sehen die beiden sich an – für Rudi scheint der USA-Trip in erster Linie eine Arbeitsreise zu sein, auf der er Erfahrungen sammeln will, die ihm beruflich nützlich sein könnten. Aber hin und wieder ist auch für Sightseeing Zeit; zusammen mit seiner Frau fährt er mit dem Zug den Hudson River entlang und besucht mit ihr – immer seine kleine Schmalfilmkamera im Anschlag – die Niagarafälle. Eine romantische Stimmung kommt an diesem atemberaubenden und spätestens seit dem Marilyn-Monroe-Streifen *Niagara* auch weltberühmten Ort nicht auf – offensichtlich ist einfach schon zu viel zwischen den beiden vorgefallen. Die Reise jedenfalls schafft es nicht, die Risse in der Ehe zu kitten – nicht zuletzt, weil es Truus kaum entgehen kann, dass Rudi immer nur Augen für andere Frauen hat. Tochter Annemieke meint hierzu: »Als wir uns hinterher die Filme anschauten, die Rudi in Amerika gedreht hatte, merkten wir, dass er eigentlich ständig immer nur andere Frauen gefilmt hat.«[53] Rudis starkes Interesse am weiblichen Geschlecht entzweit das Paar mehr und mehr, dennoch bleiben die beiden nach der USA-Reise noch ein ganzes Jahr zusammen – bis Rudi der Liebe seines Lebens begegnet.

1967 lernt er sie kennen, beim dritten Bremer Sechstagerennen, das in diesem Jahr der niederländische Radrennprofi Peter Post gewinnt: »Ein junger Mann stand neben mir in der Bremer Stadthalle und sagte mir: ›Wenn du dich jetzt umdrehst, dann siehst du das schönste Lächeln, das du je gesehen hast.‹ Und genauso war's.«[54] Das schönste Lächeln der Welt gehört der siebenundzwanzigjährigen Anke Bobbert, der Tochter eines Bremer Schneidermeisters, die als Kontoristin bei den Bremer Stadtwerken arbeitet. Rudi ist hin und weg und verliebt sich Hals über Kopf in die junge, bildschöne Frau. Für Rudi ist Anke bis an sein Lebensende »die schönste Frau auf der Welt«, noch vierzig Jahre später schwärmt er: »Sie war für mich die hundertprozentige Frau. Sie war wunderschön, hatte Charme und Stil.«[55] Und Rudi hat Glück, auch Anke ist fasziniert von ihm, auch sie verliebt sich in ihn. Schnell wird klar, dass die Sache mit Anke etwas anderes ist als Rudis bisherige Flirts und Affären, denen er letztlich keine große Bedeutung beigemessen hat. Da es in seiner Ehe zu diesem Zeitpunkt bereits schon seit rund fünf Jahren heftig kriselt und er mit Truus eigentlich nur noch der Kinder wegen zusammen ist, hat er keine Hemmungen, sich auf eine neue Beziehung mit Anke einzulassen – es kommt zum endgültigen Zerwürfnis mit Truus. Rudis Schwester erinnert sich: »Truus war seine erste Liebe, und er mochte sie wirklich gern, aber auf Dauer ging es einfach nicht gut mit den beiden. Was genau dafür die Gründe waren, das wussten wir damals nicht, über ihre Schwierigkeiten in der Ehe wurde nicht großartig gesprochen. Das haben die beiden miteinander ausgemacht, und da haben wir uns auch nicht eingemischt. Rudi hat auf jeden Fall sehr gelitten, als sie sich getrennt haben.«[56]

Nach der Trennung entschließt Truus sich, mit ihren beiden Töchtern wieder nach Holland zu gehen und zurück in das Haus in Loosdrecht zu ziehen. Obwohl die Ehe schon so lange Zeit in Trümmern lag, bezeichnet Rudi rückblickend den Moment, als er Truus, Annemieke und Caroline zum Bahnhof brachte, sich ihr Zug Richtung Niederlande in Bewegung setzte und er allein mit Tränen in den Augen auf dem Bahnsteig zurückblieb, als einen der schlimmsten Momente seines Lebens: »Nach der Trennung habe ich echt gelitten. Es war eine Katastrophe für mich, ich habe selten in meinem Leben so gelitten wie damals. Ich hatte zwei so wunderbare Töchter, die ich geliebt habe, und plötzlich sah ich sie so wenig. Aber glücklicherweise hat meine Beziehung zu Annemieke und Caroline davon auf Dauer keinen Schaden genommen. Weil wir uns von da ab weniger gesehen haben, wurde es ihnen immer wichtiger, mich zu sehen – und umgekehrt.«[57]

Die Trennung wird in aller Stille vollzogen, die Medien erfahren lange nichts davon – erst rund ein Jahr später werden erste Gerüchte aufkommen, dass Rudi von seiner Familie getrennt lebt und eine neue Lebensgefährtin hat. Aber auch da wird es keine öffentliche Schlammschlacht geben, keine gegenseitigen Vorwürfe, wer für das Scheitern der Ehe verantwortlich gewesen ist – Rudi nimmt der Öffentlichkeit gegenüber alle Schuld unmissverständlich auf sich, während Truus jegliches Interview verweigert. Als Hauptgrund für das Scheitern seiner Ehe führt Rudi seine Arbeitswut und seine ständige Abwesenheit von zu Hause an, was auf die Dauer wohl keine Ehe aushalte – eine Version, die auch Carrells langjähriger Weggefährte Dick Harris mitträgt: »Rudi hat seinen Erfolg nicht geschenkt bekommen. Ich kenne wenige Kollegen, die so intensiv mit ihrer Arbeit beschäftigt sind wie Carrell. Gerade in seinen Anfangsjahren opferte er alles, aber auch wirklich alles, für seine Karriere auf. Daran ist auch seine erste Ehe kaputtgegangen. Erst später hat Rudi realisiert, dass er seiner Frau und seinen beiden Töchtern nicht die Aufmerksamkeit gewidmet hat, die sie verdient hatten.«[58]

Da in den sechziger Jahren noch Karrieren scheitern können, weil die öffentliche Meinung Anstoß am Privatleben eines Prominenten nimmt, ist es für Rudi Carrell wichtig, in der Folgezeit konsequent bei dieser offiziellen Version zu bleiben. Erst rückblickend gesteht er ein, dass es nicht nur seine übermäßige Arbeitswut war, die die Ehe zerbrechen ließ, sondern auch die Tatsache, dass Truus, obwohl sie es immerhin vierzehn Jahre an seiner Seite ausgehalten hat, mit seinen Eskapaden auf Dauer nicht zurechtgekommen ist. Da er zwar kein solider Ehemann, aber ein treuer Mensch ist, schmerzt ihn das Auseinanderbrechen der Ehe sehr. Zwar geht er einerseits so sehr im Showbusiness auf, dass er selbst nie auf die Idee käme, sich als Familienmensch zu bezeichnen, dennoch sehnt er sich im Grunde seines Herzens sein Leben lang nach einem intakten, harmonischen familiären Umfeld und leidet, wenn dieses in die Brüche geht. Und so plagen ihn auch nach der Trennung Schuldgefühle, einmal seinen Töchtern gegenüber, für die er aufgrund seiner vielen Arbeit und jetzt auch noch aufgrund der räumlichen Distanz nicht in dem Maße da sein kann, wie er es als ihr Vater sein sollte, zum anderen empfindet er auch seiner Frau Truus gegenüber eine Schuld, da er ihr nicht der Mann sein konnte, den sie sich gewünscht hat.

Im Frühjahr 2006 bekennt er: »Ich habe Truus damals versprochen, dass ich sie finanziell so lange unterstütze, wie ich Fernsehen mache. Das hatte sicherlich etwas mit meinem schlechten Gewissen zu tun. Und ich habe mich auch an mein Versprechen gehalten – auch als meine Töchter schon längst aus dem Haus waren und ich nicht mehr dazu verpflichtet war, habe ich weitergezahlt. Ich habe das vierzig Jahre lang freiwillig gemacht, bis ich vor ein paar Monaten dann tatsächlich mit dem Fernsehmachen aufgehört habe.«[59] Er schickt ihr nicht nur vierzig Jahre lang den monatlichen Scheck, sodass Truus es nie nötig haben wird zu arbeiten, auch das gemeinsame Haus in Loosdrecht überschreibt er ihr.[60] Diese Großzügigkeit Menschen gegenüber, die er liebt oder die ihm einmal sehr nahe gestanden haben, wird er sich zeitlebens bewahren. Seiner Familie großzügig zu helfen und dafür zu sorgen, dass die Seinen gut versorgt sind, wird für ihn immer eine Selbstverständlichkeit sein. Rudis Schwester Truus bestätigt: »So ist er. Wenn jemand etwas nötig hatte, dann hat er geholfen – seinen Frauen, seinen Kindern und auch uns Geschwistern. Rudi ist ein unglaublich großzügiger Mensch.«[61]

Trotz dieser generösen Geste, Truus vier Jahrzehnte lang finanziell zu unterstützen, ist diese bis heute äußerst schlecht auf Rudi zu sprechen – ein Gespräch mit ihr über ihren ersten Mann ist undenkbar, auch wenn schon so viel Zeit seit der Trennung vergangen ist. Ihre Tochter Annemieke meint hierzu: »Nicht für meine Mutter – für sie könnte gar nicht genug Zeit vergehen, damit sie halbwegs neutral über Rudi sprechen könnte. Sie hat die Trennung nie auf normale Art und Weise verarbeitet, hat es nie geschafft, für sich wirklich einen Schlussstrich unter das Thema zu ziehen. Ich glaube, es verbindet sie heute so etwas wie eine Hassliebe mit ihm.«[62] Rudi und Truus werden so gut wie nie wieder Kontakt miteinander haben, nur sehr sporadisch telefonierten sie schon mal miteinander, sahen sich auf den Hochzeiten ihrer Töchter. Rudis Schwester hingegen pflegt auch nach der Trennung noch den Kontakt zu ihrer Schwägerin: »Mein Mann Hans und ich haben noch lange Zeit Kontakt mit Truus gehalten, uns um sie und ihre Kinder gekümmert. Die Trennung von Rudi war sehr schwer für sie. So richtig abgeschlossen war das Thema Rudi für sie meiner Meinung nach nie.«[63]

Truus lebt fortan vor allem für ihre Töchter und kümmert sich um deren Erziehung. Ihre Tochter Annemieke erinnert sich: »In der ersten Zeit, in der wir dann wieder in Loosdrecht wohnten, haben wir Rudi nur selten gesehen, höchstens mal in den Sommerferien oder mal zum Essen. Das lag einerseits daran, dass er so viel gearbeitet hat, und andererseits, dass er ja auch schon eine neue Freundin hatte, von der wir erst mal nichts erfahren sollten.« Dass die Scheidung ihrer Eltern erst 1973, sechs Jahre nach der Trennung, vollzogen wurde, betrachtet Annemieke nachträglich als belastendes Moment ihrer Kindheit: »Ich glaube, für uns Kinder wäre es besser gewesen, wenn Rudi und meine Mutter schneller klare Verhältnisse geschaffen hätten. Ich weiß nicht, warum sie so lange mit der Scheidung gewartet haben, vermutlich weil es damals noch nicht so üblich war, sich scheiden zu lassen, aber wohl auch, weil sie irgendwie nicht voneinander lassen konnten; denn trotz allem ist es schon eine große Liebe gewesen. Ich glaube, wenn Anke später nicht darauf gedrängt hätte, dass Rudi sie heiratet, hätte er sich nie von meiner Mutter scheiden lassen. So ist er nun mal.«[64] Den Kindern zuliebe versuchen Truus und Rudi – bis die Verbindung schließlich fast völlig unterbrochen wird – anfangs sogar noch ein normales Familienleben zu simulieren, wenn sie zusammenkommen; es gibt sogar noch einige gemeinsame Urlaube nach der Trennung, wie Annemieke noch weiß: »Daran, wie die Stimmung zwischen meinen Eltern bei diesen Urlauben war, ob sie sich gestritten haben oder einigermaßen miteinander auskamen, habe ich merkwürdigerweise keine richtige Erinnerung. Vermutlich weil es für uns Kinder einfach schön war, zusammen mit beiden Elternteilen in Ferien zu fahren. Rudi waren Urlaube schon wichtig, und er konnte sie auch genießen. Aber so ganz abgeschaltet hat er selbst da nicht, eigentlich hat er auch da noch ständig von seinem Beruf gesprochen.«[65]

Im März 1967 – die *Rudi Carrell Show* läuft nun knapp anderthalb Jahre in Deutschland und hat sich zu einem wahren Publikumsrenner entwickelt – äußert Rudi öffentlich Gedanken darüber, nach neuen Aufgabenfeldern Ausschau zu halten. Ostern 1967 soll die zehnte deutsche Ausgabe ausgestrahlt werden, damit ist der zwei Jahre zuvor geschlossene

Vertrag mit Radio Bremen erfüllt. An eine Verlängerung denkt Carrell zu diesem Zeitpunkt nicht; letztlich fühlt er sich durch die eingeschränkten Möglichkeiten, die Radio Bremen als kleinster ARD-Sender ihm bietet, auf Dauer doch unterfordert. Während er ein Jahr zuvor noch nicht das Geringste gegen die kleinen Budgets und die Arbeitsbedingungen bei Radio Bremen einzuwenden hatte, träumt er nun von einer monatlichen Sendung. Da Radio Bremen jedoch als kleinster Sender der ARD mit einem Anteil von lediglich drei Prozent am ARD-Gemeinschaftsprogramm beteiligt ist, ist nicht daran zu denken, die *Rudi Carrell Show* monatlich auszustrahlen. Der Presse gegenüber erklärt der Entertainer daraufhin: »Im Mai ist Schluss, weil dem kleinen Sender für Shows zu wenig Geld zur Verfügung steht. Ich aber kann nicht immer zwei Monate rumsitzen bis zum nächsten Mal. Da ist man dann vier Wochen ganz faul und kommt nicht wieder richtig in Schwung.«[66] Rückblickend erklärt Carrell: »Damals war es in Deutschland so, dass eine Samstagabendshow eben alle vier Wochen kam. Niemand wusste, warum, ich hielt das für total falsch. In England gab es zur gleichen Zeit große Unterhaltungsshows, die einmal pro Woche liefen. Dann wird man für die Zuschauer zur festen Gewohnheit; wenn man nur einmal im Monat kommt, ist man jedes Mal ein ›Special‹. Aber das begriff man in Deutschland damals einfach nicht.«[67]

Von dem, was das deutsche Fernsehen ihm bislang geboten hat, ist Carrell zu diesem Zeitpunkt gelinde gesagt enttäuscht; letztlich sieht er sein Talent mit der nur alle zwei Monate ausgestrahlten Show nicht ausreichend gewürdigt. Offen kündigt der Fernsehliebling an, dass er zukünftig wieder verstärkt in seiner Heimat arbeiten werde, wo man ihm eine monatliche Sendung angeboten habe und er zudem darüber nachdenke, Engagements in Großbritannien oder Amerika anzunehmen: »Im Herbst werde ich eine neue Show in Holland machen. Jeden Monat eine. Nur mit eigenen Ideen und ganz wenigen Gästen. 1968 gehe ich vielleicht nach England. Oder nach Amerika. Ich spreche ganz gut Englisch und habe bei meinem letzten Besuch in den USA meine Shows vorgezeigt. Ein einflussreicher amerikanischer TV-Manager will mir ein Engagement vermitteln.«[68] Doch wenn er auch einige Zeit mit dem Gedanken liebäugelt, es auf dem amerikanischen Fernsehmarkt zu versuchen, entscheidet er sich schließlich doch dagegen, diesen Schritt zu wagen, wohl nicht zuletzt, weil ihm der Gedanke nicht behagt, dass er sich zuerst in amerikanischen Night-Shows und Varietés bewähren soll, bevor ihm die Chance gegeben wird, eine eigene amerikanische Fernsehshow zu bekommen. Auch ein Angebot aus Großbritannien, wo Carrells Montreux-Show von allen vierzehn Ländern, in die sie verkauft worden ist, am besten angekommen ist, lehnt er ab, nachdem sein Regisseur und Vertrauter

Dick Harris ihm zu bedenken gegeben hat: »Da hast du mehr Konkurrenz als in Deutschland, da ist man an den Stil, für den du stehst, gewöhnt.«[69] Das Argument ist nicht von der Hand zu weisen, denn im deutschsprachigen Raum steht Carrell mit seinen Shows tatsächlich immer noch allein auf weiter Flur, womit sich seine Chancen auf die ganz große Fernsehkarriere erheblich steigern. Letztendlich wird Carrell das Thema einer englischen oder amerikanischen Fernsehkarriere endgültig für sich abhaken und der Presse erklären: »Ich könnte in Amerika oder England arbeiten. Aber die kochen da auch nur mit Wasser. Der deutschsprachige Raum ist groß genug. Er reicht mir!«[70]

Doch bevor er zu dieser Einsicht gelangt, kehrt Rudi für eine Fernsehsaison in die Niederlande zurück – schon 1966 waren Vertreter seines holländischen Senders VARA in Bremen vorstellig geworden, um eine etwaige Rückkehr Carrells in seine Heimat ins Gespräch zu bringen. Damals hatte Rudi die Möglichkeit einer deutsch-niederländischen Kooperation in Erwägung gezogen: Würden Radio Bremen und VARA die *Rudi Carrell Show* gemeinsam produzieren, so könnte er die jeweils aktuelle Ausgabe an einem Abend auf Deutsch für Radio Bremen und am nächsten Abend in derselben Dekoration auf Niederländisch für VARA aufzeichnen, wobei ihm vorschwebte, in Deutschland stationierte niederländische Soldaten mit deren Familien als Studiopublikum für die holländischen Ausgaben einzuladen. Diese eigentlich hervorragende Idee wird zwar nie realisiert, gleichwohl hat VARA aufgrund der Unzufriedenheit Rudis in Deutschland letztlich Glück, denn er unterschreibt bei ihr für die Fernsehsaison 1967/68 – wohl auch deshalb, weil er seinen alten Sender, dem er so viel zu verdanken hat, nicht im Stich lassen will. Ostern 1967 geht die vorerst letzte deutsche *Rudi Carrell Show* über den Sender, Ort der Handlung ist diesmal sinnigerweise ein Haus, das Rudi zu räumen hat. Im Sommer 1967 mietet Carrell sich zusammen mit seiner Freundin Anke eine kleine Grachtenwohnung in der Kinkerstraat im Herzen Amsterdams, um sich auf seine neuen Shows im holländischen Fernsehen vorzubereiten – und um auch mal wieder seine Töchter, die er schmerzlich vermisst, häufiger sehen zu können. Anke wird dabei die ersten zwei oder drei Jahre konsequent vor den Kindern versteckt. Annemieke erinnert sich: »Es gab ein Zimmer in der Wohnung, in das wurden alle Sachen von Anke eingeschlossen, bevor wir kamen. Ob das von Rudi oder von meiner Mutter ausging, weiß ich nicht, jedenfalls sollten wir ihr zunächst einmal nicht begegnen. Für uns existierte sie nicht. Und als wir sie dann endlich kennen lernten, hat er sie uns so vorgestellt, als wäre sie eine Freundin, die gerade mal eben vorbeikommt – nicht wie seine Lebenspartnerin. Was das anging, war er wirklich feige.« Auch im Fernsehstudio in Hilversum dürfen Annemieke und Caroline ihren Vater von Zeit zu Zeit besuchen, wenn er seine Shows vorbereitet: »Es gab dann immer eine Sängerin oder Tänzerin, die sich ganz rührend um uns gekümmert hat, und da konnten wir uns schon denken, dass das immer die aktuelle Flamme von Rudi war.«[71]

Am 7. Oktober 1967 wird die erste von insgesamt acht neuen *Rudi Carrell Shows* bei Rudis altem Haussender VARA ausgestrahlt – und wie immer finden Carrells spritzige Präsentationen beim holländischen Publikum positiven Anklang. Um an seinen Montreux-Erfolg von vor drei Jahren anzuknüpfen, entschließt Rudi sich, erneut eine Show speziell als Wettbewerbsbeitrag für Montreux zu konzipieren, auch wenn er sich diesmal nicht so viel Zeit zur Vorbereitung nehmen kann wie vor drei Jahren. Er liefert eine äußerst gelungene Show ab, in der Kinder aus achtunddreißig Ländern aus allen Teilen der Welt auftreten und friedlich und fröhlich miteinander singen, spielen und lachen. Rudi Carrell versteht die Sendung als ein Plädoyer für die Völkerverständigung – die vor der Kamera auch hervorragend funktioniert, während es hinter den Kulissen heiß hergeht: »Die Kinder haben sich untereinander alle wunderbar verstanden, das war herrlich. Aber die Eltern hinter den Kulissen haben sich die ganze Zeit nur geprügelt, die Eltern des ägyptischen Kindes etwa mit den Eltern des israelischen Kindes. Es war eine völlig absurde Situation.«[72] Bei den internationalen Kritikern des Fernsehfestivals in Montreux kommt der niederländische Wettbewerbsbeitrag wiederum äußerst gut an. Für eine Auszeichnung reicht es diesmal zwar nicht, und Rudi wird die ersehnte Goldene Rose nicht zuerkannt, dennoch spricht die Jury von Montreux ihm im Mai 1968 eine spezielle Anerkennung für den spontanen und menschlichen Charakter seiner Show aus. Am 19. Mai 1968 geht die letzte holländische *Rudi Carrell Show* über den Sender, in der Rudi *Gib mir noch ein letztes Bierchen* singt, das er später einmal als das schönste Lied bezeichnen wird, das er je geschrieben hat. Nun wird Rudi für längere Zeit nicht auf den niederländischen Bildschirmen zu sehen sein, während er seine Show in Deutschland noch fünf Jahre beibehalten und einer der beliebtesten Fernsehstars des Landes werden wird. Gegenläufig wird seine Beliebtheit in den Niederlanden von nun an allmählich zurückgehen – was Rudis Schwager Hans de Leeuw bestätigen kann: »Je populärer Rudi in Deutschland wurde, desto stärker nahm seine Popularität in Holland ab.«[73]

In die Zeit von Rudis holländischem Intermezzo fällt ein trauriges familiäres Ereignis – der Tod des Vaters. Am 15. März 1968 stirbt André Carrell alias Andries Kesselaar im Alter von nur sechsundfünfzig Jahren in seinem Haus in Loosdrecht an Lungenkrebs. Er wird damit genauso alt wie seine Mutter, die ebenfalls mit sechsundfünfzig die Folgen einer Tuberkulose-Erkrankung nicht zu überleben vermochte. Rudis schneller

Radio- und Fernsehruhm hat Vater und Sohn seit der zweiten Hälfte der fünfziger Jahre mehr und mehr entfremdet, André reagierte immer verbitterter auf Rudis Karriere, anstatt sich für ihn zu freuen. Während Rudi dank seiner eigenen Show landesweit berühmt geworden ist, war sein Vater niemals fähig, im Fernsehen Fuß zu fassen – alle seine TV-Auftritte hatte er ausschließlich seinem Sohn zu verdanken. Seine späte Karriere weist neben den üblichen Bühnenauftritten wenige Höhepunkte auf – zu denen der 1962 gedrehte niederländische Kinofilm *Kermis in de Regen*, »Kirmes im Regen«, zählt, in dem André mitwirkte. Doch im Vergleich zur Karriere seines Sohns, der sich binnen kürzester Zeit bei den holländischen Fernsehzuschauern größter Beliebtheit erfreut und dem dann auch noch der Sprung nach Deutschland geglückt ist, fällt seine Berufslaufbahn im Rückblick äußerst bescheiden aus. André kann sich des zunehmenden Gefühls nicht erwehren, zwar sein Leben lang unheimlich hart für seinen Erfolg gearbeitet, aber letztlich nur wenig erreicht zu haben. Einmal macht er seinem Ärger auch einem Reporter gegenüber Luft: »Da rackere ich mich jahrelang ab, um mir einen Namen zu machen, und so ein Junge schafft es in ein paar Tagen.«[74]

Rudi bringt durchaus Verständnis für die Verbitterung seines Vaters auf: »Einmal hatte mein Vater einen Auftritt in Rotterdam. Und er wurde angekündigt mit: ›Wir wünschen Ihnen viel Vergnügen; durch das Programm führt Carrell – nicht Rudi, sondern André.‹ So behandelt zu werden, nachdem er so lange und so hart für seine Karriere geschuftet hat, und dann plötzlich in meinem Schatten zu stehen, das muss schlimm für ihn gewesen sein. Bei mir ging alles Schlag auf Schlag, wofür er so lange hat arbeiten müssen. Das war schon sehr schmerzlich für ihn.«[75] Rudis Schwester Truus ergänzt: »Unser Vater war schon sehr eifersüchtig auf Rudi. Dass der einen so schnellen Erfolg hatte und zudem vom Namen ›Carrell‹ profitierte, das war schon sehr schwierig für ihn, das konnte er nicht so ohne weiteres verkraften. Und das brachte einen wirklichen Knacks in die Beziehung zwischen Vater und Sohn.«[76]

Dennoch sind in den letzten Jahren vor Andrés Tod die beiden wieder auf einem Weg zu einer vorsichtigen Annäherung. Speziell Rudis großer Erfolg in Deutschland ringt seinem Vater Respekt ab: »Das hat ihn schon stolz gemacht, und dann gab er auch zu, dass es doch nicht nur Glück war bei mir, sondern mehr.«[77] Dass Rudi ihm zudem das Kompliment macht, nicht sicher zu sein, ob er selbst auch so hart gekämpft hätte, wenn er an der Stelle seines Vaters gewesen wäre, rührt André – es kommt zu einer späten Versöhnung. Und so ist es Rudi auch enorm wichtig, bei seinem Vater zu sein und noch möglichst viel Zeit mit ihm zu verbringen, als sich dessen Ende nähert. Er ist ganz allein mit ihm, als André spätnachts seine Augen für immer schließt. Rudi sitzt noch lange weinend und ratlos neben seinem toten Vater, empfindet neben seiner Trauer aber auch ein großes Glücksgefühl: »Ich habe meinen Vater sehr geliebt, und dass er so still aus diesem Leben davongegangen ist – aus dem Nichts in das Nichts –, das war wunderbar.«[78] Als André Carrell wenige Tage später zu Grabe getragen wird, begleiten ihn rund tausend Menschen auf seinem letzten Weg.

Rudi wird zeitlebens mit einer ganz großen Hochachtung von seinem Vater sprechen – die Dankbarkeit, die er ihm gegenüber empfindet, wiegt weit schwerer als die Rückerinnerung an die zeitweise Entfremdung oder die weniger schönen Momente, in denen er seinen Vater betrunken und aggressiv erlebt hat: »Er war nicht der größte Showmaster Hollands, aber ein guter. Er war ein guter Textdichter, ein guter Schauspieler, ein guter Conférencier und vor allem ein guter Mensch.«[79] Immer wieder betont Carrell in Interviews, wie viel er von seinem Vater gelernt und wie sehr er künstlerisch von seinem Wissen profitiert hat, aber auch, wie sehr er ihn für seine zutiefst menschliche Art bewundert hat: »Mein Vater war ein Idealist, ein Sozialist und ein Humanist. Einmal hat er sich auf der Bühne schwarze Farbe ins Gesicht geschmiert und einen leidenschaftlichen Vortrag gegen Rassendiskriminierung gehalten.« An seinem eigenen Lebensabend fasst er in Worte, was er an seinem Vater am allermeisten geschätzt hat: »In erster Linie war mein Vater ein sehr witziger Mensch. Allein deswegen habe ich ihn geliebt. Ich muss heute noch immer lächeln, wenn ich an ihn denke.«[80] Auch Rudis Schwester Truus denkt vor allem gern an die schier unerschöpfliche Fähigkeit ihres Vaters, Frohsinn und Freude zu verbreiten, zurück: »Vater hatte einen ganz großen Humor, und er war auch zu Hause lustig, er hat immer Scherze gemacht. Einmal zum Beispiel hat er ein riesiges Theater um ein Geburtstagsgeschenk für meine Mutter gemacht. Er hat tagelang die Türen vermessen und das halbe Haus entrümpelt, um sicherzustellen, dass das Geschenk für meine Mutter auch wirklich ins Haus passt – und am Ende bekam sie einen Ring geschenkt, und wir mussten alle fürchterlich lachen. Vater war in diesem Punkt anders als Rudi, denn Rudi war zu Hause eigentlich auch immer noch mit seinen Shows beschäftigt und hat auch da sehr hart gearbeitet, während Vater zu Hause immer unglaublich witzig und entspannt war. Aber das hatte natürlich was damit zu tun, dass Rudi jeden Monat eine neue Fernsehshow zu konzipieren hatte, die viel Geld kostete und von Millionen gesehen wurde und Vater jahrelang mit dem immer gleichen Bühnenprogramm aufgetreten ist.«[81]

Nach dem Tod seines Vaters wird Rudis Beziehung zu seiner Mutter nur noch enger – bis zu ihrem Tod im Jahr 1990 wird er sie als einen seiner wichtigsten Ratgeber betrachten, lässt sie vorab Ideen, Witze oder Sketche beurteilen, und sie ist auch stets die Erste, die er nach seinen Sendungen anruft. Journalisten berichtet Rudis Mutter Catharina: »Nach jeder Fernsehshow klingelt bei mir das Telefon. Dann weiß ich schon, dass er es ist. ›Mutter, wie fandest du es?‹, fragt er dann, denn er weiß, dass ich sehr kritisch bin. Und wenn ich dann was Gutes sage, sagt er: ›Ich finde, das und das hat noch nicht so prima geklappt. Sag, Mam, das eine Liedchen, das war doch tatsächlich ein Brüller im Saal...‹« Gefragt, ob sie stolz auf Rudi sei, antwortet sie: »Natürlich bin ich stolz auf ihn, logisch, aber ich finde den ganzen Ruhm sehr relativ. Viel wichtiger finde ich, dass Rudi sich in seinem Beruf am richtigen Platz fühlt.«[82]

Im Sommer 1968, nach dem Tod seines Vaters, gönnt sich Rudi Carrell zum ersten Mal seit mehr als zehn Jahren nahezu kontinuierlichen Arbeitens endlich wieder einmal eine längere Auszeit. Gemeinsam mit seiner Freundin Anke schippert er, stilgerecht mit Bart und Kapitänsmütze, zweieinhalb Monate mit seiner schmucken Privatyacht, die er auf den Namen *Zilveren Roos*, »Silberne Rose«, getauft hat, durch das Fluss- und Kanalnetz der Niederlande und schwärmt Reportern gegenüber: »Der schönste Urlaub meines Lebens.«[83] Die Zeit der Ruhe nutzt Carrell zum Nachdenken darüber, wie es mit seiner Karriere weitergehen soll. Wenngleich er im vergangenen Jahr mit der Situation in Deutschland unzufrieden war, so ist ihm nach dem holländischen Intermezzo klar geworden, dass er in seinem Heimatland auch keine ernsthafte berufliche Perspektive sieht. Seinen Landsleuten erklärt er unumwunden, warum er beschlossen hat, die Niederlande zu verlassen und fortan nicht mehr in Hilversum vor den Kameras zu stehen – aufgrund der hohen niederländischen Steuersätze sei die Hälfte seiner Gage für die acht Sendungen, die er in Holland produziert hat, vom Finanzamt geschluckt worden: »Es ist sinnlos, unter solchen Umständen in Holland zu arbeiten.«[84] Daraufhin verkünden die deutschen Zeitungen im August 1968 erwartungsfroh: »Rudi Carrell will Holland verlassen.«[85]

Zwischenzeitlich spielt Rudi mit dem Gedanken, sich in Zürich niederzulassen und von dort aus seine Fühler auf dem europäischen Fernsehmarkt auszustrecken, doch schließlich gelingt es Radio Bremen, ihn nach Deutschland zurückzuholen, wo er ab Herbst 1968 wieder seine *Rudi Carrell Show* im Samstagabendprogramm der ARD präsentieren soll. Dadurch, dass Rudi vor einem Jahr so überraschend seinen Vertrag mit den Bremern nicht verlängert hat und kurzerhand in seine Heimat zurückgekehrt ist, hat er diese und die ARD ganz schön in Zugzwang gebracht. Dauerhaft auf Carrell zu verzichten kommt nicht in Frage, denn der holländische Showmaster, der ebenso preisgünstige wie brillante Shows liefert, hat längst in der Rangliste der deutschen Fernsehunterhalter einen Spitzenplatz inne und ist zu einem der Zugpferde der ARD-

Unterhaltung geworden. Bei der *Goldenen-Kamera*-Leserumfrage der Programmzeitschrift *Hörzu* landete Carrell 1967 hinter Peter Frankenfeld, Robert Lembke, Lou van Burg und Quizmaster Erich Helmensdorfer – seit diesem Jahr Moderator der Quizshow *Alles oder nichts?* – immerhin schon auf Platz fünf unter den beliebtesten Showmastern.

Gerade jetzt, da jeder, der Deutsch mit Akzent spricht, beim deutschen Fernsehpublikum so gut ankommt, kann und will die ARD nicht auf Carrell verzichten. Nach Johannes Heesters, Lou van Burg und Rudi Carrell ist in den sechziger Jahren auch noch Corry Brokken, Schlagersängerin und *Grand-Prix*-Gewinnerin des Jahres 1957, auf dem deutschen Bildschirm präsent, nachdem WDR-Unterhaltungschef Hannes Hoff sie für Deutschland entdeckt hat – bis zum Jahr 1970 präsentiert sie achtzehnmal ihre Show *Varietézauber*. Aber es sind nicht nur Holländer, die die deutschen Bildschirme der sechziger Jahre bevölkern, das hiesige Fernsehpublikum lechzt geradezu nach Moderatoren aus der Fremde – dem Schweizer Schauspieler und Schlagersänger Vico Torriani, dem Briten Chris Howland, dem Ex-US-GI Bill Ramsey und der gebürtigen Italienerin Caterina Valente. Alle ausländischen Fernsehlieblinge, die den Deutschen mit einer großen Offenheit und Freundlichkeit begegnen und die internationale Ächtung des Landes nach dem Zusammenbruch Hitler-Deutschlands vergessen lassen, sind willkommen, zumal sie einerseits die Sehnsucht nach der großen weiten Welt stillen und andererseits als Bestätigung dafür angesehen werden, dass Deutschland endlich wieder internationalen Anschluss gefunden hat.

Rudi entschließt sich, nach Bremen zurückzukehren, nachdem Radio Bremen ihm angeboten hat, die *Rudi Carrell Show* künftig gemeinsam mit dem Süddeutschen Rundfunk in Stuttgart zu produzieren, dessen Unterhaltungschef Edwin Frisch Rudi schnell zu schätzen lernt: »Das war der beste Unterhaltungschef, den es je im deutschen Fernsehen gab.«[86] Dank der Koproduktion der Sendung wird das Budget von Rudis Show etwas üppiger. Auch wenn es nach wie vor weit hinter dem der großen Unterhaltungssendungen von WDR und NDR zurückbleibt, so bietet dies Rudi dennoch künftig einen größeren Spielraum in der Ausgestaltung seiner Shows, als dies bei der ersten Staffel der Fall war, sodass er der Presse gegenüber zufrieden bekundet: »Hier stimmen die Finanzen, weitaus mehr jedenfalls als in Holland!«[87] Im Winter 1968 startet die zweite Staffel der *Rudi Carrell Show*, die nun alternierend in Bremen und in Stuttgart produziert wird – und noch etwas Entscheidendes ist neu: Die *Rudi Carrell Show* kommt von nun an in Farbe.

Am 25. August 1967 ist auf der Berliner Funkausstellung der Startschuss für das Farbfernsehen in der Bundesrepublik gefallen. Das Ereignis war aufwendig inszeniert worden; Berlins ehemaliger Regierender Bürgermeister höchstpersönlich drückte auf den roten Knopf, mit dem das Farbfernsehzeitalter auf den Weg gebracht wurde. Doch dieses beginnt erst einmal recht zögerlich, denn Farbfernsehen ist teuer – nicht nur für die Fernsehzuschauer, die für ein Farb-TV-Gerät anfangs noch rund zweitausendfünfhundert Mark hinblättern müssen, sondern auch für die Sendeanstalten. Allein die ARD muss hundertsechzig Millionen Mark investieren, um die Studio-, Aufnahme- und Wiedergabetechnik auf Farbe umzustellen. Aus Kostengründen bleiben Schwarz-weiß-Sendungen zunächst noch der Standard, ARD und ZDF leisten sich zunächst nur den Luxus von jeweils vier Stunden Farbfernsehen pro Woche, in deren Genuss lediglich die ersten, knapp sechstausend Farbfernseherbesitzer kommen. Sendungen in Farbe werden noch stolz mit einem eigenen Jingle angekündigt; zunächst sind es vor allem populäre US-Serien wie *Bonanza* oder *Flipper*, die in Farbe gezeigt werden, im Oktober 1967 wird zum ersten Mal auch ein Fußball-Länderspiel in Farbe ausgestrahlt – allerdings nur die erste Halbzeit, in der zweiten schaltet man aus Kostengründen wieder auf Schwarz-Weiß um. Die erste Unterhaltungsshow, die vom Start des Farbfernsehens im Herbst 1967 an kontinuierlich in Farbe ausgestrahlt wird, ist *Der goldene Schuß* im ZDF – nach wie vor eine der erfolgreichsten Produktionen des deutschen Fernsehens, die ihre Farbfernsehpremiere beinahe mit Rudi Carrell als Moderator erlebt hätte.

Denn um Rudis Landsmann Lou van Burg, der die Sendung seit 1964 drei Jahre lang höchst erfolgreich moderiert hat, hatte es 1967 einen handfesten Skandal gegeben. Wegen seiner väterlich-freundlichen Ausstrahlung wird der Holländer vom deutschen Publikum liebevoll »Onkel Lou« genannt oder auch, weil er sein Lieblingswort »wunderbar« mit seinem holländischen Akzent auf so unnachahmliche Weise ausspricht, »Mister Wunnebar« – seine Popularität kennt Mitte der sechziger Jahre keine Grenzen mehr. Seine Game-Show *Der goldene Schuß*, bei dem Fernsehzuschauer via Telefon eine Armbrust im Studio bedienen und abschießen müssen, ist Kult – van Burgs Kommando »Kimme, Korn, ran« und der Spruch »Der Kandidat hat neunundneunzig Punkte« werden regelrecht zu geflügelten Worten. Doch sein Arbeitgeber, das ZDF, sieht Onkel Lous Saubermann-Image erheblich lädiert, als im Sommer 1967 bekannt wird, dass der Fernsehstar nicht nur seit langem von seiner langjährigen Ehefrau, seiner Jugendliebe Julchen, getrennt und mit seiner Managerin Angèle Durand zusammenlebt, sondern auch noch eine Affäre mit seiner Showassistentin hat, die zum Entsetzen des ZDF nicht nur verheiratet ist, sondern auch noch ein Kind von Lou van Burg erwartet – »keine alltägliche Geschichte, aber Lou war nun mal kein alltäglicher Mann«[88], befindet Rudi Carrell. Diese privaten Eskapaden machen den Showmaster in den Augen des ZDF-Intendanten Karl Holzammer jedenfalls völlig untragbar für eine Unterhaltungssendung, die die ganze Familie ansprechen soll. Trotz hervorragender Quoten und heftiger Zuschauerproteste, die sich strikt gegen eine Absetzung des beliebten Showmasters wehren, entschließt das ZDF sich im Juli 1967 dazu, sich von Lou van Burg zu trennen. Dessen Karriere ist damit vorerst beendet – in der Folgezeit fungiert er im Zirkus Althoff als Programmansager und tingelt als Conférencier durch die deutschen Lande. Erst rund zehn Jahre später, 1976, wird er eine neue Chance im Fernsehen bekommen, wenn er in der ZDF-Evergreensendung *Wir machen Musik* auf die deutschen Bildschirme zurückkehrt.

Im Sommer 1967 jedenfalls sucht das ZDF händeringend nach einem Showmaster, der Lou van Burg im Publikumsrenner *Der goldene Schuß* ersetzen könnte. Dass man dabei schnell auf die Idee verfällt, van Burgs Landsmann Rudi Carrell als dessen Nachfolger zu favorisieren, ist durchaus nahe liegend. Zum einen würde die bewährte Erfolgssendung damit originellerweise in den Händen eines beim Publikum beliebten Holländers bleiben, und zum anderen hatte Carrell gerade eben erst eine Vertragsverlängerung bei Radio Bremen abgelehnt, weil ihm die dortigen Arbeitsbedingungen nicht mehr genügten. Beim ZDF, das über ganz andere Geldmittel verfügt als der kleinste ARD-Sender, zweifelt man nicht ernsthaft daran, dass Carrell dem verlockenden Angebot, in eine der beliebtesten Unterhaltungsshows des deutschen Fernsehens einzusteigen, widerstehen würde. Presseberichten zufolge soll Rudi vom ZDF pro Jahr mit rund einer Million Mark geködert worden sein. Doch die Mainzer Fernsehmacher haben nicht damit gerechnet, dass Rudi erstens sehr genaue Vorstellungen davon hat, was er im Fernsehen machen möchte und was nicht, und zweitens, dass er Loyalität als eine der wichtigsten Tugenden überhaupt ansieht. Insofern hat Rudi zwei gute Gründe, das Ansinnen des ZDF strikt abzulehnen: Einerseits hält er zeitlebens nichts von banalen Game- und Quizshows, zum anderen widert ihn die Art und Weise, wie das ZDF mit seinem Zugpferd Lou van Burg umgegangen ist, zutiefst an – denn ihm ist klar, dass es dem Sender letztlich nicht so sehr um Lou van Burgs Privatleben ging, sondern darum, einen Präsentator abzusägen, der trotz seiner großen Publikumsgunst bei den Verantwortlichen in Mainz als äußerst unbeliebt gilt, weil er sich hinter den Kulissen seiner Sendung wie ein Diktator verhalte und zudem als altmodisch verschrien ist.

Als der Schweizer Hannes Schmid, der Erfinder und Produzent der Show, im Namen des ZDF-Intendanten Mitte Juli 1967 bei Carrell in Holland vorstellig wird, nimmt Rudi kein Blatt vor den Mund und findet deutliche Worte: »Tut mir Leid, aber ich hasse die Sendung und die Art und Weise, wie das ZDF wegen einer Privatangelegenheit Lou abschießen möchte. Damit will ich nichts, aber auch gar nichts zu tun haben.«[89] Doch der Produzent gibt sich nicht so schnell geschlagen bei seinem Vorhaben, Rudi doch noch herumzukriegen. Er verspricht ihm, dass er zusätzlich zu *Der goldene Schuß* seine Shows in Holland machen kann, da ein gut eingespieltes Team beim ZDF die Sendungen bis in alle Einzelheiten vorbereite und er insgesamt nur zwei Tage im Monat für eine Generalprobe und die eigentliche Live-Show investieren müsse. Dafür werde er mit vierzigtausend Mark pro Show entlohnt, was jährlich vierhundertachtzigtausend Mark Gage ausmachen würde – und da *Der goldene Schuß* in der sommerlichen Fernsehpause immer noch auf dreißigtägige Bühnentournee durch Deutschland geht, würde sich Carrells Jahresverdienst zusätzlich zur holländischen Gage auf einen Schlag um siebenhundertachtzigtausend Mark erhöhen. Die Verlockung, mit einem Mal so viel Geld zu verdienen wie im ganzen Leben noch nicht, und dies noch, ohne wesentlich mehr arbeiten zu müssen, ist groß. Spät in der Nacht und nach unzähligen Flaschen Bier signalisiert Rudi sein Einverständnis.

Schon als er am nächsten Morgen erwacht, bereut er die Entscheidung. Als der Produzent ihn nach Mainz begleitet, wo er den ZDF-Intendanten Karl Holzammer kennen lernen soll, merkt er, dass der Sender schon vor seiner Zusage fest davon ausgegangen ist, ihn engagieren zu können, denn alle holländischen und deutschen Zeitungen melden infolge einer entsprechenden Presseerklärung des ZDF bereits die Neuigkeit: »Rudi Carrell übernimmt den *Goldenen Schuß*« – »Carrell löst Lou van Burg ab« – »Ein Holländer geht – ein Holländer kommt«. Fieberhaft überlegt Rudi, wie er seine Zusage rückgängig machen kann. Zurück in den Niederlanden, sucht er umgehend Jan de Troye, den stellvertretenden Intendanten seines holländischen Senders VARA, auf, der zum Retter in der Not wird. Schlichtweg erklärt dieser dem ZDF, er habe – einen in Wirklichkeit natürlich nicht bestehenden – Exklusivertrag mit Carrell, der jede andere Fernsehtätigkeit in den nächsten acht Monaten verbiete, auch eine im Ausland. Dem ZDF bleibt daraufhin nichts andere übrig, als die Segel zu streichen – Rudi fällt ein Stein vom Herzen. Rückblickend gesteht er: »Heute weiß ich hundertprozentig sicher, dass ich mit dem *Goldenen Schuß* meine Deutschlandkarriere zu Grabe getragen hätte.«[90]

Schließlich tritt der Schweizer Vico Torriani die Nachfolge Lou van Burgs an – er wird die Show nach dem skandalträchtigen Moderatorenwechsel zwar noch bis 1970 moderieren, aber letztlich nie an die Beliebtheit seines Vorgängers heranreichen. Rudi Carrell hat mit seiner letztendlichen Ablehnung, den *Goldenen Schuß* zu moderieren, zwar nicht die öffentliche Demontage Lou van Burgs verhindern können, aber dennoch ist es ihm wichtig, in der Folgezeit seine Solidarität mit dem so schnöde abservierten Landsmann zu demonstrieren, der zuerst einmal als Persona non grata auf den deutschen Bildschirmen gilt und in der Branche nur noch spöttisch als »Burg-Ruine« bezeichnet wird. Am 1. Februar 1969 lädt er Lou van Burg – ohne seinen Sender vorab zu informieren – als Überraschungsgast in seine *Rudi Carrell Show* ein und führt ein mehr als fünfminütiges Interview mit ihm. Dieser ist angenehm überrascht, dass Rudi sich öffentlich so demonstrativ auf seine Seite stellt, hat er bislang seine Kollegen doch vor allem als Piranhas empfunden, die sich auf ihn gestürzt haben, bis nur noch das Gerippe übrig war – schon Anfang der sechziger Jahre hatte er in seinem Buch *Lou van Burg erzählt* eingestanden, wie er immer wieder erleben musste, »dass es in unserem Beruf eigentlich keine Freunde gibt, sondern nur Konkurrenten. Der Kampf ums Dasein ist ein erbitterter Kampf, und wenn sie dir einen Strick drehen können, dann tun sie's.«[91]

Rudis Solidarität mit Lou van Burg hat einerseits sicherlich etwas mit seinem Gerechtigkeitsempfinden sowie mit seiner Angewohnheit zu tun, mit seiner Meinung nicht hinter dem Berg zu halten, andererseits aber wohl nicht zuletzt auch etwas damit, dass er schnell in eine ähnliche Lage wie Lou van Burg hätte geraten können. Denn etwa zur gleichen Zeit, als der Skandal um Lou van Burg losgebrochen ist, hat auch Rudi sich von seiner Frau getrennt und lebt seitdem mit seiner Freundin Anke zusammen – wäre er also im Sommer 1967 auf den Deal mit dem ZDF eingegangen, so hätte der Sender gegen ihn ein ähnliches Druckmittel in der Hand gehabt wie gegen Lou van Burg, falls man ihn aus irgendeinem Grund wieder hätte loswerden wollen. Doch die Trennung von Truus, die er, den »empfindlichen Entrüstungsnerv des deutschen Publikums«[92] berücksichtigend, zuerst einmal ganz bewusst nicht publik gemacht hat, schadet seiner Karriere letztlich nicht, denn Rudi hat das Glück, dass die ersten Gerüchte um die Veränderungen in seinem Privatleben erst ein Jahr später aufkommen, als die Gesellschaft angesichts der einsetzenden »sexuellen Revolution« schon wesentlich unverkrampfter mit solchen Themen umgeht. Im Sommer 1968 erfahren die deutschen Zeitungsleser zum ersten Mal, dass Rudi seine Ferien nicht mit seiner Familie, sondern mit seiner »gut gebauten deutschen Freundin namens Anke B.«[93] verbringe. Viel mehr ist jedoch zunächst einmal nicht zu erfahren, denn – wie die Presse feststellt – privat lässt sich der »sonst sorglos mitteilsame Rudi ungern in die Karten gucken«[94]. So ist man vorerst auf bloße Spekulationen angewiesen: »Die Gesellschaft von Freundin Anke lässt darauf schließen, dass sich in Carrells Familienleben eine Änderung vollzogen hat.«[95]

Bevor Rudi selbst sich mit diesem Thema an die Öffentlichkeit wendet, klärt er zuerst einmal hinter den Kulissen die Lage mit Radio Bre men ab: »Ich habe den Verantwortlichen klar gemacht, dass mein Privatleben und meine Show zwei Paar Stiefel sind, und das haben sie eingesehen.«[96] Erst nachdem er sich der Rückendeckung seines Senders versichert hat, geht er auch der Presse gegenüber offen mit diesem Thema um, spricht freimütig über die Trennung von seiner ersten Frau, sein Bedauern, seine Töchter nicht häufiger zu sehen, und auch über seine neue Liebe zu Anke: »Sie ist wirklich die erste Frau, mit der ich über alles reden kann. Noch besser: Wir verstehen uns auch ohne Worte. Damals, als der erste Wirbel wegen unserer Verbindung aufkam, versuchten wir uns zu trennen. Aber es ging nicht.«[97] Rudi hat Glück – aufgrund des Wandels gesellschaftlicher Moralvorstellungen, aber sicherlich nicht zuletzt auch aufgrund der Offenheit und Selbstverständlichkeit, mit denen er selbst mit diesem Thema umgeht, haben die Veränderungen in seinem Privatleben keinerlei Auswirkungen auf seine Karriere. Im Dezember 1968, als er nach achtzehnmonatiger Pause erstmals wieder im deutschen Fernsehen zu sehen ist, jubelt die Presse begeistert: »Rudi ist wieder da!«

Seine erste neue Show, mit der er am 7. Dezember 1968 die zweite Staffel der *Rudi Carrell Show* startet, hat das Thema Hochzeit – erstmals wird die Show auch vom Österreichischen Rundfunk und vom Schweizer Fernsehen übertragen und insofern mit der pompösen Eurovisionsfanfare angekündigt. Obwohl die Shows sich auch weiterhin stets um ein einziges Thema ranken, hat sich mit der zweiten Staffel und dem vergrößerten Budget doch einiges geändert. So sind etwa die Dekorationen wesentlich aufwendiger – es gibt nicht mehr nur eine einzige Dekoration pro Sendung, sondern mehrere unterschiedliche, die jedoch alle unter ein und demselben Motto stehen, in der Dezembersendung 1968 eben unter dem Thema Hochzeit. Nacheinander sind zunächst ein Platz vor einem Standesamt, dann der Warteraum des Standesamts, das Trauungszimmer, eine Kirche, in der im Anschluss an die standesamtliche die kirchliche Trauung stattfindet, und schließlich zwei unterschiedliche Festgesellschaften zu sehen – einmal eine feuchtfröhliche Hochzeitsfeier im kleinbürgerlichen Milieu, bei der in einem Festzelt Bier und Bockwurst serviert werden, und zum anderen eine vornehme Hochzeitsgesellschaft in einem teuren Restaurant, in dem man sich Kaviar und Champagner einverleibt. Doch spätestens am Schluss der Feier, wenn genug Alkohol geflossen ist, so demonstriert Rudi in seiner Show, werden solche Milieuunterschiede hinfällig – beim Finale bilden beide Hochzeitsgesellschaften eine große Polonaise.

Seine Show beginnt Carrell nach wie vor mit einem Eröffnungslied, das speziell auf die jeweilige Show zugeschnitten ist und auf die kommenden sechzig Minuten einstimmen soll. Es wird von seinem musikalischen Leiter, dem gebürtigen Holländer Cornelius op den Zieken, arrangiert – am 7. Dezember 1968 singt Rudi fröhlich-beschwingt: *An 'nem herrlichen Tag so wie heut'*. Anders als in der ersten Staffel präsentiert er sein Eröffnungslied nicht schon in der Dekoration, sondern er bewegt sich dabei mitten durchs Studiopublikum. Auch die Eröffnungsconférence findet noch im Zuschauerraum statt – Carrell wendet dafür sogar der Kamera den Rücken zu, dreht sich mehrfach zu den Fernsehzuschauern um, entschuldigt sich und versichert: »Ich komme gleich zu Ihnen.« Um den Beweis zu erbringen, live zu sein, macht er einige Gags zu aktuellen Fußballergebnissen, nimmt aber ebenfalls die Gepflogenheiten des Fernsehens wie auch seinen kurzfristigen Flirt mit dem ZDF aufs Korn. Da die Studiogäste in diesen Tagen noch gern in die Kameras winken, um die Lieben daheim zu grüßen, von den Moderatoren aber häufig aufgefordert werden, dies doch zu unterlassen, hat Carrell in der letzten Reihe einen Statisten platziert, der immer wieder aufsteht und aufgeregt herumfuchtelt. Mehrmals ermahnt er ihn: »Bitte nicht in die Kamera winken, das mögen wir nicht so« – bis er schließlich eine Pistole zückt und den Mann erschießt: »Hab ich doch endlich mal den *Goldenen Schuß* gemacht.«

In seiner Show präsentiert er wie gewohnt unzählige kleine Witze, Gags, Lieder und Scherze, die ihm zum Thema Hochzeit eingefallen sind. So gibt es einen Mann, der bereits zum siebten Mal heiratet und ein regelrechter Hochzeitsprofi ist, peinliche Situationen bei der Trauungszeremonie, verunglückte Tischreden von Brautvätern oder langhaarige junge Leute, bei denen Carrell Braut und Bräutigam verwechselt. Bei einer Umfrage im Warteraum des Standesamts fragt er eine Frau, warum sie heiratet, und sieht dann erst, dass sie hochschwanger ist, oder er trifft auf einen kaum Deutsch sprechenden Studenten, der sich wundert, warum er mit seiner Vermieterin zum Standesamt gehen und »ja« sagen soll. Auch die Tatsache, dass manche Paare schon rein optisch so unterschiedlich wirken, wird persifliert: Ein Mann kommt mit einem Schimpansen im Brautkleid aus dem Standesamt, weil dem Computer bei der Ehevermittlung ein Fehler unterlaufen ist; ein anderer Mann ist über zwei Meter groß und heiratet eine Frau, die drei Köpfe kleiner ist – und Rudi singt das Lied *Auf jeden Topf passt ein Deckel*.

Nicht nur die Dekorationen sind ab der zweiten Staffel der *Rudi Carrell Show* opulenter, größerer Wert wird jetzt auch auf prominente Gaststars gelegt, die sich voll und ganz in die Handlung der Show einbringen. So tritt in der Hochzeitsshow etwa eine sich selbst übertreffende Grethe Weiser auf, die in köstlicher Manier den Klatsch der Regenbogenpresse über die aktuellen Fürstenhochzeiten parodiert und im Anschluss ein Duett mit Carrell singt. Und unvergessen bleibt der Auftritt Heinz Erhardts, der einen der Brautväter mimt und sich zur Gaudi der Hochzeitsgesellschaft auf ein Spiel mit Rudi einlässt: Während Rudi Sonnenlieder singt, trällert Heinz Erhardt Regenlieder, bei jedem seiner Lieder steht er tatsächlich im Regen und wird pitschnass – auch sein Versuch, den Spieß umzudrehen, als er das Prinzip erkennt, misslingt: Zwar beginnt Rudi ein Regenlied zu singen, doch gibt er vor, den Refrain vergessen zu haben, sodass Erhardt einspringt und wiederum er derjenige ist, der den Wasserschwall abbekommt und wie ein begossener Pudel dasteht. Aber nicht nur die Gäste sind Zielscheibe des Spotts, wie üblich nimmt Carrell sich immer wieder auch selbst mit flapsigen Bemerkungen auf den Arm – manches Mal jedoch dürfen auch seine Gäste diesen Part übernehmen, so etwa Grethe Weiser, die ihm aufgrund seines holländischen Akzents beiläufig an den Kopf wirft: »Sie sprechen so ulkig!«

7.
Rudi auf allen Kanälen

Carrells Entscheidung, seine Karriere ab 1968 schwerpunktmäßig auf Deutschland zu konzentrieren, erweist sich als goldrichtig, denn binnen kürzester Zeit wird er in der Beliebtheitsskala deutscher Fernsehstars noch weiter vorrücken und aus dem deutschen Showbusiness nicht mehr wegzudenken sein – 1969 ist Rudi gar bereits so bekannt, dass die *Hamburger Morgenpost* einen Wettbewerb mit Rudi-Carrell-Doppelgängern ausschreibt. Zum Fernsehen kommen bald schon das Radio und der Film, lukrative Bühnentourneen und Werbeverträge, und auch zum Schallplattenstar wird Rudi in den nächsten Jahren aufsteigen. Ende der sechziger und Anfang der siebziger Jahre wächst Carrells Popularität kontinuierlich weiter an – noch ahnt niemand, dass sie Mitte der siebziger Jahre mit der Erfolgsshow *Am laufenden Band* nochmals in eine noch höhere Umlaufbahn katapultiert werden wird.

Je vielfältiger Rudis Aktivitäten in allen möglichen Bereichen außerhalb des Fernsehens werden, desto aufwendiger gestaltet sich nun die geschäftliche Seite seiner Karriere, sodass er sich dazu entschließt, sich erstmals einen Manager zuzulegen, damit er sich fortan wieder ganz auf die künstlerischen und inhaltlichen Dinge konzentrieren kann. Wie so oft in seinem Leben greift Rudi auch in dieser Situation auf einen Menschen zurück, der ihm aus früheren Tagen vertraut ist und auf dessen Loyalität er sich hundertprozentig verlassen kann – Dick Harris, der ihm schon in den Tagen seiner Schnabbeltour viele gute Ratschläge gegeben hat und der lange Zeit als Regisseur der *Rudi Carrell Show* fungiert hatte. Nach den ersten sieben deutschen Ausgaben hatten sich beider Wege erneut getrennt, Dick war einstweilen nach Holland zurückgegangen. 1968 treffen die beiden sich durch Zufall im Zug nach Bremen wieder. Dick Harris, selbst ein leidenschaftlicher Spieler, hat gerade ein Jahr lang als Croupier im Kasino Westerland auf Sylt gearbeitet und steht nun ohne Engagement und Verpflichtungen da – über Rudis Angebot, ihm als Manager zur Seite zu stehen, ist Dick nach seiner einjährigen Showbiz-Pause hocherfreut, und die beiden werden sich schnell einig. Carrell erinnert sich: »Er machte gerade nichts, und so wurde er mein Manager und zog nach Bremen. Er bekam zehn Prozent von all meinen Einnahmen. Wir haben lange Jahre phantastisch zusammengearbeitet und nie Streit gehabt, es war perfekt: Ich machte meine Shows, er machte die Geschäfte.«[1]

In der Tat kümmert Harris sich in den nächsten fünfzehn Jahren um Rudis geschäftliche Belange, eine wirkliche Freundschaft jedoch wird daraus nie erwachsen, die Beziehung zwischen den beiden wird stets auf einer rein geschäftlichen Basis verharren. Dick Harris bestätigt: »Wir hatten tatsächlich nie Streit, und das hatte einen simplen Grund: Unsere Zusammenarbeit war rein sachlich, privat waren wir keine intimen Freunde. Was uns verbunden hat, war, dass wir beide besessen waren vom Showbusiness, aber vom Rest des Lebens hatten wir völlig andere Ideen, etwa was Hobbys oder Interessen angeht.« Privat gehen beide stets getrennte Wege; abgesehen von der Arbeit und der gemeinsamen Liebe zum Showbusiness gibt es keinerlei Berührungspunkte: »Außerhalb der Arbeit hatten wir völlig unterschiedliche Bedürfnisse, sich einfach mal nur so gegenseitig ›gesellig‹ zu besuchen oder einen freien Abend im selben Restaurant oder in derselben Kneipe zu verbringen, das wäre uns überhaupt nicht in den Kopf gekommen.«[2] Da Harris dennoch über so viele Jahre ein enges Gespann mit Carrell bildet, wird er immer wieder mit der Frage konfrontiert, wie er es bloß dermaßen lange mit Carrell aushalte, wo dieser doch in der beruflichen Zusammenarbeit als so schwierig gelte: »Ach, wissen Sie, Carrell ist ein Mensch wie alle anderen, mit guten wie mit schlechten Eigenschaften. Niemand ist vollkommen und unfehlbar, ausgenommen der Papst, aber der macht auch keine Fernsehshows. Ist Rudi Carrell wirklich schwierig? Ja und nein. Ja, insofern er von anderen die gleiche zügellose Arbeitskraft und die gleiche Hinwendung zum Fach erwartet, wie er sie sich auch selbst abverlangt. Nein, insofern er Profis jederzeit seine Wertschätzung entgegenbringt. Mit Kollegen, die ihr Fach verstehen, hat Rudi nie Probleme und sie darum auch nicht mit ihm.«[3]

Mit dem Engagement des geschäftstüchtigen und umtriebigen Dick Harris geht es mit Rudis beruflichen Erfolgen außerhalb des Fernsehens steil bergauf. Harris versteht es hervorragend, die Gunst der Stunde zu nutzen und Rudis Einnahmen kontinuierlich zu steigern. Carrells Vielseitigkeit, aber auch seine Popularität, die durch die stetige Fernsehpräsenz und die hohen Einschaltquoten seiner Shows enorm ist, lassen sich wunderbar in zahlreiche lukrative Nebenverdienste umsetzen. Im Rundfunk hat man Interesse an Carrells unverkennbarer Stimme, im Kino und bei Bühnenshows setzt man auf ihn als Publikumsmagnet, die Schallplattenindustrie verspricht sich mit Carrell-Platten gute Verdienste, und auch in der Werbung kommt er als Sympathieträger bestens an. Bald kann Carrell sich vor Angeboten kaum noch retten; die Aufgabe von Dick Harris besteht darin, die meistversprechenden Angebote herauszufiltern und den Überblick über die sich häufenden Verpflichtungen Rudis nicht zu verlieren. Zu den fünfundzwanzigtausend Mark Gage, die Rudi für jede seiner *Rudi Carrell Shows* erhält, kommen bald noch weit interessantere Summen – Carrells Jahresverdienst verzeichnet Ende der sechziger Jahre eine erhebliche Steigerung. Dick Harris: »Für mich war es eine ganz einfache Rechnung. Wenn es bei Carrell finanziell gut lief, dann profitierte auch ich davon. Wenn es bei ihm regnete, dann tröpfelte es bei mir – aber dafür, dass es bei Carrell ständig regnete, musste ich als sein Manager sorgen. Wir hatten wirklich eine optimale Arbeitsteilung – Rudi hatte immer das letzte Wort bei inhaltlichen Dingen, und ich habe mich derweil um alles Geschäftliche gekümmert. Das lief wirklich äußerst gut und harmonisch mit uns, und wir haben beide sehr davon profitiert.«[4]

Eine der ersten Aktivitäten Carrells außerhalb des Fernsehens wird 1968 eine eigene Radioshow im Hessischen Rundfunk. Wie auch bei seinen Bühnenengagements in Deutschland kann Rudi hierbei auf seine Erfahrungen aus der holländischen Vor-Fernseh-Zeit zurückgreifen. Ebenso wie viele seiner Fernsehkollegen – Peter Frankenfeld und Hans-Joachim Kulenkampff, Wim Thoelke und Hans Rosenthal – hat Rudi in den fünfziger Jahren, bevor er zum Fernsehen gekommen ist, ausführlich Radioluft geschnuppert, wovon er nun, wo er fünf Unterhaltungssendungen für den Hessischen Rundfunk moderieren soll, profitieren kann. Eigentlich greift er mit seinem Programm, das er selbst konzipiert und *Rudis Radioshow* nennt, auf das Prinzip der AVRO-Sendung *Bonte Dinsdagavondtrein* zurück – mit dem einzigen Unterschied, dass Carrells Radioshow nicht abends, sondern am Sonntagvormittag präsentiert wird. Ansonsten aber setzt Rudi auf die gleiche kurzweilige Mischung aus Conférencen, Sketchen, Gags und Liedern, die auch die holländische Radioshow geprägt haben, mit der er Mitte der fünfziger Jahre seinen Durchbruch erlebt hat. Ebenso wie bei seinen Fernsehshows bereitet sich Carrell auch bei seinen Radiosendungen akribisch vor, es ist eine Aufgabe, die ihm nach fast zehnjähriger Abwesenheit vom Rundfunk durchaus Spaß macht. Gesendet wird alle zwei Monate live, teils aus dem Frankfurter Funkhaus, teils aus Stadthallen der Umgebung, denn Rudi ist es aus atmosphärischen Gründen wichtig, seine Radioshows vor Publikum zu präsentieren. Die Shows bestreitet er nicht allein, sondern gemeinsam mit prominenten Gästen, so lädt er etwa Grethe Weiser, Lonny Kellner oder die Jacob-Sisters ein, nutzt die Sendung jedoch beispielsweise auch dazu, zwei populäre holländische Komiker vorzustellen, die in Deutschland bisher noch nicht bekannt sind. Rudis oberstes Ziel ist es, den Radiohörern mit seinen *Bunten Vormittagen* gute Laune zu vermitteln, denn – so erklärt er der Presse – an Sonntagvormittagen werde in Deutschland generell zu wenig gelacht.

Aber nicht nur mit eigenen Sendungen ist Carrell in diesen Tagen im Rundfunk präsent, natürlich wird er auch in Radioshows anderer Moderatoren eingeladen – solche Gelegenheiten nutzt er oft dazu, Kostproben seines Humors zu geben, so etwa in der von Hans Rosenthal moderierten Radiosendung *Wer fragt – gewinnt – Ein Pfadfinderspiel rund um Worte und Begriffe*. Die Show wird von RIAS und NDR gemeinsam produziert, und ein fester Bestandteil der Sendung ist, dass die Kandidaten einen Prominenten erraten müssen – anschließend nutzt der Moderator die Gelegenheit für ein kurzes Interview mit dem jeweiligen prominenten Gaststar. Carrell, der zeitlebens eine starke Abneigung gegen jegliche Form von Quizshows hat und Quizmoderatoren auch nicht ernsthaft als Kollegen betrachtet, macht es dem nicht gerade zur Selbstironie und auch nicht zur Komik neigenden Hans Rosenthal in dieser Interviewrunde nicht sonderlich leicht – Rosenthal scheint hoffnungslos überfordert:

»*Rosenthal*: Wie sind Sie eigentlich zur Bühne gekommen?

Carrell: Hier durch die Tür …

Rosenthal: … ich meinte eigentlich, als Sie noch etwas jünger waren.

Carrell: Oh, ich war Tischler. Eines Tages ließ ich einen großen Vorschlaghammer auf meine Zehen fallen. Und ich habe fürchterlich geschrien. Da kam ein Plattenproduzent vorbei, hat mich gehört und gleich eine Aufnahme gemacht!

Rosenthal: Wo haben Sie Deutsch gelernt?

Carrell: Deutsch hab ich gelernt hauptsächlich von Zeitungen. So Schlagzeilen von Zeitungen: »Dreijähriger Junge erdrosselt Großmutter im LSD-Rausch …« »Halbes Hähnchen flog noch dreihundert Kilometer«.

Rosenthal: Nun sind Sie ja Holländer. Kennen Sie eigentlich die königliche Familie?

Carrell: Bis vor einer Woche überhaupt nicht. Aber vorige Woche bin ich in Holland gewesen. Es ist wirklich eine tolle Geschichte. Ich fuhr mit meinem Wagen in der Nähe von Hilversum, dort ist auch das königliche Schloss. Und ich krieg mitten im Wald einen Plattfuß. Ich stehe da ganz verzweifelt. Da hält plötzlich ein riesiger großer schwarzer Wagen. Und wer steigt aus? Prinz Bernhard der Niederlande.

Rosenthal: Ist nicht möglich! Und er hat Sie gleich erkannt?

Carrell: Ja, gleich. ›Bum, Rudi, wie geht's?‹ Und er hat mir geholfen. Wir haben eine halbe Stunde lang gebastelt. Und dann hatten wir furchtbar schwarze Hände. Und da sagte er: ›Rudi, du hast schwarze Hände, geh mit zu meinem Haus, da kannst du die Hände waschen.‹ So fuhr er vor und ich hinter ihm her.

Rosenthal: Und dann rein ins Schloss?

Carrell: Ja, rein in die Küche. Da haben wir uns die Hände gewaschen. Dann haben wir zwei Stunden gesessen und was getrunken: Holländisch Genever! Seine Frau, Königin Juliana, kam mal eben rein, die war gerade beim Geschirrspülen. Und da sagte ich: ›Herr Bernhard, Sie haben so

’nen wunderschönen Garten. Kann ich für meine Kinder nicht einen kleinen schönen Tannenbaum kriegen?‹ – ›Natürlich‹, sagte er, ist gleich weggegangen, hat einen Kittel angezogen und eine Säge mitgenommen. Dann sind wir in den Garten gegangen, und er hat einen Tannenbaum abgesägt. Und dann sind wir wie ganz große Freunde auseinander gegangen. Und er wird bald zu mir zu Besuch kommen!

Rosenthal: Das find ich enorm! Ist ja kaum zu glauben!

Carrell: Ist ja auch nicht wahr! Ist ja nur ’ne tolle Geschichte!«[5]

Neben dem Rundfunk kehrt Rudi Carrell Ende der sechziger Jahre erstmals seit langem auch wieder auf die Bühne zurück. Während er zu Beginn seiner Fernsehkarriere in den Niederlanden immer auch noch zwei bis drei Bühnenauftritte in der Woche absolviert hatte, hat er dies schließlich an den Nagel gehängt, weil ihm die Doppelbelastung von Fernsehshow und Bühnenengagements auf die Dauer einfach zu viel war, er sich ausgebrannt fühlte und sich voll und ganz auf das Gelingen seiner *Rudi Carrell Show* konzentrieren wollte. Auch in den ersten drei Jahren nach seinem Karrierestart in Deutschland hat Rudi es abgelehnt, sich neben seinen Fernsehaktivitäten auch noch auf der Bühne zu präsentieren, doch jetzt führt sein Manager Dick Harris ihm vor Augen, welchen finanziellen Nutzen er aus der fernsehfreien Zeit ziehen kann, wenn er sich für Bühnenauftritte und Tourneen engagieren lässt. Seit das Fernsehen sich zum wichtigsten Massenmedium entwickelt hat, kriselt es im Theaterbereich heftig – viele Menschen bleiben lieber gemütlich zu Hause und konsumieren die Unterhaltungsangebote des Fernsehens, so dass es immer schwieriger wird, Theaterveranstaltungen oder Bühnenshows mit Zuschauern zu füllen. Pfiffige Tourneeagenturen verfallen auf die Idee, aus der Not eine Tugend zu machen: Da das Fernsehen mittlerweile der Bühne den Rang abgelaufen hat, muss eben die Beliebtheit dieses Mediums und seiner Stars dazu genutzt werden, das Publikum wieder in die Bühnenshows zu locken. In den sechziger Jahren wird es immer populärer, zur Zeit der Sommerpause, wenn die großen Showsendungen aussetzen, die beliebtesten Repräsentanten des Unterhaltungsfernsehens auf ausgedehnte Tourneen zu schicken. Das Konzept ist denkbar einfach: Zumeist werden Bühnenprogramme zusammengestellt, die speziell auf den entsprechenden Fernsehstar zugeschnitten sind und sich ganz allein auf die Zugkraft seines Namens verlassen. Beliebt ist es ebenfalls, Top-Leute wie Peter Frankenfeld und später auch Rudi Carrell mit Bühnenversionen ihrer Fernsehshows auf Tournee zu schicken – was im Fernsehen bei einem Millionenpublikum ankommt, das muss mit demselben Präsentator auch in den Hallen von Kleinstädten funktionieren. Und tatsächlich geht das Konzept auf. Der Wunsch der Fernsehzuschauer, ihre

Stars und Lieblinge, die sonst per Knopfdruck bequem ins heimische Wohnzimmer kommen, auch einmal zum Greifen nah zu erleben und sich nach Ende der Veranstaltung ein Autogramm von ihnen geben zu lassen, ist enorm.

Ab 1969 beteiligt auch Rudi Carrell sich an diesem lukrativen Geschäft mit den »Brettern, die das Geld bedeuten«[6]. Zunächst ergeht an ihn die Anfrage, ob er für Peter Frankenfeld einen Auftritt in der Jahrhunderthalle in Frankfurt am Main übernehmen könne, und schon wenig später, am 19. April 1969, präsentiert er unter der Federführung des renommierten Hamburger Konzert- und Tourneeveranstalters Hans-Werner Funke gemeinsam mit Lou van Burg eine Bühnenshow mit zahlreichen Gästen in der Hamburger Musikhalle. Da Carrell es im Gegensatz zu vielen seiner Kollegen, die vom Radio zum Fernsehen gekommen sind, gewöhnt ist, auf der Bühne zu stehen und er keinerlei Probleme damit hat, auch in großen Sälen aufzutreten, nimmt er solche Angebote gerne an und nutzt die Gelegenheit, seine Vielseitigkeit und Flexibilität zu demonstrieren – der Umstand, dass er es schon als junger Mann gelernt hat, vor allen Arten von Zuschauern aufzutreten und das Publikum in seinen Bann zu ziehen, hilft ihm jetzt enorm. Rudi absolviert diese Bühnenengagements und Tourneen jedenfalls nicht ungern, weil sie ihm über einen höchst willkommenen Zusatzverdienst hinaus auch noch die Gelegenheit bieten, mit neuen Ideen zu experimentieren: »Bühnenarbeit ist herrlich. Jeden Abend ein anderes Publikum. Das gab mir die Gelegenheit, Gags auszuprobieren, die ich mir für kommende Fernsehshows ausgedacht hatte. Lachte niemand – weg damit!«[7]

Zwei Programmpunkte seiner Bühnenauftritte, an die Rudi sich besonders gerne zurückerinnert, erfreuen sich beim Publikum jedoch garantiert stets größter Beliebtheit – und wieder einmal stellt Carrell unter Beweis, dass es keine großen, aufwendigen Effekte braucht, um einen ganzen Saal in Stimmung zu bringen. Bei der einen Nummer holt Rudi vier Leute auf die Bühne, denen einige Dias vorgeführt werden, die sie kurz kommentieren sollen. Das Ganze wird auf Band aufgenommen und dann im Anschluss abgespielt – doch zur Wiedergabe der Stimmen werden dann völlig andere Dias gezeigt, die die Beschreibungen auf höchst amüsante Weise konterkarieren: »Da waren die Lacher garantiert.« Und eine andere Nummer, die Rudi einem holländischen Kollegen abgekauft hat, wird zu seiner absoluten Lieblingsnummer; noch in den achtziger Jahren wird er sie zum Warming-up des Studiopublikums seiner Sendung verwenden – bei seinen Bühnenshows setzt er diese Quizparodie meist als Eröffnungsnummer ein: Er betritt die Bühne und behauptet, beim Spaziergang durch die jeweilige Stadt einen Hundertmarkschein gefunden zu haben, den er jetzt einem der Anwesenden »zurückgeben«

will – in Form eines kleinen Spiels. Rudi holt eine Einkaufstasche mit verschiedenen Gegenständen hervor, die er nach und nach präsentiert. Derjenige im Publikum, der als Erster einen der Gegenstände bei sich trägt, bekommt den Geldpreis ausgehändigt: »Das war ein richtiger Knaller auf der Bühne, das funktionierte immer. Ich zog natürlich erst mal eine ganze Reihe von völlig absurden Sachen aus der Tasche, die normalerweise kein Mensch bei sich trägt – etwa einen Schneebesen oder eine Suppenkelle. Es war eine sehr effektvolle Nummer, denn jeder Gegenstand rief neue Lacher hervor, und man hatte das Publikum gleich in der Hand.«[8]

Doch Rudi muss manches Mal staunen, was sein Publikum so alles mit ins Theater bringt – den einen Tag hat tatsächlich einmal jemand eine Salatgurke und den anderen Tag ein halbes Hähnchen mit dabei. Selbst bei dem Taschenkalender aus dem Jahr 1938 gibt es einmal einen Treffer, denn ein Mann im Publikum hat tatsächlich am gleichen Tag zufällig einen solchen in einem Antiquariat gekauft. Doch wenn es bei keinem der Gegenstände eine Übereinstimmung gibt, hat Rudi immer noch den Schlussgag parat: »Zum Schluss zog ich immer eine Damenperücke aus der Tasche, denn es gab immer eine Frau im Zuschauerraum, die bereit war, sich für hundert Mark ihr künstliches Haupthaar vom Kopf zu reißen – oder einen Mann, der seiner Frau die Perücke vom Kopf riss und damit auf die Bühne gestürmt kam. Ich habe den Gag tausende Male gemacht. Damals machte man solche Scherze, heute, wo ich selbst Chemotherapien hinter mir habe, würde ich so einen Scherz natürlich nie mehr machen.«[9] Je häufiger Rudi diese Nummer bei seinen Bühnenauftritten wiederholt, desto größer wird die Gefahr, dass sich herumspricht, dass er dieses Spiel spielt und was sich in seiner Einkaufstasche befindet: »Als wir im Ruhrgebiet auf Tournee waren, habe ich jeden Abend andere Gegenstände genommen. Ich hatte entdeckt, dass die Zuschauer ihre Bekannten in Nachbarstädten telefonisch warnten. ›Wenn du zu Rudi Carrell gehst, steck mal 'ne Gurke ein, dann kannste hundert Mark verdienen.‹ Aber dann hatte ich ein Huhn oder einen Kopfsalat. Für den Fall, dass sich auch bei der Damenperücke niemand meldete, hatte ich als Reserve noch einen Herrensocken in der Tasche. ›Ein schwarzer Herrenstrumpf‹, und dann zog der halbe Saal rasend schnell Schuh und Socken aus und strampelte halb barfuß zur Bühne. Es war wirklich meine Lieblingsnummer.«[10]

Nachdem Rudi einmal in diesem Metier Fuß gefasst hat, geht es Schlag auf Schlag weiter, ein Bühnenengagement folgt aufs andere. Oftmals sind dabei auch die Grenzen zur Werbung fließend – im Spätsommer 1969 etwa geht Carrell mit dem *Wollexpress '70* auf Tour durch zwanzig Städte. Hierbei handelt es sich um eine mit vielen Stars besetzte Unterhaltungstournee, die vom *Internationalen Wollsekretariat* gesponsert wird und für die Rudi Carrell und Chris Howland als Conférenciers gewonnen werden konnten. Auch in der neuen Dekade nimmt Rudi fröhlich weitere Engagements an – so leitet er im Januar und Februar 1970 im Auftrag eines großen Reiseunternehmens als Conférencier und Quizmaster ein durch zahlreiche Städte tourendes, dreistündiges Reisequiz unter dem Motto *In der Welt zu Gast*, bei dem es unter anderem Starauftritte von Zarah Leander und Roberto Blanco gibt. Im Sommer 1970 absolviert er mit einem Bühnenprogramm eine Bädertournee über die Nordseeinseln von Borkum bis Sylt; im Dezember 1970 moderiert er sechsmal ein buntes Programm für Berliner Senioren. Auch in den folgenden Jahren werden Bühnenauftritte weiterhin ein wichtiges Standbein für Carrell bleiben. So wird Rudi etwa im Winter 1973 mit einem zweistündigen Bühnenprogramm in der Schweiz auf Tournee gehen, im Sommer 1975 unter dem Titel *Gags am laufenden Band* eine Bühnenversion seiner Fernsehshow *Am laufenden Band* präsentieren oder Anfang 1976 eine fünfzig Stationen umfassende Tournee kreuz und quer durch die Bundesrepublik absolvieren. Doch von da an wird Rudi Carrell für einige Zeit bewusst auf solche Engagements verzichten, da 1977 sein drittes Kind, sein Sohn Alexander, geboren wird und er die fernsehfreie Zeit nutzen will, um sich seinem Sohn widmen zu können, anstatt auf Tournee zu gehen.

Das Geld, das er Ende der sechziger und Anfang der siebziger Jahre neben seiner Fernseharbeit mit Bühnentourneen verdient, gleicht er später durch lukrative Werbeverträge aus, die teils – wie etwa im Falle der über mehrere Jahre laufenden *Edeka*-Werbung – noch wesentlich besser bezahlt werden als die Bühnenengagements und die Rudi zudem auch weniger Zeit stehlen. Schon in den Niederlanden hat Carrell am Beginn seiner Fernsehkarriere keinerlei Scheu gehabt, Werbung zu machen – 1963 etwa für Oberhemden der Marke *Yokol*. Fünfzigtausend Gulden hat er damals für seine Zustimmung bekommen, dass nur ein einziges Mal auf der Rückseite der holländischen Tageszeitung *Telegraaf* ein Foto von ihm mit der Bildunterschrift »Ich, Rudi Carrell, trage nur *Yokol*-Oberhemden« abgedruckt werden darf. Als er damals von Journalisten gefragt wurde, ob er keine Berührungsängste gehabt habe, sich für eine Werbekampagne herzugeben, verneint er selbstbewusst – denn wenn mittlerweile schon der berühmteste Kabarettist der Niederlande Werbung macht, warum sollte er es sich mit seiner Fernsehpopularität denn nehmen lassen, ebenfalls nebenbei gutes Geld zu verdienen: »Wim Sonneveld macht es auch.«

Auch in der Bundesrepublik wird die Werbeindustrie schnell auf ihn aufmerksam. 1967 schon macht Carrell Werbung für Feinstrumpfhosen der Marke *Opal*, Anfang der siebziger Jahre folgt eine ganze Reihe von Werbespots für die Fernsehlotterie *Glücksspirale*. Doch die Werbeanfragen bleiben durchaus nicht nur auf Deutschland beschränkt. So nimmt er

1969 am *Daily-Mail*-Transatlantik-Flugrennen von London nach New York teil und vertritt dabei, gemeinsam mit der britischen Olympiasiegerin von Mexico City 1968 im Weitsprung, Mary Rand, die US-Chartergesellschaft *Capitol Airways*. Aus diesem Engagement entwickelt sich dann sogar noch eine längerfristige Verpflichtung, wie sich Kollege Wim Thoelke in seinen Memoiren voller Mitleid erinnert: »Es gab eine Zeit, da flog Rudi gegen Gage fast jede Woche mit einer Chartergesellschaft nach Mexiko – als Werbe-VIP. Schwer verdientes Geld. Fliegen Sie mal so oft von Frankfurt nach Mexiko und zurück. Da hört der Spaß bald auf.«[11]

Im Jahr 1970 kommt für Rudi Carrell neben dem Fernsehen, dem Radio, den Werbeverpflichtungen und den Bühnenengagements noch ein weiteres Betätigungsfeld hinzu – das Kino. Für den Filmproduzenten Karl Spiehs liegt es auf der Hand, dass man Rudis Fernseherfolge auch an den Kinokassen nutzen kann – der Name »Rudi Carrell« dürfte genug Menschen ins Kino locken, sodass es sich rentieren müsste, Filme zu produzieren, die ganz auf ihn zugeschnitten sind, daneben aber möglichst auch noch viele andere populäre Gesichter der Zeit auf die Leinwand bringen. Obwohl Rudi zu diesem Zeitpunkt noch nie in einem Kinofilm mitgewirkt hat, zögert er nicht lange und nimmt das Angebot an. Erstens ist die fürstliche Gage, die er für das Mitwirken am Film bekommen soll, schon recht überzeugend, und zweitens ist er schon von klein auf ein begeisterter Filmfan – bereits in seiner Kindheit und Jugend hat er Stunde um Stunde in den Kinos von Alkmaar gesessen, einen Film nach dem anderen gesehen und von den Filmhelden und der großen weiten Welt geträumt. Nichts liegt also näher, als jetzt, wo sich ihm die Möglichkeit bietet, selbst einmal auf die Leinwand zu kommen, die Gelegenheit auch beim Schopf zu packen, zumal er nicht unter »ferner liefen« mitwirken, sondern gleich die Hauptrolle spielen soll.

Produzent Karl Spiehs, dem Direktor der Lisa-Film, schwebt von Anfang an kein künstlerisch anspruchsvoller Streifen vor, mit dem er bei den Kritikern und Cineasten punkten kann, sondern ein heiter-beschwingtes Lustspiel für die ganze Familie, denn »da war, meinte er, eine Marktlücke, und es gab gute Erfolgschancen, das heißt volle Kinokassen.«[12] Gemeinsam mit dem Drehbuchautor Erich Tomek verfällt er auf die Idee, eine Klamaukversion von Billy Wilders Filmklassiker *Manche mögen's heiß* zu drehen, der – garniert mit Marilyn Monroe – die Geschichte von zwei Heteromännern erzählt, die aus einer misslichen Lage heraus Frauenkleider anziehen müssen, was zu allerhand amüsanten Verwechslungen und grotesken Situationen führt. Während Tony Curtis und Jack Lemmon in Wilders Film zu dieser List greifen müssen, weil sie von gefährlichen Gangstern verfolgt werden und ihre Haut zu retten haben, ist die

Handlung der deutschen Klamaukversion wesentlich simpler gestrickt: Weil zwei Männern das Auto, die Papiere, das Geld und die Kleider gestohlen werden und das Einzige, dessen sie habhaft werden können, ein Koffer mit Damenkleidern ist, müssen sie mehr oder weniger den ganzen Film über unfreiwillig in Frauenkleidern herumrennen. Gestandene Heteromänner in Frauenkleidern sind immer ein garantierter Lacherfolg; auch das deutsche Kino hat schon mehrfach unter Beweis gestellt, dass hiermit Kasse zu machen ist, so etwa mit dem Kultfilm *Charlys Tante* – 1956 mit Heinz Rühmann, 1963 mit Peter Alexander in der Hauptrolle verfilmt, dem 1957 mit Georg Thomalla und Grethe Weiser realisierten Streifen *Tante Wanda aus Uganda* oder dem 1964 in die Kinos gekommenen Film *Unsere tollen Tanten in der Südsee*. An genau solche Produktionen will Karl Spiehs mit seinem Film anknüpfen, für den er auch schon einen Titel parat hat: *Wenn die tollen Tanten kommen*.

Rudi ist alles andere als begeistert, als er beim ersten Lesen des Drehbuchs erkennt, auf welche Art Film es hinauslaufen soll: »Das ›Lustspiel für die ganze Familie‹ war, so wurde mir schnell deutlich, eine unverfälschte Klamotte. Nichts gegen Klamotten! Schlimmer fand ich, dass ich laut Drehbuch die meiste Zeit als Frau verkleidet herumlaufen sollte. Hier muss ich etwas gestehen. Wenn es eine Masche im Showgeschäft gibt, die ich hasse wie die Pest, so ist es die Verkleidung. Ein Mann, der sich als Frau verkleidet – ich weiß es –, ist eines der ältesten und sichersten Mittel, das Publikum zum Lachen zu bringen. Aber, nennen Sie es Geschmackssache, ich mag es nicht, mehr noch, ich hasse es. Der Gedanke war mir so unerträglich, dass ich am liebsten das Ganze abgeblasen hätte.«[13] Doch für eine Absage ist es zu spät, die Verträge sind längst unterzeichnet. Würde Rudi jetzt noch aus dem Projekt aussteigen, wäre dies ein glatter Vertragsbruch, und eine hohe Konventionalstrafe würde fällig – also heißt es: Augen zu und durch. Wenigstens einen kleinen Kompromiss setzt er beim Produzenten jedoch durch: »Die Drehbuchautoren sollten mir etwas entgegenkommen und das Buch so umarbeiten, dass ich wenigstens auch einen Teil des Films als Mann spielen konnte.«[14]

Nach Rudis Zusage macht Produzent Karl Spiehs sich auf die Suche nach einem geeigneten Filmpartner für Rudi – so wie Tony Curtis Jack Lemmon und Dean Martin Jerry Lewis in ihren Filmen an die Seite gestellt bekommen, so soll auch Rudi einen Sketch- und Blödelpartner haben, mit dem gemeinsam er die Abenteuer des Films durchzustehen hat. Da ein weiteres bekanntes und beliebtes Fernsehgesicht die Chancen des Films an der Kinokasse nochmals wesentlich erhöht, verfällt der Produzent schnell auf die Idee, Ilja Richter zu engagieren. Der gerade einmal achtzehnjährige Berliner, dessen Eltern sich aufgrund politischer Schwierigkeiten 1953 von der DDR zunächst nach West-Berlin und später nach

Köln abgesetzt haben, ist gegenwärtig einer der jüngsten Moderatoren des deutschen Fernsehens. Als Siebzehnjähriger hat er im Februar 1969 die Co-Moderation der ZDF-Musiksendung *4-3-2-1 Hot and sweet* übernommen – zunächst moderiert er sie noch gemeinsam mit der Schlagersängerin Suzanne Doucet, doch ab 1970 führt Ilja Richter die Sendung alleine weiter, die ein Jahr später in *Disco* umbenannt werden wird. Gemeint ist die Sendung vom ZDF als gemäßigte Antwort auf den von Radio Bremen für das ARD-Programm produzierten und als progressiv geltenden *Beat Club*. Während dieser sich kompromisslos an der Jugend und deren Musikgeschmack orientiert und fast ausschließlich britische und amerikanische Popmusik präsentiert, versucht das ZDF eine Musiksendung für die ganze Familie zu etablieren, was zur Folge hat, dass internationale Stars wie Rod Stewart und Neil Diamond neben deutschen Schlagergrößen wie Udo Jürgens und Vicky Leandros auftreten. Unterschiedlicher könnten die Musikwelten der frühen siebziger Jahre nicht sein: Im avantgardistischen *Beat Club* kündigen leger gekleidete, langhaarige Moderatoren mit locker-flapsigen Sprüchen *Deep Purple* an, in der braven *Disco* sagt »Licht-aus-Spot-an«-Präsentator Ilja Richter, im Konfirmandenoutfit und stets ordentlich-akkurater Föhnfrisur, mit betulichem Augenaufschlag Marianne Rosenberg an.

Neben seiner Fernseharbeit hat Ilja auch schon früh beim Film Erfahrungen gesammelt – schon als Kind hat er in Franz Marischkas Revuefilm *So toll wie anno dazumal* mitgewirkt, und im Alter von elf Jahren spielte er in dem Francis-Durbridge-Streifen *Piccadilly null Uhr zwölf*, einem Versuch, den damals boomenden Edgar-Wallace-Filmen Konkurrenz zu machen. Sonderlich rühmenswert ist keiner der Filme, in denen Ilja Richter bislang mitgespielt hat, und er selbst gesteht rückblickend auch freimütig ein, »dass ich in einigen bemerkenswert schlechten Filmen mitgespielt habe«[15]. Auch in seiner Fernsehshow führt Richter, der davon träumt, ein angesehener Komiker zu werden, immer wieder alberne Sketche und überdrehte Parodien vor, die von vielen Zuschauern, die wegen der Musiknummern einschalten, eher genervt hingenommen statt goutiert werden. Aber ein herausragender Schauspieler muss man auch gar nicht sein, um in dem vor allem auf Slapstick-Gags basierenden Film mitwirken zu können, der Karl Spiehs vorschwebt, sodass Ilja, dessen komödiantische Neigungen unübersehbar sind, als ideale Ergänzung zu Rudi Carrell erscheint. Ilja Richter erinnert sich: »Wir fühlten uns geschmeichelt, meine Eltern und ich, als Spiehs bei uns anklopfte. Partner von Rudi Carrell! Ja, Carrell gehörte damals zu meinen Göttern. Das Honorar war auch nicht von Pappe.«[16] Ilja Richter ist mit seinen achtzehn Jahren zu diesem Zeitpunkt bereits der Ernährer seiner Familie; als Filmhonorar erhält er zweihunderttausend Mark, was für ihn eine beträchtliche Summe darstellt, denn für die Moderation seiner Musiksendung wird er zur gleichen Zeit vom ZDF mit knausrigen siebenhundertfünfzig Mark pro Ausgabe entlohnt.

Nachdem mit Rudi Carrell und Ilja Richter die beiden Hauptdarsteller zugesagt haben, ist auch die übrige Besetzung schnell gefunden. Da Klamaukfilme in der Bundesrepublik gegenwärtig boomen, gibt es einen festen Stab von Schauspielern, die man für diese Zwecke engagieren kann – beim Streifen *Wenn die tollen Tanten kommen* entscheidet man sich für Theo Lingen, Hubert von Meyerinck und Gunther Philipp, Hansi Kraus und Trude Herr, und für schmissige Musikeinlagen werden zusätzlich die angesagten Schlagersänger Chris Roberts, Graham Bonney und Christian Anders engagiert. Auch ein Regisseur ist rasch zur Hand, der aus der österreichischen Steiermark stammende, vierzigjährige Franz-Josef Gottlieb, der in der Branche vor allem dafür bekannt ist, dass er schnell und kostengünstig dreht und jeden auch noch so engen Drehplan exakt einhält. Ilja Richter erinnert sich: »Es gibt von ihm zwar keinen einzigen wirklich guten Film, aber er ist bis heute dafür bekannt, dass er schnell und billig dreht. Ein Gottlieb-Film war für jeden Produzenten ein genau kalkulierbares Risiko: Die Zahl der geplanten Drehtage entsprach immer genau den tatsächlichen Drehtagen. Dass Gottlieb einen zusätzlichen Drehtag anhängte, um den Film besser zu machen, war etwa so wahrscheinlich wie ein Meteoriteneinschlag im Wörthersee.«[17]

Denn gedreht wird tatsächlich am Wörthersee – einem der beliebtesten Handlungsorte von Spielfilmen in diesen Tagen. Für Carrell, der sich sonst bei seinen Bühnen- und Fernsehshows für jedes noch so kleine Detail verantwortlich fühlt, wirken die Dreharbeiten im Vergleich zu seiner sonstigen Arbeit wie der reinste Urlaub: »Es war eine völlig neue Welt für mich mit angenehmen Überraschungen. Das Schönste war natürlich, dass ich hier keine Verantwortung hatte für das Endergebnis: Produzent und Regisseur entscheiden. Das kannte ich gar nicht. Ich, der im Fernsehen bei allen Problemen immer selbst bestimmen musste, wie die Sache endgültig gesendet werden sollte, hatte auf einmal so viel Freizeit, dass das Ganze mir manchmal wie ein bezahlter Urlaub vorkam.«[18] Die Zeit, in der er stundenlang auf das Drehen der nächsten Einstellung wartet, nutzt er, um mit seinen Kollegen zu plaudern, am Wörthersee in der Sonne zu liegen oder sich mit seinen Töchtern, der zwölfjährigen Annemieke und der achtjährigen Caroline zu entspannen, die er zum Urlaub an den Wörthersee eingeladen hat und die Freude daran haben, die Dreharbeiten zu verfolgen. Rudi ist blendender Laune und ständig zu Scherzen aufgelegt. Seine Tochter Annemieke erinnert sich: »Einmal hat Rudi uns eine Woche lang Geschichten über den Filmproduzenten erzählt, der eine furchtbar schiefe Nase hatte. Und er hat sich jeden Tag etwas anderes rund um dieses Thema ausgedacht, zum Beispiel, dass die Nase von Geburt aus krumm war und nach links stand. Dann habe der Mann sie sich operieren lassen, und weil er Sorge hatte, ob sie auch wirklich gerade wird, habe er unter dem Verband immer noch selbst ein bisschen nachkorrigiert, bis die Nase dann, als der Verband endlich abkam, nach rechts stand. Und als Rudi dann eines Tages, als wir zusammensaßen, aufsprang und sagte: ›Darf ich euch meinen Produzenten, Herrn Spiehs, vorstellen‹, mussten meine Schwester und ich krampfhaft auf den Boden starren, als wir ihm die Hand gaben, sonst hätten wir laut losprusten müssen. Wir hatten in dieser Zeit unheimlich viel Spaß mit Rudi.«[19]

Für Ilja Richter sind die Dreharbeiten weniger entspannend als für Rudi – was schon daraus resultiert, dass er nicht schwimmen kann, Regisseur Franz-Josef Gottlieb jedoch darauf besteht, die im Drehbuch stehenden Schwimmszenen mit ihm zu drehen. Einmal wird Ilja an einem Seil durch den Wörthersee gezogen, ein anderes Mal hängt er an einer Schwimmangel, die bricht, sodass Richter, in Panik und Todesangst, von Rettungsschwimmern aus dem See gezogen werden muss. Auch eine Szene, in der er kalten Spinat ins Gesicht bekommt, der einen Kuhfladen simulieren soll, bleibt ihm nicht gerade in bester Erinnerung. Doch gnadenlos wird eine Klamaukszene nach der anderen abgedreht, auf Feinheiten wird dabei nicht geachtet – weder was die Handlung angeht noch was handwerkliche Fragen betrifft. So interessiert es keinen großartig, dass Chris Roberts es aufgrund des heftigen Fahrtwindes kaum schafft, auf seinem Motorboot die Lippen synchron zum Playback seines Liedes zu bewegen. Und auch dass Rudi und Ilja selbst auch noch für Frauen gehalten werden, als man nach ihrem Bad im Wörthersee deutlich ihre Koteletten unter den um den Kopf gewickelten Handtüchern sieht, stört hier niemanden. Mit solchen Kleinigkeiten hält sich Regisseur Gottlieb nicht auf.

Dafür wird der Film aber auch pünktlich fertig und kann am 6. August 1970 wie geplant seine Uraufführung in Essen erleben. Obwohl die Handlung haarsträubend ist, die Gags infantil und sich die Witze fast ausnahmslos auf Stammtischniveau bewegen, geht die Rechnung von Karl Spiehs auf, und der Film kommt hervorragend an: »Das Publikum lachte von Anfang bis Ende. Es ist ein tolles Gefühl, ein volles Haus anderthalb Stunden sich totlachen zu hören. Der Film spielte, wie man sagte, viel ein. Es war laut späteren Statistiken sogar der bestbesuchte deutsche Film des Jahres 1970.«[20] Tatsächlich trifft *Wenn die tollen Tanten kommen* den Nerv der Zeit – er läuft wochenlang erfolgreich in den Kinos und wird schließlich sogar mit der Goldenen Leinwand für drei Millionen verkaufter Kinokarten ausgezeichnet. Vor allem das junge Publikum, das Rudi und Ilja aus dem Fernsehen kennt und jetzt sehen möchte, wie sich die beiden auf der Kinoleinwand schlagen, strömt massenhaft in die Kinos. Für alle Beteiligten, den Produzenten, den Gloria-Filmverleih wie die Schauspieler, bedeutet der Film leicht verdientes Geld, da er zudem neben dem Ertrag aus den Kinokassen auch noch großzügig mit Mitteln der Filmförderung subventioniert wird.

Die staatliche Filmförderung in der Bundesrepublik war ins Leben gerufen worden, nachdem führende Filmemacher wie Alexander Kluge, Volker Schlöndorff und Ulrich Schamoni Mitte der sechziger Jahre den Neuen deutschen Film ausgerufen und gleichzeitig »Opas Kino« für tot erklärt hatten. Im Dezember 1967 war das Erste Filmförderungsgesetz verabschiedet worden, das darauf abzielen sollte, die künstlerische Qualität des deutschen Films wieder zu heben. Mit Mitteln der staatlichen Filmförderung wurden eine ganze Reihe Kinodebüts mit hohen ästhetischen Ansprüchen produziert, die sonst kaum eine Chance gehabt hätten, realisiert zu werden. Junge, engagierte Filmemacher zu unterstützen, ist sicherlich gut gemeint, doch das Resultat ist katastrophal, die Kinosäle sind meist gähnend leer, wenn die völlig am Publikumsgeschmack vorbei produzierten Kunstfilme laufen, während die Zuschauer massenhaft in Klamaukfilme, Sexklamotten und Ulkstreifen strömen. Und letztlich sind es genau diese Filme, die von den staatlichen Subventionen profitieren, da das Filmförderungsgesetz vorschreibt, jeden Film automatisch zu fördern, der an der Kinokasse mindestens eine halbe Million Mark einspielt – also gerade nicht die engagierten Kunstfilme, die kaum jemanden ins Kino locken, sondern eben Streifen wie *Wenn die tollen Tanten kommen*. Damit ist das genaue Gegenteil von dem eingetreten, was eigentlich erreicht werden sollte: Die staatlichen Subventionen, die auf die Förderung junger, talentierter Filmemacher abzielen sollten, fließen nun hauptsächlich in die Kassen von Produzenten, die die Kinos mit Filmen wie den *Schulmädchenreporten*, Streifen wie *Liebesgrüße aus der Lederhose* oder eben *Wenn die tollen Tanten kommen* überfluten. Das mag vielleicht bedauerlich für die weitere Entwicklung des deutschen Films sein, doch diejenigen, die davon profitieren, sind selbstverständlich hocherfreut über diesen Geldsegen. *Tolle-Tanten*-Darsteller Theo Lingen gesteht Rudi Carrell: »Wissen Sie, im Winter bin ich in Wien angesehener Burgschauspieler, im Sommer drehe ich eine Klamotte nach der anderen. Sie dürfen erraten, womit ich mehr Geld verdiene ...«[21]

Schnell ist es beschlossene Sache, auf der Erfolgswelle von *Wenn die tollen Tanten kommen* weiterzuschwimmen und noch mehr Klamaukfilme dieser Art zu produzieren. Man entscheidet sich für eine regelrechte Fließbandarbeit – 1971 kommen gleich zwei *Tolle-Tanten*-Filme ins Kino, zunächst *Tante Trude aus Buxtehude* und dann noch *Die tollen Tanten schlagen zu*, beide wiederum mit Rudi Carrell und Ilja Richter in den Hauptrollen. Der erste von beiden ist, auch wenn Rudi vollmundig verspricht »Er wird besser sein als die *Tollen Tanten*«[22], weniger erfolgreich als sein Vorgänger, weil er der einzige Film der Reihe ist, der nicht am Wörthersee spielt, sondern in Lofer, in der Nähe von Salzburg, gedreht wird. Produzent Karl Spiehs, der fast alle seine Streifen am Wörthersee ansiedelt und deshalb in Branchenkreisen längst den Spitznamen »Wörthersee-Spiehs« bekommen hat, fühlt sich in seinem Erfolgsrezept bestätigt – der dritte Film der Reihe, *Die tollen Tanten schlagen zu*, wird wieder in bewährter Art und Weise am Wörthersee gedreht. Dem Wörthersee, an dem er auch seinen Lebensabend verbringen wird, wird Karl Spiehs fortan ebenso die Treue halten wie dem Klamauk: In den achtziger Jahren wird er mit Thomas Gottschalk und Mike Krüger in den Hauptrollen die Streifen der *Supernasen*-Reihe produzieren, womit er würdige Nachfolger von Rudi Carrell und Ilja Richter auf die Leinwand bringt, und in den neunziger Jahren wird er Produzent der RTL-Fernsehserie *Ein Schloss am Wörthersee* mit Roy Black in der Hauptrolle sein.

Die weiteren Filme der *Tolle-Tanten*-Serie folgen der immer gleichen Dramaturgie, experimentiert wird nicht; das, was als Erfolgsrezept anerkannt ist, wird gnadenlos in jedem weiteren Film kopiert. Auch die Personenkonstellationen sind immer die gleichen, wie sich Ilja Richter erinnert: Die mitwirkenden Schlagersänger wie Chris Roberts oder Roy Black »bekommen die süßen Schnitten. Die fetten Torten flogen den Trotteln um die Ohren: Rudi Carrell und mir. Nach Drehschluss legten wir unsere Rollen ab. Ich ging zu meinen Eltern und er aufs Ganze. Wie Yves Montand. Was heißt ›wie‹! Er war Yves Montand.«[23] Rudi ist tatsächlich der von Frauen und Groupies umschwärmte Platzhirsch am Set, was er, da seine Freundin Anke ihn nicht zu den Dreharbeiten begleitet, auch genüsslich ausnutzt – und seinen Filmpartner Ilja immer wieder spüren lässt. Ilja, der mit seinen achtzehn Jahren noch bei seinen Eltern wohnt und von seiner Mutter, die als seine Managerin und Public-Relations-Agentin fungiert, zu den Dreharbeiten begleitet wird, ist im Team als Muttersöhnchen verschrien und wird von seinen Fans meist als asexuell empfunden und oft auch zu Unrecht für schwul gehalten. Die Chancen, die Ilja beim anderen Geschlecht hat, sind kaum vergleichbar mit denen des Draufgängers Rudi Carrell, der am Set ständig von weiblichen Groupies umschwärmt und umlagert wird. Auch Rudis Tochter Annemieke erinnert sich: »Er konnte machen, was er wollte, die Groupies fanden ihn toll. Ich erinnere mich besonders an zwei Mädels, die ihn regelrecht anhimmelten. Eines Abends hat er ihnen einen Kartentrick vorgeführt. Sie sollten eine Karte aus dem Spiel ziehen und wieder reinstecken – er mischte die Karten, zog eine verdeckt heraus und fragte, welche Karte sie zuvor gezogen hatten. Wenn sie dann ›Herzbube‹ sagten, antwortete er: ›Stimmt, die hab ich hier!‹ und steckte die Karte schnell wieder in den Stapel, ohne sie ihnen vorher gezeigt zu haben. Und die starrten ihn völlig ungläubig und fasziniert an und fragten ihn: ›Wie machst du das bloß, Rudi?‹ Die waren wirklich zu blöde, um zu kapieren, dass er sie ganz billig an der Nase herumgeführt hat, und meine Schwester und ich mit unseren acht und zwölf Jahren konnten gar nicht fassen, wie man so dumm sein kann.«[24]

Ständig so umschwärmt und angehimmelt zu werden gefällt Showmaster und Filmstar Rudi natürlich, und er genießt es sichtlich, sich am Rande der Dreharbeiten regelrecht wie ein Weiberheld zu inszenieren. Ilja Richter erinnert sich: »Abends, nach den Dreharbeiten, pflegte Rudi Frauen abzuschleppen. Er war nicht übertrieben wählerisch. Wichtiger als die äußerlichen Details seiner Gefährtinnen war es für ihn, dass alle im Team seine Erfolge mitbekamen. Er mochte es, wenn die Frau schon vor ihm in sein Hotelzimmer ging und sich auf das nahende Erlebnis innerlich vorbereitete. Währenddessen verabschiedete er sich in aller Form vom Team und stieg mit einem Siegerlächeln die Treppe hinauf. Einmal sah ich, wie er den Pelzmantel seiner Eroberung hinter sich herschleifte wie das Fell eines erbeuteten Bären. Ich dagegen wohnte am Drehort mit meinen Eltern. Und litt manchmal, wenn ich Rudi sah, den Supermacho und Ladykiller.« Carrell scheint sich durch Ilja Richter, den er geradezu als sein Gegenbild empfindet, provoziert zu fühlen, ihm ständig das Gefühl zu vermitteln, ein Versager und Waschlappen zu sein – je unmännlicher und weibischer Ilja wirkt, desto machohafter tritt Rudi auf: »Carrell streute Salz in meine Wunde, indem er mich wegen meiner Eltern auch noch verspottete. Das Gegenmittel, mit dem ich ihn zum Schweigen brachte, war ein Hinweis auf seine Ehefrau. Carrell wurde immer sehr nervös, wenn er seine Frau nicht gleich am Telefon erreichen konnte.«[25]

Doch unabhängig von solchen kleineren Querelen hinter den Kulissen stellt die Zusammenarbeit von Ilja Richter und Rudi Carrell – zumindest was die Einnahmen an den Kinokassen angeht – eine einzige Erfolgsgeschichte dar. Dennoch endet ihre Zusammenarbeit nach dem dritten gemeinsamen Film wieder; auf der Leinwand werden sie zukünftig getrennte Wege gehen – im Privatleben ohnehin. Rudi erklärt der Presse: »Es wird gedreht und gedreht. Der vierte Film soll auf mich zugeschnitten sein. Die Hälfte des Drehbuchs mache ich.«[26] Der vierte Film, wiederum unter der Regie von Franz-Josef Gottlieb, bekommt den Titel *Rudi, benimm dich* – es ist der letzte direkt auf Rudi zugeschnittene Film und zugleich der erste, in dem er keine Frauenkleider tragen muss. Ansonsten bleibt alles beim Alten. Gedreht wird am Wörthersee, die Handlung ist haarsträubend und setzt wiederum auf reinen Klamauk: Rudi spielt einen zerstreuten Erfinder, der einen genialen Universalroboter konstruiert; wiederum gibt es jede Menge vertauschter Koffer, Verwechslungen, und auch die obligatorischen Gesangseinlagen von Chris Roberts fehlen nicht. Auch Ilja Richter dreht am laufenden Band weiter Trash-Filme: 1970 neben dem ersten *Tolle-Tanten*-Film noch *Unsere Pauker gehen in die Luft* und *Musik, Musik, da wackelt die Penne*, und 1971 folgen noch *Hilfe, die Verwandten kommen*, *Wer zuletzt lacht, lacht am besten* und *Wenn mein Schätzchen auf die Pauke haut* – schon die Titel sprechen für sich.

Für Rudi wie Ilja, die ihre Fernsehkarriere in der Zeit kontinuierlich weiterverfolgen, stellen die Filme, die sie Anfang der siebziger Jahre drehen, vor allem leicht verdientes zusätzliches Geld dar. In Interviews geben sie dies offen zu und bezeichnen die Streifen, in denen sie mitwirken, freimütig als »Klamauk« oder sprechen gar von »Schrottfilmen« und »Klamotten«.[27] Beiden ist es wichtig, Journalisten gegenüber stets durchblicken zu lassen, dass sie das, was sie da drehen, selbst nicht so ganz ernst nehmen und die Angebote vor allem deshalb annehmen, weil sie gutes Geld einbringen. Einem Reporter gegenüber flachst Rudi: »Da verdiene ich mein Geld buchstäblich im Urlaub.«[28] Dennoch konzentriert Carrell sich zunehmend wieder auf seine Fernsehkarriere. 1971 ist er außer in *Rudi, benimm dich* auch noch in einer kleineren Rolle in dem Streifen *Hochwürden drückt ein Auge zu* an der Seite von Roy Black, Uschi Glas und Georg Thomalla zu sehen, und 1973 steht er in Franz-Josef Gottliebs Streifen *Crazy – Total verrückt* ein vorerst letztes Mal vor der Kamera. Auch danach bekommt er noch weitere Filmangebote, doch die Qualität der Rollen, die ihm angeboten werden sinkt – falls dies überhaupt möglich ist – immer noch weiter ab. 1975 erklärt er: »Ich habe gerade fünf Drehbücher in den Papierkorb geworfen, das war so ein Schund, dagegen sind meine *Tanten*-Filme sogar Oscar-reif.«[29] Nur noch zweimal wird Rudi danach im Kino zu sehen sein: 1979 in *Himmel, Scheich und Wolkenbruch* und 1988 in *Starke Zeiten* – mit beiden Filmen wird Carrell keine Filmgeschichte schreiben. In der Auswahl seiner Kinofilme beweist er im Gegensatz zu seinem Instinkt, was Fernsehshows angeht, kein glückliches Händchen. Dennoch haben ihn Anfang der siebziger Jahre Millionen Menschen auf der Leinwand gesehen – und seiner Popularität haben die Streifen, in denen er mitgewirkt hat, auch keinen Abbruch getan, auch wenn die *Tolle-Tanten*-Filme zweifellos Tiefpunkte deutscher Filmgeschichte in einer an filmischen Tiefpunkten reichen Zeit sind.

Das Geld, das Rudi Carrell ab Ende der sechziger Jahre neben seiner *Rudi Carrell Show* mit Kinofilmen, Werbeverträgen, Autogrammstunden, Bühnenengagements und Tourneen verdient, ermöglicht ihm nach und nach einen immer exklusiveren Lebensstil. Zunächst kauft Rudi ein altes, aufwendig umgebautes Bauernhaus im kleinen Ort Scholen, dreißig Kilometer vor den Toren Bremens: »Ich hatte das Haus durch Zufall entdeckt. Es sah von außen wie ein richtiger Bauernhof aus, von innen aber wie eine Art englischer Bungalow, schön antik eingerichtet, altes Holz, offener Kamin. Es könnte ein Landhaus aus einem Durbridge-Krimi sein.«[30] Anke und Rudi fühlen sich hier äußerst wohl, zumal beide die Natur über alles lieben und das Leben in der Stadt keine Sekunde vermissen. Sie führen hier ein sehr zurückgezogenes, abgeschiedenes Leben, verfügen über einen Telefonanschluss mit Geheimnummer, die nur wenige Leute kennen, und Rudi genießt es, einen Rückzugsort gefunden zu haben, an dem er sich vom Stress seiner Arbeit ausruhen und seine wenige freie Zeit ungestört mit Anke verbringen kann. Im Sommer halten sie sich viel im Garten des Hauses auf, im Winter genießen sie es, am gemütlichen Kamin zu sitzen.

Doch das Haus wird schnell zum Zweitwohnsitz, denn Anfang der siebziger Jahre, als die Kinogagen zu fließen beginnen, empfiehlt sich für Carrell aus steuerlichen Gründen ein Umzug ins Ausland – denn nur dann rentiert sich die Filmarbeit auch wirklich für ihn: »Wenn ich damals in Deutschland geblieben wäre, hätte ich achtzig Prozent meiner Filmgagen gleich ans Finanzamt überweisen können, und wenn ich im Ausland wohnte, waren es nur fünfzehn Prozent.«[31] Und so entschließen Rudi und Anke sich, ihren Hauptwohnsitz nach Belgien zu verlegen, wo Rudi im nordöstlichen Teil des Landes, ganz in der Nähe des Freizeitparks Bobbejaanland bei Kasterlee gelegen, ein Haus kauft.[32] Doch in Belgien bleiben Rudi und Anke nicht lange wohnen, von seinen Filmgagen kauft Rudi sich schon ein Jahr später für rund dreihunderttausend Mark eine luxuriöse Villa mit großem Swimmingpool an der spanischen Mittelmeerküste, in der Urbanisation El Rosario, nur wenige Fahrminuten vom Prominentenwohnort Marbella entfernt: »Das war der mit Abstand teuerste Umzug meines Lebens.«[33] Von 1971 an ist die Costa del Sol drei Jahre lang Carrells Hauptwohnsitz – und zudem ein Ort, an dem er sich pudelwohl fühlt: »Die drei Jahre in Marbella waren die schönsten meines Lebens.«[34]

Marbella bedeutet jedoch nicht nur Ruhe und Relaxen für ihn, denn hier bereitet Rudi auch seine Fernsehshows vor, um dann immer, begleitet von Anke, eine Woche vor der neuen *Rudi Carrell Show* über Frankfurt nach Bremen zu fliegen, wo er für die Zeit der Showvorbereitung wieder sein Bauerhaus in Scholen bezieht. Doch sobald die Show über den Sender gegangen ist, hält ihn nichts mehr in Deutschland – meist sitzt er schon am nächsten Tag im Flieger Richtung Süden. Rudi genießt das Leben unter der südlichen Sonne in vollen Zügen und liebt die Atmosphäre, die im Prominentendomizil Marbella herrscht: »Es war herrlich, es gab da alles. Nutten und Filmstars, Gangster und Gauner, Rauschgifthändler, Zuhälter, Hochstapler, Millionäre, schöne Frauen. Es war ein Tummelplatz für die schrägsten Vögel aus aller Welt. Das alles zu beobachten war eine einzige Gaudi für mich, und ich habe wahnsinnig viel gelacht. Niemand war da normal, außer den Touristen.«[35] Doch obwohl Rudi es liebt, das Jetset-Leben in Marbella, diesem »Beverly Hills für Arme«, zu beobachten, hat er selbst nur ein sehr geringes Bedürfnis, Teil dieser schrillen Welt zu werden, und gibt sich mit der Rolle des Beobachters zufrieden. Oft sitzt er einfach nur in einem der zahlreichen Straßencafés am Yachthafen von Marbella, arbeitet an seiner nächsten Show und schaut sich seine »Lieblingsshow an: Menschen. Das war wie für mich gemacht, und ich habe die Atmosphäre als sehr anregend empfunden.«[36]

Auch unter der Sonne Spaniens ist Rudi eigentlich ständig im Einsatz. Selbst wenn er nicht mit einem Schreibblock auf seiner Terrasse oder in einem Café sitzt und sich Notizen für seine nächste Show macht, sondern einmal durch die Stadt streift, ist er unentwegt auf der Suche nach Inspirationen. Rudis Tochter Caroline erinnert sich: »Er ist eigentlich wie eine riesige Antenne. Er nimmt wahnsinnig viel in sich auf, ist ein sehr scharfer Beobachter.«[37] Besonders lustige oder absurde Alltagssituationen können ihn zu Gags für seine Shows inspirieren. Wenn er etwa zwei Arbeiter vor einem Sanitärfachgeschäft sieht, die gerade neue Waren abladen und ihr Mittagessen auf zwei der gelieferten Toilettenschüsseln auf der Straße einnehmen, dann ist Rudi das eine Notiz wert. Oder wenn er eine Modenschau besucht und plötzlich auf die Idee kommt, ob es nicht ein gelungener Gag wäre, wenn einmal die Models im Publikum säßen und die Zuschauerinnen, die meist einige Konfektionsgrößen über den Models liegen, die Mode vorführen würden: »Viele runde Frauen in hässlichen Kleidern guckten zu dürren Mannequins in teuren Kleidern rauf. Das werde ich einmal stilisieren, so oder andersrum, die hässlichen dicken auf dem Steg und die schicken unten. Das kann schon die Grundidee einer Show sein.«[38] Auch wenn nur ein Bruchteil seiner Notizen Eingang in seine Shows findet und das meiste wieder im Papierkorb landet, zeigt Rudis ständige Suche nach Einfällen für seine Sendung, dass er eigentlich nie abschaltet, dass er rund um die Uhr an seiner Show arbeitet und dass auch das Leben in Marbella für ihn nie reine Entspannung und Erholung ist. Weil ihm immer und überall Ideen kommen können, gewöhnt Rudi sich an, sich auf Zigarettenschachteln, die er als starker Raucher immer bei sich trägt, Notizen zu machen: »Ich kaufe Zigaretten danach, wie viel freie Fläche auf der Schachtel ist. Denn wo auch immer ich bin, beobachte ich aufmerksam meine Umgebung. Und wenn mir etwas auffällt, das ich vielleicht in meiner nächsten Show verwenden könnte, notiere ich es mir schnell auf der Zigarettenschachtel.«[39]

Marbella bedeutet für Rudi keine Anonymität, da er natürlich auch hier dauernd um Autogramme gebeten wird. Seine Tochter Caroline erinnert sich: »Ich fand das als Kind schrecklich. Ich wollte eigentlich einen ganz normalen, ganz unauffälligen Vater haben, so wie alle anderen Kinder auch. Aber Rudi wurde überall erkannt und um Autogramme gebeten. Wenn ich mir dann mal gewünscht habe, dass er einen Tag mal keine Autogramme gibt und mal ein ganz normaler Papi ist, dann hat er auch daraus wieder eine Show gemacht, indem er allen Leuten gesagt hat: ›Tut mir Leid. Ich darf heute keine Autogramme in Gegenwart meiner Töchter geben.‹ Wenn man mit Rudi unterwegs war, hatte man ihn eben nie ganz für sich allein, und das war für mich als Kind schon schwierig.«[40] Aber es ist auch oft lustig mit ihm. Wenn Rudi am Yachthafen von Marbella von deutschen Touristen danach gefragt wird, welches der Schiffe denn ihm gehöre, dann zeigt er schon mal wahllos auf irgendeine Luxusyacht, um die Erwartungshaltung seiner Fans nicht zu enttäuschen – obwohl er gar keine Yacht besitzt. Dass die deutschen Zeitungen dank Rudi in diesen Tagen ständig von der Costa del Sol berichten, freut die Stadtväter von Marbella, da dadurch Touristen und Menschen, die sich hier auch dauerhaft niederlassen wollen, angelockt werden – der Bürgermeister von Marbella zeichnet Carrell aufgrund dessen mit der Goldenen Sonne von Marbella aus, weil Rudi die Costa del Sol durch seine Präsenz für viele deutsche Urlauber attraktiv gemacht hat.

Die Selbstverständlichkeit und Unaufgeregtheit, mit der Rudi sich in Marbella zwischen den Prominenten und den Touristen bewegt, fällt auch den deutschen Reportern auf, die Carrell am Mittelmeer aufsuchen. Ein Reporter der Fernsehzeitschrift *Hörzu* schildert seine Eindrücke: »Das funkelt und blitzt unter südlicher Sonne, in Marbella, wo die Reichen und die Schönen ihre Brillanten zur Schau stellen, wo Hochadel und Jetset ihre Ferienresidenzen errichten. Da treffen sich Ex-Kaiserin Soraya, der Fürst von Hohenlohe, Arndt von Bohlen und Halbach mit Schauspielern und Showstars wie Sean Connery, Mel Ferrer, Liza Minnelli oder Don Jaime de Mora y Aragon. Und mitten unter der internationalen Prominenz ein Mann, der aus dem Rahmen fällt: schlaksig, ohne Snob-Appeal, immer heiter. Er stapft mit nacktem Oberkörper durch die paradiesisch urwüchsige Natur am Rande des Prominentenortes: Rudi Carrell«[41]

Ein wirklicher Teil des Prominentenzirkus in Marbella wird Rudi nie, einer der wenigen hier ansässigen Prominenten, mit dem er sich anfreundet, ist der amerikanische Schauspieler Stewart Granger. Sie besuchen sich, kochen gemeinsam, sitzen auf der Terrasse, und Rudi liebt es, wenn Granger stundenlang Geschichten aus seinem Leben erzählt oder Klatschgeschichten über andere Hollywood-Größen wie etwa Elizabeth Taylor und Richard Burton, denn bei nichts unterhält Rudi sich so gut wie bei Geschichten aus der Welt des Showbusiness. Ansonsten leben Rudi und Anke eher zurückgezogen, genießen die schöne Villa mit dem großen Swimmingpool, Rudi liest jeden Tag die *Bild*-Zeitung und schaut deutsches Fernsehen – beides für ihn zeitlebens unverzichtbar. In den Schulferien lädt er auch seine Töchter Annemieke und Caroline ein, ihn in Marbella zu besuchen. Diese Besuche verlaufen meist alles andere als entspannt, denn zwischen Anke und Rudis Töchtern gibt es teils große Berührungsängste. Annemieke erinnert sich: »Mit Anke war es nicht immer leicht, wir Kinder stellten für sie eine Belastung dar, und das war auch immer spürbar. Oft war es ein reines Wechselbad der Gefühle: Wenn wir ein paar Tage zu Besuch kamen, ließ sie uns merken, dass sie sauer darüber war, dass wir kamen, und wenn wir wieder fuhren, stand sie heulend an der Tür und war traurig, dass wir wieder abreisten. Für uns Kinder war es wahnsinnig schwer, mit ihr umzugehen. Ich habe Anke immer wie ein Chamäleon empfunden, so gut konnte sie sich anpassen – man wusste eigentlich nie, was sie wirklich denkt. Ich habe sie nie so richtig durchschauen können, und das hat unser Verhältnis natürlich nicht gerade einfach gemacht.«[42]

Und auch zwischen Rudis jüngster Tochter Caroline und Anke gibt es oft Spannungen und Reibereien, wie diese sich erinnert: »Ich habe mich Anke gegenüber damals manches Mal schon sehr hart benommen und sie bewusst provoziert. Anke war eine sehr unsichere Person, und ich wusste, dass sie sehr viel Wert auf ihr Äußeres legt. Und genau das habe ich ausgenutzt: Wenn ich sie zum Beispiel mal ungeschminkt sah, habe ich ihr gesagt: ›Du siehst hässlich aus ohne Make-up.‹ Und das hat sie tief gekränkt. Im Nachhinein tut mir das natürlich Leid, denn ich hatte später ein sehr herzliches Verhältnis und einen wirklich guten Kontakt zu ihr. Anke hat auch meine Tochter sehr geliebt und war ihr eine ganz tolle Oma. Aber als ich noch klein war, war halt die ganze Situation schwierig für mich. Die Scheidung meiner Eltern, eine neue Frau an Rudis Seite, und das habe ich dann an Anke ausgelassen. Ich war damals einfach zu jung, um zu realisieren, wie schwierig es auch für sie gewesen sein muss, mit uns konfrontiert zu werden.« Aber nicht nur mit Anke hat die zehnjährige Caroline in dieser Zeit Probleme, auch das Verhältnis zu Rudi ist alles andere als einfach für sie: »Ich hatte als Kind immer ein bisschen Angst vor ihm, ich kannte ihn ja kaum. Annemieke hat ihn in ihrer Kindheit noch viel intensiver erlebt als ich und war vertrauter mit ihm – aber ich war ja erst vier, als meine Eltern sich trennten. Wir haben ihn manchmal monatelang nicht gesehen, und so ist er mir immer ein bisschen fremd geblieben. Ich habe es Rudi in der damaligen Zeit sicherlich manches Mal nicht gerade leicht gemacht. Im Nachhinein bereue ich das, denn ich denke, dass er sich uns gegenüber nicht falsch verhalten hat. Man kann ihm wirklich keinen Vorwurf machen, dass er sich zu wenig um uns gekümmert hat, er hat viel mit uns unternommen und wollte immer, dass es uns gut geht. Aber als Kind sieht man das eben manchmal etwas anders.«[43]

Trotz dieser Reibereien zwischen Anke und den Kindern und den zeitweiligen Berührungsängsten von Carolines Seite ist es Rudi wichtig, dass seine Töchter regelmäßig zu Besuch kommen und er so viel Zeit wie möglich mit ihnen verbringen kann: »Wenn wir kamen, hatte er immer ein volles Programm ausgearbeitet und ganz viel mit uns unternommen. Er hat uns nie gefragt, ob wir das auch alles machen wollen; das hat er einfach als gegeben vorausgesetzt. Rudi lebt eigentlich immer *seine* Wirklichkeit, und er fragt nicht groß danach, was die Leute um ihn herum davon halten. Rudi glaubt, er ist Gott – und das lebt er auch. Darum fragt er niemanden, ob es gut ist, was er macht oder für andere geplant hat – denn natürlich ist es gut, *er* hat es ja geplant.«[44] Nicht nur seine Töchter lädt er an die Costa del Sol ein, auch der Rest seiner Familie ist willkommen – seine Mutter mit ihrem neuen Lebensgefährten, seine Großeltern und seine Geschwister. Rudis Bruder Adriaan erinnert sich: »Wenn wir ihn in Marbella besucht haben, war immer alles tipptopp vorbereitet. Er holte uns am Flughafen ab, hatte uns für einen Monat ein Auto gemietet, damit wir die Gegend erkunden konnten. Er hat immer die Flugtickets für uns alle bezahlt, einfach alles hat er bezahlt – in solchen Dingen war er immer unglaublich großzügig. Das waren für uns natürlich wunderschöne Urlaube, an die wir heute noch gerne zurückdenken.«[45] Auch Ankes Schwester Birgit wird von den beiden nach Marbella eingeladen: »Rudi und Anke hatten wirklich eine tolle Zeit in Marbella. Das einzige Problem war, dass Rudi abends lieber ausgehen wollte, auch um mir etwas von Marbella zu zeigen und mich etwas erleben zu lassen, während Anke es sich lieber mit uns zu Hause gemütlich machen wollte. Dann haben die beiden sich schrecklich in den Haaren gelegen. Das war ein Dauerproblem.«[46]

Ankes zunehmendem Bedürfnis nach einem abgeschiedenen Privatleben kommt Rudi nach, indem er zusätzlich zur Villa in El Rosario für einhundertzwanzigtausend Mark noch ein abgelegenes, zehntausend Quadratmeter großes Grundstück im Landesinneren kauft. Auf dem Grundstück steht nur eine winzige Finca ohne Strom – aber die paradiesische Natur entschädigt für alles: Es gibt einen eigenen Wildbach, sogar mit kleinem Wasserfall, in dem sich Forellen tummeln, es gibt Zitronen-, Apfelsinen- und Feigenbäume, äsende Gazellen – da Anke und Rudi beide äußerst naturverbundene Menschen sind, träumen sie gemeinsam davon, sich hier einmal zur Ruhe setzen zu können. Einem Reporter erklärt

Rudi: »Ein herrliches Stück Land. Hier soll das schönste Haus meines Lebens entstehen«[47] – ein Plan, der nie realisiert werden wird.

Anke, die »braun gebrannte Göttin«[48], ist für Rudi nach wie vor die schönste Frau auf Erden – und die Liebe seines Lebens. Dass er sie niemals verlassen wird, dessen ist er sich hundertprozentig sicher. Das bedeutet jedoch nicht, dass Rudi kein Interesse mehr an anderen Frauen hat – oder dass er im Gegenzug erwartet, dass er der einzige Mann für Anke ist. Neben seiner Beziehung Flirts und Affären zu haben ist für Rudi nichts, was seine Liebe in Frage stellen würde – körperliche und seelische Treue haben für ihn nichts miteinander zu tun. Und in Anke hat er, ganz im Gegensatz zu seiner Frau Truus, eine Partnerin gefunden, die mit dieser unbürgerlichen Auffassung keinerlei Probleme hat. Rückblickend hat Anke einmal bekannt: »Mir war immer klar, dass Rudi ein Star ist, und Stars müssen einfach mal über die Stränge schlagen dürfen, das bringt ihr Leben so mit sich.«[49] Anke und Rudi führen eine denkbar offene Beziehung – Seitensprünge sind für beide eine Normalität und nichts, wodurch sie ihre Liebe oder ihre Beziehung in Frage gestellt sehen. Wenn andere Männer Anke Avancen machen, fühlt Rudi sich in seinem Stolz bestätigt, tatsächlich mit der für ihn schönsten und begehrenswertesten Frau der Welt liiert zu sein, und dass er selbst flirten und fremdgehen kann, ohne dass es, wie früher in seiner Ehe, zu ständigen Eifersuchtsszenen und Vorwürfen kommt, lässt Rudi in seiner Partnerschaft mit Anke die für ihn ideale Beziehung sehen – für beide gibt es keinen Grund, sich anzulügen oder sich etwas zu verheimlichen.

Diese Vereinbarung ist lange Jahre nichts, was sie nach außen dringen ließen, aber in ihrem privaten Kosmos machen sie keinen großen Hehl aus ihrer persönlichen Auffassung von Partnerschaft. Ankes Schwester Birgit erinnert sich: »Ich hatte immer das Gefühl, dass die beiden füreinander geschaffen sind – und das haben sie selbst zweifellos auch so gesehen. Ihre Liebe haben sie nie in Frage gestellt, aber sie hatten dieses Agreement, dass jeder von ihnen auch noch mit anderen ins Bett gehen darf. Für Rudi war es immer völlig normal, dass er auch Abenteuer mit anderen Frauen hat – und ich war oft genug mit ihm zusammen unterwegs, um zu sehen, wie leicht es die Frauen ihm gemacht haben. Meine Schwester hatte damit absolut kein Problem, weil sie ja ihrerseits auch ihre Affären haben konnte. Und ich kann nur sagen, dass die beiden, was das angeht, sich gegenseitig nicht viel vorzuwerfen hatten. Sie waren beide sehr umtriebig in dieser Hinsicht.«[50]

In den ersten zehn Jahren der Beziehung, solange Anke gesund ist und beide gleichermaßen ihre Affären nebenbei haben können, funktioniert Rudis und Ankes Abmachung auch wunderbar – nur ein einziges Mal droht ein Seitensprung die Beziehung ernsthaft zu gefährden. Ankes Schwester Birgit befindet: »Das ist eben die Gefahr, wenn man sich so liebt wie die beiden, dann aber auch noch offen für andere ist und sich vornimmt, sich gegenseitig jegliche Freiheiten zu gönnen. Dann kann es nun mal eben auch passieren, dass ein Flirt oder eine Affäre für einen der beiden einmal etwas ernster wird – und genau das ist Anke passiert.« Im Dezember 1972 verliebt Anke sich überraschend in einen anderen Mann, womit die Beziehung zu Rudi für sie ernsthaft in Frage gestellt wird – für Rudi sind dies die vielleicht traumatischsten Wochen seines Lebens. In seinem autobiographischen Buch *Gib mir mein Fahrrad wieder* spricht Carrell in diesem Zusammenhang sechs Jahre später von »einem berühmten Wiener Poeten«, was die Presse schon die richtigen Schlüsse ziehen lässt; erst Anfang der achtziger Jahre wird er bestätigen, dass es sich tatsächlich um André Heller gehandelt hat – der sich heute nicht mehr zu den damaligen Vorfällen äußern möchte.[51]

Anfang Dezember 1972 reisen Anke und Rudi gemeinsam nach Wien und steigen im Hotel Sacher ab – am 8. Dezember soll Rudi neben Maria Schell Stargast der ORF-Sendung *Sparmeisterschaft von Österreich* sein, das »Konsumentenquiz« wird live aus der Wiener Stadthalle übertragen und vom Hauptverband der österreichischen Sparkassen und dem Verein für Konsumenteninformation unterstützt.[52] Drei Tage lang ist Carrell für die Proben im Studio und kann sich nicht um Anke kümmern. Er erinnert sich an André Heller, den er wenige Wochen zuvor kennen gelernt hat und den er nun als geeigneten Wien-Reiseführer für Anke ansieht: »Ich war damals noch ein riesiger Fan von ihm, und er hätte eigentlich der größte Chansonnier Europas sein können, wenn er mehr ›machen‹ würde, statt nur dauernd drüber zu reden. Eine Überdosis an Intelligenz und Intellekt sind für ihn eine schwere Barriere, seine Karriere so zu gestalten wie seine französischen Kollegen, die bei allem, was sie machen, immer noch das ABC des Showgeschäfts im Hinterkopf haben, während der Poet immer mehr Texte schreibt, die besser geeignet sind für die Tausende von Grabsteinen zwischen Flughafen und Stadtmitte von Wien als für die Rillen einer Schallplatte.«[53]

Rudi ruft André Heller an und fragt ihn, ob er seiner Freundin Anke ein wenig von Wien zeigen kann. Der erklärt sich bereit und ist gleich hingerissen von Anke und beginnt sie mit seinem Wiener Schmäh zu umgarnen. Da Rudi stets hocherfreut ist, wenn er merkt, wie anziehend seine bildschöne Freundin auf andere Männer wirkt, ist er auch gar nicht misstrauisch, sondern vielmehr hocherfreut, dass Heller sich so aufopferungsvoll um Anke kümmert, während er in der Wiener Stadthalle für die ORF-Show probt. Auch als Anke nach dem ersten gemeinsamen Tag mit André Heller in höchsten Tönen von diesem schwärmt, macht er sich noch keine Gedanken: »Sie machte einen unheimlich glücklichen Eindruck, und das war für mich das Wichtigste.«[54] Am nächsten Tag, an dem Heller Rudis Freundin die Wiener Außenbezirke zeigt, kommt sie erst spät abends ins Hotel zurück – am Handgelenk ein silbernes Armband, angeblich zweitausend Jahre alt und aus einer ägyptischen Pyramide stammend. Rudis Warnungen erreichen Anke zu diesem Zeitpunkt bereits nicht mehr: »Liebling, der Junge ist ein Dichter, ein Poet, also ein Spinner, der lügt von hier bis Warschau. Du gehst mit ihm spazieren im Prater, er reißt eine Brennnessel aus dem Boden, behauptet, es handle sich um eine Orchidee, und sagt es so überzeugend, dass du es auch noch glaubst.«[55]

Am nächsten Tag, an dem die Sendung mit Rudi und Maria Schell live ausgestrahlt wird, ist Anke nicht wie geplant mit von der Partie, denn Heller hat sie in sein Penthouse eingeladen. Obwohl der Flirt zwischen Anke und André immer heftiger wird, ist es für Rudi immer noch unmöglich, sich von ihm bedroht zu fühlen und ihn als Konkurrenten ernst zu nehmen: »Ich machte mir keine Sorgen, weil ich in dem Poeten keinen richtigen Mann sah und außerdem mindestens eine Kriegserklärung erwartete, bevor er sich ranmachte, meine Geliebte zu vernaschen. Ich sollte mich gewaltig irren.« Anke bleibt die ganze Nacht weg, erst am nächsten Morgen kommt sie zurück ins Hotel und verkündet Rudi, dass André Heller ihr einen Heiratsantrag gemacht hat. Carrell versucht, so ruhig und gelassen wie möglich zu bleiben und sich nicht anmerken zu lassen, wie sehr ihn die Nachricht schockiert. Doch er macht sich so seine Gedanken, warum Anke so glücklich über diesen unvermittelt kommenden Antrag ist: »Fünf Jahre waren wir zusammen, und nicht ein einziges Mal hatte ich das Wort ›heiraten‹ in den Mund genommen. Und jetzt kam da der Poet, der nach drei Tagen schon ausrief: ›Ich will dich heiraten!‹ Sie war immerhin schon zweiunddreißig, und dieser erste Heiratsantrag, ob der Poet es nun ernst meinte oder nicht, war für sie schon etwas Tolles.«

Rudi selbst hat in den zurückliegenden Jahren kein einziges Mal Anstalten gemacht, sich von Truus scheiden zu lassen und Anke einen Heiratsantrag zu machen, wobei sicherlich auch die Angst mit im Spiel war, noch einmal eine Frau so zu verletzen, wie es bei Truus der Fall war: »Anke und ich waren ein ideales Paar, und alles in unserem Zusammenleben war so schön und so selbstverständlich, dass ich fest davon überzeugt war, dass eine Hochzeit unser Glück nur noch zerstören konnte. Es war auch der Hauptgrund, warum ich von meiner ersten Frau noch immer nicht geschieden war. Damit wäre natürlich der Heiratsantrag an Anke fällig gewesen. Aber ich war der Meinung, dass wir schon glücklich genug waren.« Doch jetzt spürt er, dass es dringend an der Zeit ist umzudenken: »Weißt du was, du hast mich auf eine Idee gebracht, lass uns heiraten.«[56] Anke müsste eigentlich hocherfreut über den Antrag sein, nicht zuletzt, weil sie durch die Eheschließung doch endlich auch finanziell abgesichert wäre – in den Jahren ihrer »wilden Ehe« mit Rudi war sie finanziell vollkommen von ihm abhängig: »Anke hatte keine Haushaltskasse, weil ich sowieso immer alle Rechnungen bezahlte.«[57] Doch so schnell lenkt Anke nicht ein, schließlich ist sie äußerst fasziniert von Heller und sehr in ihn verliebt, sodass sie Rudi vorerst nur wissen lässt, dass sie es sich überlegen werde. Erst mal setzt sie ihre Affäre mit Heller fort und lässt Rudi zappeln. Während sie es regelrecht zu genießen scheint, zwischen zwei Männern hin- und hergerissen zu sein, gerät Rudi zunehmend in Panik: »Die Angst, Anke zu verlieren, trieb mich fast zum Wahnsinn, und sie scheute kein Mittel, mich zu ärgern. Sobald ich nach Hause kam, legte sie demonstrativ eine Langspielplatte vom Poeten nach der anderen auf, während ich am Schreibtisch versuchte, mich auf meine nächste Show zu konzentrieren.« Zum ersten Mal im Leben befindet Rudi sich in der Situation, in der sich seine erste Frau Truus seinetwegen so oft befunden hat – zum ersten Mal ist nun er es, der sich Sorgen machen muss, verlassen zu werden. Normalerweise flüchtet Rudi sich in solchen privaten Krisensituationen in seine Arbeit, doch jetzt spürt er, dass es keine Lösung ist, den Kopf in den Sand zu stecken, dieses Mal muss er handeln, und zwar schnell.

Denn auch mit der Abreise aus Wien ist das Kapitel André Heller keineswegs abgeschlossen, denn Heller kommt Anke kurz darauf in Bremen besuchen. Ankes Schwester Birgit erinnert sich: »Die beiden haben zehn Tage in meiner Wohnung gelebt, ich bin so lange zu einer Freundin gezogen. Rudi hat unter der Situation unglaublich gelitten, und er hatte zum ersten Mal wirkliche Angst, dass er Anke verliert. Sonst war er immer so selbstsicher, trat immer auf, als ob er der Beste, Größte und Tollste ist, aber in dieser Situation war er sehr verletzlich. Er ist mich dann auf der Arbeit besuchen gekommen, wir haben uns zusammengesetzt, und er hat fürchterlich geweint. Er hat mich gefragt: ›Was kann ich tun, um Anke zurückzugewinnen? Ich bin bereit, alles zu tun, um ihr zu zeigen, dass ihr Platz an meiner Seite ist, dass sie zu mir gehört. Ich liebe sie doch.‹ Da habe ich zum ersten Mal eine richtig menschliche Seite an ihm gesehen, und seitdem hatten wir zeitlebens immer ein sehr gutes Verhältnis zueinander. Er hat den Ernst der Lage klar erkannt und dann auch wirklich hart um Anke gekämpft. Es war nicht einfach für ihn, da Anke von André wirklich sehr fasziniert war, aber mit einigen Schwierigkeiten hat er es dann geschafft, Anke zurückzugewinnen.«[58]

Aus der »Affäre Heller« und den, wie er sie später bezeichnen wird, »schrecklichsten Wochen meines Lebens«[59], hat Rudi gelernt. Er sucht das Gespräch mit Truus und reicht endlich, sechs Jahre nach der Trennung, die Scheidung ein. Für Anke hingegen ist das Thema André Heller noch nicht so ganz abgeschlossen, wie sich ihre Schwester erinnert: »Als Heller mal eine Veranstaltung in Bremen hatte, drückte Anke mir einen Fünfzigmarkschein in die Hand, für den ich einen Strauß Veilchen für André kaufen sollte – diese Blumen waren das Symbol ihrer Liebe. Aber das habe ich nicht gemacht; erstens war ich damals gerade abgebrannt und konnte das Geld gut brauchen, und zweitens wollte ich nicht, dass diese Verbindung wiederauflebt. Ich habe ihr das aber erst viele Jahre später gestanden, dass Heller seine Veilchen nie bekommen hat.«[60] Nachdem 1973 die Scheidung zwischen Truus und Rudi ausgesprochen wird, ist der Weg zur Hochzeit mit Anke endlich frei. Am 1. Februar 1974 wird aus Rudis Freundin Anke Bobbert seine Frau Anke Kesselaar – auch wenn sie in der Presse fortan immer als »Anke Carrell« bezeichnet wird. Journalisten, die Rudi seit Jahren kennen, befinden, dass sich die Eheschließung mit Anke äußerst positiv auf ihn ausgewirkt hat, und schwärmen: »Anke hat ihn verzaubert.«[61]

Neben den vielfältigen Aktivitäten im Radio, auf der Bühne und im Kino geht für Rudi Carrell Ende der sechziger und Anfang der siebziger Jahre im Fernsehen alles seinen geregelten Gang, die *Rudi Carrell Show* läuft nach wie vor mit großem Erfolg – dass sie immer noch auf Sendung ist, ist jedoch durchaus keine Selbstverständlichkeit, denn die Fernsehunterhaltung dieser Tage befindet sich in einem grundlegenden, ja geradezu dramatischen Umbruch. Seit Willy Brandt Kanzler ist und die sozialliberale Koalition über die Geschicke des Landes bestimmt, herrscht in der Bundesrepublik eine zuvor nicht gekannte Aufbruchstimmung – mit dem Politikwechsel sind in weiten Kreisen der Bevölkerung Hoffnungen auf eine grundlegende Veränderung der Gesellschaft verknüpft. In diesem Kontext wird zunehmend auch darüber diskutiert, welchen Einfluss und welche Wirkungen die Medien und ganz speziell das Fernsehen haben. So, wie das Fernsehen in Deutschland in den fünfziger Jahren bereits einmal als Instrument der »Volksbildung« missverstanden worden ist, so soll es auch nun wiederum als Erziehungsmittel herangezogen werden. Nach dem Willen vieler Politiker, Kritiker und Fernsehmacher soll das Fernsehen als neues Leitmedium zum Begleitinstrument der angestrebten gesellschaftlichen Modernisierungsprozesse werden.

Das hat Auswirkungen auf alle Bereiche des Fernsehprogramms. So gibt es in der Zeit nach 1968 etwa eine regelrechte Inflation von Talksendungen, Diskussionsrunden und politischen Magazinen, aber auch andere Programmbereiche, die vormals völlig politikfrei waren, werden mit einem Mal politisiert – so werden in Kindersendungen wie *Rappelkiste* etwa die Probleme von Scheidungskindern, die Integration von Gastarbeiterfamilien oder das Leben in tristen Hochhaussiedlungen thematisiert. Die Politisierung des Fernsehens soll nach dem Willen der Verantwortlichen auch vor der Fernsehunterhaltung nicht Halt machen, die in Deutschland bislang ganz bewusst einen betont unpolitischen Anstrich gehabt hat. Alles, was bis dato Fernsehunterhaltung in Deutschland ausgemacht hat, gilt in intellektuellen Kreisen mit einem Mal per se als verdächtig, überholt und verachtenswert. Schnell wird die Frage gestellt, ob es so etwas wie unpolitische Fernsehunterhaltung überhaupt geben kann oder ob nicht gerade die Shows, die vom Alltag ablenken, nicht auch eine politische Funktion erfüllen, wie André Heller suggeriert: »Es ist schade, dass so viele glauben, ein Harald Juhnke oder Joachim Fuchsberger wären nicht politisch. Jede Sendung, die einlullt und von den wichtigen Problemen der Zeit ablenkt, ist zutiefst politisch.«[62]

So wie im Kino mit dem Schlagwort »Opas Kino ist tot« dem überkommenen Filmverständnis der Nachkriegszeit der Garaus gemacht werden soll, so soll es nun auch »Opas Fernsehshows« an den Kragen gehen. In Zeiten gesellschaftlicher Veränderung, so denkt man, kann das Festhalten an altbewährten Sendungen, Konzepten und Stars nicht die richtige Lösung sein – vielmehr muss eine neue Form der Fernsehunterhaltung her, die der gesellschaftlichen Umbruchsituation Rechnung trägt. Ohne genau zu wissen, was an die Stelle des Überkommenen gesetzt werden soll, bricht man Ende der sechziger Jahre überstürzt und ohne Not mit äußerst erfolgreichen Sendekonzepten, weil man der Meinung ist, dass viele der Erfolgsshows schon allein durch ihre lange Lebensdauer obsolet geworden sind. Fast über Nacht verlieren viele der Unterhaltungspioniere des deutschen Fernsehens ihre Machtstellung. Da es schwer, ja nahezu unmöglich scheint, die großen Unterhaltungsshows à la Kulenkampff und Frankenfeld unter einen gesellschaftlichen Bildungsanspruch zu stellen, entschließt man sich zu einem radikalen Bruch mit der großen Showunterhaltung. Völlig an den Wünschen und Bedürfnissen des Publikums vorbei wird so etwa 1969 Kulenkampffs Erfolgsshow *Einer wird gewinnen* nach fünf Jahren abgesetzt, und das, obwohl die Show immer noch Spitzeneinschaltquoten von bis zu fünfundsiebzig Prozent erzielt. Zwei Jahre lang wird Kulenkampff mit keiner neuen Sendung auf dem Bildschirm präsent sein. Auch Peter Frankenfelds Dauerbrenner *Vergissmeinnicht* wird im Mai 1970 trotz nach wie vor hoher Sehbeteiligung aus dem Programm genommen – bis auf vereinzelte Gastauftritte in Shows seiner Kollegen wird Frankenfeld jahrelang vom Bildschirm verschwunden sein.

Anstelle der alten, bewährten Showprogramme sollen neue Konzepte der Fernsehunterhaltung erprobt werden, die auf pädagogisch wertvolle Weise gesellschaftlich relevante Themen auf den Bildschirm bringen sollen. Dieser recht blauäugige Versuch, gesellschaftliche Aufklärung, als Unterhaltung getarnt, unters Volk zu bringen, wird nicht lange gut gehen. Populärster Auswuchs dieser Entwicklung wird die 1969 gestartete Show *Wünsch dir was*, moderiert von Dietmar Schönherr und Vivi Bach, die zur meistdiskutierten und umstrittensten Game-Show der deutschen Fernsehgeschichte wird. Die Show ist spektakulär und liefert eine Provokation nach der anderen – Schönherr erklärt den Zuschauern schon in der ersten Ausgabe: »Unser Familienspiel soll alte Zöpfe abschneiden.« *Wünsch dir was* versucht das neu geweckte Problembewusstsein der 68er-Generation in eine kurzweilige Spielshow zu übersetzen, an der je drei Familien aus Deutschland, Österreich und der Schweiz teilnehmen. Die Sendung sucht, anders als es bei Fernsehshows in Deutschland bisher der Fall war, nicht die Harmonie, sondern die Konfrontation – es gibt vor allem Spiele mit aktuellen gesellschaftspolitischen Bezügen, in denen es etwa um Mülltrennung, Emanzipation und Denkmalpflege geht oder die Kandidaten mit Mitgliedern einer Kommune diskutieren sollen. *Wünsch dir was* lässt immer wieder verschiedene Lebensentwürfe aufeinander prallen und will auf diese Weise mit dem Bild einer harmonischen Heile-Welt-Familie aufräumen, das bislang in deutschen Familienshows propagiert wurde. Man sieht, die Fernsehunterhaltung ist mit *Wünsch dir was* endgültig vom Umbruch der Gesellschaft eingeholt worden, kommt im progressiv-intellektuellen Gewand daher und zelebriert schlagzeilenträchtig den Abschied vom kleinbürgerlichen Leben. Doch schon bald wird es den Fernsehzuschauern zu viel werden, auch noch in Unterhaltungsshows mit erhobenem Zeigefinger belehrt zu werden – nachdem sich die Zuschauerkritik mehrt, wird *Wünsch dir was* im Dezember 1972 nach neunundzwanzig Folgen wieder eingestellt.

Der Versuch, die deutsche Fernsehunterhaltung zu politisieren, gilt spätestens damit auf ganzer Linie als gescheitert, das Konzept, Unterhaltung mit Information und Belehrung zu vermischen, als Irrweg. Je stärker das Fernsehen in der Zeit nach 1968 in allen Programmbereichen politisiert worden ist, desto größer ist die Ablehnung der Zuschauer geworden, wenn ihnen auch noch unter dem Deckmantel der Unterhaltung etwas beigebracht werden soll. Eine große Rolle spielt in diesem Kontext, dass spätestens 1972 die vier Jahre zuvor mit der Kanzlerschaft Willy Brandts verbundene Aufbruchstimmung schon wieder verraucht ist. Längst herrscht Ernüchterung und Resignation – der Glaube an eine grundlegende Veränderung der Gesellschaft unter der sozialliberalen Koalition ist verloren gegangen, die Generation der Achtundsechziger scheint ihre Vorschusslorbeeren verspielt zu haben. Zu diesem Stimmungsumschwung ist es nicht zuletzt durch die Ölkrise gekommen, die nach der Aufbrucheuphorie schmerzhaft an die Begrenztheit der Rohstoffreserven erinnerte und aufzeigte, dass unbegrenztes Wachstum nicht möglich ist, aber auch die Tatsache, dass die Bundesrepublik Anfang der siebziger Jahre in eine wirtschaftliche Rezession geraten ist. Diese beiden Schocks tragen das Ihre dazu bei, dass die Deutschen höchst ernüchtert darüber sind, dass die hochgesteckten Erwartungen binnen so kurzer Zeit enttäuscht worden sind. Der Stimmungsumschwung kommt nicht zuletzt auch darin zum Ausdruck, dass man die zunehmende Politisierung des Fernsehens immer stärker abzulehnen beginnt und sich nach der guten alten, gemütlichen Fernsehunterhaltung der Zeit vor 1968 zurücksehnt.

Deutlicher kann sich nicht zeigen, dass Fernsehen in erster Linie ein Unterhaltungsmedium und kein Mittel der Volkserziehung ist – und dass man auf Dauer nicht am Publikumsgeschmack vorbeiproduzieren kann, wenn man will, dass die Menschen auch einschalten. Gerade weil in zahllosen Talkshows und Diskussionsrunden die gesellschaftlichen Probleme der Zeit ausdiskutiert werden, verlangt eine große Zahl von Zuschauern zunehmend wieder nach traditionellen Formen der Fernsehunterhaltung, die es erlauben, einmal für ein oder zwei Stunden aus dem Alltag auszubrechen und sich unterhalten zu lassen, ohne dass schon wieder neue Probleme gewälzt werden. Die Zuschauerpost, die dieser Tage bei den Sendern eingeht, spricht Bände. Bald gibt es keinen Fernsehverantwortlichen mehr, der nicht einsieht, dass eine neuerliche Kurskorrektur hermuss. Die Fernsehbosse müssen schnellstens reagieren und sich wieder dem breiten Publikumsgeschmack beugen, anstatt weiterhin auf die Stimmen der Kritiker zu hören, die vom Fernsehen etwas verlangen, was es nicht zu erfüllen vermag. Zuschauerorientierung ist *das* Schlagwort der Stunde – und wenn die Masse der Zuschauer nach Sendungen verlangt, bei denen man sich amüsieren und ablenken kann, dann müssen eben genau solche Sendungen her.

Der Forderung nach mehr Humor, Unbeschwertheit und Phantasie in der Fernsehunterhaltung wird in der ersten Hälfte der siebziger Jahre mehr und mehr Rechnung getragen – der Bereich der Fernsehunterhaltung wird wieder vollkommen entpolitisiert. Man sendet vor allem leichte Kost im alten Stil, und bald schon sieht es so aus, als ob im Fernsehen der siebziger Jahre alles möglich ist, solange es nur unterhaltsam ist. Im Mai 1971 startet Hans Rosenthal, der zuvor die Quizshow *Gut gefragt ist halb gewonnen* moderiert hat, die ebenso kurzweilige wie banale, von ihm selbst entwickelte Quizshow *Dalli Dalli*, bei der prominente Kandidaten ihren Witz und ihre Reaktionsschnelligkeit unter Beweis stellen sollen. Und überhaupt wird in der Krisensituation wieder verstärkt auf das altbewährte Quiz gesetzt. 1970 geht Wim Thoelke, vormaliger Präsentator des *Aktuellen Sportstudios*, mit der Quizshow *Drei mal*

Neun auf Sendung, an die vier Jahre später die Nachfolgesendung *Der große Preis* anschließen wird. Beide Quizsendungen, *Dalli Dalli* wie *Der große Preis*, werden zu den beliebtesten Fernsehshows der siebziger Jahre aufsteigen.

Mit Rosenthal und Thoelke kommen zwei neue Gesichter auf den Bildschirm, doch in der neuerlichen Krise der Fernsehunterhaltung kehrt man auch reumütig zu Peter Frankenfeld und Hans-Joachim Kulenkampff zurück, die man wenige Jahre zuvor so schnöde abserviert hatte. Die alte Garde der publikumsträchtigen Unterhaltungsstars wird nach der verordneten Zwangspause reaktiviert – und mit ihnen die altbewährten Showkonzepte. 1971 kehrt Kulenkampff nach zweijähriger Bildschirmpause mit der Sendung *Guten Abend, Nachbarn* zurück auf den Bildschirm, und 1979 wird er sogar wieder zu seiner zehn Jahre zuvor abgesetzten Quizshow *Einer wird gewinnen* zurückkehren. Und auch Peter Frankenfeld feiert nach fünfjähriger Zwangspause sein Comeback – ab 1975 präsentiert er im ZDF die Unterhaltungssendung *Musik ist Trumpf*, die er bis zu seiner Erkrankung im Jahr 1978 moderieren und damit unter Beweis stellen wird, dass er keineswegs zum alten Eisen gehört und sein Publikum nach wie vor zu fesseln weiß. Sogar der neun Jahre zuvor verstoßene Lou van Burg wird in dieser Krisensituation wieder zurück auf den Bildschirm geholt – ab 1976 präsentiert er im ZDF höchst erfolgreich die Evergreenshow *Wir machen Musik*.

Der Rückgriff auf die alten Showgrößen Peter Frankenfeld, Hans-Joachim Kulenkampff und Lou van Burg ist höchst bezeichnend für das Fernsehen der siebziger Jahre, denn er ist Ausdruck eines grundlegenden Problems. Den Fernsehverantwortlichen ist klar geworden, dass der Versuch der Neuorientierung unter anderem auch daran gescheitert ist, dass man es in den zurückliegenden Jahren sträflich versäumt hat, neben den zugkräftigen Showdinosauriern rechtzeitig neue Stars aufzubauen. Genau dies wird man im Laufe der siebziger Jahre nachholen, wenn auch letztlich kaum einer der neu gewonnenen Moderatoren an die Qualität der Unterhaltungspioniere von einst heranreichen wird. Dennoch werden nun eine ganze Reihe von neuen Moderatoren aufgebaut, mit denen ein Generationswechsel in der deutschen Fernsehunterhaltung eingeläutet wird. Neben Wim Thoelke und Hans Rosenthal sind dies etwa Joachim Fuchsberger und Hans-Jürgen Bäumler, Dieter Thomas Heck und Michael Schanze, Frank Elstner und Alfred Biolek. Sie alle werden zu Vertretern einer neuen Form der Unterhaltung, haben wenig bis nichts mit dem zu tun, wofür Showmaster wie Frankenfeld, Kulenkampff oder Carrell stehen. Sie alle, die als Showhoffnungen des deutschen Fernsehens gefeiert werden, stehen nicht mehr für große opulente Unterhaltungsshows mit glitzernden Showtreppen, Orchestern und Balletten, sondern für die kleinere, unaufgeregte Form der Unterhaltung. Im Gegensatz zu den Showdinosauriern sind sie, wie es Günter Rohrbach, Leiter des Programmbereichs Spiel und Unterhaltung beim WDR, formuliert, »weniger perfekt, unmittelbarer, leiser, lockerer und heiterer«[63].

Wohl nicht zuletzt weil all dies Eigenschaften sind, die sich von Anfang an in Carrells Image finden lassen, ist Rudi Carrell einer der wenigen Showmaster, der die Krise der Fernsehunterhaltung völlig unbeschadet übersteht, ohne zeitweise in Zwangspause gehen zu müssen. Anders als bei Peter Frankenfeld und Hans-Joachim Kulenkampff kommt bei Rudi niemand auf die Idee, seine Sendung in der Umbruchsituation des Jahres 1968 abzusetzen – die *Rudi Carrell Show* läuft bis Ende 1973 im Programm der ARD. Dass dies nicht nur etwas mit der nach wie vor ungebrochenen Publikumsgunst zu tun haben kann, zeigt die Tatsache, dass in der gleichen Zeit Quotenrenner wie *Einer wird gewinnen* und *Vergissmeinnicht* trotz ihrer großen Beliebtheit beim Publikum aus dem Programm genommen worden sind. Dass Rudi seine Karriere kontinuierlich fortsetzen kann, hat wohl in erster Linie damit zu tun, dass seine Shows so frisch und unbekümmert daherkommen, weder verstaubt noch antiquiert wirken und sie vor allem von niemandem ernsthaft unter dem Schlagwort »Opas Fernsehshow« abgetan werden können. Dass Carrell mit seinen Mitte dreißig wesentlich jünger als seine vorübergehend kaltgestellten Kollegen Kulenkampff und Frankenfeld ist, stellt zweifellos einen weiteren Wettbewerbsvorteil für ihn dar.

Insofern kann Rudi sich entspannt zurücklehnen und weitermachen wie bisher – seine *Rudi Carrell Show* wird von den Kritikern auch nach 1968 noch als eine äußerst moderne und zeitgemäße Form der Unterhaltung gepriesen. Was sich ansonsten in jenen Tagen auf dem Gebiet der deutschen Fernsehunterhaltung tut, verfolgt Carrell mit Kopfschütteln. Am meisten ärgert es ihn, wenn Fernsehshows völlig am Publikumsgeschmack vorbei produziert werden und zeitweise die Meinung von Kritikern und Intellektuellen mehr gilt als die Bedürfnisse des Publikums. Rückblickend stellt er fest: »Die Presse ist tödlich. Die Leute machen nur noch Programme für die *Zeit* und die *Welt*, und bei heftiger Kritik werden Sendungen abgesetzt. Man sollte allein die Sehbeteiligung entscheiden lassen.«[64] Gerade Anfang der siebziger Jahre, als sich die Stimmung in Deutschland aufgrund der Ölkrise und der Rezession wieder zu wandeln beginnt, stellen die heiter-beschwingten, kurzweiligen *Rudi Carrell Shows* eine willkommene Möglichkeit dar, wenigstens für kurze Zeit mal aus dem Alltagsleben zu fliehen und sich entspannt unterhalten zu lassen. Carrell ist sich im Klaren darüber, dass gerade in wirtschaftlichen Krisenzeiten das Unterhaltungsbedürfnis der Menschen steigt – und er hat keinerlei Probleme damit, dieses auch zu befriedigen: »Ich will pure Unterhaltung bieten und Freude machen. Ohne politischen Hintersinn und erhobenen Zeigefinger. Ich will die Massen zufrieden stellen.«[65]

Dass die Entscheidung der ARD, die *Rudi Carrell Show* nicht abzusetzen, goldrichtig gewesen ist, zeigt die Tatsache, dass Carrell Ende der sechziger Jahre endgültig zu einem der beliebtesten Showmaster Deutschlands aufsteigt. Als die Fernsehzeitschrift *Hörzu* 1969 ihre Leser fragt, wer die beste deutsche Fernsehshow macht, landet Carrell auf Platz zwei, vor ihm ist nur noch Peter Alexander – zwei Jahre zuvor war Rudi bei der gleichen Umfrage noch auf Platz fünf gelandet. Ebenfalls 1969 wird er bei der AZ-Leserumfrage noch vor Robert Lembke und Heinz Schenk als beliebtester Gastgeber im deutschen Showgeschäft gewählt und dafür mit dem Silbernen Mikrofon ausgezeichnet. Und das Wickert-Institut in Tübingen ermittelt Carrell im selben Jahr als einen der beliebtesten Fernsehstars in Deutschland. Ein Jahr später, 1970, wird er erstmals mit dem Silbernen Bambi von Burda ausgezeichnet. Man sieht – die Krise der deutschen Unterhaltung geht spurlos an Rudi vorüber, seine Popularität kennt Ende der sechziger und Anfang der siebziger Jahre kaum noch Grenzen. Der Herzen der deutschen Fernsehzuschauer kann Carrell sich sicher sein.

Und die Erwartungen, die das Publikum an ihn stellt, weiß Rudi von Show zu Show aufs Neue zu erfüllen, indem er künstlerisch nie auf der Stelle tritt, weiter an seinem Konzept feilt, seine Methode immer noch weiter perfektioniert und nie Langeweile aufkommen lässt. In der zweiten Staffel der *Rudi Carrell Show*, die von 1968 bis 1971 läuft, gibt es – neben der Ausstrahlung in Farbe, den aufwendigeren Dekorationen und der Einbeziehung des Studiopublikums – noch so manche weitere Neuerung. So stellt Rudi sich etwa mit dem Komiker Heinz Eckner einen Stooge an die Seite, der als Gegenpart, als Stichwortgeber für Gags und Witze fungiert. Einen festen Stooge zu haben hat den Vorteil, dass es erstens eine klare Rollenverteilung in den Sketchen gibt, weil sich das Publikum an den festen Sketchpartner gewöhnen kann, und andererseits garantiert ein aufeinander eingespieltes Team ein reibungsloseres Interagieren als bei ständig wechselnden Sketchpartnern. Dass es sinnvoll ist, sich einen Stooge zu suchen, hat Rudi bei seinem Amerikaaufenthalt realisiert, als er sehr aufmerksam die amerikanischen Fernsehshows verfolgt hat. All die großen Showmaster dort haben einen Gegenpart, so wie etwa dem smarten Dean Martin immer der Komiker Jerry Lewis an die Seite gestellt wird: »Die amerikanischen Fernsehshows waren es, die meinen eigenen Stil, der durchaus schon vorhanden war, noch weiter geprägt und perfektioniert haben. Vom amerikanischen Fernsehen und seinen Stars, besonders Dean Martin, Jack Benny und Perry Como, meinen

Vorbildern, habe ich etwas ganz Wichtiges gelernt, was ich immer beherzigt habe: Sei im Fernsehen genauso wie zu Hause, rede wie zu Hause, benimm dich wie zu Hause. Der Showmaster darf nicht auf einem Sockel stehen, er muss auch mal eins auf den Hut bekommen, so wie Kulenkampff immer am Ende der Sendung durch seinen Butler.« Während der Showmaster der Sendung immer taff und souverän wirken muss, sollte der ihm zur Seite gestellte Stooge – wie etwa im Falle von Jerry Lewis – schon allein durch sein trotteliges Auftreten, durch absurde Kleidung oder schlicht und einfach durch seine Physiognomie die Zuschauer zum Lachen bringen. Eher durch Zufall trifft Rudi den für ihn idealen Gegenspieler, dessen Naturbegabung er gleich auf den ersten Blick erfasst: »Heinz ist ein routinierter alter Hase, der seinen Beruf als Schauspieler und Ansager von der Pieke auf gelernt hat. Ich habe ihn in der Kantine beim Essen beobachtet und ihn sofort engagiert, so komisch fand ich das.«[66] Nicht nur in der *Rudi Carrell Show*, sondern auch später in *Am laufenden Band* wird Heinz Eckner als der »lustige Dicke« die Zuschauer zum Lachen bringen.

Eine weitere Neuerung ist, dass Carrell sich als Showmaster und Präsentator wesentlich stärker in seine Sendung einbringt, als dies zuvor der Fall gewesen ist. Während in der ersten deutschen Staffel seiner Show, so wie zuvor auch schon in Holland, seine Plaudereien mit prominenten Gästen noch auf zwei oder drei kurz hingeworfene Sätze beschränkt blieben, die, der flotten Choreographie dienend, schon wieder zum nächsten Programmpunkt überleiteten, nimmt er sich nun deutlich mehr Zeit, um ausführlicher mit seinen prominenten Gästen zu plaudern und sie so zum einen in seiner Sendung herauszustellen und zum anderen seine Rolle als Gastgeber zu unterstreichen. Überhaupt werden prominente Gaststars ab der zweiten Staffel zunehmend wichtiger, wie schon die erste Sendung im Dezember 1968 zeigte, in der Grethe Weiser und Heinz Erhardt glänzten. Kaum jemand, der dieser Tage im Fernsehen präsent ist, lässt es sich nehmen, sich in der *Rudi Carrell Show* sehen zu lassen – Stars wie Ruth Maria Kubitschek, Heidi Kabel und Conny Froboess, Horst Tappert, Henry Vahl oder Vico Torriani geben sich die Klinke in die Hand.

Ein Prominentenauftritt sorgt für besonders viele Schlagzeilen – in der Show vom 7. März 1970 ist der holländische Kinderstar Heintje zu Gast. Der »Junge mit der Goldkehle« und dem stets akkurat gezogenen Seitenscheitel ist einer der Publikumslieblinge der Deutschen, seit er 1968 mit seinem Titel *Mama* auf Platz eins der deutschen Charts gelandet ist. Da es für ihn aufgrund der strengen holländischen Jugendschutzbestimmungen viel schwieriger ist, in seinem Heimatland aufzutreten, wo für jedes Engagement aufwendige Sondergenehmigungen in Den Haag beantragt werden müssen, ist er glücklich, dass es ihm in Deutschland einfacher gemacht wird, sich eine Karriere aufzubauen. Vier Jahre lang ist Heintje im deutschen Fernsehen, auf der Bühne und auf der Leinwand geradezu omnipräsent – bis er 1972 in den Stimmbruch kommt und die deutschen Zeitungen enttäuscht titeln: »Heintje ist nicht mehr Heintje.« Doch im März 1970 ist Heintje noch Heintje – zusammen mit Rudi Carrell singt er eine Verballhornung des Gassenhauers *Tulpen aus Amsterdam*. In der Version von Heintje und Rudi, die auf den Umstand rekurriert, dass gegenwärtig so viele Holländer versuchen, in Deutschland Karriere zu machen, heißt es: »Was der Schock nicht singen kann, das singen Nulpen aus Amsterdam.« Die Presse ist begeistert von so viel Selbstironie und lobt Carrell über den grünen Klee: »Keiner lacht wie er. Keiner schmunzelt wie er. Keiner ist so lustig wie er. Keiner ist so ironisch wie er. Keiner macht so komische Witze wie er. Keinem fallen so viele Pointen ein wie ihm. Keiner singt so lässig wie er. Keiner wickelt sein Publikum so exakt um den Daumen wie er. Keiner hat bei Kritikern und beim Publikum so viel Erfolg wie er – Sie wissen etwa immer noch nicht, wer gemeint ist? Unser ›Rudi‹ natürlich, die ›Nulpe‹ aus Amsterdam, wie er sich selbstironisch besungen hat, der unvergleichliche, unglaubliche, unnachahmliche Rudi Carrell. Die *Rudi Carrell Show* ist das Ulkigste, was die deutsche Fernsehunterhaltung zu bieten hat.«[67]

Der gemeinsame Auftritt mit Heintje ist sicherlich eine Sternstunde der *Rudi Carrell Show*, doch es sollen noch viele weitere unvergessene Fernsehmomente folgen – so etwa, als Rudi in der Show zum Thema Schiff zum Beginn der Sendung nackt in der Badewanne sitzt und als Eröffnungslied *In meiner Badewanne bin ich Kapitän* singt, oder aber, als er in der Show zum Thema Flughafen zu seinem Eröffnungslied an einem Drahtseil hängend quer durch das Publikum fliegt. Die Flughafenshow vom 13. Juni 1970, die eine sensationelle Einschaltquote von siebzig Prozent Sehbeteiligung erreicht, ist überhaupt eine der gelungensten Ausgaben von Carrells Show – unvergesslich ist die oft wiederholte Schlussnummer unter dem Motto »Snob-Airlines«, in der furchtbar übertrieben die Unterschiede zwischen erster und zweiter Klasse vorgeführt werden: Während in der ersten Klasse des Fliegers alleine Joachim Fuchsberger in einem bequemen Sessel sitzt, von einer attraktiven Stewardess mit Champagner und Kaviar verwöhnt und zum Essen sogar noch von einem Stehgeiger unterhalten wird, herrschen in der zweiten Klasse wesentlich rauere Verhältnisse – hier sitzt Rudi wie ein Galeerensträfling mit vielen anderen Passagieren zusammengepfercht, wird von einer unfreundlichen Stewardess tyrannisiert, die als Lesestoff uralte Zeitungen verteilt, aufgrund der fehlenden Flugzeugtoilette Nachttöpfe ausgibt und mit einer Gulaschkanone durch den Gang kommt und den Passagieren ihr Labskaus an den Kopf schmeißt. Auf solche Nummern, von denen am nächsten Tag die ganze Fernsehnation spricht, kann Rudi zu Recht stolz sein – den Vergleich mit anderen Showmastern braucht er beileibe nicht zu fürchten. Im Frühjahr 1971 zieht er Bilanz, spricht selbstbewusst über die eigenen Stärken – und über die Schwächen der anderen: »Kulenkampff ist in seinem Rahmen der beste Quizmaster, den ich kenne. Das hat mit Showbusiness allerdings nicht das Geringste zu tun, sondern mit Fernsehen. Und Peter Alexander, dieser hochtalentierte Sänger, er macht Operettenprogramme mit Einlagen. Ich dagegen mache eine Show, zu der man in England oder Amerika sagen würde: Das ist eine Show.«[68]

Doch je perfekter, aufsehenerregender und spektakulärer die Nummern in der *Rudi Carrell Show* werden, desto größer wird auch der Erwartungsdruck. Die Angst, in der nächsten Show die immer höheren Erwartungen des Publikums vielleicht einmal nicht erfüllen zu können, wird für Rudi zum ständigen Begleiter und zehrt ganz schön an seinen Nerven. Kritikern und Zuschauern fällt im Laufe des Jahres 1971 immer häufiger auf, dass Carrell weniger gelöst und entspannt wirkt als in früheren Zeiten. Dabei geht es hinter den Kulissen mittlerweile sogar friedlicher zu als jemals zuvor, denn nach einer ganzen Reihe von Regisseuren, mit denen er überhaupt nicht zurechtgekommen ist, hat Rudi in Dieter Pröttel endlich einen Mann ganz nach seinem Geschmack gefunden. Pröttel strahlt auf ihn eine unglaubliche Ruhe aus und weiß Carrell zu packen. Dieser wird in der Zusammenarbeit mit seinem neuen Regisseur wesentlich umgänglicher und bekennt Journalisten gegenüber: »Ich mache meine Shows selbst. Nur die Kameramänner und den Regisseur lasse ich neuerdings in Ruhe.«[69] Doch vor der Kamera gelingt es ihm immer weniger, die Anspannung, unter der er steht, zu verbergen – von Reportern auf diesen Umstand angesprochen, erklärt er: »Mir fehlt die Unbefangenheit, die ich früher hatte. Ich weiß zu viel vom Showbusiness.« Zudem fühlt er sich ausgebrannt, langsam, aber sicher gehen ihm die Ideen aus, denn die *Rudi Carrell Show* läuft nun, die holländische Zeit mitgerechnet, schließlich bereits seit zehn Jahren. Eine Vorstellung, was danach kommen könnte, hat er auch noch nicht, sodass seine Zukunftsbilanz auch entsprechend düster ausfällt: »Ich bin nicht ein Künstler mit dem Talent von Sammy Davis jr. Ich bin einer, der manchmal verrückte Ideen hat und sie anzubringen versteht. Und weil ich eben nicht so ein großes Talent bin, kann ich nicht noch fünfzehn Jahre im Fernsehen arbeiten. Ich werde plötzlich auf einem Punkt stehen bleiben. Meine Mittel sind begrenzt.«[70]

Im November 1971 nimmt Rudi sich eine anderthalbjährige Auszeit vom Bildschirm, sammelt in den USA, in England, Frankreich und den Niederlanden neue Ideen. In Deutschland ist er im Jahr 1972 nur ein einziges Mal im Fernsehen zu sehen – in der Sendung *Rudi zeigt's mal wie-*

der werden die Höhepunkte aus den *Rudi Carrell Shows* der zurückliegenden sieben Jahren gezeigt. Dafür beehrt er sein holländisches Publikum mal wieder und präsentiert unter dem Titel *Unicef in het zilver* drei Shows zum fünfundzwanzigjährigen Bestehen der UNICEF-Kinderfonds in den Niederlanden. Im Jahr 1973 startet die dritte und letzte Staffel seiner *Rudi Carrell Show*, die eigentlich noch bis weit ins Jahr 1974 laufen soll. Doch es kommt zum vorläufigen Aus, als die Kritiken Ende 1973 zunehmend schlechter werden und Carrells Show dramatisch in der Publikumsgunst absinkt. Besonders in die Kritik gerät die Novemberausgabe 1973, die Rudi unter das Thema Messen gestellt hat und die deutlich vor Augen führt, dass die Ablösung von Dieter Pröttel als Regisseur durch *Tolle-Tanten*-Klamauk-Regisseur Franz-Josef Gottlieb der *Rudi Carrell Show* beileibe nicht gut getan hat. Die Presse resümiert: »Er galt unter den noch verbliebenen Unterhaltungsmachern der deutschen Fernsehprogramme als einer der besten. Für viele war er sogar der allerbeste. Doch seit seiner überaus schwachen letzten Show mit dem Thema ›Messen‹ ist der holländische Spaßmacher Rudi Carrell selbst bei vielen seiner ›Dauersympathisanten‹ buchstäblich über Nacht in Ungnade gefallen. Brillierte er früher mit viel Witz und einem gewinnenden Großer-Junge-Charme, so beließ er es diesmal bei billigem, allzu billigem Klamauk, als habe er ein widerwillig übernommenes Pflichtpensum zu absolvieren. Was ist bloß mit Rudi Carrell los?«[71]

Derartig launische und schlechte Kritiken haben Carrell zeitlebens aus einem einfachen Grund nichts anhaben können: »Weil ich wusste, dass ich immer alles gegeben habe. Ich habe eine Woche vor der Show nur geschuftet, nur die Show im Kopf gehabt, nichts getrunken, nicht rumgehurt, war in keiner Kneipe. Ich habe nur an meiner Show gefeilt. Und mehr kann man nicht machen. Wenn die Show über den Sender gegangen war, hatte ich so immer das Gefühl, dass ich alles gegeben habe, was ich geben konnte. Und wenn andere anderer Meinung waren, dann musste ich das eben akzeptieren.«[72] Dennoch ist die Tatsache, dass die Novemberausgabe der *Rudi Carrell Show* misslungen ist, nicht von der Hand zu weisen. Rudi versucht, auf die schlechten Kritiken und die erboste Zuschauerpost angesprochen, auch gar nicht abzuwiegeln, sondern nimmt alle Schuld allein auf sich – etwas anderes würde ihm in dieser Situation jedoch auch kaum übrig bleiben, schließlich hat er jahrelang erklärt, dass die *Rudi Carrell Show* von A bis Z sein Produkt ist: »Sicher, ich weiß selbst genau, was an dieser Sendung alles nicht gelungen oder sogar schlecht war. Die Show stand ganz einfach unter einem schlechten Stern. So was gibt's doch, nicht wahr? Und ich will mich auch nicht damit entschuldigen, dass kurz zuvor auch noch die Gisela Schlüter ausgefallen ist, denn ihr Ersatz war gar nicht so schlecht, nicht wahr? Schlecht war ganz einfach ich – dafür gibt es natürlich keine Entschuldigung. Ich kann nur versprechen, dass ich beim nächsten Mal bestimmt wieder besser sein werde – hoffentlich viel besser.«[73]

Dass die nächste Ausgabe der *Rudi Carrell Show* auch zugleich die letzte sein wird, weiß zu diesem Zeitpunkt noch niemand, denn die Unterhaltungsabteilung von Radio Bremen bestätigt Journalisten, nachdem erste Gerüchte über ein vorzeitiges Absetzen der Show aufgekommen sind, ausdrücklich, dass die *Rudi Carrell Show* selbstverständlich auch im Jahr 1974 weiterlaufen wird – die nächsten vier Shows seien schon fest eingeplant; eine werde aus Stuttgart und drei aus Bremen gesendet. Doch hinter den Kulissen wird heftig diskutiert – auf die schlechten Kritiken und die teils bitterböse Zuschauerpost muss reagiert werden. In einer Krisensitzung wird entschieden, dass Rudi künftig das Drehbuch zu seinen Shows jeweils schon drei Wochen vor der Sendung vorlegen soll, nur ein Fünftel der Show soll ihm fortan zur Verfügung stehen, um aktuelle Dinge einzubauen. Doch für Carrell ist das Feilen an seiner Show bis zur letzten Sekunde vom Beginn seiner Fernsehkarriere an ein festes Grundprinzip seiner Fernseharbeit, das er sich auch von einem Haufen wild gewordener Fernsehbürokraten nicht ausreden lässt: »Warum an dem, was schon seit Wochen auf dem Papier steht, starr festhalten, wenn sich bei den Proben herausstellt, dass die Geschichte eigentlich ganz anders verlaufen muss?«[74] Doch der Sender ist der festen Meinung, auf diese Art und Weise die Qualität der *Rudi Carrell Show* wieder heben zu können, und bekräftigt seine Entscheidung auch der Presse gegenüber, die daraufhin prophezeit: »Rudi Carrell wird also nichts anderes übrig bleiben, als sich in Zukunft strikt an diese Zusatzvereinbarung zu halten. Sie hängt fortan wie ein Damoklesschwert über seiner weiteren Karriere als Showmaster in der Bundesrepublik.«[75]

Doch die Presse täuscht sich, Carrell bleibt etwas anderes übrig: Er teilt Radio Bremen und dem Süddeutschen Rundfunk mit, dass die nächste und siebenundzwanzigste Ausgabe der *Rudi Carrell Show* auch seine letzte sein wird, und vereinbart – nachdem er sich zwischenzeitlich bereits am Ende seiner Karriere angekommen wähnte[76] – gleichzeitig mit seinem Haussender Radio Bremen, für den April 1974 ein neues Showkonzept zu entwickeln. Rudi hat eingesehen, dass sich der Publikumsgeschmack gewandelt hat und aufgrund dessen das Konzept der *Rudi Carrell Show*, das er bereits Anfang der sechziger Jahre entwickelt hat, für das Fernsehjahr 1974 nicht mehr zeitgemäß ist. Rückblickend bekennt er: »1973 war einfach die Luft raus aus dem Konzept, und ich fühlte, dass ich künstlerisch auf der Stelle trete. Außerdem war bei mir auch die Lust flöten gegangen, und dann hat es keinen Sinn, eine Sendung noch weiter zu machen. Als die Show noch allein von Radio Bremen pro duziert wurde, da machte sie mir noch richtig Spaß, denn da konnte man noch nach Herzenslust kurz vor der Sendung neue Requisiten ordern – so wie ich es aus Holland gewöhnt war. Aber mit der Zeit kam immer mehr Bürokratie auf, und für jede Requisite sollte man Wochen vorher irgendwelche Zettel ausfüllen. Das kreative, spontane Arbeiten, das ich gewöhnt war, ist plötzlich nicht mehr möglich gewesen, und darunter musste die Show beinahe zwangsläufig leiden, denn sie lebte ja gerade von der Spontaneität und den aktuellen Gags.«[77]

Für die letzte Ausgabe der *Rudi Carrell Show* – die Weihnachtsausgabe 1973 – legt Rudi sich noch mal richtig ins Zeug und zeigt gut gelaunt, dass er sein Handwerk von der Pike auf gelernt hat: »Das war eine der schönsten Shows, die ich je gemacht habe.«[78] Anstatt des gewohnten Openings im Studio gibt es seit einiger Zeit zum Start der Show je einen vorproduzierten kleinen Einspielfilm – Rudi schlendert über den Bremer Weihnachtsmarkt und führt in slapstickhaften Szenen allerhand Schwierigkeiten vor, die beim Kauf eines Weihnachtsbaums auftreten können: Mit seinem Baum passt er weder in den Bus noch ins Taxi, und auch in der Drehtür bleibt er stecken – und als er ihn kurz auf der Straße abstellt, dröhnt ein Presslufthammer los, sodass der Baum alle Nadeln verliert. Erst nach diesen Filmbildern begrüßt Rudi die Gäste wie gewohnt im Studio mit seinem Eröffnungslied, dieses Mal mit einer lebenden Weihnachtsgans auf dem Arm, die er einer Zuschauerin schenkt. Die letzte Ausgabe seiner Show nutzt er dazu, um einige Leute vorzustellen, die ihm wichtig sind – so etwa seinen musikalischen Leiter Cornelius op den Zieken und seine Töchter Annemieke und Caroline: »Damit Sie sehen, dass ich auch noch etwas anderes machen kann als Shows.«

Im Studio ist als Hintergrund für die Show eine opulente, festlich geschmückte Weihnachtsmarktdekoration mit vielen Buden und einem großen Karussell aufgebaut. Wie immer wird Rudi von einer Reihe von Stargästen unterstützt, die teils als Sketchpartner fungieren, wie Schauspieler Günther Pfitzmann oder Fernsehmoderator Günter Schramm, oder sowohl mit Gesangsnummer als auch in kleineren Sketchen auftreten, wie Edith Hanke, Ireen Sheer und Vico Torriani. Fleißig hat Rudi allerhand Gags, Lieder und Sketche rund um das Thema Weihnachten gesammelt – so gibt es etwa einen Sketch mit Handwerkern, die allesamt, als Rudi sie zu engagieren versucht, reflexartig mit dem Spruch »Vor Weihnachten geht's nicht mehr« kontern. Auch geht Rudi der Frage nach, wie unterschiedlich die Menschen das Weihnachtsfest begehen, etwa im Gefängnis oder im Wartezimmer eines Arztes – für Carrell die Gelegenheit, ein kleines Liedchen zu singen, das allen Menschen gewidmet ist, die vor, für und an Weihnachten schwer arbeiten müssen. Doch neben der Weihnachtsthematik gibt es noch ein zweites Motiv, dem in der

Sendung Vorrang eingeräumt wird – die gerade aktuelle Diskussion um das Sonntagsfahrverbot, mit dem in Zeiten der Ölkrise Benzin gespart werden soll. In einem Einspielfilm sieht man Rudi Hand in Hand mit Ireen Sheer über leere Autobahnen spazieren; es gibt einen kleinen Sketch um den gerade aufkommenden Trend zum Bilden von Fahrgemeinschaften, und zusammen mit Vico Torriani singt Rudi eine ganze Reihe von umgedichteten Liedtexten an, die sich auf amüsante und augenzwinkernde Art und Weise mit diesem Thema beschäftigen.

Doch das Finale wird dann wieder ganz weihnachtlich – zunächst verabschiedet Rudi sich nach vierzig holländischen und siebenundzwanzig deutschen Ausgaben mit seiner *Rudi Carrell Show* und verspricht, im April mit einer völlig neuen Show wiederzukommen, bevor er zum Abschied *I'm dreaming for a White Christmas* singt – in englischer und in holländischer Sprache. Vier Monate lang wird Rudi jetzt nicht auf dem Bildschirm zu sehen sein – eine Zeit, die er intensiv dazu nutzt, seine neue Show vorzubereiten. Dass er sich mit ihr endgültig an die Spitze der deutschen Fernsehunterhaltung katapultieren und die beliebteste Fernsehshow der siebziger Jahre auf den Bildschirm bringen wird, ahnt zu diesem Zeitpunkt noch niemand. Doch daran, dass er trotz der launischen Kritiken der letzten Monate einer der populärsten und begabtesten Showmaster Deutschlands ist, zweifelt längst niemand mehr. Und so wird Rudi Carrell wie selbstverständlich auch zum Gipfeltreffen der momentan beliebtesten deutschen Showmaster eingeladen, das am 12. Februar 1974 in Peter Alexanders Fernsehshow *Peter Alexander präsentiert Spezialitäten* im ZDF veranstaltet wird. Der österreichische Entertainer hat dafür neben Carrell noch Hans-Joachim Kulenkampff und Peter Frankenfeld eingeladen – die nach der selbst verschuldeten Krise der deutschen Fernsehunterhaltung längst schon wieder auf dem Weg dahin sind, sich als Top-Unterhalter des deutschen Fernsehens zu etablieren. Die vier Unterhaltungsgenies präsentieren eine beschwingte, gut gelaunte Revue von Gags, Sketchen, Parodien und Liedern und ziehen alle Register ihres Könnens, um zu demonstrieren, dass sie nicht umsonst als die Spitzenstars der deutschen Fernsehunterhaltung angesehen werden.

Über die Einladung in diese Sendung ist Rudi ganz besonders glücklich, denn Peter Alexander schätzt er schon lange als einen der begabtesten Showmaster im deutschsprachigen Raum – bereits 1962 hatte er vergeblich versucht, ihn in seine holländische Show einzuladen.[79] Aber auch Peter Alexander zieht den Hut vor Rudis Leistungen – Carrell erinnert sich: »1968 sah Peter zusammen mit Wolfgang Rademann eine Samstagabendshow von mir. Am Ende sagte er: ›Den Autor, der die Show schreibt, will ich haben.‹ ›Da muss ich dich enttäuschen‹, sagte Rademann, ›Rudi schreibt die ganze Show allein.‹ Trotzdem wurden wir Freunde.«[80] Wie so viele Filmstars ist Peter Alexander Anfang der sechziger Jahre, als das Fernsehen dem Kino seinen Rang abzulaufen begann, von der Leinwand auf den Bildschirm gewechselt und hat seine Karriere hier bruchlos fortgesetzt. Bis zu seiner letzten Show im Jahr 1995, mit der er sich vom Bildschirm verabschiedet, wird Peter Alexander einer der größten Publikumslieblinge der Deutschen bleiben. Er und Rudi Carrell schätzen sich gegenseitig sehr – Rudi wird 1977 Peter Alexander zu Ehren sogar seinen einzigen Sohn auf den Namen Alexander taufen, und als Peter Alexander 1996 den Bambi für sein Lebenswerk erhält, sagt er mit Freuden zu, die Laudatio auf ihn zu halten.

Was Rudi den österreichischen Kollegen so besonders sympathisch macht, ist die Tatsache, dass auch dieser ein absoluter Vollprofi ist, gleichzeitig aber nie Starallüren entwickelt hat oder arrogant geworden ist, sondern sich immer eine ganz große Ehrfurcht vor seinem Beruf und seinem Publikum bewahrt hat und immer höchst kollegial aufgetreten ist – was auch Wim Thoelke in seinen Memoiren bestätigt: »Man kann sich bei ihm immer darauf verlassen, dass er auf den Proben erarbeitete Details zu hundert Prozent auch in der Sendung bringt. Dieser Professionalismus ist es, der Peter Alexander über so viele Jahre hat erfolgreich sein lassen. Dabei ist er voller motivierender Unsicherheit. Nie ist er davon überzeugt, dass die Zuschauer zufrieden sein werden, nur weil er – der große Star – auftritt. Immer glaubt er, sein Publikum mit einer ganz besonders guten Leistung jedes Mal neu gewinnen zu müssen. Von Vorschusslorbeeren hält er nichts.«[81] Genau so etwas schätzt Rudi Carrell, ihn vermögen Stars vor allem durch Pünktlichkeit und Disziplin, Flexibilität und Gewissenhaftigkeit zu beeindrucken – allesamt Werte, die Peter Alexander sich auf seine Fahnen geschrieben hat. Wenn Rudi sich mit seinem Auftritt bei der *Goldenen Kamera* im Februar 2006 aus der Öffentlichkeit verabschieden wird, wird Peter Alexander sich – seitdem nach dem letzten Zusammentreffen vor zehn Jahren Funkstille zwischen den beiden geherrscht hat – in alter Verbundenheit mit einem langen, persönlichen Brief von seinem Weggefährten Rudi verabschieden: »Ich habe mich über Peters Brief wirklich sehr gefreut. Ich habe ihm zurückgeschrieben, dass wir wirklich glücklich sein können, dass wir die tollste Zeit miterlebt und mitgestaltet haben, die es im Fernsehen je gab. Es war die perfekte Zeit für Leute wie uns. Andere, die nach uns kamen, haben vielleicht mehr Geld verdient, aber niemand ist so sehr von Millionen Menschen geliebt und verehrt worden wie wir. So was werden unsere jungen Kollegen nicht mehr erleben.«[82]

8.

Erfolge am laufenden Band

ANFANG APRIL 1974 rätselt die Presse noch darüber, welcher Art die neue Show sein wird, die Rudi Carrell am 27. April erstmals auf den Bildschirm bringen wird. Rudi selbst gibt sich geheimnisvoll und streut ganz bewusst falsche Fährten – die Überlegungen, die er zwei Wochen vor Start der Show neugierigen Journalisten mitteilt, haben rein gar nichts mit dem zu tun, was wenig später unter dem Titel *Am laufenden Band* Fernsehgeschichte schreiben wird: »Ich werde Dinge zeigen, die das Publikum bisher noch nicht gesehen hat. Sind Sie bereits einmal einem Totengräber beim Frühstück begegnet? Was tun Flugkapitäne während ihrer Einsatzpause? Wird unsere Wurst wirklich hygienisch verpackt? Werden Barometer geeicht, ob sie tatsächlich den richtigen Luftdruck anzeigen? So ähnlich habe ich mir die Kleinigkeiten des Alltags gedacht, die es nun zu verpacken gilt, das ist der schwerste Teil meiner Vorbereitungen.«[1]

Am 27. April 1974, pünktlich um Viertel nach acht, erfolgt dann der Start zu Rudi Carrells neuer Sendung *Am laufenden Band*, und alle sind überrascht, dass sie als etwas völlig anderes daherkommt als Rudis alte Personality-Show – nämlich als eine heitere Spielshow, die sich erfrischend aus der Flut von Quizsendungen abhebt, die gerade das Fernsehen überschwemmt. Wie gewohnt beginnt Rudi seine Sendung nicht mit einer steifen Begrüßung, sondern mit einem schwungvollen Eröffnungslied: »Wir schaffen täglich / am laufenden Band / fühlen uns kläglich / am laufenden Band / und sind dann abends / total abgespannt / das ist nichts Neues / für dich und für mich.« Im Gegensatz zur sechzigminütigen *Rudi Carrell Show* dauert *Am laufenden Band*, bei dem vier Kandidatenpaare gegeneinander antreten, anderthalb Stunden. Da der Familiengedanke im Fernsehen der siebziger Jahre allen gesellschaftlichen Veränderungen zum Trotz nach wie vor hochgehalten wird, müssen die einzelnen Paare immer aus zwei Familienmitgliedern bestehen, egal, ob Vater und Tochter, Mutter und Sohn, Großvater und Enkelin – Hauptsache, die beiden sind in direkter Linie miteinander verwandt und repräsentieren zwei Generationen.

Insgesamt gibt es acht Spielrunden, durch die der blendend gelaunte Carrell souverän führt und in denen die Kandidatenpaare miteinander konkurrieren und Punkte sammeln können. Dabei geht es nie um das

Abfragen von Wissen, sondern immer um die Fähigkeit der Kandidaten, ihren Humor, ihre Phantasie und Geschicklichkeit unter Beweis zu stellen, schlagfertig, spontan und kreativ zu sein. Viele der Geschicklichkeitsspiele scheinen Inspirationen aus der Zeit von Rudis Schnabbeltour zu sein. So wie die Mitwirkenden der Bunten Abende damals eigentlich alles machen und probieren und sich auch immer blitzschnell auf neue Situationen einstellen mussten, so müssen nun auch Rudis Kandidaten Reaktionsschnelligkeit und Originalität beweisen – denn kein einziges der Spiele ist vorher mit ihnen geprobt oder abgesprochen. Die Kandidaten müssen etwa tanzen oder steppen, versuchen, mit Bällen zu jonglieren, die Zuschauer als Clown zum Lachen bringen oder aus Luftballons Figuren formen. Meist hat Carrell Vertreter der Kleinkunstszene eingeladen, die die entsprechenden Aufgaben zum besseren Verständnis vormachen. Nicht selten nutzt auch Rudi selbst die Chance, das, was von den Kandidaten verlangt wird, vorzuführen, wobei er, um den Kandidaten ihre Hemmungen zu nehmen, seine eigene Darbietung stets mit kleinen Gags und flapsigen Sprüchen anreichert und auf diese Weise demonstriert, dass es bei den Spielen nicht darum geht, etwas perfekt zu machen, sondern vielmehr die Freude daran, sich auszuprobieren, im Vordergrund stehen soll.

Aber nicht nur ihre Geschicklichkeit haben die Kandidaten unter Beweis zu stellen, sondern auch ihren Humor, ihre Spontaneität und ihren Einfallsreichtum. So müssen sie beispielsweise aus dem Stand heraus eine Hochzeitsrede halten, eine Modenschau moderieren, einem unwilligen Kunden etwas andrehen, was er eigentlich nicht haben will, oder einen Zollbeamten davon abhalten, ihren Koffer zu kontrollieren. Zudem gibt es so genannte Wiedererkennungsspiele, bei denen zum Beispiel die Mutter verschiedene Hände schütteln und nur am Händedruck herausfinden soll, welche Hand ihrem Sohn gehört, oder eine Tochter soll ihren Vater nur anhand seiner Beine ausfindig machen. Besonders solche Spiele nutzt Rudi immer wieder, um amüsante Gags einzubauen – so reiht sich etwa ein Schimpanse oder ein Schornsteinfeger mit verrußter Hand in die Reihe der zu schüttelnden Hände ein. Andere Spiele in *Am laufenden Band* sollen das Einfühlungsvermögen der Kandidaten testen und überprüfen, wie gut die einzelnen Familienmitglieder einander kennen und miteinander harmonieren – so muss etwa der eine dem anderen gewisse Gegenstände mit dem Finger auf den Rücken zeichnen, die es zu bestimmen gilt, oder aber die Kinder haben eine kleine Zeichnung anzufertigen, und die Eltern sollen dann das Kunstwerk ihres Sprösslings identifizieren. Eine weitere Möglichkeit, um herauszufinden, wie gut sich die Familienmitglieder kennen, sind Spiele, in denen es einzuschätzen gilt, wie der jeweilige Spielpartner in einer bestimmten Situation reagieren wird –

so muss zum Beispiel ein Sohn voraussagen, welches der vorgeführten Hutmodelle sich seine Mutter aussuchen wird, oder aber eine Tochter muss einschätzen, ob ihr Vater sich trauen wird, Lottofee Karin Tietze-Ludwig eine Torte ins Gesicht zu schmeißen.

Im Abschlussspiel in der letzten Spielrunde müssen die beiden übrig gebliebenen Paare jeweils ihre Fähigkeiten als Laiendarsteller unter Beweis stellen, indem sie eine kleinere Szene spielen. Hierzu wird ein prominenter Gast eingeladen, der die zu spielende Geschichte vorliest und zudem meist auch kleinere Regieanweisungen gibt – in der ersten Ausgabe führt beispielsweise Peter Frankenfeld durch dieses Spiel. Welches der beiden Kandidatenpaare es besser gemacht hat, entscheidet in den ersten Ausgaben noch der jeweilige Prominente, später wird diese Entscheidung dem Studiopublikum überlassen. Bei all diesen Spielen, die *Am laufenden Band* ausmachen, werden von den Kandidaten durchaus auch immer die Fähigkeit zur Selbstironie und die Bereitwilligkeit, sich auch einmal selbst auf den Arm zu nehmen, erwartet – wenn etwa ein Kandidat mit einer Glatze ein Haarwuchsmittel anpreisen muss oder ein Kandidat, der im richtigen Leben Chefarzt ist, sich um eine Stelle als Kellner bewerben soll. Die Mitwirkenden sollen sich in der Show von ihrer witzigsten und originellsten Seite zeigen, und durch die sorgfältige Auswahl der Spiele wird ihnen mit der Sendung auch das richtige Forum dafür geboten. Das sorgt für eine positive Grundstimmung und für jede Menge gute Unterhaltung – und gerade auch die Tatsache, wie geschickt und elegant Carrell es schafft, von einem Spiel zum nächsten überzuleiten, ohne dass es je einen Hänger oder einen Moment der Langeweile gäbe, kommt gut an. *Am laufenden Band* lebt nicht zuletzt von seiner reibungslos aufeinander abgestimmten Choreographie, die von der Presse als »Meisterleistung perfekter Präsentation«[2] gelobt wird. Die Show ist fraglos das Amüsanteste und Kurzweiligste, was es im deutschen Fernsehen zu sehen gibt – und auch wenn man *Am laufenden Band* dreißig Jahre nach der Erstausstrahlung sieht, hat die Sendung immer noch einen riesigen Unterhaltungswert, denn das, was Rudi hier präsentiert, ist Showunterhaltung vom Allerfeinsten.

Doch mit den Spielen allein ist es natürlich nicht getan, schließlich müssen noch Preise her – und die gibt es im letzten Teil der Show, der der Sendung auch ihren Namen gibt, denn die Preise werden im wahrsten Sinne des Wortes am laufenden Band präsentiert. Das Kandidatenpaar, das als Sieger aus den acht Spielrunden hervorgegangen ist, muss sich einem Schlussspiel stellen. In dieser Schlussrunde gilt es drei Fragen aus der aktuellen *Tagesschau* zu beantworten, die unmittelbar vor Carrells Show ausgestrahlt worden ist. Die Fragen werden jeweils von prominenten Gästen vorgelesen, in der ersten Ausgabe ist dies Nachrichtenikone Karl-Heinz Köpke. Im Gegensatz zu Kulenkampffs bildungsbürgerlichem Quiz *Einer wird gewinnen*, in dem zum Schluss auch drei Stichfragen zum aktuellen Weltgeschehen gestellt werden, geht es in Carrells Show nicht darum, unter Beweis zu stellen, in politischen oder aktuellen Fragen auf dem Laufenden zu sein, sondern lediglich darum zu beweisen, dass man die Nachrichtensendung aufmerksam verfolgt hat, indem man etwa beantworten kann, ob Außenminister Genscher am heutigen Tag eine gelbe oder grüne Krawatte trug – Chancengleichheit wird in *Am laufenden Band* groß geschrieben. Wer von den beiden Familienmitgliedern bei diesem Spiel unterliegt, bekommt einen Gutschein für ein Abendessen mit Freunden oder Verwandten – ein Geschenk, das bei Rudi »Ein Abend ohne Fernsehen« heißt. Wer hingegen die meisten Fragen beantworten kann und als Sieger aus diesem letzten Spiel hervorgeht, darf vor einem Laufband Platz nehmen, auf dem in einer Minute rund vierzig Gegenstände vorbeiziehen. Alle Gegenstände, an die der Kandidat sich hinterher noch erinnern kann und die er in der vorgegebenen Zeit von dreißig Sekunden zu nennen schafft, kann er anschließend mit nach Hause nehmen – an die zwanzig Preise werden in der Regel aufgezählt.

Dabei kann eine Lampe eine Lampe und ein Globus ein Globus sein, manche der Gegenstände – insbesondere der Würfel mit dem Fragezeichen, der bald von jedem Kandidaten genannt wird – stehen jedoch auch symbolisch für einen anderen Gewinn. So kann ein Kerzenständer etwa der Hinweis auf ein Candle-Light-Dinner in einem Nobelrestaurant sein, der Globus für eine Weltreise stehen oder eine Tiefkühltruhe entweder eine Portion Eis oder eine Nordlandreise bedeuten. An diese ebenso ungewöhnliche wie originelle Praxis der Preisvergabe müssen sich die deutschen Fernsehzuschauer erst einmal gewöhnen – dass eine Kaffeemühle in der einen Sendung nur eine schnöde Kaffeemühle ist, in einer anderen aber bedeuten kann, dass der Sieger ein Jahr lang kostenlos Kaffeebohnen geliefert bekommt, bringt so manchen Pressevertreter noch dreißig Jahre später in Rage: »Wie hinterhältig!«[3]

Gleich in der ersten Ausgabe sorgen die beiden Hauptgewinne für einen regelrechten Entrüstungssturm. Die Gewinnerin Charlotte Schoolmann hat neben allerhand Konsumgütern auch noch zwei symbolische Preise gewonnen. Der Globus, an den sie sich erinnern kann, steht für eine Reise – Carrell dreht ihn, und dort, wo der Finger der Siegerin ihn stoppt, darf Charlotte Schoolmann Urlaub machen, in diesem Falle wird es eine Reise nach Alaska. Um einen weiteren Preis zu ermitteln, darf die Siegerin dann auch noch blind auf eine Stelle im Branchenbuch tippen, das Carrell durchblättert – gedacht ist, dass der Kandidatin etwa, wenn sie auf eine Gärtnerei tippt, ein Jahr kostenlos jede Woche ein frischer

Blumenstrauß geliefert wird, oder aber, sollte ihr Finger auf dem Eintrag einer Malerfirma landen, ihre komplette Wohnung auf Kosten des Senders renoviert wird, wobei der WDR als Obergrenze für diesen Preis fünftausend Mark gesetzt hat. Doch gleich beim ersten Mal landet Charlotte Schoolmanns Zeigefinger treffsicher auf der Annonce einer Immobilienfirma. Als Rudi die Kandidatin fragt, ob sie vielleicht noch mal neu tippen will, lehnt diese entrüstet ab – woraufhin Carrell spontan entscheidet, dass ihr Preis »ein schönes Stück Land« sein soll. Der Sturm der Empörung ist groß, viele Zuschauer empfinden eine Alaskareise und ein Grundstück als einen viel zu üppigen Preis für eine Game-Show und werfen Rudi vor, Gebührengelder zu verschwenden – nicht zuletzt diese Aufregung schafft es, *Am laufenden Band* zum Tagesgespräch im ganzen deutschsprachigen Raum zu machen.

Eine Erfolgsshow ist geboren – eine der letzten Unterhaltungssendungen im deutschen Fernsehen –, die wirklich die ganze Familie anspricht und Einschaltquoten bis zu fünfundsechzig Prozent erzielen wird, womit sie Sendungen wie *Dalli Dalli* oder *Der große Preis* noch in den Schatten stellt. Und am erstaunlichsten ist, dass *Am laufenden Band* nicht nur beim breiten Publikum glänzend ankommt, sondern sich auch noch die Kritiker mit Lob überbieten und alle wichtigen Feuilletons die Show preisen. Carrell wird von der Presse als »Garant für gute Unterhaltung«, als der »größte Mattscheiben-Spaßmacher« und als der »Witzbold mit der goldenen Nase« gefeiert und hat damit endgültig den Gipfel der Popularität unter den Top-Stars des deutschen Fernsehens erklommen. Es gibt keine Zeitung, die nicht über den Erfolg seiner neuen Show berichtet, die binnen kürzester Zeit so beliebt wird, dass sogar Psychologen bemüht werden, diesen Erfolg zu bewerten. Diplompsychologe Erich Hellweis aus Frankfurt am Main findet eine ebenso banale wie überzeugende Erklärung: »Rudi Carrell hat einen jahrtausendealten Menschheitstraum verwirklicht – die mühelose, spielerische Lösung von Problemen. Menschen verschiedener Altersgruppen und Herkunft überbrücken zwei Stunden lang alles Trennende und sind sich einig im Frohsinn. In welcher Fabrik, in welchem Büro gibt es das schon?«[4] Auch der Frage, warum Rudi Carrell als Showmaster eine derartige Resonanz beim deutschen Publikum findet, wird nachgegangen. Der Münchener Psychologe Ulrich Diekmeyer kommt dabei zum Schluss: »Der holländische Akzent wird vom Zuschauer unbewusst umgedeutet zu ›noch nicht richtig sprechen können‹. Und diese so harmlos wirkende Kindlichkeit macht ihn noch anziehender.«[5]

Wie haarsträubend diese Erklärungen auch klingen – so viel Aufmerksamkeit katapultiert Carrells neue Show binnen kürzester Zeit an die Spitze der meistgesehenen und am besten besprochenen Fernsehshows

Deutschlands. Der Neustart ist mehr als geglückt. Rudi schwebt im siebten Himmel und verweist in Interviews stolz darauf, dass *Am laufenden Band* gleichermaßen »Tante Erna wie den schwierigsten Kritikern«[6] gefalle. Auch Alfred Biolek, der die Sendung in den ersten dreieinhalb Jahren als Produzent betreut hat, bestätigt rückblickend: »Das war einmalig in Deutschland, denn immer, wenn die Quoten so hoch waren wie beim *Laufenden Band*, dann hagelte es so gut wie immer Verrisse. Aber bei Rudis Show überschlug sich die Presse geradezu, die *FAZ*, die *Zeit*, die *Süddeutsche*, alle waren begeistert. Nachdem in den Feuilletons zuvor immer so viel über die deutsche Fernsehunterhaltung gelästert worden war, hieß es nach dem Start unserer Show mit einem Mal: ›Na bitte, es geht doch!‹ Es war ein gigantischer Erfolg. Man kann wirklich sagen, dass *Am laufenden Band* das *Wetten, dass?* der siebziger Jahre war.«[7]

Während die *Rudi Carrell Show* komplett von Rudi selbst entwickelt worden ist, stellt *Am laufenden Band* die Übernahme eines erfolgreichen Sendekonzepts aus dem Ausland dar. In den nächsten Jahrzehnten wird Rudi immer wieder Erfolgsshows aus anderen Ländern für den deutschen Markt adaptieren. Fast alle Showkonzepte, die mit Carrells Namen verbunden werden, *Rudis Tagesshow* ebenso wie *Herzblatt*, *Die verflixte Sieben* ebenso wie Carrells Überraschungsshow in den achtziger Jahren, sind Adaptionen erfolgreicher ausländischer Shows, was ihm in Deutschland und den Niederlanden den Ruf eines »Ideenklauers« einbringen wird. Ein Vorwurf, der vom Unwissen um die Gesetze der Fernsehbranche zeugt, denn erstens sind erfolgreiche Fernsehformate seit Jahrzehnten äußerst beliebte Import- und Exportartikel, und zweitens erweist es sich durchaus als eine Kunst, aus der riesigen Auswahl, die der weltweite Fernsehmarkt mit seinen hunderten Programmen bietet, das geeignete Konzept herauszufiltern. Denn letztlich kann man nur Erfolg mit der Übernahme von Sendekonzepten haben, wenn man wie Carrell den richtigen Riecher dafür besitzt, welche Erfolgsshows aus dem Ausland auch in Deutschland erfolgreich sein könnten. Noch lange nicht jedes Unterhaltungsformat, das sich in England, Frankreich oder Italien großer Beliebtheit erfreut, hat automatisch Chancen, auch beim deutschen Publikum zu landen. Die unzähligen Sendeformate, die auf ausländischen Erfolgssendungen basieren und binnen kürzester Zeit wieder eingestellt werden müssen, weil sie beim deutschen Publikum auf wenig oder keine Gegenliebe stoßen, zeugen davon, wie brillant Rudi Carrell es zeitlebens verstanden hat, immer wieder das richtige Konzept zur richtigen Zeit zu lancieren, wie innovativ das war, was er im Laufe seiner Karriere auf den Bildschirm gebracht hat. Seine auffällige Zielsicherheit beweist, dass er dabei nicht nach dem Try-and-error-Prinzip vorgegangen ist, sondern wirklich ein untrügliches Gespür für den Geschmack der breiten Masse besitzt.

Da er bei der Wahl seiner Showkonzepte nie auf einen schon fahrenden Zug aufspringt, also nie das macht, was gerade alle anderen Kollegen schon erfolgreich vorexerzieren, sondern immer etwas völlig Neues ausprobiert, gelingt es Carrell immer wieder, Trends zu setzen. So wie er in den siebziger Jahren der Flut von Quizsendungen eine Spielshow entgegensetzt, bei der es um Kreativität und Originalität geht, so wird er auch später immer wieder richtungweisende Anstöße für die Weiterentwicklung der deutschen Fernsehkultur geben. *Rudis Tagesshow* etwa wird das erste Fernsehformat sein, das sich in Deutschland auf ironische Art und Weise mit der Tagespolitik und den Nachrichten auseinander setzt – später werden Sendungen wie *RTL Samstag Nacht* genau diesen Trend aufgreifen und fortsetzen. Rudis Show *Herzblatt* wird zahllose Flirtshows nach sich ziehen, und die *Rudi Carrell Show* der achtziger Jahre wird gleich zwei entscheidende Impulse geben – einerseits den zu gefühlsbetonten Überraschungsshows wie *Nur die Liebe zählt* oder *Verzeih mir*, andererseits durch das beliebte Imitieren von bekannten Popsongs einer wahren Flut von Casting-Shows bis hin zu *Deutschland sucht den Superstar* und *Star Search*. Da Carrell mit jeder einzelnen seiner Shows Trends und Standards setzt und Vorbilder schafft, die die Messlatte für die nachahmenden Sendungen hoch legt, übt er einen enormen Einfluss auf die Entwicklung der Fernsehunterhaltung in Deutschland aus, so dass er mit dem Vorwurf, ein »Ideenklauer« zu sein, zeitlebens immer sehr gelassen umgehen kann: »Gute Sachen werden überall und in allen Branchen geklaut oder kopiert. Und ich habe immer nur die besten Sachen aus den besten Shows der Welt geklaut.« Zudem hat Rudi es sich in seiner Karriere nie einfach gemacht und die Showkonzepte aus dem Ausland eins zu eins kopiert, sondern sie stets dem hiesigen Publikumsgeschmack entsprechend angepasst, bis jede seiner Shows seine Handschrift trägt.

Am laufenden Band stellt die Übernahme des erfolgreichen niederländischen *Een van de acht* dar, das Rudis langjährige Weggefährtin Mies Bouwman entwickelt hat. Gleich als er die Show in Holland zum ersten Mal gesehen hat, ist Rudi begeistert vom Konzept der Sendung, denkt aber zunächst nicht daran, diese selbst in Deutschland auf den Bildschirm zu bringen: »Ich habe spontan an Kulenkampff gedacht, der hatte damals gerade ein Karrieretief, und da bin ich zu ihm gegangen und habe gesagt: ›Ich habe was für dich gesehen, in Holland – *Een van de acht*. Das musst du machen. Besorg dir die Bänder.‹ Aber das hat er nie gemacht.«[8] Zum Glück für Rudi, denn als das Ende seiner *Rudi Carrell Show* absehbar ist und er sich nach einem neuen Showkonzept umsieht, fällt ihm gleich wieder Mies Bouwmans Show ein, die in Holland mit riesigem Erfolg läuft: »Das war eine fabelhafte Idee, weil es so was in Deutschland zu diesem Zeitpunkt überhaupt nicht gab. Es war so etwas wie eine Antishow gegen all die Quizshows, die damals den Bildschirm bevölkerten.«[9] Tatsächlich gibt es im deutschen Fernsehen dieser Tage vor allem Unterhaltungsshows, in denen Wissen abgefragt wird, egal ob als Allgemein- oder Spezialkenntnisse – in Wim Thoelkes gerade gestarteter Sendung *Der große Preis* wird beides sogar miteinander kombiniert. *Een van de acht* dagegen will zeigen, dass man mit Publikumskandidaten auch noch etwas anderes anfangen kann, als ihr Wissen zu testen. Die Idee der Sendung beruht darauf zu zeigen, dass auch ganz normale Menschen spontan und kreativ, reaktionsschnell und witzig sein können, wenn sie im Rampenlicht stehen, und man eine hervorragende und höchst unterhaltsame Show daraus machen kann, wenn Laien Showbusiness spielen.

Doch bevor Rudi auf Sendung gehen kann, muss er sich zunächst die richtigen Verbündeten suchen, die ihn bei seinem Vorhaben unterstützen, denn eins ist klar: Sein Haussender Radio Bremen wird nicht in der Lage sein, das Projekt allein zu stemmen. Ein weiterer Sender muss mit ins Boot geholt werden, der möglichst groß, einflussreich und finanzkräftig sein sollte – womit der Süddeutsche Rundfunk, der die *Rudi Carrell Show* ab der zweiten Staffel koproduziert hatte, aus dem Rennen ist. Carrells Favorit ist der WDR in Köln. Im Sommer 1973 lernt er den Mann kennen, der ihm dabei helfen kann, seinen Traum zu realisieren – Alfred Biolek. Dieser erinnert sich: »Ich hatte damals gerade als Leiter der Redaktionsgruppe ›Projekte‹ beim Programmbereich ›Spiel und Unterhaltung‹ beim WDR angefangen und sollte mich auf die Suche nach einem neuen Konzept für eine große Samstagabendshow machen, als ich Rudi kennen lernte, der seinerseits auf der Suche nach einem finanzkräftigen Produktionspartner für seine neue Show war. Ich wäre von mir aus nie auf die Idee gekommen, ihm eine solche Spielshow anzubieten, denn Carrell war in meinen Augen eher ein Conférencier, ein Comedian. Aber das Konzept von *Een van de acht* fand ich einfach brillant, und Rudi war wild entschlossen, das zu machen.«[10]

Alfred Biolek produziert gerade für die Bavaria in München eine Sendung mit dem holländischen Kabarettisten Seth Gaaikema, den er – allerdings erfolglos – für den deutschen Markt aufzubauen versucht. Da Seth beim deutschen Fernsehpublikum nicht ankommt, wird es bei nur zwei Ausgaben der Show bleiben. In der zweiten Folge von *Samstagabend mit Seth* ist auch Rudi Carrell engagiert, in einer der Nummern als Sketchpartner seines Landsmanns aufzutreten. Nach der Generalprobe spricht er den gleichaltrigen Biolek an: »Er sagte mir: ›Ich habe gehört, du gehst zum WDR. Ich habe da eine tolle holländische Show, die würde ich gerne in Deutschland machen.‹ Als ich das beim WDR vorschlug, war man da natürlich im höchsten Maße begeistert – nicht nur, weil sie das Sendekonzept gut fanden, sondern weil ich ihnen auch noch Rudi Carrell brachte. Rudi war das großartigste Einstiegsgeschenk, das ich meinem neuen Arbeitgeber mitbringen konnte.« Schnell ist es beschlossene Sache, *Am laufenden Band* als Gemeinschaftsproduktion von Radio Bremen und dem WDR zu realisieren, wobei die Kölner als Produzent und Geldgeber fungieren und damit Rudis wichtigster Ansprechpartner werden, während Carrells Haussender Radio Bremen lediglich seine Studiokapazitäten zur Verfügung zu stellen hat und für die Requisite zuständig ist – alles andere läuft über den WDR. Auch über die Gage wird man sich schnell einig – dass Rudi Carrell für jede Ausgabe seiner neuen Show stolze fünfzigtausend Mark erhalte, ist jedoch eine Zeitungsente. Sein Honorar beläuft sich zunächst auf fünfzehntausend und später auf fünfundzwanzigtausend Mark pro Sendung, womit Rudi wesentlich mehr verdient als etwa Robert Lembke, der zur gleichen Zeit für jede Folge von *Was bin ich?* mit sechstausend Mark entlohnt wird, aber immer noch weit hinter Spitzenverdiener Hans-Joachim Kulenkampff liegt, der seit 1972 vierzigtausend Mark Gage pro Sendung kassiert und sich zudem von der ARD hat zusichern lassen, dass seine Gage auch künftig immer mindestens fünf Prozentpunkte mehr beträgt als die Gage anderer ARD-Stars.

Biolek, der Rudi für den WDR an Land gezogen hat, fungiert fortan als ausführender Produzent von Carrells neuer Show: »Dadurch wurde ich in Fernsehkreisen zu einer Berühmtheit. Und ich habe enorm viel von Rudi gelernt, hatte immer einen riesigen Respekt vor seiner Arbeit und seinem Wissen, auch wenn wir von der Persönlichkeit her sehr unterschiedlich sind – so unterschiedlich wie Bier und Wein, wie ich immer gerne sage, weil er ja ein begeisterter Biertrinker ist und ich ein leidenschaftlicher Weintrinker. Ich bin sehr spontan, liebe die Improvisation, und Rudi ist ein absoluter Perfektionist, der jedes Detail vorausplant. Ich kann wunderbar im Team arbeiten und Dinge delegieren, er arbeitet viel lieber solistisch. Aber im *Laufenden Band* haben wir uns dennoch gut ergänzt und uns immer wieder zusammengerauft – und meist in guter Stimmung. Nur wenn er mich nicht mit ›Alfred‹ ansprach, sondern mit ›Biolek‹, dann merkte ich, dass er aus irgendeinem Grund furchtbar sauer auf mich war.«

Biolek bleibt die ersten dreieinhalb Jahre, von Anfang 1974 bis Ende 1977, Produzent der Sendung, ist mitverantwortlich für die Auswahl der Kandidaten und beteiligt sich auch an der Entwicklung der Spiele: »Ich habe von Rudis enormem Wissen sehr profitiert – vor allem hat Rudi mir den Sinn für die breite Masse gegeben, den ich vor der Arbeit mit ihm so sicherlich nicht hatte. Ohne die Zeit mit ihm hätte ich so eine Sendung wie *Bio's Bahnhof* gar nicht machen können. Ich habe vieles, was ich bei Rudi gelernt habe, auch später in meinen Sendungen übernommen – manches sicher auch unbewusst.« Die Zusammenarbeit mit Rudi weckt in Bio zunehmend die Lust, auch selbst auf dem Showsektor aktiv zu werden. Noch während er als Produzent von *Am laufenden Band* fungiert, moderiert er im Regionalprogramm des WDR die Talkshow *Kölner Treff* und bereitet seine erste eigene Show *Bio's Bahnhof* vor: »Nur deswegen habe ich als Produzent aufgehört, weil 1978 meine eigene Show startete. *Bio's Bahnhof* hat Rudi übrigens überhaupt nicht gefallen, das war ihm zu elitär. Er mit seinem unglaublichen Riecher für Populäres mochte keine Shows, die nicht auf große Quote zielten, sondern einmal eine andere Form der Unterhaltung versuchten. Aber unser persönliches Verhältnis hat das nie getrübt, und wir haben uns menschlich gegenseitig immer sehr geschätzt.«[11]

Bei *Samstagabend mit Seth* hat Rudi neben Alfred Biolek noch einen zweiten Mann kennen gelernt, der die nächsten sechs Jahre extrem eng mit ihm zusammenarbeiten wird – Thomas Woitkewitsch, der sich noch heute gern an seine erste Begegnung mit Carrell erinnert: »Ich hatte damals für das Finale der Sendung ein Lied geschrieben: *Was ist mit mir geschehen, ich kann kein Bier mehr sehen?* Ich wusste damals natürlich noch nicht, dass Carrell so ein leidenschaftlicher Biertrinker ist, aber ihm gefiel das Lied auf Anhieb – vermutlich fand er die Vorstellung, jemals mal kein Bier mehr sehen zu können, so absurd, dass er das Lied schon wieder gut fand. Er hat dann gleich gefragt, wer das geschrieben hat, und so kam der Kontakt mit Rudi zustande. Er hat dann dafür gesorgt, dass ich von der Bavaria zum WDR wechsle und in sein Team komme.« Im Gegensatz zu Alfred Biolek, der die Sendung 1977 verlässt, bleibt Thomas Woitkewitsch die ganzen sechs Jahre und einundfünfzig Ausgaben von *Am laufenden Band* als Redakteur in Carrells Team und wird in dieser Zeit einer von Rudis engsten und wichtigsten Mitarbeitern – er ist es auch, der für die deutsche Version von *Een van de acht* den Titel *Am laufenden Band* vorschlägt. Wenn sich auch keine enge persönliche Freundschaft zwischen dem Showmaster und seinem Redakteur entwickeln wird, so haben die beiden in der Zeit ihrer Zusammenarbeit menschlich durchaus einen guten Draht zueinander und liegen auf einer Wellenlänge. Rudi schätzt Woitkewitsch als zuverlässigen Mitarbeiter, der hart arbeitet, Ideen einbringt und wichtige Impulse für *Am laufenden Band* liefert. Als er ihm im September 1979 eine Widmung in seine Autobiographie schreibt, schließt er diese mit »Dein Freund Rudi Carrell« – eine solche Widmung werden nicht viele Menschen vorweisen können, sie zeugt vom ganz besonderen Verhältnis zwischen Carrell und Woitkewitsch. Das Eis zwischen den beiden ist 1974 schnell gebrochen: »Ich erinnere mich noch gut daran, wie Rudi mich ganz am Anfang mal beiseite genommen und mir prophezeit hat: Also, mit dem Namen Thomas Woitkewitsch wirst du niemals im Fernsehen oder im Showbusiness Karriere machen – niemals. Du brauchst einen anderen Namen.‹ Und ich habe ihn dann natürlich gefragt, zu welchem er mir denn raten würde, und dann schlug er mir vor: ›James Woitkewitsch.‹ Das fand ich unglaublich komisch.«[12]

Nachdem Rudi mit Biolek und Woitkewitsch zwei Verbündete und mit dem WDR einen neuen Vertragspartner gefunden hat, gilt es, sich die Rechte an *Een van de acht* zu sichern. Rudi Carrell rät seiner holländischen Kollegin Mies Bouwman: »›Verlange zehntausend Mark für deine Idee. Sie werden es dir bezahlen, sie brauchen diese Show in Deutschland.‹ Und der WDR hat dann auch tatsächlich diese Summe bezahlt; das war damals, Mitte der siebziger Jahre, viel Geld.«[13] Und Mies Bouwman ergänzt: »Ich fand das phantastisch. Ich habe mich natürlich wahnsinnig gefreut, dass meine Show auch international so einen Erfolg bekam. Als Rudi *Een van de acht* übernahm, war das das erste Mal, dass eins meiner Showkonzepte ins Ausland verkauft worden ist – nachher ist es dann auch nach Spanien, Italien und England verkauft worden. Ich fand es toll, dass Rudi in Deutschland mit *Am laufenden Band* dann so einen riesigen Erfolg hatte.«[14] Doch schon bald wird es zu einer schlagzeilenträchtigen juristischen Auseinandersetzung kommen, von der jedoch nicht, wie in der Presse immer wieder kolportiert wird, Mies und Rudi betroffen sind, sondern Mies und Rudis Sender.[15] In den ersten zwanzig Folgen von *Am laufenden Band* sind die Spiele des holländischen Originals übernommen worden, doch von da an entwickelt Rudi alle Spiele für die deutsche Ausgabe selbst – weshalb sich die Verantwortlichen beim Sender kurzerhand auf den Standpunkt zurückziehen, fortan nicht mehr die für die Überlassung der Rechte vereinbarten zehntausend Mark pro Sendung an Mies Bouwman zahlen zu müssen. Rudis Vermittlungsversuche schlagen fehl: »Ich habe denen erklärt, dass sie einen Denkfehler machen, dass sie Mies nicht die Spiele, sondern die Showidee abgekauft haben – ihr geistiges Eigentum – und dass sie nicht *Am laufenden Band* produzieren können, ohne Mies dafür zu bezahlen. Aber sie dachten, dass sie es besser wissen, und haben Mies dann einfach kein Geld mehr überwiesen.«[16]

Daraufhin kommt es zum Rechtsstreit, der am Landgericht Bremen ausgetragen wird und den Mies Bouwman problemlos gewinnt, weil unstrittig ist, dass das Showkonzept ihr geistiges Eigentum ist – das nicht überwiesene Honorar muss ihr nachgezahlt werden: »Ich habe mich sehr für sie gefreut. Das Verhältnis von Mies und mir war durch diese Sache nie getrübt, denn sie wusste, dass ich mich bei meinem Sender dafür eingesetzt hatte, dass sie das Geld bekommt, das ihr zusteht. Die holländischen und deutschen Zeitungen haben es dann so hingestellt, als gäbe es einen Krieg zwischen Mies und mir, aber das war nie der Fall. Wir waren immer befreundet, und unsere Wege haben sich auch beruflich immer wieder gekreuzt. Ich war einmal Gast bei ihr in *Een van de acht*, und sie hat später mal in ihrer Reihe *Een dag uit het leven van…* [»Ein Tag aus dem Leben von…«] eine Reportage über mich für das holländische Fernsehen gedreht – ihr zuliebe bin ich sogar mit den Jacob-Sisters ins Schwimmbecken gesprungen. Und später, zu meinem fünfzigsten Geburtstag, hat sie mich in ihre Sendung *Das ist Ihr Leben* eingeladen, und wir stehen heute noch regelmäßig in Kontakt.«[17] Die mittlerweile fünfundsiebzigjährige Mies Bouwman bestätigt Rudis Darstellung: »Die Presse hat das alles schrecklich aufgebauscht. Rudi und ich hatten nie Krach, und der Rechtsstreit hat unser Verhältnis nicht getrübt. Noch im letzten Sommer, als wir uns bei der Feier zum fünfundsechzigsten Geburtstag unseres gemeinsamen Freundes Tonny Eyk wiedergetroffen haben, sind wir uns gleich wieder in die Arme gefallen. Was Rudi und mich verbunden hat und verbindet, ist mehr als bloße Kollegialität oder gegenseitige Achtung – es war schon so etwas wie eine Freundschaft. Und diese Freundschaft ist immer geblieben, und ich bin sehr dankbar dafür.«[18]

Erst spät, viele Jahre nachdem *Een van de acht* und *Am laufenden Band* vom Bildschirm verschwunden sind, gesteht Mies ihrem Kollegen, dass ihr die Idee zu den Geschenken auf dem Fließband bei einer seiner holländischen *Rudi Carrell Shows* gekommen sei. Seine Show vom 8. Februar 1963 hatte Carrell unter das Thema Fabrik gestellt, in der auch ein Fließband eine wichtige Rolle spielt: »Ich habe in Holland eine Show gemacht, die in einer Fabrikdekoration spielte, und da gab es eine Szene mit Arbeitern am Fließband – 1966 habe ich das Gleiche noch mal in meiner deutschen *Rudi Carrell Show* wiederholt. Da kam eine ganze Reihe von Gegenständen über das Fließband, und ich habe dann zu jedem Gegenstand das passende Lied gesungen – also wenn etwa eine Rose kam, habe ich *Überall blühen Rosen* gesungen. Die Nummer hatte ich damals *Schlager am laufenden Band* genannt. Und Mies hatte das gesehen und dann die geniale Idee, das Ganze mit Preisen zu machen, die die Kandidaten sich merken müssen und dann gewinnen können. Und so ist die Idee zu *Een van de acht* und *Am laufenden Band* entstanden.«[19]

Während ihm die Vorstellung von den Geschenken auf dem Fließband gleich auf Anhieb äußerst gut gefällt, hat er mit einer anderen Grundidee der Show zunächst erhebliche Probleme: nämlich mit der Tatsache, dass das Konzept in so erheblichem Maße von Zuschauerkandidaten abhängig ist. Die Vorstellung, dass in den Personen der Kandidaten, die durch die Spiele im Mittelpunkt der Sendung stehen, Showbiz-Laien zu einem nicht unwesentlichen Anteil für das Gelingen oder Scheitern der Show Verantwortung tragen, muss dem Perfektionisten Carrell, der es bislang gewöhnt ist, mit den Mitwirkenden seiner Shows so lange zu proben, bis jedes Detail stimmt, höchst zuwider sein. Noch drei Jahre zuvor hat er einem Journalisten erklärt, dass er unter anderem aus dem Grund nie eine Quizshow moderieren möchte, weil die Kandidaten Laien seien und deswegen ja sie bestimmen, ob die Sendung ein Erfolg wird oder nicht.[20] Auch als er erste Überlegungen angestellt hat, *Een van de acht* in Deutschland zu übernehmen, war er noch sehr skeptisch, ob er sich wirklich auf ein solches Abenteuer einlassen soll: »Ich war lange Zeit der Meinung, dass das im Fernsehen nicht funktionieren kann, einfach weil es ein so unberechenbarer Faktor ist. Zum anderen hatte es aber auch etwas damit zu tun, dass Showbusiness etwas Heiliges für mich ist und dass mich selbst immer nur die Profis auf der Bühne und vor der Kamera interessiert haben. Alles, was mit Kandidaten zu tun hatte, mit Leuten, die nicht vom Fach sind, war das genaue Gegenteil für mich. Aber dann habe ich mir gedacht: Mensch, auf der Bühne hast du das doch auch immer gemacht, Menschen aus dem Publikum geholt, und sie waren manchmal unglaublich witzig, gerade wenn man gar nicht damit gerechnet hätte. Audience participation auf der Bühne funktioniert immer, das hatte ich schon von meinem Vater gelernt. Warum sollte das dann nicht auch im Fernsehen funktionieren? In *Een van de acht* funktionierte es ja auch. Und außerdem: Wenn ganz normale Menschen Showbusiness spielen, dann ist das ja auch schon wieder Showbusiness, und so habe ich mich langsam an diesen Gedanken gewöhnt.«[21]

Doch in dem Moment, in dem Rudi sich selbst mit der Vorstellung angefreundet hat, eine Spielshow mit Laien zu machen, und er es sogar als eine große Chance betrachtet, dieses Wagnis einzugehen, weil es etwas Vergleichbares momentan nicht auf deutschen Bildschirmen gibt, kommen Bedenken von Rudis Sender. WDR-Unterhaltungschef Hannes Hoff prophezeit ihm, nachdem er die Bänder aus Holland gesehen hat: »So witzige Kandidaten wie in Holland findest du in Deutschland nie.« – »O doch, viel bessere sogar«, erwidert Carrell, womit er tatsächlich Recht behalten soll. Rudi verfügt aufgrund seiner Bühnenengagements, die ihn ab 1968 kreuz und quer durch Deutschland geführt haben, über eine Erfahrung, die dem Unterhaltungschef fehlt: »Durch meine Tingelei in Deutschland, bei der ich ja immer wieder Leute aus dem Publikum geholt und erlebt habe, wie witzig sie sein können, wusste ich einfach, dass man in Deutschland tolle Kandidaten finden kann. Die Deutschen unterschätzen sich da manchmal selbst, sie sind viel lustiger, als sie denken.«[22] Carrells Rechnung geht auf, mit seinen – sorgfältig ausgewählten – Kandidaten in *Am laufenden Band* kann er in den meisten Fällen tatsächlich mehr als zufrieden sein. Ein Jahr nach Start der Show erklärt er sogar das, dem er anfangs so misstrauisch gegenüberstand, zum Credo der Fernsehunterhaltung: »Wir brauchen Laien als Mitspieler, dann erst wird es komisch.«[23]

Bevor es wirklich an die konkrete Ausarbeitung der Show gehen kann, bedingt Rudi sich beim WDR aus, dass noch ein Mann ins Boot geholt wird, ohne den Shows zu machen er sich längst nicht mehr vorstellen kann – seinen künstlerischen Berater Leslie Roberts aus London. Leslie ist nun bereits seit zwölf Jahren Rudis Ratgeber, und wenn es einen Menschen gibt, auf den Carrell in beruflichen Dingen hört und von dem er sich etwas sagen lässt, dann ist es der Brite. Auf Kosten des WDR wird Leslie für jede Sendung aus London eingeflogen, und Rudi holt ihn meist persönlich am Bremer Flughafen ab, standesgemäß im Jaguar, an dessen Steuer Rudis holländischer Fahrer Ron sitzt – dieser fungiert nicht nur als schweigsamer und treuer Chauffeur, sondern umsorgt Rudi auch im Studio, wenn er seine Sendungen vorbereitet, reicht Getränke, tippt die Ablaufpläne für die Sendung. Auf seiner Visitenkarte prangt unter seinem Namen stolz: »Sekretär von Rudi Carrell«.

Jeweils die ganze Woche vor der Show lebt Leslie in Rudis Haus. Er ist bei jeder der Besprechungen im Sender dabei, die – damit Leslie ihnen folgen kann – auf Englisch geführt werden. Die Schlussauswahl der Kandidaten, jedes einzelne der Spiele, jeder Showauftritt, alles wird mit Leslie abgestimmt, es gibt kein Detail der Sendung, an dem er nicht mitwirken würde. Viele in Carrells Team profitieren nachhaltig von Leslies schier unerschöpflichem Wissen, wie eine gute Show auszusehen hat, aber auch von seinem untrüglichen Gespür für das, was bei den Zuschauern ankommt. Leslie ist im wahrsten Sinne des Wortes der »gute Geist« von *Am laufenden Band* – aus seinem Alter macht der Showexperte nach wie vor ein großes Geheimnis, und auf entsprechende Nachfragen pflegt er immer nur mit einem süffisanten Lächeln zu antworten: »I'm older than God.«

Mit Rudi die nächste Ausgabe vorzubereiten erweist sich für Leslie als Full-time-Job. Frühmorgens begleitet er ihn ins Studio, wo die beiden zumeist den ganzen Tag verbringen, bis sie spätabends zusammen nach Hause fahren. Dort angekommen, sitzen sie – obwohl sie wissen, dass sie am nächsten Tag wieder in aller Herrgottsfrühe aufstehen müssen – noch bis spät in die Nacht zusammen und fachsimpeln, feilen an den Spielen für den Samstagabend oder tauschen den neuesten Klatsch aus der Welt des Showbusiness aus. Bei nichts kann Rudi in Phasen harter Arbeit so gut abschalten wie bei Geschichten über die Großen des Fachs. Thomas Woitkewitsch erinnert sich: »Ich habe Rudi nie so gelöst und entspannt erlebt wie in den Momenten, in denen er mit Leslie Roberts und seinem Manager Dick Harris zusammensaß und die drei sich stundenlang Anekdoten übers Showbusiness erzählten – das war für Rudi das Größte, dann war er ganz in seinem Element. Leslie war Rudi unglaublich wichtig. Er war in meinen Augen steinalt, aber im Kopf war er jung – das lebende Beispiel dafür, dass das Showbusiness jung hält. Er wusste unglaublich viel, wir alle haben enorm viel von ihm gelernt. Er war ein ganz stiller und ruhiger Mann und ein Mensch, der einem zeigte, dass man auch in unserer Branche das Denken nicht vergessen sollte.«[24] Leslie ist zudem der Einzige, der von Rudis Wutausbrüchen im Studio verschont bleibt, niemals gibt es Streit zwischen den beiden, und Leslie bestätigt der Presse: »Als sein künstlerischer Berater kann ich Rudi nur loben. Er ist sanft wie ein Lamm. Nur Schwätzer kann er nicht leiden, aber er ist jedem Argument zugänglich. Man muss ihn nur zu nehmen wissen.«[25]

Auch wenn sich bei Leslie und Rudi immer alles nur um den Beruf dreht, hat sich über die Jahre eine tiefe Freundschaft zwischen den beiden entwickelt – die einzige, die Rudi in seinem ganzen Leben haben wird. Die beiden stimmen wohl vor allem in ihrer Meinung überein, dass keiner von beiden auch nur mit der Wimper zucken würde, wenn es darum geht, nächtelang fast ohne Schlaf auszukommen, um am nächsten Samstag die »perfekte Show« abzuliefern. Wenn Rudi seinen Freund auffordert: »Komm, Leslie, die Show ruft!«, lässt Leslie alles stehen und liegen und fährt mit Rudi ins Studio – und genau das, diese bedingungslose Aufopferung für die Arbeit, schätzt Rudi über alle Maßen an ihm. Beide sind gleichermaßen besessen vom Showbusiness und über diese gemeinsame Leidenschaft auch trotz des Altersunterschieds zu Freunden geworden. Rudis Tochter Annemieke erinnert sich: »Leslie Roberts gehörte für Rudi immer mit zur Familie, und er war unglaublich wichtig für ihn. Sein Urteil war ihm superwichtig. Alles, was Leslie sagte, wurde von ihm ernst genommen, alles, jedes noch so kleinste Detail, wurde mit ihm ausdiskutiert. Ich glaube, Leslie war durchaus so etwas wie ein Mentor für ihn, dem er sehr dankbar war.«[26]

Auch Rudi selbst bestätigt rückblickend: »Leslie war mein geistiger Vater. Es gab keinen, von dem ich in künstlerischer Hinsicht so viel gelernt habe, keinen, der so viel vom Showbusiness und vom Fernsehen verstanden hätte wie er. Seine Ratschläge waren immer gut, er war einfach genial. Leslie war einmalig, so einen Typen habe ich nie wieder getroffen. Und er war der einzige Freund, den ich in meinem Leben je hatte. Ein sehr väterlicher Freund.« Rudi, der zeitlebens immer wieder erklärt hat, dass in seinem Beruf keine Freundschaften möglich seien, dass er auch gar keine Freunde wolle und brauche, pflegt die einzige enge Freundschaft zwar mit einem eingefleischten Showbiz-Mann, aber dies scheint nur auf den ersten Blick einen Widerspruch darzustellen: Einerseits ist Leslie seit Jahrzehnten hinter den Kulissen tätig und geht in seiner Beraterfunktion voll auf, sodass Eifersüchteleien zwischen den beiden gar nicht erst entstehen können, und zweitens sind Leslie und er in beruflicher Hinsicht so etwas wie Seelenverwandte, die sich von ihrer Arbeit völlig vereinnahmen lassen und die für kaum etwas anderes auch nur annähernd das gleiche Interesse aufbringen können wie für Fernsehen und Showbusiness. Und in der gemeinsamen Hingabe an den Beruf wird auch etwas überwunden, was Rudi sonst zeitlebens vor engen Freundschaften mit Männern zurückschrecken lässt, wie er rückblickend bekennt: »Ich hatte mein ganzes Leben lang Schwierigkeiten, mich mit einem Mann zu unterhalten, mich einem anderen Mann zu öffnen. Ich konnte das immer viel besser mit meinen Partnerinnen. Aber auf die Idee, mich über private Dinge mit einem Mann auszutauschen, wäre ich nie gekommen.«[27] Mit Leslie jedoch verbindet ihn über Jahrzehnte eine enge Freundschaft – die einzige seines Lebens, wie er es selbst empfindet. Zwar werden in der Presse immer mal wieder Namen bekannter Kollegen als Freunde Carrells gehandelt, doch Rudi selbst antwortet heute auf die Frage, wen er außer Leslie Roberts in seinem Leben als Freund bezeichnen würde, nach kurzem Nachdenken: »Niemanden. Es gab nur Leslie.«[28]

Am laufenden Band steht und fällt mit den Kandidaten – so sehr wie bislang noch keine Sendung im deutschen Fernsehen. In anderen Shows, etwa in Quizsendungen, müssen Kandidaten lediglich Wissensfragen beantworten und zu Beginn ein paar kurze, oberflächliche Fragen zur Person über sich ergehen lassen, bei Carrell jedoch tragen ihr Witz und ihre Spontaneität die halbe Show. Darum ist es das A und O für den Erfolg der Sendung, sehr sorgfältig auszuwählen und sich größte Mühe zu geben, geeignete Kandidaten zu finden. In Holland ist dies sogar Chefsache, wie sich Mies Bouwman erinnert: »Ich habe alle Kandidaten persönlich ausgesucht, das habe ich niemand anderem überlassen. Ich habe zuerst zwei Screentests mit ihnen gemacht und dann noch mal Leute aus meinem Team zu ihnen geschickt, um eine weitere Meinung einzuholen. Das war natürlich enorme Arbeit, das selbst zu machen, aber es lohnte sich definitiv. Als Showmaster muss man ein Gespür dafür haben, wer in der Show funktioniert und wer nicht.«[29]

In Deutschland sind für die Auswahl der Kandidaten Alfred Biolek und Thomas Woitkewitsch zuständig. Sie reisen kreuz und quer durch die Bundesrepublik, die Schweiz und Österreich und führen in Hotels in Hamburg, München, Köln, Zürich und Wien Kandidatentests durch – da *Am laufenden Band* als Eurovisionssendung ausgestrahlt wird, sollen immer wieder auch Kandidaten aus Österreich und der Schweiz mit von der Partie sein. Mit der Zeit sucht man sich beim ORF in Wien und dem Schweizer Fernsehen in Zürich Verbündete, die Carrells Team in ihren jeweiligen Ländern beim Aufspüren geeigneter Kandidaten unterstützen. In der Schweiz ist dies unter anderen Kurt Felix, der zu dieser Zeit noch ganz am Anfang seiner Fernsehkarriere steht und gerade seine erste eigene Show *Teleboy*, den schweizerischen Vorgänger von *Verstehen Sie Spaß?*, vorbereitet. Kurt Felix erinnert sich: »In der Zeit, als Rudi *Am laufenden Band* machte, prüfte ich für ihn die Kandidaten aus der Schweiz und begleitete diese zur Aufzeichnung der Livesendung nach Bremen. Meine Testmethoden waren wohl ausgeklügelt, aber der große Meister zeigte mir damals, wie man die Aufgabe verblüffend einfacher lösen konnte: ›Lassen Sie die Leute vor der Kamera überraschend einen Witz erzählen. Hier trennt sich die Spreu vom Weizen, und ich spüre sofort, ob sich die entsprechenden Kandidaten für meine Sendung eignen oder nicht!‹«[30]

An Bewerbern mangelt es nicht. In den sechs Jahren, in denen *Am laufenden Band* ausgestrahlt wird, bewerben sich insgesamt zweihunderttausend Kandidatenpaare – nur knapp vierhundert schaffen es in die einundfünfzig Ausgaben. Doch die geeigneten Kandidaten aus den unzähligen Bewerbungen herauszufiltern, stellt eine Heidenarbeit dar, und Alfred Biolek – der im Team »Mister Happy« genannt wird, weil er es so wunderbar versteht, den Kandidaten ihre Scheu zu nehmen und gute Laune zu verbreiten – meint denn auch: »Ich konnte gut verstehen, dass Rudi sich das nicht antun wollte, es war furchtbar anstrengend. Thomas und ich waren ständig unterwegs, lebten nur noch in Hotels. Und oft fand man tagelang kaum ein brauchbares Kandidatenpaar. Aber es war natürlich eine Arbeit, die gemacht werden musste – ohne die guten Kandidaten hätte *Am laufenden Band* nie so ein riesiger Erfolg werden können.« Nach dem Ausscheiden Bioleks als Produzent der Sendung im Jahr 1977 bleibt Thomas Woitkewitsch die schwere und verantwortungsvolle Aufgabe allein überlassen. Da Rudi weiß, wie nervenaufreibend die Arbeit ist und wie frustrierend sie sein kann, bietet er seinem Redakteur mehrfach an, noch jemand anderen als Verstärkung anzuheuern. Doch Woitkewitsch lehnt zu Carrells Erstaunen jedes Mal ab, wofür Leslie Roberts vollstes Verständnis aufbringt: »Vergiss nicht, dass seine Aufgabe die wichtigste der ganzen Sendung ist – einer Sendung, die er liebt. Und schon darum würde er auch zum Nordpol fliegen, um sich Vater und Tochter Eskimo anzuschauen.«[31]

Diejenigen Paare, die in die engere Wahl kommen, werden in der Woche vor der Show in das Bremer Hotel Columbus eingeladen, wo sie zunächst einen ausführlichen Fragebogen auszufüllen haben und dann in einem Raum, der komplett mit Scheinwerfer, Mikrofon und Videokamera ausgestattet ist, bei kleineren Probespielchen ihre Kameratauglichkeit unter Beweis stellen sollen. Hier geht es darum, herauszufinden, ob sie auch vor laufender Kamera sympathisch »rüberkommen«, sicher auftreten, spontan und witzig sein können und jegliche Kamerascheu ablegen – denn schließlich gilt es, zu testen, ob sie den Anforderungen der Sendung gewachsen sind und den Eindruck vermitteln, eine neunzigminütige Liveshow durchzustehen. Rudi Carrell erinnert sich: »Es war wichtig, die Kandidaten, die in Frage kamen, ins Hotel kommen zu lassen, denn Menschen verhalten sich in fremder Umgebung ganz anders als zu Hause. Bei manchen Paaren sah ich schon, als sie nur durch die Drehtür ins Hotel kamen, dass sie sofort in Ohnmacht fallen würden, wenn sie im Studio vor Publikum und Kameras stünden. Bei manchen bekam man aber auch erst nach dem Kameratest den Eindruck, dass sie nicht geeignet sind. Es war wirklich eine schwere Arbeit für mein Team, die richtigen Kandidaten zu finden.«[32]

Die Auswahlkriterien sind hart, das Auswahlverfahren ist es ebenfalls. Die von Thomas Woitkewitsch gedrehten Videos werden Rudi und Leslie vorgeführt. Die letzte Instanz bei der Kandidatenauswahl ist Carrell selbst – schließlich muss er mit diesen Leuten neunzig Minuten lang die Sendung gestalten, und dabei gibt es eine ganz einfache Formel: Langweilige Kandidaten lassen auch ihn als Showmaster schlecht aussehen, spritzige und witzige Kandidaten, lassen auch ihn brillieren. Wie immer, so ist für Rudi auch in dieser Frage Leslies Urteil von entscheidender Bedeutung – wenn Leslie »not bad« oder »good characters« ausruft und Rudi »toll« oder »super« sagt, kommen die Kandidaten in die Sendung. Wenn die beiden jedoch das Gefühl haben, dass die ins Auge gefassten Kandidaten in der Show nicht »funktionieren« werden oder keine Chancen haben, beim Publikum anzukommen, oder es sich um »überkandidelte Witzbolde« handelt, die in der Sendung versuchen würden, den Showmaster zu übertrumpfen, dann wird das entsprechende Paar aussortiert und wieder nach Hause geschickt, und Thomas Woitkewitsch muss umgehend für Ersatz sorgen.

Die vier Kandidatenpaare, die es in die Sendung schaffen, werden bereits am Freitag einander vorgestellt und verbringen – das wird zum festen Ritual – den ganzen Nachmittag und Abend zusammen, um sich so zu »beschnuppern« oder gar »Freunde« zu werden. Rudi Carrell lernen sie erst am nächsten Tag, dem Tag der Livesendung, kennen: »Ich habe sie immer ganz locker und witzig begrüßt, sie sollten gleich merken: Das ist ein stinknormaler Mann, wir brauchen keine Angst zu haben. Dass sie schon den Abend vor der Sendung zusammen verbracht haben, war genauso wichtig, wie in der Sendung eine Wohlfühlatmosphäre für sie zu schaffen – darum hab ich sie nie, wie das in anderen Shows immer gemacht wird, im Stehen begrüßt, sondern bei mir saßen die Kandidaten immer an der Bar, dann gibt es nicht das Problem, dass sie nicht wissen, wohin mit ihren Händen und so. Es ist wichtig, dass die Leute sich entspannen – die stehen zum ersten Mal vor so einem großen Publikum und vor den Kameras, und da muss man alles tun, um ihnen die Befangenheit zu nehmen.«

Wenn Rudi den Kandidaten unmittelbar vor der Sendung zum ersten Mal persönlich gegenübersteht, kommt es schon mal vor, dass er spontan seine Meinung, die er sich aufgrund der Videos gebildet hatte, revidiert und seine Wahl bereut. Thomas Woitkewitsch erinnert sich: »Manchmal war er kreuzunglücklich, wenn er einen Kandidaten begrüßte, weil er gleich zu spüren glaubte, dass er in der Sendung nicht ›funktionieren‹ wird. Meine Aufgabe war es dann, auf ihn einzureden, demjenigen doch wenigstens eine Chance zu geben. Und oft war es dann so, dass diejenigen dann in der Show doch sehr witzig reagierten. Rudi war es immer am wichtigsten, dass die Kandidaten witzig sind – nur wenn ein Mädchen sexy war, dann brauchte sie für ihn nicht ganz so witzig zu sein. Er liebte natürlich vor allem schrille Kandidaten, etwa eine alte Oma, die plötzlich ganz aus sich herausgeht und Dinge macht und sagt, die man gar nicht von ihr erwartet hätte, oder eine Nonne, die plötzliche Varieténummern vorführt. Rudi ist niemandem so dankbar wie jemandem, der ihm Lacher bringt. Wenn ein Kandidat witzig und originell war, konnte Rudi sich freuen wie ein Kind. Denn davon lebte ja die Sendung.«[33]

Und je mehr sich die Sendung etabliert, desto origineller und spontaner reagieren die Kandidaten. Schon zwischen der ersten und der zweiten Show lassen sich auffällige Unterschiede feststellen. Während Rudi seine Kandidaten in der ersten Ausgabe immer noch zur Kamera hinwenden muss, viele der Spiele etwas schleppend vonstatten gehen und die Kandidaten nicht immer so witzig reagieren, wie Rudi sich dies wohl erhofft hat, läuft in der zweiten Ausgabe alles bereits erheblich reibungsloser – beim »Schauspiel« am Schluss der Show muss man den Kandidaten etwa nicht mehr dreimal sagen, was sie mit den bereitgestellten Requisiten zu tun haben, was in der ersten Show durchaus noch der Fall war. Diese Veränderung hat vor allem zwei Gründe: Einerseits hat Carrells Team nach der ersten Show realisiert, dass auf die Auswahl der richtigen Gäste ein noch größerer Wert gelegt werden muss, und andererseits muss man berücksichtigen, dass die Kandidaten der ersten Show noch absolut keine Ahnung hatten, wie die Show funktioniert und welche Art von Spielen auf sie zukommt. Die Kandidaten der zweiten und aller folgenden Shows haben den Vorteil, dass sie *Am laufenden Band* bereits einmal auf dem Bildschirm gesehen haben und somit wissen, worauf es in der Sendung ankommt und welche Spiele auf sie warten. Und ein nicht unwesentlicher Faktor ist, dass Carrell – der in seinen bisherigen Shows ja nie mit Publikumskandidaten zu tun hatte – sich schnell einen Ruf als Showmaster verdient, der keinen seiner Kandidaten vorführt oder gar lächerlich macht, sondern den Menschen, die zu ihm in die Sendung kommen, ein Forum bietet, um sich im bestmöglichen Licht zu präsentieren. Niemand muss Angst haben, dass er herablassend behandelt oder als Vehikel für Carrells Selbstdarstellung missbraucht wird – und genau das nimmt den Kandidaten von *Am laufenden Band* ihre Hemmungen.

Die Kandidaten agieren oftmals so spontan, locker und witzig, dass selbst Rudi manches Mal erstaunt ist – am Ende der zweiten Ausgabe bekennt er: »Da versucht man immer Gags zu schreiben, und das entsteht hier einfach alles so.« Manche reagieren so blitzschnell und originell, dass man denken könnte, die Spiele seien vorab mit ihnen geprobt worden oder sie hätten doch zumindest gewusst, dass sie in der Sendung eine Modenschau zu moderieren oder einen Stepptanz aufzuführen haben – doch der Schein trügt. Thomas Woitkewitsch bestätigt: »Kein einziges der Spiele in den einundfünfzig Sendungen war vorab geprobt, alles war spontan. Es gab für die Kandidaten auch nicht nur einen Hauch von Andeutung vorab. Das hätte Rudi als falsch empfunden, es ging ja darum, dass sie ins kalte Wasser springen.« Die Unkalkulierbarkeit der Spiele bleibt in den ganzen sechs Jahren ein Grundprinzip von *Am laufenden Band*. Zwar weiß man so ungefähr, was einen erwartet, wenn man in die Sendung kommt, aber ob man nun jodeln, malen, stepptanzen oder singen muss, das steht in den Sternen. Gerade den Kandidaten, die mit einer großen Offenheit in die Sendung gehen und denen man anmerkt, dass sie eine rechte Freude daran haben, sich auszuprobieren und einmal etwas zu machen, was mit ihrem sonstigen Leben so gar nichts zu tun hat, gelingt es, die Herzen der Fernsehzuschauer zu erobern. Wohl keine Kandidatin ist Carrell wie den Zuschauern so gut in Erinnerung geblieben wie Schwester Renata, die legendäre Ordensschwester aus Passau, die jedermann mit einer Steptanz-Nummer à la Fred Astaire überrascht. Rudi findet die Kandidatin so gut, dass er am Ende der Sendung spontan entscheidet, auf die drei Stichfragen aus der *Tagesschau* zu verzichten und Schwester Renata ans laufende Band zu schicken – während ihre Mitspielerin einfach genau die gleichen Preise erhält, die die Ordensschwester sich erspielt: »Mir was das Risiko zu groß, dass sie nicht in die Schlussrunde kommt. Schwester Renata musste einfach am laufenden Band sitzen.«

Während Schwester Renata, obwohl sie einer der Stars in Carrells Show ist, brav in ihr Kloster zurückkehrt und keine weiteren Showbiz-Ambitionen entwickelt, hat das Mitwirken am *Laufenden Band* für einen anderen der Kandidaten weitreichende Folgen, denn er beschließt spontan, in die Fußstapfen Carrells zu treten. Mit nicht einmal sechzehn Jahren ist Jörg Knör 1975 eigentlich zu jung, um an der Sendung teilzunehmen, doch schon bei der Vorauswahl kommt er so gut an, dass eine Ausnahme gemacht wird, wie sich Alfred Biolek erinnert: »Wir fanden ihn so originell, dass wir mit dem Alter etwas geschummelt haben, weil wir ihn unbedingt in der Show haben wollten. Und er war dann in der Sendung auch wirklich gut, und Rudi war froh, dass wir ihn hatten.« Für Jörg Knör, den jüngsten Kandidaten, der jemals in *Am laufenden Band* mitgewirkt hat und der 1977 als Siebzehnjähriger jüngster Fernsehansager des deutschen Fernsehens beim WDR werden wird und sich danach eine Karriere als Stimmenimitator und Showmaster aufzubauen beginnt, war seine Teilnahme in Carrells Kultshow durchaus so etwas wie ein Initiationserlebnis: »Ich war von da an jeden Samstag, an dem *Am laufenden Band* lief, zu Gast hinter den Kulissen und habe dafür auch oft die Schule geschwänzt. Ich wollte einfach begreifen, was so eine Show ausmacht, wie man so eine Show auf die Beine stellt, die so viele Menschen zu fesseln versteht. Was ich da alles gesehen und begriffen habe, war enorm. Das war eine so wichtige Lehrzeit für mich, dass ich davon heute noch profitiere.«[34]

Doch die Auswahl der Kandidaten ist nur ein Teil der Vorbereitung, die Konzeption der Sendung und der Spiele ist der andere – und nicht weniger aufreibende. Nachdem Rudi sich drei Wochen lang allein am heimischen Schreibtisch Gedanken über die Spiele und Shownummern der nächsten Ausgabe gemacht hat, herrscht jeweils eine Woche vor der Sendung für das ganze Carrell-Team ein regelrechter Ausnahmezustand, den Thomas Woitkewitsch wie folgt schildert: »Wenn samstags Show war, dann sind wir montags schon alle angereist; wir nannten das immer ›Die Bremer sechs Tage‹. Und wenn wir Montag in Bremen ankamen, saß Rudi immer schon ungeduldig in seinem kleinen Zimmerchen bei Radio Bremen, das bei uns nur ›die Räucherhöhle‹ hieß, weil man vor lauter Zigarettenqualm kaum etwas sah, und trommelte bereits ungeduldig mit den Fingern auf den Tisch: ›Also, was habt ihr für Ideen, was machen wir für Spiele?‹ Man fuhr wirklich schon mit Magenschmerzen nach Bremen, es herrschte ein unglaublicher Druck, das war wirklich Horror.«[35]

Den enormen Erwartungsdruck, den Rudi verspürt, seit er seine neue Samstagabendshow präsentiert, gibt er nahezu unvermindert an sein Team weiter. Woitkewitsch stöhnt noch im Nachhinein: »Es war eine Wahnsinnszeit. Es waren mit Abstand die härtesten Jahre meines Lebens. Aber es war zugleich auch die produktivste und lehrreichste Zeit. Ich habe von Rudi wahnsinnig viel übers Fernsehmachen gelernt. Nur war es eben eine sehr harte Schule.«[36] Die Stimmung im Studio ist während der

Proben oft hochexplosiv; fast an der Tagesordnung sind Rudis cholerische Ausbrüche, wenn irgendetwas nicht so läuft, wie er sich das vorstellt, oder irgendjemand nicht so präzise arbeitet, wie er sich das wünscht. Wenn ihm etwa ein Toningenieur mitteilt, dass die Kandidaten lauter sprechen sollen, kann es passieren, dass Rudi ihn anschnauzt, dass sich die Technik nach den Kandidaten richten müsse und nicht umgekehrt – oder ob er vielleicht seine Kandidaten erst ein Jahr auf die Schauspielschule schicken soll, nur weil der Techniker unfähig ist. Rückblickend sieht er ein: »Ich war im Studio ein widerliches Arschloch. Das war die Hölle. Ich konnte zum Teufel werden, wenn die Leute um mich herum nicht spurten. Ich war ein Besessener, ein Perfektionist. Ich hatte eine riesige Verantwortung, da kann man nicht immer nett und angenehm sein, da muss man einfach auch mal ausflippen.«[37] Auch Alfred Biolek wird oft Zeuge von Rudis Verbalausfällen: »Ich nannte das immer Rudis ›heiligen Zorn‹. Es war sicherlich manches Mal schwer, damit umzugehen, und er hat so manchen mit seinen Zornesausbrüchen vor den Kopf gestoßen. Aber für ihn war es einfach notwendig, mit dieser Besessenheit zu arbeiten. Wenn er nicht mit diesem ›heiligen Zorn‹ und diesem absoluten Perfektionswillen an seine Shows herangegangen wäre, hätte er vermutlich nie das erreicht, was er erreicht hat.«[38]

Rudis Manie, in seinen Sendungen alles bis hin ins kleinste Detail selbst zu bestimmen und zu kontrollieren, die er schon bei der *Rudi Carrell Show* an den Tag gelegt hat, verstärkt sich bei *Am laufenden Band* noch, da er das Gefühl hat, die neue Show noch intensiver vorbereiten zu müssen, eben weil er es in der Livesituation nicht mit Profis, sondern mit Laien zu tun hat. Zwar fungieren unter anderen so renommierte Namen wie Ekkehard Böhmer und Dieter Pröttel als Regisseure von *Am laufenden Band*, doch letztlich sind es Rudi und Leslie, die alle Entscheidungen, die die Show betreffen, selbst fällen – die Regisseure sind dann lediglich nur noch dafür zuständig, Rudis und Leslies Ideen ins Bild umzusetzen, was wohl auch den diesbezüglich auffällig häufigen Wechsel erklärt. Ein Reporter der *Welt am Sonntag*, der die nervenaufreibenden Vorbereitungen und Proben als Augenzeuge miterlebt hat, hält fest: »Geht es um das Showgeschäft, dann gibt es zwischen Rudi Carrell und dem lieben Gott nur einen Unterschied: Der liebe Gott weiß alles, Rudi Carrell weiß alles besser. Er bestimmt Kameraeinstellungen, Beleuchtung, Kandidatenplätze. Er degradiert Spezialisten zu Statisten und dirigiert das Chaos mit großem Gebrüll.«[39]

Dass Rudi sich nach wie vor für jede noch so mickrige Einzelheit seiner Sendung selbst verantwortlich fühlt, steht recht einzigartig in der deutschen Fernsehlandschaft da – nur Hans Rosenthal sagt man noch nach, dass er auf ähnlich versessene Art und Weise wie Carrell arbeitet, sich um jedes kleinste Detail seiner Sendung kümmert, äußerst diszipliniert und akribisch ans Werk geht und kein einfacher Chef ist, wobei aber der große Unterschied ist, dass man Rosenthal mit seinem eher buchhalterischen Charme die Anspannung so manches Mal auch vor der Kamera anmerkt, während Carrell auch in Phasen größten Stresses in der Sendung zumeist noch locker und souverän wirkt. Für Rudi ist es eine Selbstverständlichkeit, die komplette Verantwortung für das Gelingen jeder einzelnen Show auf die eigenen Schultern zu laden, schließlich steht am Ende er und nicht sein Team da und kassiert den Schlussapplaus und die guten Kritiken – oder eben das Gegenteil, wenn er vielleicht einmal nicht so hart und hochkonzentriert arbeiten würde. Die Art und Weise, wie Rudi sich für alles in seiner Sendung selbst verantwortlich fühlt und immer von dem Bestreben getrieben ist, keinerlei Mittelmäßigkeit zu dulden, bringt die enorme Hochachtung zum Ausdruck, die Carrell seinem Beruf entgegenbringt und die er mit den ganz Großen seines Fachs teilt. Schon sein Vater hat ihm als ganz jungem Mann mit auf den Weg gegeben, dass man letztlich nur auf Dauer Erfolg beim Publikum haben kann, wenn man diszipliniert arbeitet – und genau das hat er seinem Sohn auch vorgelebt: »Wenn er auch privat noch so sehr Clown sein konnte, auf der Bühne war er ein Vorbild an Disziplin.«[40] Auch Rudis Mutter pocht auf diszipliniertes Verhalten, indem sie ihrem Sohn am Beginn seiner Laufbahn eindringlich empfohlen hat, vor einem Auftritt strikt die Finger vom Alkohol zu lassen – etwas, an das Rudi sich sein ganzes Leben lang konsequent gehalten hat, wie alle bestätigen, die jemals mit ihm zusammengearbeitet haben. Thomas Woitkewitsch: »Die Woche vor der Show hat Rudi keinen Tropfen Alkohol angerührt, aber sobald die Show dann gelaufen war, gab es kein Halten mehr.«

Doch nicht nur dank der frühen Prägung durch seine Eltern ist Rudi zu solch einem unerbittlichen Perfektionisten geworden, sondern auch aufgrund der Tatsache, dass er früh erkannt hat, dass all die ganz großen Stars, die er kennen lernt und die sich eine Jahrzehnte währende Karriere aufgebaut haben, unglaublich hart und diszipliniert arbeiten, sich nie auf ihren Lorbeeren ausruhen, sich keine Nachlässigkeiten erlauben und stets bereit sind, alles für ihren Beruf zu tun. Als junger Mann, Anfang der sechziger Jahre in Holland, hatte er eine in dieser Hinsicht prägende Erfahrung, die nachhaltigen Eindruck auf ihn gemacht hat: Am 17. Juni 1962 bereitete er sich auf einen Auftritt in Scheveningen vor, wo am selben Tag auch Marlene Dietrich mit ihrer One-Woman-Show auftrat. Eine Stunde bevor die Gala begann, bei der Rudi auftreten sollte, machte er sich auf die Suche nach dem Regisseur des Abends: »Ich komme auf die Bühne, da steht jemand in einem Kittel mit dem Rücken zu mir und fegt. Ich frage: ›Guter Mann, wissen Sie, wo der Regisseur ist?‹ Der

›Mann‹ dreht sich um und, hoppla, es ist kein Mann, sondern Marlene Dietrich. Ich frage etwas verdutzt: ›Frau Dietrich, kann nicht jemand anderes die Bühne fegen?‹ Und sie antwortet: ›Wissen Sie, ich muss gleich die Showtreppe runter. Wenn da irgendetwas liegt, und ich rutsche darauf aus, steht das morgen in der Zeitung.‹ Seitdem habe ich immer selbst die Bühne gefegt und überlegt: Habe ich alles? So und nicht anders machst du gute Shows.«[41] Und nicht zuletzt durch diese Art und Weise, seinen Beruf ernst zu nehmen, hat Carrell es im Laufe seiner Karriere immer wieder geschafft, der Beste seiner Zunft zu sein und Fernsehshows auf den Bildschirm zu bringen, die in ihrer Art nahezu unübertreffbar sind und an die sein Publikum sich auch noch Jahre und Jahrzehnte später gern zurückerinnert.

Doch stellt diese regelrechte Besessenheit, mit der Rudi seinen Beruf ausübt, natürlich eine Ausnahmeerscheinung dar – außer Leslie Roberts und auch Thomas Woitkewitsch, der ebenfalls mit unglaublicher Intensität für die Show zu arbeiten bereit ist, gibt es kaum einen im Team, der in ähnlicher Manier in seinem Beruf aufgeht. Diese verschiedenartige Auffassung von Arbeitsethos muss natürlich fast zwangsläufig zu Spannungen führen – die Mitarbeiter von Carrell müssen Nerven wie Drahtseile haben, heißt es schon bald in der ganzen Branche. Wenn Rudi etwas nicht passt oder er spürt, dass einer aus seinem Team seinen Beruf nicht mit ebensolchem Herzblut ausübt, wie er selbst, kommt es des Öfteren vor, dass er denjenigen vor versammelter Mannschaft anschreit und aus dem Studio schmeißt. Rudis langjähriger Manager Dick Harris macht daraus kein Hehl: »Carrell war immer nur mit dem Besten zufrieden. Wenn Leistungen von Mitwirkenden an seinen Shows, auf welchem Gebiet auch immer, zu wünschen übrig ließen, konnte er fuchsteufelswild werden. Er zögerte nicht, einen Schauspieler, der nach einer Woche Proben seinen Text immer noch nicht konnte, stehenden Fußes nach Hause zu schicken. ›Ich habe die ganze Show ausgedacht und alles geschrieben!‹, sagte er dann. ›Jemand, der sich bei so ein paar Zeilen verhaspelt, ist ein Amateur. Hau ab, ich kann dich nicht gebrauchen.‹ Taktik und Diplomatie – und Carrell ist der Erste, der das zugeben würde – waren noch nie seine stärksten Charaktereigenschaften.«[42] Auch Jörg Knör, der als Jugendlicher oft hinter den Kulissen von *Am laufenden Band* mit von der Partie war, bestätigt: »Rudi ist ein derartiger Vollprofi, dass er es einfach nicht ertragen kann, mit Leuten zusammenzuarbeiten, die nicht auch so professionell und konzentriert arbeiten wie er. Er war da wirklich unerbittlich. Einmal kam ich in die Halle, und mir kam ein heulender Kinderchor entgegen. Rudi hatte befunden: ›Die sehen scheiße aus‹ – und dann hat er sie eben nach Hause geschickt.«[43]

Die Stimmung in Carrells Team – der gesamte Produktionsstab besteht aus rund fünfundsiebzig Mitarbeitern – ist aufgrund der ständig drohenden Ausbrüche des Showmasters alles andere als entspannt. Wenn jemand gute Arbeit abliefert, ist kaum ein Lob zu erwarten, da Rudi es als völlig selbstverständlich erachtet, immer nur das Beste zu geben und ihm hinsichtlich Fernsehshows und Showbusiness so schnell auch niemand etwas vormachen kann. Das Gefühl, dass Carrell ohnehin alles besser weiß – und mit seiner Kritik meistens auch noch Recht hat – sorgt so manches Mal für Frustration unter den Mitarbeitern. Kommen dann auch noch Carrells Tobsuchtsanfälle hinzu, so droht die Situation manches Mal außer Kontrolle zu geraten, wobei sich Rudis Zorn durchaus nicht immer nur gegen einzelne Mitarbeiter, sondern ebenso schon mal gegen das ganze Team richten kann. Seine Tochter Annemieke, die mehr als einmal einen solchen Wutausbruch miterlebt hat, meint hierzu: »Er hat dann wirklich das ganze Studio zusammengeschissen. Mir war das dann unglaublich peinlich, und ich habe mir immer gedacht, wie kann er nur so mit den Leuten umgehen?«[44] Thomas Woitkewitsch erinnert sich, wie die Stimmung im Team sich einmal so verschlechtert hat, dass es beinahe zu einer regelrechten Revolte gekommen wäre: »Einmal hat Rudi wirklich das ganze Team gegen sich aufgebracht, die Leute standen wirklich kurz vorm Streik – das muss so 1976 gewesen sein. Doch er hat dann schnell gespürt, dass er zu weit gegangen ist, hat das gesamte Team in ein tolles Restaurant eingeladen und sich entschuldigt, hat gesagt, dass er überarbeitet ist, dass er sich falsch verhalten hat und es ihm Leid tut. Rudi hat in der Situation wirklich Größe bewiesen, und er hatte mit der Entschuldigung sofort wieder das ganze Team auf seiner Seite, und erst mal herrschte wieder Friede. Keiner hat dieses Eingeständnis als Schwäche interpretiert.«

Vor allem weil eigentlich alle spüren, dass Rudis Zornesausbrüche nicht dazu dienen, sein Team grundlos zu tyrannisieren, sondern dass es ihm letztlich ausschließlich darum geht, am nächsten Samstag die perfekte Show auf den Bildschirm zu bringen, schafft er es immer wieder, seine Mitarbeiter hinter sich zu vereinen: »Rudi hat ohne Frage am härtesten von uns allen gearbeitet, und er hat uns auch durchaus immer spüren lassen, wie hart es für ihn ist. Für ihn war diese Arbeit wirklich die reinste Folter; er war der einsame Wolf, von dem letztlich alles abhing – und von dem wir ja auch irgendwie alle abhängig waren. Ich habe nie wieder in meinem Berufsleben einen Menschen kennen gelernt, der so hart geschuftet hat wie Rudi. Er setzte sich selbst enorm unter Druck, er hatte überall seine Augen, bekam alles mit, kein Fehler entging ihm, und er verabscheute faule Kompromisse. Er interessierte sich für nichts anderes als für seine Show. Er hatte, wenn man so will, einen regelrechten Tunnelblick. Und das haben alle im Team begriffen und waren, auch wenn es manches Mal unglaublich anstrengend war, mit Carrell zusammenzuarbeiten, bereit, das zu akzeptieren.« Fraglos macht es sich bezahlt, die Zähne zusammenzubeißen und durchzuhalten, denn in Rudis Sendung *Am laufenden Band* nimmt so manche Fernsehkarriere ihren Anfang – vor wie hinter den Kulissen. Rudis Landsmännin Mareijke Amado etwa, zuvor Reiseleiterin bei *Neckermann*, begann 1978 als Vierundzwanzigjährige ihre Fernsehlaufbahn als Carrells Assistentin in *Am laufenden Band*. Woitkewitsch bestätigt: »Alle, die mit Rudi zusammenarbeiteten, haben davon profitiert, das ist gar keine Frage. Wenn man sagen konnte, ›Ich war bei Carrell‹, war das überall in der Branche ein Türöffner, man gehörte zu einer anderen Liga. Man spielte plötzlich Champions League.«

Die Vorbereitung der aktuellen Sendung folgt jeweils einem festgelegten Ritual. Zunächst beginnt Carrell vor einem Bühnenmodell der Studiodekoration den provisorischen Ablauf der Show zu planen, der jedoch bis zum Start der Livesendung noch unzählige Male geändert werden wird. Der Zeitbedarf für die einzelnen Spiele sowie der Show- und der Gesangseinlagen wird dabei mit der Stoppuhr festgehalten, denn wenn Rudi eins hasst, dann ist es die Manie mancher Kollegen, ständig überziehen zu müssen: »Ich bin ein Preuße. Ich komme nie zu spät. Ich habe nie meine Sendezeit überzogen.«[45] In diesem ersten Schritt wird der konkrete Verlauf der Show fixiert, aber auch schon überlegt, welche Requisiten, Kleinkünstler oder auch Gaststars für die einzelnen Spiele benötigt werden, denn Rudi macht es sich zur Angewohnheit, immer wieder auch Prominente zu seinen Spielen und Sketchen heranzuziehen, und die meisten sind auch gern bereit, einen Part in *Am laufenden Band* zu übernehmen, selbst wenn sie sich einmal nicht in der gewohnten Art und Weise präsentieren können – so treten etwa Roy Black oder Roberto Blanco bei Rudi auf, ohne auch nur eine einzige Zeile zu singen. Roy Black ist zum Beispiel in einem Spiel als Flirtpartner zu sehen, den die beiden Kandidatinnen zu einem Rendezvous überreden müssen. Und sogar Heinz Rühmann, der sich zwanzig Jahre lang strikt geweigert hat, in einer Live-Unterhaltungsshow im Fernsehen aufzutreten, lässt sich von Rudi überzeugen und spielt einen kleinen Sketch in *Am laufenden Band*, den Carrell ihm eigens auf den Leib geschrieben hat.

Aber nicht nur Prominente müssen angefragt werden, ob sie am kommenden Samstag verfügbar sind, für die Spiele braucht Rudi immer auch noch eine ganze Reihe weiterer Mitwirkender – so benötigt er mal einen erstklassigen Jongleur, mal einen Bauchredner, ein ganzes Blasorchester, den größten Mann Deutschlands, eine Kuh oder aber einen dressierten Affen. Zuständig dafür, all diese ausgefallenen Wünsche so schnell wie möglich zu erfüllen, ist Dieter Krap, ein Mitarbeiter ganz nach Rudis Geschmack, nämlich ein Mann, für den das Wort »unmöglich« nicht existiert: »Wir können noch so verrückte Ideen haben, er ist noch verrückter und macht das scheinbar Unmögliche möglich. Er ist Gold wert. Würde ich ihm sagen: Dieter, ich brauche für die drei Fragen aus der *Tagesschau* die holländische Königin, dann ist er imstande, in seinen Wagen zu springen, nach Holland zu fahren, an der Vordertür des Palastes zu läuten und, wenn die Königin aufmacht, zu sagen: ›Gnädige Frau, ich habe eine Überraschung für Sie. Sie dürfen in der Carrell-Show auftreten.‹«[46]

Den Arbeitseifer Kraps erwartet Carrell eigentlich von allen Teammitgliedern, denn jeder hat – so empfindet der Showmaster es – alles zu geben, um das Gelingen der Show zu garantieren und das Unmögliche möglich zu machen: »In meinem Beruf gibt es kein ›unmöglich‹. Wenn alle sagen, dies oder das geht wirklich nicht, so ist es für mich eine Art Sport, nach einem Weg zu suchen, an den kein Mensch gedacht hat.«[47] Herausforderungen haben Rudi schon immer angespornt – je größer die Herausforderung, desto stärker ist er in seinem Element. Anfang 1963 etwa hatte es in Holland einen dreiwöchigen Musikerstreik gegeben, da die Radio- und Fernsehmusiker drei Prozent mehr Lohn forderten. Natürlich weigerten sie sich auch, die Musik für die anstehende *Rudi Carrell Show* einzuspielen, worauf hin Rudi beschloss, erst recht eine Sendung mit extra viel Musik zu konzipieren: Er benutzte alte Playback-Bänder, ließ eine Musikbox auf die Bühne stellen, nahm den aktuellen Charts-Hit sogar am heimischen Radiolautsprecher auf, um ihn in seiner Show spielen zu können, und griff auf Plattenaufnahmen berühmter amerikanischer Orchester zurück, sodass er, als die Show am 8. Februar 1963 pünktlich auf Sendung ging, zum Erstaunen aller Fernsehzuschauer eine reine Musikshow präsentieren konnte, auch wenn sein Eröffnungslied an diesem Tag *Wir haben keine Musik* lautete.

Ein solches Tüfteln an den Shows macht Rudi besondere Freude, und wie immer scheint er auch beim *Laufenden Band* geradezu zu danach zu gieren, dass Hochspannung bis zu Schluss herrscht – bis am Samstagabend um Viertel nach acht das Rotlicht der Kameras aufblinkt. An seinen Eröffnungsliedern für die Show – für jede der einundfünfzig Sendungen wird ein eigener Song getextet – feilt er oft bis kurz vor der Show, manches Mal werden sie erst eine halbe Stunde vor Sendebeginn fertig, einmal sogar, erst drei Minuten bevor es losgeht. Thomas Woitkewitsch erinnert sich an eins der Lieder, das mit besonders heißer Nadel gestrickt wurde: »Einmal wurde das Eröffnungslied erst drei Minuten vor Start der Sendung fertig. Da hatten wir eine Show zum Thema Fußball gemacht – das war während der Fußball-WM 1974 –, und ich hatte alle Eltern sämtlicher Nationalspieler eingeladen, und wir dachten, das wird die beste Show überhaupt. Und dann hat die Bundesrepublik gleich im ersten Länderspiel eins zu null gegen die DDR verloren – das war ein richtiger

Schock für alle und lag wie ein bleierner Mantel über der ganzen Show. Auch das Eröffnungslied geriet ins Schleudern, sodass wir bis drei Minuten vor der Sendung am Lied schrieben und Rudi um Viertel nach acht rausging, den Text vorher noch nicht einmal mehr hatte lesen können, und zu Halbplayback sein Lied sang. Aber durch das Fußballdesaster wurde die Show dennoch unser größter Flop überhaupt.«

Die ersten Shows von *Am laufenden Band* finden noch in einer neutralen Dekoration statt, doch erweist sich dies auf Dauer als Problem: »Nach fünfundzwanzig Sendungen *Am laufenden Band* konnte ich die immer gleiche, neutrale Dekoration einfach nicht mehr sehen. Mir fiel nichts mehr ein, keine Spiele, keine Gags. Und dann kam ich auf die Idee, es wieder so wie in der *Rudi Carrell Show* zu machen, dass wir für jede Sendung eine neue Deko entwarfen. Und mit einem Mal funktionierte es wieder, ich hatte wieder Ideen, weil man natürlich immer auch Spiele machen konnte, die nun zu einer bestimmten Dekoration, zu einem Thema passten. Und dann konnte ich wieder kreativ sein.«[48] Mit dieser Veränderung der ursprünglichen Konzeption erinnert *Am laufenden Band* endgültig an eine andere erfolgreiche Fernsehshow – Peter Frankenfelds *Vergissmeinnicht* aus den sechziger Jahren: Denn auch in Frankenfelds selbst entwickeltem Konzept ging es in den Spielen um Geschicklichkeit, Kommunikationsfähigkeit und das Harmonieren der Spielpartner, wenngleich die Preise am Schluss der Sendung nicht am Fließband, sondern mittels eines Glücksrads ausgelost wurden. Zudem gab es auch in *Vergissmeinnicht* jeweils eine von Frankenfeld selbst entworfene Themendekoration – etwa einen Großbahnhof oder den Berliner Lunapark anno 1912 –, der sich die Spiele, Witze und Sketche angepasst haben und oft sogar auch Frankenfelds Kostüme, mal machte er seine Eröffnungsconférence im historischen Anzug mit Zylinder, mal in der Uniform eines Bahnbeamten.

Der Stimmigkeit der Themendekorationen widmet Carrell wie schon zuzeiten der *Rudi Carrell Show* sein ganz besonderes Augenmerk, jede Einzelheit muss passen. Sobald Rudi das Studio betritt und die fertige Dekoration zum allerersten Mal sieht, hat er seine Augen überall, nichts entgeht ihm – Jörg Knör erinnert sich: »Er fühlte sich wirklich für alles selbst verantwortlich, auch für die kleinsten Kleinigkeiten. Einmal gab es ein Bühnenbild zum Thema Bahnhof. Rudi kam in die Halle, sah das Bühnenbild zum ersten Mal, guckte ein paar Sekunden und rief sofort den Bühnenbildner zu sich: ›Haben Sie schon mal so ein Nichtraucherschild gesehen? Im Bahnhof ist die Schrift schwarz auf Weiß nicht weiß auf Schwarz.‹ Er hat den Mann dann wirklich vor versammelter Mannschaft in Grund und Boden geschrien, einfach weil dieses Detail nicht stimmte, das sonst vermutlich niemandem aufgefallen wäre.« Unter

Rudis Argusaugen – und Leslies guten Ratschlägen – wird in der Woche, bevor *Am laufenden Band* live ausgestrahlt wird, alles so perfekt vorbereitet, dass wirklich in der fertigen Show dann jedes Detail stimmt – alle Ausgaben von *Am laufenden Band* gehen live über den Sender, nur die sechs Silvesterausgaben werden jeweils voraufgezeichnet.

Doch wie Rudi es schon von früheren Tagen, von seiner holländischen und deutschen *Rudi Carrell Show*, gewöhnt ist, so endet auch bei *Am laufenden Band* die Arbeit für ihn und sein Team nicht, wenn der Abspann gelaufen ist. Die Manöverkritik unmittelbar im Anschluss an die Livesendung ist für ihn auch hier fester Bestandteil jeder Show – nach jeder der einundfünfzig Ausgaben werden das Team und alle Mitwirkenden im Konferenzraum von Radio Bremen zusammengetrommelt, um sich gleich die Aufzeichnung gemeinsam anzuschauen – auf dem Sofa in der ersten Reihe sitzen Rudi und Leslie. Thomas Woitkewitsch schildert den Verlauf einer solchen Manöverkritik: »Das war für Rudi ein ganz wichtiger Moment, diese Ad-hoc-Kritik direkt nach der Sendung. Ich habe so etwas weder vorher noch nachher je bei einer Produktion erlebt. Sofort nachdem die Show nach dieser anstrengenden Woche endlich durchgestanden war, musste man sich das gleich alles noch mal anschauen und auch Rudis bissige Bemerkungen ertragen, wenn etwas nicht so gelungen war. Natürlich gab es auch Lob, wenn man gut war, aber wenn man selbst schon das Gefühl hatte, dass etwas nicht so gut gelaufen war, und Rudi es einem dann auch noch vor versammelter Mannschaft an den Kopf warf, das war manches Mal schon arg – obwohl man hinterher eigentlich immer zugeben musste, dass Rudis Kritik konstruktiv war. Denn in den meisten Fällen hatte er Recht mit seinen Urteilen, und er hat sich zudem genauso ehrlich und offen auch selbst kritisiert. Auch wenn er schon längst ein absoluter Vollprofi war, war Fernsehmachen für ihn immer noch ein Lernprozess. Aber genau das macht vermutlich einen Profi aus.«[49]

Die harte Arbeit macht sich bezahlt – es bleibt nicht nur bei Rekordeinschaltquoten und glänzenden Kritiken, sondern es regnet auch noch Preise. Als Rudi am 19. Dezember 1974 zusammen mit Anke und Alexander sowie seinen Töchtern Annemieke und Caroline seinen vierzigsten Geburtstag in Marbella feiert, erfährt er, dass ihm für seine Leistungen im zurückliegenden Fernsehjahr der Publikumspreis der Goldenen Kamera zuerkannt worden ist, der ihm am 12. Februar 1975 in Hamburg übergeben werden soll. Der begehrte Preis der Fernsehzeitschrift *Hörzu* wird bereits zum zehnten Mal verliehen – neben den durch eine Fachjury ausgeloteten Preisen gibt es immer auch noch einen Preis, der durch das Fernsehpublikum direkt vergeben wird. Vierzig Prozent der Leser haben in diesem Jahr Carrells *Am laufenden Band* zur besten Spielshow erkoren, auf Platz zwei landet Hans Rosenthals *Dalli Dalli* und auf Platz drei Wim Thoelkes *Der große Preis*. Die Vergabe des Publikumspreises hat diesmal mit über einer halben Million eingegangener Stimmkarten ein solch großes Leserecho hervorgerufen, dass die Redaktion die Entscheidung getroffen hat, neben der Goldenen Kamera, die Carrell zuerkannt wird, erstmals auch eine Silberne und eine Bronzene Kamera zu vergeben.

Die Welt findet, dass Carrell die *Goldene Kamera* für das Fernsehjahr 1974 völlig zu Recht verdient: »Wer verbindet so erfolgreich handwerkliche Redlichkeit, die ja gerade in dieser Sparte des Schaugewerbes oft genug missachtet wird, mit Einfallsreichtum und der schlichten Ausstrahlung des ›Jungen von nebenan‹ – wer verbindet diese Elemente so leichthändig und zugleich so souverän miteinander, wenn nicht Rudi Carrell.«[50] Als der Preis im Februar 1975 in Hamburg vergeben wird, kann Rudi bereits auf zehn Jahre Fernseharbeit in Deutschland zurückblicken. Bewegt verkündet er: »Das ist mein schönster Tag seit Jahren! Ihr könnt euch nicht vorstellen, wie sehr mich diese Auszeichnung in meiner Arbeit bestätigt.«[51] Doch noch über etwas anderes freut Rudi sich an diesem Tag ganz besonders: »Ich finde es ganz toll, dass ein Publikumspreis nicht in einem Schloss mit Mozart-Streichquartett übergeben wird, sondern mitten unter diesem Publikum, das fernsieht und das gewählt hat.«[52] Die *Goldene Kamera* bleibt nicht der einzige Preis für *Am laufenden Band*; im Jahr 1974 wird Carrell für die Sendung außerdem noch mit dem Goldenen Bildschirm der Zeitschrift *TV Hören & Sehen* ausgezeichnet, des weiteren bekommt er gleich dreimal, 1975, 1979 und 1980, den Bambi von Burda, den ältesten und neben der Goldenen Kamera beliebtesten Medienpreis Deutschlands.

Der riesige Erfolg von *Am laufenden Band* zieht einen enormen Aufschwung von Rudis Popularität nach sich – er macht die harschen Kritiken bezüglich der letzten *Rudi Carrell Shows* ebenso vergessen wie Rudis Mitwirken an den in den Zeitungen fast durchweg belächelten Klamaukfilmen der *Tolle-Tanten*-Reihe. Während die Presse jahrelang nur äußerst positiv über Rudi geurteilt und sich manches Mal geradezu in Lobeshymnen ergangen hatte, klangen Anfang der siebziger Jahre erstmals auch despektierliche Untertöne in der Carrell-Berichterstattung durch: so wenn etwa vom »schlaksigen, wenn auch nicht mehr ganz jungen Mann mit der kärglicher gewordenen Haartolle«[53] oder dem »Schmalhans mit der angegrauten Strähne in der Stirn«[54] die Rede war oder vermehrt Carrell-Karikaturen in den Zeitungen auftauchten. In der Schlussphase der *Rudi Carrell Show* war in der Presse gar schon offen darüber spekuliert worden, ob Rudis Karriere nicht vielleicht schon vor dem

Ende stünde. Doch mit dem durchschlagenden Erfolg von *Am laufenden Band* ist das leicht angekratzte Image Carrells mit einem Schlag wieder aufpoliert, und Rudi avanciert erneut zum unumstrittenen Liebling der Presse. Sogar *Der Spiegel* widmet ihm plötzlich, kurz nachdem die dritte Ausgabe von *Am laufenden Band* über den Bildschirm geflimmert ist, einen ausführlichen Bericht – die Reporter des Magazins empfängt Rudi ganz entspannt zu Hause in Scholen: »Rudi Carrell, der lustige Holländer der ARD, sitzt, wegen der Hitze hemdlos, vor seinem Bauernhaus nahe Bremen. Bier löscht Männerdurst, im besonnten Garten lässt Frau Anke ihre schönen Formen nachdunkeln.« Der Artikel des *Spiegel* gerät zu einer wahren Lobeshymne über den Showmaster aus Holland: »Unter den Mastern, die im deutschen Fernsehen Unterhaltung machen, ist Rudi Carrell der Meister. Cool und locker, auf treuherzige Weise listig, spielt er sich selbst, den ›netten Jungen von nebenan‹. Ein Profi. Bedenkt man, wie sich Johannes Heesters so an der Rampe hält, dass mit seinem Abtreten nicht mehr zu rechnen ist, darf man auch bei Carrell noch mit vielen Jahren frohen Schaffens rechnen.«[55]

Was Mitte der siebziger Jahre neu ist und für die kommenden Jahrzehnte prägend sein wird, ist das Interesse an Rudi Carrell als Privatperson. In den Presseberichten, die es bis zum Start von *Am laufenden Band* 1974 gegeben hat, standen vor allem immer der Showmaster und seine Arbeit im Mittelpunkt, während sich die Presse auffallend wenig mit seinen privaten Lebensumständen beschäftigte – selbst die Trennung von seiner ersten Frau und die Tatsache, dass er eine neue Lebensgefährtin hat, schlugen keine wirklich hohen Wellen in den Zeitungen. Dies ändert sich mit dem riesigen Erfolg von *Am laufenden Band* und dem damit verbundenen Popularitätsschub schlagartig, denn von nun an ist die Presse stets auch an Meldungen aus Rudis Privatleben interessiert. Bald gibt es nichts in Carrells Leben mehr, das den großen Boulevardblättern nicht eine Meldung wert wäre, jede noch so unbedeutende Neuigkeit wird zur Sensationsmeldung aufgebauscht und den geneigten Lesern in zentimetergroßen Lettern verkündet. Man gewinnt den Eindruck, dass gerade die *Bild*-Zeitung speziell in den Jahren, in denen *Am laufenden Band* ausgestrahlt wird, nahezu nicht mehr ohne Carrell-Schlagzeilen auszukommen scheint: Im Januar 1978, als Rudis acht Jahre alter Irish Setter, sein erster Hund überhaupt, von einem Lastwagen überfahren wird, verkündet die *Bild*: »Carrell weint um seinen toten Hund.« Einige Tage später folgt die Meldung: »Alle wollen Rudi trösten.« Anfang August 1978 dann die Horrormeldung: »Rudi Carrells Stammkneipe abgebrannt.« Und auch 1979 geht es fröhlich weiter: Im April wartet die *Bild*-Zeitung mit der Katastrophenmeldung, dass »Rudi Carrells Osterlamm tot« sei, auf. Im Juni folgt die Schlagzeile »Carrells Tochter – 3 Meter vor ihr im Park

Messermord«, im September: »Carrells Zahnarzt verhaftet«, und zwei Monate später: »Rudis Zahnarzt kam in Nervenklinik.«[56]

Spätestens mit seiner Erfolgsshow *Am laufenden Band* ist Rudi vollends zur öffentlichen Person geworden – fortan ist die Nation nicht mehr nur an dem interessiert, was er auf dem Bildschirm präsentiert, sondern will auch regelmäßig darüber informiert werden, was sich in seinem Privatleben ereignet. Im Gegensatz zu anderen Prominenten befriedigt Carrell diese Neugier auch bereitwillig und schottet sein Privatleben nicht gänzlich nach außen hin ab. Anders als seine Kollegen Kulenkampff, Rosenthal oder Thoelke hat Rudi auch keine Bedenken, sich immer wieder ganz bewusst im Kreis seiner Familie ablichten zu lassen, was ihm in der breiten Öffentlichkeit den Ruf eines Familienmenschen einbringt – dies steigert seine Glaubwürdigkeit noch, schließlich ist er der einzige deutsche Showmaster, der eine Show präsentiert, die die ganze Familie ansprechen soll, und gleichzeitig sein eigenes Familienleben nicht der Öffentlichkeit vorenthält.

Nach wie vor genießt Rudi seine Popularität und die Tatsache, berühmt zu sein. Die Nähe zu seinen Fans sucht er ganz bewusst – selbst jetzt, wo sein Erscheinen in der Öffentlichkeit so manches Mal wahre Menschenaufläufe verursacht, käme es ihm nicht in den Sinn, sich durch Personenschützer abschirmen zu lassen, schließlich liebt er es, von den Menschen auf der Straße erkannt und angesprochen zu werden: »Ich wollte nie Leute um mich herumhaben, die mich abschirmen und so. Wollte nie Bodyguards. Ich war mein Leben lang allein unterwegs. Denn mir war immer klar: Wenn ich allein rumlaufe, dann kommen die Leute auf mich zu und sprechen mich an.«[57] Sein Manager Dick Harris bestätigt dies: »Am Tag nach der Show ging er ganz bewusst in die Fußgängerzone und hat sich von den Menschen feiern lassen. Auch wenn er zurück nach Marbella flog und dann am Frankfurter Flughafen zwischenlanden musste, fand er es toll, dass ihn alle erkannten und auf die Show ansprachen. So was hat er genossen wie ein Kind.«[58] Und Thomas Woitkewitsch: »Er sagte dann immer: ›Da schwebe ich.‹ Das war die absolute Droge für ihn. Er brauchte das, und er liebte das. Es war das Größte für ihn zu spüren, dass die Leute ihn liebten.«

Carrell ist einer der wenigen Prominenten, der das Angesprochenwerden in der Öffentlichkeit nicht nur genießt, sondern dies auch noch offen zugibt. Nur Hans Rosenthal gesteht ebenso wie Rudi ein, dass ihm die öffentliche Anerkennung nie lästig werden könnte: »Ich selbst muss gestehen, dass mir der Rundfunk- und Fernseh-›Ruhm‹ keinerlei Beschwerden machte. Im Gegenteil. Ich genoss und genieße ihn. Es macht mir große Freude, bekannt zu sein, Popularität errungen zu haben. In dem Wort ›errungen‹ liegt wohl die Erklärung für meine Zufriedenheit mit dem ›öffentlichen Dasein‹, das sich natürlich auch bis in die privaten Bereiche meines Lebens auswirkt.« Und wie Carrell bekennt Rosenthal: »Ich finde es unaufrichtig, ein halbes Leben lang dafür zu arbeiten, bekannt und also auch erkannt zu werden, und dann eine dunkle Brille aufzusetzen, sich der Anhänglichkeit des Publikums zu entziehen und darüber kokett zu klagen, dass man ›behelligt‹ werde. Anderen Publikumsgünstlingen, die so verfahren, misstraue ich, offen gestanden. Ich nehme ihnen das nicht ab. Sie genießen den Ruhm, ohne es – auch sich selbst gegenüber – zuzugeben. Ich aber möchte ehrlich bleiben. Mir macht es eine Freude, die sich, glaube ich, durch große Dankbarkeit legitimiert.«[59]

Auch Rudi Carrell wird zeitlebens niemand sein, der je darüber jammert, belästigt zu werden, sobald er die Straße betritt, vielmehr kokettiert er sogar gern damit, dass er immerzu und überall erkannt wird: »Einmal wurde ich sogar im Afrika-Urlaub unter Wasser um eine Autogramm gebeten.«[60] Ebenso wie Hans Rosenthal vertritt er die Auffassung: Warum hart arbeiten, um ein Star zu werden, um dann vor den Menschen, ohne die man nicht dieser Star geworden wäre, zu fliehen? Überall erkannt und angesprochen zu werden ist für Rudi keineswegs eine Kehrseite seines Berufs, sondern vielmehr dessen Erfüllung. Ihm bleibt immer bewusst, dass er erst dank der Verehrung durch das Publikum zu dem Star geworden ist, der er schon als kleiner Junge hatte werden wollen, und es zudem die Publikumsgunst ist, die ihm sein Leben finanziert: »Ich habe nie vergessen: Diesen Menschen habe ich alles zu verdanken. Mein Haus, mein Auto, meinen Urlaub. Ohne diese Menschen hätte ich das alles nicht.«

Die Tatsache, dass man so offen auf Carrell zugehen kann, dass er nie unfreundlich oder unwirsch reagiert, wenn er in der Öffentlichkeit angesprochen wird, dass er gern Autogramme gibt und sich bereitwillig mit Fans ablichten lässt, ist seinem Image äußerst zuträglich, bringt ihm dies doch schnell den Ruf großer Volksnähe ein. Carrell wird als Star wahrgenommen, der trotz seines Erfolgs und seiner Popularität seine Bodenhaftung nicht verliert und immer eine sehr unmittelbare Beziehung zu seinem Publikum pflegt – eben »der Rudi«, wie er von den Menschen auf der Straße und zunehmend auch von der Presse genannt wird. Desgleichen bringt ihm die Tatsache, dass er stets ehrlich ist, mit seiner Meinung nie hinter dem Berg hält und den Eindruck macht, sich durch nichts und niemanden verbiegen zu lassen, viele Sympathien ein. Carrell bleibt sich stets treu, eine Aussage wie die von Hans Rosenthal – »Ich bin so, wie mein Publikum mich haben will«[61] – wäre für ihn undenkbar. Er will ganz bewusst nicht ständig nur nett sein wie Rosenthal, Thoelke oder Joachim Fuchsberger – nur aus Angst vor böser Zuschauerpost anderen nach dem Mund zu reden ist ihm ein Gräuel. Rudi ist nicht wie viele seiner Kollegen ein Mann ohne Eigenschaften, keine glatte, unnahbare Fernsehpersönlichkeit, sondern wird als Mensch mit Ecken und Kanten wahrgenommen, der kein Blatt vor den Mund nimmt, wenn es darum geht, eine Meinung über seine Fernsehkollegen zu äußern, und der auch keine Scheu davor hat, unverhohlen auf die eigenen Stärken hinzuweisen, selbst wenn er dadurch vielleicht aneckt oder auf manchen arrogant wirken mag – wenn er etwa unumwunden erklärt: »Allein mit dem, was ich an Ideen wegschmeiße, könnte die ARD immer noch ein wunderbares Silvesterprogramm machen.«[62]

Doch nicht einmal solche Äußerungen treiben erstaunlicherweise einen Keil zwischen Rudi und sein Publikum, was wohl in erster Linie daran liegen mag, dass Carrell als harter Arbeiter gilt und als jemand, dem sein Erfolg nicht zugeflogen ist, sodass die Mehrheit der Zuschauer akzeptiert, wenn er einmal auf seine Stärken pocht und sich seines Werts bewusst ist. Nicht zuletzt auch die Fotos, die von Carrell veröffentlicht werden, leisten einen Beitrag dazu, dass der Großteil der Fernsehzuschauer Rudi als einen der Ihren ansieht. Oft wird Carrell von Zeitschriften in seinem privaten Kosmos gezeigt, statt im Fernsehsmoking in legerer Kleidung, statt in Showmasterpose entspannt mit einem Glas Bier in der einen und einer Zigarette in der anderen Hand oder mit seinen Kindern oder Hunden spielend. Solche Aufnahmen, die von anderen Showmastern dieser Zeit fehlen, vermitteln den Eindruck, dass Carrell privat genauso ein Leben führt wie sein Publikum und ihm sein Starruhm nicht zu Kopf gestiegen ist. Selbst wenn Rudi vor seiner Villa in Marbella oder seinen teuren Autos abgelichtet wird, tut dies seiner Popularität keinen Abbruch, da das, was er besitzt, als Ergebnis seiner harten Arbeit anerkannt und ihm folglich auch nicht geneidet wird. In Interviews versteht Rudi es zudem immer wieder, eindrucksvoll zu vermitteln, dass er trotz Traumvillen und Luxusautos auf dem Boden geblieben ist, sich der ganz normalen Dinge im Leben erfreut und sich somit nicht wesentlich von den Menschen unterscheidet, für die er Fernsehen macht.

Besonders angetan ist Rudi davon, dass die Deutschen – so wird er es zeitlebens empfinden – die Bewunderung für ihre Fernsehlieblinge als etwas viel Selbstverständlicheres ansehen als seine eigenen Landsleute und man in Deutschland insofern mit einer wesentlich größeren Offenheit und Begeisterungsfähigkeit auf ihn zukommt, als dies in seiner Heimat je der Fall gewesen wäre: »Bei uns in Holland wird man von Piet und Klaas gleich geduzt, Deutsche aber haben noch echte Bewunderung für einen Künstler, und – ich geb es zu – das schmeichelt dem Rudi.«[63] Rudi ist nicht der einzige Holländer, der diesen eklatanten Unterschied feststellt. Die gleiche Erfahrung macht etwa auch Pierre Kartner, der als *Vader Abraham* mit seinen Schlümpfen auch in Deutschland für Furore gesorgt und stolze hundertachtundzwanzig Goldene Schallplatten zusammengetragen hat. Als Pierre einmal zusammen mit Rudi in einem Bremer Restaurant sitzt, intoniert der Zitherspieler sogleich *Das Lied der Schlümpfe* und dann noch den Peter-Alexander-Klassiker *Die kleine Kneipe*, den Pierre Kartner komponiert hat, worauf sich die Restaurantgäste ihm zu Ehren zu standing ovations erheben. Gerührt erinnert Pierre Kartner sich: »Das war ein großartiges Erlebnis. In den Niederlanden wäre mir das nicht passiert. Hier ruft man: ›Dieser Profitjäger!‹«[64]

Für Rudi wird es zur Selbstverständlichkeit, von jedermann auf der Straße erkannt zu werden: »Begebe ich mich auf die Straße, dann beten mich die Deutschen förmlich an.«[65] Wenn sich dennoch mal ein Passant bemüßigt fühlt, sich bei ihm zu erkundigen, ob er tatsächlich Rudi Carrell sei, macht er sich gerne einen Scherz daraus, denjenigen an der Nase herumzuführen, wie seine Tochter Annemieke sich erinnert: »Wenn mal jemand kam und nicht sagte, ›Hallo, Herr Carrell‹, sondern ihn fragte: ›Entschuldigung, sind Sie nicht Herr Carrell?‹, dann konnte es schon mal vorkommen, dass er ihm mit seiner unverkennbaren Stimme sagte: ›Nee, ich bin der Herr Meier.‹ Und er ging dann einfach weiter und klärte das auch nicht mehr auf.« Diesen Spaß hat Rudi sich auch schon in seiner holländischen Zeit gemacht – wenn ihn einmal jemand nicht selbstverständlich als Rudi Carrell erkannte und ansprach, sondern erst umständlich fragte, ob er es denn wirklich sei, dann pflegte er zu sagen: »Nein, ich bin Jan Carrell, der Bruder von Rudi, sein Komponist« – und ließ die armen Unwissenden dann auch in diesem Glauben.

Rudis Gesicht ist sein Ausweis: Wenn er an der Grenze angehalten und nach seinen Papieren gefragt wird, kann er mit »Da steht nicht mehr drin als in meinem Gesicht« ebenso unwirsch reagieren wie in einer Situation, in der jemand ernsthaft von ihm erwartet, sich ein Namensschild ans Revers zu heften – wie es in der zweiten Hälfte der siebziger Jahre der Fall war, als die allgegenwärtige Angst vor Terroristen auch auf den Fernsehbereich übergriff. Wim Thoelke berichtet darüber in seinen Memoiren: »Es war die Zeit des ungezügelten Terrors und ständiger Bombendrohungen. Ich schätze, dass wir zwei Jahre lang keine Sendung ohne solche Bombendrohungen durchführen konnten.«[66] In vielen Sendeanstalten, auch im WDR in Köln, wird in dieser Zeit als Sicherheitsmaßnahme die Regelung eingeführt, dass jeder, der Zutritt zum Sender bekommen will, deutlich sichtbar ein Schild mit seinem Namen tragen muss, damit jeder jederzeit identifiziert werden kann. Thomas Woitkewitsch erinnert sich: »Rudi weigerte sich, dieses Schild zu tragen, das fand er lächerlich, weil ihn ja ohnehin jeder erkannte. Aber die Pförtner beim WDR machten jedes Mal Ärger, weil sie halt ihre Vorschriften hatten. Selbst als der Unterhaltungschef Hannes Hoff ihn auf Knien angefleht hat, das Schild doch um des lieben Friedens willen zu tragen, sagte Rudi nur: ›Ich denke nicht dran. Mein Gesicht ist mein Ausweis, dafür habe ich hart gearbeitet‹ und warf das Namensschild in den Papierkorb.«

Obwohl es für Rudi eine Selbstverständlichkeit wird, erkannt und angesprochen, um Autogramme und gemeinsame Fotos gebeten und in der Öffentlichkeit und von der Presse hofiert zu werden, gibt es durchaus auch für ihn immer wieder Momente, in denen er innehält und in denen ihm seine Karriere fast wie ein Traum vorkommt: »Bei einer Preisverleihung saß ich einmal neben Maria Schell. Und ich musste daran zurückdenken, wie ich einst in einem kleinen holländischen Kino in Alkmaar gesessen hatte und furchtbar weinen musste bei einem Film mit Maria Schell. Und nun sitze ich plötzlich neben ihr, und sie drückt meine Hand. Das war ein wunderschönes Erlebnis.«[67]

Die gesteigerte Popularität und Aufmerksamkeit, die Rudi seit dem Start von *Am laufenden Band* genießt, wissen er und sein Manager Dick Harris in der zweiten Hälfte der siebziger Jahre äußerst geschickt zu nutzen – das durch das Fernsehen bekannt gewordene »Markenprodukt Rudi Carrell« wird von ihnen höchst gewinnbringend unter die Leute gebracht, zum Beispiel in der Werbung. Neben Autogrammstunden zu Werbezwecken, die etwa in Kaufhäusern veranstaltet werden und für die Rudi jeweils mit tausend Mark Gage entlohnt wird, kommt es zum Abschluss einiger lukrativer Werbeverträge. 1975 etwa macht Carrell Werbung für Volkswagen und dreht Werbespots für den VW Käfer – »Soll ich Sie mal mit 'nem ganz duften Käfer bekannt machen?« –, außerdem zahlt ihm im selben Jahr die Schallplattenfirma *Ariola* dreißigtausend Mark dafür, dass er eine ihrer Schallplatten im Werbefernsehen anpreist. 1978 unterzeichnet er einen Exklusivvertrag mit der Großhandelskette Edeka, die mit rund einundzwanzigtausend Geschäften die größte Handelskette Europas ist. Jeden Monat dreht er für Edeka einen Drei-Minuten-Spot, in dem – angereichert mit Balletteinlagen, Quiz und Gags – je sechs neue Produkte vorgestellt werden. Dafür erhält er ein Honorar von fünfhunderttausend Mark im Jahr, der Presse gegenüber erklärt er: »Edeka ist sozusagen Sponsor von Carrell, und damit hat Deutschland ein kommerzielles Fernsehen, ohne es zu wissen.«[68] Die Investition macht sich für die Einzelhandelskette schnell bezahlt – im Geschäftsbericht des Jahres 1979 führt die Edeka-Geschäftsleitung das zu verzeichnende Umsatzplus von dreieinhalb Prozent ausdrücklich auf die Carrell-Werbekampagne zurück, woraufhin Rudi gleich noch für zwei weitere Jahre exklusiv verpflichtet wird. Auch in der Folgezeit wird Rudi immer wieder Werbung machen, so etwa für holländisches Gemüse, einen Schnaps der Marke *De Kuyper*, für das Versandhaus Quelle, für Profi-Kameraausrüstungen von

Sony und in den neunziger Jahren für Hörgeräte. Rückblickend bekennt Carrell: »Ich habe immer ganz bewusst Werbung gemacht, denn dadurch habe ich das Einkommensniveau von Kollegen in England und Amerika erreicht. Und die Edeka-Werbung hat mir verdammt viel Spaß gemacht. Das war eine super Arbeit und ein super Team.« An eine andere Werbekampagne hat Rudi jedoch weniger gute Erinnerungen – ein Fall, der demonstriert, dass man nicht unbedingt hinter dem zu bewerbenden Produkt stehen muss, um ein überzeugender Werbeträger zu sein: »De Kuyper war schlimm für mich, weil ich Genever hasse. Ich habe nur einmal in meinem Leben Genever getrunken, mit vierzehn, und es war furchtbar. Jedes Mal, wenn ich nur die Flasche sah oder für die Werbung in die Hand nehmen und sagen musste: ›Bessen Genever – der schmeckt echt lecker‹, wurde mir ganz übel. Aber die Werbekampagne wirkte anscheinend trotzdem ganz überzeugend.«[69]

Aber neben der Werbung für Unternehmen und Konsumprodukte verstehen Carrell und sein Manager es, auch noch aus dem Erfolg von *Am laufenden Band* zusätzliches Geld herauszuschlagen – die Show wird die erste im deutschen Fernsehen, zu der es eine ganze Reihe von Merchandising-Produkten gibt. Da viele der Spiele, die Rudi für *Am laufenden Band* entwickelt, recht einfach sind und sich förmlich dazu anbieten, sie auch auf privaten Festen oder im Familien- und Bekanntenkreis auszuprobieren, wird von Ende 1974 bis Anfang 1975 in der Fernsehzeitschrift *Hörzu* unter dem Titel *Spiel mit mir!* eine regelmäßige Rudi-Carrell-Rubrik lanciert, auf die 1976 noch das im Falken-Verlag publizierte Buch *Spielen mit Rudi Carrell* folgt. Die Altenburg-Stralsunder Spielkartenfabrik entwickelt darüber hinaus ein Brettspiel mit dem Titel *Am laufenden Band*, inklusive grinsendem Carrell auf dem Deckel – die Startauflage beläuft sich auf hunderttausend Exemplare, eine Mark pro verkauftem Spiel klimpert in die Kasse des Showmasters. Auf diese Weise verdienen neben Carrell auch noch eine ganze Reihe von Firmen durch den Verkauf von Merchandising-Produkten am Erfolg von *Am laufenden Band* mit. Nur einer hat Pech – Kerzenfabrikant Johann Stohmayer aus Niederösterreich. Mit Zustimmung von Carrell stellt er eine halbe Million Kerzen mit dessen Konterfei her, die in nette Kartons mit der Aufschrift »Spiel und Spaß mit Kerzen! Einundzwanzig Spielideen mit Kerzen von Rudi Carrell. Viele fröhliche Stunden wünscht Ihnen Rudi Carrell« verpackt werden. Eigentlich ist verabredet, dass Rudi die Kerzenbox in seiner Show präsentieren soll, worauf er an jeder verkauften Kerze mit fünfzig Pfennig beteiligt worden wäre. Doch zur Vorstellung in *Am laufenden Band* kommt es vermutlich aufgrund eines Einspruchs von Rudis Sender nicht, sodass nicht nur Kerzenfabrikant Stohmayer auf seinen Carrell-Kerzen sitzen bleibt und Pleite geht, sondern auch noch die deutsche Vertreiberfirma mit angeblich fünfhundertfünfzigtausend Mark Schulden in Konkurs geht.[70]

Neben der Karriere als neuer Werbestar und Pionier des TV-Merchandisings kommt Mitte der siebziger Jahre noch ein weiteres Standbein für Carrell hinzu, das seiner Popularität nochmals einen neuen Auftrieb gibt und sich zudem auch höchst positiv auf seinen Kontostand auswirken soll – Rudi wird Plattenstar und stürmt die Charts. Da Carrell in jeder seiner Shows singt und er auch bereits zur Zeit seiner niederländischen Karriere eine ganze Reihe von Schallplatten veröffentlicht hat, liegt es nahe, seine durch *Am laufenden Band* gesteigerte Popularität dazu zu nutzen, um ihn auch verstärkt als Sänger zu lancieren. Bereits 1967 hatte es Angebote gegeben, Platten mit Carrell aufzunehmen, doch die damaligen Offerten vermochten ihn nicht zu überzeugen: »In Deutschland sollte ich so was singen wie ›Wenn das Opachen mit dem Fläschelchen im Sesselchen …‹ Nichts da. Ich habe doch etwas anspruchsvollere Lieder in meinen Shows, aber bisher ist keiner gekommen, der sie aufnehmen will.«[71] Im Jahr 1968 hatte Rudi dann eine erste deutsche Single mit den Titeln *Ein kleines Kompliment* und *Ich geh an deinem Haus vorbei* aufgenommen, deren Erfolg mit nur tausend verkauften Exemplaren jedoch eher bescheiden war; nicht viel besser sah es mit der 1973 veröffentlichten Single *Wir sind alle kleine Sünderlein* aus, einem Lied, das Carrell im Kinofilm *Rudi, benimm dich* gesungen hatte und das dann anschließend zusammen mit dem Titel *Trimm dich und halte dich fit* auch auf Schallplatte veröffentlicht wurde.

Nun, Mitte der siebziger Jahre und mit dem Erfolg von *Am laufenden Band* im Rücken, stehen die Erfolgsaussichten erheblich günstiger. 1975 veröffentlicht Rudi unter dem schlichten Titel *Rudi Carrell* seine erste deutsche Langspielplatte, die gleich auf Anhieb ein großer Erfolg wird und von der fünfundzwanzigtausend Exemplare über den Ladentisch gehen. Die Platte umfasst vor allem Lieder des Anfang 1975 verstorbenen holländischen Kabarettisten Wim Sonneveld, die von Carrell-Redakteur Thomas Woitkewitsch – der zeitgleich auch seine Laufbahn als Textdichter von Herman van Veen beginnt – mit deutschen Texten versehen worden sind. In ganz besonderem Maße schlägt der Gute-Laune-Titel *Wann wird's mal wieder richtig Sommer* ein, der sich schnell zum Ohrwurm des Jahres und bald auch schon zum Evergreen entwickelt und Rudi endgültig zum Schallplattenstar macht. Den Titel, eine deutsche Adaption des Songs von US-Liedermacher Arlo Guthrie, *City of New Orleans*, die in den neunziger Jahren auch von der Band *Creme 21* gecovert werden wird und 1975 auf Platz achtzehn der deutschen Charts landet und sich als Single rund hunderttausendmal verkauft, hat Rudi zusammen mit Thomas Woitkewitsch geschrieben, auch wenn stets nur Woitkewitsch als Texter des Liedes genannt wird. Rückblickend bekennt dieser: »Manches in diesem Lied stammt von Rudi selbst; insbesondere die Textzeile ›denn schuld daran ist nur die SPD‹, die damals so gut ankam, ist von Rudi. Das war er, nicht ich, das muss ich leider zugeben.« *Wann wird's mal wieder richtig Sommer* wird der Sommerhit des Jahres 1975 – und das, obwohl der Sommer dieses Jahres doch ein richtiger ist, wie sich der *Stern* wundert: »Knapp einhunderttausendmal ging Carrells Schallplattenhit über den Ladentisch. Ein fürwahr erstaunliches Ergebnis, denn in diesem Jahr ist ja wirklich richtig Sommer, und das Lied zielt eigentlich eher auf Unzufriedenheit über schlechtes Wetter. Der Sänger ist denn auch zuversichtlich, dass sein Schlager ein Dauerbrenner wird: ›In fünf Jahren ist der ein zweites *White Christmas*.‹«[72]

Auch in der Folgezeit gelingt es Rudi immer wieder, weitere Plattenerfolge zu landen – so etwa 1977 mit dem Titel *Du bist mein Hauptgewinn*, dem Mottolied zur ARD-Fernsehlotterie, und 1979 mit dem beschwingten *Goethe war gut*, das binnen kurzem auf Platz neun der deutschen Single-Charts landet und sich dann auch gleich drei Monate lang ganz oben einnistet. Rudi Wolpert, Chef von Rudis Plattenfirma CBS, schickt Carrell im Januar 1979 ein Telegramm: »Herzlichen Glückwunsch zur ersten Viertelmillion *Goethe war gut*.«[73] Mit diesem Lied ist Rudi Gaststar in vielen Sendungen, unter anderem auch mehrfach in Dieter Thomas Hecks *Hitparade* – zum letzten Mal ist er dort am 5. Februar 1979 zu sehen. Der Erfolg, den Rudi mit diesem Lied hat, ist überwältigend, die Tantiemen fallen entsprechend aus. Der Presse gegenüber wundert sich Carrell: »Ist es nicht absurd, dass ich mit der Nummer mehr verdient habe als Goethe mit all seinen Werken zusammen?«[74] Obwohl *Goethe war gut* in den Siebzigern das erfolgreichste Lied Carrells ist, im Rückblick auf seine Plattenkarriere sind es vor allem zwei andere Titel, mit denen man ihn am meisten in Verbindung bringt – mit dem Gassenhauer *Wann wird's mal wieder richtig Sommer* und mit dem zeitgleich veröffentlichten Lied *Showmaster ist mein Beruf*, einer Liebeserklärung an seinen Traumberuf:

> Showmaster ist mein Beruf,
> ein Beruf, ein Beruf, den der Teufel schuf.
> Doch möchte ich nichts andres sein,
> ich liebe dies, und trügt der Schein,
> etwas andres lern ich doch nicht mehr.
> Darum mach ich weiter wie bisher,
> und tanz ich auch auf dem Vesuv,
> ich möcht immer singen,
> Sie zum Lachen bringen.
> Showmaster bleibt mein Beruf!

So wichtig es Rudi auch ist, auf der Straße erkannt und angesprochen zu werden, so wichtig ist ihm andererseits aber auch, über einen Rückzugsort zu verfügen, an dem er allein sein, wo er sich ausruhen und regenerieren kann und wo er mal nicht der Showmaster, Sänger und Entertainer Rudi Carrell ist. Seine Traumvilla in Marbella war hierfür drei Jahre lang der ideale Ort, aber auch wenn er die Zeit dort sehr genossen hat und sie als die schönste seines Lebens bezeichnet, spürt er, dass es nun an der Zeit ist, seinen Lebensmittelpunkt wieder nach Deutschland zurückzuverlegen: »Die *Rudi Carrell Show* kam alle sechs oder acht Wochen, da war es kein Problem, zwischendurch immer ein paar Wochen in Marbella zu verbringen. Aber als ich mit *Am laufenden Band* plötzlich jeden Monat eine Show hatte, da musste ich nach Deutschland zurück. Wenn man so eine Verpflichtung hat, dann muss man vor Ort sein, um auf Aktuelles reagieren zu können.«[75] Nicht zuletzt seine Frau Anke ist es, die ihm nahe legt, dass ein Wechsel nach Deutschland dringend an der Zeit ist: »Carrell, du bist doof! Welche Inspiration findest du denn in Spanien für eine Show in Deutschland? Keine! Was schrieb Hunter über dich in der *Bunten*: ›Carrell muss in Deutschland wohnen, er braucht Asphalt unter seinen Schuhen, keinen Sand. Er braucht die Bahnhofshalle von Frankfurt, nicht die Markthalle von Marbella.‹«[76]

Zwar besitzt Rudi nach wie vor seinen umgebauten Bauernhof südlich von Bremen, in den er jeweils in der Woche vor der aktuellen Ausgabe von *Am laufenden Band* mit Anke zurückkehrt, doch jetzt, da er sich dank Fernsehgagen sowie lukrativer Werbe- und Plattenverträge nochmals einen ganz anderen Lebensstil leisten kann, an den er sich aufgrund seiner Jahre in der Traumvilla an der Costa del Sol auch längst gewöhnt hat, erscheint ihm die Kate in Scholen nicht mehr als angemessener Wohnsitz. Und so sieht er sich gemeinsam mit Anke nach einem neuen Zuhause um – wozu sie allerdings nicht lange brauchen: »Wir suchten etwas mit Wasser und entdeckten dann über eine Zeitungsannonce das Anwesen in Wachendorf mit einer ganzen Reihe von Gebäuden und dem herrlichen See. Das fand ich so toll, dass ich es 1975 sofort gekauft habe.« Rudi bezahlt fünfhunderttausend Mark – dreißig Jahre später wird das Anwesen ein Vielfaches wert sein.

Es handelt sich um ein altes Gut mit einer riesigen, zwölf Hektar großen und recht verwilderten Parkanlage mit altem Baumbestand – Rudi und Anke, die beide die Natur über alles schätzen, verlieben sich Hals über Kopf in das Anwesen und beschließen, sich hier dauerhaft niederzulassen. Für das Paar stellt das Anwesen, auch wenn noch viel Arbeit und Geld zu investieren sein wird, einen Traum dar, den es sich gemeinsam erfüllen will. Am Rande des Tausend-Seelen-Ortes Wachendorf, südlich des Städtchens Syke, dort, wo sich sprichwörtlich Fuchs und

Hase gute Nacht sagen, wollen sie sich ihr Paradies schaffen. Im Park des Anwesens stehen mehrere Gebäude, Herzstück ist ein großzügiges, mit weißem Stuck verziertes Gutshaus aus der zweiten Hälfte des neunzehnten Jahrhunderts, das so liegt, dass es von der mit einem schönen, gusseisernen Tor geschützten Zufahrt aus nicht eingesehen werden kann – sehr zu Rudis Freude verfügt es über eine große Freitreppe, sodass er erstmals im Leben seine eigene »Showtreppe« besitzt. Daneben gibt es sechs weitere, teilweise ziemlich verfallene Nebengebäude, Fachwerkscheunen und Ställe, teils aus dem siebzehnten und achtzehnten Jahrhundert, sowie eine alte, urige Wassermühle, die nach und nach instand gesetzt werden wollen. Bis Mitte der siebziger Jahre war hier eine Gärtnerei ansässig, die nur einen kleinen Teil der Gebäude nutzte, jetzt bedarf es einiger Anstrengungen, das Anwesen wieder wohnlich zu machen.

Das Wohnhaus umbauen zu lassen und einzurichten bleibt Ankes Aufgabe: »Anke hatte einen wunderbaren Geschmack, ein großes Gefühl für Stil und ein tolles Händchen in solchen Dingen. Darum habe ich alles ihr überlassen. Ich sorgte für das Geld, und sie richtete das Haus her.«[77] Da Rudi die Umbau- und Renovierungsmaßnahmen am und im Hauptgebäude vor allem mit den Einnahmen aus seinen Werbekampagnen finanziert, nennt er das Herrenhaus künftig scherzhaft »Casa Edeka«. Die sieben einzelnen Zimmer in der Beletage verwandelt Anke, indem sie die meisten Zwischenwände herausreißen lässt, mit der Hilfe eines Innenarchitekten in eine einzige, hundertsiebzig Quadratmeter große Wohnhalle, die jedoch aufgrund der vielen unterschiedlichen Zonen, Galerien und Alkoven, in die sie aufgeteilt ist, trotz der Weitläufigkeit äußerst gemütlich wirkt. Sie richtet den großzügigen Wohnbereich ebenso behaglich wie geschmackvoll ein, mit antiken Möbeln, englischen, mit edlen Stoffen bezogenen Sofas und Sesseln und einer holzvertäfelten Bibliothek. Im Zentrum des Raumes befindet sich ein frei stehender, rund gemauerter Kamin von der Art, wie Rudi sie vor langer Zeit einmal in einem holländischen Restaurant gesehen hat: »Mein Leben lang war das ein Traum von mir. Ich musste auch so einen Kamin haben, und Anke hat ihn hier für mich verwirklicht.« Wichtigster Bereich der Wohnoase ist die modern eingerichtete, offene Küche, gestaltet in Friesisch-Blau, deren Mittelpunkt die Bar ist, die schnell zu Rudis Lieblingsplatz avanciert. Hier wird er morgens früh die Zeitungen lesen und frühstücken – »Mein Frühstück besteht jeden Morgen aus zwei Tassen Kaffee und einem Kilo Presse« – und abends Fernsehen schauen und sein Bier trinken: »Hier habe ich jeden Abend meine eigene Kneipe.« Damit stets genug Bier da ist, wird eigens ein Raum im ebenerdigen Untergeschoss in ein Bierdepot verwandelt. Scherzhaft erklärt Carrell immer wieder: »Wenn ich einmal sterbe, fallen die Aktien der Heineken-Brauerei in den Keller.«

Im Juli 1976 ist das Haupthaus so weit hergestellt, dass Anke und Rudi ihr Anwesen beziehen können. Von hier aus fährt Rudi nun regelmäßig nach Bremen ins Fernsehstudio, um seine Shows vorzubereiten; den Wechsel zwischen Stadt und Land lernt er schnell zu schätzen. Er genießt es, sich nach einem anstrengenden Tag, der Hektik des Studios und dem Lärm der Stadt wieder nach Wachendorf aufzumachen, liebt die vierzigminütige Fahrt »durchs Niemandsland, von Bauern ›das Moor‹ genannt. Ein sieben Kilometer langer und etwa zwei Meter breiter Weg führt hindurch. Er wird nur benutzt von Treckern, Jauchewagen und Showmastern. Sieben Kilometer kein Haus, kein Bauernhof, keine Scheune, nur Natur, Wiesen, Rehe, Hasen, Vögel und Füchse. Ein idealer Übergangsweg vom Privatleben zum Beruf und abends in umgekehrter Reihenfolge.«[78] Auch wenn er den ganzen Tag in Wachendorf verbringt, ist Rudi mit den Vorbereitungen zur nächsten Show beschäftigt, sitzt oft stundenlang am Schreibtisch und folgt Anke abends meist erst Stunden später ins Bett. Trotz der Anspannung, unter der Rudi in der Zeit von *Am laufenden Band* eigentlich ständig steht, erlauben ihm das neue Anwesen und insbesondere der märchenhafte Park, sich wenigstens zwischendurch ein wenig zu entspannen – wenn ihm der Kopf schwer wird, schlendert er mit seinen Hunden eine kurze Runde durch sein kleines Reich.

Für dessen Pflege stellen Anke und Rudi einen Gärtner ein – neben dem schön hergerichteten Gutshaus ist der Park ihr ganzer Stolz. Es gibt alte, riesige Platanen, Trauerweiden, Linden und Rotbuchen, am meisten lieben sie jedoch die mehrere hundert Jahre alten, teils bis zu sieben Meter hohen Rhododendren, die sich in ein einziges Farbenmeer verwandeln, wenn sie in voller Blüte stehen. Herzstück des Parks ist der große See, an dessen Rand Rudi einen zwanzig Meter langen Sandstrand aufschütten lässt, auf dem Anke sich im Sommer sonnen kann. Das mit Seerosen bewachsene und von einer Brücke überspannte Gewässer wird von Schwänen, Enten und Gänsen bevölkert, außerdem von zahlreichen Fischarten, darunter Karpfen, Hechte und Schleien. Am Bootssteg, von dem aus Rudi schon mal mit Reusen das Abendessen aus dem See fischt, liegt ein Ruderboot, später ein Tretboot. Der Park kommt den beiden wie eine riesige Voliere vor, alle Arten von Vögeln gibt es hier – von Spatzen und wilden Tauben, Buchfinken, Staren und Spechten bis hin zu Habichten und Bussarden, Störchen und Reihern. Überhaupt wimmelt es von Tieren: Neben Hasen und Rehen, die sich immer wieder aus dem angrenzenden Wald hier einfinden, halten Anke und Rudi Hunde und Katzen, Ponys, Ziegen und Schafe, die in den hergerichteten Fachwerkscheunen untergebracht sind.

Anke und Rudi machen aus Wachendorf ein wahres Naturparadies, in dem sie sich erholen und entspannen können, ohne auch nur das Grundstück verlassen zu müssen. Das abgeschiedene ländliche Anwesen ist vielleicht genau die Idylle, die man braucht, wenn man die Öffentlichkeit zu seinem Beruf gemacht hat, wenn man ein Gesicht hat, das jeder aus dem Fernsehen kennt. Sobald Rudi aus dem Tor seines Anwesens tritt und in die Welt zurückkehrt, ist er sozusagen im Dienst, doch sobald er das Tor hinter sich schließt, hat auch er die Möglichkeit, einmal ganz privat zu sein. Es gibt schon bald keinen Ort mehr für Rudi, an dem er so gut abschalten und zu sich selbst finden kann wie hier: »Wenn ich Sehnsucht nach absoluter Ruhe habe, werfe ich die Angel aus. Hier fällt alles von mir ab, hier darf mich niemand stören.«[79]

Doch hiermit sind vor allem ungebetene Gäste gemeint. Denn obwohl Rudi zum Schutz vor zudringlichen Fans einen zwei Kilometer langen Zaun um das Grundstück ziehen lässt, steht das Anwesen tagsüber für die Leute aus dem Dorf offen, sie dürfen eine Runde um den See drehen oder auf der Bank am See verweilen – erst abends schließt Rudi das Zufahrtstor, damit Anke und er für sich sein können. Rudis Vorstellung ist es, dass er, wenn er denn schon so ein schönes Anwesen mit einem herrlichen Park besitzt, die soziale Verantwortung hat, es auch den Menschen der nächsten Nachbarschaft zugänglich zu machen, damit auch die sich an der schönen Natur erfreuen können. Im Winter kommt das halbe Dorf zu ihm, um auf seinem See Schlittschuh zu laufen – die Freude der Kinder zu beobachten, wie sie über das Eis wuseln, ist für Rudi die schönste Entspannung. Da er sich für lange Zeit hier fest niederlassen will, erachtet er es als wichtig, sich nicht abzukapseln, sondern sich ganz normal in die Dorfgemeinschaft zu integrieren. Seine Tochter Annemieke erinnert sich: »Deshalb hat er uns gleich alle geschlossen im Schützenverein angemeldet. Das interessierte uns zwar alle nicht, aber er war der Meinung, dass sich das so gehört, wenn man auf dem Land lebt. Und er hat den Wachendorfer Schützenverein dann auch immer großzügig unterstützt. Zum Dank drehte dann der jährliche Schützenzug eine Ehrenrunde über das Grundstück, und die ganze Familie musste sich dann auf Rudis Weisung hin immer im Sonntagsstaat auf der großen Freitreppe versammeln. Wir standen dann da und grüßten die Schützen immer huldvoll, als wären wir die holländische Königsfamilie. Wir Kinder fanden das immer unglaublich komisch.«

Nicht nur für die Schützen von Wachendorf engagiert Rudi sich, auch für die Kreisstadt Syke rührt er immer wieder kräftig die Werbetrommel und macht den Ort damit auch weit über die Grenzen Niedersachsens hinaus bekannt: »Einmal hat ein Kandidat von *Am laufenden Band* sich gewünscht, dass eine Straße nach ihm benannt wird, das haben wir dann hier in Syke realisiert. Da sind zehntausend Leute nach Syke gekommen, das war ein riesiger Ansturm.« Wenn Rudi 1985 in Syke das Bundesverdienstkreuz Erster Klasse überreicht werden wird, wird sich der berühmteste Einwohner des Städtchens sogar in das Goldene Buch der Stadt Syke eintragen dürfen.

Auch unabhängig von gesellschaftlichen Verpflichtungen versucht Anke, das riesige Anwesen mit Leben zu füllen. Sie ist äußerst gastfreundlich und hat auch keine Probleme damit, wenn Rudi abends aus dem Studio kommt und spontan Gäste mitbringt, die bekocht und bewirtet werden wollen – selbst wenn sie schon geschlafen hat, stellt sie sich noch an den Herd und ist die perfekte Gastgeberin. Doch sosehr sie den Trubel mag, sosehr liebt sie doch auch die einsamen Momente auf dem Landgut. Anke ist gerne allein auf dem Anwesen, beschäftigt sich mit der weiteren Ausstattung des Hauses und kann halbe Tage im Park verbringen. Sie ist keine Frau, die von ihrem Mann ständige Aufmerksamkeit erwartet, sondern kann sich auch wunderbar mit sich selbst beschäftigen. Dass Rudi einen anstrengenden Job hat, der ihm über alles geht, akzeptiert und toleriert sie, da sie weiß, dass ihm seine Arbeit heilig ist – nie konfrontiert sie ihn mit Vorwürfen, dass sie sich aufgrund seiner vielen Arbeit vernachlässigt fühle. Rudis Manager Dick Harris bestätigt: »Anke begriff das, sie hat Rudi genommen, wie er war. Anke besaß ein hohes Maß an weiblicher Intuition. Wenn ihr Mann kurz vor einer Sendung nervös und angespannt ist, dann fällt sie ihm nicht mit allerlei Sachen zur Last, für die er in so einem Moment weder die Zeit noch die Geduld hat.« Doch im Gegensatz zu seiner ersten Ehe, während der er voll und ganz in der Arbeit aufgegangen ist, nimmt Rudi sich ganz bewusst vor, seine Aktivitäten außerhalb des Fernsehens einzuschränken und mehr für Anke da zu sein, wie auch Dick Harris sich erinnert: »Rudi hat im Laufe der Jahre selbst eingesehen, dass Erfolg und Ruhm sicherlich sehr schön sind, aber dass ein glückliches Privatleben noch bedeutender ist.«[80]

Obwohl er in den drei Wochen, bevor die Showvorbereitung in die heiße Phase geht, viele Stunden am Tag am Schreibtisch verbringt, ist er dennoch ständig zu Hause präsent und kann trotz seiner Arbeit viel Zeit mit Anke verbringen und sich in Arbeitspausen außerdem um das Haus, das Grundstück und die Tiere kümmern – auch für das Erledigen der Einkäufe ist Rudi jetzt verantwortlich, da die nächsten Einkaufsmöglichkeiten zwei Kilometer entfernt sind und Anke keinen Führerschein hat. Dass in der Woche vor der Show Ausnahmezustand herrscht, Rudi dann von morgens bis abends im Studio hockt und die Abende bis spät in die Nacht mit Leslie Roberts verbringt, nimmt Anke klaglos hin, und sie begleitet ihn auch zu jeder Sendung von *Am laufenden Band* ins Studio. Rudi erinnert sich: »Wenn ich Anke mit ins Studio nahm, dann haben die Leute gedacht, so eine tolle Frau, so charmant, so nett – Carrell kann doch nicht so ein Arschloch sein, wie wir gedacht haben, wenn er so eine Frau hat. Alle, wirklich alle, mochten Anke, waren lieb zu ihr, alle Mitarbeiter im Team und auch all die großen Stars.« Alfred Biolek bestätigt: »Anke war eine tolle, sehr faszinierende Frau. Sie war unglaublich hübsch, aber ihre Schönheit war sozusagen nur die Einstiegsdroge. Sie hatte einen ganz großen Charme und eine unglaubliche Herzlichkeit. Ich mochte sie wirklich sehr.«[81] Rudi legt größten Wert darauf, seine Frau während der Livesendungen in seiner Nähe zu wissen: »Anke war bei jeder Sendung mit dabei, allerdings nie im Publikum, sondern immer nur hinter den Kulissen. Nur ein einziges Mal saß sie im Publikum – das war 1976, als wir gerade erfahren haben, dass sie schwanger ist und ich dem Publikum stolz verkündete: ›Ich werde Vater.‹«[82]

Am 3. Juni 1977 fährt der nervöse Vater in spe seine mittlerweile zweiunddreißigjährige Frau im frühen Morgengrauen ins Krankenhaus nach Bremen, wo am Nachmittag Ankes und Rudis erstes und einziges gemeinsames Kind zur Welt kommt – ein Junge. Die beiden sind zu diesem Zeitpunkt bereits seit zehn Jahren liiert, und nach zwei Töchtern hat Rudi nun endlich den ersehnten Stammhalter, von dem er sich erhofft, dass er die Carrell'sche Tradition fortführt und vielleicht eines Tages auch mal den Beruf des Showmasters ergreifen und in seine Fußstapfen treten wird. Über den Namen ihres Kindes haben Anke und Rudi – unter lebhafter Beteiligung der Presse – schon wochenlang nachgedacht, wobei Rudi auch diese Gelegenheit noch für Gags nutzt: »Wenn er schwarz wird, nennen wir ihn Roberto.« Zwischenzeitlich spielt er sogar mit dem Gedanken, dem Kind den Namen des nächsten Gewinners von *Am laufenden Band* zu geben. Schließlich einigen Anke und er sich jedoch zu Ehren von Peter Alexander auf den Namen Alexander – Rudis Vorschlag, ihren Sohn dann doch gleich Peter Alexander Kesselaar zu nennen, kann Anke ihrem Mann dabei glücklicherweise doch noch ausreden.

In der deutschen Presse werden Ankes Schwangerschaft und Alexanders Geburt mit größtem Interesse verfolgt, so als handele es sich um die Geburt eines Thronfolgers im holländischen oder britischen Königshaus. So offen Rudi auch bislang der Presse gegenüber gewesen ist, wenn es um sein Privatleben ging, jetzt entscheidet er sich dafür, seine Privatsphäre zu schützen, und seiner Frau und dem Kind in den ersten Wochen nach der Geburt den Stress von Interviews und Fototerminen zu ersparen. Doch da hat er die Rechnung ohne die Boulevardpresse gemacht, die angesichts der Abschottungsmaßnahmen damit beginnt, Rudis Anwesen tagelang zu belagern, um doch noch zu Schnappschüssen von Anke und dem Neugeborenen zu kommen. Tochter Annemieke schildert die Situation: »Die Presse versteckte sich im Gebüsch, überall lagen sie mit riesigen Teleobjektiven auf der Lauer. Wir haben uns ein paar Tage verschanzt und das Haus kaum verlassen, bis es Rudi zu bunt wurde und er einen

Plan ausbaldowert hat. Wir haben uns beim benachbarten Bauern Pferdemist geholt und den dann mit Wasser vermischt und das Ganze auf Rudis Jeep verladen. Dann sind wir vom Grundstück gefahren und geradewegs auf die lauernden Journalisten zu, die sich schon freuten, dass Rudi endlich bereit ist, mit ihnen zu reden. Dann hat Rudi schnell gewendet und ich und ein paar Freunde mussten dann die Kübel mit dem verdünnten Pferdemist über die Reporter auskippen.« Es bleibt nicht bei dieser einzigen Pferdemistattacke, auch weiterhin weiß er sich auf diese Weise gegen zudringliche Paparazzi zur Wehr zur setzen, wie Thomas Woitkewitsch sich erinnert: »Einmal hat sich ein Journalist im Gebüsch versteckt und Anke beim Oben-ohne-Sonnen fotografiert. Da ist Rudi fuchsteufelswild geworden, hat beim Nachbarn eine volle Schubkarre mit dampfendem Pferdemist geholt und sie kurzerhand in das Cabrio des Mannes gekippt, der auf diese Weise schnell begriffen hat, dass er zu weit gegangen ist.«

Während Anke ihren Mann vor der Geburt des Kindes häufig zu seinen beruflichen Verpflichtungen begleitet hat, muss und will sie nunmehr zu Hause bleiben, sodass Rudi sich dazu entschließt, neben seiner Fernseharbeit vorerst keine weiteren Bühnentourneen mehr zu machen – im Sommer 1975 hatte er in der fernsehfreien Zeit noch eine ausgedehnte Bädertour unter dem Motto *Gags am laufenden Band* absolviert, bei der er von Anke begleitet worden war, und auch im Sommer 1976 war er zu einer Fünfzig-Abende-Tournee durch die ganze Republik aufgebrochen. Doch ab 1977 verzichtet Rudi für einige Jahre auf diese Engagements, da er für Anke und seinen Sohn da sein will und nicht den gleichen Fehler wie in seiner ersten Ehe begehen möchte. Aufgrund des lukrativen Werbevertrags mit Edeka und der Tantiemen aus seinen Plattenverkäufen ist er zudem auch nicht mehr auf die Zusatzeinnahmen durch die Bühnenauftritte angewiesen, so dass er sich fortan ganz auf seine Familie und auf seine Fernsehshow konzentrieren kann. Und da *Am laufenden Band* in Bremen produziert wird, ist es für ihn ein glücklicher Umstand, selbst in der heißen Phase der Showvorbereitung jeden Abend daheim verbringen zu können.

Sobald Alex etwas älter ist, werden in den Zeitungen immer wieder Fotos veröffentlicht, die Rudi und Anke zusammen mit ihrem Sohn zeigen und von einem äußerst ausgeglichenen, harmonischen Familienleben Zeugnis ablegen. Diese heile Welt ist nicht für die Presse inszeniert, vielmehr spielen Anke und Alex in dieser Zeit tatsächlich eine Hauptrolle in Rudis Leben, und es ist ihm enorm wichtig, gerade in Alexanders ersten Lebensjahren für seinen Sohn da zu sein: »Rudi hat sich sehr intensiv um mich gekümmert in meiner Kindheit. Vorher hat seine Arbeit immer im Vordergrund gestanden, und seine Karriere hat sein Privatleben stark be-

1 Der Start in Deutschland: Rudi in der deutschen *Rudi Carrell Show*, zusammen mit Chris Howland, 1965.

2 Rudi im Kreis der Teilnehmer des Rudi-Carrell-Doppelgänger-Wettbewerbs der *Hamburger Morgenpost*, 1969.

3 Die *Rudi Carrell Show* war im deutschen Fernsehen schnell dafür bekannt, dass sie freche Akzente setzte.

4 Ein Auftritt, der für Begeisterungsstürme sorgte: Rudi und Heintje singen den Ulktitel *Nulpen aus Amsterdam*, März 1970.

5 Rudi Carrell und Ilja Richter am Rande der Dreharbeiten zum Kinofilm *Wenn die tollen Tanten kommen*, 1970.

6 Rudi Carrell und Hubert von Meyerinck.

7 Rudi mit seinen Töchtern Caroline und Annemieke am Rande der Dreharbeiten zum Kinofilm *Rudi, benimm dich*, Juli 1972.

8 Rudi mit seiner Freundin und späteren zweiten Frau Anke Bobbert in seinem Haus in Belgien, September 1972.

9 Rudi und Anke in Marbella, März 1974.

10 Der Showmaster als stolzer Chevrolet-Fahrer.

11 Gipfeltreffen der Showmaster: Rudi mit Peter Frankenfeld, Hans-Joachim Kulenkampff und Peter Alexander, Februar 1974.

12 Rudi mit Helmut Schmidt.

13 Mit Außenminister Hans-Dietrich Genscher.

14 Mit Willy Brandt.

15 Rudi und Anke zusammen mit Loki Schmidt.

16 Die erfolgreichste Show der Siebziger: *Am laufenden Band*, 1977.

17 Rudi Carrell mit Alfred Biolek, der *Am laufenden Band* in den Anfangsjahren als Produzent betreut.

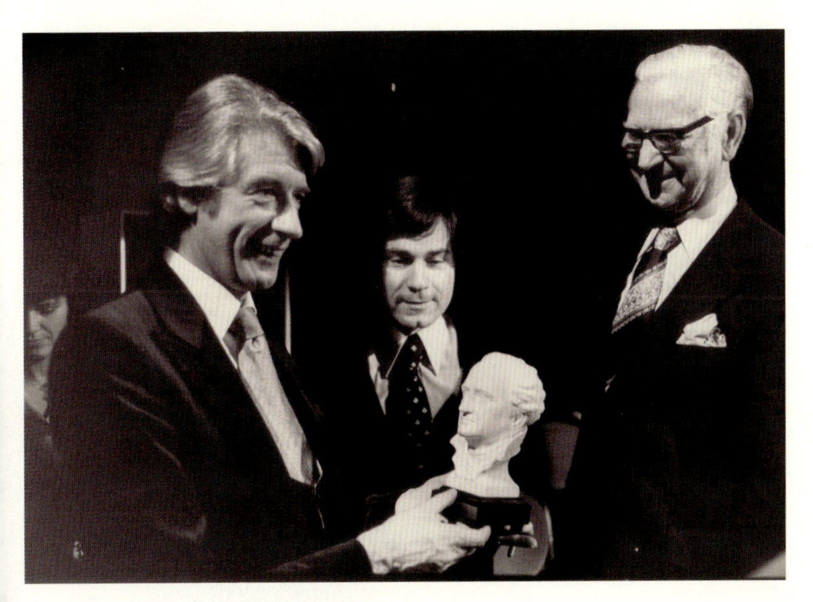

18 Rudi mit seinem Redakteur Thomas Woitkewitsch und seinem künstlerischen Berater und Freund Leslie Roberts, 1978.

19 Rudi gemeinsam mit Telly Savalas in *Am laufenden Band.*

20 Ein Auftritt, der für Furore sorgte: Gemeinsam mit Schwester Renata in *Am laufenden Band.*

21 »Der schönste Moment meiner Karriere« – Boxlegende Muhammad Ali kämpft gegen Kandidaten von *Am laufenden Band.*

22 Rudi mit Bud Spencer in *Am laufenden Band.*

einflusst und fast ganz aufgefressen. Aber als ich klein war, ist er sehr viel für mich da gewesen. Er hat das Gefühl gehabt, dass er bei meinen Schwestern viel versäumt hat, und darum hat er sich vorgenommen, das bei mir nachzuholen.« Dabei nimmt Rudi sich ganz bewusst vor, sich in der Zeit vom ersten bis zum sechsten Lebensjahr seines Sohns besonders intensiv um diesen zu kümmern: »Er hat mir später erklärt: ›Vorher konnte ich ja nichts mit dir anfangen, du konntest nicht sprechen und so…‹«[83] Dafür, dass diese enge Vater-Sohn-Beziehung für Rudi mit dem sechsten Lebensjahr einstweilen endet, hat Rudis Tochter Annemieke eine Erklärung parat: »Rudi liebt Kinder vor allem dann, wenn sie noch nicht gelernt haben, nein zu sagen, solange sie ihn bewundernd anhimmeln. Sobald sie auch mal nein sagen könnten und die Gefahr besteht, dass sie sich ihm entziehen oder ihn zurückstoßen könnten, sind sie erst mal nicht mehr so interessant für ihn.« In Alex' ersten Lebensjahren jedenfalls ist sein Vater sein uneingeschränkter Held – von einem Reporter danach gefragt, wie er seinen Vater denn so finde, antwortet er: »Der Rudi ist ein Witzbold, manchmal noch besser als Ernie und Bert von der *Sesamstraße*.«[84] Auch Rudi selbst gesteht Journalisten immer wieder ein, wie stolz er auf seinen Sohn Alexander ist: »Das Schönste in meinem Leben war, dass ich in meinem Alter noch einen Sohn bekommen habe, mit dem ich seine Kindheit erleben darf.«[85] Anke beobachtet gerührt, wie liebevoll Rudi um ihren gemeinsamen Sohn besorgt ist – auch ihrer beider Beziehung ist in dieser Zeit äußerst harmonisch, wie Anke auch der Presse gegenüber bestätigt: »Er ist kompliziert, aber ein Schatz vom ersten Kuss am Morgen bis zum letzten in der Nacht.«[86]

Nach Alexanders Geburt nimmt auch Rudis Verhältnis zu seinen Töchtern aus erster Ehe, die nun neunzehn und fünfzehn Jahre alt sind, eine andere Dimension an. Seine Tochter Caroline erinnert sich: »Für mich war das am Anfang sehr schwer. Ich hatte mir immer gewünscht, einmal bei Rudi zu leben, ihn wirklich als Vater zu erleben. Als ich zwölf oder dreizehn war, habe ich ihn gefragt, ob ich nicht bei ihm wohnen kann, aber er hat mir gesagt, dass er keine Kinder im Haus will. Das hat mir schon sehr wehgetan, und ich hatte lange dran zu kauen. Und nur zwei Jahre später wurde Alex geboren, und plötzlich hatte er doch ein Kind im Haus. Da fühlte ich mich schon sehr zurückgestoßen und verletzt. Das war hart für mich.«[87] Carolines Schwester Annemieke findet, dass ihr Kontakt zu Rudi nach Alexanders Geburt zwar intensiver wurde, aber man auch da nicht von einem wirklich herzlichen, normalen Vater-Tochter-Verhältnis sprechen konnte: »Es kam sehr, sehr selten vor, dass er mich mal in den Arm genommen hat. So was konnte man bei Rudi vergessen. Er hatte eine andere Art, einem seine Zuneigung zu zeigen. Da musste man schon zwischen den Zeilen lesen können.« Rudi bleibt für seine Töchter vor allem der Vater für die besonderen Momente im Leben, für Alltagssorgen jedoch hat er eher selten ein Ohr, wie sich Annemieke erinnert: »Wenn ich ihn aus Holland angerufen habe, weil ich irgendwelche Probleme hatte, zum Beispiel Ärger mit meiner Mutter, und am liebsten von ihm gehört hätte: ›Pack deine Koffer und komm her‹, dann hat er sich das alles angehört, und am Schluss des Gesprächs sagte er immer den gleichen Satz: ›Hauptsache, du bist gesund, Mieke!‹ Das ist natürlich nicht gerade das, was man in einer solchen Situation hören will, aber so war mein Vater immer. Für ganz normale, alltägliche Probleme hatte er einfach kein Ohr und wollte damit eigentlich auch nicht behelligt werden. Er war nie der Typ, mit dem man stundenlange Vater-Tochter-Gespräche hätte führen können, so etwas langweilte ihn einfach bloß, und man merkte dann schnell, dass man ihn besser damit in Ruhe lässt.«[88] Caroline bestätigt: »Er hat das auch ganz offen zugegeben. Mir hat er einmal gesagt: ›Ich bin nicht so ein Vater, dem man mit Problemen zu kommen braucht.‹«[89]

Die Erziehung seiner Töchter überlässt Rudi vorwiegend seiner ersten Frau Truus, doch so manches Mal fühlt er sich dann doch gefordert, auch mal seinen Pflichten als Vater nachzukommen, wobei er sich höchst unkonventioneller Erziehungsmethoden bedient, worüber Annemieke sich heute noch amüsiert: »Als ich gerade vierzehn war und zusammen mit Rudi die Olympiade in München besuchte, hatte er zum Beispiel das Gefühl, dass er mir mal zeigen muss, was ein Puff ist. Also ist er mit mir in den Puff gefahren, hat mir das alles gezeigt und gesagt: ›So, jetzt weißt du das auch.‹ Oder ein anderes Mal, als wir im Auto fuhren und an einem Straßenstrich vorbeikamen, hielt er an und sagte zu mir: ›So, das sind jetzt Nutten.‹ Und als die Rudi Carrell entdeckten, ließen die natürlich gleich ihre Freier stehen, kamen angerannt und ließen sich ein Autogramm geben. Ich fand das wahnsinnig lustig, aber später habe ich mir auch gedacht, dass das schon eine komische Art war, seine vierzehnjährige Tochter sexuell aufzuklären. Aber so war Rudi. Er ist unglaublich offen mit solchen Themen umgegangen und hat uns Kindern eine ganz große Toleranz vorgelebt.«[90] Auch seine Eskapaden verheimlicht er keineswegs vor seinen Töchtern – ganz im Gegenteil: »Er hat Caroline und mir sogar beigebracht, Frauen für ihn auszusuchen. Dass andere Frauen einfach zu seinem Leben dazugehörten, war für uns von klein auf normal, da wurde nie ein Geheimnis draus gemacht oder groß drüber gesprochen. Wir saßen dann mit ihm im Straßencafé oder Hotel und haben auf eine Frau gezeigt: ›Guck mal, die da.‹ Und dann hat er den Kopf geschüttelt, und wir haben nach neuen Frauen Ausschau gehalten, bis wir wussten, auf welchen Frauentyp er steht. Das ist schon eine komische Art, seine Kinder zu beschäftigen …«[91]

Natürlich sehen sich Rudis Kinder immer wieder auch mit der Popularität ihres Vaters konfrontiert – da sie alle den Namen Kesselaar tragen, werden sie zwar in der Schule nicht ständig auf ihren berühmten Vater angesprochen, doch sobald sie sich mit diesem in der Öffentlichkeit zeigen, werden sie selbstverständlich als Carrell-Sprößlinge erkannt. Annemieke gesteht: »Wenn er manchmal so betont langsam durch die Fußgängerzonen lief, um möglichst oft angesprochen zu werden, das hat mich als Kind und Jugendliche schon manches Mal genervt, und dann bin ich meist einfach schon mal ein paar Meter vorausgegangen.« Doch was an der Seite eines berühmten Vaters natürlich gerade für Kinder und Heranwachsende schön ist, ist die Tatsache, dass man lauter interessante Leute kennen lernt und all die Großen des Fernsehens und des Showbusiness einmal hautnah erleben kann, wobei Carrells Kinder in besonderem Maße davon profitieren, dass Rudi keinerlei Berührungsängste mit den Stars hat. Annemieke erzählt: »Einmal hat Rudi mich mit in die Disco genommen, ich war zwar erst vierzehn, wirkte aber schon wie achtzehn. In der Disco war auch der amerikanische Schlagersänger Andy Williams, der damals gerade sehr populär war. Rudi sagte zu mir: ›Du bekommst hundert Mark, wenn du den mal zum Tanzen aufforderst!‹, was ich mich natürlich nicht getraut habe. Später, als wir nach Hause wollten, kam gerade eine riesige Limousine vorgefahren, in die Andy Williams und drei Groupies einstiegen. Rudi ist dann einfach zu ihm gegangen und hat ihn gefragt: ›Hey, Andy, nimmst du uns ins Hotel mit?‹ Der hatte natürlich überhaupt keine Ahnung, wer Rudi Carrell war, und bekam das Ganze, glaube ich, auch gar nicht mehr so wirklich mit, aber er ließ uns dann tatsächlich von seinem Fahrer ins Hotel kutschieren. Solche Sachen passierten einem mit Rudi dauernd. Man wusste nie, was ihm in der nächsten Minute so einfällt. Langeweile kam jedenfalls mit ihm nie auf.«

Für seine Kinder ist Rudi eigentlich immer Super-Rudi – Alex gesteht: »Für mich war er immer so wie James Bond«, und auch seine Töchter verehren ihn als Ritter ohne Furcht und Tadel, wie Annemieke sich erinnert: »Als ich mit meinem damaligen Freund, einem New Yorker, zum allerersten Mal in New York war, hat der mir ständig gezeigt, in welche Quartiere man nachts auf keinen Fall gehen darf und wo man am besten nicht mal tagsüber hingeht, weil es viel zu gefährlich sei. Mich hat das alles furchtbar verunsichert, und ich hatte richtig Angst vor der Stadt. Dann kam Rudi, der gerade in Amerika war, mich für einen Tag in New York besuchen, und wir sind mitten in der Nacht genau durch all die Straßen gelaufen, durch die man als Tourist auf keinen Fall laufen sollte – und uns ist erstaunlicherweise überhaupt nichts passiert. Rudi ist einfach durch die Stadt gelaufen, so als ob New York ihm gehört. In diesem Moment ist mir klar geworden: Ihm wird nie etwas passieren. Rudi hat so eine ganz bestimmte Art zu denken: ›Mir gehört die Welt!‹ – und ich glaube, mit dieser Einstellung ist er durch sein ganzes Leben gegangen.«[92]

Tatsächlich hat Rudi von frühester Jugend an eine auffallend positive Lebenseinstellung. Nicht nur Annemieke empfindet ihn als einen wahren Glückspilz und unverbesserlichen Optimisten, auch sein langjähriger Manager Dick Harris bestätigt rückblickend: »Was mich selbst bei Carrell immer am meisten verblüfft hat, ist die Tatsache, dass er immer so unglaublich viel Glück hat. Wenn ein anderer zu spät zum Flughafen kommt, verpasst er seine Maschine, wenn Rudi zu spät zum Flughafen kommt, hat die Maschine exakt an diesem Tag Verspätung, und er bekommt sie noch. Wenn wir tagelang ergebnislos versucht haben, einen bestimmten Sänger oder Schauspieler telefonisch zu erreichen, traf Rudi den Künstler garantiert in einer Hotelhalle und lud ihn gleich in seine Show ein. Er denkt immer positiv, er geht immer davon aus, dass ihm alles gelingt, was er im Kopf hat.«[93]

So harmonisch sich das Familienleben der Carrells auch in der Zeit nach Alex' Geburt gestaltet und so positiv sich seine Karriere in den letzten Jahren auch entwickelt hat, sosehr belastet Rudi doch der dauerhafte Stress, unter dem er steht, seit er *Am laufenden Band* macht. Alle vier Wochen eine so aufwendige Show zu konzipieren bedeutet einen enormen Arbeitsaufwand und strapaziert Rudis Nervenkostüm enorm. Schnell zeigen sich Ermüdungserscheinungen. Bereits im März 1975, noch bevor die zehnte Ausgabe über den Sender geht, gesteht Carrell der Presse, dass er mit dem Gedanken spielt, seine Show an den Nagel zu hängen: »Alle vier Wochen so ein Ding zu machen ist mir einfach zu viel. Ende 1975 höre ich auf. Ständig Gags zu produzieren ist doch eine Scheißarbeit.«[94] Während viele Zuschauer geschockt sind, dass Deutschlands beliebteste Fernsehshow so schnell schon wieder vom Bildschirm verschwinden könnte, reagiert man bei Rudis Sender recht gelassen auf Carrells Ankündigung und wiegelt ab: »Der Rudi sagt gern heute hü und morgen hott. Das kennen wir schon. Der denkt doch nicht im Traum daran, auf dem Gipfel abzubrechen.«[95] Beim WDR und bei Radio Bremen sollte man Recht behalten, denn im Sommer 1975, als der Programmplan für das kommende Jahr festgelegt wird, signalisiert Rudi, dass er auch 1976 wieder mit *Am laufenden Band* auf Sendung gehen wird – nur einigt man sich darauf, dass die Show von nun an alle sechs Wochen ausgestrahlt, sie also auf acht Ausgaben pro Jahr reduziert wird. Doch auch nach der Verringerung der Sendefrequenz lassen die Arbeitsbelastung und der Druck kaum nach – bereits im August 1975 erklärt Rudi der Presse erneut: »Ich bin pausenlos im Stress.« Journalisten erscheint er bereits in dieser Zeit verstärkt als der »Berufswitzbold, der seine Frohnatur in der Garderobe lässt und privat eher ruppig, nervös und übellaunig ist.«[96] Rückblickend bekennt Rudi freimütig: »Für mich war *Am laufenden Band* die Hölle. Die absolute Hölle.«[97]

Was die größte Anspannung für Carrell darstellt, ist die Notwendigkeit, ständig neue Spiele entwickeln zu müssen. Zwar hat er viele Ideen, doch nicht alle lassen sich realisieren oder verfügen über die notwendigen visuellen Effekte, und auch nicht alle ausgedachten Spiele erweisen sich bei näherer Betrachtung als geeignet, von Menschen bewältigt zu werden, die keinerlei Bühnen- oder Kameraerfahrungen und keine Chance haben, das Spiel vorab zu proben oder sich darauf einzustellen. Spiele zu erfinden, die problemlos von Laien unter der Stresssituation einer Livesendung bewältigt werden können, erfordert ein ebenso großes Maß an Fingerspitzengefühl wie an Menschenkenntnis. In den Wochen vor den Shows sitzt Rudi bis zu vierzehn Stunden am Schreibtisch, um neue Spielideen zu entwickeln: »Manchmal werden achtzig Spiele pro Show weggeworfen. Sie sind oft gut, aber nicht fürs Fernsehen geeignet. Es hat schon Shows gegeben, wo von den acht Spielen, mit denen wir am Donnerstag in die Kameraprobe gingen, am Samstagabend bei der Sendung nur noch drei übrig geblieben waren.«[98] Manches Mal werden bestimmte Spiele tagelang probiert und probiert, um dann schließlich doch verworfen zu werden – und sich wieder einmal Leslie Roberts' Credo »If you start with shit, you finish with shit« bewahrheitet hat. Dann müssen noch in letzter Minute neue Spiele ausgedacht und probiert sowie Requisiten angefordert werden – manchmal sind die Spiele aber auch mit so heißer Nadel gestrickt, dass sie nicht einmal vorab mit den Probekandidaten getestet werden können. Rudi muss also tatsächlich über Jahre hinweg im Akkord arbeiten, um am laufenden Band neue Spiele und Gags zu erfinden. Die Hauptlast der Arbeit bleibt an ihm hängen: »Von den vierhundertachtzig Spielen in *Am laufenden Band* habe ich vierhundert selbst erfunden.« Alfred Biolek gesteht rückblickend ein: »Wenn die Fernsehzuschauer gewusst hätten, wie qualvoll viele der Gags und Spiele zustande gekommen sind, wie hart Rudi und wir alle daran gearbeitet haben, dann wäre ihnen sicherlich so manches Mal das Lachen vergangen. Aber das war Rudis Kunst, er hat hinter den Kulissen unglaublich geschuftet, aber sobald er vor den Kameras stand, hat er alles mit so einer Leichtigkeit präsentiert, als sei es das Leichteste von der Welt.«[99]

Doch natürlich besteht die Show nicht nur aus den Spielen allein, auch um viele der Gags wird hinter den Kulissen hart gerungen – so etwa im November 1976, als Rudi einen kleinen Seitenhieb auf Liedermacher Wolf Biermann in seine Show einbauen will. Dieser hat wenige Tage zuvor in Köln seine Konzerttournee durch die Bundesrepublik gestartet, worauf das Politbüro der SED am 16. November die Ausbürgerung des unbequemen Intellektuellen bekannt gab. Das Thema ist die Top-Meldung in allen Nachrichtensendungen, und Biermann wird spontan in eine ganze Reihe von Talkshows und Sendungen eingeladen. Da Rudi hochaktuelle Gags liebt, will er in der wenige Tage später stattfindenden Aus gabe von *Am laufenden Band* eine winzige Persiflage darauf bringen, dass Biermann in diesen Tagen nahezu in jeder Sendung des westdeutschen Fernsehens auftaucht – Heinz Eckner soll als Biermann-Double verkleidet mit Langhaarperücke und Gitarre aus der Deko kommen, woraufhin Rudi sagen will: »O nein, nicht schon wieder der Biermann.« WDR-Unterhaltungschef Hannes Hoff hat diesen Gag bereits ohne Bedenken abgesegnet, doch Alfred Biolek als ausführender Produzent legt sich quer: »Rudi, das können wir nicht machen. Das kannst du als Holländer nicht beurteilen. Diese Ausbürgerung ist eine nationale Sache, das verstehst du nicht, das hat für viele Deutsche Tragik.« Doch Rudi findet den Gag nach wie vor gut – und für einen guten, effektvollen Gag ist er zeitlebens zu fast allen Schandtaten bereit. Erst nach Bioleks Androhung, seinen Namen vom Abspann der Sendung nehmen zu lassen, lenkt Carrell schließlich doch noch ein: »Dann hat er's nicht gemacht. Vielleicht war ich etwas zu empfindlich – aber es war mir wichtig, die Sendung mit einer bestimmten Haltung zu machen. Und das ging über Handwerkliches hinaus.«[100]

Die Diskussion um die verhinderte Biermann-Persiflage dringt ebenso wenig an die Öffentlichkeit wie ein anderes spektakuläres Ereignis, das sich im Herbst 1977 hinter den Kulissen von Carrells Show abspielt und an das sich Thomas Woitkewitsch heute noch gut erinnert: »Kurz nachdem die von Terroristen entführte Lufthansa-Maschine *Landshut* in Mogadischu befreit worden war, bekam Rudi einen Anruf vom Vater eines der Opfer – sie war eine der Stewardessen an Bord. Der Vater hatte sich geschworen, dass er sich für den Fall, dass seine Tochter die Geiselnahme überlebt, gemeinsam mit ihr für die nächste Ausgabe vom *Laufenden Band* als Kandidatenpaar bewerben will. Rudi war hochbegeistert und wollte das sofort machen. Er sagte: ›Das wird die größte Sensation! Eine tolle Geschichte!‹« Thomas Woitkewitsch fliegt daraufhin sofort nach Nürnberg, um die Familie zu besuchen: »Die Frau saß da mit ihrem Gipsbein, und man merkte, dass sie noch völlig traumatisiert war und unter Schock stand. Ich sah sofort, dass das keinen Sinn hat, und habe mich mit dem typischen ›Sie hören von uns‹ verabschiedet. Ich hab Rudi die ganze Geschichte dann ausgeredet und ihm gesagt: ›Das kann man nicht machen, das ist zu heikel. Bitte mach es nicht.‹ Und ich habe es ihm sehr hoch angerechnet, dass er dann trotz der großen Verlockung, die diese Sache darstellte, zähneknirschend auf mich gehört und die beiden nicht in die Show eingeladen hat. Heutzutage, wo der Konkurrenzdruck viel stärker ist, würde mich jeder Programmverantwortliche sofort für verrückt erklären und feuern, wenn ich so argumentieren würde. Aber damals war mir die Sache einfach zu brisant, und ich bin auch heute noch froh und stolz, dass wir es nicht gemacht haben.«

Am laufenden Band hat solch eine Effekthascherei letztlich auch nicht nötig – sechs Jahre lang bleibt Carrells Sendung die beliebteste Samstagabendshow des deutschen Fernsehens und sorgt für so manche unvergessenen Stunden und Momente, an die die Deutschen sich teils noch Jahrzehnte später gern zurückerinnern werden – und die letztlich Carrells andauernden Ruhm begründen. Spielend schafft Rudi es immer wieder, die Sendung zum Tagesgespräch zu machen, so etwa im Frühjahr 1974, als er die Zuschauer spaßeshalber auffordert, auf dem heimischen Bildschirm sein in Großaufnahme gezeigtes Konterfei mit dem Filzstift nachzuzeichnen und den Fernsehapparat anschließend einzusenden, um das gelungenste Carrell-Porträt prämiieren zu können. Dass sich kurz darauf tatsächlich über hundert bemalte Fernsehapparate beim Sender stapeln, ist sogar dem *Spiegel* eine Meldung wert. Aber auch die Show- und Musikeinlagen bringen *Am laufenden Band* immer wieder ins Gespräch. Wie schon bei seinen holländischen Shows setzt Carrell dabei nicht ausschließlich auf große »Nummern«, sondern achtet immer darauf, seinem Publikum möglichst etwas Neues präsentieren zu können. Und so scheut er auch nicht davor zurück, bislang völlig unbekannten Künstlern eine Chance zu geben, sodass zahlreiche Showkarrieren in Carrells Sendung ihren Anfang nehmen – wie etwa die von Schlagersängerin Andrea Jürgens, die in der Silvesterausgabe des Jahres 1977 ihren allerersten Fernsehauftritt absolviert.

Musikproduzent Jack White hat kurz zuvor mit der Zehnjährigen den Titel *Und dabei liebe ich euch beide* eingespielt, in dem ein kleines Mädchen von den Sorgen und Ängsten eines Scheidungskindes erzählt – da die Scheidungsrate in Deutschland gerade dramatisch zunimmt, trifft dieses Lied fraglos den Geist der Zeit, dennoch hat zunächst niemand Interesse daran, den Titel im Fernsehen zu präsentieren. Andrea Jürgens erinnert sich: »Mein Produzent bekam damals nur Absagen, von allen Fernsehsendungen. Niemand wollte ein Kind in seiner Sendung haben. Nur Carrell wollte die Nummer unbedingt, und er hat Jack White dann sogar gefragt, ob er mich denn exklusiv haben könnte – der musste darüber sehr schmunzeln und hat ihm das selbstverständlich sofort zugesagt. Für mich war Rudi natürlich damals der große Carrell, und es war wunderbar und aufregend für mich als Kind, in so eine Sendung eingeladen zu werden. Zuerst habe ich das Ganze sicherlich mehr als einen Spaß betrachtet, aber auch als Zehnjährige habe ich Carrell bei der Arbeit im Studio dann schnell als absoluten Vollprofi erlebt.« Damit Andreas

Nummer in der Sendung perfekt klappt, wird unerbittlich geprobt: »Es gab im Lied einen Part, in dem ich Evelyn Hamann, die die Mutter spielte und an meinem Bett saß, etwas fragen sollte. Da ich mir das einfach nicht merken konnte, mussten wir das bestimmt hundertsiebzigmal üben.« Aber die harte Arbeit lohnt sich, denn *Und dabei liebe ich euch beide* wird schlagartig zum Nummer-eins-Hit in den deutschen Charts – auf ihn werden sofort noch weitere fünf Top-Seller für Andrea Jürgens folgen, darunter *Ich zeige dir mein Paradies* und *Eine Rose für dich*. Ein neuer Kinderstar ist geboren, der mit unzähligen Gold- und Platinschallplatten und Goldenen Stimmgabeln überhäuft wird: »Als ich mit meinen Eltern zurück in Herne war, rief die Post bei uns an und fragte, ob wir nicht mal vorbeikommen wollten, um unsere Post abzuholen – wir sollten mehrere Müllsäcke mitbringen. Wir haben Wochen gebraucht, um das alles zu beantworten. Ich kann wirklich sagen, dass ich meine Karriere Rudi Carrell zu verdanken habe. Und das werde ich ihm nie vergessen.«[101]

Nicht nur Nachwuchstalente geben sich bei *Am laufenden Band* die Klinke in die Hand, auch gestandene internationale Stars lassen es sich nicht nehmen, in Deutschlands beliebtester Fernsehshow aufzutreten – unvergesslich ist etwa der Auftritt von *Kojak*-Darsteller Telly Savalas, der auch in Deutschland sehr populär ist, seitdem die US-Serie *Kojak* unter dem Titel *Einsatz in Manhattan* im deutschen Fernsehen läuft. Auch Stars wie er werden von Rudi ganz selbstverständlich in die Spiele eingebaut – der Schauspieler, dessen Markenzeichen seine Glatze ist, hat einen Friseurkunden zu mimen, mit dem Rudis Kandidaten in einem nachgebauten Friseursalon konfrontiert werden. Dass internationale Stars sich dafür hergeben, bei solchen Spielchen mitzumachen, mehrt Rudis Ansehen enorm, denn auf diese Art und Weise kann er den Zuschauern den Eindruck vermitteln, dass er auch mit den ganz Großen der Branche auf Du und Du steht. Wenn Stars wie Telly Savalas in Rudis Show einmal aus ihrer üblichen Rolle fallen und auch die Kandidaten ganz unbeschwert mit ihnen umgehen und gut mit ihnen interagieren, dann sind das die gelungensten Momente von *Am laufenden Band* – und zudem Nummern, die Carrell selbst sichtlich Freude bereiten. Thomas Woitkewitsch: »Solche Sachen liebte Rudi einfach. Am besten hat mir persönlich die Nummer mit dem Bauchredner und seinem wild gewordenen Emu gefallen, der Rudi so heftig attackierte, bis er mit dem Stuhl umkippte. Ich habe Rudi noch nie so lachen sehen. In solchen Momenten fiel alles von Rudi ab, die ganze Anspannung. Da strahlte er eine Fröhlichkeit und Heiterkeit aus, die man gar nicht von ihm kannte, wenn man mit ihm zusammenarbeitete. Das war wie ein zweiter Rudi.«

Carrell selbst empfindet einen anderen Moment als den Höhepunkt von *Am laufenden Band* und zudem als das absolute Highlight seiner ganzen Karriere – den Boxkampf zweier Kandidatenpaare gegen Boxlegende Muhammad Ali, einen der fraglos gelungensten Show-Acts, von dem noch ganz Deutschland wochenlang spricht. Anfang der siebziger Jahre bereits hatte Rudi im englischen Fernsehen die Sendung *This is your life* mit Cassius Clay alias Muhammad Ali gesehen: »In der Sendung zeigte er, dass er nicht nur ein großartiger Sportler, sondern auch noch ein Wahnsinnskomiker war. Von dem Moment an wollte ich nur eins: Meine Kandidaten aus *Am laufenden Band* sollten einmal gegen Muhammad Ali boxen.« Tatsächlich gelingt es Carrell, seinen Traum Wirklichkeit werden lassen. Dank der Unterstützung durch einen New Yorker ZDF-Korrespondenten bekommt er die Zusage vom Management des Boxers, dass dieser, wenn er seinen WM-Titel in München verteidigen wird, für ein Mitwirken bei *Am laufenden Band* zur Verfügung stehen wird. Da sich Muhammad Ali nur wenige Tage in Deutschland aufhält, wird eine Ausnahme gemacht und die Nummer bereits drei Tage vor der eigentlichen Show voraufgezeichnet – und der Starboxer erweist sich zur Überraschung aller als ein genialer Stegreif-Komödiant, den kein Gagschreiber besser hätte anleiten können, als er sich zur Gaudi der Zuschauer etwa von einer Kandidatin in den Ringstaub schicken lässt. Rudi erinnert sich: »Da stand ich dann im Boxring zusammen mit Mutter/Sohn und Vater/Sohn, in der Hoffnung, dass irgendetwas Witziges dabei herauskommen würde. Dann kam Ali, und der zog fünfundzwanzig Minuten lang eine Show ab, die ich niemals vergessen werde. Der größte Boxer aller Zeiten gegen vier stinknormale Menschen, die noch nie geboxt hatten. Und die etwa fünfhundert Menschen, die nur für das Training gekommen waren, tobten, besonders als ich als Ringrichter auch noch eine ›geknallt‹ bekam. Alles zusammengenommen, war dies der größte Moment in meiner ganzen Karriere.«[102]

Das mit *Am laufenden Band* gesteigerte Interesse an Carrell, das sich im Laufe der siebziger Jahre in einer wahren Sturzflut an Pressemeldungen zu Rudis Privatleben niederschlägt, hat zur Folge, dass der Showmaster Ende der siebziger Jahre beschließt, auch unter die Buchautoren zu gehen. Nachdem Hildegard Knef 1970 mit ihrem autobiographischen Roman *Der geschenkte Gaul* für Furore gesorgt hat, ist die Nachfrage nach Prominentenmemoiren in Deutschland deutlich angestiegen, sodass es sich förmlich anbietet, dass sich auch Carrell in die Phalanx der Memoiren-Schreiber einreiht. Der Wiener Verleger Fritz Molden, der acht Jahre zuvor mit Knefs Buch einen so großen Erfolg gelandet hat, lässt 1978 bei Rudi nachfragen, ob auch er seine Autobiographie schreiben möchte. Nach Hildegard Knef hat der Verleger eine ganze Reihe weiterer Prominenter dazu gebracht, Bücher für ihn zu schreiben, so etwa den Verhaltensforscher Irenäus Eibl-Eibelsfeld, die Tauchlegende Hans Hass, die Meinungsforscherin Elisabeth Noelle-Neumann, den streitbaren Mediziner Julius Hackethal, den österreichischen Bundeskanzler Bruno Kreisky, Österreichs berühmten Operettenexperten Marcel Prawy, den populären Abenteurer Thor Heyerdal und gar den ehemaligen französischen Staatspräsidenten Charles de Gaulle. Diese illustre Autorenschar will er nun mit dem Namen Rudi Carrell erweitern und lockt ihn mit einem großzügigen Vorschuss sowie einer sensationell hohen Umsatzbeteiligung von fast zwanzig Prozent vom Ladenpreis.

Rudi hat bereits 1972 in einem kleinen Düsseldorfer Verlagshaus ein Buch unter dem Titel *Die Welt ist eine Show* veröffentlicht, dessen Text jedoch aus der Feder seines Managers Dick Harris stammt und das allein auf Rudis Karriere bezogen ist und Biographisches und Privates gänzlich ausspart. Sich nun als Vierundvierzigjähriger hinzusetzen und in Form einer Autobiographie eine vorläufige Bilanz seines Lebens zu ziehen erscheint Rudi zunächst noch etwas verfrüht, doch schließlich nimmt er Moldens Angebot an, denn immerhin steht er zu diesem Zeitpunkt bereits seit einem Vierteljahrhundert im Rampenlicht und hat entsprechend viel zu erzählen. Am 17. Oktober 1978 feiert Rudi sein fünfundzwanzigjähriges Bühnenjubiläum – fünfundzwanzig Jahre sind vergangen, seit er erstmals als professioneller Bühnenkünstler in Arnheim auf den Brettern gestanden hat. Aus diesem Anlass gibt Rudi ein Fest in Bremen, zu dem er zweihundertzwanzig Gäste einlädt, darunter alle Mitarbeiter von *Am laufenden Band*, von den Regisseuren und Aufnahmeleitern bis hin zu den Kabelträgern, Pförtnern und Putzfrauen von Radio Bremen – Rudi vergisst niemanden auf die Gästeliste zu setzen. Sein Team ist hocherfreut über diese Geste, die Rudi rund zehntausend Mark kostet, und verehrt dem Showmaster einen lebensgroßen, drei Zentner schweren Zuckerguss-Carrell. Vier Tage später gibt es aus gleichem Anlass ein weiteres Fest, das der WDR in Köln für ihn ausrichtet. Zur Überraschungsfete, die in der Dekoration der Talkshow *Kölner Treff* stattfindet, sind zahlreiche Mitarbeiter von Radio Bremen und dem WDR, viele Pressevertreter sowie Carrells Mutter, seine Geschwister und seine Töchter eingeladen. Zwei Programmpunkte stehen an diesem Tag, an dem Rudi ein WDR-Extrablatt mit der Schlagzeile »1 Milliarde 347 Millionen sahen 67 Carrell-Sendungen« überreicht wird, im Zentrum des Ereignisses. Zum einen wird ein Film vorgeführt, für den WDR-Mitarbeiter die Höhepunkte aus Rudis Shows zusammengeschnitten haben, zum anderen wird Rudi auf dem *Kölner-Treff*-Sofa von Alfred Biolek zu seinem Leben und seiner Karriere interviewt. Zur Überraschung aller denkt Rudi beim Gespräch mit Biolek laut über seine Zukunft nach und erklärt, dass er beabsichtigt, sich in etwa fünf Jahren hinter die Kulissen zurückzuziehen, um seine Erfahrung, die er dann in dreißig Jahren Showbusiness gesammelt haben wird, an den Nachwuchs weitergeben zu können – so wie sein künstlerischer Ziehvater Leslie Roberts ihn als jungen Mann an die Hand genommen hat.

Doch bevor er sich weitere Gedanken über seine berufliche Zukunft machen kann, hat er sich zunächst einmal bis Mai 1979 um seine Memoiren zu kümmern. Molden hat ursprünglich den freien Journalisten und Buchautor Horst Vetten dafür vorgesehen, Carrells Autobiographie als Ghostwriter zu verfassen, was Rudi jedoch ablehnt und sich entscheidet, selbst zu schreiben.[103] Täglich sitzt Rudi, wenn ihm die Showvorbereitungen Zeit dazu lassen, bis zu zehn Stunden am Schreibtisch und müht sich mit seinem Manuskript ab. Das Schreiben ist für Carrell eine völlig neue Erfahrung – Gags für Fernsehshows auf Bierdeckel zu kritzeln und Ideen für neue Sendungen auf Papier zu bringen ist etwas völlig anderes, als ein komplettes Buch zu schreiben: »Es fiel mir gar nicht leicht, für mein Buch die richtige Konzentration zu finden. Wenn man fünfundzwanzig Jahre nichts anderes gemacht hat, als an der nächsten oder übernächsten Show zu arbeiten, ist es fast unmöglich, über gestern, vorgestern oder überhaupt über sein ganzes Leben nachzudenken.«[104] Von vornherein schwebt Rudi keine klassische Autobiographie vor, die sich Anekdoten erzählend an den Stationen seines Lebens entlanghangelt, sondern dass er vielmehr etwas Originelles und auf keinen Fall Langweiliges zu Papier bringen will. Und so verfällt er auf die Idee, mit der Fiktion einer Entführung zu spielen: Er, Showmaster Rudi Carrell, ist von Unbekannten gekidnappt worden und wird sechs Tage lang gefangen gehalten – nach den spektakulären Entführungsfällen Oetker, Albrecht und Lorenz stellt dies thematisch natürlich ein gewagtes Unterfangen dar, das Rudi aber ganz bewusst einzugehen bereit ist, denn er begreift sein Buch durchaus als eine Parodie auf die Entführungshysterie dieser Tage.

Im Buch findet Carrell sich, aus einer Betäubung aufwachend, auf einer harten Pritsche liegend in einem dunklen, feuchten Kellerraum wieder. Anfangs denkt er noch, alles nur zu träumen, doch langsam, aber sicher dämmert es ihm, dass es sich nicht um einen Traum handelt, sondern alles Realität ist und er tatsächlich entführt wurde: »Plötzlich beginnen die Erinnerungen an einen Albtraum sich in gespenstische Realität zu verwandeln.« Er erinnert sich an den Äthergeruch, die vorgehaltene Pistole, die vergebliche Gegenwehr und die Entführung. Wer ihn entführt haben könnte und warum er entführt worden sein soll, darüber kann der fiktive Rudi Carrell des Buches nur spekulieren. Er fragt sich, ob Anke sich so verhält, wie er es mit ihr für einen solchen Fall einmal besprochen hat – keine Polizei, den Mitarbeitern sagen, er habe dringend nach London reisen müssen, und jede Forderung der Gangster akzeptieren. Auch spekuliert er darüber, was die Zeitungen wohl über das Verschwinden Carrells berichten und wie viel Lösegeld die Kidnapper wohl fordern werden: »Ob man so etwas von der Steuer absetzen kann? Bitte, meine Herren, hier ist eine Million Mark, kann ich jetzt bitte eine Quittung für das Finanzamt haben? Wie bitte? Ich habe die Mehrwertsteuer vergessen? Die werde ich natürlich überweisen. Ich muss dafür aber erst noch jemanden entführen, also bitte ich Sie, noch etwas Geduld zu haben. Geben Sie mir bitte Ihre Kontonummer und Ihre Bankverbindung bekannt.«[105]

Erst ganz am Ende des Buchs erfahren Leserinnen und Leser, wer hinter der Entführung steckt – Rudis Verleger Fritz Molden ist, unterstützt von Rudis Frau und seinem Manager Dick Harris, Initiator des makabren Spiels: Da Carrell viel zu lange die wöchentlichen Bittbriefe seines Verlegers ignoriert hat, ihm doch endlich das fertige Manuskript zuzuschicken, hat Molden ihn ganz bewusst in eine Notsituation bringen wollen, die ihn das Showmasterdasein vergessen lässt und zum Nachdenken bringt, sodass er endlich in der Verfassung ist, die es braucht, um das Buch zu schreiben. Die Zeit der Entführung ist für den Carrell der Autobiographie dann auch tatsächlich ein Moment des Innehaltens, des Erinnerns an viele Momente seines Lebens und seiner Karriere und des Bewusstwerdens, auf welch ein reiches Leben er jetzt bereits zurückblicken kann: »Ich bin nicht 44, sondern 440 Jahre alt im Vergleich zu einem normalen Durchschnittsbürger. An einem Tag habe ich manchmal mehr Aufregungen, Erlebnisse, Abenteuer, Erfolge, Enttäuschungen und Begegnungen als Otto Normalverbraucher in seinem gesamten Leben. Wenn ich hier nicht mehr lebend rauskomme, was soll's! Welch ein Leben! Am laufenden Band gearbeitet, gelacht, geliebt, kassiert, gelitten und genossen.«[106]

Neben den Erinnerungen an wahre Begebenheiten aus seinem Leben, die Rudi für sein Buch aufzeichnet, baut er auch sehr viele völlig aus der Luft gegriffene Passagen ein, was er auch freimütig der Presse gegenüber bekennt: »Es sind natürlich Memoirenteile drin. Aber wenn es nur Memoiren wären, hätte alles wahr sein müssen. Ich habe aber eine Menge zusammengelogen, natürlich.«[107] Carrells ursprünglicher Arbeitstitel lautet *Unter den Blinden*, schließlich entscheidet er sich dann jedoch für den Titel *Gib mir mein Fahrrad wieder* – womit er an den Spruch erinnert, den auch in den siebziger Jahren immer noch viele seiner Landsleute den Deutschen hinterherrufen, um an die vielen beschlagnahmten Fahrräder zur Zeit der deutschen Besatzung zu erinnern. Auch in Holland hat man Interesse an Rudis Buch – zunächst versucht er sogar selbst, es ins Holländische zu übersetzen, überlässt dies dann jedoch lieber einem professionellen Übersetzer. In den Niederlanden wird Rudis Autobiographie

1980 unter dem Titel *Fiets terug!* publiziert, in Deutschland erscheint es pünktlich zur Buchmesse 1979, zuvor wird es bereits in der *Bild*-Zeitung in einunddreißig Folgen vom 13. August bis zum 25. September 1979 vorab veröffentlicht – allein der Vorabdruck bringt Rudi dreihundertfünfzigtausend Mark ein, womit er mit Hildegard Knef gleichzieht, die für den Vorabdruck ihres *Geschenkten Gauls* im *Stern* die gleiche Summe kassiert hat. Trotz dieser Werbemaßnahme erfüllt der Buchverkauf mit rund fünfzigtausend verkauften Exemplaren jedoch bei weitem nicht die Erwartungen des Verlegers. Carrells Medium bleibt das Fernsehen.

Am laufenden Band vermag die ganze zweite Hälfte der siebziger Jahre seinen Rang als Highlight der deutschen Fernsehunterhaltung zu behaupten. Von vielen Fernsehmachern und Programmverantwortlichen wird die Sendung aufgrund der Art und Weise, wie locker, vergnügt und spielerisch hier Unterhaltung präsentiert wird, bereits als Modell für die Zukunft angesehen: »Es gibt Grund zu der Hoffnung, dass diese Form der spielerischen Unterhaltung – wie sich das schon bei Carrell andeutet – in Zukunft weniger perfekt, unmittelbar, leiser, lockerer und heiterer sein wird.«[108] Die sechs Jahre, in denen Rudi Carrell seine Erfolgsshow präsentiert, zementieren seinen Ruf als bedeutendster deutscher Showunterhalter für viele Jahre. 1978 stellt die *Welt am Sonntag* fest: »Rudi Carrell ist heute Deutschlands Showmaster Nummer eins. Er ist bekannt wie Helmut Schmidt: 87 % aller Bürger kennen beider Namen.«[109]

Doch plötzlich, im Frühjahr 1979, beginnt sich die Stimmung in der Presse gegen Carrell zu wenden – der Anlass dafür erscheint mehr als banal. In der Eröffnungsconférence seiner Show vom 7. April 1979 hält Rudi ein Foto in die Kamera, das sowohl den bayerischen Ministerpräsidenten Franz Josef Strauß als auch Königin Silvia von Schweden im Profil zeigt – die Monarchin hat gerade einen mehrtägigen Deutschlandbesuch absolviert und ist im siebten Monat schwanger, weshalb sie momentan sämtliche Titelblätter ziert. Rudi kommentiert die Aufnahme gewohnt flapsig: »Ich finde, die beiden ähneln sich – nicht hier, sondern hier« –, wobei er zuerst auf das Gesicht und dann auf den Bauch zeigt. Im Studio bringt der Gag einen riesigen Lacher und spontanen Applaus, in der Redaktion der *Bild*-Zeitung jedoch gehen die Anrufe einiger Zuschauer ein, die ihrer Empörung über diesen harmlosen Scherz Luft machen. Die Presse schießt sich daraufhin regelrecht auf das Thema ein und macht aus einer Mücke einen Elefanten. In zahlreichen Zeitungen und Regenbogenillustrierten wird der angebliche Skandal um Carrell hochgekocht, bis die Forderung aufkommt, Rudi müsse sich aufgrund der angeblich zahllosen Zuschauerproteste für diese »Geschmacklosigkeit« in seiner nächsten Sendung offiziell entschuldigen.

Der jedoch steht nach wie vor zu seinem harmlosen und nicht despektierlich gemeinten Scherz und kann die ganze Aufregung um solch eine Lappalie nicht so recht nachvollziehen: »In jedem Fernsehspiel wird drauflos gebumst, aber wenn Carrell ein Witzchen über eine Königin im siebten Monat macht, dann sorgt er für Schlagzeilen. Nur weil ein Prozent der Zuschauer sich aufregt und die Presse diese Leute ernst nimmt, wird es in Deutschland nie ein richtiges satirisches Programm geben und die Unterhaltung noch stumpfsinniger werden, als sie ohnehin schon ist. Auch die Unterhaltungschefs des Fernsehens denken nur noch an diese winzige Minderheit, was man bei jeder Besprechung über eine neue Show zu spüren bekommt.« Carrell sieht sich als Opfer einer regelrechten Pressekampagne – und das, nachdem die Presse ihn sechs Jahre lang hofiert und äußerst positiv dargestellt hat. Rückblickend bekennt er: »Das ist völlig normal. Die Presse ist immer sechs Jahre nett zu einem, und nach sechs Jahren ist man dann mal wieder dran, und sie prügeln auf einen ein. Das kann man sich schon fast vorher im Kalender anstreichen, wann es wieder losgeht. Und wenn einen eine Zeitung erst mal für vogelfrei erklärt hat, dann machen fast alle anderen mit.«

So ist es auch im Sommer 1979 – zahlreiche Zeitungen versuchen an Carrells Thron zu sägen und trotz nach wie vor hoher Einschaltquoten eine Krise von *Am laufenden Band* herbeizureden. Jetzt, wo dieser Ärger noch zum Stress hinzukommt, den die Show ohnehin für ihn bedeutet, denkt Rudi intensiver als je zuvor darüber nach, das Handtuch zu schmeißen: »Ich bin vierundvierzig Jahre alt – ein gutes Alter, um aufzuhören. Die meisten Showmaster fingen in dem Alter erst an. Meine Stärke lag, glaube ich, einfach in der Tatsache, dass ich jung war. Aber soll ich mich denn mit meinen grauen Haaren und meinem Faltengesicht noch länger wie der ewige Junge von nebenan benehmen?« Ende Mai 1979, mitten in die Vorbereitungen der siebenundvierzigsten Ausgabe von *Am laufenden Band* hinein, verkündet die Presse sehr zum Bedauern vieler Zuschauer: »Rudi Carrell macht endgültig Schluss.«[110] Sein Motiv, die Show aufzugeben, obwohl sie nach wie vor der größte Publikumserfolg des Fernsehens ist und auch für das Jahr 1980 bereits weitere neun Folgen geplant sind, begründet er seinen Sendern, den Journalisten und seinen Zuschauern gegenüber mit einem Argument, dem man sich eigentlich nicht verschließen kann: »Die Batterie ist leer.«

Aber nicht nur der Dauerstress und der Ärger mit der Presse sind Gründe dafür, mit *Am laufenden Band* aufzuhören, sondern es ist auch die Tatsache, dass der Vorrat an Originalität in diesem Spielkonzept nach einer Laufzeit von sechs Jahren aufgebraucht ist und dass man eigentlich schon längst alles gemacht hat, was man machen kann. Rudi hat einfach das Gefühl, dass es an der Zeit ist aufzuhören und eine längere Schaffenspause einzulegen – er denkt zeitweise sogar darüber nach, sich für alle Zeit aus dem Fernsehbetrieb zurückzuziehen. Schon in seiner Autobiographie hat er verkündet: »Nie wieder Fernsehen. Dies wird die zweite Scheidung in meinem Leben sein. Gott sei Dank nicht so schmerzhaft wie die erste. Aber dennoch eine endgültige Scheidung.« Trotz der gerade geführten heftigen Diskussion um die Einführung privatwirtschaftlich finanzierter Fernsehkanäle und einer damit einhergehenden Revolutionierung der deutschen Fernsehlandschaft sieht er zu diesem Zeitpunkt seine Möglichkeiten beim Fernsehen bereits als ausgeschöpft an: »Kein Fernsehen mehr! Auch in zehn Jahren nicht. Auch nicht, wenn Privatsender mit Millionenverträgen locken. Das kommerzielle Fernsehen kommt in Deutschland, wenn überhaupt, fünfzehn Jahre zu spät. Die wirklichen Fernsehidealisten oder Verrückten sind entweder gestorben oder leer geschrieben oder leer gebrannt. Auch das Fernsehen liegt im Sterben. Und ich habe jetzt lange genug versucht, die Fernsehunterhaltung durch Mund-zu-Mund-Beatmung zu retten, aber vergaß dabei, selber zu atmen.«

Im Juli 1979 präsentiert Rudi unter dem Titel *Die 1000-Kilo-Show* eine Zusammenstellung der Höhepunkte aus *Am laufenden Band*. Bereits jetzt nutzen viele Journalisten die Gelegenheit, Bilanz zu ziehen und der Frage nachzugehen, warum gerade Rudi Carrell im Unterhaltungsallerlei des deutschen Fernsehens so eine herausragende Stellung einnimmt. Mit einem Mal ist die Presse Rudi wieder äußerst wohlgesonnen und lobt seine Arbeit in höchsten Tönen. Die *Frankfurter Allgemeine Zeitung* kommt zu dem Schluss: »Er beherrscht die Kunst des hintersinnigen Witzes, des ironischen Umgangs mit sich selbst. Nichts wird da dem Zufall überlassen, und doch bleibt dem Zuschauer das Strickmuster einer Sendung wie *Am laufenden Band* verborgen, weil die Lebendigkeit Carrells jeden Eindruck kalten Kalküls souverän zu überspielen weiß. Nicht der geringste Reiz seiner Show besteht darin, dass sie Schadenfreude nicht nährt. Wissen wird nicht verbissen abgefragt, gefordert ist spontanes Verhalten, der Gewinner kann sich nicht besser dünken als der Verlierer.« Die *FAZ* zollt Carrell ihren Respekt dafür, dass er auch nach über fünfundzwanzig Jahren Showbusiness immer noch mit dem Wunsch antritt, dass die Show nicht nur seinem Publikum, sondern auch ihm selbst Spaß machen müsse: »Der Verzicht verrät den professionellen Unterhalter.«[111] Auch *Die Welt* zeigt sich beeindruckt von Rudis Entscheidung: »Er war der lebendige Beweis dafür, dass ein Unterhalter nicht nach der Gunst des Publikums schielen muss, sondern nach der Qualität seiner Arbeit.«[112] Der Großteil der Zuschauer bringt ebenso wie das Gros der Journalisten Verständnis für Rudis Entscheidung auf, nur die *Bild am Sonntag* fragt entrüstet: »Warum hört er überhaupt auf? Die Zuschauer mögen ihn.

Über zwanzig Millionen Zuschauer schalten immer sein *Laufendes Band* ein, amüsieren sich über Rudi.«[113]

Noch bevor die letzte Ausgabe über den Sender gegangen ist, wird eine Diskussion um Rudis potentiellen Nachfolger losgetreten. Die ARD bestätigt im August 1979 das bereits kursierende Gerücht, dass Roberto Blanco zukünftig Rudis Sendeplatz übernehmen werde. Der Sänger, mit dem Rudi sich privat äußerst gut versteht, ist seit rund einem Jahr mit einer eigenen Fernsehshow namens *Heute so, morgen so* auf dem Bildschirm vertreten; 1980 soll er nun in die Fußstapfen Carrells treten – der jedoch zeigt sich der Presse gegenüber äußerst skeptisch: »Ob das mein Nachfolger wird, das wird sich erst noch zeigen.«[114] Und tatsächlich hat Roberto Blanco mit seiner Spielshow *Noten für zwei* keine reale Chance, das schwere Carrell-Erbe anzutreten – die Sendung wird auf Robertos eigenen Wunsch hin nach nur vier Folgen wieder eingestellt. Rudi selbst liebäugelt mit einem ganz anderen Kandidaten – womit er fraglos sein untrügliches Gespür für junge Talente unter Beweis stellt, denn sein Favorit ist Thomas Gottschalk, der 1979 bereits in *Am laufenden Band* zu Gast war und mit seiner eigenen Spielshow *Telespiele* im ZDF schon recht erfolgreich, jedoch noch weit von einer großen Karriere entfernt ist. Der Presse gegenüber erklärt Rudi freimütig: »Dieser Junge hat Zukunft! Ich könnte ihn mir als Nachfolger für mich selbst vorstellen.« Der junge Moderator fühlt sich von diesem Lob zwar geschmeichelt, winkt jedoch dankend ab: »Ich als Carrell-Nachfolger? Was soll ich denn dann mit fünfunddreißig machen?«[115]

Am Samstag vor Heiligabend wird die einundfünfzigste und letzte Ausgabe von *Am laufenden Band* aufgezeichnet, die am Silvesterabend 1979 ausgestrahlt werden soll. Rudi tritt gut gelaunt im Smoking auf, und auch die hundertachtzig Studiogäste sind gebeten worden, in großer Abendtoilette zu erscheinen. Zum letzten Mal wird um Preise am laufenden Band gespielt, zum letzten Mal kann das erfolgreichste Showkonzept der siebziger Jahre seine Wirkung entfalten. Nach der Aufzeichnung der Sendung zieht Rudi sich mit seiner Familie nach Wachendorf zurück, wo man zusammen Weihnachten feiert – Rudis Sohn Alexander erinnert mich: »Rudi und Anke liebten Weihnachten, das war ihr liebstes Familienfest, und sie haben sich immer riesige Mühe gegeben, es Weihnachten gemütlich zu haben.« Am Silvesterabend sitzt die Familie dann geschlossen vor dem Fernseher, um sich gemeinsam die letzte Ausgabe anzuschauen. Wie immer, wenn es sich um eine voraufgezeichnete Show handelt, ist Rudi »hundertmal nervöser als bei meinen Livesendungen, weil ich jetzt nichts mehr ändern kann«.[116] Mit der Ausstrahlung der letzten Sendung ist das Kapitel *Am laufenden Band* ein für allemal für ihn abgeschlossen – wie immer kommt die beschwingte Show beim Publikum gut an. Da Rudi jede seiner Sendungen mit einem Lied begonnen hat, hat er sich dazu entschlossen, sich am Schluss seiner letzten Show auch mit einem Lied vom Bildschirm zu verabschieden:

Das Fragezeichen steht fürs neue Jahr,
denn das Band wird nicht mehr laufen.
Endlich Zeit zum Verschnaufen.
Wie schön das Schaffen an der Show auch war,
es wurde schwerer, das Hirn aber immer leerer.
Sie lasen oft im Nachspann »Von und mit Rudi Carrell«.
Das »mit« war immer lustig, doch das »von« war kriminell.
Bevor die grauen Haare bald weichen für eine Glatze,
hab ich gedacht: Jetzt wird es Zeit, dass ich die Kurve kratze.
Das Fragezeichen für ein neues Jahr,
denn ich weiß noch nicht, ob oder wie oder wo.
Wie wird es sein ohne Sie, ohne Show?
Darüber bin ich mir nicht ganz klar.
Doch die Antwort, die gibt es bestimmt im nächsten Jahr.

9.
Auszeit ohne Pause

Im Frühjahr 1980 verlässt Rudi zusammen mit Anke und seinem zweieinhalbjährigen Sohn Deutschland bis auf weiteres und lässt sich am Mittelmeer nieder, um Ruhe und Abstand vom Stress der zurückliegenden Jahre zu finden: »Ich konnte mein Haus zu diesem Zeitpunkt einfach nicht mehr sehen, weil mich hier alles an die Arbeit erinnerte. Ich brauchte dringend einen Ortswechsel, um abschalten zu können.«[1] Er kauft eine Villa in Éze, einem kleinen südfranzösischen Ort zwischen Nizza und Monte Carlo an der legendären Moyenne Corniche.[2] Éze ist wie viele Orte an der Côte d'Azur sehr touristisch geprägt, doch in Rudis malerischer Traumvilla, die aufgrund der steilen, langen Steintreppe, die zu ihr hinaufführt, in der Familie nur »das Dornröschenschloss« genannt wird, bekommt man vom geschäftigen Trubel nichts mit. Sie liegt abseits, alle Zimmer haben Meerblick: »Der Blick über die Küste war einfach atemberaubend. Wenn der Mistral wehte, konnte man bis nach Cannes schauen.«

Rudi, Anke und Alexander bleiben nicht lange allein, denn auch Rudis Töchter finden sich bald schon unerwartet in Südfrankreich ein. Annemieke, mittlerweile zweiundzwanzig, war kurz zuvor nach Indien aufgebrochen, wo sie eigentlich ein ganzes Jahr lang leben wollte: »Ich hielt das für eine gute Idee damals. Rudi hat mir und meinem damaligen Freund die teuren Flugtickets gekauft und fand toll, dass wir so etwas machen wollen. Aber dort angekommen, fand ich selbst die Idee gar nicht mehr so gut, und nach nur zehn Tagen stand ich, zehn Kilo abgemagert, vor Rudis Tür in Südfrankreich und sagte zu ihm: ›Ich bin zurück, und ich weiß nicht, wohin.‹ Ich hatte ja meine Wohnung in Holland aufgelöst und alle Zelte hinter mir abgebrochen. Dass ich diesen lang gehegten Traum hatte und dann nur zehn Tage durchgehalten habe, das hat Rudi schon sehr gewurmt. Ich habe meinen Vater noch nie so enttäuscht gesehen.« Dennoch mietet Rudi kurzerhand für Annemieke und ihren Freund ein kleines Appartement außerhalb der historischen Stadtmauer von Éze: »Eines Tages klingelte er morgens um fünf Uhr bei mir an der Tür, lief zu meinem Fenster, sagte nur, ›Korsika‹ und ging wieder nach Hause. Und tatsächlich konnte man an diesem Tag bis nach Korsika schauen. Solche Sachen waren ihm immer enorm wichtig, einem so etwas zu zeigen, einen teilnehmen zu lassen an dem, was er schön findet.«[3]

Rudis Feriengemeinde bekommt schon bald weiteren Zuwachs, denn drei Tage nach Annemiekes überraschender Ankunft steht auch seine achtzehnjährige Tochter Caroline mit ihrem Freund vor Rudis Tür – auch für sie mietet Rudi eine Wohnung in Éze an, ebenso wie ihre Schwester bleibt sie rund ein Jahr an der Côte d'Azur wohnen: »Das hat Anke und ihn unglaublich genervt. Sie hatten sich eigentlich dorthin zurückgezogen, um Ruhe zu haben, und plötzlich tauchen meine Schwester und ich auf, und er hat uns und unsere Freunde auch noch ständig um die Ohren. Das war Rudi ja nicht gewöhnt, wir hatten noch nie bei ihm gewohnt, und plötzlich hatte er sich um sechs Leute zu kümmern.«[4] Trotzdem versucht Rudi die herrliche Gegend, das tolle Wetter, das pittoreske historische Städtchen Éze und sein Traumhaus – das heute dem exklusiven Hotel *Château de la Chèvre d'or* gehört – zu genießen. Das Haupthaus des für seine gute Küche bekannten Hotels ist nicht weit von Rudis Domizil entfernt – vom Badezimmerfenster aus kann man »Leuten wie Frank Sinatra oder Liza Minnelli beim Dinner zuschauen«[5]. Die Nähe zum Hotel soll sich noch so manches Mal als äußerst praktisch erweisen: »Wenn Rudi abends auf der Terrasse saß und sein Heineken alle war, hat er nur rübergepfiffen und bekam dann aus dem Restaurant neues Bier geliefert. Rudi hat damals immer selbst eingekauft, und weil man nicht mit dem Auto in den Ort hineinfahren konnte, musste er seine Einkäufe immer selbst die ganzen Stufen zum Haus hochschleppen – wobei er, glaube ich, zum ersten Mal realisiert hat, wie viel Bier er eigentlich trinkt.«[6]

Carrells Lieblingsbeschäftigung besteht in diesen Tagen darin, einfach entspannt auf der Terrasse zu sitzen, sich die Sonne auf den Bauch scheinen zu lassen und aufs Meer hinauszublicken, also die Seele baumeln zu lassen und Abstand von den Anspannungen der letzten Monate und Jahre zu finden. Wie schon Anfang der siebziger Jahre im spanischen Marbella, so genießt er auch jetzt das Leben unter der südlichen Sonne in vollen Zügen – jedoch mit einem grundlegenden Unterschied: Gegenwärtig hat er keine Showverpflichtungen und weiß es zu schätzen, einmal nicht an die Arbeit denken und sich ständig Gags und Spiele ausdenken, Notizen machen und nachgrübeln zu müssen. Zum ersten Mal seit zwanzig Jahren kontinuierlicher Fernseharbeit kann er wirklich einmal in den Tag hinein leben. Wie schon vor Jahren in Marbella, so geht es ihm auch hier in Éze nicht so sehr darum, sich an dem hier rotierenden Prominentenzirkus zu beteiligen, sondern er will vielmehr die überaus reizvolle Landschaft, das schöne Wetter, die Ruhe und das Zusammensein mit Anke und seinem Sohn genießen. Die Nähe zum internationalen Jetset sucht er ebenso wenig wie die zu anderen prominenten Deutschen, die hier leben – lediglich zu seiner Nachbarin, der Schauspielerin Hildegard Krekel, gibt es Kontakt, denn deren zweijährige Tochter Miriam spielt des Öfteren mit Rudis Sohn Alexander. Wenn er sich nicht auf seiner traumhaften Terrasse gemütlich macht, liebt Carrell es, in einem Café zu sitzen und Menschen zu beobachten – die Einheimischen, die Touristen oder die Prominenten, die es auf ihrem Côte-d'Azur-Trip nach Éze verschlagen hat. Sich selbst in diesen bunten Trubel zu stürzen liegt ihm fern, lieber bezieht er als stiller Betrachter eine Position am Rande und schaut anderen Menschen dabei zu, wie sie ihr Leben genießen.

Und genauso handhabt er es auch mit seinen Kindern. Er schaut sich an, was seine Töchter so treiben, aber kommt keine Sekunde auf die Idee, ihnen Vorschriften zu machen, sie zu kritisieren oder ihnen zu raten, wie sie ihr Leben zu gestalten haben – schließlich bekennt er selbst einmal, zwar alles vom Fernsehen, aber nichts vom Leben zu verstehen. Annemieke erinnert sich: »Er war, was das anging, unglaublich tolerant. Mit welchen schrägen Typen meine Schwester und ich auch ankamen, ob wir gekifft haben oder die halben Nächte durchfeierten, er hat nie etwas gesagt, hat sich nie eingemischt und uns auch nie kritisiert. Das aber hatte nichts mit Gleichgültigkeit zu tun, mein Vater ist absolut kein gleichgültiger Mensch, er beobachtet ganz genau, bekommt alles mit, redet dann aber eben nicht lang und breit darüber. Anderen Vorschriften zu machen, wie sie ihr Leben zu leben haben, das liegt ihm völlig fern. Ich glaube, er hatte einfach das Gefühl, dass wir Kinder selbst unsere Erfahrungen sammeln müssen, dass man das Leben nur lernt, indem man es lebt und sich ausprobiert und austobt.«[7] Während Annemieke das als durchaus positiv betrachtet, sieht ihre Schwester Caroline auch die negativen Seiten dieser Einstellung: »Es stimmt, dass er uns nie kritisiert und uns etwas verboten hat, aber er hat uns auf der anderen Seite auch nie gefördert, uns gelobt, Mut gemacht, uns gesagt, dass wir etwas besonders gut können, uns gezeigt, dass er sein Vertrauen in uns setzt.«[8]

Während er seinen Töchtern freie Hand lässt, ihr Leben so zu gestalten, wie es ihnen beliebt, und er sie auch nicht nach ihren Zukunftsplänen ausfragt, freut es ihn in diesen Tagen umso mehr, endlich mal Zeit und Muße zu haben, um sich intensiv mit seinem Sohn Alexander zu beschäftigen. Dieser schwärmt heute noch davon: »In seiner Kreativpause nach dem *Laufenden Band* hat mein Vater sich wirklich sehr viel Zeit für mich genommen, und das habe ich natürlich unglaublich genossen, weil es auch immer sehr lustig mit ihm war. Die Zeit in Éze war einfach wunderschön. Erst als er später wieder anfing, Fernsehen zu machen, wurde unser Kontakt dann wieder etwas weniger, aber anfangs ging das auch noch, da seine Sendung *Rudis Tagesshow* ja in Bremen produziert wurde und er viel zu Hause war. Erst als er mit seiner Überraschungsshow anfing, hatte er immer weniger Zeit für mich.«[9] Doch daran, wieder Fernsehen zu machen, mag Rudi zu diesem Zeitpunkt in seiner Côte-d'Azur-

Idylle nicht einmal auch nur denken: »Ich habe damals wirklich gedacht, dass ich nie wieder Fernsehen machen kann, so ausgebrannt war ich da.«[10]

Dass die gerade begonnen habenden achtziger und die folgenden neunziger Jahre zu den produktivsten Schaffensperioden in Rudis Leben gehören werden, kann zu diesem Zeitpunkt noch niemand ahnen, auch Rudi selbst nicht. Denn seine wohl verdiente Auszeit am Mittelmeer will er sich nicht durch das Schmieden von Zukunftsplänen oder das Austüfteln neuer Showkonzepte verderben lassen. Hier in Èze möchte er endlich einmal ganz privat sein – nicht einmal für seinen Manager Dick Harris ist er zu erreichen. Doch sosehr er das zurückgezogene Leben und die Mittelmeeridylle auch genießt, von Zeit zu Zeit sticht ihn doch der Hafer, und es gelüstet ihn nach Streicheleinheiten seiner Fans: »Wenn Rudi das Gefühl hatte, dass er Aufmerksamkeit braucht, dann zog er los, setzte sich mitten in Èze auf die Terrasse eines Cafés, trank einen Tee und genoss es, von Touristen erkannt und angesprochen zu werden. Und wenn er genug hatte, ging er wieder nach Hause, schaute aufs Meer und war ganz für sich.«[11]

Die deutsche Presse findet erst im Mai 1980 heraus, dass Rudi nicht mehr auf seinem Anwesen in Wachendorf lebt, das zwischenzeitlich von Ankes Eltern bewohnt wird, sondern sich für längere Zeit an der Côte d'Azur niedergelassen hat – woraufhin die *Bild*-Zeitung in riesigen Lettern verkündet: «Weg! Carrell heimlich aus Deutschland.«[12] Natürlich dauert es danach nicht mehr lange, bis Reporter der Zeitung Rudi in Èze aufgespürt haben und unter der Schlagzeile »Lieber Hausmann als Star – Ex-Showmaster will endlich seine Ruhe haben« über Carrells beschauliches Leben in Èze berichten – wobei der genaue Ort von Rudis Domizil nicht genannt wird, sondern auf Carrells Wunsch hin lediglich verlautbart wird, dass es sich um ein Haus in der Nähe von Monte Carlo handle: »Fast möchte man meinen, der quirlige Holländer hätte sich schon auf ein vergnügliches Pensionärsdasein zurückgezogen. In seiner Traumvilla bei Monte Carlo spielt er jetzt den braven Hausmann. Rudi geht für die ganze Familie einkaufen, kümmert sich um neue Möbel und um Geburtstagsfeste für seinen dreijährigen Sohn Alexander. Doch so geheimnisvoll der Rudi auch mit seiner neuen Anschrift umgeht, inzwischen stoppen längst Busse vor seinem Haus, und Reiseleiter erzählen staunenden Touristen: ›Hier wohnt er, der Carrell ...‹«[13]

Das sind natürlich die Schattenseiten der Prominenz – doch was sich nur zwei Monate später im deutschen Blätterwald ereignen wird, stellt die lästigen Touristenbusse, die hin und wieder vor Rudis Domizil halten, noch bei weitem in den Schatten. Am 29. Juni 1980 verlässt Anke die Villa in Èze, fliegt gemeinsam mit ihrem Sohn Alexander nach Deutschland zurück und bezieht für drei Tage wieder das Carrell-Anwesen in

Wachendorf. Der Grund für diesen Kurztrip ist ein privater – Ankes Tante, die Schwester ihrer Mutter Erna, ist gestorben, und die Nichte will es sich nicht nehmen lassen, an der Beerdigung teilzunehmen. Weil Alex seine Großmutter schon einige Monate nicht mehr gesehen hat, nimmt sie ihren Sohn mit, während Rudi derweil das Haus in Éze hütet. Durch einen dummen Zufall erfährt die Presse in Deutschland blitzschnell von Ankes Abreise: »Unsere Nachbarin hat ihrer Schwester am Telefon lediglich gesagt, dass Anke abgereist ist – und da die Schwester damals mit dem Redakteur einer Boulevardzeitung liiert war, machte das dann in Deutschland gleich die Runde.«[14]

Und so wird aus der eigentlich völlig harmlosen und belanglosen Geschichte schnell ein vermeintlicher Skandal, der lang und breit in der Presse ausgetreten wird. Der Kölner *Express* und die Münchener Boulevardzeitung *TZ*, die selbstverständlich keinerlei Kenntnisse über die wahren Beweggründe von Ankes Abreise haben und sofort eine Ehekrise wittern, verkünden ihren Lesern in reißerischer Manier: »Rudi Carrell von seiner Frau verlassen.«[15] Sämtliche Boulevard- und Regenbogenblätter stürzen sich im traditionellen Sommerloch dankbar auf dieses Thema und spekulieren wochenlang darüber, was wohl im Hause Carrell vorgefallen sein mag – dass Rudis Frau ernsthaft darüber nachdenke, sich von ihrem Mann zu trennen, gilt bald schon als gesicherte Tatsache. Rudi, der froh war, endlich mal seine Ruhe zu haben, kommt der Wirbel um sein Privatleben höchst ungelegen, und er ärgert sich zutiefst darüber, dass derartige Falschmeldungen einfach verbreitet werden. Doch da er und Anke beschlossen haben, der Presse den wahren Grund für die Reise seiner Frau vorzuenthalten, ist es schwierig, die Schlagzeilen zu dementieren. Unkommentiert stehen lassen will er die Gerüchte über seine angeblich zerrüttete Ehe jedoch auch nicht, da sie jeglicher Grundlage entbehren – und so kommt es zu einem Aufsehen erregenden juristischen Nachspiel.

Auf einem Flug zurück nach Deutschland trifft Rudi zufällig einen Stuttgarter Rechtsanwalt, der ihn schnell davon überzeugt, gerichtlich gegen die Presseberichte vorzugehen. Carrell reicht daraufhin Klage ein und fordert Schmerzensgeld – für sich neunzigtausend Mark, für seine Frau dreißigtausend Mark. Bei der Verhandlung des Falles vor dem Landgericht Stuttgart treten Rudi und Anke gemeinsam auf und beteuern, dass ihre Ehe nach wie vor harmonisch und an den Gerüchten in der Presse nichts Wahres dran sei. Da der Anwalt der Gegenseite den Beweis für die frei erfundene Behauptung, Carrells Ehe stünde vor dem Aus und Anke habe die Côte d'Azur im Streit verlassen, logischerweise schuldig bleibt, haben die Carrells leichtes Spiel. Anke schildert dem Richter ihre Version der Geschichte: Ihr Sohn Alexander habe seinen Geburtstag bei seiner Großmutter in Deutschland feiern sollen und sie selbst unter

Heimweh gelitten und das Bedürfnis verspürt, die Rhododendren in ihrem Garten blühen zu sehen. Merkwürdigerweise fällt bei der Verhandlung niemandem auf, dass Ankes Beteuerungen widersprüchlich sind und nicht der Wahrheit entsprechen können, denn schließlich ist sie mit ihrem Sohn erst am 29. Juni nach Deutschland aufgebrochen, seinen Geburtstag hatte Alexander jedoch bereits am 3. Juni gefeiert – er wurde mit einem kleinen Kinderfest in Èze begangen, das sogar der *Bild*-Zeitung eine Erwähnung wert war. Ankes und Rudis Beteuerungen, dass an den Gerüchten um Streitigkeiten und Trennungsgedanken nichts dran sei und sie nach wie vor eine höchst harmonische Ehe führten, reichen jedoch aus, um das Gericht davon zu überzeugen, dass die Berichterstattung über die angebliche Carrell-Trennung grob fahrlässig war und hier Persönlichkeitsrechte verletzt wurden.

Am 4. Dezember 1980 fällt das Urteil zugunsten der Carrells, jedoch befindet der Vorsitzende Richter am Landgericht Stuttgart, dass die von Rudi geforderte Schmerzensgeldsumme zu hoch sei. Er tadelt Carrell, dass in Deutschland noch keine amerikanischen Maßstäbe herrschten, und verweist darauf, dass kürzlich der persischen Ex-Kaiserin Soraya lediglich fünfzehntausend Mark Schmerzensgeld für ein vollkommen frei erfundenes Interview zugestanden worden seien. Und so verurteilt er die Boulevardzeitung wegen übler Nachrede und Verletzung des Persönlichkeitsrechts dazu, Rudi und Anke gemeinsam zwanzigtausend Mark Schmerzensgeld zu bezahlen[16] – da die Differenz zwischen dem erwünschten und dem zugestandenen Schmerzensgeld so hoch ist, hat Carrell jedoch zwei Drittel der Verfahrenskosten zu tragen, sodass sich die Sache finanziell kaum gelohnt hat. Doch zumindest eins hat er mit dem Rechtsstreit erreicht – seine Privatsphäre zu schützen und die Gerüchte über angebliche Disharmonien und Turbulenzen in seinem Eheleben aus der Welt zu schaffen. Vorerst zumindest.

Ende 1980 brechen Rudi und seine Familie die Zelte an der Côte d'Azur wieder ab. Damit steht für den Showmaster im zeitweiligen Ruhestand auch wieder die Frage an, wie es beruflich weitergehen soll. Seine Ankündigung, nie wieder Fernsehen zu machen, will der Sechsundvierzigjährige glücklicherweise nun doch nicht in die Tat umsetzen und schaut sich nach einer neuen Aufgabe um. Er bespricht sich mit seinem Manager Dick Harris und seinem englischen Berater Leslie Roberts – der ihm auch letztlich dringend zu einem Fernseh-Comeback rät: »Er hat mich überzeugt weiterzumachen. Schließlich, so meinte er, gebe es doch viel zu wenig echte Persönlichkeiten im deutschen Fernsehen.«[17] Eins steht für Rudi jedoch von vornherein fest: An eine große Samstagabendshow im Stil von *Am laufenden Band* will er nicht mal im Entferntesten auch nur denken, diesen Stress möchte er sich vorerst nicht mehr antun. Zudem will er aber auch der neuen Entwicklung Rechnung tragen, dass die großen Showprogramme, die sich an die ganze Familie richten, seit neuestem kaum noch beim Publikum anzukommen vermögen, und erklärt der Presse: »Die große Show ist längst tot.«[18]

Bevor sich die Pläne für eine neue Carrell-Show konkretisieren, nimmt Rudi Ende 1980 zunächst einmal eine neue Platte auf, der er den Titel *Rudi, Rudi noch einmal* gibt, mit der er jedoch nicht mehr an die großen Chartserfolge Mitte der siebziger Jahre anknüpfen kann. Um die Platte zu promoten und sich nach genau einjähriger Bildschirmabstinenz zurückzumelden, präsentiert Carrell am 1. Januar 1981 in der ARD das Fernsehspecial *Rudi kann's nicht lassen. Geschichten und Lieder mit Rudi Carrell* – sechs Wochen zuvor hat er die gleiche Sendung bereits unter dem Titel *Rudi kann het niet laten. Liedjesprogramma* auf Nederlande 1 gezeigt. In beiden Sendungen, in Holland wie in Deutschland, moderiert er die in den Niederlanden aufgezeichnete Show aus der Dekoration einer Fernseh-Requisitenkammer, vor deren Hintergrund er kurzweilige Anekdoten rund um das Showbusiness erzählt und zahlreiche Lieder seiner neuen Platte singt, wie etwa *Liebling, die Deutschen sterben aus*, *Sauregurkenzeit*, *Eine Insel für mich ganz allein* und *Ja, wenn ich Kanzler wär*. Der Titel der Sendung, *Rudi kann's nicht lassen*, ist durchaus programmatisch gemeint und stellt für Rudis Fans ein Versprechen für die Zukunft dar, denn zu diesem Zeitpunkt schaut er sich schon längst nach einem kleineren Format um, in dem er seine Kreativität entfalten kann, das ihn aber nicht auf ähnliche Art und Weise auffrisst wie *Am laufenden Band*.

Im britischen Fernsehen BBC entdeckt Rudi die dort höchst erfolgreiche, 1979 gestartete Satireshow *Not the Nine o' Clock News*. In ihr werden aktuelle Nachrichten sowie Politiker und Prominente, die gerade im Gespräch sind, auf recht amüsante und despektierliche Art und Weise auf die Schippe genommen und parodiert. Da die Sendung auf BBC 2 zum gleichen Zeitpunkt ausgestrahlt wird, in der auf BBC 1 die Nachrichtensendung *Nine o' Clock News* läuft, haben die Macher sich für den originellen Titel *Not the Nine o' Clock News* entschieden. Die Show präsentiert zum ersten Mal eine Generation junger britischer Comedians, die noch ganz am Anfang ihrer Karriere stehen und einen völlig neuen Stil in die Fernsehunterhaltung einbringen, der an den hintersinnigen und oft auch schwarzen Humor der seit Ende der sechziger Jahre aktiven Komikertruppe *Monty Python's Flying Circus* anknüpft, die Alfred Biolek Anfang der siebziger Jahre auch für Deutschland entdeckt hat. Mit von der Partie bei *Not the Nine o' Clock News* ist etwa auch Rowan Atkinson, der später als Kunstfigur *Mr. Bean* auch in Deutschland für Furore sorgen wird. Die jungen Comedians kommen beim britischen Fernsehpublikum, und ganz besonders bei jüngeren Leuten, hervorragend an – es ist das erste Mal, dass eine alternative, freche Auffassung von Comedy und Humor wirklich für ein Millionenpublikum zugänglich gemacht wird. Sich auf so unverfrorene und teils auch zynische Art und Weise über tagespolitische Ereignisse auszulassen, wie es das Team von *Not the Nine o' Clock News* vorführt, stellt etwas völlig Neues im europäischen Fernsehen dar und sorgt auch weit über die Grenzen Großbritanniens hinaus für Aufsehen. 1980 wird die Sendung nicht nur mit dem Emmy, Englands begehrtestem Fernsehpreis, sondern auch noch mit der Silbernen Rose von Montreux ausgezeichnet.

Rudi, der schon als Zweiundzwanzigjähriger im holländischen Radio einen Zeitungsjungen verkörpert hat, der sich einmal pro Woche über die aktuellen Meldungen lustig macht, und der auch in den Eröffnungsconférencen seiner *Rudi Carrell Show* und von *Am laufenden Band* immer mit brandaktuellen Meldungen gespielt hat, ist vom Konzept der britischen Show sofort vollends überzeugt. Carrell, zeitlebens ein Nachrichtenjunkie und leidenschaftlicher Zeitungsleser, der sich keinen Morgen ohne einen riesigen Stapel Presse vorstellen kann und beim Frühstück zuallererst immer zur *Bild*-Zeitung greift, ist fest davon überzeugt, dass die erfrischende Art und Weise, wie sich das Showkonzept mit aktuellen Ereignissen und Szenen aus den TV-Nachrichtensendungen auseinander setzt, auch in Deutschland seine Freunde finden wird, worauf er sich nach Beratungen mit Leslie Roberts dazu entschließt, *Not the Nine o' Clock News* für das deutsche Fernsehen zu adaptieren. Dabei ist ihm von vornherein klar, dass er zwar die Grundidee der Sendung übernehmen kann, die Art und Weise jedoch, wie zynisch und despektierlich im britischen Vorbild mit manchen Themen und Prominenten umgegangen wird, so für den deutschen Markt nicht machbar ist. *Not the Nine o' Clock News* muss dem Geschmack und den Bedürfnissen des deutschen Fernsehpublikums angepasst werden, wobei besonders die unterschiedliche Auffassung von Humor zu berücksichtigen ist. Der schwarze und oft zur Skurrilität neigende Humor der Briten, der auch vor Tabuthemen wie Kirche und Sexualität nicht zurückschreckt, wäre für Deutschland zu kontrovers, die Gags dürfen für die deutsche Ausgabe nicht so zynisch, anarchisch und bitterböse sein, wie es manches Mal im englischen Vorbild der Fall ist. Rudi will in dieser Hinsicht auch gar nicht dem britischen Original nacheifern oder gar den engagierten deutschen Kabarettprogrammen Konkurrenz machen, ihm schwebt vielmehr vor, sich auf witzig-beschwingte Art und Weise und vor allem ohne erhobenen Zeigefinger mit aktuellen Ereignissen auseinander zu setzen und die Zuschauer mit vielerlei lustigen Einfällen zum Schmunzeln zu bringen. In einer Zeit, in der das deutsche Fernsehkabarett ohnehin mehr oder weniger vor sich hindümpelt, will Carrell mit seiner Nachrichtenparodie einen völlig neuen Akzent setzen und zudem eine bislang in Deutschland unbekannte Form von Humor etablieren. Er versteht seine Adaption von *Not the Nine o' Clock News* als einen humorvollen, ins Bild gesetzten Kommentar zu aktuellen Geschehnissen: »Die Hauptsache ist Spaß. Es gibt viele Leute, die das verbal viel besser können. Aber ich mache eine optische Show – das ist wie die Zeichnungen in der Zeitung. Die Karikaturen, die Cartoons, die jeden Tag in der Zeitung stehen, die sind immer lustig, sie sind fast nie bösartig. Und so will ich auch meine Show machen.«[19]

Rudi ist felsenfest davon überzeugt, dass das Konzept auch beim deutschen Publikum hervorragend ankommt, wenn man es entsprechend aufbereitet. Der Presse, der er von seinen Plänen berichtet, versichert er: »Da ich alle Szenen selbst schreibe, besteht keine Gefahr, dass sie nicht der Mentalität der Zuschauer hierzulande entsprechen.«[20] Da das Format etwas völlig Neuartiges darstellt, hat Rudi zunächst besonders ein jüngeres Publikum im Blick, womit er der Entwicklung Rechnung trägt, dass es immer weniger Sendungen schaffen, die ganze Familie zu erreichen, und von den Fernsehmachern mehr und mehr erkannt wird, dass die unterschiedlichen Generationen unterschiedliche Ansprüche und Bedürfnisse haben und diese auch mit speziell darauf zugeschnittenen Fernsehformaten bedient werden müssen. Carrell wird es mit seiner neuen Sendung dennoch schaffen, erneut alle Generationen vor den Fernseher zu locken, denn das, was als *Rudis Tagesshow* ab Herbst 1981 auf den Bildschirm kommt, wird Fernsehgeschichte schreiben und wieder einmal zum Tagesgespräch in ganz Deutschland werden.

Zur Vorbereitung der Show legt Rudi mit seinen Mitarbeitern ab März 1981 in seinem Arbeitsraum bei Radio Bremen ein umfangreiches Spezialarchiv an, in dem alle Sendungen mitgeschnitten und penibel archiviert werden, die für *Rudis Tagesshow* ergiebig sein könnten – Nachrichtensendungen, Reportagen, Szenen aus dem Deutschen Bundestag oder aus Kabinettssitzungen. Dabei werden auch kleine und kleinste Szenen archiviert und genauestens dokumentiert, nur so ist später jederzeit ein schneller Zugriff möglich – es kann sein, dass man für einen Gag einen stolpernden Minister braucht, einen lachenden oder verärgert dreinblickenden Bundeskanzler oder die Queen, die sich gerade an der Nase kratzt. Die Kollegen von *ARD-Aktuell* erweisen sich in diesem Zusammenhang als sehr kooperativ und lassen Carrells Team großzügig Material zukommen. In seinem Zimmer bei Radio Bremen sichtet Rudi, unterstützt von zwei Assistenten, die Sendemitschnitte, oft auf mehreren Monitoren parallel, und wartet auf Intuitionen, wie man bestimmte aktuelle Meldungen möglichst witzig kommentieren, umdeuten oder mit einem zwischengeschnittenen, aus dem Kontext gerissenen Bild konterkarieren könnte. Carrell arbeitet wie gewohnt hart, »gewissenhaft wie ein Bundesbahnbeamter. Jeden Morgen betritt er um halb neun sein Büro, gegen achtzehn Uhr verlässt er es. Er unterzieht sich einer kaum nachvollziehbaren geistigen Askese, indem er pflichtgemäß jeden Tag sechs bis sieben Stunden fernsieht, deutsche Programme, ausländische Programme, vorwärts oder im schnellen Rücklauf, mit Ton, ohne Ton, geschnitten oder gehackt, aber immer konzentriert, prüfend, lauernd und manchmal auch lachend.«[21]

Im Gegensatz zum halbstündigen britischen Original will Carrell mit *Rudis Tagesshow* jeweils eine Dreiviertelstunde auf Sendung gehen. Natürlich lässt sich nicht die komplette Sendezeit mit aktuellen Gags füllen, sodass Rudi sich für eine Abfolge von lustigen, von ihm als »Nachrichtensprecher« verlesenen Kurzmeldungen, den vorproduzierten Nachrichtengags und zudem von ebenfalls vorproduzierten Sketchen entscheidet, die keinen Aktualitätsbezug haben müssen, sondern denen die Aufgabe zukommt, die ganze Sendung aufzulockern. Seinen alten Sketchpartner Heinz Eckner engagiert er für diesen Zweck nicht wieder, sondern setzt – da sich die Sendung ja vordergründig an ein junges Publikum richten soll – auf ein vollkommen neues Sketchteam, das aus den Komikern Diether Krebs, Klaus Havenstein und Beatrice Richter besteht. Der vierunddreißigjährige Diether Krebs hat durch seine Rolle als schnoddriger, links angehauchter Schwiegersohn in Wolfgang Menges legendärer Fernsehserie *Ein Herz und eine Seele* Berühmtheit erlangt, woraufhin es ihm gelang, sich im Laufe der Siebziger in zahlreichen leichten Unterhaltungsserien, aber auch in anspruchsvollen Fernsehspielen einen Namen zu machen. Das Publikum liebt Krebs aber vor allem als Kabarettisten und als Komiker – einen seiner größten Fernseherfolge wird er ab 1985 mit der eigens auf ihn zugeschnittenen Comedyserie *Sketchup* feiern. Der viel beschäftigte Kabarettist Klaus Havenstein ist mit seinen fast sechzig Jahren der Älteste in Carrells neuem Team – in den fünfziger und sechziger Jahren war er äußerst populär und bekannt für seinen bis dato kaum auf deutschen Kabarettbühnen vertretenen bissigen Humor, der schnell auch im Film und im Fernsehen für Aufsehen sorgte.

Die dreiunddreißigjährige Beatrice Richter ist eine Neuentdeckung von Rudi. Nach ihrer Schauspielausbildung an der Otto-Falkenberg-Schule hat sie zwar bereits schon in einigen Fernsehproduktionen mitgewirkt, sich aber noch nicht wirklich nachhaltig in Szene setzen können. Wie so viele Schauspieler vor und nach ihr wartet sie noch auf *die* Chance, die ihr die Gelegenheit bietet, sich zu profilieren. Und diese Gelegenheit kommt in Gestalt Rudi Carrells auf sie zu. Als Ersatz für Barbara Valentin wird sie kurzfristig von Dieter Hildebrandt und seinem Regisseur

Sammy Drechsel, dem Begründer der Münchner Lach- und Schießgesellschaft, in die Sendung *Scheibenwischer* eingeladen, in der sie ein neunminütiges Solo präsentieren darf. Beatrice entscheidet sich für eine Persiflage der aktuellen Kulturschickeria und parodiert in ihrer Nummer Hanna Schygulla und Cleo Kretschmer, Vivi Bach und Barbara Schöne. Am heimischen Bildschirm in Wachendorf verfolgt auch Rudi, der noch auf der Suche nach geeigneten Sketchpartnern für *Rudis Tagesshow* ist, die Sendung und greift noch am selben Abend zum Telefonhörer, um Beatrice Richter, von deren Performance er mehr als angetan war, zu engagieren. Diese erinnert sich an den denkwürdigen Anruf: »Ich saß noch mit der *Scheibenwischer*-Mannschaft im Restaurant, als plötzlich ein Kellner kam und mir sagte: ›Da ist ein Herr Carrell für Sie am Telefon.‹ Und Rudi fragte mich einfach, ob ich in seiner Show mitmachen möchte, und ich war unglaublich happy darüber. Ich bin ihm wahnsinnig dankbar, dass er mir diese Chance gegeben hat. Ich kann wirklich sagen: Rudi Carrell war *der* Initiator meiner Karriere.«[22]

Die Sketche in *Rudis Tagesshow* werden jeweils als Einspielfilme vorproduziert und nicht live in der Sendung aufgeführt. Da sie als einziger Bestandteil der Show keinen Aktualitätsbezug haben, können sie teils auch schon weit im Vorfeld abgedreht werden. Obwohl Rudi jetzt, da nicht mehr die Verantwortung für eine neunzigminütige Samstagabendshow auf seinen Schultern lastet, wesentlich lockerer und entspannter an seine Sendungen herangeht als jemals zuvor, empfindet Beatrice Richter die Atmosphäre, die am Set von *Rudis Tagesshow* herrscht, manches Mal als äußerst belastend: »Innerlich habe ich immer regelrecht strammgestanden vor Rudi. Ich war manchmal so nervös, dass ich vor Nervosität gestottert habe und Angst hatte, dass ich meinen Text vergesse. Ich hatte einen riesigen Respekt vor Carrell, und ich hatte unheimliche Angst vor seinen Zornesausbrüchen, wenn ich mal nicht so funktionierte, wie er es erwartete. Und deshalb habe ich mich nach der Arbeit auch immer so schnell wie möglich verkrümelt.« Obwohl Beatrice bei zwei Staffeln von *Rudis Tagesshow* mit von der Partie ist, kommt es zu keiner wirklichen Annäherung auf persönlicher Ebene: »Es war ein mehr als distanziertes Verhältnis – wir haben uns nicht mal mit einem Küsschen auf die Wange begrüßt, wie das sonst unter Kollegen üblich ist, sondern stets nur respektvoll mit Händedruck. Es war immer eine ganz große Distanz zwischen uns, wie ich das in meinem ganzen Leben eigentlich bei keinem Menschen erlebt habe, mit dem ich zusammengearbeitet habe. Private Kontakte über die Arbeit hinaus gab es keine, nur ein einziges Mal hat Rudis Frau Anke uns alle nach Wachendorf eingeladen und bekocht, aber eine wirklich lockere oder herzliche Stimmung ist da auch nicht aufgekommen. Der Erwartungsdruck, der bei *Rudis Tagesshow* herrschte, hat mir damals jedenfalls regelrecht körperlich zugesetzt – es kam nicht nur einmal vor, dass ich mich vor lauter Aufregung übergeben musste und Durchfall bekam, bevor ich ins Studio fuhr.« Trotz der damaligen Strapazen bereut Beatrice Richter rückblickend ihre Mitwirkung an *Rudis Tagesshow* nicht: »Ich habe irrsinnig viel gelernt in dieser Zeit. Das Maß an Professionalität, mit dem Rudi an die Arbeit ging, hat mich beeindruckt, und das habe ich nachher so nie wieder erlebt. Und wir haben ja durch das harte Feilen an der Show auch viel erreicht. Man kann wirklich sagen, dass wir mit dieser Sendung ein Stück Fernsehgeschichte geschrieben haben, und ich bin wirklich stolz darauf, dabei gewesen zu sein.«[23]

Eine andere Mitarbeiterin an *Rudis Tagesshow* hat Carrell in der Zusammenarbeit wesentlich entspannter erlebt als Beatrice Richter – Rudis Tochter Annemieke, die ab der ersten Staffel als Regieassistentin fungiert: »Ich glaube, Rudi hätte auch kein Problem damit gehabt, wenn ich nie gearbeitet und immer zu Hause geblieben wäre – das entsprach ja eher seinem Frauenbild. Aber als ich ihm sagte, dass ich gerne arbeiten würde, war das auch kein Problem, und er hat mir dann gleich angeboten, bei seiner neuen Show mitzumachen.« Ihren Vater empfindet Annemieke, die von nun an mehrere Jahre intensiv mit ihm zusammenarbeiten wird, als einen äußerst angenehmen Chef: »Ich habe nie Probleme mit Rudi gehabt. Unsere Zusammenarbeit war immer harmonisch. Er hat mich nie schlecht behandelt, nie auch nur kritisiert. Dabei hätte ich mir durchaus auch mal Kritik gewünscht, damit ich mehr lerne, aber er hat immer nur gesagt: ›Prima, Mike!‹, und das war's.«[24] Dennoch lernt Annemieke eine Menge von ihrem Vater: »Rudi war immer ein toller Berater für mich. Er hat mir einfach ganz viele grundlegende Dinge vermittelt, die man können muss und die auch nicht von irgendwelchen Moden im Fernsehen abhängig sind.« Die Lehrstunden finden nicht nur im Studio, sondern auch vor dem heimischen Fernsehapparat statt, beim gemeinsamen Anschauen von Shows und Unterhaltungsprogrammen: »Wir haben sehr häufig zusammen vor dem Fernseher gesessen, denn Rudi wollte immer informiert sein, was seine Kollegen so machten. Er hat vieles kritisiert, manches auch gelobt – und meistens hatte er mit dem, was er sagte, auch Recht. Mir hat das später, bei meiner Fernseharbeit, sehr viel geholfen, denn Rudi hat ein unglaubliches Wissen und ein großes Gespür dafür, was funktioniert und was nicht. Da macht ihm so schnell keiner was vor.«[25]

Rudis Tochter Caroline, die ab der zweiten Staffel von *Rudis Tagesshow* ebenfalls für ihren Vater arbeitet, hat etwas andere Erfahrungen mit Rudi als Chef gemacht und hatte von Beginn an gewisse Probleme, im Team als Carrells Tochter zu fungieren und insofern immer automatisch einen Sonderstatus einzunehmen: »Nach einem Jahr habe ich gekündigt und zu Rudi gesagt: ›Ich gehe weg, ich will wissen, ob ich auch ohne dich zurechtkomme.‹ Und dann habe ich ein Jahr in einer Münchner Werbeagentur, bei *Bulle Bernd Filmhaus*, gearbeitet – und der Mann war eine Kopie von Rudi. Ein Jahr später rief Rudi mich dann an und sagte: ›Du, ich brauche dich als Regieassistentin bei *Rudis Tagesshow*. Ich möchte, dass du das machst.‹ Und er hat mir ein so gutes Angebot gemacht, dass ich das nicht ablehnen konnte.« Wie ihre Schwester Annemieke arbeitet auch Caroline in den nächsten Jahren hinter den Kulissen von Rudis Shows weiter, insgesamt ist sie sieben Jahre mit von der Partie, doch nicht immer ist die Zusammenarbeit so spannungsfrei wie bei ihrer Schwester: »Ich fand es schon nicht immer einfach, Rudi als Chef zu haben. In den Tagen vor der Sendung war er immer unheimlich kurz angebunden, ungeduldig, sehr gestresst und hat viel gemeckert. Da war absolut kein Platz für private Dinge. Die Situation im Studio war manches Mal verzwickt: Rudi meckerte über das Team, und das Team meckerte über Rudi, und ich habe mich oft dabei erwischt, dass ich am lautesten über Rudi schimpfte – und irgendwann habe ich mir auch gedacht, dass das nicht so ganz gesund ist. Aber Rudi hat mich nie vorm ganzen Team zusammengeschissen, so wie er das mit anderen gemacht hat – aber einen bösen Blick, wenn ihm mal was nicht passte, das gab es durchaus schon mal.«[26]

Rudis Töchter bleiben nicht die einzigen neuen Mitarbeiter, die während *Rudis Tagesshow* zu Carrell stoßen und viele Jahre in seinem Mitarbeiterstab bleiben – zur gleichen Zeit kommt auch noch ein junger Student ins Team, der zunächst als Requisiteur arbeitet, dann aber schnell zum Regieassistenten aufsteigt und schließlich, am Ende der Dekade, wenn Rudi seine große Überraschungsshow präsentieren wird, sogar Rudis Regisseur wird: Ulrich Brock. Dieser schreibt gerade an der Universität Osnabrück an einer Magisterarbeit mit dem Thema: *Die Unterschaltungsshow im Fernsehen der BRD – Exemplarische Studie zum Unterhaltungsmoment in Fernsehshows von Rudi Carrell.* Doch bei der wissenschaftlichen Auseinandersetzung und der Arbeit in der Requisite wird es nicht bleiben, durch die intensive Zusammenarbeit mit Carrell steigt er zu einem gefragten Regisseur und Unterhaltungsfachmann auf und macht eine steile Karriere: 1995 wird Brock Unterhaltungschef von Sat 1, später Geschäftsführer von Constantin Entertainment in München werden. Auch für Brock also bewahrheitet es sich, was schon seit den Zeiten von *Am laufenden Band* gilt: Die Zusammenarbeit mit Carrell zahlt sich aus. Wer sagen kann, dass er eng mit Carrell gearbeitet oder gar von diesem entdeckt und ausgebildet wurde, wie im Falle Ulrich Brocks, hat in der Fernsehbranche gleich ein ganz anderes Standing.

Aber nicht nur Brock profitiert von der Zusammenarbeit, auch Carrell selbst ist höchst zufrieden. Rudis Tochter Annemieke erinnert sich: »Rudi war unglaublich zufrieden mit der Arbeit von Uli Brock. Er hat sich mit ihm eigentlich selbst einen Regisseur angelernt, so wie er ihn schon immer haben wollte – und der, da er ja die Carrell-Schule durchgemacht hatte, eigentlich machte, was Rudi wollte. Und so war der Druck bei der Arbeit weg, der früher so oft hinter den Kulissen der Carrell-Shows herrschte und zu teils fürchterlichen Auseinandersetzungen mit den Regisseuren führte, und ich muss sagen, dass wir auf diese Art und Weise wirklich viel Spaß bei der Arbeit hatten. Wir haben in dieser Zeit unglaublich viel gelacht, und Rudi war viel entspannter als früher.« Dennoch bleibt letztlich immer Rudi es, der den Ton im Studio angibt und sich bis ins kleinste Detail selbst dafür verantwortlich fühlt, dass auch die nächste Ausgabe von *Rudis Tagesshow* wieder gut ankommt. Ein Reporter schildert die Stimmung bei den Vorbereitungen: »Alle im Studio sind angespannt, aber keiner ist verkrampft. Alle arbeiten schnell, aber niemand ist hektisch. Jeder kann sagen, was er denkt, aber Rudi hat das letzte Wort. In seinem unbeirrbaren Gefühl für Tempo beendet er jede Diskussion an der richtigen Stelle mit dem richtigen Argument. Zum Beispiel: ›Ist das meine Show oder deine?‹ Schon ist Ruhe. Es geht weiter.«[27]

Rudis neue Sendung wird mit großer Spannung erwartet – zumal sie schon Monate vor ihrem Start jede Menge Wirbel und Schlagzeilen verursacht. Denn bei den Gagenverhandlungen mit der ARD, ein halbes Jahr vor Sendebeginn, erweist Rudi sich als knallharter Zocker. Nachdem er für jede Ausgabe von *Am laufenden Band* zuletzt mit fünfundzwanzigtausend Mark bezahlt worden ist, fordert er nun für jede Folge von *Rudis Tagesshow* stolze fünfundvierzigtausend Mark, was in der Fernsehbranche für Gesprächsstoff sorgt, da dies – würde die ARD hierauf eingehen – eine absolute Spitzengage im deutschen und sogar im europäischen Fernsehen darstellen würde. Im Umfeld der schlagzeilenträchtigen Gagenverhandlungen werden immer wieder auch die Verdienste von Carrells Kollegen zum Vergleich herangezogen – so wird kolportiert, dass die anderen momentanen Top-Unterhalter Hans-Joachim Kulenkampff, Joachim Fuchsberger und Michael Schanze gegenwärtig rund fünfundzwanzigtausend Mark pro Sendung verdienen, Frank Elstner für sein *Wetten, dass?* mit rund zwanzigtausend Mark pro Show entlohnt wird und die Gagen von Stars wie Lou van Burg, Hans Rosenthal und Wim Thoelke sich zwischen zwölf- und zwanzigtausend Mark bewegen, während Fernseh-Newcomer Thomas Gottschalk, der gerade seine erste Game-Show *Telespiele* beim ZDF moderiert, mit achttausend Mark pro Ausgabe noch am unteren Ende der Skala rangiert. Ginge man bei der ARD auf Carrells Forderungen ein, so würde er mit einem Schlag zum meistverdienenden Fernsehstar Deutschlands aufsteigen. Von der Presse darauf angesprochen, ob seine Gagenvorstellungen nicht vielleicht doch etwas übertrieben seien, gibt Rudi sich gewohnt selbstbewusst und weist darauf hin, dass er schließlich im Gegensatz zu anderen Showmastern, die nur ihr Gesicht in die Kamera halten und vorproduzierte Texte vortragen, alles allein mache, von den Ideen und Gags bis hin zu den Liedern und der Realisation – er sei gleichzeitig Autor, Ideengeber, Regisseur und Hauptdarsteller der Show.

Die ARD empfindet Carrells Forderung dennoch überzogen und bietet ihm zunächst alternativ achtundzwanzigtausend, dann schließlich fünfunddreißigtausend Mark pro Ausgabe, womit er zehntausend Mark über seiner Gage von *Am laufenden Band* läge – die mit neunzig Minuten zudem doppelt so lang war, wie *Rudis Tagesschau* es sein wird. Doch Carrell bleibt hart: »Entweder fünfundvierzigtausend Mark, oder die Show fällt ins Wasser.« Die *Bild*-Zeitung meldet bereits in riesigen Lettern: »Platzt neue Carrell-Show? Rudi will jede Minute tausend Mark.«[28] Zähneknirschend lenkt die ARD ein, man einigt sich – nur zweitausend Mark unterhalb von Carrells Forderungen liegend – auf ein Gesamthonorar von dreiundvierzigtausend Mark pro Ausgabe, was einen absoluten Gagenrekord im europäischen Fernsehen bedeutet. Rudis Verdienst setzt sich aus vier Teilen zusammen: Fünfzehntausend Mark erhält er als Showmaster, zehntausend Mark als Autor, zehntausend Mark als Regisseur sowie zusätzlich achttausend Mark vom ORF, der *Rudis Tagesshow* in Österreich ausstrahlen wird. Der Gagenrekord sorgt für Schlagzeilen, doch Carrell wiegelt ab: »Ich weiß, dass die Erwartungen der Zuschauer sehr hoch geschraubt sind und ich jede Menge riskiere. Aber ich werde alles daransetzen, um jede Mark wert zu sein. Übrigens: Ich muss von der Gesamtgage auch meine Mitarbeiter bezahlen – und den Löwenanteil kassiert sowieso wieder das Finanzamt.«[29]

Am 12. Oktober 1981 ist es endlich soweit. Nachdem Rudi mehr als anderthalb Jahre nicht mit einer eigenen Showreihe im deutschen Fernsehen vertreten war, startet er nun wieder durch. Die erste von vorerst zwölf geplanten Ausgaben, die bis Ende des Jahres wöchentlich ausgestrahlt werden, geht live über den Sender. Im Gegensatz zu *Not the Nine o' Clock News*, die jeweils einen Tag vor der Ausstrahlung aufgezeichnet wird, hat sich der liveerprobte Carrell dazu entschieden, die Sendung, die sich auf viele vorproduzierte Teile stützt, live vor Publikum im Bremer Studio zu machen. *Rudis Tagesshow* kommt immer montags um zweiundzwanzig Uhr, unmittelbar vor den *Tagesthemen.* Die aktuellen Meldungen liest Rudi in einer an die *Tagesschau* angelehnten Dekoration ab, die jeweiligen Einspielfilme werden für die Studiozuschauer auf Monitoren eingeblendet. Rudi legt großen Wert darauf, dass die Sendung nicht in einer sterilen Studioatmosphäre, sondern vor Publikum abläuft und das Lachen und der Applaus der hundertvierzig Menschen im Studio auch für die Fernsehzuschauer zu Hause zu hören ist – über manch einen der Gags wird jedoch so laut gelacht, dass Rudi schon befürchtet, man könnte dies für Lacher vom Band halten. Um die Stimmung im Studio bereits vor Beginn der Livesendung anzuheizen, lässt Rudi es sich nicht nehmen, vor jeder Sendung das Warming-up persönlich zu übernehmen, wie Annemieke sich erinnert: »Rudi hat das immer selbst gemacht und niemand anderem überlassen. In all seinen Shows, mit Ausnahme von *7 Tage – 7 Köpfe*. Und jedes Mal fing er mit seinem Gag mit dem verlorenen Hundertmarkschein und der Einkaufstasche an – das Team hat sich das immer wieder anhören müssen, und jeder, der öfter als einmal bei *Rudis Tagesshow* zu Gast war, kannte den Gag auch schon, aber Rudi fand ihn so gut, dass er ihn wieder und wieder gebracht hat. Wir haben uns den Spaß gemacht und das jedes Mal heimlich mitgeschnitten und irgendwann mal zum Scherz einen Zusammenschnitt davon gemacht, wo wir dann eingeblendet haben: ›Rudi Carrell – Hundertmarkschein – die soundso vielte …«

Carrell präsentiert mit *Rudis Tagesshow* eine flotte Abfolge kurzer Sketche, die – wie bereits schon zuzeiten der *Rudi Carrell Show* und von *Am laufenden Band* – temporeich und perfekt choreographiert sind. Einer der ersten Tipps, den Rudi als junger Showmaster von Leslie Roberts mit auf den Weg gegeben bekam, lautete, dass der perfekte Ablauf einer Show das Wichtigste ist und es sich lohnt, diesen stundenlang zu diskutieren – ein Ratschlag, den Rudi immer noch beherzigt und der sich nach wie vor auch auszahlt, denn *Rudis Tagesshow* ist geradezu ein Meisterwerk kurzweiliger Showdramaturgie. Im Gegensatz zu den oft bissigen Satiren und dem schwarzen Humor des britischen Vorbilds sind die Scherze und Gags in *Rudis Tagesshow* wie geplant harmloser und weniger provokant. Da ist etwa Prinz Charles, der mittels einer Bildmontage einen Storch auf dem Dach von Buckingham Palace landen sieht, als gerade Gerüchte über eine mögliche Schwangerschaft Prinzessin Dianas kursieren; da ist Ex-Bundeskanzler Willy Brandt, der in Gedanken versunken ein orangefarbenes Mikrofon betastet und von einem Stimmenimitator dazu amüsante Kommentare in den Mund gelegt bekommt, da wird ein Bericht über die neuesten Steuererhöhungen mit Bildern des lachenden und feixenden Finanzministers kombiniert, und einmal wird auch »erklärt«, wie das Team von *Rudis Tagesshow* immer an seine brisanten Informationen herankommt: Arbeitsminister Norbert Blüm verstaut während einer Kabinettssitzung vertrauliche Unterlagen – in der nächsten Einstellung sieht man unter dem Tisch Rudi Carrell hocken, der die Akten mit größtem Interesse entgegennimmt. Auch eine Persiflage auf die Wettervorhersage gibt es – da wird etwa die Wetterlage von der aktuellen Demonstrationsfront verkündet, inklusive Krawalltief in Berlin und einem Polizeihoch in Frankfurt. Die Verballhornung aktueller Nachrichten und die kurzen Einspieler, in denen Politiker und Prominente auf den Arm genommen werden, kombiniert Rudi Carrell mit den vorproduzierten, temporeichen Sketchen – was anfänglich noch eine ungewohnte Kombination darstellt, die Rudi aber nach der ersten Sendung verteidigt: »Diese Mischung sollte schon so sein. Aus der Aktualität allein können wir nicht schöpfen, zumal es in aktuellen Sendungen Beiträge gibt, die an sich schon so komisch sind, dass sie für uns nichts mehr hergeben. Wir brauchen ganz nüchternes Material, das wir satirisch aufarbeiten. Wir müssen uns selber erst noch an unseren neuen Stil gewöhnen und das Publikum behutsam auf unsere Linie bringen.«[30]

Die Feuilletons reagieren zunächst noch leicht irritiert auf die für deutsche Verhältnisse völlig neuartige Comedyform und werfen Rudi etwas vor, was gar nicht seine Intention gewesen ist – die *Frankfurter Allgemeine Zeitung* etwa befindet: »Subtile Satire ist Rudi Carrells Sache nicht, und zum Persiflieren des Gehabes unserer Nachrichtengötter taugt er noch weniger.«[31] Beim Großteil der Fernsehkritiker und besonders auch beim breiten Publikum kommt *Rudis Tagesshow* jedoch blendend an – die Sehbeteiligung für die zwölf Folgen ist angesichts des recht ungünstigen Sendetermins am Montagabend sensationell hoch. Rund zwanzig Millionen Zuschauer schalten bei jeder von Rudis Sendungen ein. Keine Frage: Für die ARD hat sich die zunächst nur widerwillig akzeptierte Investition in Carrell voll und ganz gelohnt, und auch Rudi kann höchst zufrieden sein, denn mit seinem glanzvollen Bildschirmcomeback hat er sich quasi über Nacht wieder an die Spitze der deutschen Fernsehunterhaltung katapultiert und zudem unter Beweis gestellt, dass er auch noch zu etwas ganz anderem fähig ist, als Spielshows am Samstagabend zu präsentieren. Carrell zeigt sich hocherfreut über das positive Feedback: »Ich bin froh, dass ein neuer Anfang gemacht ist, dass ich das in diesem Alter noch schaffe.«[32] Nach den zwölf Folgen der ersten Staffel, deren letzte am 28. Dezember 1981 über den Sender geht, zieht Rudi sich sehr zum Bedauern des Publikums bis zur Fortsetzung der Serie im nächsten Herbst zuerst einmal wieder ganz vom Bildschirm zurück – die *Bild*-Zeitung verkündet daraufhin: »Neun Monate Pause – Carrell kann sich das leisten.«[33]

Doch auch während der Fernsehpause bleibt *Rudis Tagesshow* im Gespräch und verursacht Wirbel im Blätterwald, denn noch vor Beginn der zweiten Staffel entscheidet Beatrice Richter sich, aus Carrells Team auszusteigen, weil sie die angespannte Arbeitssituation nervlich zu sehr belastet und sich außerdem zunehmend Spannungen zwischen ihr und Carrell entwickeln, vor allem, nachdem sie bereits am Ende der ersten Staffel für ihre Leistungen in *Rudis Tagesshow* mit einer Goldenen Kamera belohnt worden ist. Sie versucht das rückblickend zu erklären: »Ich weiß es nicht genau, aber ich habe immer das Gefühl gehabt, dass Rudi mir das übel genommen hat, dass ich so früh den Preis bekommen habe. Es scheint ihn gekränkt zu haben, dass ich als Erste für *Rudis Tagesshow* ausgezeichnet worden bin und nicht er als der Schöpfer und Präsentator – er hat den Preis ja erst ein Jahr später bekommen. Ich habe das ehrlich gesagt nicht so ganz verstehen können. Er war doch da schon der große, preisgekrönte Carrell, mein Mentor, und ich war so ein kleines Licht gegen ihn.« Carrell, der Beatrice mit dem Angebot, in *Rudis Tagesshow* mitzuwirken, die einmalige Chance gegeben hat, sich ins Rampenlicht zu katapultieren, ist natürlich alles andere als erfreut über ihre Entscheidung auszusteigen, und erklärt der Presse: »Ich bin tief enttäuscht.«[34] Doch nach dem ersten Schock sucht Rudi das Gespräch mit Beatrice, und schon wenige Tage später können die Zeitungen verkünden: »Carrell eroberte Beatrice Richter zurück« – »Nach zwei Stunden waren sie wieder ein Herz und eine Seele« – »Vereint: Nach dem Krach basteln Carrell und Beatrice Richter wieder an neuen Gags.«[35] So ist Beatrice auch in der zweiten, ebenso erfolgreichen Staffel wieder mit an Bord – bis Rudi sich im Dezember erneut für fast ein ganzes Jahr vom Bildschirm verabschiedet, worauf ihm die *Hörzu* schon sehnsuchtsvoll nachruft: »Rudi, komm bald wieder!«[36]

Wiederum wird Carrell reichlich mit Preisen bedacht, denn mit seiner neuen Comedyshow ist es ihm auf geniale Weise gelungen, erneut den Zeitgeist zu treffen. *Rudis Tagesshow*, die sich als heiter-beschwingte Parodie und Persiflage versteht und die Fernsehzuschauer ohne den erhobenen Zeigefinger und den belehrenden Impetus deutscher Fernsehkabarettisten schlicht und einfach unterhalten will, passt ideal in die achtziger Jahre, in denen nichts so groß geschrieben wird wie der Spaßfaktor – *Ich will Spaß, ich will Spaß!*, hat der »Neue-Deutsche-Welle«-Interpret Markus 1982 gesungen, was geradezu als Mottolied der Dekade gelten kann. 1982 wird Rudi der Musikpreis Goldene Europa überreicht – er ist der einzige Preisträger, der nicht für eine musikalische Leistung, sondern für eine Fernsehproduktion geehrt wird. 1983 erhält er seine zweite Goldene Kamera für die beste Fernsehleistung des Jahres 1982 – die Laudatio hält sinnigerweise *Tagesschau*-Chefsprecher Werner Veigel. *Rudis Tagesshow* stellt für Carrell in der ersten Hälfte der achtziger Jahre zweifellos einen neuen Höhepunkt seiner Karriere und seiner Popularität dar – das Magazin *Penthouse* fordert sogar: »Carrell for Kanzler!«[37]

Rudi geht zunächst davon aus, dass *Rudis Tagesshow* zwei Jahre lang laufen wird und nach Ende der zweiten Staffel Ende 1982 nicht weiter fortgesetzt werden wird – das britische Vorbild, die *Not the Nine o' Clock News*, wird auch im März 1982 nach achtundzwanzig Folgen wieder eingestellt und hat es damit auf rund vier Jahre gebracht. Aber aufgrund des durchschlagenden Erfolgs geht die Show auf Drängen der ARD nach einem Jahr Pause auch 1984 munter weiter – ab der dritten Staffel 1984 jedoch tatsächlich ohne Beatrice Richter, die sich endgültig dafür entschieden hat, aus der Sendung auszusteigen, und dann durch die Schauspielerin und Kabarettistin Susanne Czepl ersetzt wird: »Ich habe diese Anspannung bei der Arbeit mit ihm und diesen riesigen Erwartungsdruck einfach nicht länger ertragen und zu Rudi gesagt: ›Ich kann leider nicht mehr mitmachen, ich werde sonst krank.‹ Rudi hat mir das sehr übel genommen, und er konnte es, glaube ich, auch nicht richtig verstehen, warum ich aussteige. Wir hatten auf jeden Fall niemals wieder Kontakt danach und uns nie wieder gesehen.«[38]

Als 1984 nach der einjährigen Pause von *Rudis Tagesshow* die Vorbereitungen zu einer neuen Staffel laufen und Rudi gefragt wird, warum er sich nun doch für das Weitermachen entschieden hat, findet er der Presse gegenüber gute Gründe für seinen Entschluss, die Show fortzuführen: »Wir hörten auf, weil es einfach keine guten Bilder mehr gegeben hat. Wer wie ich Tag für Tag das Fernsehprogramm verfolgt hat, merkte bald, dass immer nur die gleichen Prominenteneinstellungen kamen. Das hat sich in den letzten zwei Jahren merklich geändert. Die Bilder sind bunter und die Kameraleute frecher geworden: Heute zeigen sie auch mal einen Sturz von Präsident Reagan.«[39] Auch die Staffel des Jahres 1984 hat, sowohl was die Einschaltquoten als auch was die Akzeptanz beim Publikum angeht, erneut riesigen Erfolg, sodass Carrell nach abermals einjähriger Pause im Jahr 1985 auch 1986 wieder mit *Rudis Tagesshow* auf den Bildschirm zurückkehrt, diesmal verkürzt auf eine Sendezeit von dreißig Minuten. Insgesamt wird es die Sendung, immer mit Unterbrechungen, ganze sechs Jahre geben – im März 1987 endet die letzte Staffel, die für reichlich Aufsehen sorgen wird.

Eine Ausgabe von *Rudis Tagesshow*, in der mittels einer Bildmontage der Eindruck erweckt wird, als werde der iranische Revolutionsführer Ajatollah Khomeini während der Feiern zum achten Jahrestag der iranischen Revolution von begeisterten Anhängerinnen mit Dessous beworfen, führt im Februar 1987 zu einer schwer wiegenden diplomatischen Krise zwischen der Bundesrepublik und dem Iran und bringt Carrells Sendung international in die Schlagzeilen. Die Aufregung über die nur vierzehn Sekunden lange Szene überrascht Carrell – mit einer solchen Reaktion hätte er nicht gerechnet. Witze und Gags müssen für ihn in erster Linie immer lustig sein, nicht moralisch tragfähig oder politically correct. Dennoch hat Rudi bestimmte Themen bislang immer konsequent ausgespart – so etwa die Kirchen und die Religion, weil ihm stets bewusst gewesen ist, dass es gerade in Deutschland heikel ist, diese Themen zu persiflieren: »Ich habe einmal in einer Show dem Papst, als er krank war, gute Besserung gewünscht. Da habe ich tatsächlich wütende Briefe bekommen: ›Wie können Sie sich über den Papst lustig machen?‹«[40] Wagt doch einmal jemand einen kleinen Seitenhieb, so hagelt es oft prompt Zuschauerproteste, auf die sich die Medien stürzen, und zudem ist der Einfluss der Vertreter der christlichen Kirchen in den Aufsichtsräten der Fernsehsender nicht zu unterschätzen. Schon bei *Am laufenden Band* hatte Carrell kurzzeitig mit dem Gedanken gespielt, eine Show unter das Motto Kirche zu stellen, den Gedanken aber gleich wieder verworfen: »Auch ein schönes Thema für unsere Show, denke ich, Kirche. Welche Möglichkeiten für Spiele, Gags, Witze. Und das im Fernsehen. Das würde unsere letzte Show sein.«[41] Noch Anfang Februar 1987, nur eine Woche vor dem Khomeini-Skandal, erklärt Rudi in einem Interview mit dem *Rheinischen Merkur*, warum er bislang stets vermieden hat, in seinen deutschen Shows Scherze über Religion zu machen, und auch in Rudis *Tagesshow* religiöse Themen bislang immer konsequent ausgespart hat: »Die sind tabu hier in Deutschland. Das kann man nicht machen. Da gibt es dann ein Prozent, das sich dermaßen aufregt, dass die Presse das ausnützen würde, darum lass ich das lieber sein. Das ist schade, dass das hier nicht geht. In England oder Amerika ist das überhaupt kein Problem. In Frankreich auch nicht. Nur hier in Deutschland ist es ein Problem. Es gibt Feinde der Unterhaltung, es gibt Vorurteile. Religion und Unterhaltung passen in Deutschland angeblich nicht zusammen.«[42]

Sosehr er sich davor hütet, sich mit den christlichen Kirchen anzulegen, sowenig Fingerspitzengefühl beweist Rudi beim Gag mit dem iranischen Revolutionsführer, der eben nicht nur eine politische Kraft ist, sondern zugleich auch noch das religiöse Oberhaupt von Millionen Schiiten. Rudis Tochter Annemieke, die sich den Sketch vorab anschauen konnte, erinnert sich: »Als ich das gesehen habe, war ich schon sehr verwundert, dass da kein Redakteur was gesagt hat.«[43] Rudi selbst erklärt: »Die Redakteure haben an diesem Tag stundenlang über einen anderen Gag in der Show gebrütet, und so haben sie kaum Zeit gehabt, sich diese kurze Khomeini-Szene anzuschauen, und haben die, glaube ich, auch gar nicht so richtig wahrgenommen, während wir die Show zusammengeschnitten haben. Zumindest haben sie keinerlei Bedenken angemeldet.«[44] Dabei hätte man angesichts des Themas durchaus sensibilisiert sein können, denn auch bei den britischen *Not the Nine o' Clock News* hatte Anfang der achtziger Jahre ein Sketch, der Ajatollah Khomeini aufs Korn nahm, zu heftigen Zuschauerprotesten geführt – wenn auch der Skandal damals bei weitem nicht die Ausmaße annahm wie nun der um *Rudis Tagesshow*. Kurz nach der Ausstrahlung der Sendung am 15. Februar 1987, die wiederum von zwanzig Millionen Zuschauern verfolgt worden ist, meldet der iranische Rundfunk den »verleumderischen« und »feindseligen« Vorfall und schlussfolgert, die Bundesrepublik habe »damit einen Weg eingeschlagen, der auf politischer wie wirtschaftlicher Ebene kein gutes Ende« nehme.[45] Die Regierungszeitung *Islamische Republik* schreibt: »Die Deutschen haben nicht nur unseren geliebten Imam beleidigt, sondern die Ehre von Millionen muslimischer Frauen.«[46] Auch die Spitzen des Teheraner Regimes schalten sich ein: Ajatollah Ardabili, der oberste Richter Irans, bezeichnet den Sketch als »ein von Zionisten ausgehecktes Komplott«, und Irans Ministerpräsident Musavi erklärt die Sendung zum »feindseligen Akt«, der der »rassistischen und faschistischen Politik Bonns« entspreche, sodass man sich gezwungen sehe, »weit reichende kulturelle, wirtschaftliche und politische Maßnahmen zu ergreifen«.[47]

Aufgrund der harschen Worte der politisch Verantwortlichen demonstrieren in Teheran zehntausend Menschen gegen die Verunglimpfung Ajatollah Khomeinis. Die Affäre zieht immer weitere Kreise, nachdem das Regime der Mullahs zwei deutsche Diplomaten, den stellvertretenden Botschafter und den Kulturattaché der Bundesrepublik, ausweist, eine Schließung des Goethe-Instituts in Teheran anordnet und der Lufthansa Landeverbot im Iran erteilt, woraufhin das Auswärtige Amt in Bonn unter großen politischen und diplomatischen Druck gerät. Die Iraner fordern eine offizielle Entschuldigung der Bundesregierung, was Bundeskanzler Kohl jedoch unter dem Hinweis darauf, dass in Deutschland Presse- und Meinungsfreiheit herrsche, strikt ablehnt. Die Bundesregierung entschuldigt sich lediglich für die im deutsch-iranischen Verhältnis entstandenen »Irritationen«, die durch die Verletzung religiöser Gefühle entstanden seien. Erst danach können die beiden Diplomaten wieder in den Iran zurückkehren, darf das Goethe-Institut wieder öffnen, Lufthansa-Maschinen Teheran ansteuern, und es kehrt langsam wieder diplomatischer Friede zwischen Bonn und Teheran ein.

Doch bis sich die Aufregung legt, schafft es das Thema in allen deutschen und vielen internationalen Zeitungen wiederholt auf Seite eins. Nicht nur die Bundesregierung, sondern auch Rudis Sender und Rudi selbst sind im Zugzwang und müssen reagieren. Rudis Sender WDR ringt sich sehr schnell zu einer Entschuldigung durch. WDR-Intendant Fritz Pleitgen erinnert sich: »Um eine weitere Eskalation zu vermeiden, entschuldigte sich mein Vorgänger im Amt, Friedrich Nowottny, im Namen des redaktionell verantwortlichen Westdeutschen Rundfunks und versicherte, dass zu keinem Zeitpunkt die Absicht bestand, religiöse Gefühle zu verletzen.«[48] Auch Rudi Carrell nutzt die nächste Ausgabe von *Rudis Tagesshow* dazu, sich beim iranischen Volk dafür zu entschuldigen, möglicherweise religiöse Gefühle verletzt zu haben. Dieser Schritt ist nicht zuletzt auch deshalb notwendig, weil die Situation hinter den Kulissen zu eskalieren droht, denn obwohl die durch *Rudis Tagesshow* ausgelöste

Hysterie weit hinter dem zurückbleibt, was im Frühjahr 2006 unter dem Begriff »Karikaturenstreit« für Schlagzeilen sorgen wird, sind die Folgen durchaus bedenklich – einen vergleichbaren Fall hat es bislang in der Geschichte des deutschen Fernsehens nicht gegeben. Carrell erhält Morddrohungen, die von seinem Sender auch ernst genommen werden, sodass der WDR Polizeischutz für Rudi, seine Familie und die nächste Ausgabe von *Rudis Tagesshow* anfordert. Rudi wird von da ab Tag und Nacht von Polizeibeamten bewacht, auch sein Anwesen in Wachendorf steht rund um die Uhr unter Beobachtung. Rudis Sohn Alex schildert die damalige Situation: »Ich fand das natürlich als Kind toll und spannend. Überall Polizei. Meine Mutter und ich haben den Beamten immer Kaffee rausgebracht. Ich wurde sogar mit Polizeischutz zur Schule gebracht – eines Morgens machte Rudi sich den Scherz und hängte die Polizisten mit seinem Jeep ab.«[49] Wenngleich die ganze Angelegenheit für Alexander auch ein kleines Abenteuer darstellt und sein Vater ihm, um von der Bedrohlichkeit der Situation abzulenken, auch genau diesen Eindruck vermitteln will, so jagen die Geschehnisse hinter der Kulisse Rudi dennoch einen gehörigen Schrecken in die Glieder: »Das war die Hölle. Ich hätte niemals mit so was gerechnet, und in einem solchen Moment fragt man sich wirklich, ob es sich lohnt, eine Comedyshow zu machen, wenn man dann solche Probleme am Hals hat.«

Mit dem Ende der Staffel wird *Rudis Tagesshow* endgültig eingestellt, obwohl die Sendung trotz des ungünstigen Sendetermins nach wie vor Rekordeinschaltquoten verzeichnet. Das Aus für die Sendung hat jedoch nichts mit dem Khomeini-Eklat zu tun: »Das Ende der Show stand schon lang fest, und ich hatte keine Lust mehr, weiterzumachen – ich hatte das lange genug gemacht und wollte wieder was Neues machen.«[50] Während die Zuschauer diese Nachricht mit Bedauern aufnehmen, atmet so mancher Politiker erleichtert auf, denn *Rudis Tagesshow*, die sich beim Publikum immer noch größter Beliebtheit erfreut, hat bereits oft den Unmut deutscher Staatsdiener erregt, denn keiner der politisch Mächtigen, egal, welcher politischen Couleur, wird in der Sendung verschont. Selbst Bundeskanzler Helmut Kohl ist ständiges Opfer der Sendung, denn Rudi hält ihn für einen der besten Realsatiriker Deutschlands, wie er Journalisten freimütig erklärt: »Ist Ihnen schon mal aufgefallen, dass er nicht gehen kann? Er bewegt sich immer falsch, er geht immer falsch und ist immer bemüht, diese Fehler zu korrigieren. Das kann sehr komisch sein. Aber wenn wir das zeigen, dann kommen immer böse Briefe.«[51] Doch Rudi war noch nie ein Entertainer, der Angst vor bösen Briefen hatte, also baut er den Kanzler regelmäßig in seine Gags und Sketche ein. Helmut Kohl ist *Rudis Tagesshow* deswegen schon lange ein Dorn im Auge – besonders seit er auch in einem Sketch vorgekommen ist, bei dem sich mittels einer

Bildmontage Politiker und Prostituierte fröhlich vor dem Kanzleramt zuzuwinken scheinen. Kurz nach Ausstrahlung des Sketches hat Kohl seinem Unmut Luft gemacht und empört an den ARD-Vorsitzenden Willibald Hilf geschrieben: »Ich weiß nicht, ob Herr Carrell ›bekloppt‹ ist oder nicht. Ich weiß nur, dass die zuständigen Programm-Macher und der zuständige ARD-Sender offensichtlich jeden Sinn für Geschmack, Takt und das Maß des Zumutbaren verloren haben.«[52] Als bei Kohl angefragt wird, ob er sich die letzte Sendung von *Rudis Tagesshow* anschaue, lässt er durch seinen Regierungssprecher Friedhelm Ost erklären: »Der Kanzler hat Wichtigeres zu tun, als *Rudis Tagesshow* zu sehen. Außerdem ist er kein Freund dieser Art von Humor auf Kosten anderer.«[53] Rudi zeigt sich verwundert über die Ablehnung, auf die er bei Kohl stößt: »Und das, obwohl ich Träger des Bundesverdienstkreuzes Erster Klasse bin.«[54]

Ein Scherz wie der mit den Politikern und den Prostituierten darf nicht darüber hinwegtäuschen, dass es in *Rudis Tagesshow* nicht ausschließlich nur um Spaß und gute Laune geht, sondern Carrell in der Sendung durchaus auch schon mal ganz bewusst politisch Stellung bezieht, wenn er dies für notwendig erachtet – so etwa in einer der letzten Ausgaben 1987: Als die Christlich Bayerische Volkspartei in einem Wahlwerbespot zur Bundestagswahl fordert, dass das »undeutsche Negergebrülle in den Radios« aufzuhören habe und stattdessen »gesundes deutsches Liedgut« gespielt werden solle, wird die reaktionäre Botschaft der Partei mittels einer Parodie in *Rudis Tagesshow* ins Lächerliche gezogen. Und so sind auch nicht ausnahmslos alle Politiker so schlecht auf Rudi zu sprechen wie Bundeskanzler Kohl. Es gibt sogar Politiker, die unter der Hand bei Rudi anfragen, ob sie nicht auch mal in *Rudis Tagesshow* vorkommen könnten. Manche, wie zwei von Carrells Lieblingsopfern, CDU-Generalsekretär Heiner Geißler und Arbeitsminister Norbert Blüm, beweisen sogar so viel Humor, dass sie es sich nicht nehmen lassen, auch persönlich in *Rudis Tagesshow* aufzutreten, um sich beim Showmaster für die Gags und Scherze zu revanchieren. Heiner Geißler wirft Rudi vor laufenden Kameras eine Torte ins Gesicht, und Norbert Blüm ist gleich mehrfach in der Ausgabe vom 8. März 1987 zu sehen, mit der *Rudis Tagesshow* nach sechs Jahren und fünfunddreißig Ausgaben eingestellt wird. Am Schluss der Sendung kippt Blüm einen Eimer Wasser über Carrell, der sich wie immer mit einem Lied verabschiedet: »Warum die Aufregung um einen Gag? Khomeini ist noch immer da, und ich bin weg …«

Nicht nur durch den Wirbel um die Khomeini-Affäre hat *Rudis Tagesschau* Fernsehgeschichte geschrieben, sondern auch, weil sie eine völlig neue Form von Politsatire und Fernsehcomedy etabliert hat. In den neunziger Jahren nachfolgende Formate wie *RTL Samstag Nacht*, die Sat-1-Sendung *Die Wochenshow* oder die RTL-Show *Freitag Nacht*

News wären ohne das Vorbild *Rudis Tagesshow* kaum denkbar. Carrell hat in diesem Genre die Standards gesetzt – alle erwähnten Sendungen machen sich auf ähnliche Art und Weise über aktuelle Meldungen lustig und kombinieren dies mit Sketchen, die keinen Aktualitätsbezug haben müssen. Gerade im Rückblick auf einige Jahrzehnte zeigt sich, wie innovativ und richtungweisend das gewesen ist, was Rudi in der ersten Hälfte der achtziger Jahre auf den Bildschirm gebracht hat. Und so erachtet WDR-Intendant Fritz Pleitgen ebendiese Sendung als einen der Höhepunkte von Carrells Karriere: »Mit seiner Kultsendung *Rudis Tagesshow* setzte Carrell meiner Meinung nach in den achtziger Jahren Maßstäbe. Mit geschickten Bildmontagen – lange vor den durch die Digitalisierung möglichen Manipulationen – nahm er die Bonner Politprominenz aufs Korn, aber auch den einen oder anderen jenseits der Grenzen, auch jenseits der innerdeutschen Mauer. Der amtierende Kanzler Helmut Kohl und sein Kabinett, aber auch Willy Brandt und andere große deutsche Persönlichkeiten, alle fanden sich irgendwann in *Rudis Tagesshow* wieder. Die Fernsehnation hatte ihren Spaß, einen neuartigen Spaß, denn das Fernsehkabarett kannte damals nur den Wortwitz, und der medienkundige und bildmächtige Harald Schmidt befand sich gleichsam noch in der Ausbildung, indem er beispielsweise die von Radio Bremen und dem WDR produzierten Folgen von *Rudis Tagesshow* als Zuschauer studierte. Rudi Carrell war seiner Zeit mit dieser Show also wieder einmal weit voraus.«[55] Auch Rudis Kollege Jürgen von der Lippe findet: »*Rudi Tagesshow* war eine so epochale Neuerung für das deutsche Fernsehen – von dem, was Rudi damals mit dieser Sendung angestoßen hat, leben viele Formate heute noch.«[56]

Noch Jahrzehnte nach der Erstausstrahlung wird Carrells Sendung als ein äußerst gelungenes Kapitel Fernsehunterhaltung angesehen. Und genau aus diesem Grund wird *Rudis Tagesshow* auch im Jahr 2006 noch pausenlos wiederholt – was Rudi Carrell einerseits natürlich höchst erfreut, andererseits aber auch ein bisschen ärgert: »Das wird wiederholt und wiederholt, auf allen dritten Programmen. Jetzt ist sogar eine DVD mit den Höhepunkten meiner Karriere geplant, und es hat sich herausgestellt, dass ich an nichts die Rechte habe, sondern alle Rechte beim Sender liegen. Kein Mensch hat damals daran gedacht, die Wiederholungsrechte in den Verträgen zu berücksichtigen, weil natürlich niemand damit rechnen konnte, dass eine Sendung wie *Rudis Tagesshow*, die sich über aktuelle Nachrichten lustig macht und Politiker veralbert, die nur eine gewisse Halbwertzeit haben, nach der Erstausstrahlung noch mal jemanden interessieren könnten. Und heute, fünfundzwanzig Jahre später, wird das immer noch am laufenden Band wiederholt, und ich verdiene keinen Pfennig damit.«[57]

Rudis Tagesshow hat Carrell nach seiner rund anderthalbjährigen Fernsehpause beruflich zu einem glanzvollen Comeback verholfen, ihm ein stolzes Einkommen beschert und ihm den Beweis erbracht, dass das Publikum ihn nach wie vor auf dem Bildschirm sehen will. Hinter den Kulissen jedoch kommt es zur gleichen Zeit zu einigen Turbulenzen – so etwa um Rudis langjährigen Manager Dick Harris. Dick, der Rudi bereits seit 1968 in beruflichen Dingen berät und alle Verträge für ihn aushandelt, ist auch nach Rudis Kreativpause wieder für ihn aktiv geworden. Während der ersten einundzwanzig Ausgaben von *Rudis Tagesshow* betreut er Carrell wie all die Jahre zuvor – bis er im September 1983 plötzlich spurlos verschwindet. Dick hinterlässt Rudi einen Abschiedsbrief, aus dem man schließen könnte, dass er Selbstmord begehen will: »Für mich gibt es nichts mehr. Ich bin müde. Ich gehe jetzt in ein anderes Land, das auf keiner Landkarte zu finden ist. Gott segne euch!« Rudi Carrell erinnert sich an das Ereignis, das ihm damals einen gehörigen Schrecken versetzt hat: »Am Abend bevor er verschwunden ist, war er, wie ich später erfahren habe, noch mal in seinem Lieblingskasino in Wiesbaden. Und da hat er noch mal gut gegessen, für hundertdreiundachtzig Mark, allein der Cognac, den er getrunken hat, hat hundertsiebzehn Mark gekostet – ich habe die Rechnung heute noch. Und am nächsten Tag war er wie vom Erdboden verschwunden. Wir haben wirklich alle gedacht, dass er sich umgebracht hat.«[58]

Doch der lebenslustige Dick Harris ist nicht tot, er hat sich lediglich aufgrund seiner Steuerschulden abgesetzt und auf einer fast unbewohnten Philippinen-Insel Zuflucht gesucht. So vorbildlich er sich auch um Rudis Finanzen gekümmert hat, so sehr hat er seine eigenen vernachlässigt. Rudi erinnert sich: »Dick war ein phantastischer Manager, dem ich viel zu verdanken habe. Aber er hatte auch ein paar Macken, darunter die, dass er eine richtige Spielernatur ist. Dreimal im Jahr ist er nach Las Vegas gereist, um seiner Spielleidenschaft zu frönen, und auch die deutschen Kasinos waren nicht sicher vor ihm. Dick war ein absolutes Rechengenie. Er kann absolut toll mit Zahlen umgehen und hat ein phänomenales Gedächtnis. Er kann heute noch alle meine Autokennzeichen, die ich jemals hatte, auswendig, alle Telefon- und Kontonummern. Und meine Geschäfte hat er auch hervorragend erledigt. Aber er selbst hat nie auch nur einen Pfennig Steuern für sich gezahlt – und 1983 ist ihm dann das Finanzamt Bremen auf die Schliche gekommen. Und dann ist er abgehauen.«[59] Da Dick über zehn Jahre keine Steuern gezahlt hat, steht er beim Finanzamt plötzlich mit einer Viertelmillion Mark in der Kreide. Rückblickend bekennt er: »Ich hatte die deutsche Steuerfahndung unterschätzt. Die ist zäh. Eines Tages konnte ich nicht mehr. Und wenn man fühlt, dass man geistig nicht mehr da ist, bleibt nur die Flucht als einziger Ausweg. Da muss man konsequent sein und selbst die besten Freunde vergessen. An Selbstmord habe ich nie gedacht – dafür liebe ich das Leben viel zu sehr. Aber wenn ich damals in Bremen geblieben wäre, ich wäre heute ein toter Mann.«[60]

Acht Monate nach seinem mysteriösen Verschwinden taucht der Totgeglaubte plötzlich wieder in Europa auf – an eine Rückkehr nach Deutschland, wo ihn die Steuerbehörden sich sofort vorknöpfen würden, ist nicht zu denken, sodass er Rudi von Amsterdam aus anruft. Dieser, der trotz anders lautender Spekulationen in der Presse – »Carrell-Manager: Narrt er Rudi?« – acht Monate lang geglaubt hatte, Dick weile nicht mehr unter den Lebenden, ist gleichermaßen erleichtert wie verärgert über das Verhalten seines Managers: »Ich bin richtig erschrocken, als ich auf einmal seine Stimme hörte. Der ist doch tot, habe ich immer gedacht.« Die beiden treffen sich zu einer Aussprache in Amsterdam, da Harris jedoch vorerst nicht an eine Rückkehr nach Deutschland denken kann, trennen sich fortan ihre beruflichen Wege. Harris lässt sich 1984 in Den Haag nieder und veröffentlicht drei Jahre später unter dem Titel *Taxi naar het Paradijs*, »Taxi zum Paradies«, seine Autobiographie; Ende der achtziger und in den neunziger Jahren wird er in den Niederlanden auch wieder in der Radio- und Fernsehbranche aktiv werden – den Kontakt zu Carrell wird er nie verlieren.

Doch was Rudi verständlicherweise noch wesentlich mehr belastet als der zeitweilige Trubel um seinen Manager, ist die Erkrankung seiner Frau und die fortwährende Verschlechterung ihres Zustands – seit 1977, seit der Geburt Alexanders, leidet Anke an Rheuma. Die Veranlagung dazu liegt in ihrer Familie; der erste Rheumaschub scheint durch die Anstrengungen der Geburt ausgelöst worden zu sein, wie Ankes Schwester Birgit sich erinnert: »Es fing gleich an, als Anke aus dem Krankenhaus kam und ihr immer die Fläschchen für Alexander aus den Händen fielen.«[61] Rudi Carrell bestätigt: »Es ging ziemlich schnell nach Alexanders Geburt los. Anke und ich hatten beschlossen, mit der Presse nicht darüber zu reden. Außerdem war Rheuma so verbreitet, dass es erst mal nichts Besonderes darstellte. Die Ärzte hatten bei Anke chronische Polyarthritis diagnostiziert, und ihr Zustand verschlimmerte sich immer weiter. Gegen die Schmerzen bekam sie Antischmerzmittel, die ihren Körper nach und nach ruinierten.«[62] Darüber, was genau der Auslöser für die in späteren Zeiten als rheumatoide Arthritis bezeichnete chronische Polyarthritis – also eine sich dramatisch verschlechternde entzündliche Erkrankung der Gelenke – ist, streiten sich die Ärzte. Meist wird eine autoimmune Ursache angenommen, bei der körpereigene Substanzen wie der Gelenkknorpel vom eigenen Immunsystem angegriffen werden. Unstrittig ist zudem, dass genetische Faktoren eine entscheidende Rolle spielen, was in Ankes

Familie zweifellos der Fall ist. Frauen sind dabei dreimal häufiger betroffen als Männer. Zunächst sind, wie auch bei Rudis Frau, meist die Finger- oder Zehengelenke betroffen, im weiteren Krankheitsverlauf werden dann immer mehr Gelenke befallen, schwellen an und werden zunehmend deformiert und schmerzen, was die Bewegungsfähigkeit mehr und mehr einschränkt.

Zunächst haben Anke und Rudi noch Hoffnung, dass es Heilung für Ankes Zustand geben könnte, dass sich ein Spezialist finden lässt, der den chronischen Verlauf der Erkrankung stoppen kann. Ankes Schwester Birgit schildert diese Situation: »Rudi ist mit Anke durch die ganze Welt gereist, von einem Spezialisten zum anderen. Ich bin ganz sicher, dass Rudi alles, wirklich alles, getan hat, was in seiner Macht stand, um Anke zu helfen – ihr war nur nicht zu helfen. Nichts hat genützt, keiner konnte etwas tun. Von Ende der Siebziger an hat sich Ankes Zustand von Jahr zu Jahr kontinuierlich verschlechtert. Nach und nach wurden alle Gelenke betroffen, und ihr ganzer Körper war schrecklich verformt. Es gab bald nichts mehr, was nicht operiert wurde, die Knie, die Ellbogen, die Füße, die Hände ... Aber die Operationen und Behandlungen brachten immer nur vorübergehende Linderung. Es war allen klar, dass es kein Heilmittel geben wird und Anke irgendwann im Rollstuhl landen wird.« Morgens früh sind die Schmerzen meist am schlimmsten, schon das Aufstehen und Anziehen bereitet Anke oft Qualen. Die ständigen Schmerzen werden mit Rheumamedikamenten, Schmerzmitteln und – bei akuten Entzündungsschüben – auch mit Cortisonspritzen behandelt.

Nachdem alle medizinischen Möglichkeiten ausgeschöpft sind, versucht Rudi seiner Frau auf seine Weise zu helfen. Als er hört, dass das Leben in wärmeren Gefilden sich bei Rheumaerkrankungen positiv auswirken könnte, kauft er zunächst das Haus in Éze an der Côte d'Azur – doch schnell hat sich herausgestellt, dass Anke das Mittelmeerklima überhaupt nicht verträgt und sich ihr Rheuma in der Hitze Südfrankreichs sogar noch zusehends verschlimmert. Ihre Schmerzen werden trotz der intensiven Behandlung durch eine ganze Reihe von Ärzten immer noch stärker, sodass sich eine Rückkehr nach Deutschland dringend empfiehlt.[63] Auch ein zweiter Versuch scheitert: Rudi kauft 1983 für sich und Anke eine Wohnung in Monaco, direkt am Meer, in der Nähe des Monte Carlo Sporting Club gelegen. Doch das feuchte Mittelmeerklima mit seinen oft bis zu fünfundneunzig Prozent Luftfeuchtigkeit erweist sich als Gift für Ankes Gelenke, sodass beide endgültig auf ihr Anwesen nach Wachendorf zurückkehren müssen. Als Freunde den Ratschlag äußern, dass es für Ankes Gelenke gut sein könnte, regelmäßig zu schwimmen, ist Rudi sofort wild entschlossen, in der alten Wassermühle, die sich auf seinem Grundstück befindet, ein Schwimmbad für seine Frau bauen lassen, wie Ankes Schwester sich erinnert: »Aber sie wollte das nicht, hat sich mit Händen und Füßen gewehrt. Rudi hat von Anfang an versucht, es Anke so angenehm wie möglich zu machen; wenn er sie schon nicht gesund machen konnte, sollte sie wenigstens alles haben, was ihr das Leben so angenehm wie möglich macht.«[64]

Für Rudi ist es frustrierend und ernüchternd, Anke nicht helfen zu können. Bislang war er für sie immer der Mann, der alles konnte, der ihr jeden Wunsch erfüllte und den sie durchaus auch immer bewundert und angehimmelt hat: »Sie sah in mir den Größten. Als Organisator, Spinner, Autofahrer, Reiseleiter, Weihnachtsmann, Liebhaber und Showmaster.«[65] Doch in dieser Situation sind ihm die Hände gebunden, vermag er nichts zu tun, was Ankes Gesundheitszustand verbessern würde. Alles Geld der Welt kann Anke nicht wieder gesund machen – Rudi, dem sonst immer alles glückt, befällt zum vielleicht ersten Mal in seinem Leben ein Gefühl der Resignation und der völligen Hilflosigkeit angesichts der Macht des Schicksals. Seine Tochter Annemieke bestätigt: »Anke war eine sehr außergewöhnliche Frau und sicherlich die wichtigste Frau in Rudis Leben. Ich weiß, dass ihm das unglaublich wehgetan hat, dass sie so litt und er keinerlei Möglichkeit hatte, ihr zu helfen. Das war das Schlimmste für ihn, die Frau, die er so sehr liebte, leiden zu sehen.«[66] Auch Ankes Schwester Birgit hat diese für alle schwere Zeit nicht vergessen: »Irgendwann hat er einsehen müssen, dass mit Geld nichts zu machen ist, dass Anke nicht zu retten ist. Und diese Ohnmacht, nichts tun zu können, war schlimm für ihn – meine Schwester war schließlich die Liebe seines Lebens, und er hätte ihr so gern geholfen, ihr diese Schmerzen erspart, sie wieder gesund gemacht. Aber das stand natürlich nicht in seiner Macht. Er konnte nichts tun.«[67]

Auf Ankes ausdrücklichen Wunsch hin gelingt es Rudi und ihr, die Erkrankung ganze sieben Jahre lang vor der Presse geheim zu halten – auch wenn immer häufiger darüber getuschelt wird, warum Anke so gut wie gar nicht mehr an Rudis Seite in der Öffentlichkeit auftaucht. Erst 1984 erscheint in der Illustrierten *Bild der Frau* unter dem Titel »Carrells Frau: Schlimmes Rheuma und kaum Hoffnung« erstmals ein Bericht über Ankes Leiden, in dem sie auch selbst zitiert wird: »Seit sieben Jahre leide ich unter schwerem Rheuma, besonders in den Beinen. Die Schmerzen quälen mich oft wahnsinnig. Rudi hilft mir rührend, aber manchmal glaube ich, ich kann nicht mehr.« Mit nur dreiundvierzig Jahren muss Anke die traurige Bilanz ziehen: »Manchmal verliere ich doch die Hoffnung. Es gibt wohl nichts, um wieder gesund zu werden.«[68]

Ankes Erkrankung und die fortschreitende Verschlechterung ihres gesundheitlichen Zustands führen dazu, dass sich das Paar zunehmend entfremdet. Ihre Liebe stellen beide zwar nie in Frage, und auch der Gedanke, sich jemals zu trennen oder sich gar scheiden zu lassen, kommt ihnen nicht mal im Entferntesten in den Sinn – dennoch ist nach Ankes Erkrankung nichts mehr so, wie es vorher war. Ankes körperlicher Verfall sorgt für einen nicht mehr zu kittenden Riss in der Beziehung – und dafür, dass sie sich immer mehr von ihrem Mann zurückzieht. Was für Anke fast noch schlimmer ist als die gesundheitlichen Beschwerden und die zunehmenden Schmerzen, ist die Tatsache, dass sie ihre Schönheit einbüßt und sich selbst nicht mehr attraktiv fühlt. Ihr Sohn Alexander erinnert sich: »Meine Mutter hat extrem darunter gelitten. Ihr gutes Aussehen war ihr ein und alles. Und plötzlich wurde sie krank, und ihr Körper spielte nicht mehr mit; das war schlimm für sie. Das führte zu einem riesigen Bruch zwischen meinen Eltern, wobei ich glaube, dass der eher von Anke als von Rudi ausging. Er hätte nie gesagt: ›Du bist krank, ich lass dich in Ruhe‹, so ist Rudi nicht. Meine Mutter war es wohl, die sich mehr und mehr zurückgezogen hat, als ihr Rheuma schlimmer wurde.«[69] Alex' Einschätzung wird auch von Ankes Schwester Birgit gestützt: »Rudi ist zwar schon ein Mensch, der nicht gerne Leute um sich herum hat, die Probleme machen. Er mag es, wenn alle fröhlich, unbekümmert und gut gelaunt sind – und kranke Menschen machen nun mal Probleme. Dennoch war Rudi nicht derjenige, der gesagt hat: ›Ich will dich nicht mehr.‹ Er hat Anke über alles geliebt. Meine Schwester war diejenige, die ihn immer mehr von sich zurückgestoßen hat. Ich weiß noch, wie wir mal zusammen vorm Spiegel standen und sie sagte: ›Guck dir mal an, wie ich aussehe. Ist das nicht schrecklich? Ich will nicht mehr. Carrell hat mich schon drei oder vier Monate nicht mehr nackt gesehen.‹ Und ich habe ihr gesagt, dass sie spinnt, dass Rudi schließlich ihr Mann ist. Aber sie hat sich mehr und mehr von ihm zurückgezogen. Sie konnte damit einfach nicht fertig werden, sie hat es nie geschafft, ihre Krankheit zu akzeptieren.«[70]

Rudi bleibt nicht viel anderes übrig, als Ankes Entscheidung, ihn zu meiden, hinzunehmen – nicht zuletzt, weil er weiß und spürt, wie schwer und schmerzhaft es für seine Frau ist, ihre körperliche Schönheit nach und nach einzubüßen. Ankes Schwester vermutet jedoch, dass es zu der jetzt krankheitsbedingten Entfremdung zwischen Rudi und Anke früher oder später ohnehin gekommen wäre: »Es war Ankes Krankheit, die die beiden auseinander getrieben hat – keine Frage. Aber ich wage zu behaupten, dass die Krankheit nur den Prozess beschleunigt hat, der ohnehin eingetreten wäre. Wenn Anke nicht krank geworden wäre, dann hätten die beiden andere Probleme miteinander bekommen. Anke war so extrem eitel, sie hätte es, auch wenn sie nicht krank geworden wäre, nie ertragen können, ganz normal alt zu werden, einmal nicht mehr so schön zu sein und einen Körper zu haben, der nicht mehr so makellos ist. Ich denke, dass sie sich dann genauso von Rudi zurückgezogen hätte, wie es durch die Rheumaerkrankung der Fall war – einfach weil sie sich selbst dann nicht mehr attraktiv gefunden hätte. Die Krankheit hat diesen Entfremdungsprozess, der so und so eingetreten wäre, tragischerweise nur noch um einige Jahre vorgezogen.«[71]

Bald will Anke Rudi nicht einmal mehr in die Öffentlichkeit begleiten: »Ich kann nicht mehr ausgehen, so wie ich jetzt aussehe. Du kannst mich nicht mehr mitnehmen.« Ihre Schwester Birgit bestätigt das: »Anke ist von da ab nur noch sehr selten ausgegangen. Und wenn sie es gemacht hat, dann hat sie sich so herausgeputzt und aufgedonnert, dass kein Mensch ahnen konnte, wie krank sie in Wirklichkeit ist.«[72] Aber selbst dann, wenn Anke das Anwesen nicht verlässt, ist es ihr trotz ihrer Krankheit wichtig, immer perfekt geschminkt zu sein, ihre künstlichen Wimpern und aufgeklebten Fingernägel zu tragen und damit immer noch dem Bild der blendend schönen Frau zu entsprechen, in die Rudi sich einst verliebt hat. Alles andere würde für sie, die einen so großen Wert auf ihr Äußeres legt, bedeuten, sich gehen zu lassen. Ihre Stieftochter Annemieke erinnert sich: »Rudi hat schon ganz genaue Vorstellungen davon, wie eine schöne Frau auszusehen hat: ein schöner Busen, geschminkt, toll gekleidet. Und diesem Traumbild hat Anke immer noch nachgeeifert, auch als sie schon längst krank war. Sie hat sich jeden Tag geschminkt, ihre künstlichen Wimpern getragen, und ich habe irgendwann mal zu ihr gesagt: ›Was soll das? Hör doch auf damit. Das ist lächerlich.‹ Aber sie hat nur geantwortet: ›Das gehört sich so.‹ Für sie musste das einfach so sein. Sie hätte sonst nicht in den Spiegel schauen können.«[73]

Je mehr sich Ankes Gesundheitszustand verschlechtert, desto wichtiger wird ihr das Anwesen in Wachendorf als Rückzugsort, wie ihre Schwester Birgit bestätigt: »Meine Schwester war ein sehr häuslicher Mensch. Leute, die sie nur von den Fotos in der Zeitung kennen, wo sie immer perfekt geschminkt und gestylt war, hätten sich das nicht so vorstellen können, aber sie war wahnsinnig gerne zu Hause, hat gerne gekocht und hatte große Freude daran, das Haus mit Blumen und Kleinigkeiten zu dekorieren – dabei mussten die Sachen gar nicht teuer sein, sondern ihr einfach Freude bereiten. Sie musste immer alles schön haben, sie musste immer ein neues Projekt haben, etwas verändern im Garten oder im Haus. Das hat ihr unglaublichen Spaß bereitet, ein gemütliches Heim für sich, Rudi und ihren Sohn zu schaffen.«[74]

So wohl sich Anke auch in dem gemeinsamen Nest fühlt, das Rudi und sie sich geschaffen haben, so kann ihr auf Dauer doch nicht verborgen bleiben, dass in der jetzigen, von Grund auf veränderten Situation die tolerante, nach allen Seiten offenen Ehe, die bislang – bis auf die Affäre André Heller – so fabelhaft funktioniert hat, zu einem gravierenden

Problem zu werden droht, wenn künftig nur noch einer von beiden die Möglichkeit zum Fremdgehen hat, während sie selbst frustriert und von Schmerzen geplagt daheim hockt. Doch zunächst, in den ersten Jahren von Ankes Erkrankung, zeichnet sich dieses Problem noch nicht ab, denn in den siebziger und auch noch Anfang der achtziger Jahre kommt es sogar noch zu einer intensiven Freundschaft des Paares mit einer engen Vertrauten, Geliebten und Mitarbeiterin Rudis – Germaine Busset. Die aus der Schweiz stammende, bildschöne und hochintelligente Frau hat Rudi auf der Bühne kennen gelernt, wie er sich rückblickend erinnert: »Germaine war Anfang der Siebziger zusammen mit mir auf Tournee. Sie sang französische Chansons. Als wir einen Auftritt in der Nähe von Bremen hatten, lud ich sie zu uns nach Hause, in unseren kleinen Bauernhof in Scholen, ein. Anke und Germaine wurden sofort Freundinnen. Germaine schrieb mir noch vorige Woche: ›Anke war das schönste Mädchen, das ich je gesehen habe.‹«[75] Diese bestätigt rückblickend: »Zuallererst habe ich mich in Anke ›verliebt‹. Gleich zum allerersten Mal, als Rudi mich mit nach Hause nahm.«[76]

Rudi ist hingerissen von der schönen, faszinierenden, geheimnisvollen Germaine – und diese von ihm. Rückblickend bekennt sie: »Ich bin Carrell in einer einzigen Hinsicht ziemlich ähnlich. Fatal ähnlich. Ich habe mir zeitlebens nie hinter die Kulissen schauen lassen. Abwechselnd war ich Mademoiselle Sans Gêne, Baronin von Münchhausen oder Hofnarr, wo immer ich aufkreuzte. Ich fühlte mich nur in einem Rollenspiel wohl und ›in Sicherheit‹. Carrell war da kein bisschen anders. Ohne dass er sich dessen bewusst war. Nicht wirklich. Abwechselnd spielte er John Wayne, den Rick aus Casablanca oder Yves Montand.« Was Germaine an Rudi gleichermaßen anzieht wie irritiert, ist die Tatsache, wie sehr er die Menschen in seiner Umgebung – sie, Anke und seine Kinder – beherrscht, wie bestimmend und mit welcher Omnipräsenz Rudi seinen privaten Kosmos zu dominieren weiß: »Es war nachgerade unmöglich, ihn von etwas abzuhalten, wenn er sich etwas in den Kopf gesetzt hatte. Carrell war sicherlich völlig unabsichtlich derart dominant. Er brauchte nur einen Raum zu betreten, da hat sich das Luftgemisch gleich unmerklich verändert – ich habe das oft genug beobachtet.«[77] Obwohl Germaine Rudi also durchaus als eine narzisstische Persönlichkeit wahrnimmt und sich seiner Macht bewusst ist, fasziniert er sie und ist ihr zugleich seltsam vertraut: »Ich war damals auf der Suche nach Vorbildern, Größe, Außergewöhnlichkeit. Immer schon habe ich das Schwierige, Widersprüchliche, Leidenschaftliche und gleichzeitig Verschlossene, das Starke – das vermeintlich Starke – geliebt. Carrell war wie dafür gemacht. Er war absolut speziell. Einer, der sich durchweg anders gab als nach den Maßstäben des üblichen Konsens. Tabubrüche waren sein Lebenselixier. Immer schon hatte ich eine Schwäche für Menschen, die gegen den Strich gebürstet waren. Da fühlte ich mich zu Hause. ›Höchste Intensität‹ ist wohl das treffendste Wort im Zusammenhang mit ihm.«[78]

Germaine, die Carrell »meinen alten Zampano« nennt, bleibt nicht nur eine enge persönliche Freundin von Rudi und Anke, sondern fungiert ab 1981 auch als Mitarbeiterin Carrells im Team von *Rudis Tagesshow*: »Weil es mit ihrer Karriere als Sängerin nicht so recht klappte und ich wusste, dass sie sehr gut schreiben konnte und ein tolles Gespür für Humor hat, bat ich sie, die Drehbücher für *Rudis Tagesshow* mit mir zusammen zu schreiben. Das haben wir zwei Jahre lang gemacht. Es wurde eine wunderbare Zusammenarbeit. Sie ist ein Genie.«[79] Fast alle Texte für die ersten zwei Staffeln von *Rudis Tagesshow* schreibt Carrell gemeinsam mit Germaine. Dass es nicht nur bei der rein beruflichen Zusammenarbeit bleibt und die beiden sich auch privat nahe stehen, kann niemandem lange verborgen bleiben. Beatrice Richter meint hierzu: »Dass Rudi kein treuer Mann war, das wusste jeder im Team, das war auch nichts, woraus er ein Geheimnis gemacht hätte. Er hat schon immer ›a bisserl rumgemacht‹ – auch mit Germaine. Ich habe die beiden mehrmals beim Knutschen erwischt. Dass sie unsterblich in Rudi verliebt ist und er die Liebe ihres Lebens sei, darüber hat sie mir gegenüber immer ganz offen gesprochen. Ja, Rudi war wirklich ihre große Liebe, und Germaine war sehr unglücklich und hat schmerzlichst gelitten, weil sie wusste, dass sie ihn nie für sich haben wird.«[80]

Und Germaine denkt auch nicht daran, diese tiefen Gefühle Rudi gegenüber vor ihm selbst oder auch Anke zu verheimlichen, wie sich Ankes Schwester Birgit heute erinnert: »Germaine hat immer ganz offen darüber gesprochen, auch wenn Rudi dabei war. Daraus hat sie nie einen Hehl gemacht. Sie hat immer gesagt, dass er die Liebe ihres Lebens ist, der perfekte Mann für sie, aber dass Anke immer stärker sein wird als sie und sie keine Chance habe, Rudi für sich zu gewinnen. Ich glaube, Anke war schon ein bisschen eifersüchtig auf Germaine, aber letztlich hat sie schon gespürt, dass da keine Gefahr ist und Rudi sie niemals wegen Germaine verlassen würde, sondern dass sie ihn eben nur als Frau reizte wie schon so viele Frauen zuvor.« Rudis Tochter Annemieke bestätigt: »Germaine entsprach einfach Rudis Frauentyp auf optimale Weise. Sie war sehr schön, immer perfekt geschminkt und gestylt, trug immer hochhackige Schuhe und hatte das, was mein Vater einen ›tollen Busen‹ nennt. Also für ihn ein ›Rasseweib‹. Was genau da zwischen ihr und Rudi und Anke lief, da bin ich nie wirklich dahintergestiegen. Ich weiß nur, dass die drei eine Zeit lang wirklich sehr eng miteinander befreundet waren.«[81]

Dass Germaine so offen über ihre Liebe zu Rudi spricht, ist nichts, was Anke auf Distanz zu ihr gehen ließe. Birgit erinnert sich: »Die beiden haben sich gut verstanden. Germaine hat öfters mit uns die Wochenenden in Wachendorf verbracht, wir sind auch zu dritt – Anke, Germaine und ich – losgezogen und in die Disco gegangen. Dass Germaine was mit Rudi hatte, das war nicht schlimm für Anke; erstens war sie auch mit Germaine befreundet, und zweitens wusste sie, dass Germaine keine Gefährdung ihrer Ehe darstellt und es keinen Grund gibt, ernsthaft eifersüchtig zu sein. Meine Schwester war in dieser Zeit noch sehr offen und tolerant, so wie sie es immer gewesen ist – das änderte sich erst, als es mit ihrer Krankheit Anfang der achtziger Jahre immer schlimmer wurde. Und Anke musste sich ja auch keine Sorgen machen. Rudi hätte sie nie von sich aus verlassen, hätte sich nie scheiden lassen. Nie.«[82]

Doch Germaine, die sich 1985 von Rudi und Anke abnabelt, um ihrem eigenen Leben nachzuspüren, bleibt nicht die einzige Frau, für die Rudi sich interessiert. Schon bald tritt eine neue Frau in sein Leben, und aus diesem Seitensprung wird sich zum ersten Mal während seiner Ehe mit Anke etwas wirklich Ernsthaftes und Dauerhaftes entwickeln – ganze fünfzehn Jahre wird Susanne Hoffmann die Frau an der Seite Rudi Carrells sein, auch wenn Rudi keinen Gedanken daran verschwendet, sich von Anke zu trennen. 1985, kurz nachdem die Episode Germaine beendet ist, lernt Rudi die fünfundzwanzigjährige Susanne bei Radio Bremen kennen: »Es war bei einer Produktionssitzung zur neuen Staffel von *Rudis Tagesshow* im großen Sitzungssaal von Radio Bremen.« Anwesend sind der Regisseur der Sendung, die Redakteure von Radio Bremen und vom WDR, die Werkstattleiter der Bühne, die Masken- und Kostümbildner – es geht in der Besprechung darum, zu ermitteln, welcher Aufwand für jeden einzelnen der Sketche der neuen Staffel betrieben werden muss: »Ich nutzte solche Sitzungen auch immer, um Gags zu testen. Viele hatte ich von englischen Autoren gekauft und auf Video mit dabei. Nach jedem der Gags, die ich an diesem Morgen vorführte, wurde gelacht. Mit einer einzigen Ausnahme – bei dem Sketch *Der Nachtwächter*, der brutal, aggressiv und mit einer widerlichen Pointe versehen war, wurde kaum gelacht. ›Wie findet ihr das?‹ Ich blickte in die Runde. ›Ich finde es Scheiße‹, klang es von der anderen Seite des sehr langen Tisches. Eine mir unbekannte junge, hübsche Frau schaute mich an. ›Danke‹, sagte ich, ›Gag gestrichen!‹ Nach der Sitzung kam sie auf mich zu und stellte sich vor: ›Susanne Hoffmann, Produktionssekretärin.‹ ›Danke‹, sagte ich, ›ich mochte den Sketch auch nicht.«[83]

Rudi ist gleich im höchsten Maße von der pfiffigen, selbstbewussten jungen Frau angetan und geht schnurstracks in das Büro seines Produktionsleiters Fritz Senf: »›Fritz, ich bin seit Wochen auf der Suche nach einer Koautorin für die Drehbücher, aber Germaine ist wie vom Erdboden verschwunden, und jemand anderes fällt mir nicht ein. Oder du gibst mir die Frau Hoffmann.‹ Er lächelte und sagte sofort: ›Ok.‹« Bereits am nächsten Morgen steht ein zweiter Schreibtisch in Carrells Büro, an dem – vis-à-vis von Rudis Schreibtisch – Susanne Hoffmann Platz nimmt: »Und ich hatte mal wieder den schönsten Blick bei der schlimmsten Arbeit der Welt: Gags erfinden. Susanne war sehr hübsch. Lange blonde Haare, große blaue Augen, und beim Anblick ihres wunderschönen Körpers war ich jedes Mal begeistert. Sie war sehr intelligent und hatte genau den Humor, den man zum Gagschreiben braucht. Obwohl sie noch so jung war, hatte sie, aufgewachsen in Dortmund, genau das Gespür dafür, was das ›Volk‹ will. Und schon sehr bald fanden wir auch heraus, dass wir uns nicht nur beruflich gut verstanden.«[84] Rudi genießt den Flirt und auch die Zusammenarbeit mit der charmanten und intelligenten Susanne sehr – sich auf eine längerfristige, enge Beziehung mit ihr einzulassen, danach steht ihm jedoch am Anfang noch nicht der Sinn. Das passiert erst, als er sich durch Anke verletzt fühlt.

Denn jetzt, Mitte der achtziger Jahre, als Anke sich krankheitsbedingt schon längst von Rudi zurückgezogen hat, kommt es ausgerechnet zu einem Wiederaufflackern der »Affäre Heller«, die Rudi Anfang der siebziger Jahre so schwer zu schaffen gemacht hat. Zunächst traf Anke André Heller 1983 wieder, wie sich ihre Schwester Birgit erinnert: »André machte gerade diese gigantischen Feuerwerke, und Anke wollte nach Lissabon, um sich das anzusehen. Sie rief mich damals an, um mich um Rat zu fragen, ob sie ihn treffen soll. Und ich habe ihr nur gesagt: ›Wenn du das Bedürfnis hast, dann mach es. Sonst schleppst du das dein ganzes Leben lang mit dir rum.‹ Sie hat ihn dann auch getroffen – ob da wieder was zwischen den beiden gelaufen ist, weiß ich nicht, aber von da an war das Thema André Heller für sie eigentlich abgehakt.«[85]

Aber so ganz »abgehakt« scheint die einst für Anke so ernsthafte, mittlerweile über zehn Jahre zurückliegende Affäre auch jetzt noch nicht zu sein, denn auch in Deutschland kommt es zwei Jahre später noch zu einem weiteren Zusammentreffen mit Heller, wie Rudis Tochter Annemieke bestätigt: »Ich hatte Karten für ein André-Heller-Konzert in Hamburg und Anke gefragt, ob sie mitkommen will. Da die ganze Sache mit Heller und ihr so lange zurücklag, habe ich mir da beim besten Willen gar keine weiteren Gedanken gemacht und mir einfach gedacht, dass ich ihr damit eine Freude bereiten kann. Doch nach dem Konzert ließ Anke mich stehen und teilte mir mit, dass sie sich mit Heller im Hotel Atlantic verabredet hatte. Und ich dachte mir nur: Um Gottes willen, Annemieke, was hast du da bloß gemacht.« Nur ein paar Wochen später ist Rudi dann fest mit Susanne Hoffmann liiert: »Ich hatte schon ein wahnsinnig schlechtes Gewissen und mir gedacht: Ist das jetzt auf deinem Mist gewachsen? Aber ich hatte Anke wirklich nur einen schönen Abend bereiten wollen, ich hätte nie daran gedacht, dass sie sich nach dem Konzert noch mit Heller verabreden würde. Für meinen Vater war das, glaube ich, ein totaler Affront – gerade auch, weil Anke ja wusste, wie sehr ihn damals die Sache mit Heller mitgenommen und verletzt hat. Das hat ihn sehr getroffen.«[86]

Daraus, dass Susanne Hoffmann seine neue Freundin ist und dass der Beginn dieser nun enger werdenden Beziehung mit Ankes erneutem Zusammentreffen mit André Heller in Zusammenhang steht, macht Rudi seiner ältesten Tochter gegenüber auch keinen großen Hehl: »Wir waren bei einem Dreh für *Rudis Tagesshow* auf Norderney, und wir merkten im Team schon alle, dass da was läuft zwischen den beiden. Als Rudi dann im Auto mit mir alleine war, sagte er mir: ›Nur dass du Bescheid weißt: Ich habe das jahrelang mit Ankes Krankheit mitgemacht – und jetzt diese Geschichte mit Heller. Jetzt bin *ich* mal wieder dran. Ich hab mich verliebt, in Susanne. Damit müsst ihr jetzt leben.‹ Das war es auch schon, es war danach kein großes Thema mehr, und es wurde auch von da an nicht mehr darüber gesprochen.« Rückblickend befindet Annemieke: »Es hat mich überrascht, dass er sich die Sache so zu Herzen genommen hat – bei ihm wurde es doch auch immer akzeptiert und toleriert, wenn er was mit anderen Frauen hatte, aber bei Anke reagierte er dann so. Ich fand das äußerst merkwürdig, ich habe ihn in solchen Dingen immer als sehr tolerant empfunden – und mit einem Mal war er gar nicht mehr so tolerant.«[87]

Anke kann das Verhältnis von Rudi und seiner jungen Mitarbeiterin nicht lange verborgen bleiben, denn seit neuestem bereitet Carrell *Rudis Tagesshow* vorwiegend auf dem eigenen Grundstück in Wachendorf vor. 1984, anlässlich seines fünfzigsten Geburtstags, schenkt er sich nämlich eine eigene »Denkfabrik«. Die zu seinem Anwesen gehörende, bislang unrenoviert gebliebene alte Wassermühle lässt er aufwendig herrichten – im Keller findet sich Platz für ein eigenes Studio und für ein Archiv, im Erdgeschoss entstehen Räume für seine Assistenten und Mitarbeiter, und das Obergeschoss wird mit einem geräumigen Arbeitszimmer für ihn selbst ausgestattet. Rudi ist überglücklich, sich nach zweiunddreißig Jahren im Showgeschäft und nach fünfundzwanzig Jahren, die er, zumindest was den administrativen Teil der Showvorbereitungen angeht, in winzigen, ungastlichen Büros bei seinen Sendern verbracht hat, endlich einen eigenen und dazu noch so schönen Arbeitsplatz geschaffen zu haben – einen »Meilenstein in meiner Karriere«[88]. Dass sich das neue Büro auf dem eigenen Grundstück befindet, nur dreißig Meter von seinem Wohnhaus entfernt, bringt unschätzbare Vorteile mit sich: »Es war wunderbar, selbst nach einer durchzechten Nacht konnte ich so immer pünktlich an meiner Arbeit sein.«[89]

Dass Rudi die Vorbereitungen für *Rudis Tagesshow* damit von Radio Bremen großenteils auf sein eigenes Anwesen verlegt, hat natürlich zur Folge, dass auch Susanne Hoffmann fortan in Wachendorf ein und aus geht und sich Rudis Frau und seine Freundin zwangsläufig über den Weg laufen müssen. Doch zu einer offenen Aussprache über diesen Punkt kommt es nicht zwischen Rudi und Anke – weder gesteht Rudi seiner Frau, dass aus dem Flirt mit Susanne etwas Ernsteres zu werden droht, noch spricht Anke ihn auf diese Sache an, obwohl ihr fraglos entsprechende Gerüchte zugetragen werden. Dessen, dass Rudi sich nie von ihr scheiden lassen wird, ist Anke sich hundertprozentig sicher, auch wenn Rudis Beziehung zu Susanne Hoffmann fortan immer als etwas Unausgesprochenes zwischen ihnen stehen wird. Anke, die sich selbst mehr und mehr von Rudi zurückgezogen hat, bleibt in dieser Situation nicht viel anderes übrig, als es zu akzeptieren und hinzunehmen, dass Rudi fortan eine zweite Frau an seiner Seite hat. Ankes Schwester Birgit konstatiert rückblickend: »Ich fand das ehrlich gesagt auch ganz normal, dass Rudi sich in der Situation eine Freundin genommen hat. Das war die beste Lösung so, auch wenn es sicherlich nicht immer einfach war für meine Schwester und sie manches Mal eifersüchtig war. Rudi und Anke waren bis dahin beide immer offen für Flirts und Affären gewesen – jetzt war natürlich nur noch Rudi derjenige von ihnen, der das ausleben konnte. Und wenn man wie Rudi eine kranke Frau zu Hause sitzen hat, die sich immer mehr vor einem zurückzieht, und auf der anderen Seite ist da eine junge, hübsche Frau, mit der man sehr intensiv zusammenarbeitet und mit der man sich gut versteht, ist es doch ganz menschlich, dass da etwas mehr daraus wird. Ich finde, man muss auch diese Seite sehen, man muss da auch Rudi verstehen. Man kann doch nicht verlangen, dass er sich völlig zurücknimmt, nur weil seine Frau in so frühen Jahren krank wird. Und er hat meine Schwester ja schließlich nicht zurückgestoßen, sondern hat immer zu ihr gestanden und alles für sie getan.«[90]

Rudi beschließt für sich, sein Verhältnis mit Susanne Hoffmann nicht publik zu machen – das Thema soll, um Anke in der Öffentlichkeit nicht bloßzustellen, aus der Presse herausgehalten werden. Auch Susanne Hoffmann erklärt sich mit dieser Regelung einverstanden. Über Rudis Flirts und Affären ist bislang noch nie groß in den Zeitungen berichtet worden, doch er ist Medienprofi genug, um zu wissen, dass sich jetzt, wo erstmals eine andere Frau regelmäßig an seiner Seite auftaucht, die Gerüchteküche schon bald zu brodeln beginnen wird. Um bereits im Vorhinein eventuellen Spekulationen über eine neue Beziehung oder gar eine Trennung oder Scheidung von Anke den Wind aus den Segeln zu nehmen, macht Carrell plötzlich zum ersten Mal das Agreement, das er und Anke zu Beginn ihrer Beziehung getroffen und über das sie bislang konsequent Stillschweigen bewahrt haben, öffentlich. In zahlreichen Interviews, zunächst in holländischen, dann auch in deutschen Zeitungen, spricht er mit einem Mal sehr offen über die Ehe, die er mit Anke in den zurückliegenden Jahren geführt hat. In der *Hamburger Morgenpost* erklärt er: »Ich kann doch meiner Frau nicht verbieten, mit jemandem ins Bett zu gehen. Ich hätte nur Angst, wenn sie mich verlässt. Mit der Treue fällt eine Ehe nicht – im Gegenteil: Treue kann tödlich sein, wenn sich die Partner keinen Raum mehr geben. Wir leben zu viel als Pärchen, und das macht eben so viel kaputt. Wir leben 1983 und nicht mehr 1953.«[91] Auch Ankes »ganz ernste« Affäre mit André Heller spricht er in dieser jetzigen Situation erneut schlagzeilenträchtig an: »Böse Wochen für Rudi Carrell – André Heller verführte Anke.«[92] Wenige Tage später gesteht Rudi jedoch auch seinerseits freimütig, dass er keineswegs ein treuer Ehemann ist: »Ich betrüge meine Frau! Wir betrügen uns gegenseitig. Ich finde das herrlich.«[93] Und im Sommer 1985 erklärt er gar apodiktisch: »Kein Mann kann treu sein.«[94] Anke hingegen steht auch trotz dieser Schlagzeilen weiterhin zu Rudi und erklärt der Presse wenig später: »Ich genieße das Leben an seiner Seite, denn im Grunde ist er wie ein kleiner Junge, der für jede Überraschung und jeden Spaß zu haben ist. Ich kenne keinen Tag in unserer Ehe, der langweilig war. Ich weiß, dass Rudi seine Familie braucht, denn außer uns hat er eigentlich keine Freunde.«[95]

Auch wenn die Beziehung zu Susanne Hoffmann immer enger wird – Rudi liebt seine Frau noch nach wie vor. Da Anke im Grunde ihres Herzens nicht anders fühlt, unternehmen die beiden einen Versöhnungsversuch, der jedoch scheitert. Ihr Sohn Alexander erinnert sich: »Es gab ein gemeinsames Abendessen in Wachendorf, und die beiden waren an diesem Tag ganz schrecklich nervös; sie haben sich benommen, als wären sie frisch verliebt. Aber der Versöhnungsversuch scheiterte, es war zu diesem Zeitpunkt einfach schon zu viel in die Brüche gegangen, das funktionierte einfach nicht mehr mit den beiden.«[96] Rudi verbringt daraufhin immer mehr Zeit mit Susanne, die nur zehn Kilometer von Rudis Anwesen in dem kleinen Ort Okel lebt.

Trotz des sich im Laufe der Zeit festigenden Verhältnisses mit Susanne und der wieder zunehmend in den Vordergrund tretenden Fernseharbeit versucht Rudi aber auch in der Folgezeit noch, für Anke und seinen Sohn da zu sein. Alexander, mittlerweile fast sieben Jahre alt, leidet natürlich unter der Situation, ebenso wie er darunter leidet, dass sich der Gesundheitszustand seiner Mutter immer noch weiter verschlechtert. Dass Rudi zwar weiterhin in Wachendorf wohnen bleibt, aber auch immer häufiger mit seiner Freundin Susanne zusammen ist, während Anke allein mit Alex zurückbleibt, belastet die Stimmung im Hause Carrell verständlicherweise so manches Mal: »Ich war ja damals noch klein, aber das mit Rudis Beziehung zu Susanne habe ich durchaus mitbekommen und anfangs auch sehr darunter gelitten. Gerade weil mir natürlich auch meine Mutter Leid tat.«[97] Da Rudi oft weg ist und sich wieder in die Arbeit stürzt, bald auch wieder große, aufwendige Samstagabendshows macht und beinahe so viel arbeitet wie zuzeiten von *Am laufenden Band*, ist von nun ab vor allem Anke für Alexanders Erziehung verantwortlich, wobei sie großen Wert darauf legt, dass ihr Sohn ein so normales Leben wie möglich führt: »Meine Mutter hat sich sehr darum bemüht, dass ich ganz bodenständig bleibe, sie wollte nicht, dass ich aufs Internat komme oder dass es in der Schule oder später beim Abitur irgendwelche Extrawürste gibt. Ich sollte ganz normal aufwachsen – und da ich Kesselaar heiße, wussten ja auch in der Schule nicht gleich alle, dass ich der Sohn von Carrell bin; und das war auch ganz gut so. Für mich war es toll, in Wachendorf, auf dem Land und im Dorf und mit der Natur aufzuwachsen. Das war wirklich ein Paradies für ein Kind.«[98]

Alexanders Stiefschwester Caroline, Rudis jüngste Tochter, der nicht entgeht, wie ihr Vater die Erziehung seines Sohns ganz Anke überlässt und mehr mit seiner Arbeit und mit Susanne als mit seiner Familie beschäftigt ist, gewinnt den Eindruck, dass Rudi seinen Sohn vernachlässigt, und versucht Alex davor zu bewahren, worunter sie selbst in ihrer Kindheit so gelitten hat: »Ich hatte damals das Gefühl, dass Rudi sich zu wenig um Alex kümmert und dass er den gleichen Fehler begeht, den er bei meiner Schwester und mir gemacht hat. Ich habe ihm dann einen langen Brief geschrieben, in dem ich ihm meine Gefühle geschildert habe, wie es für mich als Kind war, wenn er weg war – wie schlimm das für mich war. Und ich habe ihn gebeten, sich mehr um Alex zu kümmern. Ich habe damals einfach gedacht, dass ich das machen muss – wusste aber absolut nicht, was ich damit bewirke. Ob der Kontakt zu Rudi danach besser ist oder ob ich nie wieder etwas von ihm höre. Erstaunlicherweise war er aber offen für das, was ich ihm geschrieben habe. Es war nicht so, dass er das nicht hören wollte, er war es nur einfach nicht gewöhnt, dass sich mal einer traute, ihm solche Dinge zu sagen. Viele Jahre später hat er mir mal gestanden: ›Ich habe deine Briefe von damals noch mal gelesen und musste ein bisschen weinen. Die waren sehr offen und direkt.‹ Ich war sehr erstaunt und berührt, dass er die Briefe überhaupt noch hatte.«[99]

Caroline versucht in dieser Phase die eigenen Probleme, die sie in ihrer Kindheit mit der Scheidung ihrer Eltern und der Abwesenheit des Vaters hatte, aufzuarbeiten. Sie hat das Gefühl, dass vieles Unausgesprochene zwischen ihr und Rudi steht, und nutzt den Austausch über Alexander auch dazu, ihre eigene Sehnsucht nach einer größeren Nähe zum Ausdruck zu bringen, zu der ihr Vater jedoch, da er in seiner sehr eigenen, abgekapselten emotionalen Welt lebt, so nicht fähig ist: »Ich habe immer, wirklich immer, gewusst und gespürt, dass Rudi mich liebt, auch wenn er so was nie sagen würde: ›Ich liebe dich.‹ Aber ich habe immer etwas mehr gewollt, etwas anderes von ihm erwartet, was er mir nicht geben konnte.« Besonders zu schaffen macht es Caroline so manches Mal, dass das fragile Gleichgewicht in der Beziehung zu ihrem Vater so leicht aus den Fugen gerät: »Rudi ist ein unglaublich sensibler Mensch, aber er hat furchtbare, fast irrationale Angst davor, zurückgestoßen oder verletzt zu werden. Und er hat da eigentlich auch nicht zwischen Kindern und Erwachsenen unterschieden. Wenn er zum Beispiel mit Alex spielen wollte, und der wollte lieber mal Freunde, andere Kinder, zum Spielen einladen, war Rudi ernsthaft beleidigt: ›Aber warum? Bin ich dir nicht mehr gut genug?‹ Und wenn Alex dann wieder zu ihm kam und mit ihm spielen wollte, konnte es passieren, dass er sagte: ›Nee, jetzt auch nicht. Du spielst doch lieber mit deinen Freunden.‹ So was kann ein Kind natürlich nicht verstehen. Ich hatte selbst bei ihm auch immer diese Angst, ihn ungewollt zu verletzen, und immer das Gefühl, dass unsere Beziehung an einem seidenen Faden hing. Unbewusst gab Rudi einem immer zu verstehen, dass man ihn bloß nicht verletzen oder enttäuschen darf – man spürte, dass man ihn sonst verlieren würde.«[100]

Alex selbst findet die Sorge seiner Schwester, dass Rudi ihn in seiner Kindheit und Jugend vernachlässigt haben könnte, im Nachhinein nicht begründet: »Für mich war es natürlich nicht einfach, meine Mutter leiden zu sehen, das ist ganz klar. Und natürlich hatte ich einen engeren, intensiveren Kontakt zu Anke, weil Rudi ja wieder viel mehr arbeitete als da, wo ich noch kleiner war und er sich ganz bewusst viel Zeit für mich genommen hat. Aber ich kann nicht sagen, dass ich mich von Rudi vernachlässigt gefühlt hätte; er hat immer sehr viel mit mir unternommen, wenn er mal nicht arbeitete. Auch in der Zeit, in der das mit Susanne losging, habe ich mich immer mit beiden gleich gut verstanden, mit meinem Vater wie mit meiner Mutter.« Und Alex spürt immer, dass Rudi ihn über alles liebt, aber auch, dass nach wie vor eine ganz große Nähe zwischen Rudi und Anke besteht: »Das mit Rudi und Anke war eine unglaublich tragische Liebesgeschichte. Eine große, aber auch sehr traurige Liebe. Ich bin überzeugt davon, dass meine Mutter Rudi bis an ihr Lebensende geliebt hat und dass auch Rudi nie aufgehört hat, Anke zu lieben. Und eine Scheidung war trotz allem für beide nie ein Thema, das wurde nicht einmal in Erwägung gezogen. Rudi hätte sich nie von Anke scheiden lassen, und meine Mutter hätte das auch nie gewollt. Egal, was auch passierte – ich glaube, die beiden haben immer gespürt, dass sie füreinander bestimmt sind.«[101]

10.

König des Samstagabends

Rudi reagiert auf die Turbulenzen im Privaten wie schon so oft in seinem Leben – er vergräbt sich in Arbeit: »Immer wenn ich in meinem Leben Probleme hatte mit der Familie, mit Freunden oder dem Leben an sich, flüchtete ich mich zum Schreibblock und fing an, an meinen Shows zu arbeiten.«[1] Nachdem er mit *Rudis Tagesshow* wieder Blut geleckt hat und die vorübergehende Abneigung, Fernsehen zu machen, die ihn nach dem Ende von *Am laufenden Band* befiel, überwunden hat, bekommt er auch wieder Lust, sich erneut an eine Samstagabendshow zu wagen. Zwar hat er sich im kleinen Comedyformat *Rudis Tagesshow* eine Zeit lang äußerst wohl gefühlt, jetzt reizt ihn jedoch wieder die größere Herausforderung – der König des Samstagabends will es noch mal wissen, er will sehen, ob er noch mal seinen alten Thron zurückerobern kann in einer Zeit, in der alle, er selbst eingeschlossen, das Sterben der großen Samstagabendshow prophezeien.

Mit der Einführung des dualen Fernsehsystems, das den öffentlich-rechtlichen Anstalten privatwirtschaftlich finanzierte, kommerzielle Sender zur Seite stellt, kommt es in den achtziger Jahren zur einschneidendsten Veränderung der deutschen Fernsehlandschaft überhaupt; wiederholt wird gar vom »medienpolitischen Urknall« gesprochen.[2] Die Zahl der Fernsehprogramme und der pro Tag ausgestrahlten Sendungen steigt in der Folgezeit kontinuierlich an, das Fernsehen wird mehr und mehr kommerzialisiert, aber auch inhaltlich kommt es zu einer grundlegenden Richtungsänderung. Haben die öffentlich-rechtlichen Fernsehsender durch den Staatsvertrag, an den sie gebunden sind, die ganz klar formulierte Aufgabe zu bilden, zu informieren und zu unterhalten, so fällt diese gesellschaftspolitische Zielsetzung bei den Privatsendern weg. Und so bleibt diesen viel freiere Hand in der Gestaltung ihres Programms, sodass sie bevorzugt auf leichte Kost und auf Unterhaltung setzen, die sie als ihr ureigenes Metier betrachten. Da die Privatsender es gegenüber den etablierten öffentlich-rechtlichen Sendern ARD und ZDF zunächst einmal schwer haben, sich durchzusetzen, geht es ihnen in der Etablierungsphase vor allem darum, mit spektakulären und provokanten Programminhalten für Aufsehen zu sorgen und die Zuschauer so zum Umschalten zu bewegen. RTL und Sat 1, die führenden kommerziellen Sender, konzentrieren sich dabei inhaltlich besonders auf all das, was zuvor in der öffentlich-rechtlichen Konkurrenz nicht zu sehen war – wie etwa Sex. Besonders RTL setzt mit der Ausstrahlung von Filmen wie den *Schulmädchen-Reporten* oder *Liebesgrüße aus der Lederhose*, mit der Einführung von Männermagazinen oder Erotikprogrammen, wie der viel diskutierten, von Hugo Egon Balder moderierten Strip-Show *Tutti Frutti*, genau auf diese Schiene und bekommt deswegen in der Presse das Etikett »Tittensender« verliehen. Das Prinzip »Sex sells« funktioniert jedoch hervorragend – RTL schafft es mit solchen Sendeformaten immer wieder in die Schlagzeilen und Ende der achtziger Jahre sogar erstmals in die Gewinnzone, wobei genau dies auch das oberste Ziel der Programmverantwortlichen ist, wie Ex-RTL-Chef Helmut Thoma rückblickend freimütig bekennt: »Wir haben genau das gesendet, was alle anderen zu Recht nicht gesendet haben. Aber genau damit haben wir erreicht, dass die Leute über RTL sprachen und das Programm einschalteten. Es ging in dieser Phase in erster Linie darum, die Zuschauer von den Öffentlich-Rechtlichen wegzulocken. Wir haben denen die Gebühren und damit die Querelen um Qualität gelassen und uns selbst lieber auf die Quote verlassen.«[3]

Das Themenspektrum dessen, was im Fernsehen gezeigt werden kann, wird durch die Eroberung stetig neuer Programmnischen zunehmend breiter, je größere Zuschauerakzeptanz die Privatsender erlangen, da diese immer wieder bislang bestehende Tabugrenzen durchbrechen – in den neunziger Jahren werden so im Nachmittagsprogramm schließlich Themen behandelt werden können, die vor der Einführung des dualen Fernsehsystems nicht einmal im Nachtprogramm der Öffentlich-Rechtlichen angerührt worden wären und zuvor im Fernsehen einfach nicht stattfanden: »Das kommerzielle Fernsehen war von Beginn an von einer Mentalität geprägt, die sich vom öffentlich-rechtlichen Denkstil vollständig unterschied und sich von diesem auch bewusst abzugrenzen suchte.«[4] Die öffentlich-rechtlichen Sender, die die Privaten anfangs noch nicht so recht als Konkurrenz ernst nahmen, müssen sich nach und nach den neuen Realitäten stellen und geraten zunehmend unter Zugzwang, auch sie müssen sich fortan an das »Leben mit dem Quotenkoller« gewöhnen.

Im Genre Fernsehunterhaltung hat die Einführung der Privatsender selbstverständlich auch tief greifende Folgen, was noch durch die Tatsache verschärft wird, dass sich – auch völlig unabhängig von der Veränderung der Fernsehlandschaft – die Lebensumstände der Fernsehzuschauer im Laufe der siebziger Jahre extrem gewandelt haben. Es ist längst nicht mehr die Regel, dass sich die ganze Familie, mehrere Generationen, geschlossen vor dem Fernseher versammelt und ein und dasselbe Programm verfolgt, was im Trend zum Zweit- und Drittgerät zum Ausdruck kommt – rund dreißig Prozent der deutschen Haushalte haben bereits Anfang der achtziger Jahre mehr als nur einen Fernsehapparat.

Aber auch die Tatsache, dass die Scheidungsraten immer noch wachsen und immer mehr Familien auseinander brechen, die Zahl der Single-Haushalte steigt und alternative Wohn- und Lebensformen wie etwa die Wohngemeinschaften eine zunehmend stärkere Rolle spielen, macht schnell klar, dass die Programmverantwortlichen auf Dauer am Publikum vorbeiproduzieren würden, wollten sie immer noch an den großen Fernsehshows für die ganze Familie festhalten. Diese sind eigentlich ein Produkt der fünfziger und sechziger Jahre – bereits in den Siebzigern waren sie im Prinzip obsolet; weil sich in ihnen aber zumindest im Fernsehen noch die Illusion der intakten Familie eine Zeit lang aufrechterhalten ließ, kamen sie auch in dieser Zeit noch so gut an. Das Auseinanderbrechen der Familien wurde, wenn man so will, im Fernsehen und in den großen Unterhaltungsshows wie auch den Familienserien kompensiert. Doch als Carrell das Ende von *Am laufenden Band* beschloss, bewegte er sich damit im Grunde genommen auf der Höhe des Zeitgeistes, denn mit dem Abschied vom traditionellen Familienbild liegt es auf der Hand, dass auch in der Fernsehunterhaltung etwas Neues passieren muss und alte Zöpfe abgeschnitten werden müssen.

Auch dem öffentlich-rechtlichen Fernsehen bleibt im Laufe der achtziger Jahre nichts anderes übrig, als die gesellschaftlichen Realitäten anzuerkennen, wenn es sein Publikum nicht an die Privaten verlieren will. Und so finden die sich abzeichnenden Veränderungen in der Gesellschaft langsam, aber sicher auch ihren Niederschlag im Fernsehprogramm und in der Fernsehunterhaltung. Die allererste Reaktion, in der Zeit, in der die Verantwortlichen bei ARD und ZDF die Privatsender – aufgrund der niedrigen technischen Reichweite ihrer Programme und der noch äußerst geringen Publikumsakzeptanz – noch nicht so recht als Konkurrenz wahrnehmen, ist, dass sie wieder verstärkt auf traditionelle Formen der Fernsehunterhaltung setzen. Wie schon Anfang der siebziger Jahre, als das Experiment der Neuorientierung und Politisierung der Fernsehunterhaltung als gescheitert galt, wird auch in der jetzigen Situation zunächst wieder auf altbewährte Konzepte und Gesichter gesetzt. Hans-Joachim Kulenkampff und Joachim Fuchsberger, Hans Rosenthal und Wim Thoelke, sie alle moderieren ihre alten Erfolgshows aus den Siebzigern auch in der ersten Hälfte der Achtziger noch munter weiter, als gäbe es überhaupt keine Umwälzungen in der deutschen Fernsehlandschaft.

Doch diese Stagnation rächt sich, denn die einstigen Konzepte und die alten Stars funktionieren immer weniger – nicht zuletzt weil die Privatsender, die in dieser Zeit nichts zu verlieren, sondern alles zu gewinnen haben, auf neue, innovative und frechere Formen der Fernsehunterhaltung setzen und Shows ins Programm nehmen, die bei den öffentlich-rechtlichen Sendern nicht im Entferntesten denkbar wären. Das RTL-

Produkt *Alles nichts oder?* etwa, eine chaotische, aber äußerst unterhaltsame Form der Fernsehunterhaltung, bei der mit Prominenten Spiele auf Kindergartenniveau veranstaltet werden, ist Ende der achtziger Jahre so eine Show, die nur auf den Privatsendern laufen könnte. Bereits der Titel ist eine Kampfansage an die Öffentlich-Rechtlichen, denn er stellt eine Verballhornung des Titels der klassischen ARD-Quizsendung *Alles oder Nichts* dar und nimmt damit bewusst Bezug auf eines der antiquierten Unterhaltungskonzepte des öffentlich-rechtlichen Fernsehens, das man aber in der RTL-Version im wahrsten Sinne des Wortes auf den Kopf stellt – womit man die Existenzberechtigung der traditionellen Showkonzepte in Frage oder doch zumindest zur Diskussion stellt. Während in der ARD altväterliche Showhasen wie Kulenkampff und Fuchsberger betulich und antiquiert ihre Shows moderieren, so wie sie es schon seit einer halben Ewigkeit tun, bekommen Hella von Sinnen und Hugo Egon Balder, die Moderatoren von *Alles nichts oder?* am Schluss ihrer Show immer Torten ins Gesicht geschmissen – womit sie so viel Selbstironie beweisen, wie es im Öffentlich-Rechtlichen bislang immer nur Rudi Carrell getan hat.

Mitte der achtziger Jahre sterben die alten, traditionellen Showkonzepte wie *Einer wird gewinnen* oder *Auf los geht's los* nach und nach aus, auch *Der große Preis* und *Dalli Dalli* enden – hieran anzuknüpfen, das ist allen Fernsehmachern klar, kann man in der jetzigen Situation nicht mehr. Das grundlegende Problem ist nur, dass man bislang lediglich weiß, dass die alten Konzepte nicht mehr funktionieren, aber noch keine Ahnung hat, wie die Weichen für die Zukunft gestellt werden könnten, was zu einer grundlegenden Verunsicherung und zu einer Phase planlosen und oft auch überstürzten Experimentierens führt. Einig ist man sich eigentlich nur darüber, dass die alte Fernsehshow à la Kulenkampff und Frankenfeld nun endgültig ein Auslaufmodell darstellt – Thomas Gottschalk erklärt 1982 selbstbewusst: »Shows à la Hollywood interessieren nur noch die Großeltern. Ballett und Treppe sind Showutensilien von gestern. Das weiß gekleidete Orchester mit einem fingerschnippenden Dirigenten im Halbprofil ist so überflüssig wie ein Kropf.«[5]

Was sich im Laufe der achtziger Jahre immer mehr abzeichnet, ist, dass es zu einer zunehmenden Spezifizierung der einzelnen Unterhaltungsformate kommt. Da große Fernsehshows, die sich an die ganze Familie richten, immer weniger Anklang beim breiten Publikum finden, andererseits aber gerade in der Zeit des sich stetig erhöhenden Angebots von neuen Sendern und Programmen die Notwendigkeit besteht, Zuschauer an sich zu binden, müssen Shows entwickelt werden, die gezielt bestimmte Zuschauergruppen ins Visier nehmen. Das Motto der Stunde ist, dass jedem das Seine geboten werden muss, dass jeder Publikumsgeschmack bedient werden muss, wobei vor allem Konzepte entwickelt werden, die sich an bestimmte Alters- und Interessengruppen richten. Während sich die großen Unterhaltungsshows der sechziger und siebziger Jahre, bis hin zu *Dalli Dalli*, *Der große Preis* und *Am laufenden Band*, immer noch an die gesamte Familie gerichtet haben und auch Jung und Alt gleichermaßen erreichten sowie mehr oder weniger alle sozialen Schichten ansprachen, entstehen in den achtziger Jahren nun mehr und mehr Sendungen, die auf einen ganz bestimmten Zuschauerkreis abzielen und auf diesen hin konzipiert sind. Dabei werden nicht nur altersspezifische Unterschiede berücksichtigt, sondern auch bestimmte Interessen oder auch das Bildungsniveau.

Diese Entwicklung hat zur Folge, dass auch jede Zielgruppe ihre eigenen Fernsehstars bekommt. Intellektuelle schalten nicht unbedingt bei Heinz Schenks betulicher Show *Der Blaue Bock* oder gar bei Karl Moiks Volksmusiksendung *Musikantenstadl* ein, interessieren sich aber vielleicht für Alfred Bioleks Sendungen *Bio's Bahnhof* oder *Mensch Meier*, in denen eine recht neuartige Mischung aus anspruchsvoller Unterhaltung, Musik und Talk präsentiert wird. Auch Harald Schmidt spricht mit einer Sendung wie *Maz ab!* zweifellos wieder ein völlig anderes Publikum an als sein WDR-Kollege Jürgen von der Lippe, der mit Sendungen wie *So isses* und *Donnerlippchen*, später mit *Geld oder Liebe* eher auf die Zuschauer in den mittleren Jahren abzielt, die nicht unbedingt einen bildungsbürgerlichen Anspruch haben, wenn sie sich vor den Fernseher setzen – während die von Peter Illmann moderierte Musiksendung *Formel eins* oder auch das von Thomas Gottschalk präsentierte *Na sowas* bewusst ein junges und jugendliches Publikum vor den Fernseher locken soll.

Sie alle, die Stars des Fernsehens der achtziger Jahre, haben eins gemeinsam – die wenigsten von ihnen schaffen es wie einst oder immer noch Kulenkampff, Thoelke, Rosenthal und Carrell, die ganze Familie, das Publikum jeder Generation und vom Postboten bis zum Oberstudienrat zu erreichen – die Fernsehstars, die sich in den achtziger Jahren etablieren, sind fast ausnahmslos Zielgruppenstars. Aus der alten Riege der Showmaster gelingt es in den Achtzigern außer Rudi Carrell, der gleich mit zwei Samstagabendshows wahre Triumphe feiern wird, eigentlich nur einem einzigen anderen Fernsehstar, ein sehr breites, generationenübergreifendes Publikum anzusprechen – Frank Elstner mit seiner Erfolgsshow *Wetten, dass?*, die am 14. Januar 1981 erstmals auf Sendung geht. Das große Samstagabendspektakel, das in seiner Mischung aus Personalityshow und Spielelementen an Carrells *Am laufenden Band* erinnert, ist die Erfolgsshow der achtziger Jahre – und wird zudem die auf Jahrzehnte erfolgreichste Samstagabendshow des europäischen Fernsehens werden. Natürlich ist die Show für Carrell, wenn er sich wieder in den Kampf um den Samstagabend stürzen will, eine ernst zu nehmende

Konkurrenz, dennoch lobt Rudi Elstners *Wetten, dass?* regelmäßig in den höchsten Tönen in der Presse und bezeichnet die Show als würdige Nachfolgerin von *Am laufenden Band* für die achtziger Jahre.[6] Auch wenn in der Presse immer wieder auf *Wetten, dass?* als Konkurrenz für Carrell angespielt – »Wetten, dass er Alpträume hat?«[7] – und darüber spekuliert wird, dass Rudi, würde es sich bei *Wetten, dass?* um ein ausländisches Showkonzept handeln, dieses schon längst »abgekupfert« hätte[8], gesteht Rudi Journalisten genauso beharrlich, dass *Wetten, dass?* momentan seine absolute Lieblingssendung sei[9], und bekennt sogar: »Wenn ich je auf etwas eifersüchtig war, dann auf die Idee von *Wetten, dass?*«[10]

Doch bevor Rudi mit einer eigenen Show ins deutsche Samstagabendprogramm zurückkehrt, entschließt er sich dazu, zum ersten Mal seit Jahren wieder in seinem Heimatland Holland Fernsehen zu machen – was nicht zuletzt auch etwas damit zu tun hat, dass die Niederlande in den achtziger Jahren im Gegensatz zum großen Nachbarn Deutschland noch von einer Krise der Fernsehunterhaltung verschont geblieben sind: »In Holland gab es diese Krise erst Anfang der Neunziger. Darum kamen auch Joop van den Ende und John de Mol dann nach Deutschland, um ihre alten Samstagabendshow-Konzepte an das deutsche Fernsehen zu verkaufen. Aber in den Achtzigern war von einer Krise im holländischen Fernsehen noch nichts zu spüren.«[11] Rudi kehrt diesmal nicht zu seinem alten Fernsehsender VARA zurück, sondern unterschreibt einen Vertrag beim katholisch orientierten Sender KRO. Die Show, die er am 11. November 1983 dort präsentiert, ist eine Adaption der seit 1973 höchst erfolgreich laufenden spanischen Unterhaltungsshow *Un, dos, tres*, die in Holland den Titel *De 1, 2, 3 Show* bekommt. Die kurzweilige Mischung aus Spiel- und Showprogramm kommt bei den niederländischen Fernsehzuschauern hervorragend an, nicht zuletzt auch, weil unter dem Motto »Een schip voor de Zonnebloem« Spenden gesammelt werden, um der niederländischen Wohltätigkeitsorganisation *De Zonnebloem*, »Die Sonnenblume«, den Kauf eines Rheindampfers zu ermöglichen, mit dem Schwerbehinderte in Urlaub fahren können. Rudis Show ist sehr erfolgreich und zieht viel Aufmerksamkeit auf sich – ein Jahr später wird das Schiff in Anwesenheit des Fernsehstars von Königin Beatrix getauft. Doch der erneute Ausflug ins niederländische Fernsehen bleibt singulär – weitere Anfragen aus seinem Heimatland lehnt Rudi ab: »Vor einiger Zeit bekam ich ein sagenhaftes Angebot aus Holland, wo ich für meine Shows ein Vermögen bekommen hätte. Mein Berater sagte nur: ›Willst du der reichste Mann auf dem Friedhof sein?‹ Das hat mich überzeugt. Hier in Deutschland spielt in Sachen TV-Unterhaltung die Musik.«[12]

Neben der erneuten holländischen TV-Präsenz hatte Rudi ursprünglich eigentlich bereits für das Jahr 1982 geplant, auch in Deutschland wieder mit einer großen Samstagabendshow zu starten. Schon in der Pause zwischen der ersten und der zweiten Staffel von *Rudis Tagesshow* hatte die Fernsehzeitschrift *Hörzu* voreilig vermeldet: »Rudi Carrell kommt wieder mit einer Samstagabendshow.«[13] Doch in Deutschland dauert es noch bis Ende 1983, bis Rudi ins Samstagabendprogramm zurückkehrt – wobei Carrells erster Anlauf, sich wieder einen Platz in der großen deutschen Samstagabendunterhaltung zu sichern, kläglich scheitert. Dies ist jedoch kaum verwunderlich, denn die Ausgangslage ist in Zeiten der Ratlosigkeit, wie die perfekte Fernsehshow der Zukunft aussehen könnte, denkbar schlecht. Auch der alte Showhase Carrell kann in dieser Situation nur probieren, was dem Publikum gefallen könnte, auch er hat kein Patentrezept in der Schublade, wie man in der sich gründlich verändernden Fernsehlandschaft eine erfolgreiche Samstagabendshow gestalten muss. Dennoch setzen zunächst alle ihre Hoffnungen in Rudi und sind froh, dass er sich dazu aufrafft, es doch noch einmal zu versuchen – nicht nur die ARD und Rudis Haussender WDR, sondern auch die Printmedien gehen automatisch von einem durchschlagenden Erfolg aus, da bislang alles geglückt ist, was Rudi angepackt hat. Als im Juni 1983 verkündet wird, dass Carrell Ende des Jahres mit einer neuen Unterhaltungsshow ins Samstagabendprogramm der ARD zurückkehren wird, spricht die Presse bereits vorschnell von Carrells neuer »Zehnjahresshow«[14].

Das von Rudi selbst entwickelte Konzept ist durchaus originell, fällt aber beim Publikum wie bei der Kritik gnadenlos durch. In der Show, der er den Titel *Unter dem Regenbogen* gibt, will Rudi auf unterhaltsame Weise einen Dialog der Generationen anzetteln. Zwanzig Junioren aus der Altersklasse bis fünfundzwanzig Jahren sollen in der Spielshow jeweils auf zwanzig Senioren der Altersklasse ab sechzig Jahren treffen. Der Grundidee folgend, soll es entsprechend auch zwei Assistentinnen für Carrell geben. Als Juniorassistentin fungiert die populäre Eiskunstläuferin Tina Riegel, und als Seniorassistentin fällt die Entscheidung nach schlagzeilenträchtiger Suche – »Rudi Carrell sucht sechzigjährige Showassistentin«[15] – auf die Schauspielerin und Soubrette Ursula Friese. Carrells Idee ist es, mit diesem Showkonzept dem gewandelten Familienbild etwas entgegenzusetzen: Wenn die unterschiedlichen Generationen sich schon nicht mehr gemeinsam *vor* dem Fernseher versammeln, so sollen sie doch wenigstens *im* Fernsehen an einen Tisch gebracht werden – verknüpft mit der Hoffnung, dass so vielleicht eine Show entstehen könnte, die wieder einmal alle familiären Altersstufen anspricht. Auch wenn es in *Unter dem Regenbogen* um einen spielerischen Dialog zwischen Jung und Alt gehen soll, bekommt Rudis neue Sendung in den

Medien schon bald den Stempel »Seniorenshow« verpasst – begleitend dazu werden im Vorfeld der ersten Sendung auch verstärkt Fotos und Berichte über Rudi und seine mittlerweile sechsundsiebzigjährige Mutter veröffentlicht. Obwohl die Presse skeptisch ist, zeigt Rudi sich zuversichtlich, dass sein Konzept funktionieren wird, und erklärt: »Die Älteren haben viel mehr Humor!«[16]

Die Show wird am Silvesterabend 1983 um Viertel nach acht ausgestrahlt, geht jedoch nicht live über den Sender, sondern wurde bereits sechs Wochen zuvor aufgezeichnet. Der Publikumszuspruch ist äußerst gering und bleibt weit hinter den Erwartungen zurück, die die ARD in eine neue Carrell-Show gesetzt hat, was aber fraglos nicht zuletzt auch mit dem mehr als ungünstigen Sendetermin für die Erstsendung zusammenhängen dürfte – man kann nicht ernsthaft an Silvester, wo die Zuschauer feiern, Jahresrückblicke oder beschwingte Musikshows sehen wollen, ein neues, bislang gänzlich unbekanntes Unterhaltungsformat starten. Einer neuen Show, an die die Zuschauer sich zuerst einmal gewöhnen müssen, muss man zunächst im ganz normalen Fernsehumfeld eine Chance geben – nur bereits etablierte Unterhaltungsshows und Publikumsrenner kann man an einem Silvesterabend ins Rennen schicken. Doch der Sendetermin ist nicht das einzige Problem, auch die ganze Konzeption wirkt wenig überzeugend und unausgegoren und lässt zu sehr das Flair vermissen, das man bislang in der Abendunterhaltung von Carrell gewöhnt war. Rudi gesteht diesen Fehler auch durchaus der Presse gegenüber ein und bestätigt, dass *Unter dem Regenbogen* zu wenig seinem Image und den Erwartungen, die sein Publikum an ihn stellt, entspricht und dass es sich zudem auch nicht um ein Konzept handelt, das das Zeug dazu hat, sich künftig an einem Samstagabend durchzusetzen: »Die Leute erwarten an einem Samstagabend von einem Rudi Carrell keine Gespräche, sondern Jubel, Trubel, Heiterkeit. Sie wollen Rudi, den Spaßvogel. Ich würde die Sendung gern weitermachen. Allerdings nur an einem Wochentag – weil ich dann nicht unter dem Druck stünde, die Leute auf Biegen und Brechen zum Lachen bringen zu müssen.«[17]

Doch mit einer Wochentagsshow ist Carrell mit *Rudis Tagesshow* bereits im ARD-Programm vertreten, was von ihm nun erwartet wird, ist ein großes Samstagabendereignis, mit dem man *Wetten, dass?* im ZDF Konkurrenz machen kann. Obwohl *Unter dem Regenbogen* sich als Flop erweist und bei Kritikern wie Zuschauern durchfällt, setzt die ARD weiterhin unbeirrt auf Carrell, auf seine unglaubliche Popularität, seinen Erfahrungsschatz und sein Standing bei Publikum wie Kritikern – wer, wenn nicht er, der Showmaster, der mit *Am laufenden Band* die erfolgreichste Samstagabendshow der zurückliegenden Dekade auf den Bildschirm gebracht hat, soll es in dieser schwierigen, ungewissen Situation schaffen, den Samstagabend für die ARD zurückzuerobern?

Dennoch ist Rudi verunsichert und zweifelt stark an sich selbst, schließlich hat er, der bislang immer für seinen untrüglichen Riecher für das richtige Showkonzept zur richtigen Zeit bekannt war, mit *Unter dem Regenbogen* zum ersten Mal in seiner mittlerweile fast zwanzigjährigen Fernsehkarriere ein Debakel hinnehmen müssen – und nach Megaerfolgen wie *Am laufenden Band* und *Rudis Tagesshow* plötzlich einen Flop gelandet zu haben, kratzt am Selbstbewusstsein. Dennoch ist ihm klar, dass es keinen Sinn hat, am Konzept von *Unter dem Regenbogen* festzuhalten – für den erfolgverwöhnten Carrell, in dessen Händen bislang noch jedes Showkonzept zu Gold wurde, ist dies ein herber Rückschlag und eine große Enttäuschung. Dennoch einigt er sich mit der ARD darauf, das Konzept schnell wieder ad acta zu legen und es bei der einen Ausgabe zu belassen, statt die ursprünglich geplanten sechs Shows zu machen – bereits im Januar meldet die Presse: »Carrell wirft das Handtuch.«[18] Die ARD verbucht *Unter dem Regenbogen* schlicht und einfach als Ausrutscher in Carrells Karriere und spricht sofort mit ihm über ein neues Showkonzept, das schon bald auf Sendung gehen soll, sodass der Flop in Vergessenheit gerät und nicht zu einem Imageverlust des Showmasters führt: »Das offene Eingeständnis eines Misserfolgs wurde als charakterliche Stärke und die Show somit als verzeihlicher Missgriff interpretiert.«[19]

So als wäre nichts gewesen, präsentiert Rudi nur vier Monate später, am 7. April 1984, eine neue Show, die den Titel *Die verflixte 7* trägt und wie schon die holländische *De 1, 2, 3 Show* auf dem spanischen Erfolgsrezept *Un, dos, tres* basiert – nachdem Rudi mit dem von ihm selbst entwickelten Showkonzept auf die Nase gefallen ist, hat er sich nun entschieden, auf Nummer Sicher zu gehen und wie schon bei *Am laufenden Band* wiederum auf die Adaption eines erfolgreichen Showkonzepts aus dem Ausland zu setzen. Mit *Die verflixte 7* ist Rudi wesentlich erfolgreicher als mit *Unter dem Regenbogen*; insgesamt wird die Sendung drei Jahre lang laufen, und dennoch reicht die Show – weder was ihre Qualität noch was ihre Akzeptanz beim Publikum angeht – an den Erfolg von *Am laufenden Band* heran, was vermutlich in dem teils sehr gewöhnungsbedürftigen Konzept der Show begründet liegt.

Das Ungewöhnlichste ist, dass die neunzigminütige Show in zwei unterschiedliche Teile zerfällt, die inhaltlich nichts miteinander zu tun haben. Während in *Am laufenden Band* der Hauptteil der Sendung von den acht Spielrunden eingenommen wurde, in denen nach und nach die Kandidaten ausschieden, bis am Ende ein Sieger übrig blieb, und nur etwa die letzten zehn Minuten auf die Auswahl der Preise entfiel, ist *Die verflixte 7* derart gestaltet, dass in den ersten dreißig Minuten drei Kandidatenpaare in drei unterschiedlichen Spielrunden gegeneinander antreten, während die restlichen sechzig Minuten der Show sich ausschließlich den Preisen widmen, die die Kandidaten möglicherweise und dann auch tatsächlich mit nach Hause nehmen können. Während also in den siebziger Jahren das Spiel im Vordergrund stand, haben nun in den achtziger Jahren, in den Zeiten der zunehmenden Kommerzialisierung des Fernsehens, ganz klar die Preise das Übergewicht.

Der erste Teil der Show, in dem jeweils drei Ehepaare gegeneinander antreten, ist stark an *Am laufenden Band* angelehnt. Auch hier geht es in den Spielen um Kreativität und Spontaneität, Reaktionsschnelligkeit und Einfallsreichtum sowie darum, Reaktionen des Ehepartners einzuschätzen. Wie in den späteren Staffeln von *Am laufenden Band* befasst sich auch jede Ausgabe von *Die verflixte 7* mit einem ganz bestimmten Thema – in der ersten Sendung am 7. April 1984 ist dies etwa der Wilde Westen. Alle Spiele, denen sich die Kandidaten wiederum unvorbereitet stellen müssen, sind diesem Motto zugeordnet: So sollen sie etwa im Westernsaloon mit einem Mann Streit anfangen, der sich, sobald er aufsteht, als längster Mann Deutschlands entpuppt – und sich dann mit einem flotten Spruch wieder locker aus der Affäre ziehen. Wer von den Kandidaten am besten abgeschnitten hat, wird mittels eines elektronischen »Applausmessers« durch das Studiopublikum entschieden.

Dieser gesamte erste Teil der Sendung findet in der Themendekoration statt, und wie bereits in seinen früheren Shows widmet Rudi wiederum sein Mottolied dem jeweils aktuellen Thema. In der ersten Ausgabe etwa singt er inmitten einer sich raufenden Stunt-Truppe in Cowboykostümen: »Cowboys gibt's nicht nur im Wilden Westen/Überall gibt es den Wilden Westen/Und geht Carrell heut Abend auch ko./Dann lag's nicht nur am Thema dieser Show.« Auch ansonsten setzt Rudi auf Altbewährtes, wie in der *Rudi Carrell Show* und in *Am laufenden Band* folgt auf das Einstiegslied eine Eröffnungsconférence, die einen aktuellen Bezug hat. In diesem Fall wird die am Vorabend veranstaltete Premiere des Films *Die unendliche Geschichte* für einen Gag über einen erneuten Alkoholrückfall Harald Juhnkes genutzt – ebenso eine unendliche Geschichte. Auch die Vorstellung der Kandidaten findet in der neuen Show wie gehabt im Sitzen statt – diesmal hocken die Ehepaare, dem Thema entsprechend, auf Pferdesätteln. Ebenfalls wie aus *Am laufenden Band* gewöhnt, gibt es auch in der *Verflixten 7* jeweils eine ganze Reihe von Starauftritten, wobei die Prominenten sich wiederum nicht so präsentieren, wie sie das von Auftritten in anderen Shows gewöhnt sind, sondern voll und ganz in die Spieldramaturgie eingebunden werden. Bei einem Spiel in der allerersten Show, bei dem die Kandidaten erraten müssen, ob bestimmte Gegenstände aus purem Gold oder nur vergoldet sind, treten etwa hintereinander Plattenmillionär Vader Abraham mit einer Goldenen Platte in der Hand, Fußballprofi Wolfgang Overath mit der FIFA-Statue im Arm, Filmregisseur Volker Schlöndorff mit seinem Oscar und der holländische Komponist und Freizeitpark-Besitzer Bobbejaan auf – sie alle sind jeweils eine knappe Minute im Bild zu sehen, jeder fungiert nur als Statist in den Spielen Carrells. Daneben gibt es aber durchaus auch eine Reihe klassischer Showeinlagen, die jedoch ebenfalls alle dem jeweiligen Thema angepasst sind – so singt etwa Margot Werner in der Erstsendung zum Wilden Westen ihren Titel *Neue Cowboys braucht das Land*, und auch die Gruppe *Truck Stop* präsentiert ein Medley. Nur ein geplanter Prominentenauftritt ist kurz vor der Show ins Wasser gefallen, denn eigentlich sollte auch Ulknudel Gisela Schlüter in Rudis neuer Show mit von der Partie sein; doch schon bei den Proben hat sich die Schlüter mit dem nach wie vor auf Perfektionismus pochenden Showmaster hoffnungslos überworfen und ist wutentbrannt wieder abgereist: »Dieser Mensch ist ein Unmensch, so was habe ich noch nie erlebt.«[20]

Am Ende der ersten Spielrunde, nach ungefähr einer halben Stunde, sind zwei der Kandidatenpaare ausgeschieden. Das erste Paar verabschiedet sich mit einem Geldpreis – jedes erfolgreich absolvierte Spiel wird dem Showtitel entsprechend mit DM 77,77 belohnt. Das zweite Paar darf aus einem Indianerkopfschmuck mit vierundzwanzig Federn vier Federn herausziehen, in denen sich jeweils Geldscheine verbergen, sodass man schlimmstenfalls mit vierzig Mark und bestenfalls mit viertausend Mark nach Hause gehen kann – die Kandidaten in der ersten Show schaffen es auf sechshundertsiebzig Mark. Das übrig gebliebene Ehepaar, das in die Endrunde kommt, darf neben Carrell am *Verflixte-7*-Tisch Platz nehmen. Nacheinander werden den beiden sieben Gegenstände präsentiert, die jeweils mit einer Shownummer eingeführt werden, mit einem Rätselspruch garniert sind und jeweils symbolisch für einen Preis stehen. Für jedes dazukommende Symbol müssen die Kandidaten sich von einem anderen der Symbole, das sie für die Niete oder für den nicht so viel versprechenden Preis halten, trennen – was durchaus Fingerspitzengefühl verlangt, da man sich nicht allein auf die Gegenstände verlassen darf, sondern auch die verschlüsselten Botschaften der Rätselsprüche richtig interpretieren muss. In der ersten Sendung ist es etwa so, dass das Hufeisen dafür steht, dass dem Paar, hätte es diesen Preis gewonnen, die komplette Wohnung für einen Gegenwert von zwölftausend Mark renoviert worden wäre. Der Sektkühler, von dem das Paar sich trennt, stand für eine zweiwöchige Reise nach Kalifornien, während der Globus gerade nicht – wie oft bei *Am laufenden Band* – eine Reise bedeutet, sondern der Preis eine Karl-May-Gesamtausgabe gewesen wäre. Bei einer Geburtstagstorte wären die Kandidaten für jede Kerze, die ein zufällig ausgewählter Gast aus dem Studiopublikum in einem Atemzug hätte ausblasen können, mit jeweils fünfzig Mark entlohnt worden. Auch eine Niete ist regelmäßig im Spiel, diesmal ist es ein Pistolenhalfter, das den Kandidaten eine Wagenladung mit zehntausend Kaugummikugeln eingebracht hätte. Das Mitfiebern, aber natürlich auch eine gehörige Portion Schadenfreude ist der Reiz dieser ausgedehnten Preisrunde – wenn Rudi mit dem Ausspruch »Das wäre Ihr Preis gewesen« enthüllt, welche Preise hinter den aussortierten Symbolen gesteckt hätten, geht teils ein Raunen der Erleichterung durchs Studiopublikum, weil endlich die Niete aus dem Spiel ist, teils aber ist natürlich auch Belustigung auf Kosten der Kandidaten mit von der Partie, wenn diese durch falsche Deutung eines Symbols einen tollen Preis verschenkt haben.

In der ersten Ausgabe bleiben zwei Symbole übrig, zwischen denen das Paar wählen muss. Sie trennen sich glücklicherweise vom Pferdesattel, der für einen Satz neuer Fahrräder für die ganze Familie gestanden hätte, und entscheiden sich für den Putzlappen, hinter dem sich der Hauptpreis, ein Jeep, versteckt. Carrell nimmt mit seiner neuen Show, in der es vor allem um die Preise geht, interessanterweise im öffentlich-rechtlichen Fernsehen das vorweg, was in den kommerziellen Sendern noch folgen wird – und zwar erst dann, wenn Carrells Show bereits längst wieder vom Sender genommen ist. Alle Shows in den Privatsendern, in denen auf ähnliche Weise vor allem das im Mittelpunkt steht, was die Kandidaten gewinnen können, und in denen es um Zocken, Feilschen und Gewinnen geht, starten erst rund fünf bis zehn Jahre später, so etwa das *Glücksrad*, das sich ab 1988 auf Sat 1 drehen wird, *Der Preis ist heiß*, ab 1989 von Carrells Landsmann Harry Wijnvoord auf RTL moderiert, oder aber auch Shows wie *Geh aufs Ganze*, *Die 100 000 Mark Show* oder *Glücksritter* in den neunziger Jahren – allesamt Sendungen, in denen es vor allem darum geht, dass die Kandidaten um ihre Preise feilschen und kämpfen. Wieder einmal ist Carrell mit seiner neuen Show also der Zeit und der Fortentwicklung der Fernsehunterhaltung weit voraus – wieder einmal hat er einen Trend gesetzt, von dem das deutsche Fernsehen noch lange leben wird.

Die verflixte 7 wird wie einst *Am laufenden Band* achtmal pro Jahr, also alle sechs Wochen, ausgestrahlt. Die Show wird zunächst live aus dem holländischen Aalsmeer gesendet, dem Standort der Fernsehstudios des niederländischen Erfolgsproduzenten Joop van den Ende, mit dem Rudi von nun an häufiger zusammenarbeiten wird. Joop und Rudi haben von Beginn an einen äußerst guten Draht zueinander, wie sich Rudis Tochter Annemieke, die hinter den Kulissen wiederum in Carrells Team mit von der Partie ist, rückblickend erinnert: »Ich fand, dass die beiden so gut miteinander harmonierten. Wenn es bei der Vorbereitung der Show irgendein Problem gab, sind die beiden zusammen in die Ecke gegangen, haben eine Zeit lang miteinander getuschelt, und dann kamen sie zurück, und alle Probleme waren gelöst. Ich glaube, Joop van den Ende war ein Mann ganz nach Rudis Geschmack.«[21]

Obwohl Rudi bereits nach dem Ende von *Am laufenden Band* verkündet hatte: »Nie mehr live«[22], weil er sich den Stress einer neunzigminütigen Liveshow am Samstagabend nicht noch einmal antun wollte, entscheidet er sich, als *Die verflixte 7* startet, doch wieder dazu, live auf Sendung zu gehen. Allerdings kommt es schon bald zu einem Ereignis, das Rudi diesen Entschluss bitter bereuen lässt. In einer der ersten Ausgaben der Show hat er den Schweizer Roby Gasser zu Gast, der eine sensationelle Varieténummer mit zwei Seelöwen vorführen soll. Nach drei Jahren, in denen der Zirkusartist in Las Vegas gastiert hatte, ist Gasser zum ersten Mal wieder in Europa, und Rudi gelingt es gleich, ihn in seine Show einzuladen. Die Proben am Nachmittag laufen wie geschmiert, aber am Abend in der Livesendung geht dann alles schief, wie Rudi sich erinnert: »Als ich Roby ansagte, startete die Musik, das Publikum klatschte, aber es kam niemand. Die Gasse in der Dekoration, durch die Roby und die Seelöwen auftreten sollten, blieb einfach leer.« Rudi wird von seinem Team in dieser Albtraumsituation schmählich im Stich gelassen: »Nicht mal ein Aufnahmeleiter kam zu mir, um zu erzählen, was los ist. ›Entschuldigung, meine Damen und Herren‹, sagte ich, verzweifelt in die Kamera blickend, ›dann geh ich eben mal selber nachschauen.‹ Ich rannte nach hinten und ließ das Publikum und fünfzehn Millionen Fernsehzuschauer allein mit einer leeren Dekoration.« Hinter den Kulissen wird Rudi auch nicht viel schlauer, denn dort heißt es nur: »Die Seelöwen wollen nicht« – diese sind durch einige Esel erschreckt worden, die ebenfalls eine Rolle in der Show spielen: »Ich rannte wieder zurück auf die Bühne, machte aus dem Stegreif ein paar Witze über Dienst nach Vorschrift und Arbeitsverweigerung und fing an, die Reihenfolge der Show zu ändern. Selbstverständlich laut, damit alle Mitwirkenden hinter den Kulissen es mitbekamen. Und dann klappte es doch noch – nach zwei anderen Auftritten bekam ich ein Zeichen, dass die Seelöwen endlich bereit waren.« Für die Zuschauer im Studio und vor den Fernsehern ist der Zwischenfall amüsant, und Carrell bewältigt ihn offensichtlich auch mit großer Souveränität, doch innerlich stirbt er, für den immer alles perfekt geplant und reibungslos ablaufen muss, in diesen Minuten tausend Tode: »Was für mich der schrecklichste Moment in meiner Karriere war, war für die Zuschauer wunderbar. Das Publikum liebt es, wenn bei einer Liveshow etwas in die Hose geht. Wenn bei einem Showmaster, also einer Person mit einer gewissen Autorität, Schweißausbrüche zu beobachten sind, denkt jeder zu Hause unbewusst: ›Aha, doch ein Mensch.‹«[23]

Allerdings zieht Rudi aus der Panne seine Konsequenzen und nimmt sich vor, nie wieder live auf Sendung zu gehen – ein Entschluss, an den er sich die nächsten zwanzig Jahre seiner Karriere auch strikt halten wird. *Die verflixte 7* wird von da an voraufgezeichnet, meist am Vortag der Ausstrahlung. Die Sendung kommt alternierend aus der Stadthalle Bremen und teils aus den Studios Joop van den Endes in Aalsmeer, wird aber auch dort vor deutschem Publikum aufgezeichnet, das mit Bussen aus dem Rheinland nach Holland gebracht wird – was die Fernsehzeitschrift *Hörzu* zu der bissigen Frage veranlasst: »Rudi Carrell karrt Deutsche nach Holland – wieso?«[24] Diese Praxis wird nach der ersten Staffel dann auch wieder aufgegeben, die späteren Ausgaben werden, genauso wie es auch bei *Wetten, dass?* und anderen großen Unterhaltungsshows üblich ist, in verschiedenen Stadthallen Deutschlands aufgezeichnet. Im Gegensatz zu *Am laufenden Band* und der Überraschungsshow, die Rudi ab Ende der achtziger Jahre präsentieren wird, ist *Die verflixte 7* trotz konstant guter Quoten kein durchschlagender Erfolg. Der Sendung gelingt es weder, wie von den ARD-Gewaltigen gehofft, an die hohen Einschaltquoten von *Wetten, dass?* heranzukommen, noch lassen sich die Kritiker zu Lobeshymnen hinreißen. Da das Showkonzept wenig überzeugt und manchem Kritiker und auch Zuschauer als unausgegoren und auch etwas verworren erscheint, es in der ersten Sendung zudem eine Reihe von Pannen und Holprigkeiten im Ablauf gab, erlebt Rudi bei der Show etwas, was ihm so bislang noch nie widerfahren ist, denn manche Kritiker haben sich offenbar vorgenommen, *Die verflixte 7* systematisch zum Misserfolg abzustempeln. Bereits im Juni 1984 versucht die *Bild*-Zeitung das Ende der Show und auch der Karriere Carrells herbeizureden: »Ist Carrell am Ende?« – woraufhin Rudi erbost zurückfragt: »Verdammt – warum soll ich am Ende sein?«[25]

Die Unkenrufe verhallen wirkungslos. Carrells Show wird zwar nicht die Relevanz von *Wetten, dass?* erreichen und letztlich im Rückblick auch eine eher untergeordnete Rolle in Rudis Fernsehschaffen spielen, aber immerhin läuft sie ganze drei Jahre mit respektablen Quoten – womit Carrell wieder für einen der Höhepunkte im ARD-Programm steht und wiederum als Zugpferd der ARD gilt, was ihn selbstbewusst verkünden lässt: »So viele Shows kann ich gar nicht machen, dass mir nichts mehr einfällt.«[26] Doch weder Carrell noch die ARD können auf die Dauer verleugnen, dass im Laufe der achtziger Jahre auch für sie der Quotendruck immer höher wird und sich die große Samstagabendshow in einer tiefgreifenden Krise befindet. Immer wieder wird verkündet: »Die große Samstagabendshow ist tot!«[27]

An Einschaltquoten von bis zu achtzig Prozent, wie Rudi sie noch mit seiner *Rudi Carrell Show* in der zweiten Hälfte der sechziger Jahre vergönnt waren, oder von bis zu fünfundsechzig Prozent, wie sie immerhin noch bei *Am laufenden Band* in den siebziger Jahren üblich waren, kann auch ein Rudi Carrell im Fernsehen der achtziger Jahre nicht mehr heranreichen. Seine Quoten, die immer noch Spitzenränge im Bereich der Fernsehunterhaltung einnehmen, pendeln sich Mitte der achtziger Jahre bei knapp über dreißig Prozent ein. Angesichts der sich verändernden Fernsehlandschaft prognostiziert Carrell, dass die Zukunft in kurzen, knappen Halbstundenshows wie *Rudis Tagesshow* liegen wird und nicht bei den großen und aufwendigen, neunzigminütigen Showprogrammen. Im Januar 1986 zieht er Bilanz und wagt eine Zukunftsprognose: »Ich hab allmählich das Gefühl, dass die großen Samstagabendshows verschwinden werden. Ich müsste mich schon sehr täuschen. Kulenkampff hört irgendwann auf. *Auf los geht's los* geht zu Ende – da ist der Dampf raus; da können die wenig mehr machen. Kurt Felix hört auf oder macht ein Jahr Pause. *Verstehen Sie Spaß?* ist keine gute Samstagabendshow für hundertzehn Minuten. Ich glaube, dass im Fernsehen die großen Shows aussterben. Die Sehbeteiligung bei Kuli, Blacky und mir liegt dann, wenn das ZDF am Samstag einen tollen Film bringt, bei dreißig Prozent. Aber es ist die Frage, ob eine so teure Show wie *Die verflixte 7* noch verantwortet werden kann, wenn die Sehbeteiligung unter dreißig Prozent sinkt.« Für sich selbst kündigt Carrell Konsequenzen an, wenn ein solcher Fall eintreten sollte: »Wenn die Marke deutlich unter dreißig Prozent liegt, könnte ich es nicht mehr verantworten. Ich hab immer mit Geld kalkuliert. Wenn ein Showblock von fünf Minuten vierzigtausend Mark kostet, dann kann ich das bei solcher Sehbeteiligung nicht mehr verantworten. Dann wird die Show zu teuer.«[28] Doch ganze zwei Jahre rentiert sich *Die verflixte 7* auch nach dieser Prognose noch im Samstagabendprogramm der ARD – insgesamt wird die Spielshow bis zum Dezember 1987 dreieinhalb Jahre lang im Programm bleiben, und Carrells Spruch: »Und das wäre Ihr Preis gewesen« wird zum geflügelten Wort im deutschen Fernsehen.

Nachdem Rudi wie geplant sieben Jahre Pause mit Engagements außerhalb des Fernsehens gemacht hat, um sich verstärkt um seinen Sohn Alexander zu kümmern, beginnt er nach seiner Rückkehr auf den Bildschirm auch wieder mit Bühnenauftritten in den fernsehfreien Monaten im Sommer. 1982 läuft Carrells mehrjähriger Werbevertrag mit Edeka aus, der es rein finanziell gesehen in den letzten Jahren für Rudi überflüssig gemacht hat, neben seiner Fernseharbeit noch zusätzliches Geld verdienen zu müssen, um sich den Lebensstandard, an den er sich gewöhnt hat, leisten zu können. Showmaster Michael Schanze folgt Carrell als Edeka-Werbeträger nach.[29] Bereits im Sommer 1983 wird Carrell daraufhin zum Zugpferd für eine Kaffeefahrt, was die *Bild*-Zeitung zur süffisanten Meldung veranlasst: »Bei Kaffeefahrt – Carrell verkauft Kekse.«[30]

Das Prinzip »Rudi zum Anfassen«, das schon Ende der sechziger und in der ersten Hälfte der siebziger Jahre viele Menschen angelockt hat, funktioniert auch zehn Jahre später durchaus noch. Zahlreiche Menschen nutzen auch 1983 die Gelegenheit, dem beliebten Showmaster, der per Knopfdruck schon so oft in ihrem heimischen Wohnzimmer zu Gast war, auch einmal leibhaftig zu begegnen. Der Prospekt eines Veranstalters von Verkaufsfahrten – der Firma Garant in Bremen – lädt im Frühsommer des Jahres zur »Fröhlichen Omnibusfahrt ins malerische Störtal zwischen den Naturparks Aukrug und Westensee« ein. Im Fahrpreis von rund zwanzig Mark sind ein gutbürgerliches, aus Schweinebraten und Beilagen bestehendes Mittagessen enthalten, außerdem ein Karton mit zehn frischen Eiern der Handelsklasse A, eine Tüte Keksgebäck, eine Tafel Markenschokolade sowie die Eintrittskarte zur einstündigen Show *Rudi Carrell mit Spaß am laufenden Band* – und darüber hinaus sogar noch ein »persönliches Erinnerungsbild von Rudi Carrell«. Im Kleingedruckten des Prospekts findet sich, wie bei solchen »Kaffeefahrten« üblich, der Hinweis auf die »Teilnahmemöglichkeit an einer Verkaufsveranstaltung«, bei der dann Heizdecken, Hörgeräte und Kochtopfsets verhökert werden. Rudi Carrell führt bei diesen Veranstaltungen einen Monat lang im leicht in die Jahre gekommenen Smoking durch eine vierzigminütige Carrell-Personality-Show, in der er Witze und Anekdoten zum Besten gibt und einige seiner Schlager singt – rund hunderttausend Menschen erleben den Showmaster auf diese Weise im Juni 1983 einmal höchstpersönlich.

In der Presse sorgt diese Art der Nebenbeschäftigung für allerhand hämische Seitenhiebe; so berichtet etwa die *Funk-Uhr* unter dem Titel *Rudi, Keks und Sauerbraten* über den »Butterfahrten-Matador« Rudi Carrell und macht sich ein bisschen über sein Engagement lustig. Doch solche Angriffe lassen Carrell völlig kalt – Nachfragen von Journalisten, denen es am liebsten wäre, wenn Rudi peinlich berührt reagierte, begegnet er ganz souverän und selbstbewusst, denn wie immer in seinem Leben steht Carrell voll und ganz zu dem, was er macht. Reportern erklärt er: »Heutzutage ist alles im Unterhaltungsgeschäft eine Frage der Finanzierung. Wenn die Leute in Las Vegas eine Top-Show sehen wollen, dann lässt sich die doch auch nur auf die Beine stellen, weil vor dem Galasaal die Spielhöllen mit den einarmigen Banditen stehen. Das ist heimliche Verführung, da kommt keiner vorbei. Hier sind die Spielregeln klar. So 'ne Fahrt von Hannover hierher und zurück, Mittagessen, Abwechslung und Lebensmittelpaket, das kostet alles runde zwanzig Mark. Das ist doch geschenkt. Zeigen Sie mir einen, der sich betrogen fühlt. Sie werden keinen finden.«[31] Auch aus der Tatsache, dass er für dieses einmonatige Engagement, das tausende Menschen dazu verlockt, an einer der Verkaufsfahrten teilzunehmen, von den Veranstaltern fürstlich entlohnt wird, macht er in seiner entwaffnenden Offenheit keinen Hehl: »Ich bekomme dafür so viel Geld – ich wäre wirklich blöde, wenn ich es nicht machen würde.«

Der geschäftstüchtige Carrell versteht es sogar, noch zusätzliches Geld aus dem Engagement herauszuschlagen, denn er sorgt dafür, dass auch seine Autobiographie *Gib mir mein Fahrrad wieder* hier verkauft wird. Rudis Verleger Fritz Molden, der sich zu sehr auf die großen Bestsellererfolge à la Knef verlassen und zudem zu viele Bücher veröffentlicht hatte, die ihm zwar persönlich am Herzen lagen, aber zu wenig Geld einbrachten, musste 1982 Konkurs anmelden. Aus der Konkursmasse hat Rudi die noch auf Halde liegenden zehntausend Exemplare seiner Autobiographie aufgekauft, die nun am Rande der Veranstaltungen von seiner Tochter Annemieke unters Volk gebracht werden – für zehn Mark pro Stück, signiert von Carrell: »Rudi rief mich an und fragte mich, ob ich gerade Arbeit habe oder Lust hätte, sein Buch zu verkaufen. Und während er drei oder vier Wochen seine Show machte, habe ich bei der Kaffeefahrt zehntausend Bücher verkauft, die gingen wirklich weg wie warme Semmeln. Wir haben uns schlapp gelacht, dass das so einfach ist. Wir hatten ohnehin unheimlich viel Spaß in diesen Wochen, Rudi hat das wirklich gerne gemacht, und es hat ja auch gutes Geld eingebracht.«[32]

So verlockend das gute Honorar und die Zusatzeinnahmen aus dem Buchverkauf auch sind, letztlich nimmt Rudi solche Engagements aber nicht nur um des Geldes willen an, sondern außerdem, weil es ihn neben seiner Fernseharbeit auch immer wieder mal nach dem unmittelbaren Kontakt zum Publikum gelüstet, wie er Reportern, die ihn am Rande der Kaffeefahrt interviewen, freimütig gesteht: »Ein Komiker wie ich braucht Publikum. Was meinen Sie, wie viele Gags mir in dieser kurzen Zeit schon wieder in den Sinn gekommen sind?«[33] Zudem empfindet Rudi solche Auftritte natürlich auch als eine Reminiszenz an die Zeit der Schnabbeltour und die Anfänge seiner Karriere, wo er es gelernt hat, vor allen Arten von Publikum aufzutreten und die Herzen der Zuschauer zu erobern. So wie damals spürt er auch bei den jetzigen Bühnenengagements wieder die täglich neue Herausforderung, das Publikum zu fesseln – wobei er jetzt, als berühmter Fernsehstar, natürlich wesentlich leichteres Spiel dabei hat als in seiner Jugend; denn damals musste er die Leute mit seinem Witz und seinem Charme für sich gewinnen und hatte keinen Starbonus, auf den er sich verlassen konnte, während heute die Leute eigens kommen, um ihn zu sehen. Dennoch stellen die Auftritte eine

Herausforderung für Carrell dar, weil er jeden Tag aufs Neue unter Beweis stellen muss, dass er nicht nur Fernsehshows präsentieren kann, sondern auch immer noch auf der Bühne seinen Mann steht – was ihm auch nach wie vor spielend gelingt: »Nach den ersten drei, vier Worten hat er sie fest in seiner Hand. Niemand stört sich an der kalten Atmosphäre der Halle, in der sonst an manchen Tagen im Jahr die berühmten Angeliter Zuchtbullen versteigert werden.«[34] Was Rudi in diesen Momenten antreibt, ist die Hochachtung vor seinem Publikum, vor den Menschen, die eigens gekommen sind, um ihn zu sehen – eine Hochachtung, die Carrell im Laufe seiner langen Karriere immer wieder auch zum Ausdruck gebracht hat, und sei es auf augenzwinkernde Art und Weise. Was schon bei seinen Bühnenauftritten in Holland stets besonders gut angekommen ist, war ein Schlussgag, den er sich selbst ausgedacht hat. Er tritt mit einem großen Strauß Blumen auf die Bühne und verkündet: »Künstler bekommen am Schluss ihres Auftritts immer Blumen. Aber Sie waren ein so tolles Publikum, dass ich dieses Mal Ihnen Blumen mitgebracht habe.« Dann wirft er die Blumen zur Gaudi der Leute einzeln in den Saal: »Een bloemetje voor menvrouw, een bloemetje voor meneer« – »Ein Blümchen für die Dame, ein Blümchen für den Herrn.« – »Das ist wirklich super angekommen.«[35]

Und noch etwas anderes reizt ihn an Engagements wie diesen: Während er im Fernsehstudio aus eigenem Antrieb immer als absoluter Perfektionist daherkommt, der jedes noch so kleine Detail vorab proben muss und der bei seinen Shows nichts von Improvisation und Spontaneität hält, genießt er es, dass er auf der Bühne auch mal improvisieren und auf direkte Art und Weise mit dem Publikum interagieren kann. In den Shows ist alles bis ins kleinste Detail geplant und nichts dem Zufall überlassen, doch bei einem Liveauftritt auf der Bühne hat er die Möglichkeit, unter Beweis zu stellen, dass er auch schlagfertig sein kann und lustige Ideen hat, dass auch bei ihm nicht immer alles genauestens vorausgeplant sein muss – was er etwa auch schon 1970 gezeigt hat, als er bei einem Auftritt von Bundeskanzler Willy Brandt auf einer Maifeier der SPD in der Essener Grugahalle ganz spontan in das Geschehen eingegriffen hat: »Obwohl mein eigener Auftritt erst abends war, war ich wieder mal als der Erste angereist und schon morgens früh da und hörte mir so die Rede von Willy Brandt an. Es war erst zehn Uhr morgens, aber Brandt hatte bereits zwei Auftritte in Hagen und Bochum absolviert und entschuldigte sich am Beginn seiner Rede, dass er etwas heiser sei und eine trockene Kehle habe. Genau in diesem Moment kam ein Kellner mit einem Glas Bier an mir vorbei. Ich hab seine Kellnerjacke angezogen, nahm das Bier und brachte es Brandt aufs Podium: ›Darf ich mal unterbrechen, Herr Bundeskanzler? Gegen eine trockene Kehle gibt's nichts

Besseres als ein Bier vom Fass. Bitte schön, prosit!‹ Die viertausend Besucher waren total begeistert, und auch Brandt musste furchtbar lachen.«[36]

Auch nach seinem fünfzigsten Geburtstag am 19. Dezember 1984 arbeitet Rudi mit voller Kraft weiter. In lockerer Reihenfolge präsentiert er nach wie vor *Rudis Tagesshow* und alle sechs Wochen *Die verflixte 7* – denkt daneben aber auch längst wieder über weitere Showkonzepte nach. Da er nicht die großen Samstagabendshows, sondern die kleineren Formate wie *Rudis Tagesshow* für die Zukunft hält, konzentriert er sich in der Folgezeit auch zunächst einmal genau auf solche Sendungen. Nicht alles, was er in dieser Hinsicht anfasst, glückt – so ist etwa die Sendung *Rudi macht's möglich*, in der Carrell 1984 im WDR-Regionalfernsehen – nach dem Vorbild der populären britischen Show *Jim 'll Fix It*, »Jim wird das schon machen« – Herzenswünsche von Kindern erfüllt, nur mäßig erfolgreich, sodass die Sendung schon nach nur drei Ausgaben wieder eingestellt wird. Dennoch startet er noch einen zweiten Versuch, eine Show zu etablieren, die Kinder in den Mittelpunkt rückt, diesmal ist es ein Konzept, das seine Tochter Annemieke entwickelt hat. Unter dem Titel *Oma-Opa-Mama-Papa-guck-mal-Show* werden Kinder präsentiert, die etwas Besonderes können, die musikalisch oder sportlich begabt sind, aber auch Kinder, die Schwierigkeiten zu meistern haben, wie etwa ein Junge, der an Diabetes leidet. Rudi führt bei dieser Show, die insgesamt viermal ausgestrahlt wird, lediglich die Regie, moderiert wird die Sendung, die im Herbst 1987 startet, von Jacqueline Stuhler, als Produzentin fungiert Rudis Tochter Annemieke Kesselaar.

Doch Rudi sucht neben der *Verflixten 7* auch für sich selbst weiterhin noch nach einem guten neuen Showkonzept, das er auf den Bildschirm bringen kann, nachdem *Rudis Tagesshow* im März 1987 ausgelaufen ist, denn er möchte auch weiterhin gleich mit zwei Sendungen im Programm vertreten sein. Im britischen Fernsehen entdeckt er schließlich eine Show, die er für viel versprechend hält und die er gern für Deutschland adaptieren möchte: »Das war die Show *Blind Date*, die wiederum auf einem amerikanischen Konzept basierte und in England schon zwei Jahre sehr erfolgreich lief. Das habe ich gesehen und mir gedacht: Flirten ist ein wahnsinniges Thema, jeder flirtet gern, also funktioniert das auch, wenn man eine Show daraus macht. Warum haben wir das eigentlich noch nicht?«[37] Als Kooperationspartner von Carrell, der für die deutsche Ausgabe den Titel *Herzblatt* wählt, fungieren erstmals nicht seine Haussender Radio Bremen und der WDR, sondern es ist eine andere ARD-Anstalt, mit der Rudi bislang noch nie zusammengearbeitet hat – der Bayerische Rundfunk: »Das lag daran, dass der BR die Rechte am Format hatte. Und der WDR hielt die Sendung ohnehin für ›unanständig‹, darum haben sie auch die ersten zwei Staffeln nicht ausgestrahlt, sondern sind erst auf den Zug aufgesprungen, nachdem *Herzblatt* im BR-Programm so erfolgreich geworden war.«[38]

Und Rudis neue »Show zum Verlieben«, die am 9. Oktober 1987 erstmals auf Sendung geht, ist tatsächlich mehr als erfolgreich – sie erzielt im Vorabendprogramm der ARD Spitzenwerte von bis zu fünfzig Prozent Sehbeteiligung, eine absolute Sensation. Nach einigen Fehlanläufen wie *Rudi macht's möglich* ist es Carrell wieder einmal gelungen, mit einem Showkonzept zielsicher den Nerv der Zeit zu treffen. In einer Phase, in der die Zahl der Single-Haushalte kontinuierlich ansteigt, spricht *Herzblatt* offensichtlich die geheimen Wünsche vieler Zuschauerinnen und Zuschauer auf geradezu ideale Weise an. Träumen nicht irgendwie die meisten Singles davon, den Partner fürs Leben zu finden? Und genau mit dieser Sehnsucht spielt die Sendung. Dabei ist *Herzblatt* natürlich keine ernsthafte »Kuppelshow«, sondern will das Thema Flirten und Kennenlernen auf lockere, amüsante und kurzweilige Art und Weise thematisieren, ohne darauf abzuzielen, dass hier tatsächlich Verbindungen fürs Leben zustande kommen – und so werden in den gesamten achtzehn Jahren, in denen *Herzblatt* läuft, auch insgesamt nur zwei der Paare heiraten. Carrell erklärt der Presse: »Meine Sendung *Herzblatt* ist ein Spiel, keine Partnerschaftstelebörse, denn sonst wäre ich ein Ehestifter und die längste Zeit Showmaster gewesen. Ein grausamer Gedanke, Rudi Carrell als Tele-Friedensrichter für einsame Herzen… Dass *Herzblatt* ein Spiel ist, wissen auch alle meine Kandidatinnen und Kandidaten.«[39]

In jeder Ausgabe von *Herzblatt* wird in zwei Runden jeweils einem Mann und einer Frau die Chance gegeben, ihr »Herzblatt« zu finden. Mit geschickt gestellten Fragen müssen diese aus den jeweils drei Frauen beziehungsweise Männern, die hinter einer Trennwand sitzen, also nur für das Studiopublikum und die Fernsehzuschauer sichtbar sind, ihren Favoriten herausfinden, wobei sie sich – da die Flirtpartner für sie nicht sichtbar sind – ganz auf ihr Gespür verlassen müssen: »Spiel und Spannung liegen in der prickelnden Inszenierung, dass ein Kandidat ohne Augenkontakt unter drei Damen – und umgekehrt – auswählen muss. Als Kriterium stehen ihm nur die Stimme, Witz und Pfiff der Antworten und die eigene Phantasie zur Verfügung.«[40] Bevor der jeweilige Kandidat sich für einen der drei Flirtpartner entscheiden muss, werden die witzigsten Antworten der Runde noch mal von einer Stimme aus dem Off pointiert zusammengefasst – diese auffällig erotische Stimme, die Berühmtheit erlangt und ein wichtiger Bestandteil des Profils der Sendung wird, gehört Carrells Assistentin Susi Müller, die rückblickend erzählt: »Carrell und ich haben uns gleich gut verstanden. Er engagierte mich vom Fleck weg, ohne Probemoderation.«[41] Nicht nur Susis amüsante Zusammenfassungen werden ein festes Ritual der Sendung, sondern auch Rudis Ausruf »Und das ist Ihr Herzblatt!«, bevor sich die Trennwand öffnet und sich die beiden Flirtpartner zum ersten Mal in Augenschein nehmen können. Jedes Paar wird nach der Sendung mit dem *Herzblatt*-Hubschrauber zu einem gemeinsamen Wochenendtrip entführt – jeweils am Beginn der nächsten Show werden die beiden Paare dann getrennt voneinander befragt, wie sie bei diesem Ausflug miteinander harmoniert haben und was sie nun, wo sie sich etwas besser kennen gelernt haben, voneinander halten – bevor wieder zwei neue Kandidaten ihr Glück beim Flirten probieren dürfen.

Da die Show vor allem davon lebt, dass die Flirtpartner lustige, freche, charmante und möglichst geistreiche Antworten geben, werden diese vorab geschrieben und mit den Kandidaten einstudiert. Wie in all seinen Shows, die vor allem mit dem »Funktionieren« der Kandidaten steht und fällt, will Rudi, dass diese möglichst glänzen, dass sie witzig und spontan wirken und sich im besten Licht präsentieren, sodass es sich geradezu aufdrängt, ihnen die Texte vorab auf den Leib zu schreiben. Nicht alle Kandidaten schaffen es dann in der ungewohnten Studioatmosphäre, die vorher einstudierten Dinge auch so locker rüberzubringen, dass sie nicht auswendig gelernt wirken – was für einen Laien auch durchaus eine Herausforderung darstellt. Und für eine kleine, schnell produzierte Show wie *Herzblatt* kann bei der Auswahl der geeigneten Kandidaten natürlich kein so großer Aufwand betrieben werden, wie dies bei *Am laufenden Band* der Fall war. Doch auch wenn es schon mal vorkommt, dass man einem Kandidaten anmerkt, dass seine Antworten einstudiert sind, funktioniert die Show, denn das Wichtigste sind die flotten und auch schon mal selbstironischen Antworten – wobei auch Rudi wie in all seinen Shows wiederum auch in *Herzblatt* oftmals Selbstironie beweist, wenn er etwa einem Kandidaten auf die Frage »Sie sind Feinmechaniker? Mit diesen Händen?« die pfiffige Antwort auf den Leib schreibt: »Sie sind Showmaster? Mit so einem Gesicht?« Dass solche Momente es durchaus legitimieren, den Kandidaten die Antworten in den Mund zu legen, findet auch Rudis Kollege Wim Thoelke: »Als Perfektionist bereitet er alles so sorgfältig vor, dass eigentlich nichts mehr schief gehen kann. Sogar die Gags in den Interviewantworten seiner Gäste sind geprobt. In Sendungen wie *Herzblatt* wurden die Texte seiner so ungeheuer schlagfertigen Kandidaten und Kandidatinnen von Autoren geschrieben. Kein normaler Mensch ist so pointiert lustig, auch nicht gegen Gage. Ich sehe darin keinen Mangel, weil es nicht auf die Art und Weise der Produktion, sondern auf ihren Effekt ankommt. Hauptsache, die Show unterhält ihre Zuschauer gut.«[42]

Und das ist angesichts der sensationellen Einschaltquoten, die sich schließlich auf rund dreißig Prozent einpendeln, solange Carrell die Show präsentiert, mehr als offensichtlich der Fall. Die Show wird als Quotenbringer im Vorabendprogramm schnell so erfolgreich, dass nach dem Bayerischen Rundfunk auch die anderen ARD-Anstalten sie ins Programm nehmen und sie zudem zur »Urmutter aller Flirtshows« im deutschen Fernsehen wird, denn *Herzblatt* zieht auf nahezu allen Fernsehkanälen eine wahre Flut weiterer Sendungen dieser Art nach sich.[43] Nach hundertachtundzwanzig Folgen übergibt Rudi die Show Ende 1993 an Rainhard Fendrich – mit der Entscheidung des Bayerischen Rundfunks, *Herzblatt* auch nach seinem Ausscheiden weiterzuführen, ist Carrell alles andere als glücklich, denn er hatte dem Sender geraten, die Show ganz aus dem Programm zu nehmen: »Es wird sehr schwierig sein, für mich einen würdigen Nachfolger zu finden. Wir wissen ja, wie dünn gute Moderatoren gesät sind.« Seinem Nachfolger gegenüber ist Rudi gewohnt skeptisch eingestellt, was er auch unverblümt der Presse mitteilt: »Ob der das Gleiche schafft wie ich, bezweifle ich.« Fendrich wird tatsächlich nicht der letzte Moderator von *Herzblatt* bleiben – nacheinander wird die Sendung noch von Hera Lind, Christian Clerici, Pierre Geisensetter, Jörg Pilawa und Alexander Mazza moderiert. Erst nach stolzen achtzehn Jahren wird *Herzblatt* im Juni 2006 wegen zu schlechter Quoten eingestellt – oder, wie es von ARD-Seiten offiziell heißt, »weil die Lizenz für den Kultklassiker nicht verlängert wurde«[44]. Rückblickend bekennt Rudi Carrell: »Bei *Herzblatt* bekam ich für vier Folgen, die an einem Tag abgedreht wurden, fünfundzwanzigtausend Mark. Das war recht einfach verdientes Geld, und zum ersten Mal in meinem Leben habe ich ein wirklich gutes Geschäft gemacht. Es war eigentlich blöde, dass ich keine Lust mehr hatte, die Sendung weiterzumachen, aber in künstlerischer Hinsicht ging es einfach nicht mehr – man kann eine Sendung einfach nicht so oft machen. Ich wusste einfach nicht mehr, was ich die Leute noch fragen soll.«[45]

In keinem Jahrzehnt gelingt es Rudi Carrell so sehr wie in den achtziger Jahren, seine Vielseitigkeit unter Beweis zu stellen. Während der Name »Carrell« in den sechziger und siebziger Jahren jeweils nur mit einem einzigen Showkonzept verbunden war, steht er in dieser Dekade gleich mit einer ganzen Reihe unterschiedlicher Sendungen in Verbindung, die alle höchst erfolgreich sind. Dass er einerseits mit starken Shows im Samstagabendprogramm vertreten ist und andererseits mit *Herzblatt* aber auch das Vorabendprogramm der ARD dominiert, garantiert ihm weiterhin einen Spitzenplatz in der Rangliste deutscher Fernsehunterhalter – ein Umstand, der seinem ohnehin starken Selbstbewusstsein noch größeren Auftrieb gibt. Als er anlässlich seines fünfzigsten Geburtstags, den er wie gewohnt im Fernsehstudio verbringt, von Journalisten gefragt wird, wer für ihn der größte Showmaster des deutschen Fernsehens sei, zieht er die Bilanz: »Alle sind auf bestimmten Gebieten hervorragend, besser als ich. Kuli bewundere ich, weil er sich eine halbe Stunde live wunderbar mit Leuten unterhalten kann, Peter Alexander kann besser singen als ich – und Thomas Gottschalk ist riesig in seinen Sprüchen und seiner Improvisation. Aber ich glaube, niemand ist so vielseitig wie ich…«[46]

So selbstbewusst und positiv Rudi Carrell immer wieder die eigenen Vorzüge und Stärken hervorhebt, so schonungslos und provokant äußert er sich oftmals auch über die Schwächen seiner Kollegen – wobei er seine Kritik nicht immer so allgemein formuliert wie im folgenden Ausspruch: »Es gibt Kollegen von mir, die Millionen verdient haben, obwohl sie nichts getan haben. Sie sind dressierte Affen, sie haben Text, Musik und alles immer von anderen bekommen. Ich kann immer sagen: Ich habe alles allein gemacht.«[47] Während Rudi in den sechziger und siebziger Jahren in der deutschen Presse vor allem das Etikett des »netten Jungen von nebenan« getragen hat, wandelt sich sein Ruf im Laufe der achtziger Jahre, nachdem er immer häufiger Kollegenschelte betreibt und als nicht gerade zimperlich gilt, wenn es darum geht, andere Entertainer in den Zeitungen anzugreifen – die Presse versieht ihn jetzt auch schon mal mit einem Etikett wie »Rudi, das Schandmaul«[48]. Diese Veränderung in Carrells öffentlicher Wahrnehmung hat sicherlich viel damit zu tun, dass er erst mit seiner Popularitätssteigerung durch *Am laufenden Band* verstärkt nach seiner Einschätzung der deutschen Fernsehlandschaft befragt wird und bei Journalisten schnell dafür bekannt wird, dass er gern austeilt und kein Blatt vor den Mund nimmt, wenn man ihn nach seiner Meinung über Kollegen befragt – und da sich Carrells pointierte und oft auch amüsante Äußerungen immer schlagzeilenträchtig an den Mann bringen lassen, fragt man ihn auch entsprechend häufig. Und wie schon Anfang der sechziger Jahre in Holland sieht Rudi auch jetzt keine Notwendigkeit, mit seiner Meinung hinter dem Berg zu halten, was einen Journalisten schlussfolgern lässt: »Lieber einen Kollegen vergrätzen, als den Verdacht der Diplomatie zu erwecken. Keine Rücksicht auf Empfindsamkeiten.«[49] Rückblickend gesteht Rudi offenherzig: »Ich war gefürchtet! Aber ich bin ein ehrlicher Mensch. Ich sage einfach geradeheraus, was ich denke.«[50]

In Deutschland debütiert Rudi mit seiner Rolle als Kollegenschreck im Jahr 1979 – wobei das Wort »Kollegenschreck« eigentlich in seinem Selbstverständnis nicht zutrifft, denn er erachtet die wenigsten seiner Mitstreiter tatsächlich als »Kollegen«. Da er ein Showmaster ist, also gleichermaßen singt und tanzt und schauspielert und durch seine Programme führt, sieht er im deutschen Fernsehen eigentlich nur Peter Frankenfeld und Peter Alexander als ebenbürtige Kollegen an, während er

Quizmoderatoren wie Hans Rosenthal oder Wim Thoelke oder Showpräsentatoren wie Michael Schanze oder Thomas Gottschalk erst gar nicht als Kollegen betrachtet: »Solche Leute haben mit meinem Beruf nichts zu tun.« 1979 jedenfalls, kurz nachdem Peter Frankenfeld zu Grabe getragen worden ist, setzt Rudi zum ersten Mal zu einer Aufsehen erregenden Kollegenschelte an, als er Harald Juhnke, der kurzfristig die Frankenfeld-Sendung *Musik ist Trumpf* übernimmt, im Kölner *Express* prophezeit: »Juhnke wird nie ein Trumpf-Ass!« Im selben Interview legt er gleich noch nach und greift auch noch Hans Rosenthal heftig an: »Harald Juhnke oder Hans Rosenthal, das sind doch alles Arschkriecher. Von denen erlaubt sich doch keiner was. Die Showmaster müssen ihr Publikum besser erziehen. Wenn nichts passiert, gibt es nur noch *Dalli Dalli*.«[51] Während Juhnke sich nicht zum Angriff von Carrell äußert, lässt Hans Rosenthal sich zu einer Replik auf die Kollegenschelte hinreißen, woraufhin die Presse gleich in riesigen Lettern den »Krieg der Showmaster« ausruft: »Ich kann den Rudi einfach nicht ernst nehmen« – und geradezu hellseherisch fügt Rosenthal hinzu: »Das war bestimmt erst der Auftakt. Carrell wird noch schlimmer über die Kollegen herziehen.«[52] Damit soll Rosenthal Recht behalten, aber er selbst bleibt in der Folgezeit weitgehend verschont. Eins der Lieblingsopfer von Rudi bleibt neben Dieter Thomas Heck – »mein Lieblingsfeind; der mag mich nicht, und ich mag seine Arbeit nicht« – immer Harald Juhnke, wohl nicht zuletzt, weil es für Rudi unverständlich ist, wie Juhnke sein zweifellos vorhandenes großes Talent durch seine Alkoholsucht zerstört und dies auch noch immer in die Öffentlichkeit trägt. Im November 1983 nimmt er Juhnke erneut aufs Korn: »Ich trinke mehr als Harald Juhnke. Im Gegensatz zu ihm torkle ich nach siebzehn Bieren aber nicht in der Öffentlichkeit rum, sondern mache die Schotten dicht und besaufe mich zu Hause.« Juhnke reagiert souverän auf Rudis Angriff und wiegelt ab: »Dass der Rudi mehr trinkt als ich, das wusste ich schon immer. Was er über mein Rumtorkeln sagt, ist nicht bösartig gemeint. Wir haben immer ein gutes Verhältnis zueinander gehabt. Wer von uns wie viel trinkt – da stehen wir doch drüber.«[53]

Erstaunlicherweise reagieren viele der von Rudi gescholtenen Kollegen im Nachhinein sehr offen auf dessen Attacken – Jörg Knör etwa gesteht sogar: »Man war schon stolz, wenn man von Rudi überhaupt für kritikwürdig gehalten wurde.«[54] Dass Rudis Kritik von den meisten Kollegen hingenommen wird, hat sicherlich sehr viel damit zu tun, dass sich Carrells übergroßes Selbstbewusstsein, das sich in seiner Kollegenschelte manifestiert, daraus speist, dass er für seinen eigenen Erfolg unglaublich hart gearbeitet hat und aufgrund seiner hervorragenden Einschaltquoten und der guten Kritiken fraglos als eine Autorität auf dem Gebiet der Fernsehunterhaltung angesehen wird – als einer, der sich nichts vormachen lässt und der es sich durch seinen Hintergrund erlauben kann, seine Meinung frei heraus zu sagen. Alfred Biolek befindet: »Die Presse ist immer auf der Suche nach möglichst reißerischen Schlagzeilen. Und Rudis Lästereien über Kollegen waren da natürlich ein gefundenes Fressen. Ich denke, dass solche Sachen für ihn eine Fortsetzung der Pointen war, die er in seiner Sendung gemacht hat. Rudis ganzes Leben war eine einzige Suche nach guten Pointen. Für eine gute Pointe hätte er, glaube ich, seine Großmutter umgebracht oder sich einen Fuß abgehackt. Rudi war eben so. Wenn Kulenkampff, Fuchsberger oder Elstner plötzlich öffentlich so über ihre Kollegen hergezogen hätten, dann hätte ich schon gedacht – komisch, was ist denn mit denen los? Aber nicht bei Rudi. Das gehört einfach zu ihm.«[55] Und Hape Kerkeling gibt zu bedenken: »Rudi hatte ja auch meistens Recht mit dem, was er sagte. Es kam ja auch so gut wie nie vor, dass ihm jemand öffentlich widersprochen hat, was ja zeigt, dass man sein Urteil durchaus ernst genommen hat. Und ich weiß auch gar nicht, warum er nicht sagen sollte, was er denkt. Das liegt halt in seiner Natur – Holländer sind keine Duckmäuser.«[56]

Zudem ist es keineswegs so, dass Rudi seine öffentlichen Attacken nicht manches Mal auch im Nachhinein bereut, wie etwa im Falle von Wim Thoelke, den Rudi menschlich und auch als harten Arbeiter sehr schätzt, dem er aber dennoch in den Zeitungen und auch in seinen eigenen Sendungen so manches Mal einen kleinen Seitenhieb verpasst hat. Als Thoelke etwa nach seiner Quizshow *Drei mal neun* erstmals seine neue Sendung *Der große Preis* moderierte und in der ersten Ausgabe alle drei Kandidaten leer ausgegangen waren, griff Carrell dieses Thema drei Tage später in *Am laufenden Band* auf: »Haben Sie am Donnerstag Wim Thoelke gesehen? Der hat jetzt 'ne neue Show. Die heißt nicht mehr *Drei mal neun* sondern *Drei mal null.*« Doch am nächsten Tag macht Rudi sich Sorgen, dass Thoelke ihm diesen Scherz übel genommen hat, und ruft ihn an, um sich bei ihm zu erkundigen, ob Wim ihm böse sei: »Wie kannst du nur so dumm fragen. Ich wäre enttäuscht gewesen, wenn du die Sache nicht aufgenommen hättest. Dieser Gag lag für dich auf der Straße.«[57] Auch wenn Thoelke von Carrell in der Presse angegriffen wird – »Laaaangweilig. Da knistert nichts! Wie leicht manche Leute doch ihr Geld verdienen« –, plagt Carrell anschließend so manches Mal ein schlechtes Gewissen, wie sich Wim Thoelke in seinen Memoiren erinnert: »Hart gesotten ist er nicht. Obwohl er alle Jahre mal in irgendeinem Zeitungsinterview seine Kollegen der Reihe nach öffentlich beleidigt. Das ist ihm dann, wie er gerne sagt, am späten Abend beim Bier mit den Reportern herausgerutscht, als das offizielle Interview schon vorbei war. Verblüffend, dass er immer wieder auf den gleichen Reportertrick reinzufallen scheint. Aber er verspürt beim Lesen der Unverschämtheiten, die er da ab und an über seine Kollegen von sich gibt, so etwas wie ein Reuegefühl und ruft schon mal an. ›Hast du den *Stern* gelesen?‹ – ›Ja, warum?‹ – ›Also, weißt du, die haben mich hereingelegt, dieser beschissene Reporter. So etwas sage ich nicht über dich – du kennst mich doch. Aber nach sieben Stunden, als ich einen in der Krone hatte und todmüde war, haben die mir Namen über den Tisch zugeworfen, und ich habe halt im Suff zu jedem Namen eine Bemerkung gemacht, aber nicht ernsthaft. Und diese Idioten drucken das dann!‹ Tja, Rudi, da kann man nichts machen.« Auch wenn Thoelke so manches Mal von Rudi öffentlich abgekanzelt wird, ist dieser Carrell nie ernsthaft böse, weil er den Menschen hinter den manchmal harschen Sprüchen kennt: »Rudi Carrell wirkt schnoddrig und oberflächlich. Aber das ist er nicht. Er ist in Wirklichkeit leicht verletzbar und setzt deshalb seine oft aggressiven Sprüche als vorsorgliche Abwehrmaßnahme ein.«[58]

Auch Jürgen von der Lippe geht im Rückblick ähnlich souverän mit Carrells früheren Attacken um wie der verstorbene Wim Thoelke: »Also, ich war ja da auch oft betroffen, wenn Rudi ausgeteilt hat, aber ich habe ihm das nie übel genommen. Manchmal hat er mir – wie etwa im Falle von *Donnerlippchen* – zuerst einen Gratulationsbrief geschrieben und mir gesagt, dass er die Sendung gut findet, und eine Woche später stand in der Zeitung: ›Carrell findet *Donnerlippchen* Scheiße‹ oder so. Einmal hat er auch gesagt, dass ich jedes Showkonzept kaputtkriege.« Tatsächlich wird Rudi im Winter 1989, als von der Lippe seine neue Show *Geld oder Liebe* präsentiert, mit den Worten »Der sollte nicht noch diese Show kaputtmachen, wie er alle Spiele verhunzt«[59] zitiert: »Aber aufgeregt über solche Angriffe habe ich mich nie, weil man ja, wenn man selbst in dieser Branche ist, weiß, wie solche Schlagzeilen entstehen. Man gibt Interviews, will originell sein und sagt – erst recht, wenn man dann schon was getrunken hat – Dinge, bei denen man dann am nächsten Tag, wenn man sie in der Zeitung liest, richtig erschrickt. Mir ist das selbst schon bei meinem allerersten Interview mit der *Neuen Revue* so gegangen. Da wollte ich glänzen und habe Max Schautzer und Caroline Reiber ein Geisterbahn-Duo genannt, und ein paar Wochen später begegnete ich dann Max, der mich fragte, ob ich das wirklich gesagt hätte – und ich hab ihm dann einfach nur geantwortet: ›Aber ihr seid doch auch ein Geisterbahn-Duo.‹ Wenn man so was gesagt hat, dann muss man dazu schon auch stehen – und das hat Rudi ja auch immer gemacht. Rudi hat sich halt manches Mal eine Kiste Heineken reingepfiffen und dann zur Freude der Journalisten im Suff ein bisschen über die Kollegen hergezogen – aber das macht die Sache doch doppelt erträglich.«[60]

Wenn Rudi sich schlagzeilenträchtig über Kollegen äußert, dann sind es immer die großen anderen Showstars und Entertainer, die sich Seitenhiebe und Sticheleien gefallen lassen müssen – und die allesamt die Möglichkeit hätten, auch gleichermaßen in der Presse zurückzuschlagen. Bei jungen Kollegen, die noch kein festes Standing in ihrem Beruf oder beim Publikum haben, hält Carrell sich jedoch auffällig zurück – was jedoch nicht bedeutet, dass er nicht sehr genau verfolgen würde, was sich im Nachwuchsbereich tut. Und wenn ihm im Fernsehen jemand auffällt, der ihm viel versprechend und talentiert erscheint, dann ist er auch durchaus bereit, diesen zu fördern und zu unterstützen – so wie er etwa bereits 1979 Thomas Gottschalk als Nachfolger für sich bei *Am laufenden Band* ins Gespräch gebracht hat.

Ein anderer junger Kollege, der gerade seine ersten Schritte beim Fernsehen macht und für den Rudi in den ersten Jahren so etwas wie ein Mentor wird, ist Hape Kerkeling. Schon ganz am Anfang von Kerkelings Karriere ist Carrell auf ihn aufmerksam geworden und erkennt in ihm sofort untrüglich einen der kommenden Fernsehstars und Publikumslieblinge. An sein erstes Zusammentreffen mit Rudi erinnert Hape sich heute noch gern zurück: »Es war 1985, und ich hatte mit *Känguru* gerade meine allererste Sendung in der ARD. Und dann gab es einen Festakt beim WDR in Köln, bei dem der alte Intendant Friedrich von Sell verabschiedet und der neue Intendant Friedrich Nowottny begrüßt wurde. Und ich war eingeladen und hatte dann auch gleich noch einen Platz in der ersten Reihe zugewiesen bekommen, neben so Leuten wie Willy Millowitsch, Jürgen von der Lippe und Jean Pütz. Dann kam Rudi auf die Bühne, der die Laudatio auf den scheidenden Intendanten halten sollte, und sagte als erstes: ›Na, mal schauen, wer so in der ersten Reihe sitzt.‹ Und er sagte dann zu den ganzen Leuten was, und ich dachte mir, dass er garantiert keine Ahnung hat, wer ich überhaupt auch nur bin. Aber dann kam auch ich an die Reihe, und Rudi sagte: ›Ah, der Hape Kerkeling sitzt auch schon breit in der ersten Reihe, nach nur einer Show. Na, da musst du aber aufpassen, dass du immer in der ersten Reihe sitzen wirst. Da musst du hart arbeiten für.‹ Und ich war ganz sprachlos, dass *Rudi Carrell* wusste, wer *ich* bin, und dachte die ganze Zeit nur: ›Unglaublich, Rudi Carrell kennt mich!‹ Im WDR wurde das als Ritterschlag betrachtet, und von da an hatte ich ein ganz anderes Standing im Sender. Das wurde nur noch davon getoppt, dass Rudi mich mal zu Hause besuchte und die Nachbarn das mitbekamen – seitdem gelte ich mehr in meiner Nachbarschaft.«[61]

Für den jungen Entertainer ist Rudi natürlich die große Ikone der Fernsehunterhaltung, der Mann, der schon so lange im Geschäft ist, mit allen Wassern gewaschen, und in einer ganz anderen Liga spielt. Aber dennoch geht Carrell mit einer ganz großen Offenheit auf Hape Kerkeling zu: »Ich kann mich noch gut an meine erste persönliche Begegnung mit Rudi erinnern, vor der ich natürlich schon etwas nervös war, weil er ja in der Branche immer als so schwierig gilt. Aber Rudi hat mich wirklich mit offenen Armen aufgenommen; er war sehr behutsam, sehr liebevoll – er hört sehr genau zu, interessiert sich für einen und ist sehr aufmerksam.« Und das Eis zwischen Rudi und Hape ist spätestens nach dieser Episode gebrochen: »Einmal hat er mich auf die Seite genommen: ›Darf ich dich mal was Persönliches fragen? Du bist schwul? Ich kann das gar nicht glauben. So zwei schöne dicke Titten, sagt dir das gar nix?‹ Und ich musste ihm dann dreimal versichern, dass mir das wirklich nichts sagt, und damit war die Sache dann auch gegessen, und er sagte: ›Na, ja, musst du selber wissen, aber ich könnte da nicht von lassen. So zwei richtig schöne dicke Titten.‹ Das fand ich natürlich unglaublich komisch.«

Auch bei späteren Zusammentreffen behandelt Carrell Hape Kerkeling immer mit einer solchen Offenheit, wie er sie nur bei ganz wenigen Kollegen oder Menschen, mit denen er zusammenarbeitet, zugelassen hat: »Es gab dann auch durchaus große Momente der Nähe, aber eben nur dann, wenn ich ganz allein mit ihm war, zum Beispiel in der Garderobe. Sobald wir die wieder verließen, ist er ein ganz anderer Mensch, dann ist er viel distanzierter, so als sollte niemand wissen, wie intensiv das Verhältnis ist. So etwas wie Momente der Freundschaft und der Nähe kann man mit Rudi, glaube ich, immer nur unter vier Augen haben. Was ich an Rudi sehr schätze, sind seine wirklich große Menschenkenntnis und sein unglaubliches Gespür für Menschen. Er beobachtet immer sehr genau und weiß immer ganz genau, woran er bei einem Menschen ist. Und er sagt auch immer geradeheraus, was er denkt – manche Menschen können damit nicht umgehen, aber ich finde, das macht alles viel einfacher. Rudi spielt nicht, er ist immer authentisch, er ist ein Mensch, der einem nichts vormacht und bei dem man immer weiß, woran man ist.«

Hape Kerkeling ist sich natürlich bewusst, dass ein Mensch wie Rudi Carrell, der eine so große Karriere vorweisen kann und so hart arbeitet, nicht viele Freunde haben kann, und freut sich umso mehr, dass Rudi sich in seinem Fall für solche Momente der Nähe immer wieder Zeit genommen hat: »Ich bin sehr glücklich darüber, dass Rudi sich mir gegenüber so geöffnet und wirklich intensive menschliche Begegnungen zugelassen hat, die ich immer als sehr bereichernd empfunden habe. Da gab es durchaus schon so den ein oder anderen Gänsehaut-Moment. Einmal zum Beispiel, das war er bei mir zu Hause, hielt er plötzlich mitten im Gespräch inne und stellte mir, völlig aus dem Zusammenhang gerissen, die Frage: ›Bist du glücklich?‹ Und weil ich in der Zeit wirklich sehr glücklich und zufrieden war, bejahte ich das, und Rudi antwortete: ›Das ist die Hauptsache.‹ Das war ein ganz, ganz intensiver Moment, und auch wenn er nur aus zwei kurzen Sätzen bestand, habe ich gespürt, dass es Rudi wirklich wichtig war zu erfahren, ob ich glücklich in meinem Leben bin.

Rudi ist kein Mann, der viel Worte braucht, um Nähe herzustellen. Ich habe das sehr zu schätzen gewusst, dass er sich mir gegenüber so freundschaftlich, ja fast väterlich verhalten hat. Aber das ändert nichts daran, dass ich nach wie vor eine große Ehrfurcht vor ihm habe und er nach wie vor für mich der große Rudi Carrell ist. Er war natürlich schon in meiner Jugend mein Vorbild – Frankenfeld und Carrell, die fand ich toll, mit all den anderen konnte ich nicht so viel anfangen. Rudi war für mich immer ein Grandseigneur, ich liebte seine Shows, sie waren frech, aber nie anzüglich, sie waren stilsicher und geschmackvoll und hatten eine unvergleichliche Leichtigkeit. Da swingte einfach alles. Und es war eine ganz große Wärme in seinen Shows, und die kam von ihm – und so etwas spüren die Menschen.«

Natürlich ist Rudi Carrell für Hape auch immer jemand, bei dem man sich Rat holen und von dessen schier unerschöpflichem Wissen man profitieren kann, so wie Rudi seinerseits viele Jahrzehnte von Leslie Roberts profitiert hat: »Was Rudi einem sagt, das stimmt und hat Hand und Fuß. Alles, was Rudi mir je geraten hat, habe ich immer ernst genommen. Er hat mir viele gute Tipps gegeben.« Und Carrell verfolgt Hape Kerkelings weiteren Werdegang sehr aufmerksam: »Als ich zum Beispiel meine erste Ausgabe von *Total normal* machte, die live über den Sender ging, rief Rudi noch während der laufenden Sendung in der Regie an und ließ mir, während ein Einspielfilm lief, ausrichten: ›Das ist das Lustigste, was ich je gesehen habe. Das ist grandios.‹ Und so ein Lob von Rudi Carrell zu bekommen, das beflügelt ungemein. Und ich musste die ganze weitere Show daran denken, dass Carrell zu Hause sitzt und das guckt und gut findet.«[62]

Hape Kerkeling ist nicht der einzige Kollege, an dessen Werdegang Rudi solches Interesse zeigt. Carrell ist nicht nur mit Leib und Seele Fernsehmacher, sondern auch ein leidenschaftlicher TV-Konsument, der immer das Gefühl hat, wissen zu müssen, was seine Kollegen so machen. Diese große Anteilnahme an dem, was die anderen in der Branche auf den Bildschirm bringen, lässt Rudi oftmals nach neu gestarteten Shows zum Telefonhörer greifen – wie etwa Frank Elstner bestätigt: »Nach fast jeder Premiere einer neuen Show von mir hat Rudi mich angerufen und mir gesagt, ob ihm das gefallen hat oder nicht, ob er in dem Konzept eine Zukunftschance sieht oder nicht. Er hat sich immer mit meiner Kreativität auseinander gesetzt – und das hat mich jedes Mal sehr gefreut. Ich mag Rudi einfach, und ich bewundere ihn sehr. Wir haben immer einen ganz großen Respekt voreinander gehabt.«[63] Die gleiche Erfahrung wurde wiederholt auch Kurt Felix zuteil, wobei den Schweizer Showmaster besonders beeindruckt hat, dass Carrell stets auch anderen neidlos den Erfolg gegönnt hat: »Als ich Anfang der achtziger Jahre in Deutschland mit

Verstehen Sie Spaß? startete und Carrells Einschaltquoten um Längen schlug, rief er mich an und gratulierte mir für die tollen Gags: ›Ich bin vor Lachen auf dem Boden gelegen!‹ – und freute sich über meinen Erfolg. Rudi zeigte Größe. Rudi war jederzeit fähig, die Fernsehlandschaft richtig, objektiv und fair einzuschätzen. Bei so viel Zuspruch seinerseits hat es mir doch tatsächlich die Sprache verschlagen, und er ist in meiner positiven Einschätzung noch höher gestiegen, als er es in meiner Wertschätzungsskala ohnehin schon war.«[64]

Die Dankbarkeit über Rudis neidlose Mitfreude geht für Kurt und Paola Felix natürlich nicht so weit, dass sie ihn bei ihrer Sendung *Die versteckte Kamera* verschonen würden – doch stellt es bei Fernsehprofi Carrell eine besondere Herausforderung dar, ihn hereinzulegen, wie Kurt Felix sich noch heute erinnert: »Rudi hat – auch in Presseinterviews – immer wieder verlauten lassen, dass er nie auf eine Kamera-Verlade von Kurt Felix hereinfallen würde: ›So was würde ich auch gegen die heftigsten Sturmwinde förmlich riechen.‹ Das war natürlich ein Ansporn für mich, das scheinbar Unmögliche möglich zu machen. In seiner Sendung *Die verflixte 7* übergab Rudi seinen Kandidaten immer einen besonderen Preis. Ich brachte in Erfahrung, dass es beim nächsten Mal ein Schlafzimmer sein sollte. Also holte ich aus Rudis Haus bei Bremen sein eigenes Schlafzimmer, ließ es hinter die TV-Kulissen stellen und schlüpfte mit Paola unter die Bettdecke. Als sich der Überraschungsvorhang öffnete, war Rudi völlig perplex und brauchte erst mal eine längere Anlaufzeit, um festzustellen, dass es ja sein eigenes Bett ist, hob vorsichtig die Bettdecke und fiel fast in Ohnmacht, als er uns darunter entdeckte. Nur wir verstanden seine Worte schon von Anbeginn: ›Nein, nein, nein, nicht ich! Nein, nein, nein‹ und legte sich flach. Das war die beste meiner Kollegen-Verladen!«[65]

Dass Flirtshow-Moderator Rudi Carrell auch privat gern flirtet, ist ein offenes Geheimnis – so wie in der Branche mittlerweile auch mehr oder weniger jeder weiß, dass Rudi neben seiner Frau Anke, mit der er nach wie vor das gemeinsame Anwesen in Wachendorf bewohnt, auch noch mit seiner Mitarbeiterin Susanne Hoffmann liiert ist: »Jeder weiß es, jeder toleriert es, jeder schweigt dazu.«[66] Doch im Sommer 1987 – Rudi ist zu diesem Zeitpunkt bereits seit zwei Jahren mit Susanne zusammen – durchbricht die *Bild*-Zeitung das kollektive Schweigen mit der Schlagzeile: »Carrell mit Blondine auf Ibiza – Ehefrau zu Hause.« Zwar wird in diesem Artikel noch nicht Susannes richtiger Name genannt, sondern sie fälschlich als Silke bezeichnet, aber dennoch wird recht unmissverständlich klar gemacht, dass es eine zweite Frau an Rudis Seite gibt, mit der er gerade, blendend gelaunt, einen dreiwöchigen Ibiza-Urlaub in einer eigens angemieteten Traumvilla in San Antonio genießt: »Er ist nicht allein – bei ihm wohnt die junge blonde Fernsehmitarbeiterin Silke. Carrells Frau Anke blieb zu Hause zurück.«[67]

Die Meldung sorgt für großen Wirbel, das Anwesen in Wachendorf wird daraufhin wieder einmal von Reportern belagert – für Anke und ihren Sohn Alexander folgen schreckliche Tage. Neugierige Journalisten wollen unbedingt Statements von Anke und Paparazzi um jeden Preis Fotos der betrogenen Ehefrau. Diesmal ist kein Rudi Carrell zur Stelle, der zu aufdringliche Pressevertreter mit Pferdemist vertreibt, aber Rudis Sohn Alexander hat früh von seinem Vater gelernt und verjagt die im Gebüsch lauernden Reporter kurzerhand mit einem Wasserschlauch, wie Rudi, zurück in Deutschland, der Presse erklärt: »Das war mein elfjähriger Sohn, ich rede nicht darüber. Sie können schreiben, was Sie wollen.«[68] Und die Zeitungen nehmen ihn beim Wort. Die Boulevardblätter und die Regenbogenpresse stürzen sich, nachdem die *Bild* den lang erwarteten Startschuss gegeben hat, auf das Thema und schlachten es über Wochen aus. Wieder einmal muss das Sommerloch gefüllt werden, und wieder einmal wird Rudis These bestätigt, dass jeder Prominente alle sechs Jahre das Opfer solcher Pressekampagnen wird: »1981 bin ich mit *Rudis Tagesshow* gestartet, und die war so erfolgreich, dass keiner was Schlechtes schreiben konnte. Sechs Jahre ist nur positiv über mich geschrieben worden, und 1987 war ich dann halt mal wieder an der Reihe.«[69]

Der Hauptfokus der Berichterstattung lastet natürlich auf der Gegenüberstellung des fröhlichen Carrell mit seiner jungen Geliebten auf der einen Seite und der kranken, an Rheuma leidenden Anke auf der anderen Seite, die Carrell mit ihrem gemeinsamen Sohn und ihren Schmerzen allein zurücklässt, während er mit einer anderen, jüngeren Frau einen unbeschwerten Urlaub genießt. Ankes Schwester Birgit erinnert sich: »Diese Zeit war sehr schlimm für Anke. Dass der Mann eine Freundin hat, ist die eine Sache, aber das dann plötzlich schwarz auf weiß in zentimeterhohen Lettern in der *Bild*-Zeitung zu lesen, dazu die Fotos von den beiden und dann auch noch die überall lauernden Reporter um ihr Haus, die eine Story witterten – unter all dem hat Anke wahnsinnig gelitten.«[70] Aber auch Rudi Carrell selbst ist erbost. Zwar durfte er als Medienprofi nicht erwarten, dass die Journalisten für alle Zeiten Stillschweigen wahren würden und es nicht irgendwann entsprechende Schlagzeilen geben würde, zumal er sich in dem dreiwöchigen Urlaub ganz ungeniert mit Susanne auf Ibiza gezeigt hat, dennoch echauffiert er sich der Presse gegenüber: »Ich finde es eine Unverschämtheit, dass meine Frau aus der Zeitung erfahren muss, dass ich fremdgehe.«[71] Noch fast zwanzig Jahre später ärgert er sich: »Es hatte sich zu diesem Zeitpunkt schon rumgesprochen bis zu Anke – aber es bleibt trotzdem eine Unverschämtheit.«[72]

Rudi und Anke beschließen, der Presse gegenüber zukünftig weiterhin nichts verlauten zu lassen. Weder er noch sie werden zum Zustand ihrer Ehe oder zur Tatsache, dass es eine zweite Frau an Rudis Seite gibt, öffentlich Stellung beziehen: »Anke und ich haben verabredet, auch nicht ein Wort darüber zu äußern. Aus einem Ja, einem Nein, einem Vielleicht wird gleich eine ganze Seite gemacht. Nur so viel: Anke und ich leben nach wie vor hier zusammen.«[73] Rudis Frau, die sich schon in den letzten Jahren kaum noch in der Öffentlichkeit hat blicken lassen, zieht sich nach dem Wirbel, den die *Bild*-Meldung ausgelöst hat, noch stärker zurück und weigert sich, sich jemals wieder für ein Zeitungsfoto ablichten zu lassen. Wenn Carrell Reporter auf dem Anwesen in Wachendorf zu Interviews empfängt, ist Anke nirgends zu sehen: »Sie hat keine Lust auf Presse. Nicht für fünfzehntausend Mark würde sie sich noch mal fotografieren lassen. Unser Privatleben ist auch unsere private Sache.«[74]

Doch die Story ist natürlich ein gefundenes Fressen für die Yellow Press, die sich nicht entgehen lässt, den Seitensprung Carrells mit der Erkrankung seiner Frau in Verbindung zu bringen und nachzuforschen, inwieweit sich Ankes Zustand, über den den Medien gegenüber nichts verlautbart wird, verschlimmert hat. Eine Reporterin von *Bild der Frau* macht sich im Sommer 1987 nach Wachendorf auf, wo sie zunächst die Nachbarschaft nach Anke ausquetscht und jede Menge Dorfklatsch serviert bekommt – »Die Anke tut uns so Leid« – »Eine schwere Ehekrise« – »Sie sah schlecht aus, früher war sie immer so fröhlich« – und dann auch noch versucht, zu Anke selbst vorzudringen, was ihr aber nicht gelingt, da Carrell sie vom Grundstück jagt: »Hau ab, sonst hetze ich die Hunde auf dich!« In ihrem Artikel »Ehekrise – Carrells Frau schwer krank«[75] bringt sie dennoch die Gerüchte vom verschlechterten Gesundheitszustand Ankes unter die Leute. Ankes Sohn Alexander schildert diese schwere Zeit: »Das war eine der schlimmsten Sachen in meiner Kindheit – meine Mutter so krank zu sehen, sie so leiden zu sehen, und dass das dann auch noch in der Presse so ausgetreten wurde. Das war furchtbar. Was mich am meisten aufgeregt hat, war, wenn in den Artikeln der Eindruck erweckt oder auch direkt behauptet wurde, Rudi kümmere sich nicht um meine Mutter. Da ist kein Stück Wahrheit dran. Ich glaube, dass ich von mir behaupten kann, dass ich ein sehr rechtschaffener Mensch bin, und wenn etwas Falsches behauptet wird, dann ärgert mich das sehr. Und was die Reporter, die absolut keine Ahnung von unserem Leben hatten, alles darüber geschrieben haben, das regt mich heute noch auf.«[76] Was Rudi in diesen Tagen an der Berichterstattung der Sensationspresse so richtig auf die Palme bringt, ist die Tatsache, dass immer wieder über eine bevorstehende Scheidung von Anke und ihm spekuliert wird – so wird etwa ein Kollege mit den Worten zitiert: »In unserer Branche wird schon lange von einer Scheidung gemunkelt.« Um solche Gerüchte ein für allemal aus der Welt zu schaffen, erklärt Rudi fortan jedem Reporter, der ihn auf dieses Thema anzusprechen wagt, unumwunden: »Man darf mich alles nennen: das Rindvieh der ARD, den Bumser der ARD – nur eines darf man nicht: das Wort ›Scheidung‹ mit meinem Namen in Zusammenhang bringen. Weil zwischen Anke und mir eine intensive Freundschaft besteht.«[77]

Auch wenn eine Trennung der Eheleute damit für alle Zeiten unmissverständlich vom Tisch ist, zeigt Rudi Carrell sich in der Folgezeit bei Empfängen und Preisverleihungen oder Veranstaltungen wie der Berliner Funkausstellung immer wieder ganz selbstverständlich an der Seite Susanne Hoffmanns. Anfang 1991, als er einen weiteren gemeinsamen Urlaub mit ihr verbringt, diesmal auf der Karibikinsel Antigua, meldet die Presse wiederum »Carrell: Zweite Frau an seiner Seite...« – aber Rudi lehnt auch weiterhin jeglichen Kommentar zu diesem Thema ab und wird sich erst viele Jahre später öffentlich über Susanne äußern, sodass die Printmedien auf reine Spekulationen angewiesen bleiben: »Es hat den Anschein, dass Rudi mit seiner Frau eine Übereinkunft getroffen hat. Verlassen wird er sie auf keinen Fall.«[78]

Die Rolle, die Susanne in Rudis Leben spielt, wird immer wichtiger, nicht nur in privater, sondern auch in beruflicher Hinsicht. Rudi erinnert sich: »Nach *Rudis Tagesshow* schrieben wir zusammen *Die verflixte 7*. Sie hatte die Idee für *Rudis Tiershow*, *Rudis Hundeshow* und überredete mich, *Herzblatt* nach Deutschland zu holen. Nur hatte sie nicht die Rechte einer Ehefrau. Deshalb kaufte ich 1991 ein wunderschönes Anwesen für sie. Ich tat wirklich alles für sie, aber dennoch störte sich Susanne daran, dass ich mich nicht von Anke scheiden ließ.«[79]

Als *Die verflixte 7* am 5. Dezember 1987 nach drei Jahren und zwanzig Ausgaben mit einer Mottoshow zum Thema Hollywood eingestellt wird, steht schon längst fest, mit welcher Sendung Rudi Carrell im nächsten Jahr auf den Bildschirm zurückkehren wird. Die Hollywood-Show, in der neben anderen auch ein höchst professioneller Elvis-Imitator auftritt, nutzt Rudi bereits zu einem Aufruf, es mögen sich Menschen, die gesanglich Stars imitieren können, für seine neue, im Frühjahr 1988 startende Show melden – doch dass Stimmimitatoren eine Rolle spielen, ist zunächst einmal das Einzige, was man über die neue Show erfährt, die den Namen *Rudi Carrell Show* tragen und *Die verflixte 7* schon bald in den Schatten stellen wird. Wie immer vor großen neuen Shows wird Rudi zum Geheimniskrämer, um die Erwartungen der Zuschauer und der Journalisten noch weiter anzuheizen: »Schon die wochenlangen Vorbereitungen waren eine Show für sich. Viel Wirbel, viel Werbung und doch alles ›top secret‹, ›streng geheim‹. Er und sein fünfzehnköpfiges Team verrieten kein Sterbenswörtchen.«[80]

In diesen Zeiten mit einer neuen Show an den Start zu gehen ist ein gewagtes Unterfangen, da sich die Lage der deutschen Fernsehunterhaltung in den letzten Jahren weiterhin zugespitzt hat. Anfang 1984, als Rudi mit *Die verflixte 7* startete, waren im öffentlich-rechtlichen Fernsehen noch viele klassische Unterhaltungsshows auf Sendung. Doch mittlerweile sind fast alle traditionellen Showkonzepte aufgegeben worden, weil sie immer weniger Zuschauer anzulocken vermochten. 1986 endete Joachim Fuchsbergers *Auf los geht's los*, 1987 mit dem Tod Hans Rosenthals dessen Spielshow *Dalli Dalli*, und ebenfalls 1987 verabschiedeten sich sowohl Heinz Schenk mit seiner Fernsehkneipe *Zum Blauen Bock* als auch Hans-Joachim Kulenkampff mit *Einer wird gewinnen* vom Bildschirm. Nur die erst Anfang der Dekade gestartete Erfolgsshow *Wetten, dass?* behauptet sich auch weiterhin tapfer am Samstagabend – seit September 1987 mit Thomas Gottschalk als neuem Moderator. Dabei hätte Rudi durchaus auch Interesse gehabt, die Show zu übernehmen, wie Frank Elstner sich heute erinnert: »Ich glaube, da war Rudi schon ein bisschen enttäuscht, dass ich ihm das nicht angeboten habe. Im Nachhinein hat er mir gesagt, dass er das wahnsinnig gerne gemacht hätte – aber es war eben ein Generationswechsel geplant, und ich wollte *Wetten, dass?* an einen jüngeren Moderator übergeben, und da war Thommy natürlich genau der Richtige.«[81] Rudi Carrell prophezeit dennoch schon jetzt weitsichtig: »*Wetten, dass?* wird sich noch lange halten, selbst wenn an der Sache nichts mehr neu ist.«[82] Wie schwer es ist, in der viel diskutierten Krise der Fernsehunterhaltung neue, zeitgemäße Showkonzepte zu entwickeln, zeigt das Beispiel von *Wetten, dass?*-Erfinder Frank Elstner. Alle fiebern der neuen Show des Mannes entgegen, der *das* Showkonzept der Achtziger auf den Bildschirm gebracht hat – auch Rudi zeigt sich gespannt: »Das ist wirklich die Frage aller Fragen. Womit kommt er zurück? Womit kann Frank der Qualität von *Wetten, dass?* Paroli bieten? Das ist für mich im Augenblick das größte Rätsel. Es wäre toll, wenn er wieder so einen genialen Wurf landen würde.«[83] Doch mit seiner von ihm neu entwickelten Show *Nase vorn*, an die das ZDF größte Erwartungen geknüpft hat, scheitert Elstner auf ganzer Linie: Der Spielverlauf ist viel zu kompliziert und chaotisch, die Show fällt trotz hoher Vorschusslorbeeren und einer exorbitant hohen Sehbeteiligung von mehr als fünfzig Prozent bei der Erstausgabe bei Zuschauern wie Kritikern durch, wird in der Presse als »langweilig und konfus« und als »Zeittotschlag-Sendung« bezeichnet. Obwohl Elstner das Konzept noch mehrfach verändert, entwickelt sich die Zuschauerzahl negativ, doch die wiederholten Forderungen nach Absetzung der Show überhört das ZDF geflissentlich, da sich irgendwie die hohen Produktionskosten von weit über einer Million Mark amortisieren müssen – *Nase vorn* wird auf diese Weise über zwei Jahre im Programm gehalten. Dennoch wird die teuerste Show des ZDF gleichzeitig auch zu einem der größten Flops des deutschen Fernsehens.

Rudi Carrell landet hingegen mit seiner im April 1988 startenden Show, die trotz ihres Titels *Rudi Carrell Show* als »die Überraschungsshow« in die deutsche Fernsehgeschichte eingehen wird, wiederum einen Treffer – und bringt mit ihr zudem die einzige Fernsehshow auf den Bildschirm, die in der Lage ist, *Wetten, dass?* ernsthafte Konkurrenz zu machen und teils sogar höhere Einschaltquoten zu erzielen. Wiederum eignet sich Carrell treffsicher Erfolgskonzepte aus dem Ausland an – diesmal kombiniert er sogar zwei britische Showideen miteinander und bastelt daraus eine einzige Show, die alles beinhaltet, was das Publikum am Samstagabend zum Lachen bringt, gleichzeitig aber auch anrührt. Carrell greift einerseits das Konzept der Sendung *Surprise, Surprise* auf, in der ganz normalen Menschen ihre Herzenswünsche erfüllt werden, und andererseits entscheidet er sich für das Konzept der Show *Livesound*, in der begabte Laien Stars gesanglich imitieren. Die neue *Rudi Carrell Show* wird damit gleichsam zum Gegenentwurf dessen, was sonst gerade auf dem deutschen Fernsehmarkt angesagt ist. Denn Shows wie *Wetten, dass?* setzen in der gleichen Zeit zunehmend auf große, internationale Stars und Show-Acts, während Rudis neue Sendung demonstriert, dass man auch eine gelungene Show machen kann, indem man keine teuren Stars einlädt und den Zuschauern vor dem heimischen Bildschirm einmal ganz normale Menschen präsentiert: »Die Leute können keine Stars mehr sehen. Immer die Gleichen, überall. Leute mit stinknormalen Berufen entpuppen sich bei mir als tolle Talente.«[84] Aber nicht nur mit dem bewussten Verzicht auf Prominente schwimmt Rudi gegen den Strom, denn seine neue Show konterkariert darüber hinaus auch noch den gegenwärtigen Trend, Menschen in Shows wie *Verstehen Sie Spaß?* und anderen Sendungen mit versteckter Kamera fast ausschließlich zu düpieren und negativ zu überraschen, während es in Rudis neuer Show nur positive, angenehme Überraschungen gibt und auf die gerade so grassierende Schadenfreude als Unterhaltungsfaktor völlig verzichtet wird. Wie immer adaptiert Carrell die Erfolgskonzepte aus dem Ausland nicht eins zu eins für den deutschen Markt, sondern passt sie den Erwartungen und Ansprüchen des deutschen Publikums an. Während in *Surprise Surprise* etwa Rudis Empfinden nach oft »mit dem Hammer auf die Tränendrüse« gehauen wird, um die gewünschte Wirkung zu erzielen, legt Carrell in seiner *Rudi Carrell Show* größten Wert auf Ehrlichkeit und

Aufrichtigkeit – nichts darf gestellt sein, es sollen keine Emotionen erzwungen werden: »Es kommt immer darauf an, was man aus einer Idee macht – und die anderen können inzwischen von uns lernen. Ich denke, ich bin mittlerweile der kreativste Fernsehmann Europas.«[85]

Als die Show am 5. März 1988 erstmals ausgestrahlt wird, zeigt schon die Studiodekoration mit vielen Glitzerelementen, einem roten Teppich und einer kleinen Showtreppe, dass Carrell auf eine ganz klassische Samstagabendshow gesetzt hat. Die Show wird vor Studiopublikum aufgezeichnet – da die erste Staffel noch eine Koproduktion von WDR und dem Sender Freies Berlin (SFB) ist, kommt sie zunächst aus einem Berliner Studio, ab 1989 dann aus dem hochmodernen Studio B des WDR in Köln. Dass die Show immer im selben Studio abläuft und die Dekoration nicht wie bei *Die verflixte 7* in jeweils einer anderen Stadthalle aufgebaut und den dortigen Gegebenheiten angepasst werden muss, stellt eine enorme Kostenersparnis für die produzierenden Sender dar. Die *Rudi Carrell Show* geht nicht live über den Sender, sondern wird jeweils voraufgezeichnet: »Ich bin ein Perfektionist und ärgere mich furchtbar über Fehler. Bei Aufzeichnungen kann noch etwas ausgebügelt werden. Thomas Gottschalk liebt Pannen, aber ich bin im Showbusiness aufgewachsen, bei mir muss alles sitzen.«[86] Wie in jeder seiner Shows begrüßt Rudi das Publikum mit einem Lied – da die neue *Rudi Carrell Show* nicht unter einem jeweils anderen Motto steht, ist es diesmal immer dasselbe Eröffnungslied, das vom holländischen Musikproduzenten-Duo Bolland & Bolland geschrieben worden ist:

Lass dich überraschen,
Schnell kann es geschehn,
Dass auch deine Wünsche
In Erfüllung gehn.
Gleich – das ist doch klar –,
Werden Wunder Wirklichkeit,
Werden Träume wahr.

Das erste Herzstück der Show sind die Überraschungen, von denen es jeweils kleinere für Gäste im Studio gibt, aber auch aufwendigere, die jeweils mit vorproduzierten Einspielfilmen vorgeführt werden. Bei den Überraschungen im Studio geht Rudi mit dem Mikrofon in der Hand in die Zuschauerränge – und die Fernsehzuschauer und das Studiopublikum können schon ahnen, dass einer der Gäste von Carrell überrascht wird. Hierbei handelt es sich um kleine Überraschungen – wenn beispielsweise eine Frau, die einen wertvollen Ring verloren hat, diesen plötzlich von einem ehrlichen Finder überreicht bekommt, oder wenn ein Mann, der sich schon lange wünscht, einem alten Schulkameraden mal wieder zu begegnen, plötzlich von Rudi darauf aufmerksam gemacht wird, dass dieser schon die ganze Sendung über neben ihm sitzt. Das sind die kleinen, unaufgeregten Überraschungen, wie Carrell schon bei der Pressekonferenz vor der ersten Show erklärt hat: »Da könnte plötzlich ein Mann auftauchen, der vor zwanzig Jahren einem Brautpaar aus der Patsche geholfen hat, weil ein Trauzeuge den Hochzeitstermin verschlafen hat.« Jedes Mal gibt es bei diesen Studioüberraschungen auch eine Nummer, die erst am Ende der Sendung aufgelöst wird: Wenn etwa ein tanzbegeistertes Mädchen, das schon immer mal zusammen mit einer professionellen Jazz-Dance-Truppe auftreten wollte, hinter den Kulissen auf diesen Auftritt vorbereitet wird und sich mit diesem am Schluss der Show präsentiert.

All diese Geschichten müssen immer von anderen vorgeschlagen werden, von Familienangehörigen, Schulkameraden oder Kollegen – die *Rudi Carrell Show* ist eben keine Wunscherfüllungs-, sondern eine Überraschungsshow. Genauso sieht es bei den Einspielfilmen aus, in denen in der Regel spektakulärere Überraschungen präsentiert werden – wie Rudi schon im Vorfeld des Showstarts erklärt hat: »Nehmen wir mal an, ein Busfahrer ist ein Fan von Tina Turner. Er will sie kennen lernen. Unser Team organisiert nun, dass an irgendeinem Tag Tina Turner an der Haltestelle steht, einfach einsteigt und ihren neuesten Hit singt – eine fetzige Nummer im Linienbus.«[87] Im Gegensatz zu den Studioüberraschungen werden für die Einspielfilme vor allem Geschichten ausgewählt, von denen ein starker optischer Effekt ausgeht. So gibt es etwa eine Sportlehrerin, die sich schon immer mal gewünscht hat, morgens auf einem Elefanten zur Schule zu reiten, und diesen Wunsch nun erfüllt bekommt. Oder eine Ordensschwester, die von einer Wildwasserfahrt mit dem Kanu träumt, und eine Bäckerin, die morgens die Brötchen schon immer mal im Porsche ausfahren wollte, darf in Rudis Show genau das tun. Gleich die erste Überraschung, die für die *Rudi Carrell Show* gedreht wird, ist und bleibt Rudis Lieblingsüberraschung: Nach fünfundzwanzig Jahren werden erstmals wieder alle Damen der Schwimmtruppe »Isarnixen« zusammengeführt, die dann für Rudis Kameras nochmals die gleiche Formation schwimmen, die sie einst berühmt gemacht hat: »Als wir das gedreht haben, da hatte ich Tränen in den Augen und wusste: Genau, das ist es!«[88] Je länger die Sendung läuft, desto normaler nehmen es viele der Leute hin, von Rudi plötzlich auf der Straße oder an ihrem Arbeitsplatz angesprochen und überrascht zu werden – was manches Mal zu der Spekulation führt, die Überraschungen seien vorher arrangiert worden. Doch genau dies wäre für Rudi völlig undenkbar, da eine Überraschungsshow für ihn nur funktioniert, wenn die Überraschung auch tatsächlich authentisch ist. Dass dennoch viele der Überraschten in den Augen der Fernsehzuschauer so gelassen auf das plötzliche Erscheinen Carrells reagieren, hat einfach damit zu tun, dass die neue Carrell-Show schnell so populär wird, dass sich bald schon niemand mehr ernsthaft wundert, wenn plötzlich Rudi Carrell vor einem steht und dessen Herzenswunsch erfüllen will. Rudi legt jedoch großen Wert darauf, dass keiner der Menschen im Vorfeld auch nur ansatzweise etwas ahnt – deshalb übernachtet er beispielsweise auch nie an dem Ort, an dem er am nächsten Tag jemanden überraschen will, sondern immer mindestens hundert Kilometer entfernt. Die Geheimhaltung ist und bleibt stets ein striktes Prinzip der Sendung: »Die wissen absolut nichts, und wenn etwas herauskommt, machen wir die Nummer nicht.«

Die Hauptüberraschung in jeder Sendung findet am Schluss der Show im Studio statt – es ist meistens die anrührendste der Geschichten und stellt den emotionalen Höhepunkt der Sendung dar. Da gibt es etwa Jugendfreunde, die sich seit fünfzig Jahren nicht mehr gesehen haben und sich in Rudis Show in die Arme fallen, oder die Mutter einer Großfamilie, die damit überrascht wird, all das, was sie ihr Leben lang für ihren Mann, die elf Kinder, ihre Schwiegersöhne, Schwiegertöchter und Enkel gestrickt hat, plötzlich einmal auf einem Haufen zu sehen. Dann gibt es eine gehbehinderte Frau aus Kenia, die vor lauter Freude ihren Stock fortwirft, als sie ihren Sohn, den sie lange nicht getroffen hat, wieder sieht oder eine alte Frau, die jahrelang die Ersatzoma für eine Gastarbeiterfamilie war, zu dieser aber, nachdem die Familie in ihr Heimatland zurückgekehrt ist, den Kontakt verloren hat – bis sich alle in Rudis Show tränenreich wieder in die Arme nehmen können. Aus diesen rührenden Momenten hält sich Carrell als Präsentator immer ganz bewusst heraus, tritt in den Hintergrund und ist ebenso bewegter Beobachter der Szene wie sein Publikum. Hape Kerkeling haben diese Episoden der *Rudi Carrell Show* immer ganz besonders beeindruckt: »Gerade in diesen Szenen hat Rudi unglaubliche Geschmackssicherheit bewiesen. Die Gäste waren immer handverlesen, und was da geschah, war nie peinlich – das war einfach großartig. Über dem Perfektionismus stand immer das Menschliche. Rudi hat immer großen Wert auf Qualität gelegt, weil er wusste, dass er mit qualitativer Arbeit auch gute Quoten bekommt. Und seine Erfolge haben ihm ja da auch immer Recht gegeben.«[89] Und auch Harald Schmidt befindet: »Diese Szenen könnte man eigentlich allen Leuten, die moderieren, als Lehrstück vorführen – wie er zum Beispiel abseits steht, als die Familie sich umarmt. Er rennt nicht wie ein schlechter Moderator noch in die Szene rein und versucht das aufzumenscheln. Solche Szenen zeigen, dass Rudi ein absoluter Profi ist.«[90]

Das zweite Herzstück der Show ist der Imitatorenwettbewerb – jeweils fünf Imitatoren treten gegeneinander an und präsentieren große Hits ihrer Idole, von Dean Martin und Frank Sinatra bis Elvis oder Udo Lindenberg, von Zarah Leander und Tina Turner bis Nena. Jeweils bei der Generalprobe zur Show wird mit jedem der fünf Imitatoren ein kleiner Einspielfilm gedreht, mit dem die Kandidaten dann vor ihrem Auftritt kurz vorgestellt werden. Diese Präsentation findet immer in einer Themendekoration statt, die den Beruf des Kandidaten illustrieren soll. Die hobbymäßig singende Apothekenhelferin wird etwa in einer Apothekendekoration vorgestellt, der von einer Sängerkarriere träumende Fabrikarbeiter am Fließband. Die Überleitung zwischen vorproduziertem Einspieler und dem eigentlichen Auftritt wird immer von Rudis Ausruf »Eben noch in der Apotheke – jetzt auf unserer Showbühne« – »Eben noch am Fließband – jetzt auf unserer Showbühne« begleitet.

Alle Imitatoren, die von Masken- und Kostümbildnern aufwendig nach dem Vorbild ihres jeweiligen Idols gestylt worden sind, singen live, wie während ihrer Interpretation auch eingeblendet wird. Ihr Auftritt wird von Carrells Team sehr sorgfältig vorbereitet; so wird etwa für jeden der Imitatoren eigens ein musikalisches Playback-Band erstellt, das exakt auf die stimmlichen Fähigkeiten des jeweiligen Kandidaten abgestimmt ist – wie immer geht es Rudi darum, dass sich die Menschen, die in seiner Show auftreten, im besten Licht präsentieren können. Und vielen der Kandidaten gelingt dies auch, manchen werden nach dem Auftritt tatsächlich Plattenverträge oder anderweitige Engagements angeboten. Am bekanntesten von Rudis Imitatoren wird Mark Keller – zum Zeitpunkt seines Auftritts in der *Rudi Carrell Show* im Jahr 1989 ist der gelernte Kfz-Mechaniker und Schauspielschüler aus Überlingen am Bodensee gerade in der Big Band der Bundeswehr engagiert, in Rudis Show imitiert er Dean Martin. Seine Interpretation des Dean-Martin-Klassikers *Everybody Loves Somebody Sometimes* ist nicht nur stimmlich, sondern auch, was seine Performance angeht, so perfekt und souverän, dass ihm die ARD gleich das Angebot unterbreitet, die Hauptrolle als Ferienklub-Animateur in der Vorabendserie *Sterne des Südens* zu übernehmen – die Serie läuft fünf Jahre lang, und Mark Keller darf auch noch gleich den Titelsong singen. Mit dieser Serie steigt Keller zu einem der bekannteren und am häufigsten beschäftigten deutschen Serienstars auf.

Wer von den fünf Imitatoren jeweils am Ende der Sendung das Goldene Mikrofon überreicht bekommt, entscheidet das 160-köpfige Studiopublikum. Neben den Überraschungen und dem Imitatorenwettbewerb gibt es noch einen dritten obligatorischen Bestandteil der Sendung – das so genannte »Rudigramm«, mit dem jeweils ein »um die Allgemeinheit verdienter Mensch«, der von Zuschauern vorgeschlagen worden ist, geehrt wird. Mit den »Rudigrammen« sollen vor allem Menschen bedacht werden, denen man im Alltagsleben vielleicht eher selten danke sagt. So kann etwa eine besonders beliebte Krankenschwester, der Hausmeister in einer Schule, eine Toilettenfrau am Hauptbahnhof oder die Bedienung aus der Kantine der *Bild*-Zeitung zum Adressaten eines »Rudigramms« werden. Die Musik für die von Carrell gesungenen »Rudigramme« schreibt ein alter Weggefährte aus holländischen Tagen – Tonny Eyk. Gemeinsam sind Rudi und Tonny schon Mitte der fünfziger Jahre auf Schnabbeltour gewesen; damals war Tonny noch zusammen mit seiner Zwillingsschwester Jeanette als Akkordeonduo *Les Deux Jeateux* auf Tour – bereits im Alter von sieben Jahren begannen die beiden Kinderstars ihre Karriere, als Fünfzehnjährige waren sie dann als Berufskünstler durch die ganzen Niederlande unterwegs und stiegen zu beliebten Radio- und Plattenstars auf, die beinahe auch den Sprung nach den USA geschafft hätten. Auch Anfang der sechziger Jahre, bei Rudis Neuguinea-Tournee, waren Tonny und sein Akkordeon mit von der Partie – von da an haben die beiden sich nie wieder aus den Augen verloren. Tonny machte sehr früh auch mit eigenen Kompositionen auf sich aufmerksam, begann mit achtzehn sein Studium am Königlichen Konservatorium in Den Haag und ist seitdem als Dirigent, Komponist, Arrangeur und Plattenproduzent tätig – heute ist er einer der bedeutendsten und erfolgreichsten Musiker der Niederlande, der für seine Fernseh-, Film- und Bühnenmusiken mit allen wichtigen Musikpreisen des Landes ausgezeichnet wurde und als das »Wunderkind der holländischen Unterhaltungsmusik« gilt. Seit Anfang der achtziger Jahre ist Tonny für alle Kompositionen der Carrell-Shows zuständig, und er erinnert sich auch rückblickend noch gern an diese langjährige, intensive Zusammenarbeit: »Ich habe immer wunderbar mit Rudi harmoniert. All die Jahre. Ich hatte nie ein Problem mit ihm, er war immer zufrieden mit meiner Arbeit, mit all meinen Kompositionen für seine Shows – mit den ›Rudigrammen‹, mit der Musik für *Die verflixte 7* und später die *Urlaubsshow*, die *Tiershow* und *Die Post geht ab*; und auch für *7 Tage – 7 Köpfe* habe ich noch für ihn komponiert. Seit Anfang der achtziger Jahre habe ich eigentlich alle Musiken für Rudis Shows komponiert und arrangiert. Und auch danach haben wir nie den Kontakt verloren. Rudi war bei meinem fünfundsechzigsten Geburtstag zu Gast, und wir telefonieren noch heute einmal die Woche miteinander und reden von alten Zeiten. Einmal hat Rudi zu mir gesagt, dass ich sein bester Freund sei – das habe ich als ein tolles Kompliment empfunden.«[91]

Die *Rudi Carrell Show* ist eine Show, die prall mit Ideen gefüllt ist und in der keine Sekunde Langeweile aufkommt – rund ein Dutzend unterschiedlicher Episoden gibt es pro Ausgabe. Das Publikum ist begeistert, die Einschaltquoten sind wieder einmal sensationell, Rudi erhält hunderte Briefe begeisterter Zuschauer, und die Kritiker rollen Carrells neuer Show rote Teppiche aus. Wieder einmal hat Rudi das richtige Konzept zum richtigen Zeitpunkt auf den Bildschirm gebracht: »Er legt wieder los, der große, schlaksige Junge von dreiundfünfzig Jahren, der unverwüstliche, viel geliebte Rudi Carrell.«[92] Auf den durchschlagenden Erfolg des neuen Showkonzepts angesprochen, zeigt sich Carrell selbst wenig überrascht: »Heute haben wir einfach zu viele Shows, in denen Leute verarscht werden. Die Zuschauer haben die Nase voll von dieser Verscheißerei. In meiner neuen Show muss keiner damit rechnen, dass er Spießruten laufen muss oder dass ich an den Instinkt der Schadenfreude appelliere. Auf meine Show können sich die Leute freuen. Sie merken, dass ich ihnen Freude machen möchte.« Auch dafür, warum gerade *er* wieder einmal den richtigen Riecher dafür bewiesen hat, wie man am Samstagabend Millionen Zuschauer vor den Fernseher locken kann, hat Rudi eine Erklärung parat – nämlich dass er im Gegensatz zu vielen seiner Kollegen und zu zahlreichen Redakteuren und Fernsehgewaltigen nie den direkten Draht zu seinem Publikum verliert: »Meine Neugierde ist die Basis für das richtige Gefühl. Ich lese alle Zeitungen und Illustrierten, sehe pausenlos fern, verstecke mich nicht vor dem Leben und spreche mit den Menschen. So bewahre und erhalte ich mir mein Gespür dafür, was die Menschen mögen. Aber alles wäre nichts ohne das nötige Fingerspitzengefühl.«[93]

Dass die *Rudi Carrell Show*, die ab 1990 auch als Eurovisionssendung ausgestrahlt werden wird, keine Eintagsfliege ist, sondern das Zeug dazu hat, auf ähnliche Weise wie *Wetten, dass?* zum Dauerbrenner zu avancieren, dessen ist Rudi sich am Start der Sendereihe ganz sicher: »Demnächst gibt es bestimmt noch tollere Überraschungen. Die Zuschauer brauchen ja erst eine Anlaufzeit, um sich mit originellen Ideen zu melden. Das war bei *Wetten, dass?* genauso.«[94] Hinter den Kulissen hält Rudis Lebensgefährtin Susanne Hoffmann die wichtigsten Fäden in den Händen, denn sie ist maßgeblich dafür verantwortlich, aus den unzähligen Einsendungen die besten Geschichten herauszufiltern: »Die ›Lass-dich-überraschen-Show‹ war vielleicht die schönste Show, die ich je gemacht habe, aber es war auch die schwierigste. Wie kann ich jemanden so überraschen, dass auch die Zuschauer Spaß daran haben? Susanne betreute die gesamte Zuschauerpost und angelte zielsicher immer die richtigen Kandidaten und Überraschungen heraus. Dafür hatte sie wirklich ein gutes Händchen.«[95] Allein im ersten Jahr erreichen die Redaktion rund sechzigtausend Überraschungswünsche, woraufhin sich Rudi zuversichtlich gibt, dass die eingereichten Ideen immer noch origineller werden, und Journalisten sogar erklärt: »Die Show kann ich bis ans Lebensende machen.«[96]

Tatsächlich entwickelt sich die *Rudi Carrell Show* schnell zum Quotenhit am Samstagabend und zum Meilenstein in Carrells Karriere – und zudem zur ernsthaften Konkurrenz für Thomas Gottschalks *Wetten, dass?* Bereits Ende 1988 fragt die *Bild*-Zeitung: »Carrell besser als Gottschalk? Der Holländer rüttelt tatsächlich an Gottschalks Thron als Showmaster der Nation.«[97] 1991 wird der Konkurrenzkampf um die Sehbeteiligung zwischen der *Rudi Carrell Show* und *Wetten, dass?* in der deutschen Presse sogar zum »Duell der Showmaster« aufgebauscht. Um Carrells Quoten zu schlagen, kämpft Gottschalk mit allen Mitteln – unterliegt aber letztendlich. Besondere Schlagzeilen macht über Wochen seine Wette mit Hella von Sinnen – als Wetteinsatz hat er einen Nacktauftritt in deren RTL-Sendung *Weiber von Sinnen* zugesagt und dann auch absolviert und überlässt Hella dann gleich auch noch die ersten zehn Minuten seiner nächsten *Wetten, dass?*-Ausgabe. Obwohl die ganze Geschichte im deutschen Blätterwald über Wochen für einen riesigen Wirbel sorgt, gelingt es der nächsten *Rudi Carrell Show* wiederum, höhere Einschaltquoten als *Wetten, dass?* zu erzielen – woraus die Presse das Fazit zieht: »Das Duell der einzig erfolgreichen Samstagabend-Unterhalter hat Carrell haushoch gegen Gottschalk gewonnen.« Was Rudi also mit *Der verflixten 7* nicht gelungen ist, gelingt ihm mit seiner Überraschungsshow, woraufhin er dem im »Duell« unterlegenen Gottschalk Anfängerfehler vorwirft: »Wichtig ist, dass ich immer noch beweise, dass ich aus dem Showgeschäft stamme und Gottschalk Lehrer war; er kommt nicht aus der Fernsehunterhaltung. Ich glaube, wenn man aus dem Showgeschäft kommt, hat man viel mehr Feeling für bestimmte Sachen. Gottschalks Nacktauftreten oder dessen Entscheidung, Hella von Sinnen die ersten zehn Minuten seiner Show machen zu lassen – das hat alles nichts mit Show zu tun. Mir wäre so etwas nie passiert, weil wir viel mehr nachdenken und diskutieren. Ich vergleiche mich immer mit dem Ausland. Stellen Sie sich mal vor, englische und amerikanische Kollegen würden ihren Showanfang von jemand anderem präsentieren lassen, das wäre eine Katastrophe. Das hat doch mit unserem Beruf nichts zu tun.«[98] Dass Rudi Carrell für das Jahr 1991 wiederum mit der Goldenen Kamera als beliebtester Showmaster des deutschen Fernsehens ausgezeichnet wird, belegt, dass er tatsächlich immer noch mehr als jeder seiner Kollegen das untrügliche Gespür dafür hat, was beim Publikum ankommt.

Wie schon so oft zuvor, so setzt Rudi auch mit der *Rudi Carrell Show* am Ende der achtziger Jahre Maßstäbe, wobei der Trend zu emotionsgeladener, positiv gestimmter Samstagabendunterhaltung sicherlich der entscheidendste ist, wie er es auch selbst empfindet: »Ohne Emotionen, ohne Gefühle kann man heute eigentlich gar keine Show mehr machen. Ich bin der Weihnachtsmann und verteile nur gute Gaben. Das Publikum sehnt sich danach, und es hat ein Recht darauf, am Samstagabend eine freundliche und positive Welt präsentiert zu bekommen. So ist Show für mich am schönsten: Eine hohe Einschaltquote mit Millionen zufriedener Menschen und der eigene innere Zustand, weil man einigen Menschen etwas Wunderschönes geschenkt hat. Das macht mich glücklich.«[99] Aufgrund des durchschlagenden Erfolgs von Carrells Showkonzept gilt dieses in der Branche schnell als richtungweisend. Mit der *Rudi Carrell Show* gibt der Showmaster einen unüberhörbaren Takt vor für das Fernsehen der neunziger Jahre, bald schon entstehen zahlreiche neue Überraschungsshows, die unmittelbar an Carrells Show anknüpfen, wie etwa *Lass dich überraschen* auf dem ZDF oder *Die Surprise-Show* auf RTL. Aber auch emotionsgeladene Showkonzepte wie Kai Pflaumes *Nur die Liebe zählt* oder Ulla Kock am Brinks *Verzeih mir* greifen das auf, was Carrell mit seiner Show ins deutsche Fernsehen eingebracht hat. Und natürlich hat ebenso die Tatsache, dass die Starimitatoren beim Publikum so gut ankommen, weit reichende Folgen für die deutsche Fernsehunterhaltung – man denke etwa an die von Mareijke Amado moderierte *Mini Playback Show*, bei der Kinder ihre Lieblingsstars imitieren, an die ebenfalls populäre *Prominenten Playback Show* oder aber natürlich an die unzähligen Casting Shows wie *Popstars*, *Deutschland sucht den Superstar*, *Star Search* oder *Star Duell*, in denen es immer auch darum geht, dass Nachwuchskünstler die Nummern großer Stars interpretieren – ebenso wie es die Imitatoren der *Rudi Carrell Show* machen.

Wieder einmal hat Rudi dem deutschen Fernsehen mit nur einer Show Stoff gleich für mehrere Jahrzehnte geliefert. Und wieder einmal hat er in der Art und Weise, wie er seine Show präsentiert, die Messlatte verdammt hoch gelegt. Während Ulla Kock am Brink oftmals prophylaktisch mit Taschentüchern wedeln oder Kai Pflaume immer drängendere Nachfragen stellen muss, bis ihre Kandidaten, wie im Ablaufplan der Sendung vorgesehen, endlich in Tränen ausbrechen, braucht Rudi in seiner Show solche billigen Tricks nie – denn seine Überraschungskandidaten sind so sorgfältig ausgesucht und die Geschichten im Vorfeld so gut recherchiert worden, dass die gewünschten Emotionen auch auf authentische Art und Weise erreicht werden können, was hingegen bei den wenigsten der Nachahmersendungen der Fall ist. Gerade die Beiläufigkeit und Nonchalance, mit denen Rudi etwa die Zuschauer im Studiopublikum überrascht, macht ihm so schnell keiner nach. Carrell selbst empfindet angesichts der Imitate so auch zumeist nur Verachtung: »Wenn ich überlege, was für Gedanken wir uns da gemacht haben. Heutzutage sagt der Moderator: ›Hmm, wen soll ich überraschen?‹, geht gezielt auf jemanden im Publikum zu, und der hat schon ein Mikrofon angesteckt bekommen, war schon in der Maske und weiß schon alles. Das durchschaut doch jedes Kind. Völliger Mist!«[100]

Obwohl er beim Start der Show selbst der Meinung war, dass sich die Überraschungsshow zu einem wahren Dauerbrenner der deutschen Fernsehunterhaltung entwickeln könnte, entscheidet er sich 1992 dazu, nach dreiunddreißig Ausgaben Schluss zu machen – und das, obwohl die *Rudi Carrell Show* zu diesem Zeitpunkt immer noch Spitzeneinschaltquoten von bis zu vierzig Prozent erreicht, was einer Zuschauerzahl von siebzehn Millionen entspricht. Rückblickend erklärt er: »Ich spürte einfach, dass die Überraschungsshow am Ende war, es gab einfach keine guten Überraschungen mehr, und dann muss man so eine Weltklasseshow beenden. Wenn man mit einer Show so ein Niveau erreicht und gewinnt dann das Gefühl, dass man es auf die Dauer einfach nicht halten kann, dann muss man eben Schluss machen. Ich habe meine Shows immer zum richtigen Zeitpunkt aufgehört – immer, wenn noch alle sagten: ›Ach, wie schade!‹ – und nicht, wenn die Quoten schlecht wurden; und darauf bin ich heute noch sehr stolz.«[101] Was auf dem Bildschirm vier Jahre lang so leicht und beschwingt dahergekommen ist, war hinter den Kulissen natürlich wieder einmal mit enormer Plackerei verbunden – und wieder einmal blieb das meiste an Carrell selbst hängen, da das letzte Wort nach wie vor bei ihm liegt und er, wie vom Beginn seiner Fernsehkarriere an gewöhnt, alles daransetzt, eine Show auf den Bildschirm zu bringen, die von A bis Z seine Handschrift trägt. Wim Thoelke, der Rudi im Auftrag der Fernsehzeitschrift *Hörzu* bei den Vorbereitungen zu einer der *Rudi Carrell Shows* im Studio besucht hat, beschreibt die dort herrschende Arbeitsatmosphäre: »Rudi Carrell kümmert sich auch bei den Proben sehr um Details, das Wörtchen ›sehr‹ in diesem Falle unterstrichen. Er will halt eine Sendung abliefern, die so perfekt wie möglich ist. Das ist ein sehr ehrenvoller Ehrgeiz. Darum kämpft er um jeden Gag und jede Pointe. Das ist wirklich harte Arbeit für eine lockere Show.«[102]

Aber eben durch diese Schufterei gelingt es Rudi immer wieder, unvergessliche Fernsehmomente auf den Bildschirm zu zaubern, an die seine Zuschauer sich noch lange zurückerinnern. Manche der Überraschungen und auch einige der besonders zu Herzen gehenden Familienzusammenführungen haben sich fraglos in das Gedächtnis so manchen Fernsehzuschauers eingebrannt. Und insbesondere eine Szene hat wohl niemand vergessen, der damals vorm Fernseher gesessen hat – das Lied, das Rudi Carrell in seiner Show für seine tote Mutter gesungen hat. Catharina starb 1990 im Alter von dreiundachtzig Jahren. Nach dem Tod ihres ersten Mannes hat sie noch ein zweites Mal geheiratet, den Saxophonisten Ben van der Elzen, mit dem sie, zumindest in der Anfangszeit, eine äußerst harmonische Ehe geführt hat, wie Rudi sich erinnert: »Am Anfang war die Beziehung der beiden super, und wenn ich sie besuchte, saßen sie immer Hand in Hand da, das war rührend – man merkte richtig, dass sie froh waren, wenn man wieder ging und sie alleine ließ. Aber später war die Ehe eine Katastrophe, der zweite Mann meiner Mutter hat immer nur rumgestänkert, und es gab viel Streit. Das war nicht schön.« Catharina, die in den letzten Jahren in einem Altersheim in Hilversum lebte, war bis ins hohe Alter aktiv – auch in politischer Hinsicht: »Meine Mutter war eine richtige Obersozialistin. Wenn im Radio ein sozialistisches Lied lief, dann traten ihr die Tränen in die Augen. Sie saß auch im Gemeinderat, war so eine Art Senator. Ihr war es immer unglaublich wichtig, dass sich alle Menschen gut verstehen. Und sie hat mir sehr früh mit auf den Weg gegeben: ›Sei gut zu allen Menschen, dann geht es dir auch gut.‹« Aber nicht nur für Lebensweisheiten war Rudis Mutter gut, er hat sie immer auch als seinen größten Fan und seine wichtigste Ratgeberin betrachtet: »Sie wusste alles, sie war brillant. Auch mit ihren dreiundachtzig Jahren noch. Wenn ich sie angerufen habe, konnte sie mir auf den Punkt genau sagen, warum eine Show oder eine bestimmte Nummer nicht funktioniert hatte. Sie hatte ein unglaubliches Gespür dafür.«[103] Kurz nach Catharinas Tod und ihrer Einäscherung und Beisetzung in Utrecht widmet Rudi ihr – ganz am Ende einer seiner Shows – ein Lied und setzt ihr damit vor den Augen von Millionen Fernsehzuschauern ein musikalisches Denkmal:

> Immer wieder gab's den Anruf nach der Sendung,
> 'ne tolle Show, was war das schön, mach's gut, na denn…
> Mein Gott, wie ich diese Anrufe vermisse,
> denn meine Mutter war mein allergrößter Fan.

Harald Schmidt, der schon in früher Jugend ein großer Rudi-Carrell-Fan war und bereits in Schulzeiten seine Klassenkameraden auf dem Pausenhof mit Carrell-Parodien erfreut hat, befindet: »Ich bin überzeugt: Das Publikum weint – wer nicht weint, ist Rudi Carrell. Das ist so cool gemacht, und das erreicht auch schon gewisse Grenzen, in der Art, wie er es macht. Aber das ist auf keinen Fall ein Gesülze über sich selbst, dieses tränenerstickte ›Ich muss abbrechen‹ – sondern absolut bestes amerikanisches Format.«[104] Und tatsächlich kann man sagen, dass die *Rudi Carrell Show* endgültig Carrells Ruhm als einer der größten Showmaster Deutschlands zementiert – die Fernsehzeitschrift *Hörzu* bezeichnet ihn als den »Übervater der Showmaster-Szene« und wirft die Frage auf: »Rudi Carrell – Der Mann, für den es keinen Ersatz gibt?«[105]

11.
Erfahrungen an neuen Ufern

ANFANG DER NEUNZIGER JAHRE mehren sich die Gerüchte, dass das Privatfernsehen heftig um den Showgiganten Rudi Carrell buhle. In der Presse wird zunehmend darüber diskutiert, wie wohl die Chancen stehen, dass der Showmaster zum Wechsel zu den Privaten zu bewegen ist. Bereits im Sommer 1991 versucht Sat 1 Carrell vergeblich der ARD abzuwerben und bietet ein Vermögen, wenn Rudi seine Show *Herzblatt* ab sofort wöchentlich im Programm des Privatsenders präsentieren würde, was dieser jedoch für nicht wünschenswert hält. Nachdem die Verhandlungen gescheitert sind, beeilt sich die ARD, der Presse mitzuteilen, dass Carrell auch künftig als ihr Aushängeschild fungieren wird: »Rudi Carrell bleibt auch weiterhin exklusiv bei der ARD und seinem ›Haussender‹ WDR. Entgegen anders lautenden Meldungen beabsichtigt der nach einer Umfrage beliebteste Showmaster in Deutschland keinen Wechsel zu den Privaten.«[1]

Die Gerüchte, Carrell könne zum Privatfernsehen »überlaufen«, sind so alt wie die kommerziellen Sendeanstalten selbst. Sogar schon fünf Jahre bevor RTL im Januar 1984 überhaupt mit seiner ersten Frequenz auf Sendung gegangen ist, wurde in der deutschen Presse bereits davon gemunkelt, dass Rudi im kommerziellen Fernsehen eine neue Heimat finden könne – 1979, noch bevor die letzte Ausgabe von *Am laufenden Band* ausgestrahlt wurde, wurde die Frage aufgeworfen: »Plant er nach der Fernsehpause ein Comeback beim neuen RTL-Fernsehen? Seine letzten Worte im Gespräch mit Frank Elstner: ›Bis bald dann in Luxemburg...‹«[2] Carrell jedoch schließt für sich noch lange Zeit einen Wechsel zu einem der seit 1984 tätigen Privatsender aus, da er sich einerseits seine Shows nicht im Umfeld der in den Achtzigern noch sehr unausgegorenen privaten Programmplanung vorstellen kann und andererseits ein Wechsel zum kommerziellen Fernsehen in dieser Zeit auch noch keinerlei finanziellen Anreiz darstellt, weil in der Konsolidierungsphase, in der noch die großen Werbeeinnahmen fehlen, keiner der Privatsender mit dem großen Geld winken kann, während den gebührenfinanzierten öffentlich-rechtlichen Anstalten hier natürlich ganz andere Möglichkeiten zur Verfügung stehen – auch Rudi Carrell kann mit dem, was er in den achtziger Jahren verdient, nicht unzufrieden sein, wie er 1986 auch selbst gesteht: »Das Fernsehen hat sehr gut vorgebeugt. Wir werden von den öffentlich-rechtlichen Anstalten heute viel besser bezahlt als vor fünf Jahren. Ich werde sogar so gut bezahlt, dass ich keine Werbung mehr zu machen brauche. Das heißt, die Privaten müssten schon eine irrsinnige Summe bezahlen – ich würd sagen, mindestens das Dreifache von dem, was ich jetzt kriege –, um darüber nachzudenken, von der ARD, die mir viel verdankt, aber der ich auch viel verdanke, wegzugehen.« Doch in einem irrt Rudi sich grundlegend: »So viel werden die Privaten nie haben. Es ist fast unmöglich für das kommerzielle Fernsehen, hier eine Chance zu haben.«[3]

Mitte der achtziger Jahre ist diese Prognose noch weit verbreitet, was daran liegt, dass es in kaum einem anderen Land der Erde ein so qualitatives und breit gefächertes, frei zugängliches öffentlich-rechtliches Fernsehangebot gibt wie in Deutschland. Das macht es den privaten Sendern – und später auch dem Bezahlfernsehen *Premiere* – wesentlich schwerer als in anderen Ländern, Fuß zu fassen. 1986, als Rudi einen Wechsel von den Privaten noch nicht mal einer Überlegung für wert achtet, war das Privatfernsehen in Deutschland gerade einmal zwei Jahre alt und noch weit davon entfernt, Gewinne einzufahren. Wohin es steuerte, vermochte zu diesem Zeitpunkt noch niemand zu sagen. Der Aufbruch in eine neue Fernsehära wird erst dadurch eingeläutet, dass es Helmut Thoma mit seinem Sender RTL Ende der achtziger Jahre erstmals gelingt, die Gewinnzone zu erreichen, die eigene Marktposition sukzessive auszubauen und ARD und ZDF immer mehr Zuschauer abzujagen. Die anfangs noch so standfest erscheinende Vormacht von ARD und ZDF gerät mehr und mehr ins Wanken, und die Öffentlich-Rechtlichen müssen sich an eine ernst zu nehmende Rivalität mit den kommerziellen Sendern gewöhnen, die sich nach und nach ein eigenständiges Profil und Image aufbauen. Spätestens jetzt sind die öffentlich-rechtlichen Sender in Deutschland, die die »Privaten« lange Zeit nicht als Konkurrenz zur Kenntnis nehmen wollten, aufgeschreckt. Und dies erst recht, als die erstarkenden kommerziellen Sender Anfang der Neunziger damit beginnen, der öffentlich-rechtlichen Konkurrenz ihre Stars abzujagen – eine Entwicklung, die Carrell bereits 1988 vorausgesagt hat: »Den Privaten wird kaum etwas anderes übrig bleiben, als gute Showleute beim öffentlich-rechtlichen Fernsehen abzuwerben, wenn sie durch Werbung und steigende Zuschauerzahlen das finanzielle Potential dazu haben.«[4]

Dass Bewegung in den deutschen Fernsehmarkt kommt, dass im Privatfernsehen neue Konzepte ausprobiert werden und so auch die öffentlich-rechtlichen Sendeanstalten in Zugzwang geraten, etwas Neues, Zeitgemäßes auf den Bildschirm zu bringen, freut Rudi – schon 1987 bekennt er, wie immer ohne falsche Bescheidenheit: »Es tut sich wenigstens was. Vor zehn Jahren war ich der Einzige im deutschen Fernsehen, der ein bisschen anständige Unterhaltung machte.«[5] Doch seine Hoffnungen, dass sich der durch den zunehmenden Erfolg des Privatfernsehens erhöhende Druck positiv auf die Programmplanung der Öffentlich-Rechtlichen auswirken könnte, werden schon bald getrübt. Parallel zum Aufstieg der Privatsender wächst Rudis Unzufriedenheit mit dem öffentlich-rechtlichen Fernsehen und seinem Arbeitgeber, der ARD, wobei es ihm um die allgemeine Entwicklung geht, nicht um seine eigene Position, über die er sich beileibe nicht beklagen kann. Neben seiner Samstagabendshow ist er immer noch auch mit *Herzblatt* prominent im Programm vertreten; zudem beginnt er Ende der achtziger Jahre auch noch mit Sendungen wie *Rudis halbe Stunde* oder *Rudis Lacharchiv*, in denen in unregelmäßigen Abständen in den dritten Programmen der ARD Ausschnitte aus alten Carrell-Shows gezeigt werden, und ab 1992 ist er auch noch mit der von Radio Bremen produzierten Sendung *Rudis Tiershow*, in der Hundebesitzer ihre Vierbeiner präsentieren und ein Orang-Utan Nachrichten vorliest, auf dem Bildschirm zu sehen. Er selbst also wird von der ARD hofiert und verdient gutes Geld, aber dennoch regt er sich mehr und mehr darüber auf, wie kopflos sein Sender den Umwälzungen auf dem Fernsehmarkt begegnet, wie oft Geld seiner Meinung nach in blindem Aktionismus in falsche Konzepte investiert wird. Weil er die Öffentlich-Rechtlichen vor tief greifenden Fehlern im Unterhaltungssektor warnen möchte, appelliert er etwa im Mai 1988, kurz nachdem seine *Rudi Carrell Show* mit so durchschlagendem Erfolg gestartet ist, in einem Interview: »In diesem Zusammenhang möchte ich gerne eine Bitte an die Verantwortlichen von ARD und ZDF richten: Geben Sie kein Geld mehr für schlechte Sendungen aus. Wenn ich sehe, was *Vier gegen Willi* kostet und welcher Schwachsinn dabei herauskommt, dann finde ich es unfair allen anderen gegenüber, die sich um Qualität bemühen. Dann sollte man lieber Carrell und die paar anderen Guten, die es noch gibt, mehr sponsern. Auch Unterhaltungssendungen müssen in einem vernünftigen Verhältnis zur Qualität stehen.« Zu diesem Zeitpunkt jedoch erscheint ihm ein Wechsel zu den Privaten trotz seiner harschen öffentlichen Kritik immer noch ausgeschlossen: »Es hat bei mir Tage gegeben, an denen ich von den Öffentlich-Rechtlichen die Schnauze voll hatte und sehr gerne die Scheidung eingereicht hätte. Aber was die Privaten bisher geboten haben, war ja keineswegs eine Offenbarung.«[6] Und an anderer Stelle fügt er hinzu: »Die können mich nicht bezahlen.«[7]

Das grundlegende Übel macht Rudi Carrell zunehmend in den verknöcherten Strukturen der öffentlich-rechtlichen Sender aus – zwar werden ständig neue Gesichter auf den Bildschirm gebracht, die das stetige Abwandern der Zuschauer zu den Privatsendern verhindern und frischen Wind in die Fernsehunterhaltung bringen sollen, aber hinter den Kulissen bleibt über Jahrzehnte alles beim Alten, was Rudi bereits Ende der siebziger Jahre als gravierendes Problem beschrieben hat: »Talkshowmaster wurden weggeschrieben, genauso wie *Tagesthemen*-Moderatoren. Aber neun Unterhaltungschefs der ARD sitzen immer noch auf dem gleichen Stuhl wie schon vor zwanzig Jahren. Die Rundfunk- und Fernsehanstalten der ARD sind öffentlich-rechtlich. Das heißt, dass neun unkündbare Angestellte sich mit dem Schwierigsten und Wichtigsten im Fernsehen befassen müssen. Das ist verheerend. Gut, als sie anfingen, haben sie manchmal tolle Sachen zustande gebracht, doch man kann von ihnen nach so vielen Jahren nicht mehr erwarten, dass sie heute noch mit der gleichen Begeisterung ihre Aufgabe erfüllen. Doch dann sollte man gehen. Und Platz machen für einen neuen Verrückten. Aber nein, sie kleben an ihren Sesseln, obwohl sie sich gar nicht mehr damit beschäftigen, neue Programme zu entwickeln oder junge Talente zu fördern. Dabei kann jeder Unterhaltungschef alle Risiken der Welt eingehen, weil er sowieso nicht entlassen wird.«[8]

Was Rudi in der Krisensituation vermisst, in der die Öffentlich-Rechtlichen angesichts des immer größeren Erfolgs der Privaten geraten, ist, dass jemand wie er mit seinem Wissen und seinem Erfahrungsschatz in einem solchen Moment um Rat gefragt wird. Kaum jemand ist so lange im Fernsehgeschäft wie er, und kaum jemand hat im Laufe seiner Karriere so häufig unter Beweis gestellt, dass er nicht nur den richtigen Riecher für aktuelle Trends hat, sondern das Fernsehgeschäft auch von der Pieke auf gelernt hat und die Gesetze der Branche im Schlaf beherrscht. Da die Verantwortlichen nicht von sich aus auf ihn zukommen, schlägt er selbst 1990 WDR-Unterhaltungschef Hannes Hoff vor, einmal im Jahr ein Brainstorming zu veranstalten, bei dem im großen Kreis über neue Showideen, Entwicklungen und Trends diskutiert werden könnte – ein Angebot, auf das der WDR zu Rudis Verärgerung jedoch schlicht und einfach nicht reagiert: »Es ist doch absoluter Schwachsinn, auf mein Angebot nicht einzugehen.«[9] Die Ignoranz, mit der man seinen Appellen und Offerten begegnet, veranlasst ihn, in der Folgezeit immer häufiger auch öffentlich hart mit seinem Haussender WDR und der ARD ins Gericht zu gehen. Als der WDR beispielsweise das völlig veraltete Showkonzept *Spiel ohne Grenzen* mit Michael Schanze als Moderator wieder ins Programm nimmt, was Carrell für eine »Wahnsinnsidee« hält, erklärt er Journalisten frei heraus, dass er sich schäme, für die ARD zu arbeiten – wenn man für solch eine Show siebenhunderttausend Mark aus dem Fenster schmeiße, dann verdiene er immer noch viel zu wenig. Bei der Gelegenheit fügt er gleich noch hinzu, dass die nächste Katastrophe zu erwarten sei, wenn Jürgen von der Lippe mit seiner neuen Show *Geld oder Liebe* starte, deren Konzept er völlig antiquiert findet: »Neunzig

Minuten lang nur Spiele – das gibt's auf der ganzen Welt nicht mehr.« Immer wieder greift er die ARD an und wirft ihr vor, dass sie Talente wie Michael Schanze oder Mike Krüger in falschen Konzepten verheize, und fordert: »Schluss mit den miesen Shows!«[10] Auch beklagt er den eklatanten Mangel an guten Showmastern in den Öffentlich-Rechtlichen als ernst zu nehmendes Problem: »Wir haben viel zu wenig neue Leute auf dem Bildschirm. Dem Nachwuchs hätte schon längst eine Chance im Fernsehen gegeben werden müssen.«[11]

Trotz der teils massiven Attacken des Unruhestifters verweigert der WDR stets jeglichen Kommentar und lässt die Presse nur wissen, dass man »das Sommertheater mit Rudi Carrell« nicht beleben wolle.[12] Immer lauter werdende Gerüchte über mögliche Abwanderungspläne zu den Privaten dementiert Rudi jedoch trotz der öffentlich geübten Kritik nach wie vor und wiegelt ab: »Ich bin bei der ARD gut aufgehoben und verdiene genug. Ich wäre bescheuert, zu RTL zu gehen.«[13] Und auch WDR-Intendant Friedrich Nowottny ist trotz der wiederholten Angriffe voll des Lobes über sein bestes Pferd im Stall: »Rudi Carrell ist der klassische Geschäftsmann aus den Niederlanden. Er quält sich, hockt bei brütender Hitze in einem Übertragungswagen oder friert stundenlang vor einem Haus, um Erfolg zu haben. Und genau das merkt sein Publikum.«[14] Dass Quotenkönig Rudi für den WDR nach wie vor der Größte ist, demonstriert nicht zuletzt ein fünf Meter hohes Rudi-Carrell-Denkmal, das die Gäste des sommerlichen Besucherparks auf dem WDR-Gelände in Köln-Bocklemünd dieser Tage begrüßt.

Carrells Schimpfen über die Zustände beim öffentlich-rechtlichen Fernsehen, seine Unzufriedenheit und auch seine gekränkte Eitelkeit, dass man nicht auf seine Angebote zur Hilfestellung eingeht, sind ein offenes Geheimnis in der Branche und rufen einen Mann auf den Plan, der gegenwärtig der innovativste und erfolgreichste Medienmann Europas ist – RTL-Chef Helmut Thoma. Dieser ist wild entschlossen, Carrell an Land zu ziehen, und macht daraus der Presse gegenüber kein Hehl: »An Carrell kommt keiner mehr vorbei.« Der derart Hofierte ist einem Flirt mit dem Kölner Kommerz-TV-Sender durchaus nicht mehr abgeneigt, jetzt, wo die »Privaten« endlich über das entsprechende Geld verfügen, um es in die Entwicklung massenwirksamer Programme zu stecken – und vielleicht legt man ja auch dort, wo noch frischer Wind weht, mehr Wert auf sein Wissen, seinen Instinkt und seine Ideen als bei der verkrusteten ARD. Die Vermutungen, denen zufolge Carrell ernsthaft einen Wechsel zu RTL plane, mehren sich. Neues Öl wird ins Feuer gegossen, als Ende 1991 bekannt wird, dass Rudi neben seiner Tätigkeit als Showmaster in der ARD im Folgejahr als Produzent von RTL-Shows auftreten wird.

Auf der traditionellen Jahrespressekonferenz teilt RTL-Chef Helmut Thoma im November 1991 den erstaunten Journalisten mit, dass Carrell momentan damit beschäftigt sei, ein Programm zu entwickeln, das ab kommendem Februar im RTL-Programm laufen soll.

Carrell hatte sich zu diesem Zweck im September 1991 mit dem niederländischen Erfolgsproduzenten Joop van den Ende zusammengetan, mit dem er bereits bei seiner holländischen *De 1, 2, 3 Show* und bei *Die verflixte 7* zusammengearbeitet hatte und in dessen riesigen Studiokomplexen in Aalsmeer die Shows damals auch realisiert wurden. Gemeinsam hatten sie als deutschen Ableger der niederländischen Joop van den Ende Productions die Fernsehproduktionsfirma J E Entertainment mit Sitz in Köln gegründet – damit wechselt der Sechsundfünfzigjährige nach über dreißig Jahren im Fernsehgeschäft die Seiten. Carrell hält einen Gesellschafteranteil von fünfundzwanzig Prozent, sieht sich aber von Beginn an nicht als stillen Teilhaber, sondern will auch aktiv die Geschicke der Firma mitbestimmen und an der Entwicklung neuer, massenkompatibler Showkonzepte mitarbeiten. Mit Joop van den Ende hat Rudi sich einen kompetenten Geschäftspartner ausgesucht – er gilt mittlerweile als größter freier Fernsehproduzent Europas, mit einem Jahresumsatz von stolzen zweihundert Millionen Mark. Aber auch für Joop van den Ende ist die neue Zusammenarbeit von Vorteil; schließlich hat er sich mit Rudi Carrell den beliebtesten Holländer in Deutschland und zudem den momentanen Quotenkönig des deutschen Fernsehens an die Seite geholt – Carrell ist für ihn der beste Türöffner, den er sich wünschen kann.

Der Start von J E Entertainment ist mehr als viel versprechend, die Firma wächst rasend schnell. Im September 1991 beginnt sie mit vierzig festen und dreißig freien Mitarbeitern, schon rund ein Jahr später zählt das Unternehmen achtzig feste und hundertfünfzig freie Mitarbeiter, die in einem Kölner Bürohaus in bester Rheinlage untergebracht sind. Bereits zwei Monate nachdem die Firma ins Leben gerufen worden ist, hat sie ein Auftragsvolumen von fünfundzwanzig Millionen Mark vorzuweisen, nur einen Monat später ist dieses durch weitere Aufträge auf achtundvierzig Millionen Mark und im September des Jahres 1992 auf sechzig Millionen Mark angestiegen, womit J E Entertainment vom Start weg zu den führenden Fernsehproduktionsfirmen Deutschlands zählt. Als Auftraggeber für fast alle Serien und Spielshows, die J E Entertainment ab 1992 produziert, fungiert RTL. Durch einen Exklusivvertrag ist die Firma verpflichtet, sämtliche neuen Show- und Programmkonzepte zunächst RTL anzubieten – faktisch ist RTL damit alleiniger Kunde der Firma. Neben Rudi Carrell auch Joop van den Ende mit ins RTL-Boot zu holen ist ein genialer Schachzug von Helmut Thoma, denn der holländische Produzent hat in den zurückliegenden Jahren bereits RTL 4, dem niederländischen Schwestersender des deutschen RTL plus, zum Erfolg verholfen.

Die erfolgreichen Showkonzepte von Joops niederländischer Firma sollen durch J E Entertainment nun auch für den deutschen Markt zugänglich gemacht werden und RTL Quote bringen. Rund siebzig Prozent der Konzepte stellen Adaptionen erfolgreicher ausländischer Showkonzepte dar, der Anteil der von J E Entertainment selbst entwickelten Konzepte beträgt rund dreißig Prozent. 1992 liefert die Firma gleich eine ganze Reihe erfolgreicher Shows für das RTL-Programm. Eine der ersten Sendungen ist die *Mini Playback Show*, die von Mareijke Amado moderiert wird, die einst hinter den Kulissen von *Am laufenden Band* ihre Fernsehkarriere begonnen hat. Die Show, in der Kinder ihre Lieblingsstars imitieren, ist ein ebensolcher Erfolg wie auch die von Mareijke für J E Entertainment moderierte RTL-Show *Superfan*, ein von Rudi Carrell entwickeltes Showkonzept, bei der in einer Mischung aus Spiel- und Personalityshow Fans ihr Wissen über ihre Idole unter Beweis stellen müssen. Weitere Produktionen, die Joops und Rudis Firma bereits 1992 für RTL realisieren, sind etwa die von Hans Meiser präsentierte Realityshow *Notruf*, bei der in nachgespielten Fällen Menschen vorgestellt werden, die das Leben anderer gerettet haben oder selbst in Lebensgefahr geraten sind, sowie die von Geert Müller-Gerbes moderierte Sendung *Wie bitte?*, die sich als unterhaltsame Meckerecke und Verbraucherschutz-Show versteht, bei der – wie Carrell es erklärt – alles thematisiert wird, was für öffentlich-rechtliche Magazinsendungen wie *Monitor* oder *Panorama* zu unbedeutend ist. Des Weiteren liefert J E Entertainment 1992 noch die Quizshow *Glück am Drücker* und die von Werner Schulze-Erdel moderierte Talentesuchsendung *Showmaster*, bei der talentierte Nachwuchsmoderatoren aufgespürt werden sollen. In dieser Sendung lässt Carrell es sich nicht nehmen, am 30. Januar 1992 erstmals auch selbst in einer RTL-Show zu erscheinen, und nur eine Woche später ist er außerdem Gast in der Sendung *Wie bitte?* Trotz dieser ersten Auftritte vor RTL-Kameras betont Carrell Journalisten gegenüber, dass sein Engagement bei RTL auch weiterhin ausschließlich auf die Arbeit hinter den Kulissen beschränkt bleiben und er als Showmaster der ARD treu bleiben werde – und das, »obwohl ich schon Blankoschecks zum Ausfüllen bekommen habe«. Anlässlich einer RTL-Pressekonferenz erklärt er: »Ich bin zufrieden beim WDR. Die öffentlich-rechtlichen Anstalten gewährleisten immer noch die höchsten Zuschauerzahlen. Ich bin seit siebenundzwanzig Jahren bei der ARD, habe drei tolle Shows und bleibe erst mal. RTL plus braucht keinen Rudi Carrell. RTL braucht gute Programme.«[15]

Die Presse bringt für Rudis Entschluss, sich neben seiner ARD-Tätigkeit auch noch als Fernsehproduzent bei RTL einzubringen, großes Verständnis auf und vergisst dabei nicht, darauf hinzuweisen, dass Rudis Haussender WDR sich Carrells Entscheidung letztlich selbst zuzuschreiben habe: »Er wird nicht zum Privatfernsehen abwandern, aber ein bisschen fremdgehen will er schon. Schließlich ist er lange genug mit seinem Wissen in Sachen Show hausieren gegangen und wollte den Unterhaltungschefs beratend unter die Arme greifen: ›Ich habe es dem WDR immer wieder angeboten – vergeblich.‹ Jetzt hat Deutschlands bester Showmaster die Konsequenzen gezogen.«[16] Dass Carrell aus seinem »Imperium aus Ideen«, das er sich sein Leben lang aufgebaut hat, nun auch Kasse macht, wird als selbstverständlich hingenommen, denn Anfang der neunziger Jahren herrscht schließlich aufgrund des Aufschwungs bei den Privatsendern eine wahre Goldgräberstimmung in der Fernsehbranche, und jeder, der davon profitieren kann, nutzt diese Chance auch. Da Rudi mit seinem 25-prozentigen Anteil an J E Entertainment auch fünfundzwanzig Prozent des erwirtschafteten Gewinns zusteht, wird sein Jahreseinkommen 1992 in der Presse auf rund drei Millionen Mark geschätzt, wobei etwas über die Hälfte dieser Summe aus dem Geldbeutel der ARD in Rudis Kasse fließt. Dass sich sein neues Engagement als TV-Produzent auch höchst erfreulich auf seine Finanzen auswirkt, ist nichts, was Rudi der Presse gegenüber abstreiten würde. Der bekennende Workaholic erklärt: »Ich habe in meinem Leben viel zu wenig verdient. Ich habe zu viel umsonst gemacht.«[17]

Trotz anderslautender Gerüchte betont Carrell in der ersten Hälfte des Jahres 1992 immer wieder, dass er der ARD als Moderator treu bleibt: »Mein Kopf gehört der ARD« – doch schließlich geht im Sommer die Bombe hoch. Am Rande einer Medientagung in Halle-Wittenberg enthüllt der ehemalige Chefredakteur von *ARD aktuell* und aktuelle Fernsehchef des MDR, Henning Röhl, dass Rudi seinen Sender Ende 1993 nach über siebenundzwanzig Jahren verlassen und zu RTL wechseln wird. Die anwesenden Journalisten, die Carrells Beteuerungen Glauben geschenkt hatten, dass er zeitlebens dem WDR und der ARD treu bleiben werde, reagieren höchst überrascht auf diese Neuigkeit und haken bei Röhl nach, ob Rudi ebenfalls wie der ein Jahr zuvor vom ZDF abgewanderte Thomas Gottschalk mit einer zweistelligen Millionensumme zum Wechsel zu RTL überredet worden ist, woraufhin dieser nickt. Später wird gemunkelt, dass RTL Rudi mit fünfzehn Millionen Mark geködert haben soll. Dass der MDR-Chef die Nachricht von Carrells »Millionendeal« zu diesem frühen Zeitpunkt streut, sorgt für gehörigen Wirbel – alle ARD-Anstalten, mit denen Carrell zusammenarbeitet, Radio Bremen, der WDR und der Bayerische Rundfunk dementieren umgehend die Abwanderungspläne, und RTL-Chef Helmut

Thoma ist vorerst für keine Stellungnahme zu erreichen, bestätigt dann aber doch kurze Zeit später »heftigste Verhandlungen« mit Rudi Carrell. Henning Röhl reagiert angesichts der Lawine, die er losgetreten hat, erschrocken und kleinlaut: »Ich habe doch nur gesagt, was allgemein bekannt ist.«[18]

Schon einen Tag nach der Sensationsmeldung bestätigt Rudis Firma J E Entertainment, dass Carrell tatsächlich auch als Showmaster zu RTL abwandern wird und mit dem Kölner Privatsender bereits über die Produktion von zehn Unterhaltungsshows verhandle, die Ende 1993 von ihm selbst im RTL-Programm präsentiert würden – zu diesem Zeitpunkt ist geplant, dass Rudi die deutsche Version der französischen Erfolgsshow *TV Masqué* moderieren soll, die beim Fernsehfestival in Montreux die Goldene Rose gewonnen hat und bei der wiederum Überraschungen eine tragende Rolle spielen sollen: »RTL hat mir eine Supershow angeboten, ein wahnsinnig kompliziertes Konzept mit Überraschungen und versteckter Kamera. Alles dreht sich um eine Person, die wir ein halbes Jahr lang vorher heimlich beobachten. Die Show möchte ich gerne moderieren, sofern sie Ende 1993 noch zeitgemäß ist.«[19] Während Carrells bisheriger Haussender bestürzt auf diese Neuigkeit reagiert, hitzige Krisensitzungen hinter verschlossenen Türen führt und zunächst einmal keine Stellungnahme abzugeben bereit ist, lässt Rudi über sein Büro erklären, dass sein neues Engagement im RTL-Fernsehen nicht mit den Interessen der ARD kollidiere und er seine *Rudi Carrell Show*, die Vorabendshow *Herzblatt* und auch *Rudis Tiershow* im ARD-Programm weiter moderieren werde.

Doch da hat Rudi die Rechnung ohne den Wirt gemacht, denn zu diesem Zeitpunkt sind Doppelengagements von Top-Stars, wie sie erst mit Thomas Gottschalks gleichzeitigem Wirken für ZDF und das Privatfernsehen ab Ende 1993 üblich werden, noch völlig verpönt. Eine WDR-Sprecherin betont deshalb auch ausdrücklich, »dass bei der ARD eine gleichzeitige Beschäftigung von programmprägenden Mitarbeitern beim Privatfernsehen nicht Usus« sei, es folglich also keine Doppelpräsenz von Rudi in ARD- und RTL-Shows geben werde, wenn dieser sich tatsächlich dafür entscheide, den Vertrag mit RTL zu unterzeichnen. Daraufhin meldet die Presse: »Alarm. Sender in Not. Der WDR – ja, die Anstalt die einst unsere Fernsehlandschaft prägte – stolpert in eine Identitätskrise erheblichen Ausmaßes.«[20] Doch trotz der Tatsache, dass Rudi bislang das Zugpferd der ARD gewesen ist und nach wie vor für Spitzenquoten sorgt, wie auch der Beteuerung von RTL, keinen Exklusivvertrag mit Carrell zu haben und auch keine Probleme darin zu sehen, wenn dieser seinen ARD-Verpflichtungen parallel zu seinen neuen Shows weiter nachkommt, bleibt die ARD hart und ist nicht bereit, Carrell mit

RTL zu teilen. Rudis Tage bei der ARD sind damit gezählt, bereits am 3. Juli 1992 wird das Aus der so erfolgreichen *Rudi Carrell Show* für den Dezember des Jahres angekündigt – nur noch drei Ausgaben des Quotenrenners wird Rudi bis dahin vertragsgemäß präsentieren. Der Presse erklärt er: »Ich höre mit meiner Show bei der ARD auf, weil es keine Überraschungen mehr gibt. Von zehntausend Vorschlägen konnte ich nur noch vier verwerten. Die Luft ist raus. Das ist die bittere Wahrheit.« Die Wahrheit hinter der Wahrheit lässt Axel Beyer, leitender Unterhaltungsredakteur des WDR, verlauten: »Wir werden auf Carrell verzichten müssen. Der Intendantenbeschluss sagt ganz klar, dass ARD-Moderatoren nicht bei anderen Sendern moderieren dürfen. Auch für Herrn Carrell wird da keine Ausnahme gemacht.«[21]

Beim Bayerische Rundfunk fühlt man sich genauso auf den Schlips getreten wie beim WDR und stellt sich, was Rudis Show *Herzblatt* angeht, ebenfalls auf den Standpunkt, dass es nicht zuschauerfreundlich sei, wenn Moderatoren auf mehreren Kanälen gleichzeitig zu sehen seien. Wolfgang Feller, Fernsehdirektor des Bayerischen Rundfunks, erklärt: »Carrell wollte auf zwei Hochzeiten tanzen. Das machen wir nicht mit.«[22] Rudi gibt sich angesichts der Tatsache, dass er wie eine heiße Kartoffel fallen gelassen wird, höchst souverän: »Wenn die ARD jetzt sagt: Es gibt *Herzblatt* nicht mehr, dann danke ich Gott. Am liebsten möchte ich die Sendung auch nicht mehr machen, weil mir einfach nicht einfällt, was ich die Leute noch fragen könnte.« Einzig Radio Bremen, der Sender, bei dem Rudi 1965 in Deutschland angefangen hat und mit dem ihn immer ein ganz besonders enges Band verknüpft hat, widersetzt sich dem ARD-Verdikt und verweigert den Schulterschluss mit den beiden anderen Sendeanstalten. Rüdiger Hoffmann, Fernsehprogrammdirektor von Radio Bremen, hatte sich bei seinen Kollegen bei der ARD dafür stark gemacht, den Exklusivitätsbeschluss als nicht mehr zeitgemäß aufzugeben, weil man sich damit abfinden müsse, zukünftig einige Stars mit der privaten Konkurrenz zu teilen. In der Chefetage der ARD stand er mit dieser Meinung allein auf weiter Flur, aber für Radio Bremen erklärt Hoffmann, dass Rudi vertragsgemäß noch 22-mal *Rudis Tiershow* präsentieren wird – eine Sendung, die dem kleinsten ARD-Sender jedes Mal immerhin rund vier Millionen Zuschauer beschert – und Radio Bremen auch dann, wenn das Sendekonzept sich irgendwann überlebt haben sollte, noch vorhabe, mit Carrell über weitere Shows zu sprechen. *Rudis Tiershow* läuft tatsächlich noch bis Oktober 1993, danach gibt Carrell das Konzept auf, um es später unter dem Titel *Rudis Hundeshow* auf RTL weiterzuführen, auch wenn er Radio Bremen zuvor erklärte: »Ich finde, zwei Jahre sind genug. Es war eine kleine, nette Sommerunterhaltung – keine Endlosshow.«[23]

Auch wenn RTL sich der Presse gegenüber mehr als erfreut darüber zeigt, mit Carrell einen dicken Fisch an Land gezogen zu haben, muss Rudi schnell registrieren, dass bei dem Kölner Privatsender ein anderer Wind weht als bei der ARD, wo er der Top-Star gewesen ist, der sich auf alte Seilschaften verlassen konnte und entsprechend behandelt wurde; denn schon bald kommt es hinter den Kulissen zu einem heftigen Streit um Rudis neue Show und zu einem Konflikt mit zweien seiner Landsleute, den Geschwistern John und Linda de Mol, die zu dieser Zeit mit aller Macht auf den deutschen Markt vorpreschen. Während Carrell als quotenträchtigster Star bei der ARD hofiert wurde, gerät er bei RTL gleich ins Zentrum eines harten, erbitterten Konkurrenzkampfes, denn viele spekulieren darauf, das kommende Zugpferd der RTL-Unterhaltung zu werden, und wohl niemand so sehr wie Linda de Mol. Lindas Bruder John de Mol ist mit dem Aufstieg des Privatfernsehens in den Niederlanden neben Joop van den Ende zu einem der wichtigsten holländischen Fernsehproduzenten avanciert und gilt als knallharter Geschäftsmann. Gemeinsam mit seiner Schwester hat er ab Mitte der achtziger Jahre das holländische Fernsehen erobert – zusammen wollen die beiden nun auch im deutschen Fernsehen Fuß fassen, John als Produzent, Linda als Starmoderatorin. Obwohl er immer mehr Fernsehkonzepte nach Deutschland verkauft, ist John de Mols Name hierzulande Anfang der neunziger Jahre noch weitgehend unbekannt, was sich erst dadurch ändert, dass Linda de Mol 1992 mit der Show *Traumhochzeit* einen unglaublichen Erfolg landet und als TV-Senkrechtstarterin des Jahres gilt. Das Geschwisterpaar wird von RTL deswegen als Zukunftshoffnung betrachtet und für stolze zweihundert Millionen Mark für die nächsten drei Jahre ausschließlich für das RTL-Programm verpflichtet – dies ist die bis dato größte Summe, mit der ein privater Fernsehproduzent in Europa je für eine Exklusivverpflichtung bezahlt wurde.

Wer RTL so viel Geld wert ist, steht natürlich in der Programmplanung an erster Stelle, woraufhin Verstimmungen mit Rudi Carrell absehbar sind. Die Presse prophezeit früh: »Das Gerangel zwischen Linda und Rudi in der Zuschauergunst ist programmiert.«[24] Und auch Harald Schmidt sieht voraus: »Zwischen den beiden werden die Fetzen fliegen.«[25] Während Linda de Mol mit *Traumhochzeit* Triumphe feiert, bittet RTL ihn, ein volles Jahr Fernsehpause einzulegen, bis er im Winter 1993 mit der deutschen Ausgabe von *TV Masqué* auf den Bildschirm kommen würde, die bei RTL den Titel *Rudis Überraschungsshow* erhalten soll. Da Carrell jedoch kein Jahr aussetzen will, entwickelt er auf der Grundlage seiner alten Show *Am laufenden Band* eine zunächst einmal auf zehn Folgen konzipierte Showreihe, für die er auch gleich einen potenten Geschäftspartner anbieten kann, da die Deutsche Post bereit ist, die Show mit über drei Millionen Mark zu sponsern, wenn in ihr die nach der Wiedervereinigung neu eingeführten, fünfstelligen Postleitzahlen populär gemacht werden. Zur beinahe gleichen Zeit kommt es zu einem ersten, schlagzeilenträchtigen Streit mit Linda de Mol, die Carrells Meinung nach für ihre neue Überraschungsshow *Kollegen, Kollegen* bei ihm abgekupfert haben soll. Der Presse, die den Streitfall sofort in großen Lettern meldet – »Carrell schießt gegen Linda de Mol« –, erklärt er: »Linda hat in ihrer Sendung Sätze und Anmoderationen gebraucht, die Wort für Wort aus meiner Sendung stammten. Ich habe eine Videokassette machen lassen. Man muss sich absprechen, so was geht nicht! Wir wollen und müssen gute Unterhaltung machen, und da darf so etwas nicht passieren.«[26] Hintergrund des Streits ist neben den konkreten Vorwürfen natürlich auch die Tatsache, dass die populäre Linda de Mol ausgerechnet jetzt mit einem Überraschungsformat startet, während seine eigene neue Überraschungsshow erst in weit über einem Jahr ins Programm kommen soll – die Gefahr, dass sich das Konzept dann schon überholt haben wird, weil momentan alle Sender auf solche Formate setzen, ist enorm groß, wie Rudi im August 1992 etwas resigniert der Presse gegenüber einräumt: »Vielleicht ist meine Zeit ja auch im nächsten Jahr abgelaufen, und ich setze mich zur Ruhe.«[27]

Zu einer Verschärfung des Gerangels hinter den Kulissen kommt es, als Rudi RTL seine Postleitzahlen-Show anbietet, der Sender aber dankend ablehnt, weil man bereits ein ähnliches Konzept mit Linda de Mol geplant habe. Carrell platzt der Kragen, doch er ist niemand, der schnell aufgibt. Da er mit RTL bislang lediglich Vorverträge unterzeichnet hat, entschließt er sich zu pokern. Wütend schickt er RTL-Chef Thoma ein Fax: »Ich komme nicht zu Ihnen. Ich fühle mich verschaukelt.« Während daraufhin in der Kölner RTL-Zentrale ein Krisenmanagement zusammentritt, sucht Rudi wieder das Gespräch mit dem WDR, in dem plötzlich von einem Wechsel zu RTL nicht mehr die Rede ist, und legt seinem alten Sender kurzerhand die Postleitzahlen-Show ans Herz: »Nehmt die Sendung!« Trotz aller vorherigen Verstimmungen macht man bei Rudis altem Haussender mehr als gute Miene zum plötzlichen Sinneswandel beziehungsweise verfällt geradezu in eine euphorische Stimmung. WDR-Intendant Friedrich Nowottny triumphiert: »Noch ist nicht aller Tage Abend« – und der mittlerweile zum Unterhaltungschef avancierte Axel Beyer beginnt intensiv darüber nachzudenken, welche Sendung man der neuen Carrell-Show opfern könnte. Die Zeitungen melden bereits: »Wegen Linda de Mol – Absage an RTL – Rudi Carrell bleibt doch bei der ARD.«[28]

Doch die Drohgeste ist bei RTL-Chef Thoma angekommen. Auch wenn Linda de Mol neues Zugpferd der RTL-Unterhaltung ist, gilt Rudi

Carrell im Kölner Privatsender nach wie vor als Hoffnungsträger, erwartet man doch zu diesem Zeitpunkt noch, dass er nahtlos an seine großen ARD-Erfolge anknüpfen kann. Man sucht das Gespräch mit Carrell und signalisiert ihm, dass er erstens bereits im Frühjahr mit einer neuen Show auf RTL starten kann und man nicht mehr auf dem Jahr Fernsehpause beharrt, und zweitens, dass er nun doch mit seiner Postleitzahlen-Show auf Sendung gehen kann – worauf man bei der ARD schnell wieder alle Hoffnungen auf eine weitere Zusammenarbeit mit Carrell begräbt. Doch neben dem Einlenken von Helmut Thoma gibt es auch noch einen zweiten Grund, warum die Rückkehr zur ARD gescheitert ist, wie Rudi Carrell rückblickend gesteht: »RTL hatte versucht, mich zu überreden, ein Jahr lang Pause zu machen, bevor ich bei ihnen mit einer neuen Show startete, aber das war mir zu lang. Und so habe ich versucht, die Post als Kooperationspartner zu überreden, die Show beim WDR zu machen, aber das wollten die auf keinen Fall; die wollten zu RTL. Und da ich Mitinhaber von J E Entertainment war, wäre ich einfach bescheuert gewesen, wenn ich mich diesem Wunsch nicht gebeugt hätte, weil die Show enorm viel Geld brachte.«[29] Kurz darauf vermeldet die Presse, dass Carrell nun doch wie geplant im nächsten Jahr als Showmaster zu RTL wechsle und gleich zwei Shows mit ihm an den Start gehen würden: Von Mai bis Juni zehn Ausgaben seiner Postleitzahlen-Show, und im Winter solle dann die erste von zunächst sechs geplanten Folgen von *Rudis Überraschungsparty* laufen. Rudi ist also fraglos als Gewinner aus dem internen Machtpoker hervorgegangen, doch Journalisten gegenüber witzelt er: »Ein falsches Wort von RTL-Chef Thoma, und ich stehe wieder vor der ARD-Tür.«[30]

Im November 1992 gibt Carrell erstmals der Öffentlichkeit gegenüber Genaueres über die Show preis, die er im kommenden Frühjahr präsentieren will. Rudi geht vermeintlich auf Nummer Sicher und greift für seinen Einstand bei RTL auf Altbewährtes zurück; seine neue Show basiert auf seiner Siebziger-Jahre-Erfolgsshow *Am laufenden Band* – die englische Version der Sendung ist Ende der achtziger Jahre nach langjähriger Pause bereits sehr erfolgreich von der BBC wiederbelebt worden. Nach Rudis Ankündigung meldet die *Bild*-Zeitung euphorisch: »Freut euch. *Am laufenden Band* kommt wieder!«[31] Rudi, der erklärt, dass andere ebenfalls klauen und er demzufolge keinen Grund sehe, warum er dann nicht bei sich selbst klauen solle, zeigt sich äußerst zuversichtlich, dass das alte Erfolgskonzept auch in der jetzigen Zeit nach wie vor funktionieren kann: »Es sind dreizehn Jahre vergangen, es hat sich viel verändert, und ich habe so viele Ideen gesammelt, dass ich locker zehn Sendungen machen kann. Vor dreizehn Jahren gab es noch kein Schlangestehen am

Bankautomaten, daraus kann man schon ein Spiel machen. Achtzig Spielideen sind fertig. Die Sendung hatte von 1974 bis 1979 fünfundzwanzig Millionen Fans, da kann man eine so tolle Sendung wieder ins Leben rufen. Ich hoffe, dass wir den alten Namen behalten können. Der WDR ist einverstanden, nur Radio Bremen hat Bedenken. Für die Zuschauer wird es eh *Am laufenden Band* sein, also wäre ein anderer Titel völliger Unsinn.«[32] Doch Radio Bremen bleibt bei seinen Bedenken, worauf die von der Deutschen Post gesponserte Show den Titel *Die Post geht ab* bekommt, und nur im Untertitel auf die alte Carrell-Show angespielt werden kann: »Rudi Carrell präsentiert Spiele und Kandidaten am laufenden Band.«

Beim Konzept, das Jung wie Alt gleichermaßen ansprechen soll, ist eigentlich alles wie gehabt: Es gibt vier Kandidatenpaare, die in sechs statt früher acht Spielrunden gegeneinander antreten müssen – wiederum müssen die Paare in direkter Weise miteinander verwandt sein und je zwei Generationen einer Familie repräsentieren. Bei den Spielen geht es wie in den Siebzigern um Kreativität, Spontaneität und Reaktionsschnelligkeit. Als neues Element kommt hinzu, dass die Fernsehzuschauer sich mittels Karten, die die Deutsche Post mit den neuen Postleitzahlenbüchern ausgegeben hat, direkt an der Show beteiligen können – die Post hat für Carrells Zuschauer Geldpreise im Wert von insgesamt zweihunderttausend Mark ausgelobt, während die Kandidaten in altbewährter Form am Schluss der Show am Laufband sitzen und die Preise überreicht bekommen, die sie sich merken können. Erneut gibt es reale und symbolische Preise, auch der altbeliebte Würfel mit dem Fragezeichen ist wieder mit von der Partie – nur dass der darin versteckte Preis früher normalerweise nie einen Wert von viertausend Mark überschritt und sich jetzt auch schon mal ein Auto hinter ihm verbergen kann. Voraufgezeichnet wird die Show in der Kulisse einer Fußgängerzone, die in den von J E Entertainment angemieteten Fernsehstudios in Bendestorf aufgebaut ist, in denen in früheren Tagen Filmklassiker wie *Die Sünderin* entstanden sind. Am Beginn der Proben im März 1993 stellt Carrell der Presse gegenüber klar, dass ihm durchaus bewusst ist, wie hoch die Erwartungen an seine neue Show sind und wie groß die Gefahr, im Quotenkampf zu unterliegen: »Die nächsten Monate werden die schwierigste Zeit meiner Karriere. Das Risiko einzubrechen ist gigantisch. Aber ich freue mich auf den Kampf.«[33] Die Shows werden ab Mitte April im wöchentlichen Rhythmus voraufgezeichnet. Sollte die Show ein Erfolg werden und 1994 fortgesetzt werden, so plant Carrell, sogar wieder live mit ihr auf Sendung zu gehen – doch hierzu soll es gar nicht erst kommen, denn die Show fällt bei Publikum und Kritik durch. Die erste Ausgabe von *Die Post geht ab* wird am 9. Mai 1993 ausgestrahlt – ursprünglich sollte die knapp sechzigminütige Sendung am Mittwochabend laufen, RTL hat sich dann aber kurzfristig dazu entschieden, sie jeweils sonntagsabends auszustrahlen. Die Kritikerstimmen sind eindeutig, die Sendung wird als langweilig, flach und ohne Pfeffer empfunden, Carrell habe unbeteiligt und lustlos gewirkt, eigentlich sei *Die Post geht ab* nichts weiter als ein »liebloser Aufguss« von *Am laufenden Band*. Auch bei den Zuschauern floppt die Show auf ganzer Linie – hatte die Erstsendung noch eine respektable Sehbeteiligung von knapp sieben Millionen Zuschauern, so fällt die Kurve in der Folgezeit kontinuierlich ab, zwischenzeitlich gar auf deutlich unter vier Millionen Zuschauer, was weit hinter den Erwartungen zurückbleibt, die RTL in Carrell gesetzt hatte – Linda de Mol fährt zur gleichen Zeit mit ihrer *Traumhochzeit* Einschaltquoten von acht Millionen Zuschauern ein.

Bei ARD und WDR vermag man kaum die Schadenfreude darüber zu verhehlen, dass Rudi Carrell nach seinem Aufsehen erregenden Weggang von den Öffentlich-Rechtlichen gleich mit seiner ersten Show bei den Privaten so sang- und klanglos eingegangen ist. Um noch Öl ins Feuer zu gießen, kündigt Rudis alter Haussender WDR – immer noch über Rudis Weggang gekränkt – kurzerhand an, zeitgleich zur letzten Ausgabe von *Die Post geht ab*, die am 11. Juli 1993 gesendet wird, in seinem dritten Programm eine der besten Folgen von *Am laufenden Band* auszustrahlen, damit die Zuschauer den direkten Vergleich zwischen dem alten, öffentlich-rechtlichen und dem neuen Carrell des Privatfernsehens ziehen können. Die *Bild am Sonntag*, die Rudi als »gefürchteten Quotenkiller« bei RTL bezeichnet, frohlockt daraufhin bereits: »Sollte der Plan von den Programmdirektoren abgesegnet werden, kommt's zum verrücktesten TV-Duell des Jahres: Der alte ARD-Rudi (10 Millionen Zuschauer) gegen den neuen RTL-Carrell (2,6 Millionen). Ein ungleicher Kampf: Früher war der Holländer witzig, heute quält er sich mit flachen Gags und miesen Sexsprüchen über die Runden. Wenn die Fans jetzt auch noch zum Oldie *Am laufenden Band* überlaufen, wird's für Carrell ganz eng.«[34] Rudi fühlt sich verständlicherweise provoziert und droht seinem alten Sender Radio Bremen an, für die noch geplanten acht Folgen von *Rudis Tiershow* nicht mehr zur Verfügung zu stehen, wenn der WDR diesen Plan realisiere. Doch die Verantwortlichen bei Radio Bremen können nur mit den Schultern zucken – erstens gibt es Verträge zu den noch ausstehenden Folgen von *Rudis Tiershow*, und zweitens haben sie keinerlei Einfluss auf die Programmgestaltung anderer ARD-Anstalten. Und der WDR bleibt bei seiner geplanten Racheaktion, greift ins Archiv und sendet parallel zur Ausstrahlung der letzten Folge von *Die Post geht ab* die letzte Folge von *Am laufenden Band*, die Silvesterausgabe des Jahres 1979. In einer Presseerklärung wird süffisant erläutert: »Das dürfte alle Carrell-Fans mächtig interessieren. Damals, 1979, war die Presseresonanz enorm. Einfallsreich, lustig, meisterhaft. Mit Respekt und Keckheit, mit großem Vergnügen und etwas Stolz, zeigt die ARD heute noch einmal, mit wie viel Know-how und Liebe zum Detail damals eine große Serie ihr ruhmreiches Ende beging. Damals konnte allerdings niemand ahnen, dass das berühmte ›Band‹ in den neunziger Jahren noch einmal in Gang gesetzt würde. Viel Vergnügen beim Original.«[35]

Den Quotenvergleich gewinnt natürlich RTL – während nur vierhunderttausend Zuschauer *Am laufenden Band* im WDR verfolgen, schauen insgesamt fünf Millionen Rudis letzte RTL-Show. Die Rechnung des WDR geht dennoch auf, denn vor allem Journalisten nutzen die Gelegenheit, den alten und den neuen Rudi miteinander zu vergleichen, und kommen genau zu dem Schluss, den der WDR provozieren wollte. Der Kölner *Express* schreibt etwa: »*Die Post geht ab* ist ein Fernseh-Flop, mit dem sich der einstige ›König der Showmaster‹ selbst vom Thron stieß. Der Rudi im RTL-Trikot hatte zwar die meisten Zuschauer – aber er hat trotzdem verloren. An Witz, an Charme, an Unterhaltungswert. Platte Sprüche, müde Spiele, ein lustloser Moderator. Man wird das Gefühl nicht los, Carrell schaut heimlich auf die Uhr und wartet auf den Feierabend. Oh, Rudi, was ist bloß aus dir geworden? Nur aalglatte Routine reicht nicht.«[36] Das Urteil der *Rheinischen Post* fällt nicht gnädiger aus: »Älter ist er geworden und weißer, aber kaum weiser und schon gar nicht kreativer. Müde und lustlos wirkte Rudi Carrell bei seinem letzten Post-Spektakel – welch ein Kontrast zu dem quicken, selbstironischen Showmaster von früher, als das Band noch lief wie geschmiert! Wie lau der RTL-Aufguss der einstigen Erfolgsshow war, zeigte sich Sonntagabend im direkten Vergleich: Boshaft wiederholte der WDR die Silvestershow von 1979 und ermöglichte dem Zuschauer das Hin- und Herzappen zwischen den Zeiten.« Auch in dieser Kritik unterliegt der neue Carrell dem alten: »Damals unterhielt sich Carrell noch mit seinen Kandidaten – heute hakt er nur noch desinteressiert Fragen ab. Damals stellte die Show hohe Anforderungen an die Schlagfertigkeit der Mitspieler – heute müssen sie einen Hausfrauen-Rock mit den Jacob-Sisters tanzen. Damals glänzte die Sendung noch mit Situationskomik – heute imitieren die Kandidaten die Bewegungen von Football-Cracks. Tipp an RTL: Kauft die fünfzig alten Folgen von *Am laufenden Band*, und strahlt sie aus! Das dürfte auch die Werbeeinnahmen heben – denn damals ging die Post noch richtig ab.«[37]

Dass *Die Post geht ab* ein gigantischer Flop war, können weder Rudi noch RTL abstreiten – es war definitiv die falsche Show zur falschen Zeit. Rückblickend bekennt Carrell: »*Die Post geht ab* war ein riesiger Fehler. Das Konzept war einfach nicht mehr zeitgemäß, aber ich hatte damals halt gedacht, es könnte noch mal funktionieren.«[38] Ein »kleines« Trostpflaster gibt es jedoch: Das Honorar, das Rudi für die Show kassiert hat, war fürstlich und das bisherige Spitzenhonorar für den Showmaster – mit hunderttausend Mark sollte jede Ausgabe entlohnt werden, das Gesamthonorar für die gefloppte Show beträgt für Carrell insofern eine Million Mark. Überhaupt laufen die Geschäfte zur Zeit äußerst gut, auch Rudis und Joop van den Endes Firma J E Entertainment blüht und gedeiht und beschert saftige Gewinne. Doch mit Rudis Karriere als Teilhaber der momentan erfolgreichsten privaten Fernsehproduktionsfirma ist es schon bald wieder vorbei, denn Joop van den Ende und Rudi Carrell gehen ab 1994 wieder getrennte Wege, und Rudi steigt als Gesellschafter aus. Weil die Firma in den nicht einmal drei Jahren, in denen Rudi Mitgesellschafter war, derart geboomt ist, hat sich das ganze Abenteuer für ihn finanziell aber durchaus gelohnt: »Finanziell bin ich sensationell rausgekommen, weil wir gleich einen Wahnsinnsgewinn hatten. Ich bin mit achtundvierzigtausend Mark reingegangen und später mit vier Millionen Mark raus.«[39]

Über die Gründe, warum Joop van den Ende sich bereits nach so kurzer Zeit wieder von Carrell trennt, wird in der Branche offen spekuliert: Nicht lange nach Rudis Ausstieg schließt Joop sich mit seinem Mitbewerber John de Mol zusammen – statt sich einen erbitterten Konkurrenzkampf um den deutschen Fernsehmarkt zu liefern, gründen sie gemeinsam die Firma Endemol, die schnell zur größten und erfolgreichsten freien Produktionsgesellschaft Europas aufsteigt. Auf einen Schlag verfügen John de Mol und Joop van den Ende durch die Fusion über einen Gesamtumsatz von vierhundertfünfundvierzig Millionen Mark und einen Stab von sechshundert Mitarbeitern. Im Gegensatz zu Rudi, der ein Mensch ist, der das Fernsehen liebt und vor allem gute Shows machen und produzieren will, ist Selfmademan John de Mol ein eiskalter Geschäftsmann und zudem ein Global Player, der mit Endemol den ehrgeizigen Plan verfolgt, Europas größter unabhängiger Fernsehproduzent zu werden, und auch weit über den deutschen und niederländischen Markt hinaus denkt, anders als zuvor Joop und Rudi, die sich vor allem auf Deutschland und Holland konzentriert haben. In der Branche kursiert das Gerücht, dass Rudi ausgezahlt werden musste, weil John de Mol ihn – nach den Angriffen auf seine Schwester Linda – auf keinen Fall mit im Boot haben wollte. Rückblickend weist Rudi Carrell diese Spekulationen jedoch zurück: »Nein, das stimmt nicht. Ich bin als Teilhaber ausgestiegen, weil ich die Kombination Produzent und Showmaster nicht richtig fand. Als ich eine Idee hatte für eine neue Show mit maximal sieben Folgen, wollte die Firma gleich noch zwanzig Folgen an den Sender verkaufen. Ich wollte nur noch Showmaster sein und bekam, nachdem ich die

Firma zwei Jahre lang beraten hatte, für meinen Anteil das Hundertfache zurück. Das war das größte Geschäft meines Lebens.«[40] Doch das Geschäft hätte noch wesentlich größer ausfallen können, denn 1996 geht die Endemol Entertainment Holding an die Börse – hätte Rudi sich von seinen Anteilen an der Firma erst dann getrennt, so wäre er Multimillionär geworden. Sein Sohn Alexander erinnert sich: »Er wird sich in dem Moment, als er das erfahren hat, sicherlich geärgert haben, dass er seine Anteile zu früh verkauft hat. Aber das war später nie wieder ein Thema für ihn. Rudi trauert so etwas nicht lange nach, so ein Mensch ist er nicht. Es nützte ja auch nichts, Rudi wollte aussteigen, denn er war nicht einverstanden mit der Richtung, in die J E Entertainment sich entwickelte.«[41]

Tatsächlich ist es wohl nicht zuletzt die vollkommen unterschiedliche Auffassung von Fernsehgestaltung, die eine weitere Zusammenarbeit mit dem holländischen Produzentengespann unmöglich gemacht hätte. Rudis Herz hängt daran, qualitativ hochwertige Fernsehunterhaltung zu konzipieren, Shows und Programme, hinter denen er auch voll und ganz stehen kann, während es gerade John de Mol in erster Linie darum geht, massenkompatible Shows und konfektionierte Massenware auf den Bildschirm zu bringen und möglichst viel Geld zu verdienen – in Interviews bekennt er freimütig: »Was heißt schon Qualität?«[42] Rudis alter Weggefährte Thomas Woitkewitsch, in den siebziger Jahren Redakteur von *Am laufenden Band*, bestätigt die Einschätzung, dass Carrell auf die Dauer nicht glücklich in diesem Umfeld gewesen wäre, denn seine und Rudis Wege haben sich Anfang der Neunziger wieder gekreuzt, und Woitkewitsch hatte die Gelegenheit, hinter die Kulissen von J E Entertainment zu blicken: »Ich hatte Rudi damals in Köln wieder getroffen, und er hat mich gefragt: ›Willst du mal so richtig viel Geld verdienen?‹ Und auf seine Vermittlung hin sollte ich dann bei J E Entertainment die Show *Wie bitte?* als Producer machen, habe dann auch die Proben geleitet und zwei Pilotfolgen produziert. Aber die Art und Weise, wie in der Firma gearbeitet wurde, passte mir von Anfang an nicht. Die Holländer wollten damals mit unglaublicher Gnadenlosigkeit einen Fuß in den deutschen Fernsehmarkt bekommen, und entsprechend aggressiv war die Stimmung.« Besonders die Art und Weise, wie schlecht in der Firma über die Deutschen gesprochen wird, stößt Woitkewitsch ab: »Die meisten wussten ja nicht, dass ich fließend Holländisch spreche und das alles verstehe. Ich fühlte mich da wirklich wie im Feindeslager. Und ich war zu dieser Zeit schon so lange im Fernsehgeschäft, dass ich von mir behaupte zu wissen, wie man Fernsehen macht; aber Joop van den Ende stellte mir dann plötzlich einen Holländer an die Seite, der mir zeigen sollte, wie man es richtig macht – da ist mir der Kragen geplatzt, und ich habe fristlos gekündigt und alles hingeschmissen. Ich habe mich noch nie so befreit gefühlt wie an diesem Tag. Nur Rudi hat das, glaube ich, maßlos enttäuscht – er hatte mir die Gelegenheit gegeben, sehr reich zu werden, und ich schmeiße das hin. Aber es ging einfach nicht – von da an war erst mal ein paar Jahre Funkstille zwischen Rudi und mir.«[43] Aber nicht nur, was die eigene Person anbelangt, fühlte sich Woitkewitsch bei J E Entertainment fehl am Platze, auch hinsichtlich Rudi hatte er das Gefühl, dass dieser im Grunde seines Herzens ebenso wenig mit der Art und Weise, wie in der Firma gearbeitet wird, einverstanden war: »Ich habe mir damals immer nur gedacht, was lässt er da bloß alles mit sich machen? Warum tut er sich das an? Das war absolut nicht seine Welt. Man muss Rudi einfach machen lassen, man kann einem Menschen wie Rudi, der mehr Erfahrung als alle anderen in dieser Firma hat, nicht sagen wollen, wie er Fernsehen zu machen hat. Das geht nicht – und es war das Beste für Rudi, dass er da schnell wieder den Absprung geschafft hat.«[44]

Angesichts der schlechten Quoten und der vernichtenden Kritiken für *Die Post geht ab* sinkt Rudis Ansehen in der Presse in der ersten Hälfte der neunziger Jahre plötzlich dramatisch ab. Sein Desaster wird von zahlreichen Negativschlagzeilen begleitet, während er zuvor, als seine Überraschungsshow auf der ARD für Spitzenquoten sorgte, noch der Liebling der Printmedien war und von ihnen geradezu als Wohltäter gefeiert wurde, der nicht nur sein Publikum blendend unterhält, sondern auch noch so vielen Menschen ihre Herzenswünsche erfüllt. Doch damit, dass ihm von der Presse rote Teppiche ausgerollt werden und er als »größter Showmaster der Nation« gefeiert wird, ist es nach dem Wechsel zu RTL zunächst einmal vorbei – erst recht, nachdem er mit seiner ersten Show nicht den erwarteten Erfolg landen konnte. Die Kommentare zu Rudis beruflichem Absturz sind in der Presse hämisch bis schadenfroh, und jeder vielleicht nicht ganz geschmackssichere Witz Carrells wird nun zum Skandal hochgepusht. Während er in der ersten Hälfte des Jahres 1992, als er fest bei der ARD unter Vertrag stand, noch als einer der »klügsten Köpfe des deutschen Fernsehens«[45] gefeiert wurde, hagelt es jetzt vor allem Verrisse, wobei diese durchaus auch ausdrücklich mit Rudis beruflichem Tief in Verbindung gebracht werden, wenn etwa vom Wandel vom »Quoten- zum Zotenkönig« die Rede ist.[46]

Ein Aspekt wird in diesem Zusammenhang besonders herausgestellt – Rudi Carrell als Macho, Chauvinist und frauenverachtender Sprücheklopfer. Eigentlich war Carrell schon immer für Gags bekannt, die bei manchen Frauen und erst recht bei Feministinnen nicht unbedingt gut ankommen und von einem stark antiquierten Männerbild zeugen – und doch wird dieser Umstand erst jetzt schlagzeilenträchtig aufgebauscht, während er zuvor interessanterweise einfach als ein Spleen akzeptiert worden ist. Rabiate Machosprüche hatte es von Rudi schon immer gegeben, wenn er um der Pointe willen etwa in den Siebzigern einen Journalisten wissen ließ, dass er gern mit Sekretärinnen ins Bett gehe, weil die, wenn ihm plötzlich ein guter Gag einfalle, diesen gleich aufschreiben könnten. Ein ebenso typischer und im Laufe der siebziger und achtziger Jahre in Interviews oft wiederholter Carrell-Spruch ist jener: »Nach jeder Show bin ich in einer Stimmung, dass jede Frau, die sich mir auf zehn Metern nähert, automatisch schwanger wird.«[47] Solange Carrell als der unangefochtene Star am deutschen Fernsehhimmel strahlte, waren solche Sprüche zwar in den Zeitungen abgedruckt, aber kein einziges Mal zum Skandal aufgebauscht worden. Nur einmal war Rudi zuvor öffentlich als Macho angeprangert worden, ohne dass dies jedoch damals für große Schlagzeilen gesorgt hätte – 1968, als er das Finale der aktuellen Miss-Germany-Wahl in seiner *Rudi Carrell Show* stattfinden ließ, wurde er von der Frauenzeitschrift *Emma* zum »Pascha des Monats« gekürt, eine Ehre, die auch Rudis Kollegen Hans-Joachim Kulenkampff für seine eindeutig-zweideutigen Bemerkungen bezüglich seiner Kandidatinnen oder Assistentinnen bereits mehrfach zuteil geworden ist.

Doch Anfang und Mitte der neunziger Jahre werden entsprechende Sprüche oder Verhaltensweisen Carrells in der Boulevardpresse plötzlich so lange zu »peinlichen sexuellen Entgleisungen« und »sexuellen Belästigungen« umgemünzt, bis sich die halbe Nation über Carrell empört. Für besonderen Wirbel sorgt ein Vorfall, der Mitte Mai 1993 in der *Bild am Sonntag* unter der sensationsheischenden Schlagzeile »Wie sexkrank ist Rudi Carrell?« gemeldet wird – also bezeichnenderweise genau eine Woche nachdem die erste Folge von *Die Post geht ab* über den Bildschirm geflimmert und von den Kritikern verrissen worden ist. Die Zeitung schreibt: »Vor wenigen Tagen ging eine Carrell-Attacke sogar live über den Sender. Die Reporterin einer niedersächsischen Radiostation interviewte ihn zu seiner neuen RTL-Show *Die Post geht ab*, als Carrell plötzlich herausplatzte: ›Schöne Busen haben Sie.‹ Die Reporterin war sprachlos, der völlig unsensible Showmaster setzte seine Sex-Attacke fort: ›Wirklich große Busen. Riesig groß. Sind Sie schon im *Guinness-Buch der Rekorde*?‹ Die Radiomitarbeiterin schwieg betreten, war so empört, dass sie sich nicht mal wehrte. Trotzdem setzte Carrell nach: ›Warum erröten Sie nicht, haben Sie das schon oft gehört?‹« Auf diesen Vorfall angesprochen, erwidert Carrell: »Schwachsinn. Ich habe keine Lust, mich für Witze zu entschuldigen. Ich dachte, das Mikrofon sei ausgeschaltet. Außerdem: Man darf doch wohl mal einen Scherz machen« – eine Meinung, die die sittenstrenge *Bild am Sonntag* aber gar nicht teilt. Gleich wird in Carrells Vergangenheit nach weiteren »Sex-Attacken« geforscht, die der geneigten Leserschaft auch brühwarm serviert werden:

»Einer ARD-Mitarbeiterin, die ihn zu keinerlei Anmache ermuntert hatte, stellte er sogar nach einem Drehtag im Hotel-Foyer die Frage: ›Bumsen oder saufen? Was machen wir zuerst?‹« Auch eine alte, schon mehrfach veröffentlichte Geschichte wird wieder ausgegraben: »Mitarbeiterinnen berichteten schon früher, dass ihnen der Showmaster während der Arbeit völlig unvermittelt auf die Brüste drückt, dabei ausruft: ›Tut, tut!‹« Die gleiche Geschichte zu einem vermutlich hundertfach von Carrell gemachten Gag, über dessen Geschmack man fraglos streiten kann, hat der *Stern* bereits 1983 berichtet: »›Sag mal Auto‹, sagt Rudi zu Beatrice. ›Sag es nicht‹, sagt die Maskenbildnerin. ›Auto‹, sagt Beatrice. Da greift Rudi ihr an die Brust und hupt: ›Tut, tut!‹ Als praktizierender Humorist neigt er zu Missgriffen. Die Frauen im Studio verdrehen ärgerlich die Augen, als wären sie alle schon mal Auto gewesen.«[48] An diesen Vorfall erinnert, erklärt Rudi einem Journalisten: »Das war eine Jugendsünde. ›Tut, tut‹ habe ich einmal mit Beatrice Richter gemacht, als sie nachmittags ins Studio kam und ihren Text nicht kannte. Da war ich einfach sauer.«[49]

Rudis Tochter Annemieke erinnert sich: »Das war ein Standardscherz von Rudi, den hat er mit mir auch jedes Mal gemacht. Wenn ich ihn besucht habe, hat er mich jedes Mal gefragt: ›Wie bist du hergekommen?‹ Und ich bin jedes Mal wieder drauf reingefallen, weil ich in dem Moment nicht daran dachte, und habe gesagt: ›Na, mit dem Auto‹, und dann hat er ›tut, tut‹ gemacht – aber dass er das auch bei anderen Frauen und dann auch noch bei Journalistinnen machte, hat mich schon etwas verwundert.«[50] Die in der *Bild am Sonntag* aufgeworfene Unterstellung, in Carrells Arbeitsumfeld müsse jede Frau mit solchen Belästigungen rechnen, weist Rudi auf seine ganz spezielle Art zurück, als Journalisten ihn deshalb zur Rede stellen – auch jetzt sieht er es nicht ein, warum er auf eine gute Pointe verzichten sollte: »Ich habe seit zehn Jahren eine Sekretärin. Die habe ich noch nie in den Busen gekniffen. Und sie hat einen sehr schönen.«[51] Davon, dass Mitarbeiterinnen reihenweise unter Carrells Scherzen zu leiden gehabt hätten, kann wohl auch kaum ernsthaft die Rede sein – was Hape Kerkeling bestätigt: »Ich habe bei Radio Bremen oft mit den gleichen Teams gearbeitet, die vorher mit Carrell zusammengearbeitet haben. Ich habe nie etwas Schlechtes über ihn gehört, auch von keiner Frau, die mit ihm zusammengearbeitet hat. Rudi ist, und so habe ich ihn immer erlebt, grenzenlos tolerant, und dazu passt Frauenfeindlichkeit einfach nicht. Ich denke, man muss da schon zwischen dem Menschen Rudi Carrell und seinen lockeren Sprüchen unterscheiden.«[52] Eine Einschätzung, die auch Rudis Sohn Alexander teilt: »Rudi ist absolut nicht frauenfeindlich, ich habe mich immer sehr geärgert, dass das in der Presse immer so dargestellt und aufgebauscht wurde. Rudi geht halt als James

Bond oder John Wayne durchs Leben, das ist eine Pose, ein Image, und da gehören eben auch manche Machosprüche dazu – aber ich habe ihn da im Umgang mit Frauen wirklich ganz anders erlebt.«[53]

Doch das hält *Bild am Sonntag* nicht davon ab, sich entrüstet an ihre Leserschaft zu richten: »Was geht nur in Rudi Carrell vor, wenn er jungen attraktiven Frauen begegnet? Sieht er in ihnen nur reine Sexualobjekte?«[54] Der Fall wird genüsslich ausgewalzt und zudem auch mit der Frage nach Rudis beruflicher Zukunft verknüpft, denn eine Woche später fragt die Zeitung: »Sex-Sprüche – Lässt die Post Rudi Carrell fallen?« – und kann auch gleich die entrüstete Frauenbeauftragte der Post zitieren: »Wenn die Vorwürfe alle zutreffen, werden wir uns dafür einsetzen, dass die Post die Zusammenarbeit einstellt. Schließlich kämpfen wir gegen die sexuelle Belästigung am Arbeitsplatz.« Auch der Sprecher der Postgewerkschaft zeigt sich empört: »Carrells Verhalten ist schlecht für unser Image. Dieser Mann schadet unserem Ansehen. Wenn die Vorwürfe zutreffen, sollte man mit so jemandem nicht werben.« Nur Rudis Sender RTL gibt sich angesichts des Spektakels um Carrell gelassen: »Das ist Carrells Privatsache.«[55]

Doch die Aufregung um Carrell zieht in der Presse immer weitere Kreise und kratzt mächtig an Rudis Image, denn die Berichterstattung über den »Fall Carrell« bleibt nicht allein auf die Boulevardpresse beschränkt, auch der *Stern* geht gleich auf vier Seiten der Frage nach, warum Carrell, was Frauen anbelangt, derart aus der Rolle falle: »Dem Achtundfünfzigjährigen purzeln mittlerweile Unverschämtheiten am laufenden Band aus dem Schandmaul: verbalerotische Überfälle, unflätige Bemerkungen. Unrechtbewusstsein? Nicht vorhanden. Einziges Zugeständnis von König Rudi an seine weiblichen Untertanen: Nie mehr will er Frauen mit dem Zeigefinger auf die Brustwarze drücken und dabei ein lautmalerisches ›tut, tut‹ ausstoßen.«[56] Angesichts des Pressewirbels wird Rudi klar, dass in den nächsten Wochen und Monaten jedes Wort von ihm, das er öffentlich oder halböffentlich über Frauen äußert, auf die Goldwaage gelegt werden wird, und nimmt sich vor: »Ich muss in Zukunft ein bisschen besser aufpassen, was ich sage, denn ich lasse manchmal noch sehr viel herbere Sachen ab. Wenn da mal einer mitschreiben würde, um Himmels willen.«[57] Das hält Carrell jedoch auch in der Folgezeit nicht davon ab, in dieser Richtung immer wieder entsprechende Pointen zu setzen, wenn ihm diese gut erscheinen – denn für gelungene Pointen geht Rudi zeitlebens jedes Risiko ein. Als er einmal auf dem *Wetten, dass?*-Sofa neben *Emma*-Herausgeberin Alice Schwarzer zu sitzen kommt und schon im Vorfeld der Sendung ahnen kann, dass sie ihm wieder einmal seine Machosprüche vorhalten wird, präpariert er sich entsprechend, um seiner Meinung nach angemessen auf Schwarzer reagieren zu können: »Als sie wieder gegen mich gestänkert hat, ich sei frauenfeindlich, da habe ich gesagt, ich würde nie wieder etwas Frauenfeindliches sagen oder tun, und habe aus meiner Tasche einen Büstenhalter gezogen und mir damit den Schweiß auf meiner Stirn abgetupft. Das sagt eigentlich alles, oder?«[58]

Rudis Tochter Annemieke, die die Szene am heimischen Fernsehschirm verfolgte, gesteht: »Also, manches Mal blieb mir da schon die Sprache weg. Dass an Rudi die Emanzipation spurlos vorbeigegangen ist, das ist ja die eine Sache, aber dass er es auch immer wieder zu solchen Schlagzeilen kommen ließ und Reporterinnen in den Busen kneift, da habe ich schon manches Mal gedacht: Wie kann er nur so blöd sein? Er muss doch wissen, dass so eine Geschichte ein gefundenes Fressen für die Presse ist. Auch als er auf dem Sofa bei *Wetten, dass?* neben Alice Schwarzer saß und plötzlich einen Büstenhalter aus dem Jackett zog, war ich richtig baff und konnte minutenlang gar nicht glauben, dass er das jetzt wirklich gemacht hat. Dass er sich solchen Ärger immer wieder ganz bewusst selbst einbrockt, habe ich nie so ganz verstanden.«[59] Doch Rudi geht nicht zuletzt gerade deshalb so verhältnismäßig unbeschadet aus dem Pressewirbel Anfang der neunziger Jahre hervor, weil er das, was er sagt und macht, immer auch uneingeschränkt so meint und sich nicht in billige Ausreden flüchtet, sondern letztlich – auch wenn dies in Form von Gags und Pointen geschieht – öffentlich für das einsteht, was er wirklich denkt, eine Haltung, die von vielen als Zeichen seiner Ehrlichkeit empfunden wird: »So ist Rudi eben« ist ein Spruch, den man oft im Zusammenhang mit Carrell hört. Auch er selbst stellt diesen Kontext her: »Meine Ehrlichkeit ist der Grund dafür, dass man mir nachsagt, ich sei frauenfeindlich. Wenn Frauen die Emanzipation wollen, behandle ich sie genauso wie Männer.«[60]

Ebenso wie Rudi ein ganz bestimmtes Bild von der für ihn idealen Frau im Kopf hat, so hat er auch eine im heutigen Kontext vielleicht antiquiert wirkende Vorstellung davon, was einen Mann ausmacht – Machosprüche über Frauen gehören für ihn da zweifellos dazu. Sein ganzes Leben lang hat er sich größte Mühe gegeben, seinem eigenen Idealbild von Männlichkeit zu entsprechen, das nicht zuletzt durch Leinwandhelden wie John Wayne und James Bond, Yves Montand und Humphrey Bogart geprägt ist. Seine Tochter Annemieke erzählt: »Als Rudi zum ersten Mal in der Karibik Urlaub gemacht hat und über die Weichheit des Wassers so erstaunt war, hat er tatsächlich zu mir gesagt: ›Ich weiß gar nicht, ob ich das als Mann sagen darf, aber das Wasser ist so weich.‹ Er hat wirklich gedacht, dass es unmännlich erscheinen könnte, wenn er sich über das weiche Wasser dort freut. Rudi hat schon wirklich eine sehr spezielle Vorstellung davon, was einen Mann ausmacht.«[61] Und das ist nichts, was

Rudi selbst abstreiten würde: »Männlichkeit hat für mich mit Cowboys zu tun. Und ich bin im Grunde auch so einer. Männlichkeit bedeutet, dass man kein Weichei ist, verdammt noch mal! Ein Mann kämpft und arbeitet, damit er seine Familie ernähren kann.«[62]

Der Flop mit der Postleitzahlen-Show, nach dem Rudi sich erst einmal eine längere Auszeit gönnt, ist die fraglos größte Niederlage, die er in seiner bisherigen Fernsehkarriere einstecken musste – aber im Laufe des Jahres 1993 kommt es noch dicker, denn das zweite mit Rudi geplante Showkonzept, die große Überraschungsshow, deretwegen er sich ursprünglich entschlossen hat, als Showmaster zu RTL zu wechseln, wird ad acta gelegt. *Rudis Überraschungsshow*, die als deutsche Adaption des preisgekrönten französischen Formats *TV Masqué* geplant war und in die Rudi Anfang des Jahres noch so große Hoffnungen gesetzt hatte, gilt mit einem Mal als nicht mehr realisierbar. Nachdem Rudi mit seiner *Rudi Carrell Show* bei der ARD einen wahren Boom von Überraschungsformaten ausgelöst hat, erachtet man den Markt für solche Sendekonzepte mittlerweile als gesättigt – auf RTL läuft mit Linda de Mols Show *Kollegen, Kollegen* hausgemachte Konkurrenz, in der ARD, auf Rudis altem Sendeplatz, überrascht Björn Hergen Schimpf Zeitgenossen in seiner Sendung *Schimpf 19717*, und im nächsten Jahr wird Linda de Mol zu allem Überfluss auch noch mit *Die Surprise Show* starten, in der wie in Rudis alter Überraschungsshow Menschen ihre Herzenswünsche erfüllt bekommen. Hinter den Kulissen wird folglich heiß diskutiert, ob angesichts dieser Flut von Formaten eine weitere Überraschungsshow Sinn macht, so gut auch das Konzept von *TV Masqué* sein mag. Im August 1993 lässt Rudi die Presse noch wissen, dass sich der Beginn seiner neuen Show lediglich etwas hinauszögere – eine eigentlich für Ende August geplante Präsentation des neuen Formats auf der Berliner Funkausstellung wird daraufhin abgesagt. Letztlich entscheidet RTL sich jedoch dafür, die Sendung komplett zu streichen. RTL-Programmchef Marc Conrad wird Anfang Januar 1994 mit den Worten zitiert: »Wir haben uns entschieden, das Konzept ganz fallen zu lassen.« Dass Carrell daraufhin in Depressionen und Selbstzweifel verfällt, wie in der Presse gemeldet wird, weist dieser weit von sich – erst Monate später wird er Journalisten gegenüber eingestehen, dass er in dieser Situation durchaus ans Aufhören gedacht habe.

Was sich in diesen Tagen hinter den Kulissen von RTL abspielt und wie wohl Rudis Zukunft beim Kölner Privatsender aussehen wird, ist Gegenstand heftiger Spekulationen. So wird etwa gemunkelt, dass Carrell nach seinem Flop mit *Die Post geht ab* und nach der abgesagten Überraschungsshow mit neuen Sendungen ins Vorabendprogramm abgeschoben werden könnte. Auch das Gerücht, dass RTL gar versuchen könnte,

1 Das Traumpaar: Rudi und Anke.

2 Rudi und seine zweite Frau Anke.

3 Rudi und Anke mit ihrem gemeinsamen Sohn Alexander vor der alten Wassermühle auf Carrells Anwesen in Wachendorf, 1977.

4 Rudi, Anke und Alexander im Urlaub auf den Bahamas, um 1979.

5 Rudi zusammen mit Beatrice Richter in einem Sketch von *Rudis Tagesshow*, 1981.

6 Rudi erhält für *Rudis Tagesshow* seine zweite Goldene Kamera, diesmal aus der Hand von Nachrichtensprecher Werner Veigel.

7 Nach dem folgenreichen Eklat um einen Scherz über den iranischen Revolutionsführer Ajatollah Khomeini schafft Rudi es 1987 als *Ruditollah* auf die Titelseite des *Stern*.

8 Der stolze Bundesverdienstkreuzträger im Rahmen seiner Familie vor dem Anwesen in Wachendorf, Juni 1985.

9 Rudi zusammen mit Peter Alexander und einer Kandidatin in der Überraschungsshow, 1988.

10 Rudi mit seiner geliebten Mutter Catharina, um 1987.

11 Rudi mit seiner langjährigen Lebensgefährtin Susanne Hoffmann.

12 Rudis Abschied vom Bildschirm. Gemeinsam mit dem Team von *7 Tage – 7 Köpfe*: Bernd Stelter, Kalle Pohl, Oliver Welke, Jochen Busse, Gaby Köster und Mike Krüger, 2002.

13 Der Showmaster beim Golfen, Syke, um 2003.

14 Rudi im Urlaub auf der Karibik-Insel Petit Saint-Vincent, Anfang 2005.

15 Rudi und seine dritte Frau Simone Felischak im Karibik-Urlaub, 2005.

16 Rudi Carrell im Kreise seiner Kinder, Enkel und Geschwister. Far

nch im Forsthaus Heiligenberg, 17. April 2006.

17 Während seines letzten großen Interviews mit dem *SZ-Magazin* auf seinem Anwesen in Wachendorf, Februar 2006.

Carrell rauszuekeln, wird gestreut und passend dazu gleich auch noch ein ungenannter RTL-Mitarbeiter mit den Worten zitiert: »Die Arbeit mit ihm ist unmöglich geworden. Außerdem verspricht sich kaum noch jemand große Erfolge mit seinen Shows.«[63] Die Gerüchte sind verständlich, denn schließlich scheint der Wechsel zum Privatfernsehen für Deutschlands einstigen Showkönig zunächst einmal in eine Sackgasse geführt zu haben, aus der es zunächst wieder herauszukommen gilt. Der Neustart beim Privatfernsehen hat sich zwar schon durch die Produzententätigkeit und die hohe Gage für *Die Post geht ab* rein finanziell bezahlt gemacht, für Carrells weitere Karriere jedoch ist nicht nur der erhoffte Schwung ausgeblieben, sondern er ist zudem an einem Punkt angelangt, an dem das Weitermachen wirklich schwer fällt. Eine reumütige Rückkehr zur ARD ist nicht das, was sich der Showmaster vorstellt, aber wie es beruflich weitergehen könnte, wie er sich aus dem Karrieretief wieder heraushangeln soll, weiß er momentan auch nicht. Der Quotendruck, der mittlerweile im Privatfernsehen herrscht, ist enorm, und anders als bei der ARD, deren Image er entscheidend mitgeprägt hat, steht Carrell bei RTL nicht mehr in der ersten Reihe, sondern ist ein Star unter vielen – und zudem der älteste in der Showmaster-Riege des Senders, der auf eine wesentlich jüngere Zielgruppe fixiert ist als die öffentlich-rechtlichen Programme.

Zum ersten Mal in seiner langen Karriere ist Rudi Carrell an einem Punkt angelangt, an dem er sich wirklich keinen Rat mehr weiß. In Interviews verkündet er, der früher immer vollmundig behauptet hatte, dass ihm nie die Ideen ausgingen, nun sogar: »Jedem, der eine neue gute Showidee hat, zahle ich eine Million Mark.« Die Presse schreibt Rudi im Laufe des Jahres 1993 bereits zunehmend ab und versucht ihn mit Schlagzeilen wie »Schattendasein bei RTL«, »Er zählt zu den Verlierern des Jahres«, »Keiner stürzt so schnell wie Carrell« und »Stürzt er ganz ab?« in den Vorruhestand zu schicken. Auch die Tatsache, dass Carrell in früheren Zeiten so freimütig über Kollegen hergezogen ist und mit Kritik nie hinter dem Berg gehalten hat, rächt sich nun in dieser Situation. Ehemalige WDR-Kollegen, die wie Jürgen von der Lippe noch vor kurzem harsch von Carrell abgekanzelt worden sind, sehen es in dieser Situation nicht ein, sich nun ihrerseits zurückzuhalten: »Man könnte meinen, er sei ausgewandert, so still ist es um ihn geworden.« Doch auch wenn Carrell den Tiefpunkt seiner Karriere erreicht hat, so ist er nicht der Mann, der lange den Kopf in den Sand steckt. Je pessimistischer die Pressemeldungen werden, desto kämpferischer zeigt sich Carrell wieder. Im Oktober 1994 erklärt er in einem Interview: »Ich bin kein Gauweiler, der sich von der Presse einfach wegschreiben lässt.«[64] Und folgender Ausspruch wird gar zu einem der Lieblingsbonmots des Showmasters: »Fußballer rächen sich für schlechte Presse damit, dass sie ins Ausland gehen – Showmaster damit, dass sie bleiben.«[65]

Fieberhaft sucht Rudi nach einer neuen Showidee, mit der er garantiert beim Publikum landen wird, an seine alten Erfolge anknüpfen und das Karrieretief überwinden kann – der Stachel des Misserfolgs sitzt tief. Schließlich verfällt er auf das Thema Urlaub, weil er realisiert, dass es mit Sendungen wie *Traumschiff*, *Sterne des Südens* und *Happy Holiday* zwar jede Menge Fernsehserien gibt, die sich publikumswirksam und quotenträchtig dem Thema Urlaub widmen, aber weltweit noch keine Unterhaltungsshow an den Start gegangen ist, die Lustiges, Kurioses und Informatives rund um die schönsten Wochen des Jahres zum Gegenstand gewählt hätte – die Idee zu *Rudis Urlaubsshow* ist geboren. Im September 1993 beginnt Rudi mit den Vorbereitungen. Sieben Monate lang sitzt er ehrgeizig Tag für Tag von früh bis spät am Schreibtisch, um – wie in alten Zeiten – am Showformat zu feilen und dafür zu sorgen, dass seine neue Show beim Publikum nicht durchfallen wird. Zusammen mit seiner Lebensgefährtin Susanne Hoffmann wälzt, entwickelt und verwirft er immer neue Einfälle. Er entschließt sich dazu, *Rudis Urlaubsshow* als eine noch recht neuartige Mischung von Entertainment- und Infotainmentshow aufzuziehen, wobei der Schwerpunkt durchaus bei den lustigen und unterhaltsamen Passagen liegen soll, darüber hinaus aber eben auch wertvolle Tipps und Ratschläge für die nächste Urlaubsreise vorgesehen sind – wo wie in der Sendung *Wie bitte?* Tipps zum Verbraucherschutz gegeben werden, der Hauptanreiz der Sendung aber in der pfiffigen Moderation und den nachgespielten Fallbeispielen liegt. Herzstück der Sendung sollen jedoch einerseits die Sketche rund ums Thema Urlaub sein und andererseits die Einspielfilme, in denen abenteuerliche Ferienerlebnisse oder kuriose Orte, die nicht im Reiseführer stehen, vorgeführt oder verrückte Geschichten erzählt werden, die Zuschauer im Urlaub erlebt haben – kurz: Alles Lustige und Kuriose rund um den Urlaub kann in Rudis neuer Show zum Thema gemacht werden.

Da neben den Einspielern, die an allen möglichen Orten der Welt entstehen, auch noch eigens Sketche vorab produziert werden müssen, für die Rudi Sketchpartner engagiert – wie Jochen Busse und Hildegard Krekel, Götz Berger und Katerina Jacob sowie den Aktionkünstler Pascal Sauvage, der in kurzen Einspielern Passanten auf der Straße Streiche spielt –, entstehen für *Rudis Urlaubsshow* recht umfangreiche Produktionskosten. Carrell legt hohen Wert darauf, dass diesmal größte Sorgfalt in die Vorbereitung und die Durchführung der Show gelegt wird, da er der Überzeugung ist, dass *Die Post geht ab* nicht zuletzt daran gescheitert ist, dass er dort nicht mit dem gleichen Arbeitseifer und Perfektionswillen ans Werk gegangen war, mit dem er früher seiner Shows gemacht hat. Rückblickend gesteht er handwerkliche Fehler ein: »Wir haben holterdiepolter produziert, die Kulissen waren ärmlich, die Kandidaten nicht sorgfältig ausgewählt. Da habe ich Mist gebaut, aber ich lebe noch.«[66] Da er sich kein weiteres Debakel leisten kann, will er diesmal alles tun, damit die Show ein Erfolg wird, fühlt sich wieder für jedes noch so kleine Detail verantwortlich und arbeitet so hart wie in den Anfangstagen seiner Karriere. So fühlt er sich vor dem Beginn der Aufzeichnung der ersten Folge auch relativ entspannt und zeigt sich Journalisten gegenüber optimistisch, dass es auf jeden Fall eine Fortsetzung der Show geben wird. Auch RTL-Programmdirektor Marc Conrad gibt Rudi vor dem Start der neuen Showreihe solidarisch Rückendeckung: »Carrell ist eine Bereicherung unseres Programms, besitzt Kreativität und Professionalität. Wir sind sehr stolz, dass er zu unserem Team gehört, und viele von uns können sich von seinem Wissen eine Scheibe abschneiden.«[67]

Die erste Ausgabe, die am 24. April 1994 ausgestrahlt wird, lockt knapp über sechs Millionen Zuschauer vor den Fernseher – für eine Showpremiere am Sonntagabend ist das kein wirklich überwältigender Erfolg, und quotenmäßig nimmt Carrell an diesem Abend lediglich Platz sechs des Rankings ein, doch auf Dauer stabilisiert sich die Sehbeteiligung, sodass Rudi es mit seiner fünfundvierzigminütigen *Urlaubsshow* tatsächlich wie geplant und erhofft gelingt, sein zeitweiliges Karrieretief zu überwinden und sich auf Jahre hin fest im Sonntagabendprogramm von RTL zu etablieren, auch wenn er mit der Show nicht an die ganz großen Erfolge von einst anknüpfen kann. Um zu testen, wie das Konzept beim Publikum ankommt, waren zunächst einmal sieben Folgen geplant, *Rudis Urlaubsshow* wird aber insgesamt ganze drei Jahre, bis 1997, im RTL-Programm laufen, allerdings in unregelmäßigen Abständen. Die Unkenrufe der Presse, dass auch Rudis neue Show ein Reinfall werden könnte, haben sich damit nicht bewahrheitet. Die Zeitungen hatten sich im Vorfeld vor allem auf Rudis Ankündigung gestürzt, das Fernsehmachen aufzugeben, wenn auch diese Show nicht bei den Zuschauern ankommt: »Dann spiele ich wieder Kasperletheater.« Daraufhin hatte sich die *Bild*-Zeitung wieder einmal bemüht, bereits das Karriere-Aus des »arg gebeutelten Holländers« herbeizuschreiben: »Den 24. April 1994 sollten sich die TV-Zuschauer im Kalender schon mal rot ankreuzen. Denn sonst könnten sie einen historischen Moment verpassen: Den Abschied von Rudi Carrell aus dem deutschen Fernsehen.«[68] Doch Rudi hat es wieder einmal allen gezeigt, und wenn er auch nicht zur Top-Riege der RTL-Unterhalter zählt, so kann er doch mit seiner Sendung, die bei Zuschauern wie Kritikern gut ankommt, einen respektablen Erfolg verzeichnen – die *Süddeutsche Zeitung* schreibt nach der Erstsendung von

Rudis Urlaubsshow: »So muss das sein. Ein solcher Carrell gibt uns wieder viel zu denken.«[69]

Mit der gelungenen *Urlaubsshow* feiert Rudi 1994 nicht nur sein Comeback, sondern sie poliert auch sein zeitweise ramponiertes Image wieder gründlich auf. Die Stimmen in der Presse, die in den zurückliegenden Monaten teils heftig auf Rudi eingedroschen hat, werden wieder auffallend freundlicher, und selbst Rudis alter Arbeitgeber WDR gibt sich mit einem Mal wieder versöhnlich und verteilt Streicheleinheiten – WDR-Unterhaltungschef Axel Beyer erklärt etwa: »Ich habe dem Mann unheimlich viel zu verdanken. Er ist ein Perfektionist, ein gnadenloses Arbeitstier und hat – wie kein anderer – einen Riecher für Gags. Wir alle haben Carrell viel zu verdanken.«[70] Anlässlich Rudis sechzigstem Geburtstag im Dezember 1994 sendet der WDR ein von Rudis Tochter Annemieke als Produzentin und Redakteurin realisiertes Carrell-Porträt, während Rudi seinem neuen Sender RTL untersagt hat, ihm eine Geburtstagsshow zu widmen: »Das habe ich denen verboten. Das ist nicht mein Ding. Solche Würdigungen, in Shows verpackt und dann noch mit prominenten Gästen, sind fast immer peinlich – und dabei wird sowieso fast nur gelogen.« Gegen die Ehrung im ARD-Programm, das Wegbereiter für die größten Erfolge seiner Karriere gewesen war, hat er jedoch keine Einwände. Das Geburtstagsporträt, das sich vor allem auf Ausschnitte und Höhepunkte seiner großen ARD-Shows stützt, versteht sich selbstverständlich als Hommage, und so manchem Pressevertreter gehen angesichts der geballten Karrierehöhepunkte Carrells nach der Flut von Negativschlagzeilen wieder mal die Augen auf, welch hohen Stellenwert Rudi eigentlich doch im deutschen Fernsehen besitzt und was er alles geleistet hat. Die *Süddeutsche Zeitung* konstatiert: »Auf einmal merkst du, dass Rudi Carrell ja wirklich Meilensteine der Fernsehunterhaltung gesetzt hat.«[71]

Und während Rudi in der ARD tatsächlich schon viele Meilensteine setzen konnte, gelingt ihm dies bei RTL erst vier Jahre nach seinem Abschied bei den Öffentlich-Rechtlichen mit seinem satirischen Wochenrückblick *7 Tage – 7 Köpfe*, der am 23. Februar 1996 erstmals auf Sendung geht. Auch kurz zuvor schon hat Rudi seine Medienpräsenz wieder ausgedehnt, indem er zusätzlich zu *Rudis Urlaubsshow* im RTL-Programm noch mit *Rudis Hundeshow* auf Sendung gegangen ist – ein Neuaufguss von *Rudis Tiershow* bei Radio Bremen, dem jedoch entgegen zunächst anderer Planung nur eine einzige Staffel beschieden ist. Doch Rudi sucht auch weiterhin ständig nach neuen Showideen für sich und andere, daran, sich zur Ruhe zu setzen, denkt er nicht einmal im Entferntesten – und fortan nur noch kleine Brötchen zu backen, ist auch nicht nach seinem Geschmack. Noch einmal will er den großen Wurf schaffen und unter Beweis stellen, dass er immer noch den richtigen Riecher dafür hat, einen großen Treffer zu landen. Seine beiden Sendungen, die *Urlaubsshow* wie die *Hundeshow*, stellen respektable Erfolge im Vorabendprogramm dar, aber sie sind weder Highlights im RTL-Programm, noch haben sie so eine herausragende Wirkung wie die alten Formate Carrells, mit denen er jeweils langfristige Trends für das deutsche Fernsehen begründete – dieses Mal kommt niemand auf die Idee, seine Showkonzepte zu kopieren.

Das sieht bei Carrells nächstem und letztem Sendekonzept, mit dem er selbst an den Start gehen wird, ganz anders aus, denn mit ihm setzt er wiederum einen wichtigen Akzent in der Fernsehunterhaltung, stellt erneut seine Qualität, Neues etablieren zu können, unter Beweis, und löst einen regelrechten Run auf ähnliche Formate aus. Für *7 Tage – 7 Köpfe* greift er tief in die Trickkiste seiner langen Karriere, denn die Show, die sich am Freitagabend jeweils auf lustige und unterhaltsame Art und Weise mit den Geschehnissen der letzten Woche, mit aktuellen Meldungen und den angesagten Themen der Zeit auseinander setzen soll, geht eigentlich auf das zurück, was Rudi schon Mitte der fünfziger Jahre im holländischen Rundfunk gemacht hat, als er aktuelle Meldungen auf humorvolle Art kommentierte – sie erinnert darüber hinaus aber natürlich auch an seine Nachrichtensatire *Rudis Tagesshow*. Die Idee, einen solchen satirischen Wochenrückblick nun einmal in Form einer einstündigen Talkshow zu probieren, drängt sich angesichts des momentanen Booms von Talksendungen im deutschen Fernsehen eigentlich geradezu auf – Carrell versteht das Konzept auch ausdrücklich als Parodie einer Talkshow und ist selbst von Beginn an felsenfest davon überzeugt, dass er mit diesem Format einen durchschlagenden Erfolg wird feiern können. Bei RTL hingegen reagiert man zunächst einmal skeptisch und zurückhaltend, wie Rudi sich rückblickend an die Geburtsstunde der Show erinnert: »Schon bei der Pilotsendung wusste ich: Das ist Gold. Ich rief Elke Pflicht, die Unterhaltungschefin von RTL an: ›Hör mal, Elke, vor ein paar Monaten habe ich mit euch eine Pilotsendung gemacht von *7 Tage – 7 Köpfe*. Ich habe nie mehr davon gehört.‹ – ›Ach, weißt du‹, stöhnte sie, ›wir sind uns gar nicht sicher, ob das überhaupt ankommt.‹ – ›Ob das ankommt?‹, schrie ich ins Telefon, ›diese Sendung ist Gold!‹ – ›Also glaubst du, das wird ein Erfolg?‹ – ›Ich glaube es nicht, ich weiß es! Die Show gibt es noch in hundert Jahren.‹ – ›Ja, gut, hättest du Lust, dreißig Folgen im Jahr zu produzieren?‹«[72]

Und ob Rudi Lust hat; er geht für *7 Tage – 7* Köpfe erstmals nach seinem Ausstieg aus J E Entertainment sogar auch wieder unter die Fernsehproduzenten: »Für die Show gründete ich die Rudi Carrell GmbH.

Teilhaber: zu einundfünfzig Prozent Susanne Hoffmann und zu neunundvierzig Prozent Rudi Carrell. Das habe ich so gemacht, damit Susanne, für den Fall, dass ich sterbe, finanziell abgesichert ist.«[73] Susanne fungiert nicht nur gemeinsam mit Rudi als Produzentin, sondern ist auch Ideengeberin und schreibt zusammen mit ihrem Lebensgefährten an den Sketchen zur Show, die in Köln produziert wird. Jeweils von Samstag bis Dienstag studieren die beiden Zeitungen und Zeitschriften, suchen im Videotext, im Fernsehen und im Internet nach neuen Themen, die man in der Sendung aufgreifen könnte, und schreiben die Gags für die Ausgabe am nächsten Freitag. Jeden Mittwoch macht Rudi sich dann gemeinsam mit Susanne nach Köln auf, wo die beiden für die Zeit der Produktion in Carrells Suite im Hotel *Maritim* absteigen. Rudis Töchter, die früher immer hinter den Kulissen von Rudis Shows mitgewirkt haben, sind diesmal nicht mit von der Partie, dafür arbeitet Sohn Alexander zum ersten Mal an einer Show seines Vaters mit und erlebt diesen erstmals auch im beruflichen Kontext und als Chef, der nach wie vor alle Fäden selbst in der Hand hält: »Ich habe natürlich schnell gemerkt, dass niemand im Fernsehstudio Rudi etwas vormachen kann. Wenn er einen Gag erklärte und Anweisungen gab, wie das optisch zu inszenieren ist, und dann schon mal ein Regisseur ankam und ihm vorschlug, dass man doch noch den oder den Kameraschwenk einbauen könnte, schaute er den nur kurz an und sagte: ›Du hast den Gag nicht kapiert – raus!‹«[74]

In *7 Tage – 7 Köpfe* nehmen, wie der Titel schon andeutet, sieben Prominente das Geschehen der zurückliegenden Woche auf die Schippe – die Show wird jeweils am Vortag in Anwesenheit von Studiopublikum voraufgezeichnet. Wiederum überlässt Rudi nichts dem Zufall oder der Improvisation, sondern plant die ganze Sendung von der ersten Minute bis zum obligatorischen Schlussgag professionell durch. Bis kurz vor Beginn der Aufzeichnung feilt Carrell an den von ihrer Aktualität lebenden Gags und testet minutiös alle Redebeiträge mit der Stoppuhr, jeder einzelne Wortbeitrag wird mehr oder weniger im Vorfeld abgesprochen – die einzelnen Beiträge werden zum Teil von den Akteuren sogar auch offen vom Blatt abgelesen, was bei manchem Zuschauer und Kritiker für leichte Irritationen sorgt. Grundlegend neu an *7 Tage – 7 Köpfe* ist, dass Rudi sich mit dieser Show zum ersten Mal in seiner Karriere nicht selbst in den Mittelpunkt rückt, sondern eben nur einer von »sieben Köpfen« ist. Die großen ARD-Shows, die teils sogar seinen Namen trugen, waren als Personalityformate ebenso wie *Rudis Tagesshow* oder Sendungen wie *Rudis Urlaubsshow* beziehungsweise *Rudis Tiershow* voll und ganz auf Carrell als Präsentator zugeschnitten, was bereits durch die Nennung des Namens oder das vorangestellte »Rudis« zum Ausdruck gebracht wurde – schon die Titel ließen bei diesen früheren Sendungen also keinen Zweifel aufkommen, wer der Star der Show ist. In *7 Tage – 7 Köpfe* ist und will Rudi hingegen nur einer unter vielen sein, den Ehrgeiz, eine Sendung zu präsentieren, die voll und ganz auf ihn zugeschnitten ist, verspürt er nun nicht mehr – vielmehr geht es ihm darum, ein Format zu schaffen, das potentiell genauso gut auch ohne seine Kamerapräsenz funktionieren könnte und mit dem er sich beizeiten vom Bildschirm zurückziehen kann. Ursprünglich hatte Rudi sogar geplant, lediglich in den ersten sieben Folgen der Show vor der Kamera mit von der Partie zu sein, um der Show mit seinem Namen zum Erfolg zu verhelfen und sie von da ab nur noch hinter den Kulissen als Produzent und Ideengeber zu betreuen, bleibt dann aber doch aufgrund des riesigen Erfolgs ganze sieben Jahre auch vor der Kamera präsent, selbst wenn er der Presse gegenüber bekennt: »Eigentlich passe ich gar nicht in die Runde. Aber ich bin auch deshalb ein bisschen angespannter als die anderen, weil ich als Produzent für die Sendung verantwortlich bin. Ich bin eine gute Farbe in der Sendung, nicht mehr. Es ist außerdem sehr schwer, jemanden für die Show zu engagieren. Die meisten trauen sich nicht.«

Doch einige trauen sich durchaus, an *7 Tage – 7 Köpfe* mitzuwirken, wobei es zunächst vor allem Prominente sind, die momentan nicht gerade zu den Top-Stars der deutschen Fernsehunterhaltung zählen. Schauspieler und Kabarettist Jochen Busse etwa war zuvor zwar als Mitglied der Münchner Lach- und Schießgesellschaft wiederholt auch im Fernsehen zu sehen gewesen, große Fernsehpräsenz mit einer eigenen Sendung hatte er jedoch bislang nicht erzielen können. Dass Carrell neben Busse als Mitglieder für die Stammbesetzung vor allem auf Leute wie Mike Krüger und Karl Dall setzt, die den Höhepunkt ihrer Karriere zu diesem Zeitpunkt bereits hinter sich haben und auf eine ganze Reihe von Flops und Pleiten zurückblicken können, erfreut Rudis Sender keineswegs – einerseits gelten Dall und Krüger momentan nicht gerade als Publikumsmagnete, außerdem argumentiert man bei RTL, sie seien bereits zu alt für das Zielpublikum des Senders. Doch Rudi setzt sich bei den Programmverantwortlichen durch – und behält Recht, weil sowohl Karl Dall als auch Mike Krüger beim Publikum hervorragend ankommen. Der Presse gegenüber erklärt Carrell daraufhin stolz: »Wir alten Knacker funktionieren wieder.« Auch warum seine Rechnung aufgegangen ist, lässt Rudi die Journalisten wissen: »Diese Sendung kannst du mit jungen Leuten nicht machen. Es ist sowieso sehr schwierig, Comedy mit jungen Leuten zu machen. Man kann erst über einen Esel lachen, wenn man mal ein Pferd gesehen hat. Und die meisten sind ja noch Fohlen.«[75]

Doch ganz abgesehen von der Tatsache, dass Rudi im weiteren Verlauf der Sendung durchaus auch immer wieder jungen Talenten mit Gastauftritten eine Chance einräumen wird, gibt es in *7 Tage – 7 Köpfe* auch von

Anfang an Platz für Newcomer, die durch ihre Präsenz in dieser Show ihren Durchbruch schaffen und sich teils beachtliche Karrieren aufbauen können, wie etwa Kalle Pohl und Piet Klocke, Bernd Stelter oder Gaby Köster. Diese ist sogar schon von Anfang an mit von der Partie und wurde Rudi von RTL vorgeschlagen – Carrell war sofort begeistert von ihr, nahm sie in das Team auf und sparte auch der Presse gegenüber nicht mit Lob: »Sie ist für mich eine der komischsten Frauen der Welt.« *7 Tage – 7 Köpfe* funktioniert als Sendeformat vor allem deshalb so gut, weil durch die sieben sehr unterschiedlichen Gesichter auch sieben unterschiedliche Facetten von Humor in die Sendung eingebracht werden – jeder der Teilnehmenden hat dabei eine festgelegte Rolle zu erfüllen, wie Rudi erklärt: »Busse ist der Bürgermeister, ich der Dorflehrer, Krüger der Gastwirt, Dall der Dorftrottel, und Gaby Köster ist die Metzgerstochter. Es handelt sich immer um verschiedene Typen mit unterschiedlichem Humor. Das Konzept funktioniert: Pro Sendung lacht das Studiopublikum bis zu hundertfünfzig Mal – alle zwanzig Sekunden ein Lacher.«[76] Als Gastgeber der Show, der den Platz in der Mitte der Runde einnimmt, fungiert nicht Rudi selbst, sondern vielmehr Jochen Busse. Carrell selbst nimmt ganz außen, am linken Bildrand, Platz – innerhalb der Sendung auf einer Ebene mit den anderen Protagonisten. Er hat keine exponierte Stellung und ist nicht etwa Star der Truppe, sondern versteht sich vielmehr im Schulterschluss mit seinen Kollegen sogar als Stichwortgeber für die anderen, denen er ein Forum bieten will, um mit Gags und Witzen brillieren zu können – wobei wie in allen Carrell-Sendungen auch in *7 Tage – 7 Köpfe* die Fähigkeit gefragt ist, sich selbst auf den Arm zu nehmen.

Bereits die erste Staffel der Show im Jahr 1996 ist mit regelmäßig fünf bis sieben Millionen Zuschauern für den späten Freitagabend ein solch großer Erfolg, dass »der etwas andere Wochenrückblick« zum festen Bestandteil des RTL-Programms wird – und das auf Jahre hin, was Carrell in der Presse jubeln lässt: »Das ist einfach Wahnsinn und wieder einer der größten Erfolge meines Lebens. Wir haben mehr Zuschauer als Harald Schmidt in der ganzen Woche.«[77] Erst mit *7 Tage – 7 Köpfe* ist Rudi Carrell endgültig bei RTL angekommen – ganze vier Jahre hat es von seinem Wechsel von der ARD gedauert, sich einen festen Platz in der RTL-Unterhaltung zu erobern. Er kann mehr als zufrieden sein: Er ist sein eigener Produzent und sehr prominent mit einer erfolgreichen Show im RTL-Programm vertreten, und ihm ist darüber hinaus auch noch etwas gelungen, was in der Branche kaum jemand für möglich gehalten hätte, denn obwohl er nicht vorwiegend auf junge Gesichter vor der Kamera gesetzt hat und selbst auch bereits Anfang Sechzig ist, erreicht er tatsächlich vor allem ein jüngeres Publikum – so dass Carrell nun auch viele Zuschauer sehen, die ihn vielleicht nicht mehr von seinen großen Showerfolgen wie *Am laufenden Band* her kennen, sondern einen völlig neuen Carrell erleben. Denn mit *7 Tage – 7 Köpfe* geht Rudi, wie er es selbst empfindet, unter die Fernsehunterhalter und verliert den Status als klassischer Showmaster: »Ich bin nicht mehr der große Samstagabend-Showmaster, aber kann immer noch beim Fernsehen arbeiten. Das ist einfach wunderbar. Es gibt so wenige Menschen, die wissen, was ich weiß. Es wäre dumm aufzuhören. Und solange RTL nett zu mir ist, bleibe ich dabei.« Rudi ist rundherum zufrieden und nach dem empfindlichen Karrieredämpfer Anfang der Neunziger zum Ende der Dekade hin wieder voll auf Erfolgskurs, so dass er sich der Presse gegenüber höchst zufrieden äußert: »Es muss nicht immer die große Show sein. *7 Tage – 7 Köpfe* bei RTL, die ich produziere, hat jetzt 21,5 Prozent Marktanteil und 4,5 Millionen Zuschauer. Das hätte vorher niemand für möglich gehalten. Aber die Zeit war wohl reif für die Parodie einer Talkshow, und nichts anderes soll die Sendung sein.«[78] Und dass die Zeit tatsächlich reif ist für Carrells Konzept, beweist die Tatsache, dass Rudi mit der Show nach langer Zeit wieder einmal einen Trend setzt, denn in der Folgezeit entstehen mit Formaten wie *Star Weekend* auf RTL, *Blond am Freitag* im ZDF und Sendungen wie *Genial daneben* oder *Nachgetreten* reichlich Formate, die ebenso auf den Erfolg von *7 Tage – 7 Köpfe* aufbauen wie all die Shows, in denen von mehr oder weniger Prominenten die witzigsten Fernsehmomente, die tollsten oder schrecklichsten Lieder, die beliebtesten oder nervigsten Deutschen gekürt werden.

Der Erfolg mit *7 Tage – 7 Köpfe* und die Tatsache, dass Carrell es erneut fertig gebracht hat, einen Trend in der deutschen Fernsehunterhaltung zu setzen, stärkt nicht nur Rudis Selbstbewusstsein, sondern lässt ihn auch wieder für die Presse und die Fernsehbranche zu einem der maßgeblichen Medienmacher des Landes aufsteigen. Nach den Flautejahren ist er nun wieder gefragt, kann es sich wieder erlauben, in der Presse über Kollegen und missglückte Sendeformate zu urteilen, zu kritisieren – aber auch zu loben. Carrells Wort gilt wieder etwas mehr – wobei innerhalb der Branche erstaunlicherweise auch auf Rudi gehört wurde, als er nicht gerade obenauf war, wie es Hugo Egon Balder erlebt hat, der als Produzent der Comedyshow *RTL Samstag Nacht* 1993 sehr von einem Lob Rudi Carrells profitierte. Als die später zum Kult avancierte Sendung im Herbst 1993 startete und aufgrund des ungewohnten Ausstrahlungstermins am Freitagabend um Mitternacht noch unter weitgehendem Ausschluss der Öffentlichkeit lief, war Carrell einer der wenigen, der auf Anhieb das Potential dieser Sendung erkannte – und dies auch zum Ausdruck brachte. RTL-Chef Helmut Thoma war zu diesem Zeitpunkt alles andere als begeistert von der Show, die aufgrund der hohen Kosten und der niedrigen Quote schon zu einem der größten Fernsehflops der neunziger Jahre zu werden drohte. Hugo Egon Balder erinnert sich: »Zwei Monate nach dem Start von *RTL-Samstag Nacht*, als wir selbst schon ins Grübeln gekommen waren, ob wir mit unserem Humor den Nerv der traditionell anspruchsvollen RTL-Zuschauer treffen würden, schrieb Rudi Carrell, den wir alle wie einen Guru verehrten, einen Brief an unseren Chef Dr. Helmut Thoma. Der Altmeister des Humors war absolut begeistert und gratulierte Thoma zu unserer Sendung. Er vertrat die Meinung, dass dem Sender mit *RTL Samstag Nacht* eine Wende im deutschen Humorbewusstsein gelungen sei. Und er gab zu, dass er sich regelmäßig auf die Schenkel schlug, wenn er unsere Sendung sah.«

Der Brief sorgt im Sender sofort für erhebliches Aufsehen: »Ich bekam eine Kopie des Briefes, und es dauerte nicht lange, da hing er – zigfach kopiert und auf Plakatform vergrößert – in unserer Redaktion. Das war ein Ritterschlag! Natürlich lancierten wir den Brief an die Presse, die darüber berichtete. Was Rudi Carrell so enthusiastisch lobte, konnte nicht schlecht sein.«[79] Die Presse nimmt sich daraufhin die Sendung vor, die Quoten steigen, die Werbeblöcke sind mit einem Mal heiß begehrt, und während zuvor das Studio kaum mit Gästen zu füllen war, müssen die Menschen, die die Show live verfolgen wollen, mit einem Mal monatelang auf ihre Eintrittskarten warten. *RTL Samstag Nacht* wird zum Kult und mit allen wichtigen Fernseh- und Comedypreisen überhäuft. Auch im Sender kippt angesichts dieser mehr als erfreulichen Entwicklung die Stimmung; plötzlich behauptet jeder, schon immer an den Erfolg der Show geglaubt zu haben – dabei musste erst Carrell kommen, um *RTL Samstag Nacht* mit seinem Lob zum Kultstatus zu verhelfen. Jetzt, Ende der neunziger Jahre, wo Carrells Standing aufgrund des Erfolgs von *7 Tage – 7 Köpfe* gefestigt ist, erhält sein Urteil noch mehr Gewicht – und es wird sehr genau darauf geachtet, wen unter den Nachwuchsstars er lobt und wem er eine große Zukunft prophezeit. Sosehr seine Verrisse und seine kritischen Kommentare zu Kollegen auch gefürchtet sind, sosehr freuen Newcomer sich aber gleichzeitig auch, wenn sie von Carrell gelobt werden. Jörg Knör bestätigt dies: »Als Rudi mich einmal fragte, ob ich mit ihm ein Bier unter Kollegen trinken gehe, war ich sprachlos vor Glück – er hatte mich als ›Kollegen‹ bezeichnet, diesen Tag werde ich nie vergessen.«[80] Und auch Bernd Stelter gesteht: »Wenn man von Rudi gelobt wird, ist das natürlich ein Moment, wo man den Rotstift und den Kalender raussucht und den Tag ganz dick anstreicht.«[81]

Dass Carrells Position bei RTL dank des durchschlagenden Erfolgs von *7 Tage – 7 Köpfe* gefestigt ist, steht außer Frage, seine Sendung, die zudem auf extrem niedrigen Produktionskosten basiert, avanciert binnen kürzester Zeit zu einem der wichtigsten Aushängeschilder des Programms, und Carrell rangiert 1998 hinter Thomas Gottschalk, Günter Jauch, Hanns Joachim Friedrichs und Hans-Joachim Kulenkampff immerhin wieder auf Platz fünf in der Liste der beliebtesten deutschen Fernsehschaffenden. Carrells Bedeutungssteigerung für den Kölner Privatsender kommt Ende der neunziger Jahre nicht zuletzt auch darin zum Ausdruck, dass er nun auch verstärkt zu anderen Verpflichtungen im RTL-Programm herangezogen wird – so moderiert er etwa von 1996 an zusammen mit Jochen Busse lange Jahre am Silvesterabend jeweils die Höhepunkte aus den *7 Tage – 7 Köpfe*-Ausgaben des zurückliegenden Jahres und präsentiert zudem in unregelmäßigen Abständen *Die Prominenten Playback Show*, bei der prominente Gäste einen ihrer Lieblingsstars imitieren. Einer der Mitwirkenden dort ist Hape Kerkeling, der sich an eine amüsante Geschichte erinnert, die er dabei mit Rudi erlebt hat: »Ich gab Marianne Rosenberg und hatte total hohe Stöckelschuhe an und fiel schon bei den Proben jedes Mal, wenn ich auftreten sollte, an einer bestimmten Stelle unbeabsichtigt hin. Auch bei der Generalprobe und dann auch prompt bei der Aufzeichnung. Und Rudi sagte jedes Mal: ›Toll, Hape, du bist ein totaler Profi! Du fällst immer an ganz genau derselben Stelle hin! Super.‹ Und er wollte mir einfach nicht glauben, dass ich jedes Mal tatsächlich gefallen war und das keine Show gewesen ist. Er sagte immer nur: ›Guckt euch den an, ein echter Profi. Fällt immer genau an der richtigen Stelle hin, toll!‹«[82]

Seine eigene Sendung *7 Tage – 7 Köpfe* nutzt Rudi, je erfolgreicher sie wird, auch zunehmend dazu, um jungen Talenten ein Forum zu geben, so wie er das im Laufe seiner langen Fernsehkarriere in all seinen Sendungen, von der holländischen *Rudi Carrell Show* bis zu den Imitatoren der Überraschungsshow, immer getan hat. Je größerer Beliebtheit die Show sich erfreut, desto mehr steigert sich auch das Bestreben von Comedians, in *7 Tage – 7 Köpfe* Gastauftritte zu absolvieren. Einer von ihnen ist etwa Michael Mittermeier, den Rudi für eins der ganz großen Talente der Branche hält: »Wie der den Saal beherrscht und die Kamera, das ist Weltklasse. Da stimmt alles.« Und Mittermeier erinnert sich noch heute gern daran zurück, wie er einst den Olymp erklettert hat, um seinem Meister Rudi Carrell zu huldigen: »Rudi Carrell ist der amtierende T-Rex der deutschen Fernsehunterhaltung. Und so war ich dann vierzig Tage unterwegs, um Erleuchtung zu finden. Dann stieg ich auf den Berg Hürth« – in Hürth bei Köln wird *7 Tage – 7 Köpfe* produziert –, »und eine dort gefundene Schriftrolle enthielt folgenden Text: Am siebten Tage schuf Rudi das Fernsehen, und es war gut. Und dann scharte er Jünger um sich. Ich war einer von ihnen und bin es gern. Auf, auf, Jünger des Rudi: Tanzet um den goldenen Wohnwagen, und Jungfrauen mögen zu seinen Ehren Tulpenkränze flechten.«[83]

Ein anderer hingegen zeigt sich weniger dankbar für das Forum, das Carrell ihm in seiner Sendung geboten hat – Karl Dall. Ein Jahr lang gehört er zur Stammbesetzung von *7 Tage – 7 Köpfe*, bis es zum großen Zerwürfnis mit Carrell kommt – Karl Dall selbst möchte sich heute zu den damaligen Vorfällen nicht mehr äußern.[84] Über den Grund des Streits wird in der Presse ausführlich gerätselt, Carrell – der jahrelang auch privat mit Dall verkehrte und ihn wenige Jahre zuvor in einem Interview gar als Freund bezeichnete[85] – gibt, als die Show im September 1997 nach der Sommerpause plötzlich ohne Karl Dall über den Sender geht, zunächst keine Erklärungen ab, woraufhin in der Presse spekuliert wird, dass es zu Dalls Rausschmiss gekommen sein könnte, weil dieser sich nicht an die Textvorlagen gehalten und in der Sendung zu viel und zu dominant improvisiert haben könnte, um sich in den Vordergrund zu spielen. Carrell erklärt der Presse daraufhin seine Sicht der Dinge: Dall sei ausschließlich aus finanziellen Gründen ausgestiegen, weil er lieber eigene Sendungen produzieren möchte, um das große Geld zu verdienen – womit er ihn jetzt schon zum zweiten Mal enttäuscht habe: »Vor zweieinhalb Jahren saß er bei mir zu Hause, weinte, weil er keine Show mehr hatte. Dann habe ich bei RTL für ihn gekämpft, habe für ihn eine neue Sendeidee, das *Dall-Gericht*, entwickelt. Wir machten einen Piloten, RTL wollte das Format sofort kaufen. Plötzlich stieg Dall aus. Klar, weil er sie nicht selbst produzieren konnte. Danach war er total weg vom Fenster.« Auch Rudis Sohn Alexander erinnert sich an diesen Vorfall: »Karl Dall war schon so etwas wie ein guter Freund für Rudi, und er war auch mit meiner Mutter sehr gut befreundet. Rudi hatte für ihn dieses Showkonzept entwickelt, aber als Dall das dann nicht machen wollte, führte das schon zu einem ersten Streit – und das hätte Rudi eigentlich zeigen sollen, dass es keine gute Idee ist, Freundschaft und Arbeit miteinander zu verknüpfen.«[86]

Doch 1996, zum Start seiner neuen Show, setzt sich Carrell erneut für Dall ein: »Ich kämpfte also wieder für ihn, dass er in *7 Tage – 7 Köpfe* mitmachen kann. Bei RTL meinte man, er sei doch out. Ich sagte: ›Dall passt genau, der Dorftrottel am Stammtisch muss sein.‹ Okay, ich nehme ihn, jetzt lässt er mich abermals hängen.«[87] Carrell fühlt sich zweifellos von Karl Dall im Stich gelassen, ob dieser – der danach mit neuen, eigenen Showformaten Erfolge feiert – tatsächlich aus finanziellen Gründen die Sendung verlassen hat, um aus dem wiedererlangten Ruhm den größtmöglichen Profit zu schlagen, muss dahingestellt bleiben. In der Presseschlammschlacht jedenfalls äußert er andere Gründe für seinen Ausstieg bei *7 Tage – 7 Köpfe*: »Ich hatte keine Lust mehr, mich von diesem alternden und eitlen Selbstdarsteller herumkommandieren zu lassen. Seine arrogante und selbstherrliche Art ging mir schon lange auf die Nerven. Wir sollten in der Sendung nur noch – wie Carrell – einstudierte Witze vom Blatt ablesen. Das war mir zu blöd, weil ich lieber spontan improvisiere. Meine Kunst fängt da an, wo seine aufhört. Damit kommt ein Mann, der sich für den Größten hält, nicht klar.«[88] Außer zufälligen Begegnungen im Zug oder bei Preisverleihungen werden sich Rudis und Karls Wege nie wieder kreuzen – auch an Rudis Lebensende kommt es zu keiner Aussöhnung: »Das war mal ein Kumpel. Der kam hier einfach so vorbei, zu Besuch. Da gab es wenige, die das durften. Ich bin kein Mensch, bei dem man einfach mal so spontan vorbeigeht. Aber er hat mich zweimal maßlos enttäuscht. Das war die größte Enttäuschung meines Lebens.«[89]

Einen grundlegenden Unterschied zwischen *7 Tage – 7 Köpfe* und Rudis alten Sendungen gibt es: Während seine Shows früher immer gleichermaßen beim Publikum wie bei der Kritik ankamen, wird *7 Tage – 7 Köpfe* in erster Linie aufgrund des konstant hohen Publikumszuspruchs und der guten Quoten ein Erfolg, und nicht etwa, weil die Show in der Presse hochgejubelt würde. Ganz im Gegenteil: Gerade in den Feuilletons der großen deutschen Zeitungen nimmt man über Jahre mehr oder weniger die Sendung und die Art von Humor, die dort präsentiert wird, auf ironische Art aufs Korn. Seit der Etablierung des Privatfernsehens ist ein völlig neuer Humor im deutschen Fernsehen eingezogen, der sich nicht zuletzt im Boom der vielen Comedyformate niederschlägt und sich deutlich von dem Humor unterscheidet, den es zu den Zeiten des öffentlich-rechtlichen Monopols im Fernsehen gegeben hat. Nach zehn Jahren Privatfernsehen und der sukzessiven Lockerung der Fernsehsitten sind ganz andere Dinge möglich als in früheren Tagen – was auch Carrell bestätigt: »Ich sage heute Sachen, derentwegen ich vor zehn Jahren des Landes verwiesen worden wäre. Dieser Druck ist nicht mehr da. Heute können wir im Fernsehen alles sagen, ohne dass sich jemand beschwert. Wem etwas nicht passt, der kann ja auf einen anderen Kanal umschalten. Vor zwanzig Jahren musste man bei jedem Witz aufpassen. Was sagt dazu der Tierschutzverein? Was diese oder jene Gruppe? Durch die große Programmauswahl geht heute alles viel freier zu.« Natürlich werden durchaus auch in *7 Tage – 7 Köpfe* manche Themen – wie etwa aktuelle Flugzeugunglücke oder die Begleitumstände des Todes von Rex Gildo – ausgeklammert, auch dem Fernsehhumor der Neunziger sind Grenzen gesetzt. Aber ansonsten ist nahezu alles erlaubt, von knallharter Satire bis hin zu Clownsgags – wieder einmal beweist Rudi, dass Klassiker wie die ins Gesicht geworfene Torte oder der über dem Kopf ausgeschüttete Eimer immer noch funktionieren und garantierte Lacher bringen.

Carrell versteht seine Talkshow-Parodie ganz bewusst als einen »Fernsehstammtisch«, und entsprechend derb darf es dort auch manchmal zugehen. Bei den tausenden Gags, die für die Sendung entstehen, sind freilich nicht alle gleichermaßen geschmackvoll oder lustig, es sind auch immer schon mal Zoten darunter, die unter die Gürtellinie zielen: »Warum haben Frauen so viele Auffahrunfälle? – Weil sie beim Verkehr so oft die Augen zuhaben.« Die Feuilletons ereifern sich so manches Mal über solchen Stammtischhumor, der in *7 Tage – 7 Köpfe* präsentiert wird, über flache Witze, ordinäre Kalauer und Geschmacklosigkeiten: »Je länger die Nasen, desto flacher die Witze.«[90] Dass seine Show nicht mit solchen Pressestimmen steht oder fällt, ist Rudi Carrell bewusst, er konstatiert ganz klar: »Diese Sendung ist kein Pressekult, sondern ein Publikumskult.« Dennoch ärgert er sich über solche Kritiken, weil er der Meinung ist, dass man eine derartige Show nicht allein von einem elitären Standpunkt aus betrachten darf, sondern akzeptieren muss, dass es auch einen Humor gibt, der beim breiten Publikum ankommt und vielleicht nicht gerade auf den Geschmack der Feuilletonredakteure abzielt: »Wenn die *Süddeutsche Zeitung* schreibt, die Sendung sei ein Kasperletheater, werde ich stinksauer. Wenn eine Sendung Woche für Woche dreißig Prozent Marktanteil holt, erwarte ich verdammt noch mal Respekt von den Medien.«[91] Und er stellt ganz klar fest: »Die Show ist nicht für Kritiker, sondern fürs Volk. Das ist der deutsche Stammtisch, wie es ihn schon fünfhundert Jahre gibt, allerdings ohne die bekannten Parolen. Das geht noch hundert Jahre.«[92]

7 Tage – 7 Köpfe wird schnell als eine Sendung bekannt, die vor nichts und niemandem Respekt hat und sich nicht scheut, heftig auszuteilen, und auch vor – vermeintlichen – Tabubrüchen nicht zurückschreckt. Sprüche wie: »Schäuble wäre ein idealer Kanzler – er hat einen Stuhl, an dem man nicht sägen kann«, sorgen zwar für so manche Aufregung und Diskussion, aber der Großteil der Zuschauer akzeptiert diese Art von flapsigem Humor, weil in *7 Tage – 7 Köpfe* eben nicht wie in einer Sendung wie *TV total* ein Moderator sitzt, der keinerlei Selbstironie besitzt und sich lediglich schadenfroh auf Kosten anderer amüsiert, sondern alle Mitglieder der Show auch immer wieder von ihren Kollegen eins auf die Mütze bekommen oder sich auch einmal selbst auf den Arm nehmen und so demonstrieren, dass man sich nicht so hundertprozentig ernst nimmt. Gaby Köster etwa bedient so manches Mal das Klischee der dummen Blondine, Mike Krüger muss ständig Scherze über seine Nase hinnehmen, und auch Rudi klammert sich hier natürlich nicht aus. Er, der dem deutschen Fernsehen die Selbstironie beigebracht hat, ist in dieser Sendung voll in seinem Element, denn im Fernsehen der Neunziger geht ohne Selbstironie gar nichts mehr. In *7 Tage – 7 Köpfe* stellt Rudi ein weiteres Mal unter Beweis, dass er sich oft und gern selbst auf den Arm nimmt – in der Show wird etwa ausführlich mit dem Klischee vom Holländer gespielt, der ständig mit seinem Wohnwagen unterwegs ist und eigentlich nicht Auto fahren kann; es gibt unzählige Bemerkungen über Carrells schlechtes Deutsch und hinlänglich Witze über sein Alter und damit einhergehende Gebrechen. Durch Späße in *7 Tage – 7 Köpfe* wird im Sommer 1997 etwa beispielsweise auch Rudis Schwerhörigkeit erstmals publik. Rudis Tochter Annemieke erinnert sich: »Rudi hatte schon unglaublich lange Probleme mit dem Hören, und keiner von uns hat sich getraut, ihm das zu sagen, obwohl es natürlich jeder mitbekam. Aber wir wussten, dass er total wütend geworden und zu Tode beleidigt gewesen wäre, wenn ihn da jemand drauf angesprochen hätte. Aber als er es dann für sich selbst akzeptiert hat, plötzlich ein Hörgerät trug, dann machte er sich auch schon gleich im Fernsehen darüber lustig. Das ist typisch für Rudi: Sein Hörproblem war lange Zeit ein Tabuthema für alle in seinem Umfeld, und plötzlich war das Thema dann für Witze freigegeben. Und so war es immer. Rudi hat sein ganzes Leben lang immer Witze über sich gerissen – aber eben nur, wenn *er* das wollte. Ich habe immer den Eindruck gehabt, dass er eigentlich überhaupt nicht gut über sich lachen kann, auch wir Kinder mussten immer sehr vorsichtig sein und durften uns über bestimmte Sachen nicht lustig machen – und wenn, dann nur hinter seinem Rücken, sodass er es nicht mitbekam. Nach außen hin war er immer sehr selbstironisch, aber es durfte nie ein anderer Witze über ihn machen – immer nur er selbst.«[93] Eine Erfahrung, die auch *Am laufenden Band*-Redakteur Thomas Woitkewitsch gemacht hat: »Ganz am Anfang unserer Zusammenarbeit habe ich mal in seinem Beisein einen Witz über Rudi gemacht, weil er sich ja auch ständig über sich selbst lustig machte. Da nahm er mich auf die Seite und sagte: ›Merk dir eins – Witze über mich mache nur ich selbst!‹«[94]

Auch Kalle Pohl bekommt zu spüren, dass Rudi Witze, die andere über ihn machen, gar nicht lustig findet und geradezu für Majestätsbeleidigung hält, als er ihm einen Gag für *7 Tage – 7 Köpfe* vorschlägt, der Carrell selbst zum Gegenstand hat: »Ich war oft vor seiner Sendung in seinem Büro, um eine Idee anzubringen, einen Gag mit ihm zu testen oder einen kompletten Sketch zu probieren. An einem sonnigen Donnerstag hüpfte ich beschwingt in Rudis Büro und sagte: ›Rudi, ich bring dir bei, wie man Kasperle spielt.‹ Er betrachtete skeptisch meine Kasperlepuppen und murrte: ›Ich habe schon Kasperle gespielt, da hast du noch …‹ Ich lasse ihn nicht ausreden: ›Okay, Rudi, wir spielen Kasperle und das Krokodil – du bist das Krokodil.‹ Rudi nimmt widerwillig das

Krokodil, und ich lege los als Kasperle: ›Na, du vorsintflutliches Urviech, du hast ja mehr Falten als 'ne ausgeleierte Ziehharmonika.‹ Rudi wirft das Krokodil hin: ›Das macht keinen Spaß, spiel du das Krokodil.‹ Wir tauschen die Puppen, und ich leg los als Krokodil: ›Mein Gott, Kasperle, du hast deine beste Zeit aber auch hinter dir, klappt's denn noch mit dem Pipimachen? Hahaha.‹ Rudi wirft das Kasperle hin: ›Spiel alleine.‹ Ich spiele das Kasperle: ›Cool, Krokodil, du wirkst ja auf einmal fünfzig Jahre jünger.‹ Ich spiele das Krokodil: ›Yeah, Kasperle, und du siehst aus wie'n affengeiler Frauentyp.‹ Kasperle: ›Wie konnte das mit uns geschehen?‹ Krokodil: ›Keine Ahnung, fragen wir doch mal die ausgeleierte Ziehharmonika.‹ Rudi wirft mich raus.«

Doch der respektlose Gag soll noch ein Nachspiel für Kalle Pohl haben: »Am darauf folgenden Donnerstag hüpfe ich ebenso beschwingt in Rudis Büro und sehe, wie er konzentriert an einer großen Flasche Wasser hantiert. Mit strahlendem Blick hält er mir die geöffnete Flasche an die Hosentasche und sagt: ›Supertrick! Wetten, dass ich dir die ganze Flasche Wasser in die Tasche schütten kann, ohne dass deine Hose nass wird?‹ Ich will das nicht: ›Nee, Rudi …‹ Rudi ist sich seiner Sache sicher: ›Keine Bange, den Trick habe ich für tausend Euro in England gekauft, der funktioniert!‹ Er schüttet mir die komplette Flasche Wasser in die Hose und kichert: ›Schade, tausend Euro im Arsch.‹«[95]

1997 bekennt Rudi Carrell sich erstmals öffentlich zu seiner langjährigen Lebensgefährtin Susanne Hoffmann, nachdem die *Bild*-Zeitung die Affäre sehr zum Ärger Carrells bereits zehn Jahre zuvor publik gemacht hatte und Rudi sich im April 1992 in der Talkshow *Boulevard Bio* erstmals zu der Äußerung, »Ja, ich habe eine Geliebte« hatte hinreißen lassen, nachdem er von einem Talkgast mit der Frage »Herr Carrell, haben Sie eigentlich eine Geliebte?« vor laufender Kamera überrumpelt worden war. Bis auf diese Aussage in Alfred Bioleks Sendung, über die er sich unmittelbar nach der Liveausstrahlung enorm ärgerte, hat Carrell sich jedoch in der Folgezeit strikt geweigert, die Beziehung zu Susanne öffentlich zu bestätigen oder sich zum Zustand seiner Ehe mit Anke zu äußern, und das, obwohl er sich bei öffentlichen Anlässen, Preisverleihungen und Empfängen immer wieder ganz selbstverständlich an Susannes Seite zeigt und jeder in der Branche und in seinem Umfeld von seiner Beziehung zu ihr weiß. Sein einziger Kommentar, wenn Reporter ihn zu einer entsprechenden Äußerung zu nötigen versuchen, war bislang stets immer nur: »Meine Frau hat mir verboten, über Privates zu sprechen.«[96]

Verständlicherweise ist es durchaus in Ankes Interesse, dass Rudi in der Öffentlichkeit beharrlich zu seiner Beziehung zu Susanne Hoffmann schweigt, doch diese hat, wie man sich denken kann, erhebliche Probleme damit, dass sie seit nunmehr zwölf Jahren zwar die Frau an Rudis Seite ist, dieser sich jedoch öffentlich nicht zu ihr bekennt und es zudem weiterhin konsequent ablehnt, sich von Anke scheiden zu lassen – dieser Punkt sorgt immer wieder für erbitterte Streitigkeiten und erhebliche Spannungen zwischen den beiden. In genau diesem Zusammenhang der immer drängenderen Forderungen Susannes muss wohl auch Rudis plötzlicher Sinneswandel gesehen werden, der ihn im September 1997 nach zwölfjährigem Versteckspiel überraschend im Interview mit dem Nachrichtenmagazin *Focus* zu dem Geständnis veranlasst: »Wir lieben uns seit zwölf Jahren, zogen aber nicht zusammen. Susanne lebt bei ihren Tieren, ich bei meiner Familie.« Auf Nachhaken des Magazins äußert er sich mit einem Mal sogar zu der Tatsache, wie Anke sich zu seiner Geliebten stellt: »Sie sagt: ›Mach, was du willst. Ich lese ohnehin nichts über dich und will auch nicht, dass mir Freunde was erzählen.‹ Wir verstehen uns gut.«[97]

Auf die Meldung im *Focus* hin stürzt sich, wie zu erwarten war, die gesamte Yellow Press auf das Thema. Noch am selben Tag meldet die *Bild*-Zeitung auf der Titelseite: »Carrell: Ja, ich führe eine Ehe zu dritt – Offenes Geständnis nach zwölf Jahren.« Die Gerüchteküche brodelt, und es wird sogar darüber spekuliert, ob die fast vierzigjährige Susanne nicht schwanger sei und der Showmaster sich deshalb plötzlich zu ihr bekennen würde – eine Zeitungsente, die aus Carrells Umfeld sofort entschieden dementiert wird. Das Thema der »Ehe zu dritt« und »Carrells Leben mit zwei Frauen« wird über Wochen in allen Gazetten ausgeschlachtet. Psychologen, Fernsehpfarrer und Normalsterbliche diskutieren über die »Doppelliebe des Showmasters« – und natürlich wird in diesem Kontext auch wieder weidlich der »tragische Schicksalsschlag« ausgeschlachtet, dass Anke seit so vielen Jahren schwer krank ist. Anke selbst, die zu diesem Zeitpunkt schon größtenteils im Rollstuhl sitzt, lehnt ebenso wie auch Susanne Hoffmann jegliches Interview ab, doch erstmals seit langem äußert sich dafür Rudi wieder über den Gesundheitszustand seiner Frau – wohl nicht zuletzt auch, um so für Verständnis für sein unkonventionelles Privatleben zu werben: »Wir müssen damit leben, dass sie vierundzwanzig Stunden am Tag Schmerzen hat. Sie war mal eine der schönsten Frauen der Welt. Heute ist ihr Körper schwer gezeichnet. Ich habe großen Respekt vor meiner Frau, wie sie diese Krankheit verkraftet und trotzdem noch charmant sein kann.« Dass Rudi sich erstmals seit so vielen Jahren wieder so offen über sein Privatleben auslässt, zieht immer weitere Nachfragen neugieriger Journalisten nach sich, doch Rudi erklärt einige Tage später, um endlich wieder einen Schlussstrich unter das Thema zu ziehen: »Jetzt ist alles gesagt, dem ist nichts hinzuzufügen.«[98]

Für Anke, die von den Schlagzeilen überrascht wird, bricht eine Welt zusammen. Dass Rudi seit zwölf Jahren mit Susanne liiert ist, ist etwas, womit sie sich wohl oder übel abfinden musste und mit dem sie sich mittlerweile auch auf ihre Weise arrangiert hat – aber dass Rudi die Beziehung zu Susanne nun plötzlich doch noch öffentlich macht, trifft sie ebenso unvorbereitet wie schmerzlich, denn ihr wäre es fraglos lieber gewesen, wenn Rudi mit Rücksicht auf sie auch weiterhin geschwiegen hätte. Ankes Schwester Birgit erinnert sich: »Es war für Anke eine schlimme Sache, dass nun alles in der Presse zu lesen und die Fotos von Rudi und Susanne zu sehen und auch, dass mal wieder die ganzen Geschichten zu ihrer Krankheit breitgetreten wurden. Sie hat das alles sehr verletzt, und daraufhin hat sie sich dazu entschlossen, Rudi ein Ultimatum zu stellen. Sie hat mir das am Telefon erzählt, und ich war ganz und gar nicht damit einverstanden, habe ihr davon abgeraten und ihr gesagt, dass das nicht der richtige Weg ist.« Doch die in ihrem Stolz verletzte Anke bleibt bei ihrer einmal getroffenen Entscheidung: »Sie hat ihm dann ein Ultimatum gestellt: ›Entweder du kommst zu mir zurück, oder du gehst zu Susanne. Wenn du dich nicht entscheidest, ziehst du hier aus.‹ Aber Rudi hat sich nicht entschieden, und das konnte er ja auch nicht. Ich habe zu Anke auch gesagt: ›Wie soll das funktionieren? Er arbeitet mit dieser Frau zusammen. Wie soll er denn jetzt plötzlich da eine Grenze ziehen, wenn er vorher zwölf Jahre lang mit ihr zusammen war?‹ Aber Anke ist hart geblieben, und sie hat ihn dann, als er keine Entscheidung traf, praktisch rausgeworfen. Aber als endgültig hat sie das dennoch nicht betrachtet, sie hat mir auch danach noch mehrfach gesagt: ›Ich hoffe, dass er wieder kommt.‹ Von sich aus hätte Rudi sich nie aus Wachendorf oder von Anke zurückgezogen. Aber meine Schwester sah in dieser Situation einfach keinen anderen Ausweg.«[99]

Rudis Tochter Annemieke meint zwar, dass die Pressemeldungen die Auslöser gewesen seien, denkt aber, dass sich Anke früher oder später ohnehin zu diesem Schluss durchgerungen hätte: »Ich glaube nicht, dass die Schlagzeilen da viel bewirkt haben, sie hätte das auch so irgendwann durchgezogen, das lag in der Luft – vielleicht hat die Geschichte mit der Presse das Ganze nur noch etwas beschleunigt. Anke hatte einfach von diesem Leben mit Rudi die Schnauze voll, und darum hat sie ihn vor die Tür gesetzt. Das war sicherlich nicht einfach für sie, und sie hat ja auch lange genug gebraucht, um sich zu diesem Schritt durchzuringen. Aber es ging ihr danach mental endlich besser, für sie war es die richtige Entscheidung. Aber ich habe schon das Gefühl gehabt, dass sie im Grunde ihres Herzens auch da immer noch gehofft hat, dass Rudi eines Tages zu ihr zurückkommt.«[100] Carrell lebt von jetzt an teils im Kölner Hotel *Maritim*, wenn er *7 Tage – 7 Köpfe* produziert, und teils bei Susanne, der er Anfang der neunziger Jahre ein herrschaftliches Anwesen im verträumten Dörfchen Kirchseelte bei Harpsted gekauft hat, das nur dreißig Fahrminuten von seinem Besitz in Wachendorf entfernt liegt. Das Anwesen verfügt über einen großen Park mit eigenen Pferdekoppeln und Ställen sowie ein aufwendig restauriertes, mit einem Reetdach gedecktes Fachwerkhaus mit modernem Anbau. Susanne, die eine ebenso große Naturfreundin ist wie Rudi, lebte bislang allein hier mit ihren Hunden und Pferden. Rudi war regelmäßiger Gast, doch jetzt, nach dem Zerwürfnis mit Anke, zieht er ganz hier ein. Die Presse wird erstaunlicherweise Jahre brauchen, um dahinterzukommen, dass Rudis Anschrift sich geändert hat – erst im Februar 2000 wird die *Bild*-Zeitung melden, dass Carrell sich von Anke getrennt habe und vor kurzem zu Susanne Hoffmann gezogen sei.

Doch auch nachdem Rudi von Anke vor die Tür gesetzt worden ist, besucht er sie nach wie vor und kümmert sich um sie – wie sich Ankes Schwester Birgit erinnert: »Er ist regelmäßig gekommen, hat eben nur nie wieder in Wachendorf übernachtet. Die beiden sind auch nach dem Rauswurf ganz normal miteinander umgegangen und haben sich gut verstanden. Anke hat für ihn gekocht und sich gefreut, wenn er vorbeikam. Und sie hat sich auch immer noch jede seiner Fernsehshows angeschaut, das war wichtig.« Rudis Frau führt zu diesem Zeitpunkt bereits ein sehr zurückgezogenes Leben, das ehemals gemeinsame Landgut verlässt sie kaum noch. Sie wird von einer Pflegerin und ihrem Haushälter Ralf, dem guten Geist von Wachendorf, betreut und umhegt, hin und wieder besuchen Freunde sie. Ihre Schwester Birgit, die seit Jahren mit ihrem Mann und ihrer Familie in Australien lebt und mit der sie regelmäßig einmal die Woche ein langes Telefongespräch führt, sieht sie leider seltener, als ihr lieb ist: »Ich habe sie einmal im Jahr in Wachendorf besucht, dann haben wir vier Wochen Tag und Nacht zusammen verbracht, auch in einem Bett geschlafen. Anke hat das immer sehr genossen, und sie ist dann regelrecht aufgeblüht. Ich habe sie dann immer überredet, dass wir nach Bremen zum Einkaufsbummel fahren, und das haben wir dann auch immer gemacht. Selbst als sie schon so krank war und man es auch sah, dass sie krank war, hatte sie eine so große Ausstrahlung, dass sich jeder auf der Straße nach ihr umdrehte. Anke war einfach ein faszinierender Mensch. Ich habe nie wieder im Leben jemanden kennen gelernt, der so eine Ausstrahlung hatte wie sie, der so auf wildfremde Menschen gewirkt hat wie sie – und das sage ich nicht nur, weil sie meine Schwester war.«

Anke vertraut Birgit natürlich auch ihre Sorgen und Nöte an; mit ihr spricht sie ebenso offen über Rudi wie auch über ihre Krankheit und ihre Schmerzen: »Sie hat schon manchmal geäußert: ›Du Birgit, ich will nicht mehr leben.‹ Aber ich habe ihr dann auch gesagt: ›Anke, schau dich um. Du lebst in diesem wunderschönen Haus, du hast alles, was du dir wünschst. Andere, die die gleiche Krankheit haben, die haben das alles nicht. Versuch das zu genießen.‹ Sie hat das auch versucht, aber natürlich klappte das nicht jeden Tag. Rudi hat wirklich alles getan, um ihr das Leben so angenehm wie möglich zu machen. Als sie dann fast nur noch im Rollstuhl saß, hat er ihr – das war ein Jahr vor ihrem Tod – eine riesige Terrasse anbauen lassen, damit sie von da aus ihren geliebten Park genießen konnte. Und das war fortan ihr Lieblingsplatz. Sie hatte Personal, sie konnte sich alles kaufen, was sie wollte, sie hatte wirklich alles, was sie brauchte. Aber dass sie so viel alleine zu Hause war, das fand ich traurig. Ich habe auch immer versucht, sie zu überreden, mal nach Australien zu kommen, mich zu besuchen, aber sie wollte nie.«[101]

Die Beziehung zwischen Rudi und Susanne wird, auch nachdem Rudi sich öffentlich zu seiner Lebensgefährtin bekannt hat, immer schwieriger. Zwar hat er das schöne Anwesen für sie gekauft und ihr zudem auch noch einundfünfzig Prozent der Gesellschafteranteile seiner Firma Rudi Carrell GmbH überlassen, aber dennoch macht Susanne ihm ständige Vorwürfe, weil er sich strikt weigert, über eine Scheidung von Anke auch nur nachzudenken – an diesem Punkt beißt sie sich die Zähne aus. Da sie nicht Rudis Ehefrau werden kann, stellt sie an diesen immer höhere Ansprüche, die er aus Schuldgefühlen heraus auch allesamt erfüllt. Seine Tochter Annemieke befindet: »Ich glaube, dass Rudi sehr oft Leute – auch uns Kinder – auf falsche Weise an sich gebunden hat, durch sein Geld. Es gibt keine Kinder, die so unselbstständig sind wie wir drei, weil wir immer wussten, wenn etwas schief geht, dann ist Papa da, der hilft uns schon. Aber im Gegenzug erwartete Rudi dann natürlich auch, dass man ihn mit Problemen in Ruhe ließ und keinen Ärger machte. Und das war bei Susanne auch so; die hat er auch mit seinem Geld an sich gebunden – und ihr immer mehr gegeben, in der Hoffnung, dass sie dann Ruhe gibt. Er sagte auch mal zu mir: ›Sie hat doch alles, sie ist versorgt, sie muss nicht nörgeln.‹ Für ihn war das eine ganz einfache Rechnung: Wenn er jemanden versorgt, dann hat er auch das Recht, zu erwarten, dass derjenige dankbar ist und keine weiteren Ansprüche stellt.« Das ist eine Einschätzung, die Rudi übrigens auch freimütig selbst bestätigt: »Ich habe immer gedacht: Solange es genug Geld gibt, läuft's schon.«[102]

Doch auch wenn Susanne materiell abgesichert ist, alles hat, was sie sich wünscht, und nun auch offiziell als die Partnerin an Carrells Seite anerkannt ist – Rudis Rechnung geht diesmal nicht auf, denn seine Lebensgefährtin fügt sich nicht so problem- und bedingungslos in seine Welt ein, wie Anke das lange Jahre mit ihrer fast übermenschlichen Anpassungsfähigkeit getan hat. Immer wieder greift sie Rudi an und kritisiert ihn, zunächst vor allem in beruflicher Hinsicht, denn sie ist einer der wenigen Menschen, die sich das bei Rudi herausnehmen können. Annemieke erinnert sich: »Rudi mag es überhaupt nicht, kritisiert zu werden, auch von uns Kindern nicht. Aber sowohl Susanne als auch Germaine konnten das – und diese Art von Kritik war ihm durchaus auch wichtig, und er hat letztlich sehr auf die beiden gehört.« Germaine Busset bestätigt Annemiekes Darstellung: »Er war nie sehr kritikfähig, zumindest war er das früher nicht. Auf der anderen Seite habe ich damals bei *Rudis Tagesshow* fast täglich die Erfahrung gemacht, dass, wenn er erst mal eine andere Meinung anerkannt hatte, er die Kritik augenblicklich akzeptierte. Im ersten Moment hat er einen angesehen, als hätte man die schlimmste Gesetzesübertretung begangen. Aber spätestens am anderen Morgen kam er dann an und sagte unvermittelt, bevor man noch mit der Arbeit begann: ›Schermäne, du hattest natürlich Recht mit dem, was du gesagt hast. Ich habe gestern Abend noch darüber nachgedacht.‹ Das war schon bemerkenswert, wie unvermittelt er dann reagierte, und ab dann wurde auch nicht mehr über den strittigen Punkt gesprochen.«[103] Rudi selbst gesteht rückblickend ein: »Meine besten Berater waren immer Frauen. Die nehmen keine Rücksicht; die sagen, was sie denken.«[104]

Auch in der Beziehung mit Susanne schätzt Rudi es sehr, dass diese ihm in beruflichen Dingen auch schon einmal widerspricht, dass sie sich im Gegensatz zu vielen seiner Mitarbeiter nicht immer mit allem einverstanden erklärt, was er vorschlägt oder vorhat. Susanne ist ein wichtiges Korrektiv für ihn, seine kreative Arbeit und seine geschäftlichen Entscheidungen: »Wir waren ein Wahnsinnspaar. In Sachen Humor und Drehbuchschreiben und auch in geschäftlicher Hinsicht. Wir waren ein perfektes Paar.«[105] Doch beim »perfekten Paar« hängt im Privaten der Haussegen bald immer häufiger schief, wie Annemieke es schildert: »Das mit Susanne war von Anfang an eine äußerst schwierige, eigentlich fürchterliche Beziehung – ständig gab es Streit. Man sagt ja eigentlich immer, dass man weiser wird, wenn man älter wird – aber was Frauen angeht, ist das bei Rudi leider nicht der Fall gewesen. Aber dennoch hat die Sache mit Susanne ja ganze fünfzehn Jahre gehalten. In Rudis Beziehungen gab es immer das gleiche Muster, irgendwie brauchte er, warum auch immer, ein gewisses Ärgerpotential in einer Beziehung – ich weiß auch nicht, warum das so ist.«[106] Auch Ankes Schwester Birgit bestätigt: »Das war beileibe keine einfache Beziehung. Die beiden haben sich gerauft wie Katz und Hund. Ich würde fast sagen, das war eine regelrechte Hassliebe. Das wusste Anke natürlich auch, und deshalb hat sie immer noch gehofft, dass Rudi doch noch zu ihr zurückkommt. Aber dazu ist es nicht gekommen, er ist trotzdem bei Susanne geblieben, so hoch es manchmal auch herging.«

Oft eskalieren die Streitigkeiten so sehr, dass Susanne Rudi vor die Tür setzt und dieser sich in der absurden Situation befindet, zwei Frauen riesige Anwesen finanziert zu haben, er selbst aber keine Bleibe mehr hat: »Mir blieben in dieser Situation nur mein Auto und meine Golfschläger.«[107] Zu Anke nach Wachendorf kann er in einem solchen Moment natürlich nicht ernsthaft zurückkehren; sie würde ihm zu Recht die Tür weisen, also bleibt ihm nichts anderes übrig, als abzuwarten, bis Susanne sich wieder beruhigt, und so lange, manchmal tage- oder wochenlang, in einer Suite im Kölner Hotel *Maritim* abzusteigen, die er sonst immer dann bewohnt, wenn er *7 Tage – 7 Köpfe* produziert. Rudis Assistent Sören Haensell, der beste Freund von Rudis Sohn Alexander, erinnert sich: »Susanne und Rudi haben sich wirklich oft gestritten, und dann war tagelang Funkstille. Das war insgesamt eine sehr schwierige Zeit für Rudi, Ende der neunziger Jahre. Susanne hat sehr viele Forderungen gestellt, auch in finanzieller Hinsicht. Aber so schwierig die Beziehung zu ihr war, Rudi hätte sie niemals von sich aus verlassen. So ist er nun mal.«[108]

Von Rudis Privatleben, weder von der Tatsache, dass er nicht mehr auf seinem Anwesen in Wachendorf lebt, noch über die zunehmenden Schwierigkeiten mit Susanne, dringt in dieser Zeit nichts nach außen. Den Privatmann Rudi Carrell, den Showmaster außerhalb des Fernsehstudios, gibt es allerhöchstens im Zusammenhang mit Rudis neuem Hobby Golf, dem er sich seit Beginn der neunziger Jahre widmet – wobei »neu« in diesem Sinne nicht ganz richtig ist, denn eigentlich hatte Rudi bislang in ganzem Leben noch kein Hobby und sich, vielleicht mit Ausnahme von Fußball, noch nie für etwas anderes interessiert als für das Showbusiness. Seine Tochter Annemieke zeigt sich noch heute erstaunt über Rudis plötzliche Golfleidenschaft: »Ich konnte das gar nicht fassen, dass er zum ersten Mal in seinem Leben über etwas anderes sprach als über Shows und Fernsehen.« Sohn Alexander findet, dass der Showeffekt aber auch bei Rudis neuem Hobby Golf nicht zu unterschätzen ist: »Wenn Rudi Golf spielen geht, dann ist das für ihn auch schon durchaus immer ein bisschen Show und Showbusiness.« Auch Rudi selbst gesteht in einem Interview ein: »Ich werde nie ein guter Golfer sein, weil ich nicht zum Üben gehe. In dem Sport bin ich nur gut, wenn ein Kamerateam dabei ist oder gerade ein Mann auf dem Fahrrad vorbeikommt und anhält, um mir zuzusehen. Ich brauche das Publikum.«[109]

Davon, dass sich 1998 in Rudis Privatleben Tragisches ereignet, erfährt die Öffentlichkeit nichts. In diesem Jahr wird bei Rudis Lebensgefährtin ein Gehirntumor diagnostiziert, wie Rudi Carrell sich erinnert: »Es war direkt nach der Aufzeichnung einer Folge von *7 Tage – 7 Köpfe*, als Susanne anrief und mir sagte: ›Ich habe einen Gehirntumor.‹«[110] Es gelingt den beiden, die niederschmetternde Diagnose vollkommen aus der

Presse herauszuhalten, doch hinter den Kulissen trifft Rudi dieser weitere Schicksalsschlag schwer. Während er weiterhin freitags am Stammtisch von *7 Tage – 7 Köpfe* Platz nimmt und scheinbar gut gelaunt Gags vom Stapel lässt, spielt sich in seinem Privatleben Dramatisches ab. Nicht genug damit, dass sich Ankes Gesundheitszustand zunehmend verschlechtert, was Carrell arg belastet, da er für seine Frau nach wie vor noch tiefe Gefühle hegt – jetzt muss er sich darüber hinaus auch noch Sorgen um seine Lebensgefährtin machen. Der Tumor hinter dem linken Auge kann operativ entfernt werden, anschließend bekommt Susanne noch vier Monate lang Bestrahlungen. Rudi fährt sie Tag für Tag dorthin – nur vier Jahre später wird sich jedoch ein zweiter, diesmal unheilbarer Tumor bilden. Von Susannes Erkrankung an nimmt die Beziehung zwischen Rudi und ihr immer exzessivere Züge an. Rückblickend bekennt er: »Sie hat mich geschlagen. Sie hat mich aus dem Bett geschmissen. Ich habe es ertragen. Denn sie hatte einen Gehirntumor.« Fortan muss Rudi mit dem Schicksal leben, mit zwei Frauen verbandelt zu sein, die er beide liebt und die beide ernsthaft erkrankt sind: »Ich war ihnen beiden treu, auch wenn man das schwer verstehen kann.«[111]

Am 19. Dezember 1999 wird Rudi Carrell fünfundsechzig Jahre alt. Schon Wochen vorher häufen sich Interviewanfragen in Rudis Büro, doch er entschließt sich dazu, zu diesem Anlass keinerlei Interviews zu geben, um den befürchteten Rummel um seine Person so gut es geht zu vermeiden. Weder bei seinem aktuellen Sender RTL noch bei seinem jahrelangen Haussender WDR macht er eine Ausnahme – über sein Büro lässt er mitteilen, dass er im Laufe seiner Karriere schon so oft zu seinem Leben befragt worden ist, dass es ohnehin nichts wesentlich Neues mehr zu erfahren gibt und er zudem seinen Geburtstag wie jedes Jahr im Fernsehstudio verbringt.[112] Fernseh- und Radiosender sowie Zeitungsredaktionen plündern daraufhin ihre Archive und drucken und senden die zu einem solchen Anlass üblichen Hommagen. Der WDR strahlt ein einstündiges Porträt Rudi Carrells aus, unter dem Titel *Rudolf Wijbrand Kesselaar genannt Carrell*, in dem wieder einmal die schönsten Ausschnitte aus seinen alten Shows gezeigt werden, diesmal kombiniert mit Carrells Talkshow-Auftritten bei Fuchsberger, Biolek und Gottschalk. Im letzten Moment entschließt Rudi sich dann doch noch dazu, ein Geburtstagsinterview zu geben, und lässt die Fernsehzeitschrift *Hörzu* ohne falsche Bescheidenheit wissen: »Ich habe den Deutschen das Lachen beigebracht.«[113]

Nach der Flut positiver Artikel anlässlich Rudis fünfundsechzigstem Geburtstag wird kurz darauf wieder einmal schmutzige Wäsche gewaschen – wieder einmal sorgt Carrells Ehe für Schlagzeilen. Obwohl Rudi drei Jahre zuvor offiziell bestätigt hat, seit langem eine Lebensgefährtin zu haben, ist die Presse bislang erstaunlicherweise noch nicht dahintergekommen, dass Rudi auf Ankes Wunsch hin bereits seit über zwei Jahren nicht mehr auf dem gemeinsamen Anwesen in Wachendorf lebt. Erst am 17. Februar 2000 meldet die *Bild*-Zeitung die vermeintliche Neuigkeit: »Rudi Carrell und Ehefrau Anke – Trennung in aller Freundschaft. Nach 26 Jahren zog er zu Hause aus – Sein Lebensmittelpunkt ist jetzt bei Susanne«, wobei Rudis Auszug fälschlich auf den November des vorigen Jahres datiert wird. Carrell ist für eine Stellungnahme nicht zu erreichen und lässt über seinen Sender RTL ausrichten: »Das geht niemanden etwas an.«

Rudis Tochter Annemieke erinnert sich: »Diese Meldungen waren schlimm für Anke. Sie hat Rudi immer noch geliebt, sie hat ihn zwar vor die Tür gesetzt, und das hat ihr mental sehr geholfen, weil sie dadurch etwas zur Ruhe gekommen ist. Aber ich hatte das Gefühl, dass sie immer noch gehofft hatte, dass Rudi zu ihr zurückkommt. Und dann plötzlich diese Meldung schwarz auf weiß in der *Bild*-Zeitung zu lesen, das hat sie sehr mitgenommen.« Nur sechs Tage nach den Schlagzeilen lebt Anke nicht mehr. Bereits am Abend des 22. Februar fühlt sie sich nicht wohl und lässt ihren Hausarzt kommen; in den Morgenstunden des 23. Februar 2000 bleibt Ankes Herz, das durch den jahrzehntelangen Schmerzmittelkonsum geschwächt ist, für immer stehen, und sie bricht tot auf dem Weg ins Schlafzimmer zusammen – Rudis große Liebe ist nur neunundfünfzig Jahre alt geworden. Rudis Sohn Alex erinnert sich an diesen traurigen Tag: »Wir waren in Köln und haben *7 Tage – 7 Köpfe* produziert. Ich war gerade unterwegs und bekam einen Anruf, dass ich so schnell wie möglich in die Firma zurückkommen soll. Da angekommen, standen alle mit langen Gesichtern in ihren Türen, und kein Mensch sagte einen Ton. Ich bin dann gleich zu Rudi ins Büro gegangen, wo er an seinem Schreibtisch saß und weinte. Es war das erste Mal in meinem Leben, dass ich Rudi weinen gesehen habe, und da wusste ich sofort, was passiert war. Wir sind dann zusammen nach Wachendorf gerast, haben die Strecke in zwei Stunden geschafft. Wir haben so gut wie nicht geredet auf dieser Fahrt, aber wir waren uns in diesem Moment so nah wie vielleicht nie in unserem Leben.«[114]

Rudi sagt alle Termine ab – zum ersten Mal im Laufe seiner ganzen Karriere lässt er einen Fernsehauftritt platzen – und trauert zurückgezogen auf seinem Anwesen in Syke. Nachdem er fast drei Jahre nicht mehr in Wachendorf übernachtet hat, zieht er gleich am Tag nach Ankes Tod wieder dort ein und verbarrikadiert sich vor der Öffentlichkeit und aufdringlichen Reporterfragen. Im fernen Sydney hört auch Ankes Schwester Birgit die traurige Neuigkeit und macht sich umgehend nach Europa auf: »Ich habe überhaupt nicht damit gerechnet, obwohl Anke so krank war. Aber Anke selbst hat auch nicht eine leiseste Idee gehabt, dass sie sterben könnte. Sie hat sich zwei Wochen vor ihrem Tod noch die Falten aus ihren Lippen spritzen lassen – und sie hatte furchtbare Schmerzen. Das hätte sie nie gemacht, wenn sie auch nur den Hauch einer Ahnung gehabt hätte. Sie hat damit überhaupt nicht gerechnet.« Birgit ist es wichtig, Rudi in dieser schwierigen Situation so schnell wie möglich beizustehen und mit ihm zusammen um ihre Schwester zu trauern: »Eineinhalb Tage später war ich in Wachendorf und bin zwei Wochen geblieben. Ich war von morgens bis abends mit Rudi zusammen; er hat Frühstück für mich gemacht, hat für mich gekocht, wir sind durch den Park spaziert. Das waren die schönsten zwei Wochen, die ich je mit Rudi erlebt habe, wir waren uns so nah, hatten unglaublich intensive, lange Gespräche. Wir haben zusammen geweint, aber wir haben auch zusammen gelacht. Zwei Tage nach Ankes Tod bekam Rudi einen Anruf. Anke hatte sich wenige Wochen vorher Ohrringe für fünfundvierzigtausend Mark anfertigen lassen, aber erst zwanzigtausend Mark angezahlt. Und die Juweliere riefen nun an, sagten, dass die Ohrringe fertig sind und ob sie denn noch mit dem restlichen Geld rechnen können. Darüber mussten Rudi und ich unheimlich lachen. Das war typisch Anke – manchmal hat sie schon ein bisschen die Realität verloren zum normalen Leben, rein finanziell gesehen.«

Auch wenn Rudi bereits seit fünfzehn Jahren mit Susanne liiert ist und Anke seit dem Rausschmiss nur noch sporadisch gesehen hat, fühlt er jetzt, wo sie gestorben ist, wie sehr er sie in seinem Leben vermissen wird. Ankes Schwester bestätigt dies: »Nachdem Anke gestorben war, hat Rudi festgestellt, wie sehr er sie wirklich geliebt hat und wie nahe die beiden sich trotz allem eigentlich immer noch waren. Er hatte in dieser Situation sehr große Schuldgefühle, das habe ich gespürt – bei allem wirklich Persönlichen muss man bei Rudi ja sehr zwischen den Zeilen lesen. Ich hatte das Gefühl, dass er nicht damit fertig wurde, dass er in den letzten Jahren so viel Zeit außer Haus verbracht hat. Und er sagte mir, dass er sich schuldig fühle, weil er nicht in der Lage gewesen sei zu verhindern, dass Anke so krank geworden ist. Er sagte immer: Ich bin ein Mann, der alles kann. Eigentlich kann ich alles – nur keine Menschen heilen.‹ Aber ich glaube wirklich nicht, dass Rudi einen Grund hatte, Schuldgefühle zu haben, er hat sich Ankes wegen wirklich nichts vorzuwerfen.«[115]

Rudi sucht in dieser Situation nicht nur das Gespräch mit Ankes Schwester und deren Mutter Erna, die ihn dieser Tage ebenfalls regelmäßig in Wachendorf besucht, sondern spricht auch viel mit seinen Kindern – seine Tochter Caroline erinnert sich: »Eigentlich haben wir erst in diesem Moment, kurz nach Ankes Tod, gemerkt, wie eng wir als Familie doch zusammengeschweißt sind.« Auch mit seinem Sohn Alexander führt er lange Gespräche über dessen Mutter: »Rudi hat mir gesagt, dass er einen riesigen Fehler gemacht hat im Umgang mit Anke. Er hat es sogar als den größten Fehler seines Lebens bezeichnet. Die ersten Jahre nach dem Tod hatte er wahnsinnige Schuldgefühle.« Das Anwesen in Wachendorf, das Rudi in den vergangenen drei Jahren schmerzlich vermisst hat, lernt er in diesen Tagen ganz besonders zu schätzen, da er es als Monument ihrer gemeinsamen Liebe betrachtet. Gerührt bekennt er: »Trotz ihres schweren Rheumas hat Anke dafür gesorgt, dass alles in Schuss blieb. Ich empfand es als wahnsinnig schöne Aufgabe, dafür zu sorgen, dass hier alles weiterläuft. Ich habe das Ganze viel mehr beachtet und auch mehr genossen als früher. Es ist praktisch mein Hobby geworden.«[116] Und Rudis Tochter Caroline erzählt: »Es war ihm wahnsinnig wichtig, alles in Schuss zu halten. Ich habe oft beobachtet, wie er mit seinen Hunden eine Runde durch den Park lief und dann dabei ein paar abgestorbene Äste aufhob oder abbrach. Es sollte immer alles schön sein und so, wie Anke es ihm hinterlassen hat – darauf hat er allergrößten Wert gelegt.«[117]

Nachdem Ankes Leichnam eingeäschert worden ist, entschließt Rudi sich dazu, ihre Urne auf seinem Grundstück in Wachendorf, am Ufer des großen Sees, beizusetzen. Ihre Schwester bestätigt, dass dies immer Ankes Wunsch gewesen sei: »Sie hat immer gesagt: ›Wenn ich mal sterbe, dann möchte ich hier in Wachendorf beerdigt werden.‹ Das war ihr ganz großer Wunsch – und Rudi hat ihn ihr erfüllt.«[118] Wenn natürlich auch nicht auf ganz legalem Weg, da nach deutschem Bestattungsrecht die Beisetzung einer Urne nur auf einem offiziellen Friedhof erlaubt ist. Doch Rudi findet eine Möglichkeit, um den letzten Wunsch seiner Frau zu erfüllen: »Anke wurde in Holland eingeäschert. Und in Holland kann man mit einer Urne machen, was man will. Ich habe mit der Familie vereinbart, dass wir darüber nicht reden. Die letzte Ruhestätte von Anke wird immer ein Geheimnis bleiben.«[119] Vier Jahre später lüftet Carrell das Geheimnis aber dann doch noch: »Die Urne meiner Frau Anke liegt unter einem Grabstein in meinem Park.«[120] Damit auch Ankes Mutter Erna Bobbert stets das Grab ihrer Tochter besuchen kann, händigt Rudi ihr freimütig einen Schlüssel zum Anwesen aus. Bevor Birgit sich wieder nach Australien aufmacht, richtet sie zusammen mit Rudi in dessen Arbeitszimmer in der Mühle eine große Gedächtnisecke für Anke ein, Rudis »Anke-Altar«, mit Fotos und Dingen, die Rudis verstorbene Frau geliebt hat. Drei Wochen nach Ankes Tod kehrt Rudi auf den Bildschirm zurück, stürzt sich wieder in die Arbeit, auch wenn er sich eigentlich selbst viel lieber eine wesentlich längere Auszeit gegönnt hätte: »Nach dem Tod meiner Frau Anke wollte ich mir bei *7 Tage – 7 Köpfe* eine Auszeit nehmen. Aber RTL hat gesagt: Du hast einen Vertrag, du musst kommen. Und ich war witzig wie immer.«[121]

Jedermann rechnet nach Ankes Tod damit, dass Rudi seine nun bereits fünfzehn Jahre währende Beziehung zu Susanne Hoffmann legitimiert und sie heiratet. Und genau das hat Rudi auch vor – noch im selben Monat, in dem Anke gestorben ist, fragt er Susanne im Beisein von Freunden und Vertrauten, ob sie ihn heiraten möchte. Sechs Jahre später erinnert er sich an diesen Moment zurück: »Im Februar 2000 waren sowohl Anke als auch Susannes Mutter gestorben. Nach der Beerdigung ihrer Mutter spazierten wir zum Ausgang des Friedhofs zurück, und kurz bevor wir da angekommen sind, bat ich alle, kurz stehen zu bleiben, und sagte: ›Ich möchte Susanne etwas fragen, was fünfzehn Jahre lang unmöglich gewesen ist: Susanne, möchtest du meine Frau werden?‹ – ›Das bin ich doch schon lange‹, sagte sie lächelnd und umarmte mich.«[122]

Drei Monate später schenkt Rudi Susanne einen wertvollen, mit Diamanten besetzten Verlobungsring und erklärt der Presse, auch wenn zu diesem Zeitpunkt noch kein genauer Hochzeitstermin festgelegt ist: »Ja, ich werde Susanne heiraten. Sie hat nach fünfzehn Jahren als Geliebte ein Recht darauf, bestätigt zu sehen, was ich für sie empfinde. Es kann sein, dass wir schon im Sommer heiraten. Das Trauerjahr ist doch kein Gesetz. Jeder von uns muss selbst entscheiden, wie er mit der Trauer um einen geliebten Menschen umgeht. Und wenn ich sage, ich heirate jetzt, dann ist mir total wurscht, was andere Menschen darüber denken.«[123] Im Juli 2000 wird gemeldet, dass Rudi und Susanne Ende des Jahres heiraten wollen, wobei Carrell bereits jetzt darauf verweist, dass seine zukünftige Frau auch nach der Eheschließung nicht zu ihm ziehen wird: »Warum sollte Susanne bei mir einziehen? Sie hat selber ein schönes Haus und ist materiell völlig unabhängig.« Doch zur Hochzeit soll es nie kommen, denn in den folgenden Wochen und Monaten verschlechtert sich das Verhältnis von Rudi und Susanne zusehends, wie Rudi rückblickend bestätigt: »Im Sommer 2000 fing Susanne immer häufiger an, mich zu kritisieren: ›Warum heiraten wir jetzt erst?‹ – ›Das, was du für mich getan hast, war sehr schön, aber jetzt ist es zu spät!‹ – ›Warum bist du immer noch so nett zu Ankes Mutter?‹ Und, und, und. Es wurde immer schlimmer. Ganze Abende gingen damit verloren, gerade in der Urlaubszeit. Susanne war mir rhetorisch total überlegen und setzte mir immer mehr zu. Bis mir irgendwann der Kragen platzte und ich ihr Anwesen verließ.«[124] Die private Beziehung zu Susanne Hoffmann ist mit deren Weigerung, Rudi zu heiraten, im August 2000 nach fünfzehn Jahren beendet, die geschäftliche bleibt bestehen, denn Susanne fungiert auch in Zukunft als Geschäftsführerin der Rudi Carrell GmbH, arbeitet mit Rudi weiterhin an den Drehbüchern für *7 Tage – 7 Köpfe* und an neuen Showkonzepten.

Der Zufall will es, dass zur gleichen Zeit, als Rudi und Susanne sich in aller Stille trennen und fortan privat getrennte Wege gehen, Rudis zukünftige dritte Ehefrau, Simone Felischak, in sein Leben tritt. Zwar kennt er sie bereits seit sieben Jahren von gemeinsamen Golfturnieren, kommt ihr aber erst jetzt auch privat näher. Rudi hat die mittlerweile dreißigjährige Magdeburgerin an ihrem Arbeitsplatz im Parkhotel in Bad Griesbach in der Nähe von Passau kennen gelernt, das mitten in Europas bekanntestem Golfressort, der Anlage Brunwies, liegt. Carrell ist angereist, um am Golfturnier von Franz Beckenbauer, dem »Kaiser-Cup«, teilzunehmen, und begegnet dabei gleich der zu diesem Zeitpunkt dreiundzwanzigjährigen Simone. Diese erinnert sich noch gut an das Kennenlernen: »Wir trafen uns vor dem Sekretariat des Hotels, und er sprach mich gleich gut gelaunt an: ›Willst du auch spielen? Wollen wir zusammen spielen?‹ Und da ich gerade ein paar Stunden frei hatte, haben wir zusammen Golf gespielt.« Simone arbeitet zu diesem Zeitpunkt bereits seit zehn Jahren in der Gastronomie. Nach ihrer dreijährigen Lehre in Potsdam hat sie den normalen Werdegang von der Kellnerin zur Oberkellnerin bis schließlich zur Restaurantleiterin absolviert, ein Zehn- bis Zwölf-Stunden-Tag ist für sie keine Seltenheit. Auch wenn viele Prominente nach Bad Griesbach kommen, um Golf zu spielen, hat sie mit der Welt der Promis und des Showbusiness bislang wenig zu tun gehabt. Natürlich sagt der jungen Frau der Name Rudi Carrell etwas, aber ein Carrell-Fan seit Kindertagen ist Simone beileibe nicht: »Da ich ja aus dem Osten komme, war Rudi nicht so das große Idol für mich. Natürlich haben wir seine Shows hin und wieder auch geschaut, daran kann ich mich noch gut erinnern. Aber mein Vater war sehr sozialistisch eingestellt, und darum wurden gerade am Samstagabend lieber DDR-Shows geschaut. Und von daher wusste ich, als ich ihn kennen lernte, nicht so wahnsinnig viel über ihn.«

Dass Rudi den Kontakt zu seiner neuen Golfpartnerin auch weiterhin aufrechterhalten will, macht er schnell deutlich: »Rudi drückte mir damals seine Autogrammkarte in die Hand und schrieb seine Telefonnummer auf die Rückseite. Da hatte ich mich schon gewundert, dass er mir die einfach so gibt. Er sagte zu mir: ›Wenn du mal in der Nähe bist, dann komm vorbei, dann spielen wir mal Golf. In Syke gibt es einen tollen Golfplatz.‹ Aber weil ich ja wusste, dass er verheiratet war und dann in der Zeitung auch noch las, dass er auch noch eine Lebensgefährtin hat, habe ich das natürlich nicht gemacht.«[125] Dennoch sehen die beiden sich fortan in jedem Sommer, denn Rudi kommt immer wieder zum Golfspielen nach Bad Griesbach, und jedes Mal ist Simone seine Golfpartnerin beim Beckenbauer-Turnier. Darüber hinaus jedoch entwickelt sich keine Beziehung.

Dies beginnt sich erst ab Ende August 2000 zu ändern, als Simone Felischak plötzlich vor Rudis Tür in Wachendorf steht – ein halbes Jahr nach Ankes Tod und just in der Zeit, als Rudi und Susanne sich getrennt haben, entschließt Simone sich, nachdem sie bei ihrer Mutter in Magdeburg gewesen ist, die lange bestehende Einladung Rudis doch noch anzunehmen und ihn zu besuchen. Rudi, der nach Ankes Tod und der von ihm so empfundenen Zurückweisung durch Susanne in ein tiefes Loch gefallen ist und sich trotz der Unterstützung, die ihm von seiner Familie zuteil wird, zum ersten Mal im Leben wirklich allein fühlt, ist hocherfreut, plötzlich Simone vor seiner Tür stehen zu sehen, und lädt sie gleich ein, das ganze Wochenende in Wachendorf zu verbringen. Ihm, der zeitlebens keine Freunde gebraucht hat, um sich mit diesen über seine Probleme zu unterhalten, scheint regelrecht ein Stein vom Herzen zu fallen, dass er mit der jungen Frau plötzlich eine Gesprächspartnerin hat, mit der er über das sprechen kann, was ihm auf der Seele liegt. Die beiden reden an diesem Wochenende sehr lange und intensiv miteinander – Simone erinnert sich: »Ich habe schnell gemerkt, dass Rudi eigentlich ein Mensch ist, der nicht gern Gefühle zeigt, der nach außen hin immer gern cool ist. Aber mit mir führte er plötzlich sehr lange, sehr intensive Gespräche. Und das hat mich eigentlich am meisten an ihm beeindruckt, dass er von Anfang an so offen zu mir war. Und er sagte auch, ein bisschen erstaunt über sich selbst, zu mir: ›Das tut mir richtig gut. Das habe ich noch nie erlebt.‹ Er hatte ja sonst alles immer nur mit sich selbst ausgemacht, und ich glaube, das ist sein großes Manko, dass er sich immer so als Einzelkämpfer betrachtet hat. Ich hatte das Gefühl, dass er wirklich froh war, dass ich an diesem Wochenende da war, und ihm konnte wohl in dieser Situation kaum etwas Besseres passieren, als einen Gesprächspartner zu haben, mit dem er mal über alles reden konnte – über Ankes Tod, über die Probleme mit Susanne. Und so entstand sehr schnell eine große Nähe zwischen Rudi und mir. Aber ich habe mir damals schon auch gedacht: Was vertraut der Mann dir hier eigentlich alles an? Bist du dessen eigentlich würdig? Aber er brauchte jemanden zum Reden – und da war ich genau zum richtigen Zeitpunkt aufgetaucht.«[126]

Rudi tun die Gespräche mit Simone gut, langsam, aber sicher kehrt im Zusammensein mit der jungen Frau seine alte Lebensfreude zurück, die er nach dem Tod von Anke, nach dem ihn große Schuldgefühle plagten, und nach dem Zerwürfnis mit Susanne, von der er sich zurückgestoßen fühlte, mehr und mehr verloren hatte. Rudi blüht sichtlich auf, und die Beziehung zu Simone intensiviert sich. Fortan besucht sie ihn alle zwei bis drei Wochen – immer wenn sie mal ein paar Tage frei hat. Im Oktober 2000, zwei Monate nach der Trennung von Susanne, sind die beiden ein Paar. Rudi ist glücklich, wieder eine Lebensgefährtin an seiner Seite zu haben, denn bislang war er in seinem ganzen Leben noch nie ohne feste Partnerin – rückblickend bekennt er: »Ich kann ohne Liebe und ohne eine feste Beziehung einfach nicht leben. Das, was andere Menschen in Freundschaften gefunden haben, das habe ich immer nur in einer Partnerschaft mit einer Frau finden können«[127]

Da die Wochenenden mit Simone immer sehr harmonisch verlaufen, denkt Rudi sich eines Tages: »Wie schön wäre es, wenn Simone hier leben würde.« Da ihm die Beziehung zu seiner neuen Freundin gut tut und er in ihr eine Helferin aus seiner Lebenskrise gefunden hat, entscheidet er sich kurzerhand, Simone zu fragen, ob sie seine Frau werden will. Diese erinnert sich: »Als er mir einen Heiratsantrag machte, war ich total überrascht. Ich habe mir natürlich auch Gedanken über den Altersunterschied gemacht, aber mir war schnell klar, dass das kein Thema für mich ist. Ich wusste am Anfang natürlich nicht, wohin das führt und worauf ich mich einlasse, und habe mich schon gefragt: Geht das gut? Aber es ging gut.« Um mit Rudi zusammenleben zu können, muss Simone selbstverständlich ihren Job aufgeben, doch dank der Eheschließung mit Carrell wird die knapp Dreißigjährige ohnehin finanziell abgesichert sein: »Das war mit Rudi so abgesprochen, und das war ihm auch enorm wichtig, dass ich versorgt bin für den Fall, dass ihm mal was zustößt. Für mich stand damals sowieso eine berufliche Veränderung an, ich war jetzt schon sieben Jahre am gleichen Ort und hatte mir ohnehin vorgenommen, mir einen neuen Job zu suchen. Ich habe dann Rudis Antrag als einen Wink des Schicksals betrachtet und mich gefragt: Warum sollte ich mich nicht einfach total verändern? Und irgendwie träumt doch jeder mal von einer kleineren oder größeren Auszeit – und plötzlich hatte ich die Möglichkeit dazu, das war doch toll.« Weihnachten 2000 kündigt Simone im Hotel: »Rudi war sehr glücklich über meine Entscheidung, dass ich meinen Job aufgegeben habe, um hier zu ihm zu ziehen und mein Leben mit ihm zu teilen. Als er bei meiner Mutter um meine Hand anhielt und fragte: ›Darf ich deine Tochter heiraten?‹, hat er ihr versprochen, dass immer gut für mich gesorgt sein wird. Das war ihm ganz wichtig, dass sie das weiß.«

Die Hochzeit von Rudi und Simone findet am 7. Februar 2001 unter Ausschluss der Öffentlichkeit und ohne dass Rudi die Presse vorab benachrichtigt hätte, in Sydney statt – erst ganz kurz zuvor hat er seine Kinder telefonisch über sein Vorhaben informiert. Kurz nach Weihnachten waren Rudi und Simone nach Australien aufgebrochen, da Rudi sich aufgrund der Winterpause von *7 Tage – 7 Köpfe* endlich mal wieder eine längere Auszeit nehmen konnte. Als Trauzeugen fungieren Ankes Schwester Birgit, die seit vielen Jahren in Sydney lebt, und Rudis mittlerweile dreiundzwanzigjähriger Sohn Alexander, der nach Ankes Tod Deutschland verlassen hat und ebenfalls nach Sydney gegangen ist, um an der dortigen Universität Kommunikationswissenschaft zu studieren. Rückblickend erklärt Alex seine Emigration wie folgt: »Nach Ankes Tod hat mich einfach nichts mehr in Deutschland gehalten. Meine Bindung an Rudi war damals nicht so stark wie die an meine verstorbene Mutter, und so entschloss ich mich dazu, nach Australien zu gehen, wo ich ja Ankes Schwester als Anlaufpunkt hatte. Es war damals schon so etwas wie ein Weglaufen, wie eine Flucht. Ich hätte in der damaligen Situation nicht mehr für Rudi arbeiten können und wollen. Und es wäre auch einfach keine Herausforderung für mich gewesen. Fernsehen in Deutschland machen war für mich nicht interessant, ich wäre überall nur als der Sohn von Rudi Carrell wahrgenommen worden und hätte ständig nur in einem gemachten Nest gesessen. Aber das war nicht meine Vorstellung vom Leben. Und mit Ankes Tod fühlte ich mich frei, etwas Neues auszuprobieren – solange sie noch lebte, hätte ich diesen Schritt nie getan.«[128] Insgesamt bleiben Rudi und Simone ganze sieben Wochen in Australien, bevor sie nach Deutschland zurückkehren.

Die Presse erfährt erst im Nachhinein von der heimlichen Eheschließung und reagiert mehr als überrascht auf die Nachricht, dass Rudi Carrell zwar ein drittes Mal geheiratet hat, aber nicht, wie noch im letzten Sommer angekündigt, seine langjährige Lebensgefährtin Susanne, sondern eine Frau, von der man bis dahin noch gar nichts gehört hatte. Die Meldung schlägt ein wie eine Bombe und sorgt für allerlei Wirbel und Spekulationen: Wer ist die neue Frau an Rudis Seite? Warum hat Rudi sie so überstürzt geheiratet? Ist gar ein Kind unterwegs? Seit wann und warum ist Rudi nicht mehr mit Susanne Hoffmann zusammen? Doch nicht nur die Presse trifft die Neuigkeit unvorbereitet, auch Susanne hatte keine Ahnung von Rudis Entschluss – und zudem bislang noch nie etwas von Simone gehört. Damit seine ehemalige Lebensgefährtin die Neuigkeit nicht aus der Presse erfahren muss, ruft Rudi sie Ende März, kurze Zeit bevor der Pressetrubel losgeht, an.

Susanne Hoffmann gibt daraufhin zum ersten Mal in ihrem Leben Interviews und gesteht: »Ich habe erst gedacht, es sei etwas Schlimmes passiert, eine Krankheit oder so etwas, als er anfing, er müsse mir etwas sagen. Und dann sagte er, er sei bereits verheiratet.« Der Presse gegenüber gibt Susanne sich abgeklärt, vermag aber ihre Verärgerung über Rudi nicht ganz zu verbergen: »Ich habe ihm alles Gute gewünscht. Er kann ja machen, was er will. Wir sind schließlich schon seit August getrennt. Aber ehrlich gesagt, ich hätte es besser gefunden, wenn er mich vorher informiert hätte.« Einige Tage später, im *Bunte*-Interview, bekennt sie:

»Verletzt bin ich nicht, aber es ist schon ein Hammer.«[129] Rudis Tochter Annemieke findet: »Auch wenn die Beziehung zu Susanne immer schwierig war und die beiden zu diesem Zeitpunkt bereits getrennt waren, fand ich es schon ein starkes Stück, wie Rudi sie in dieser Situation behandelt hat. Das war alles andere als die feine Art. Er hat sie damit sehr vor den Kopf gestoßen.«[130] Obwohl Susanne sich durch Rudis schnelle Hochzeit mit Simone verletzt fühlen muss, erklärt sie in Interviews mehrfach: »Ich würde sie gerne kennen lernen.«[131] Doch zu einem Treffen der Frau, die fünfzehn Jahre darauf hoffte, diejenige zu sein, mit der Rudi ein drittes Mal vor den Traualtar tritt, und der Frau, die nach nur etwa fünf Monaten zu Rudis Ehefrau geworden ist, soll es nie kommen. Simone erinnert sich: »Das wollte ich nicht, das wäre nicht gut gewesen. Ich habe schon manches Mal versucht, mich in Susanne hineinzuversetzen. Sie war so lange mit Rudi zusammen, und ihr war es schon sehr wichtig, dass Rudi sie mal heiratet, und dann heiratet er plötzlich mich so schnell, das muss sehr schwierig für sie gewesen sein. Ich fand es auch nicht richtig, dass Rudi ihr vor unserer Hochzeit nichts gesagt hat, sondern sie vor vollendete Tatsachen stellte – aber das war letztlich seine Entscheidung.« Der Presse gegenüber betont Rudi nach seiner Hochzeit mit Simone wiederholt, dass die Trennung von Susanne nicht von ihm ausgegangen sei: »Aus unserer Beziehung war die Luft ein bisschen heraus. Susanne hatte sich von mir getrennt, nicht umgekehrt. Ich hatte ihr sogar einen Heiratsantrag gemacht, den sie aber ablehnte.«[132] Ansonsten findet er, dass es die Medien nichts angeht, wem er wann den Laufpass gibt und wen er wann ehelicht: »Privat sind wir kein Paar mehr, ich kann also machen, was ich will.«[133]

Simone zieht zu Rudi nach Wachendorf, sie behält auch nach der Hochzeit ihren Mädchennamen bei: »Den Namen Carrell hätte ich ohnehin nicht annehmen können, weil es sich um einen Künstlernamen handelt – und dann habe ich mir gedacht: Warum sollte ich dann den Namen Kesselaar annehmen, dann kann ich auch gleich weiter Felischak heißen. Das brachte aber das Problem mit sich, dass ich am Anfang überhaupt keine Möglichkeit hatte zu beweisen, dass ich Rudis Frau bin. Einmal wollte ich ihn in Köln überraschen und vorab schon auf sein Hotelzimmer gehen, aber die wollten mir den Schlüssel nicht geben, weil sie mich selbstverständlich nicht kannten. Seitdem trage ich immer ein Hochzeitsfoto von Rudi und mir bei mir, auf das Rudi hinten drauf geschrieben hat: ›Simone Felischak ist meine Frau.‹«[134] Der Presse gegenüber verweigert Rudis dritte Frau konsequent jedes Interview, sie drängt sich von Beginn an nicht in den Vordergrund, weil es ihr wichtig ist, Rudis und ihre Privatsphäre zu schützen. Gerade weil sie ständig unter Beobachtung steht, sobald sie sich mit Rudi in der Öffentlichkeit zeigt, und die

Presse neugierig darauf ist, wer denn wohl die neue Frau an Rudis Seite ist, erachtet sie es als umso wichtiger, von Anfang an zu demonstrieren, dass sie trotz der Eheschließung eine Privatperson bleiben wird. Rückblickend bekennt sie: »Ich habe nie ein Interview gegeben, weil ich mir gesagt habe: Was soll das? Mein Mann ist die Hauptperson, nicht ich.«[135]

12.
Hinter den Kulissen

»Rudi nimmt den Hut«[1] – »Carrell schmunzelt zukünftig im Hintergrund«[2] – »Rudi, mach's gut«[3] – »Tschüss und danke, alter Holländer!«[4] – so und ähnlich klingen die Schlagzeilen im Herbst und Winter 2002, nachdem Carrell die Presse hat wissen lassen, dass er sich zum Jahresende hin endgültig vom Bildschirm zurückziehen wird. Von seinen Anfängen in Holland an hat Rudi zu diesem Zeitpunkt bereits zweiundvierzig Jahre lang vor Fernsehkameras gestanden und das, was Fernsehunterhaltung in Deutschland ausmacht, entscheidend mitgeprägt. Daran, dass er auch weiterhin als Produzent von *7 Tage – 7 Köpfe* hinter den Kulissen die Fäden in der Hand halten wird, lässt er keinen Zweifel, doch jetzt, kurz vor seinem achtundsechzigsten Geburtstag und nach sieben Jahren und zweihundert Folgen seiner erfolgreichen Comedyshow hat er das Gefühl, dass es an der Zeit ist, den langen Lebensabschnitt, den er vornehmlich vor der Kamera verbracht hat, zu beenden: »Ich mache jetzt Schluss und meine es ernst.«[5] Die Entscheidung kommt nicht überraschend, schon anderthalb Jahre zuvor hat Carrell diesen Schritt in der Presse angekündigt: »Ich habe einen Vertrag bis Ende 2002. Ich habe RTL bereits gesagt, dass ich nach sieben Jahren dann nicht mehr weiter in der Runde vor der Kamera sitzen werde. Vor der Kamera wird es mich nicht mehr geben.«[6]

Zu diesem Zeitpunkt hat Rudi bereits wirklich alles erreicht, was er in seinem Beruf erreichen kann. Er ist nicht nur nach wie vor eins der bekanntesten Gesichter des deutschen Fernsehens, sondern hat es auch nach der Karriereflaute, die ihm der Wechsel zum Privatfernsehen zunächst eingebracht hat, noch mal allen gezeigt. Seine Show *7 Tage – 7 Köpfe* hat nicht nur einen richtungweisenden Trend für das Fernsehen in Deutschland gesetzt, sondern gilt auch als »erfolgreichste Comedyshow Europas« und Carrell wird wieder mal mit allen wichtigen Fernsehpreisen für seine Sendung überhäuft: 1998 mit dem Goldenen Löwen von RTL, dem Bambi für die beste Fernsehcomedy sowie dem Leserpreis von Bambi, 1999 mit dem Goldenen Gong. Und auch renommierte Ehrenpreise hagelt es mittlerweile für Rudi: Im Jahr 2001 ist er für sein Lebenswerk mit dem Deutschen Comedypreis ausgezeichnet worden und hat zudem die Ehrenrose auf dem Festival Rose d'Or in Montreux, dem wichtigsten internationalen Fernsehfestival, überreicht bekommen –

und viele weitere Auszeichnungen werden noch folgen, so etwa 2003 der Ehrenpreis der Stifter des Deutschen Fernsehpreises und der österreichische Fernsehpreis Romy in Platin, 2005 die Aufnahme in die Hall of Fame des mittlerweile in Luzern angesiedelten Festivals Rose d'Or und 2006, als Ehrenpreis für sein Lebenswerk, die Goldene Kamera. Der Preissegen spricht für sich – wohl kein anderer Fernsehschaffender Deutschlands hat im Laufe seiner Karriere so viele und bedeutende Preise im In- und Ausland zuerkannt bekommen wie Rudi Carrell.

Und auch als Rudi seinen Rückzug vom Bildschirm verkündet, stehen viele in der Branche und in der Presse stramm vor ihm. Die Publikumsgunst hat Carrell bereits mit dem Start von *7 Tage – 7 Köpfe* zurückgewonnen, und spätestens jetzt, mit seinem Rückzug aus dem Scheinwerferlicht und der Lebenszäsur, die er selbst vollzieht, gewinnt er auch wieder die Achtung der Feuilletonisten, die ihn in den letzten Jahren oftmals nicht gerade mit Samthandschuhen angefasst haben. Die meisten Artikel, die zu Rudis Abschied vom Bildschirm erscheinen, sind positiv und widmen sich noch einmal ehrfurchtsvoll den wichtigsten Stationen und den unvergesslichsten Momenten seiner langen Karriere. Carrell wird gefeiert als »Top-Profi, der nie nur der nette Showonkel von nebenan sein wollte«[7], als »Großmeister der Fernsehunterhaltung« und »größter Showmaster Europas«[8], die *Bild am Sonntag* beklagt das Ende »einer der größten Fernsehkarrieren«[9], und die *Süddeutsche Zeitung* konstatiert ihm gar anerkennend »das schönste Nuscheln der Fernsehgeschichte«[10]. Und sogar die *Bild*-Zeitung ist in diesen Tagen melancholisch gestimmt: »Die Falten in seinem Gesicht sind Jahresringe seines Fernsehlebens.«[11] Nur die gewohnt sauertöpfische *Frankfurter Rundschau* gesteht zwar ein, dass er die Unterhaltung im deutschen Fernsehen entscheidend mitgeprägt hat, findet aber im Gegensatz zum Gros der deutschen Presse, dass dies nicht uneingeschränkt positiv gesehen werden kann: »Deutschland hat siebenunddreißig Jahre Carrell-Humor hinter sich. Das Ausmaß der Schäden wird sich erst in ein paar Jahren zeigen. Anlass zu übermäßigem Optimismus besteht nicht wirklich. Denn die Saat, die Carrell nicht nur ausgestreut hat, sondern als Produzent auch noch weiterhin fleißig gießen wird, ist aufgegangen und heißt heute ›Comedy‹.«[12] Auch so kann man es ausdrücken, dass Rudi Carrell wieder einmal einen richtungweisenden Trend gesetzt hat – einen Trend, der viele Zuschauer vor den Bildschirm lockt und auf allen Kanälen für hohe Einschaltquoten sorgt. Was jedoch alle Journalisten in diesen Tagen beeindruckt, ist die Tatsache, dass Rudi so zielsicher den genau richtigen Moment für seinen Fernsehabschied gewählt zu haben scheint, ohne dass er gewartet hätte, bis die Kritiken schlecht werden oder er in Rubriken wie »Diese Stars wollen wir zukünftig nicht mehr im Fernsehen sehen« auftaucht. *Der Tagesspiegel* stellt anerkennend fest: »Exaktes Timing, auch im Abgang. Daran, im richtigen Moment aufzuhören, ist einst sogar der große Kulenkampff gescheitert. Rudi Carrell ist ein solcher Vollprofi, dass er es sogar geschafft hat, in Ehren abzutreten.«[13]

Als Grund für seinen Rückzug vom Bildschirm gibt Rudi an, dass ihm nach sieben Jahren in der gleichen Sendung einfach nichts mehr einfällt und er es insofern so handhabe, wie er es in seiner ganzen Karriere immer gehandhabt hat, dass er nämlich lieber im richtigen Moment aufhört, statt zu warten, bis es peinlich wird oder sein Abtreten gefordert wird – nur, dass er dieses Mal eben nicht mit einem neuen Showkonzept zurückkehren, sondern fortan konsequent hinter den Kulissen agieren werde. Einen Grund, sich zurückzuziehen, sieht Rudi zudem aber auch darin, das Team von *7 Tage – 7 Köpfe* allmählich verjüngen zu müssen, damit aus dem Fernsehstammtisch kein Altersheim wird: »Ich bin Produzent der Sendung und muß darauf achten, daß nicht nur alte Leute auf dem Bildschirm zu sehen sind.«[14] Als Nachfolger für sich in der Runde hat Rudi einen Wunschkandidaten: Dieter Nuhr, den er als »einen der besten Komiker« bezeichnet – der aber bedauerlicherweise aufgrund zahlreicher anderer Verpflichtungen keine Zeit hat, in *7 Tage – 7 Köpfe* mitzuwirken. Stellvertretend für Dieter Nuhr sitzt deshalb fortan Oliver Welke an Rudis altem Platz. Der Sportmoderator und Präsentator der Sendung *ran* auf Sat 1 war zuvor bereits mehrfach mit Gastauftritten in der Sendung vertreten, um eigene Comedytexte zu präsentieren, die Welke als sein zweites Standbein betrachtet. Rudi erklärt überzeugt: »Er ist der perfekte Mann auf meinem Platz.«[15] Welke wird bis zum Ende von *7 Tage – 7 Köpfe* im Jahr 2005 der Stammbesetzung der Sendung angehören.

Trotz seines Rückzugs vom Bildschirm will und wird Rudi hinter den Kulissen der Sendung weiterhin kräftig mitmischen. Auch künftig kreativ sein zu können stellt für Carrell fraglos ein Geschenk dar: »Kreativ sein zu können ist das Größte, was einem passieren kann. Dann ist es völlig egal, wie lange man am Tag arbeitet.«[16] Die vielen Fragen danach, was nun nach so vielen Jahrzehnten Bildschirmpräsenz werden wird, welche Pläne er für die kommenden Jahre hat, beantwortet Carrell nur mürrisch und ausweichend: Vielleicht werde es im nächsten Jahr noch mal eine kleine Gala geben oder vielleicht irgendwann mal einen Theaterauftritt – mehr will er über seine Zukunftspläne nicht verraten, außer, dass er sich als Produzent auch zukünftig um den Ablauf von *7 Tage – 7 Köpfe* kümmern wird: »Außerdem entwickle ich hinter den Kulissen Konzepte für neue Shows. Verraten wird aber noch nichts – heutzutage werden gute Ideen geklaut.«[17] Reporter, die Carrells Bildschirmabschied zum Vorwand nehmen, Rudi zu fragen, welche Nachrufe er sich später von den Journalisten einmal wünsche, prallen an Rudi verständlicherweise ab: »Die sollen die Schnauze halten.«[18]

Nicht nur in der Presse, auch im Fernsehen wird Rudis Bildschirmabschied groß inszeniert. Als besondere Ehre empfindet Carrell es, dass Harald Schmidt ihm am 18. Dezember 2000 eine komplette Ausgabe seiner Show widmet. Schmidt erklärt Carrell dieser Tage mehrfach zum Idol seiner frühen Jahre, den er bereits auf dem Schulhof imitiert habe und der letztlich der Grund sei, warum er auch selbst zum Fernsehen wollte: »Ich wollte immer so sein wie er.« Harald Schmidt spielt in seiner Sendung Carrells Kultklassiker *Am laufenden Band* nach – komplett mit gut gelauntem Rudi auf dem Fließband. Am 20. Dezember 2002 dann, einen Tag nach seinem achtundsechzigsten Geburtstag, den er wie immer im Studio bei der Aufzeichnung der Sendung verbracht hat, agiert Rudi zum letzten Mal auf dem Bildschirm als fester Mitwirkender in *7 Tage – 7 Köpfe*; es ist die zweihundertste Folge der erfolgreichen Comedyshow. Am Schluss der Sendung wird zuerst feierlich die niederländische Flagge eingeholt – um dann in die Mülltonne geworfen zu werden. Natürlich verabschiedet Rudi sich mit einer gehörigen Portion Selbstironie vom Bildschirm – etwas anderes hätte wohl auch niemand von ihm erwartet. Nachdem er sieben Jahre erfolgreich als festes Mitglied der Sendung fungiert hat, wird er fortan nur noch im Rahmen kleinerer Gastauftritte zu sehen sein, wie etwa in der bereits eine Woche später gesendeten Silvesterausgabe 2002. Die Show ist zu diesem Zeitpunkt nach wie vor ein großer Erfolg und kommt blendend beim Publikum an, denn immer noch schalten rund fünf Millionen Zuschauer regelmäßig ein, was für einen Wochentag eine durchaus beachtliche Größe ist. Rudi erklärt stolz: »Mein größter Erfolg!«[19] Dennoch empfindet er eine gewisse Erleichterung, nun in den Hintergrund zu treten. Zweihundert Mal war er mit *7 Tage – 7 Köpfe* auf dem Bildschirm zu sehen – in keiner einzigen seiner bisherigen Shows hat er es so lange ausgehalten. Dass es für ihn persönlich höchste Zeit war aufzuhören, erklärt er Journalisten unumwunden: »Ich muss mir keine Gedanken mehr machen, wie ich die Leute zum Lachen bringe. Früher wollte ich immer sterben, um nicht mehr witzig sein zu müssen. Jetzt ist mir das auch ohne Sterben gelungen.«[20] Und dass sein Rückzug vom Bildschirm letztlich ja auch relativ zu sehen ist, das ist Carrell durchaus klar, denn schließlich werden seine früheren Sendungen ständig noch wiederholt, sodass er auch künftig auf deutschen Mattscheiben präsent sein wird: »Ich werde noch zehn Jahre lang auf der Straße erkannt werden.«[21] Und dass er es, wie schon in den Anfängen seiner Karriere, nach wie vor liebt, auf der Straße oder im Zug erkannt und angesprochen zu werden, dazu steht er auch jetzt noch – oft fährt er sogar zur Produktion von *7 Tage – 7 Köpfe* ganz bewusst mit dem Zug nach Köln, um den Kontakt zu seinem Publikum nicht zu verlieren. Auf die Frage eines Journalisten, ob er gern wieder mal unbekannt wäre, antwortet er entrüstet: »Um Gottes willen. Ich liebe es, berühmt zu sein. Ich finde es toll, dass ich von allen Generationen erkannt werde. Ich verdanke meinem Publikum alles. Mein Haus, mein Grundstück, meinen Urlaub, meine Autos, meine Schwiegermutter – da darf ich doch auch ein bisschen nett sein zum Publikum.«[22]

Eine Hoffnung, die Rudi nach seinem Rückzug hegt, ist, dass er in Zukunft verstärkt als Ratgeber und Ideenlieferant gefragt sein wird. Da es keinen anderen Showmaster gibt, der auf eine gleichermaßen lange wie kontinuierliche Karriere zurückblicken kann, der 1960 angefangen hat, Fernsehen zu machen und der Anfang des neuen Jahrtausends nach wie vor noch als Fernsehproduzent aktiv ist, liegt es eigentlich auf der Hand, sich bei Carrell Ratschläge zu holen – doch nur die wenigsten tun dies. Für Rudi ist dies höchst bedauerlich, er würde sein immenses Wissen gerne weitergeben, so wie er selbst von Anfang der sechziger bis Ende der achtziger Jahre von seinem künstlerischen Berater Leslie Roberts profitiert hat, der sich noch vor Rudis Wechsel zu RTL ins Privatleben zurückgezogen hatte: »Er war alt, und er war müde. Er hatte keine Lust mehr. Aber ich habe Leslie unglaublich viel zu verdanken, ohne ihn wäre ich nie so weit gekommen in meinem Leben, hätte ich nie so viel erreicht.«[23]

Rudis größter Wunsch wäre es, einem oder mehreren Nachwuchstalenten ähnliche Schützenhilfe zu leisten, doch erstaunlicherweise findet sich niemand, der sich für längere Zeit von Carrell coachen lassen will oder der überhaupt bereit wäre, Ratschläge von ihm anzunehmen: »Ich wäre nie geworden, was ich heute bin, wenn ich nicht schon damals einen super Berater gehabt hätte. Ich versuche heute das, was ich gelernt habe, an jüngere Kollegen weiterzugeben. Aber viele wollen es nicht annehmen und glauben, alles besser zu können. Ich kann bald den ganzen Tag die Leute anrufen und sagen, wie sie es machen sollen. Aber wenn sie nicht hören wollen, naja okay, dann nicht.«[24] Rudi findet, dass die meisten jungen Showmaster falsch beraten sind oder so manches viel versprechende Talent, aus dem etwas werden könnte, von seinem Sender allein gelassen wird – und da er weiß, dass er mit seinem Hintergrund und seinem Erfahrungsschatz gute und wertvolle Ratschläge geben und manchem Newcomer zu großem Erfolg verhelfen könnte, würde er dieses auch gerne tun. Doch nicht nur Einzelpersonen würde er gerne unter die Arme greifen, auch einem Sender wie dem WDR, den Carrell mit groß gemacht hat, würde er heute gerne als Berater zur Verfügung stehen, zur Not auch unentgeltlich, einfach um sein Wissen weiterzugeben. Carrell würde eine solche Beratertätigkeit als große Ehre empfinden, aber auf ein entsprechendes Angebot wartet er vergebens. Seine Tochter Annemieke erinnert sich: »Rudi hätte sich das sehr gewünscht, dass man ihn mehr fragt, dass man ihn um Unterstützung bittet oder einfach den Wunsch gehabt hätte, dass er das, was er über die Branche weiß, einbringt und weitergibt. Er selbst hat enorm viel von Leslie Roberts gelernt und von dessen Wissen profitiert – Leslie hat ihm das ABC des Showbusiness vermittelt, und das hat ihm als jungem Mann enorm weitergeholfen. Rudi hätte das verständlicherweise gern weitergegeben. Es gibt wenige in der Branche, die das wissen, was er weiß. Rudi hat es sehr gestört, dass es in der Fernsehwelt immer weniger um Qualität geht und darum, etwas zu wagen, sondern alle nur noch nach der Quote schielen.«[25] Rudi selbst bestätigt dies in einem Interview: »Das große Problem in dieser Branche ist, dass alle Angst haben. Angst vor der Quote, Angst vor dem Flop. Keiner will mehr Verantwortung übernehmen, man lässt alles immer noch mal testen. Keiner geht ein Risiko ein, weil später keiner schuld sein will.«[26]

Rudi ärgert sich immer ganz besonders dann, wenn er merkt, dass offensichtliche Fehlentscheidungen getroffen werden, dass ständig Dinge passieren, die vermieden werden könnten, dass Showkonzepte gestartet werden, die in Deutschland und zu diesem Zeitpunkt nicht ankommen können, dass bestimmten Moderatoren einfach ständig die falschen Sendungen anvertraut werden und oftmals viel Geld in ein Projekt gesteckt wird, bei dem jemand wie er von Anfang an hätte sagen können, dass es nicht funktionieren wird. So manchen Abend sitzt Rudi Haare raufend vorm Fernseher und kann es sich oft auch nicht verkneifen, zum Telefonhörer zu greifen – so etwa als die Quizshow *Der große Preis*, dessen Moderation Wim Thoelke krankheitsbedingt abgeben muss, nicht an einen jungen, viel versprechenden Nachwuchsmoderator übergeben, sondern Fernsehurgestein Hans-Joachim Kulenkampff anvertraut wird, der – wie Rudi schon voraussagt – sich völlig überfordert mit dieser Aufgabe zeigen wird. Sofort ruft er Wim Thoelke an: »Was sind das für Flaschen da bei deinem Sender? Der Kuli bringt das doch niemals! Das weiß doch jedes Kind in der Branche. Der hat eine total andere Talentlage.«[27]

Doch Carrell wäre nicht Carrell, wenn er seine Bedenken und seine Kritik nur unter vier Augen äußern würde – immer wieder macht Rudi seinem Ärger auch in der Presse Luft und tut dies auch ganz bewusst, denn schließlich müsse es ja einer mal aussprechen, »wenn etwas nicht funktioniert«. Doch einen großen Unterschied gibt es zu früheren Tagen, als Rudi noch selbst vor den Kameras stand und seine Äußerungen oftmals von Journalisten und Mitstreitern als Kollegenschelte oder Nestbeschmutzung aufgefasst worden sind, denn jetzt ist man immer mehr dazu bereit, auf Rudis Rat und auf seine Kritik und seine Prophezeiungen zu hören, denn es tritt immer deutlicher zutage, wie Recht Carrell mit seinen Urteilen und Prognosen oft hat. So resümiert *Der Tagesspiegel* etwa 2002: »Wenn man durchliest, was er wem über die Jahre hinweg prophezeit hat – es ist erstaunlich. Denn er irrt sich verdammt selten. Carrell hat so zum Beispiel den Abstieg von Wigald Boning, von Ulla Kock am Brink und von Jürgen von der Lippe punktgenau vorhergesagt. Günther Jauch fand er schon früher außerordentlich gut: Jauch habe diese Wärme. »Ironisch, spöttisch, das schon, aber nie verletzend.«[28] Es gibt kaum einen Entertainer, kaum ein neues Sendeformat, das Rudis Aufmerksamkeit und seiner öffentlichen Bewertung entgehen würde – Carrell ist nach wie vor ganz genau darüber informiert, was sich in der Branche tut. Was er persönlich am meisten beklagt, ist die zunehmende Verflachung im Bereich der Fernsehunterhaltung: »In der Ostalgie-Show mit Oliver Geißen und Kati Witt wurden die Zuschauer gefragt: In welchem Jahr fiel die Mauer. 1989 oder 2000? Bei so etwas werde ich wahnsinnig, solch dumme Fragen sind wirklich eine Beleidigung der Zuschauer.«[29]

Für den meisten Wirbel sorgt im Februar 2004 Rudis Prophezeiung, dass Anke Engelke mit ihrem neuen Talkformat *Anke Late Night* scheitern wird, mit der die Entertainerin Harald Schmidts ehemaligen Sendeplatz auf Sat 1 übernehmen soll, nachdem dieser das Ende seiner *Harald Schmidt Show* verkündet hat. In der Talkshow *Beckmann* äußert Rudi, dass Engelke zwar ein sensationelles Talent habe, eine gute Sketchschauspielerin sei, singen und tanzen könne, aber eben eine totale Fehlbesetzung für eine tägliche Late Night Show sei, die nicht zuletzt vom Talk mit den Gästen steht und fällt, Rudi jedoch im Falle Anke Engelkes keinerlei Begabung in dieser Richtung zu erkennen vermag. Zudem findet er, dass die Fußstapfen ihres Vorgängers Harald Schmidt mindestens eine Nummer zu groß für sie sind. Olli Dittrich, der neben Carrell am Tisch sitzt, sieht dies anders und wettet mit Carrell vor laufenden Kameras um zehntausend Euro, dass Anke es doch schaffen wird. Rudi hält dagegen und ist felsenfest sicher, dass die Show ein Reinfall wird. Rudis Äußerungen sorgen im deutschen Blätterwald für jede Menge Zündstoff. Sat 1 und Anke Engelke wiegeln ab und geben sich gelassen, aber die Saat des Zweifels ist gesät – die *Frankfurter Allgemeine Zeitung* schreibt bereits kurz nach dem Start von *Anke Late Night* am 17. Mai 2004: »Sollte Carrell Recht behalten, was keineswegs auszuschließen ist, bekommt er von Dittrich zehntausend Euro.«[30] Roger Schawinski, der Chef von Sat 1, will den öffentlichen Unkenrufen etwas entgegensetzen, seiner Moderatorin den Rücken stärken und wettet daraufhin sogar zwanzigtausend Euro darauf, dass Anke es schaffen wird. Doch die Kritiken zur Show sind ebenso katastrophal wie die Einschaltquoten, die mehr und mehr zurückgehen. Entgegen der vorherigen Ankündigung geht *Anke Late Night* daraufhin fast den ganzen August in Sommerpause, was in den Zeitungen bereits Gerüchte aufkommen lässt, dass die Show kurz vor dem Aus steht – im Oktober 2004 wird sie dann tatsächlich eingestellt. Wieder einmal hat Carrell mit seiner Prophezeiung Recht behalten und unter Beweis gestellt, dass er immer noch den richtigen Riecher dafür hat, was und wer beim Publikum ankommt und was und wer nicht. *Der Tagesspiegel* stellt daraufhin anerkennend fest: »Rudi-Carrell-Prognosen besitzen eine Treffsicherheit von einhundert Prozent. Jüngster Erfolg, wie er zehntausend Euro auf das Scheitern von Anke Engelkes Late Night Show wettete. Carrell wusste auch lange vor den Betreffenden selber, dass Günther Jauch einmal ein ganz Großer wird, dass Barbara Schöneberger keine ganz Große wird, dass Wigald Boning in die Krise kommt, und so weiter. Er hat eben den totalen Instinkt.«[31]

Umso erstaunlicher ist es, dass es so wenige junge Kollegen gibt, die Rudis Nähe suchen oder bereit sind, sich Ratschläge von Rudi mit auf den Weg geben zu lassen. Einer der wenigen ist etwa Jörg Knör, der Rudi bereits seit seinem Auftritt als Kandidat in *Am laufenden Band* als sein großes Vorbild betrachtet – insofern ist er auch äußerst offen für die Ratschläge Carrells. Knör erinnert sich: »Er hat mir beispielsweise gesagt: Fang immer mit etwas Aktuellem an, dann sehen die Leute, dass du fleißig warst. Außerdem hat er mir oft gesagt: Du musst authentisch sein – was natürlich für einen Parodisten erst einmal widersprüchlich erscheint. Aber letztlich hat Rudi damit natürlich Recht. Schon allein mit der Entscheidung, wen man parodiert, beweist man, ob man authentisch ist oder nicht, denn auch diese Wahl ist ja schon wieder ein Stück von einem selbst.«[32] Einer der wenigen, der Rudi neben Jörg Knör regelmäßig um Rat bittet, ist Hape Kerkeling. Bevor er etwa mit seiner spektakulären und äußerst erfolgreichen Tanzshow *Let's Dance* auf Sendung geht, besucht er im Oktober 2005 Carrell in Wachendorf: »Ich wusste, dass Rudis Herz an diesem Konzept hing, und dann habe ich angerufen und ihm gesagt: ›Du, die haben mir das angeboten, soll ich das machen, was meinst du?‹ Und er hat sich sofort Zeit genommen, hat mich zu sich eingeladen, und wir haben stundenlang gesprochen. Und seine Ratschläge, die er mir für *Let's Dance* mit auf den Weg gegeben hat, waren wirklich sehr wichtig und gut. Ich habe von diesem Gespräch sehr profitiert – und nach der ersten Sendung bekam ich ein Fax von Rudi, auf dem nur stand: ›Ich habe nichts zu bemängeln!‹ Da wusste ich, dass ich alles richtig gemacht hatte.«[33]

Rudis Tochter Annemieke erinnert sich: »Das hat meinen Vater unheimlich gefreut, dass Hape sich Rat bei ihm geholt hat. So was hätte er sich einfach öfter gewünscht.«[34] Hape Kerkeling gesteht rückblickend: »Im Nachhinein finde ich, dass ich Rudi viel öfter hätte um Rat fragen sollen. Aber es ist dann auch so, dass man immer denkt: Kann man ihn jetzt wirklich damit behelligen? Dabei hat er es mir so oft angeboten und sich auch jedes Mal sofort Zeit für mich genommen. Aber dummerweise hat man sich dann trotzdem oft nicht getraut, ihn anzurufen.«[35] Ein junger Mann jedoch traut sich sehr zu Rudis Freude, auf recht unkonventionelle Art und Weise auf ihn zuzugehen – der junge Moderator Ernst-Marcus Thomas, der neben vielfältigen anderen Aktivitäten im Fernsehen unter anderem das *ARD Buffet* moderiert. Er trifft im November 2004 auf Rudi Carrell – und erinnert sich heute noch gern an diese außergewöhnliche Begegnung: »Ich war gerade in Köln, im Hotel *Maritim* und sah morgens Rudi beim Frühstück, er saß nur ein paar Tische weiter. Aber ich traute mich nicht, hinzugehen und ihn einfach anzusprechen, gerade weil er ja in der Branche doch sehr als Stinkstiefel verschrien ist – und das war mir einfach zu heikel vor den ganzen Leuten. Dann habe ich ihn kurze Zeit später beim Auschecken wieder getroffen und mich wieder nicht getraut, ihn anzusprechen. Als ich dann im Taxi saß, ärgerte ich mich schrecklich darüber, dass ich es nicht getan habe, und da sah ich plötzlich Rudis Auto neben mir an der Ampel stehen. Und dann habe ich mir gedacht: Das ist ein Zeichen. Dann bin ich aus dem Taxi gesprungen, habe an die Fensterscheibe von Rudis Fahrer geklopft und dem meine Visitenkarte in die Hand gedrückt und gesagt: ›Ich möchte gerne Kontakt zu Herrn Carrell.‹« Kurz nach der überstürzten Aktion fragt sich der junge Moderator dann aber doch, ob es so eine gute Idee war, diesen Schritt zu wagen: »Als ich im Zug zurück nach Amsterdam saß, wo ich seit einigen Jahren lebe, habe ich mir schon gedacht: Das war jetzt wirklich die peinlichste Aktion, die du je in deinem Leben gemacht hast. Ich habe auf jeden Fall zu diesem Zeitpunkt nicht damit gerechnet, dass Rudi sich jemals melden würde.«

Aber Ernst-Marcus Thomas sollte sich täuschen – noch am selben Abend empfing er eine E-Mail von Rudi Carrell: »Rudi schrieb mir auf Holländisch, weil auch meine Visitenkarte zweisprachig ist und er sah, dass ich in Amsterdam lebe. Da er mich ja von seinem Platz im Fond des Autos am Morgen nicht richtig hatte sehen können, schrieb er mir: ›Lieber Mann ohne Kopf – aber mit sehr sympathischer Stimme, wer bist du?‹ Ich habe ihm dann zurückgeschrieben, was ich beruflich mache und dass ich Beratung brauche, wie ich weiter vorgehen soll. Er schickte mir dann seine Telefonnummer, und schon eine Woche später lud er mich in Köln zum Essen ein – und nahm sich alle Zeit der Welt für mich. Er hat sich richtig gefreut, dass ich es gewagt hatte, so unkonventionell Kontakt mit ihm aufzunehmen, und sagte mir: ›Toll, das traut sich sonst niemand.‹ Er war richtig beeindruckt und verhielt sich fast väterlich. Ich war natürlich sehr aufgekratzt am Anfang des Treffens, und er merkte das sofort und sagte: ›Entspann dich erst mal – atme durch.‹ Wir haben uns dann stundenlang unterhalten, und am Ende sagte er mir, dass er mich sehr sympathisch finde und gerne Videos von meinen Moderationen sehen würde. Die habe ich ihm dann natürlich geschickt, und er hat sich das dann auch alles angeschaut und mir geschrieben, dass ihm sehr gut gefalle, was ich mache – was mich natürlich riesig gefreut hat. Also ich kann wirklich sagen, dass Rudi ein Herz für junge Talente hat.«[36] Dankbar sind und können Rudi – ähnlich wie Ernst-Marcus Thomas – viele Menschen in der Fernsehbranche sein. Seine Tochter Annemieke, die ihren Vater 2003, in dem Jahr, in dem Rudi sein fünfzigjähriges Bühnenjubiläum feiern kann, zur Verleihung des Deutschen Fernsehpreises begleitete, wo er den Ehrenpreis der Stifter in Empfang nehmen konnte, erinnert sich an den gerührten Gesichtsausdruck vieler Kollegen: »Als Rudi auf die Bühne kam, habe ich mich umgeschaut, alle standen da – Kai Pflaume, Mark Keller und alle die anderen – und hatten Tränen in den Augen. Ganz viele Menschen in der Branche haben von Rudi gelernt oder profitiert oder ihm ihre Karriere zu verdanken. Das wurde mir an dem Abend mal wieder so richtig klar.«[37]

Jetzt, wo Rudi selbst nicht mehr vor den Kameras stehen muss, sondern nur noch als Produzent von *7 Tage – 7 Köpfe* fungiert, hat er häufiger Zeit, zu verreisen und sich seinem Hobby, dem Golfspiel, zu widmen – und beides sind Leidenschaften, die er mit seiner Frau Simone teilt. Die Ehe mit ihr gibt ihm, der trotz seiner zahlreichen Flirts und Affären, die es in seinem Leben gab, im Grunde seines Herzens ein Beziehungsmensch ist, der ohne feste Partnerschaft nicht existieren kann, einen festen Halt und zudem eine neue Zukunftsperspektive: »Ich war damals innerlich vereinsamt, und plötzlich war Simone da wie ein Licht im Tunnel.«[38] Und auch Simones Leben hat sich nach der Eheschließung mit Rudi zum Positiven entwickelt: »Es war sicherlich keine Liebe auf den ersten Blick – eher auf den dritten oder vierten. Wir haben da schon etwas gebraucht. Aber ich habe es nie bereut, Rudi geheiratet zu haben. Ich wusste immer, dass ich nur mit einem älteren Mann glücklich werden würde.«[39]

Für Simone ist es anfangs alles andere als leicht, in Wachendorf Fuß zu fassen – schließlich trägt auf Rudis Anwesen alles die Handschrift seiner verstorbenen Frau. Rudis Sohn Alexander kann nachvollziehen, dass dies eine schwierige Ausgangslage für die dritte Frau seines Vaters ist: »Das Anwesen in Wachendorf ist, so wie es heute ausschaut, das Werk meiner Mutter, das ist jedem klar. Sie hat fünfundzwanzig Jahre lang hier gelebt und alles gestaltet. Natürlich hat Simone einiges verändert und umdekoriert, aber Ankes Handschrift kann man nicht auslöschen, alles hier erinnert irgendwie an sie – und es ist vollkommen verständlich, dass es nicht leicht für Simone ist, damit umzugehen.«[40] Hinzu kommen Spannungen mit Ankes Mutter Erna Bobbert, die auch weiterhin häufig bei Rudi vorbeischaut und das Grab ihrer Tochter besucht – Simone erinnert sich: »Sie kam einfach sehr schwer damit klar, dass hier noch einmal eine andere Frau lebt. Für sie waren das Haus und der Park sehr mit ihrer Tochter verbunden, und sie betrachtete mich da sicherlich wie einen Eindringling; das ist ja auch irgendwie verständlich. Aber das hat unser Verhältnis natürlich nicht gerade einfach gemacht. Das war ein Konflikt, der für beide Seiten nicht sehr einfach war.« Auch mit der Bevölkerung von Wachendorf ist es manches Mal schwierig: »Die Leute hier im Dorf würden bestimmt sagen: ›Die will mit uns nichts zu tun haben, die denkt, sie sei was Besseres.‹ Was natürlich Unsinn ist, aber ich bin einfach misstrauisch. Ich frage mich schon manchmal: ›Warum wollen diese Leute plötzlich mit mir Kaffee trinken? Nur weil ich die neue Frau von Rudi Carrell bin?‹ Ich bleibe da lieber für mich. Ich liebe dieses Anwesen sehr, für mich ist es das reinste Paradies, und ich habe mich auch nie einsam hier gefühlt, wenn ich allein hier war und Rudi in Köln *7 Tage – 7 Köpfe* produzierte. Ich kann sehr gut alleine sein.« Während Rudi immer auch die soziale Verpflichtung empfunden hat, die Tore zu seinem Park zumindest tagsüber auch für die Bürger von Wachendorf offen stehen zu lassen, schätzt Simone das Anwesen viel mehr als einen Rückzugsort, an dem sie mit Rudi allein sein kann: »Ich finde, man muss auch mal das Tor zumachen und für sich sein können. Sobald ich mich mit Rudi in der Öffentlichkeit bewege, stehen wir unter ständiger Beobachtung, darum ist es mir wichtig, wenigstens hier mal alleine mit meinem Mann zu sein.«[41]

Aber nicht nur Ankes Geist, der nach wie vor in Wachendorf herrscht, macht es der jungen Frau schwer, auch das Zusammenleben mit Rudi ist nicht immer einfach und spannungsfrei. Simone erinnert sich: »Wir hatten schon so manches Mal unsere Reibereien, das muss ich ganz ehrlich sagen. Aber das ist ja ganz normal in einer Beziehung. Rudi ist sehr harmoniebedürftig und sagt immer: ›Das Leben ist so schön, warum sollte man Probleme haben.‹ Viele Dinge will er sich einfach vom Hals halten, und das war er auch immer so gewöhnt, weil seine Frauen ihm alles Lästige abnahmen. Und plötzlich war da aber eine junge Frau im Haus, die vielleicht andere Vorstellungen hatte und versuchte, ihren Kopf durchzusetzen, und nicht immer nur sagte: ›Ja, Rudi, so machen wir es.‹ Am Anfang habe ich mir schon oft gedacht: ›Ach komm, lass doch, wenn er es so haben will und wenn er es gewohnt ist, dann machen wir es eben so.‹« Aber schnell stellt Simone so manche von Rudis Gepflogenheiten, aber auch viele der ungeschriebenen Gesetze, die in seiner Familie herrschen, in Frage – und eckt damit an, nicht nur bei Rudi, sondern auch bei seinen Kindern: »Ich hatte das Gefühl, dass in Rudis Familie das oberste Motto immer war: ›Bloß nicht Rudi verärgern.‹ Es wurde immer alles so gemacht, wie Rudi es wollte.«[42] Eine Einschätzung, die Rudis Sohn Alex stützt: »Rudi war immer der Boss. Wenn Rudi ankam und sagte, wir schauen jetzt alle Fußball, dann schauten auch alle Fußball, wenn er sagte, wir gehen schwimmen oder machen eine Radtour, dann wurde das eben gemacht. Da hätte niemand gesagt: ›Du, Rudi, da ist uns jetzt aber gerade nicht nach.‹ Wenn er kam und sich Zeit für uns nahm, spielten wir immer alle mit.«[43] Auch Annemieke erinnert sich: »Wenn wir durch die Stadt liefen, dann lief Rudi vorneweg und führte uns. Wenn die ganze Familie einen Fahrradausflug gemacht hat, dann war es immer völlig klar, dass Rudi vorne fahren musste. Da hat er selbst immer für gesorgt, auch wenn wir Kinder eigentlich viel schneller gewesen wären als er. Dann hat er sich extra abgestrampelt, damit auch wirklich er vorne fährt, das war ihm superwichtig. Er war es immer, der den Ton angegeben hat, der weiß, wo es langgeht, der der Boss ist. Das war einfach immer so, niemand von uns wäre je auf die Idee gekommen, das in Frage zu stellen.«[44] Rudis jüngste Tochter Caroline bestätigt die Einschätzung ihrer Geschwister: »Rudi ist ein ganz klassischer Paterfamilias – er gibt den Ton an, er sorgt für alle. Das hat natürlich zur Folge, dass wir alle recht unselbstständig sind, dass er sehr dominant in unser aller Leben vorhanden ist.«[45]

Doch Simone hat völlig andere Vorstellungen von einer Beziehung und einem Zusammenleben: »Ich habe dem ganz bewusst entgegengesteuert. Wenn alle sagten: ›Klar, Rudi, so machen wir's‹, dann habe ich erst recht ›Nein‹ gesagt und ihm widersprochen. Gut: Rudi ist der große Showmaster, und Künstlern sieht man ohnehin so manches nach, aber das entbindet ihn meiner Meinung nach nicht automatisch davon, dass er sich auch mal um ganz normale Alltagsdinge kümmert. Aber Rudi war es einfach nicht gewöhnt, mit solchen Dingen behelligt zu werden, oder dass zudem noch jemand den Mut aufbringt, ihm auch mal zu widersprechen. In manchen Situationen sagte er mir ganz erstaunt: ›Das hat noch nie eine Frau zu mir gesagt. Das hat sich noch nie jemand getraut.‹ Rudi ist, was solche Dinge angeht, unheimlich verletzlich. Er hat es wohl manches Mal so empfunden, als ob ich ihn klein machen wollte, auch wenn ich eigentlich nur ganz normale Dinge mit ihm besprechen wollte. Aber das ging nicht, er hörte sich das schweigend an und sagte irgendwann: ›Sind wir jetzt fertig?‹« Carrell, der es zwar von seiner ehemaligen Lebensgefährtin Susanne gewöhnt war, dass sie ihm öfter in beruflichen oder geschäftlichen Dingen widersprochen hat, erlebt es in seiner Ehe mit Simone zum ersten Mal, dass ihm auch im Privaten jemand ernsthaft widerspricht: »Er hat sich sicher so manches Mal vor den Kopf gestoßen gefühlt, aber das hatte natürlich auch damit zu tun, weil seine früheren Partnerinnen und auch seine Kinder eigentlich immer so funktioniert haben, wie Rudi das wollte, und sich niemand, wie ich das tat, auch schon mal gegen ihn auflehnte. Einmal hat Rudi Anke und einer Freundin zum Beispiel gesagt: ›Ich hab euch drei Wochen Mallorca gebucht.‹ Die wollten da eigentlich gar nicht hin, aber keiner hat sich getraut, das Rudi zu sagen. Ich bin da einfach anders, ich würde in so einer Situation einfach ehrlich und frei heraus sagen: ›Sorry, aber ich will da nicht hin.‹ Aber Rudis Kinder sagen meistens: ›Ja, super, Rudi, danke!‹ Aber so bin ich nun einmal nicht, und ich finde das auch nicht gut, immer nur zu allem Ja zu sagen.«

Rückblickend gesteht Simone: »Unsere Beziehung hat Rudi sicherlich manches Mal Nerven und Energie gekostet. Ich bin, wenn ich unbedingt etwas mit ihm besprechen und klären wollte, oft in ihn gedrungen, und wenn es mal Probleme gab, habe ich zu ihm gesagt: ›Lass uns diskutieren, versuch bitte, mich zu verstehen, lass uns reden und den Kampf austragen.‹ Aber Rudi sagte dann nur: ›Ich habe keine Lust zu kämpfen‹ – und damit war der Fall für ihn erledigt. Ich habe es manches Mal sicherlich mit Übereifer betrieben, ihm zu beweisen, dass es auch anders geht, dass nicht immer alles nur so laufen muss, wie er das will. Gerade am Anfang unserer Beziehung habe ich versucht, Rudi zu ändern, aber Rudi kann man nicht ändern. Wobei ich, glaube ich, durchaus schon etwas erreicht habe und er in unserer Beziehung etwas offener geworden ist. Unsere Golffreunde sagten jedenfalls mal zu mir: ›Rudi ist viel lockerer und zugänglicher geworden, seit ihr zusammen seid. Er hat sich sehr zu seinem Vorteil verändert.‹ Ich glaube, Rudi hat es gut getan, dass wir immer viel unternommen haben, dass wir durch das Golfspielen auch viele soziale Kontakte hatten und er nicht mehr so viel allein zu Hause rumsaß und sich abschottete. Und ich habe mich auch von Anfang an immer darum bemüht, ihn zu animieren, dass er mal wieder ein bisschen sportlicher wird, dass er nicht nur auf seinem Golfcaddy sitzt, sondern auch mal ein bisschen zu Fuß geht oder dass er auch mal wieder Fahrrad fährt – und das hat er dann auch gemacht, und das hat ihm gut getan. Da bin ich stolz drauf.«[46]

Im Dezember 2002 wird Rudi noch einmal auf höchst bedrückende Art und Weise von einem Thema eingeholt, das er bereits längst als abgeschlossen betrachtet hatte – Susanne Hoffmann. Nur zweieinhalb Jahre nach dem Tod von Anke ist auch die Frau, mit der er fünfzehn Jahre lang zusammengelebt und zusammengearbeitet hat, auf den Tod erkrankt. Am 22. Dezember erfährt Susanne, dass sie – wie schon vier Jahre zuvor – erneut an einem Hirntumor leidet. Am Tag nach Weihnachten kommt sie ins Krankenhaus. Die Diagnose ist eindeutig, für eine Operation ist es dieses Mal bereits zu spät, für die Vierundvierzigjährige bestehen keine Heilungschancen mehr; den Ärzten bleibt nichts anderes übrig, als sie aufzugeben. Susannes Zustand verschlechtert sich aufgrund des tödlichen Tumors zusehends – schon im Januar 2003 ist sie häufig verwirrt, wenn es auch immer wieder klare Momente gibt, in denen sie der Situation mit dem Humor zu begegnen versucht, den Rudi immer so sehr an ihr geschätzt hat. Wiederum muss Carrell sich an den schmerzlichen Gedanken gewöhnen, Abschied von einem geliebten und ihm über viele Jahre ans Herz gewachsenen Menschen nehmen zu müssen. Doch so schlimm dies für Rudi auch ist, er lässt es sich nicht nehmen, Susanne tagtäglich im Krankenhaus zu besuchen – auch an Weihnachten, Silvester und Neujahr sitzt er an ihrem Bett.

So wie zuvor schon bei Anke, so versucht er nun auch bei Susanne, ihr die noch verbleibende Zeit so erträglich wie irgend möglich zu machen. Er sorgt persönlich dafür, dass Susanne auf eine Spezialstation für Schmerzpatienten des Bremer Krankenhauses verlegt wird, wo die Qualen der Todkranken mit Morphium gelindert werden. Anfang Februar spricht er erstmals der Presse gegenüber davon, dass seine ehemalige Lebensgefährtin schwer erkrankt ist und es keine Hoffnung mehr auf Heilung gibt: »Ich besuche Susanne jeden Tag in der Klinik, bleibe meistens eine Stunde lang da. Sie liegt auf einer so genannten Palliativstation. Hier werden schwerstkranke Menschen sehr human und liebevoll betreut. Sie erkennt mich noch, ist allerdings schwer zu verstehen. Ihren Humor aber hat sie nicht verloren. Ich bewundere ihre Kraft. Es tut schrecklich weh, eine Frau, die man mal sehr geliebt hat, jeden Tag leiden zu sehen.«[47] Carrell trifft dieser neuerliche Schicksalsschlag schwer – über drei lange Monate hinweg sieht er Susanne sterben. Auch wenn er sich zwei Jahre zuvor emotional von ihr gelöst hat und er sich durch Susannes Weigerung, ihn zu heiraten, von ihr zutiefst verletzt und zurückgestoßen gefühlt hatte, so ist er innerlich doch immer noch tief mit Susanne verbunden, mit der er schließlich fünfzehn Jahre lang liiert war.

Susannes Zustand ist Mitte Februar, als fälschlich sogar schon ihr Tod gemeldet worden ist, nach wie vor unverändert: »Sie erkennt und streichelt mich, es ist fast kindlich, sehr berührend. Aber sie ist nur noch fünfzig Prozent der Zeit geistig da und fragt mich zum Beispiel nach ihrer Mutter, die vor drei Jahren gestorben ist.« Doch in den Momenten, in denen sie ganz präsent ist, beweist sie immer wieder ihren Humor: »Neulich bin ich zu ihr ins Krankenzimmer gekommen, und sie hat mich veräppelt, weil ich wohl einer hübschen Krankenschwester hinterhergeguckt hatte. Wir können immer noch lachen, und das hilft uns, diese schwierige Situation zu meistern. Ich kannte noch nie einen Menschen, der so viel von

Humor versteht, wie Susanne.« Da er spürt, wie wichtig seiner ehemaligen Lebensgefährtin seine regelmäßigen Besuche an ihrem Krankenbett sind, verspricht er sogar öffentlich: »Ich werde bei Susanne bleiben bis zum Ende.«[48]

Am 3. April 2003, einem Donnerstag, erreicht Rudi Carrell ein Anruf aus dem Bremer Klinikum. Die behandelnden Ärzte machen ihm unmissverständlich klar, dass es mit Susanne zu Ende geht. Carrell rast sofort in die Klinik, doch es ist zu spät, um noch ein letztes Mal mit seiner langjährigen Lebensgefährtin zu sprechen, Susanne ist bereits ins Koma gefallen, aus dem sie nie wieder aufwachen soll. Am Sonntag, dem 6. April 2003, um fünf Uhr morgens stirbt Susanne im Bremer Klinikum. Es ist das zweite Mal, dass Carrell eine geliebte Frau durch eine schwere Krankheit verliert, und das Gefühl der Macht- und Ratlosigkeit, das ihn auch dieses Mal wieder beschleicht, ist ebenso groß. Der Presse gegenüber erklärt er in aller Kürze: »Der Tod war eine Erlösung für sie. Sie hat sehr gelitten. Ich bin tieftraurig.«[49]

Susannes Tod macht Rudi nachdenklich. Vielleicht nicht zuletzt aus dem Grund, dass er nun bereits zwei Frauen, die er einmal sehr geliebt hat, durch schwere Krankheiten verloren hat, macht Rudi sich zunehmend auch Sorgen um seine eigene Gesundheit – besonders sein starker Raucherhusten, den er schon seit vielen Jahren hat, der ihn aber nie dazu veranlasst hat, mit dem Rauchen aufzuhören, bereitet ihm mehr und mehr Kummer. Annemieke erinnert sich: »Er hat da schon seit Jahren viel gehustet – er hat ja auch sein Leben lang immer unglaublich viel geraucht. Ich kannte ihn von klein auf eigentlich immer nur mit einer Zigarette in der Hand.« Auch ihr Bruder Alex bestätigt: »Rudi hat immer schon gehustet. Mir hat er mal erzählt, dass ihm ein Arzt, da war er gerade fünfundfünfzig, gesagt hat: ›Wenn Sie noch ein Jahr so weiterrauchen, sind Sie tot.‹ Aber Rudi konnte nie von seinen Zigaretten lassen, und gerade wenn er viel arbeitete, rauchte er unablässig.« Jetzt, nach Susannes tragischem Tod, wird er jedoch von dem Gefühl befallen, selbst auch ernsthaft krank zu sein, und lässt sich daraufhin einmal eingehend durchchecken. Annemieke erzählt: »Er war damals gerade im Hotel in Köln und rief mich zu sich, er wollte mich allein sprechen. Er hat mir dann gesagt, dass er gedacht hatte, er sei unglaublich krank, und er hatte auch schon alles geregelt, sein Testament neu gemacht und so. Und dann hatten die Ärzte ihm gesagt, dass alles okay ist und er durchaus noch neunzig werden könne. Er fragte mich: ›Was mache ich denn bloß jetzt?‹, weil er sich ja schon auf ein nahes Ende vorbereitet hatte und plötzlich von den Ärzten mitgeteilt bekam, dass er kerngesund sei. Das war eine sehr absurde Situation. Er war auf jeden Fall total überrascht, dass er ganz gesund ist.«[50]

Und auch noch in bester Gesundheit kann Rudi seinen siebzigsten Geburtstag im Dezember 2004 feiern. Nach wie vor fungiert er bei RTL als Produzent von *7 Tage – 7 Köpfe*, die nun bereits im neunten Jahr läuft und nach wie vor ein großer Publikumsrenner ist. Im September 2004 wird die zweihundertfünfzigste Ausgabe präsentiert, und viele der Comedians, die Rudi im Laufe der letzten sieben Jahre in die Show geholt hat, gehören mittlerweile zu den Spitzenunterhaltern im deutschen Fernsehen und haben wie Gaby Köster und Jochen Busse auch eigene Sendeformate oder treten wie Michael Mittermeier längst in riesigen Hallen auf. Nach der Rolle befragt, die *7 Tage – 7 Köpfe* in seinem Leben und seiner Karriere heute noch spielt, antwortet Carrell anlässlich des Jubiläums: »Sie ist das größte Geschenk meines Lebens. Eine Produktion, in der ich nur lache – vor, während und nach der Show. Früher war alles mit viel mehr Knochenarbeit verbunden.« Und stolz fügt er hinzu: »Wir waren und sind immer noch die erfolgreichste Comedyshow Europas. Niemand hat zu der Zeit so viel Zuschauer wie wir. Unser Vorteil ist, dass wir immer aktuell sind.«[51] Der konstante Erfolg über so viele Jahre hinweg ringt mittlerweile auch den Feuilletons Achtung ab – *Die Welt* stellt anerkennend fest, dass Rudi sich durch sein Wirken im Fernsehen »große Verdienste um den Frohsinn der Nation erworben« habe.[52]

Der bevorstehende siebzigste Geburtstag ist für Rudi kein Grund, über ein Aufhören nachzudenken und nun nach dem Abschied vom Bildschirm auch noch seine Produzententätigkeit an den Nagel zu hängen. Als er von Journalisten im Vorfeld seines Ehrentags mit der Frage konfrontiert wird, ob er plane, sich einmal ganz aus dem Fernsehgeschäft zurückzuziehen, antwortet er wie stets mit einer Pointe: »Ich werde natürlich weitermachen. Was tue ich sonst, wenn es regnet?«[53] Jetzt, wo der Druck weg ist, jede Woche selbst vor den Kameras sitzen zu müssen, genießt er die kreative Arbeitsatmosphäre, die hinter den Kulissen von *7 Tage – 7 Köpfe* herrscht, nur umso mehr: »Ich habe jetzt so viel Spaß an der Arbeit, wie mein ganzes Leben vorher nicht. Ich lache gern und bei dieser Arbeit so viel – und kriege noch Geld dafür. Was will ich mehr?«[54] In den Wochen vor seinem Geburtstag macht Rudi sich wie vor allen zurückliegenden runden Geburtstagen rar und lehnt die meisten Interviewanfragen ab, obwohl sich alle großen Zeitungen und Illustrierten um ein Exklusivinterview mit der Showlegende drängen – doch Rudi Carrell lässt alle abblitzen. Erst als Paul Sahner für die *Bunte* anfragt, lässt Rudi sich dann doch noch erweichen. Da er als alter Showhase überzeugt ist, bereits alle Fragen zu kennen, die in solch einem Geburtstagsinterview gestellt werden, macht er sich zunächst den Spaß, Sahner ein Fax zu schicken, in dem er unter anderem schon mal prophylaktisch die Frage beantwortet, wie es ist, siebzig zu werden: »Was ist das schon?

Es gibt Sterne, deren Licht siebzig Jahre braucht, damit wir sie jetzt sehen. Andererseits, meine Jugend, die erste Liebe, die Geburt meiner ältesten Tochter, der Anfang meiner Karriere, es ist alles so unvorstellbar lange her.«[55] Rudi empfängt den Journalisten dann aber doch noch in Wachendorf zu einem persönlichen Gespräch, und als er sich während des Interviews die elfte Zigarette anzündet, bekennt Rudi: »Ich habe meinen Arzt gefragt, ob ich aufhören soll. Der sagt mir, es lohnt sich nicht mehr.«[56] Neben dem *Bunte*-Gespräch entschließt Rudi sich in letzter Sekunde, auch noch dem Kölner *Express* ein Interview anlässlich seines siebzigsten Geburtstags zu geben, in dem er gefragt wird, ob er denn gute Vorsätze für das neue Lebensjahr habe. Naturliebhaber Carrell antwortet: »Ich werde mein Anwesen bei Bremen, die vier Jahreszeiten in meinem Park noch stärker genießen. Ich habe gerade einhundertvierzig Kilo Karpfen in den Teich geworfen – ein Gefühl des Glücks.«[57] Und auf die Frage, worauf er in seinem Leben am meisten stolz ist, bekennt Rudi, dass ihm die Liebe seines Publikums, die er nach wie vor zu spüren bekommt, sobald er sich in der Öffentlichkeit bewegt, wichtiger ist als alle materiellen Reichtümer: »Die Art und Weise, wie man mit mir umgeht, wenn man mich jetzt trifft. Egal, ob Kinder oder Ältere, alle sagen mir, dass ich ihnen Freude bereitet habe und sie zum Lachen bringe. Das ist das Größte, davor knie ich vor meinem Publikum nieder.«[58]

Zur privaten Geburtstagsfeier im Hamburger Hafen ist die Presse unerwünscht. Rudi hat rund neunzig Gäste geladen, vor allem Familienmitglieder und Menschen aus seinem Privatleben, nur ganz wenige aus seinem beruflichen Umfeld, so etwa Jochen Busse und einige andere aus dem Team von *7 Tage – 7 Köpfe*, daneben aber auch Menschen aus seiner holländischen Zeit, wie etwa seinen Freund, den Komponisten Tonny Eyk. Sehr zu dessen Überraschung entscheidet Rudi sich dafür, als einen der wenigen Weggefährten aus alten Tagen, der ihm nach wie vor wichtig ist, auch Alfred Biolek einzuladen, der sich erinnert: »Ich war sehr positiv überrascht, dass Rudi mich zu seinem siebzigsten Geburtstag eingeladen hat. Ich dachte, dass bestimmt Gott und die Welt da ist, aber es war ganz wenig Prominenz da, so gut wie nur Leute aus seinem privaten Umfeld, seine Kinder, seine Geschwister, Freunde aus Bremen. Sonst kaum jemand, der mit dem Beruf zu tun hatte. Und das hat mich dann schon sehr geschmeichelt, dass Rudi mich dazugebeten hat.[59]

Ein rundes Datum wie der siebzigste Geburtstag lädt natürlich geradezu dazu ein, Bilanz zu ziehen und auf das Leben zurückzuschauen. Und das macht Rudi weder während seiner Feier noch in der Presse, sondern in seinem privaten Umfeld, mit seiner Familie. Die Wochen vor und nach seinem Geburtstag verbringt er damit, sich durch Stapel von alten Fotos und Unterlagen zu wühlen und in Gedanken und Erinnerungen zu schwelgen – all das noch mal Revue passieren zu lassen, was ihm in seinem Leben und seiner Karriere widerfahren ist. Caroline erinnert sich: »Er hat in dieser Zeit wahnsinnig viel von früher erzählt, hat in den Kisten mit den alten Fotos gestöbert, den Bildern aus seinen Shows, aber auch den Privataufnahmen, und hat dann zu jedem der Bilder Geschichten erzählt. Und das hat ihm richtig Spaß gemacht. Ich habe das Gefühl, dass er damals schon etwas geahnt hat, dass er schon spürte, dass er sehr krank ist. Er hat mich dann auch mal zur Seite genommen und mir gesagt, dass er gerne mit mir spazieren gehen möchte. Wir sind in Wachendorf um seinen See gelaufen, und das war ein Moment der großen Nähe, und da habe ich ihm zum ersten Mal gesagt: ›Ich habe beruflich mein Ding gefunden und bin sehr glücklich damit, ich habe gemerkt, dass Fernsehen nichts für mich ist.‹ Das hatte ich mich vorher nie getraut. Und er hat nur gesagt: ›Das ist doch wunderbar.‹ Und ein wenig später meinte er plötzlich: ›Du, dein Rolf, das ist wirklich ein ganz netter Typ.‹ Wohlgemerkt war ich zu diesem Zeitpunkt schon siebenundzwanzig Jahre mit Rolf zusammen, aber es war das erste Mal, dass er so etwas sagte. Es war so, als ob er das Gefühl hatte, dass er mir da noch offiziell seinen Segen geben muss. Nach siebenundzwanzig Jahren! Das fand ich lustig. Aber auch irgendwie sehr rührend.«[60]

Kurz nach dem Trubel um Rudis siebzigsten Geburtstag brechen er und Simone zu einem mehrwöchigen Urlaub auf die kleine Karibikinsel Petit Saint-Vincent auf, um auszuspannen. Doch was andere Touristen gerade gezielt suchen, erscheint dem Medien- und Nachrichtenjunkie Rudi Carrell schrecklich ungewohnt, nämlich die Tatsache, hier so ganz abgeschnitten von der Welt zu sein: »Vier Wochen kein Fernsehen, keine deutschen Zeitungen und nicht mal Touristen, die mich erkannten – so was bin ich gar nicht gewöhnt.«[61] Doch da Simone für solche Reisen schwärmt, erfüllt Rudi ihr dennoch ihre Wünsche, wobei es seine eigene Lieblingsbeschäftigung ist, einfach am Strand zu sitzen, auf das offene Meer hinauszuschauen und seinen Gedanken nachzuhängen: »Das konnte Rudi immer stundenlang machen. Er hat diese Reisen sicherlich nicht zuletzt auch unternommen, um mir einen Gefallen zu tun und mir das zu ermöglichen, weil ich großen Spaß daran habe, an schönen Orten und in schönen Hotels zu sein. Einmal hat er mir zuliebe sogar eine Kreuzfahrt auf der MS Europa gebucht, obwohl er vorher immer gesagt hatte ›Kreuzfahrten sind die größte Kacke.‹ Ihm hat das dann zwar auch gut getan, aber ich denke schon, er hat es in erster Linie für mich getan.«[62]

Schon während der Reise hat Rudi gesundheitliche Probleme und spürt, dass er ernsthaft erkrankt sein könnte. Zurück in Deutschland lässt er sich gleich im Klinikum in Bremen von Kopf bis Fuß durchchecken –

die Diagnose lässt nicht lange auf sich warten: Lungenkrebs. Nicht nur weil Rudi Carrell sein ganzes Leben lang ein leidenschaftlicher Raucher war, bis zu zwei Packungen Zigaretten am Tag rauchte, wenn er seine Shows vorbereitete, und ihm im Fernsehstudio zumeist ein Student mit einem Wassereimer hinterherrennen musste, damit er trotz Rauchverbots rauchen konnte, kann ihn diese Diagnose kaum verwundern. Denn hinzu kommt auch noch, dass Rudi, was Lungenerkrankungen angeht, erblich schwer vorbelastet ist. Seine Großmutter väterlicherseits starb im Alter von achtundfünfzig Jahren an Tuberkulose, und auch sein Vater starb an Lungenkrebs, auch er ist nur achtundfünfzig geworden. Es ist insofern müßig zu spekulieren, ob Rudi seinem Schicksal entgangen wäre, wenn er gar nicht oder weniger geraucht hätte, wie ihm Ärzte das im Laufe seines Lebens wiederholte Male dringend ans Herz gelegt hatten – vermutlich hätte dies nichts geändert, denn auch Rudis anderthalb Jahre jüngere Schwester Truus ist ernsthaft an Lungenkrebs erkrankt, obwohl sie ihr ganzes Leben lang nie eine Zigarette angefasst hat. Zum Zeitpunkt, als Rudi seine Diagnose erhält, ist Truus todkrank – doch eine Operation und eine Chemotherapie kommen bei ihr glücklicherweise noch rechtzeitig, sodass sich ihr Zustand im Laufe des Jahres 2005 wieder wesentlich bessert. Im März 2006 kann Carrell berichten: »Truus geht es heute besser als mir. Sie hat das Glück, das nur ihre Lunge befallen war und es noch keine Metastasen gab.«[63]

Die Ärzte lassen Rudi wissen, dass der Tumor nicht mehr operiert werden kann und es außer Chemotherapien, die palliativ wirken, also sein Leben angenehm und so schmerzfrei wie möglich verlängern sollen, keine weiteren Behandlungsmöglichkeiten mehr gibt und sie seine Lebenserwartung auf knapp ein Jahr einschätzen: »Sie sagten mir: ›Sie müssen schnell Ihr Testament machen und Ihre Kollegen unterrichten, denn es dauert nicht mehr lange.‹«[64] Simone Felischak erinnert sich: »Das war schon ein schwerer Schock, denn die Ärzte sagten sehr deutlich, wie ernst es ist. Sie sprachen von einem Jahr, aber es hätten genauso gut auch nur noch sieben Monate sein können. Mich hat das sehr getroffen, zumal zur gleichen Zeit auch noch meine Mutter sehr krank war und ich mir auch um sie große Sorgen machen musste. Ich habe ihr monatelang gar nichts davon gesagt, dass Rudi so krank ist, um sie nicht auch noch damit zu belasten. Das war schon alles ein bisschen viel auf einmal, aber glücklicherweise bin ich sehr stark.«[65]

Rudi unterrichtet sofort seinen Sohn Alexander in Australien über seine Erkrankung und bittet seine Töchter zu sich nach Wachendorf. Annemieke erinnert sich an die Situation: »Er saß da und erzählte es uns ganz ruhig und gefasst. Er sagte: ›Ich habe alles gehabt, ich habe in meinem Beruf alles erreicht, ich hatte ein tolles Leben – wenn ich morgen tot umfalle, dann ist das auch okay.‹ In diesem ersten Moment hatte ich das Gefühl, dass Rudi gar nicht vorhat, noch zu kämpfen und ich habe meinem Vater dann auch gesagt, dass er schon noch kämpfen, müsse, dass er nicht so schnell aufgeben dürfe.«[66] Doch was Rudi in dieser Situation erst mal wesentlich wichtiger ist, als gegen den Krebs anzukämpfen, ist, alles in Ordnung zu bringen, seinen Nachlass zu regeln, sein Testament auf den aktuellen Stand zu bringen und auch sein Anwesen in Wachendorf in Schuss zu setzen – alles soll perfekt sein, alles soll unter Dach und Fach sein. Seine Tochter Caroline erinnert sich: »Das Erste, was er nach der Diagnose machte, war, hundert Karpfen zu kaufen und sie in seinen See einsetzen zu lassen. Und dann ließ er neue Bäume und Sträucher pflanzen und das Dach seines Hauses neu decken. Es war so, als ob er sich sagt: Jetzt, wo ich weiß, dass ich in nicht allzu naher Zukunft sterben werde, da will ich alles in Ordnung bringen.«[67]

Rudi geht in seinem privaten Umfeld mit einer so großen Selbstverständlichkeit mit seiner Krebserkrankung um, dass es schon beinahe unheimlich ist. Kein einziges Mal hören seine Kinder oder seine Frau eine Klage aus seinem Mund, kein einziges Mal ein Wort des Haderns mit seinem Schicksal. Jetzt hilft ihm, dass er sein ganzes Leben lang ein höchst pragmatischer Mensch gewesen ist: Er hat Krebs, er wird in absehbarer Zeit sterben, er wird nicht achtzig werden, wie er sich das mal gewünscht hat – so ist es nun einmal, so muss er es hinnehmen. Und pragmatischer und abgeklärter als Rudi kann man kaum mit einer solchen Erkrankung umgehen: »Zur Sicherheit hatte ich mir schon für sechshundert Euro eine Perücke gekauft, aber die habe ich nicht gebraucht.«[68] Mit der Art und Weise, wie er der Diagnose und der Krankheit begegnet, leistet er seiner Familie eine wertvolle Hilfestellung – Annemieke erklärt: »Er hat es uns, seiner Familie, wahnsinnig leicht gemacht, mit der Art und Weise, wie stark und mit welcher Selbstverständlichkeit er von Anfang an mit seiner Krankheit umgegangen ist. Mein Vater ist so stark in dieser Situation, dass ich wahnsinnig stolz auf ihn bin. Er hat wirklich nie einen einzigen Moment der Trauer oder des Traurigseins aufkommen lassen. Keiner von uns hat geweint, als wir es erfahren haben – weder ich noch mein Mann, noch meine Kinder. Rudi hat eine unheimliche Kraft und eine große Ruhe ausgestrahlt – und das hat sich auf uns alle übertragen.« Was seine Tochter am meisten in Erstaunen versetzt, ist die Tatsache, welch ein disziplinierter Patient ihr Vater mit einem Mal ist: »Rudi ist sein ganzes Leben lang nie krank gewesen, und er hat Krankenhäuser gehasst wie die Pest. Als ich bei der Geburt meiner Kinder im Krankenhaus lag, kam Rudi mal kurz für zehn Minuten vorbeigeschneit, und schon war er wieder verschwunden, weil er die Atmosphäre in Krankenhäusern einfach schrecklich fand. Und jetzt plötzlich steckt er das alles so locker weg, macht brav alles, was die Ärzte ihm sagen, befolgt diszipliniert jede Anweisung und fährt sogar nach der Chemotherapie noch selbst im Auto nach Hause. Man kann sagen: Auch als Kranker ist Rudi ein Profi.«[69]

Seine Frau Simone bestätigt Annemiekes Beobachtung: »Einmal sagte Rudi zu mir: ›Fahr du zum Golfen, ich fahr zur Chemotherapie.‹ Und als ich gerade auf dem Golfplatz angekommen war, klingelte mein Handy, und Rudi war dran: ›Ich bin schon fertig, ich kann jetzt auch noch mit golfen.‹ Und dann hat er tatsächlich an diesem Tag, an dem unheimlich schwüles Wetter herrschte, unmittelbar nach seiner Chemotherapie eine Partie Golf mit mir gespielt. Das hat mich schon sehr beeindruckt.« Gerade jetzt in dieser Situation, in der Rudi, auch wenn er sich so stark gibt, eine Stütze braucht, verbringen Simone und er viel Zeit miteinander. Seine Frau erinnert sich: »Ich habe mich bemüht, so viel wie möglich mit Rudi zu unternehmen – auch wenn natürlich ständig dieses Damoklesschwert über uns schwebte. Aber ich habe versucht, das so gut wie möglich zu verdrängen. Ich habe einfach schnell gemerkt, dass eine schwache, ständig weinende Frau das Falscheste gewesen wäre, was Rudi in dieser Situation hätte gebrauchen können. Das hätte ihn nur belastet und ständig an seine Krankheit erinnert. Und so habe ich mich bemüht, immer stark zu sein, immer Herrin der Lage. Natürlich hatte auch ich schwache Momente, und es gab auch Situationen, in denen ich zu Rudi sagte: ›Jetzt lass mich doch auch mal schwach sein.‹ Aber das war eher selten. Rudi hat es mir immer einfach gemacht – er hat mir eine unglaubliche Kraft vermittelt. Auch ohne viele Worte hat er mir zu verstehen gegeben, dass er sein Leben trotz der Krankheit und trotz der Chemotherapien so weiterleben will wie bisher. Alles sollte so normal wie möglich sein, und es sollte und durfte auf keinen Fall ständig über seine Krankheit gesprochen werden.«[70] Dass Simone an seiner Seite ist, gibt ihm in dieser sicherlich nicht einfachen Situation Kraft und stärkt ihm den Rücken, wie auch Rudis Sohn Alex befindet: »Ich glaube, es war sehr wichtig, dass Rudi in dem Moment, als er die Diagnose bekam, nicht allein war, sondern Simone da war. Das war eine glückliche Fügung, welche Schwierigkeiten es vielleicht auch vorher gegeben haben mag. Wenn er Simone nicht gehabt hätte, dann hätte er bestimmt nicht mehr so lange gelebt. Es war wichtig, dass sie ihn in dieser Situation immer noch angetrieben hat, ihn mitgenommen hat zum Golfen, zu Freunden. Ich glaube, das hat ihm einfach gut getan, besser auf jeden Fall, als wenn er hier ganz alleine gesessen und ständig nur nachgegrübelt hätte.«[71]

Rudi legt größten Wert darauf, dass die Presse nichts von seiner Krebserkrankung erfährt. Auch seinen Kindern und Enkeln verbietet er, darüber in der Öffentlichkeit zu sprechen. Annemieke erinnert sich: »Das war eine sehr schwierige und eine sehr belastende Zeit für uns alle. Wir durften ja alle mit niemandem darüber reden, auch die Kinder nicht mit ihren Freunden. Das war tabu, und wir haben uns natürlich an Rudis Wunsch gehalten. Er wollte einfach nicht, dass die Presse darüber schreibt, wohl nicht zuletzt gerade auch, weil er kein Mitleid wollte. Und die Presse hat dann schon ständig bei uns Kindern angerufen, um was zu erfahren, manchmal täglich, und wir haben immer nur gesagt: ›Kein Kommentar.‹ Das war auf Dauer schon sehr ermüdend, es ging ja fast ein ganzes Jahr.«[72]

Rudi ist Medienprofi genug, um zu wissen, dass sich die Gerüchte über eine ernsthafte Erkrankung nicht auf Dauer werden unterdrücken lassen und dass die Meldung seiner Krebserkrankung und später auch seines Todes Top-Meldungen in allen Zeitungen und auf allen Fernsehkanälen sein wird: »Das wird einen riesigen Trubel geben.«[73] Bereits in seiner Autobiographie hatte er Ende der siebziger Jahre im Hinblick auf den Wirbel um die Beerdigung Peter Frankenfelds vorausgesehen: »Mein Gott, wie hysterisch werden sie reagieren, wenn ich einmal sterbe.«[74] Dennoch möchte er selbst den Zeitpunkt wählen, wann er mit der Nachricht an die Öffentlichkeit geht, und sich durch nichts und niemanden drängen lassen – und den Zeitpunkt will er so weit wie möglich hinausschieben. Dennoch kursieren natürlich schnell Gerüchte um eine ernsthafte Erkrankung Carrells. Als Rudi im April 2005 im Klinikum Bremen liegt und die Presse Wind davon bekommt, teilt Carrells Umfeld mit, dass kein Anlass zur Besorgnis bestehe und Rudi lediglich an einer Thrombose leide – was durchaus glaubhaft klingt, da Carrell im Oktober 2002 bereits schon einmal wegen einer Thrombose in der Klinik behandelt worden war. Doch natürlich magert Carrell stark ab, und man sieht ihm zunehmend an, dass er krank sein muss. Sein Weggefährte Thomas Woitkewitsch, der Rudi im Mai 2005 wieder sieht, als der Showmaster mit dem Münchhausen-Preis der Stadt Bodenwerder ausgezeichnet wird, erinnert sich: »Er sah da in meinen Augen schon sehr krank aus, auch wenn man noch nichts Genaues wusste. Aber trotzdem fand ich seinen Auftritt ganz großartig. Er stellte sich da vor die zweitausend Leute hin und sang live das wirklich außergewöhnliche Lied *Ich liebe dich*, das ich sehr gerne mag und dessen deutschen Text ich in den Siebzigern für Rudi geschrieben hatte. Und Rudis Interpretation war sehr stark und eindrucksvoll, und ich habe nur gedacht: Der Mann ist wirklich ein Zirkustier.«[75] Annemieke bestätigt: »Rudi hat immer gesagt: ›Warum sollte ich denn nicht mehr live singen? Das ist doch wie Fahrradfahren, so was verlernt man doch nicht.‹«[76] Trotz seiner Erkrankung und der Chemotherapien absolviert Rudi auch weiterhin Auftritte wie etwa bei Benefiz-Golfturnieren und zeigt sich auch im Fernsehen, so im April 2005 bei einem kleinen Gastauftritt in *7 Tage – 7 Köpfe* und drei Monate später in der Sendung *Gottschalk & Friends*. Und auch mit lockeren Sprüchen ist Rudi wie gewohnt präsent – im September 2005, als das Aus für Volksmusikmoderatorin Caroline Reiber verkündet wird, erklärt Rudi freimütig in der Presse: »Niemand wird Caroline Reiber vermissen.«[77]

Dass Rudi sich so konstant weigert, seine Erkrankung bekannt zu geben, lässt die Gerüchteküche immer weiter brodeln, sodass es klar ist, dass die Zeitungen irgendwann darüber schreiben werden, auch ohne zuvor Carrells Einverständnis einzuholen oder seinen Wunsch zu achten, mit der Enthüllung seiner Erkrankung noch zu warten. Doch obwohl der Druck vonseiten der Presse immer mehr wächst, zögert Carrell auch weiterhin. In einer solchen Situation nicht allein mit sich, mit seiner Krankheit zu sein, sondern von der Presse bedrängt zu werden, ist fraglos der Preis, den man als Person des öffentlichen Lebens für seine Popularität zahlt. 1995 hatte der Journalist und *Tagesthemen*-Präsentator Hanns Joachim Friedrichs die gleiche Erfahrung machen müssen. In seinem letzten großen Interview mit dem *Spiegel*, das nur wenige Stunden vor seinem Tod veröffentlicht wurde, bekannte er: »Du kannst, wenn du über längere Zeit dein Gesicht im Fernsehen zeigst, viele Dinge nicht mehr tun, die andere Leute tun können; auch nicht in Ruhe sterben, das ist nun mal so.«[78]

In der Presse tauchen erste Gerüchte über eine ernsthafte Erkrankung Carrells bereits im Juli 2005 auf, wobei zunächst ausschließlich in der Yellow Press entsprechend berichtet wird. *Das Neue* fragt im Juli 2005 erstmals: »Wie krank ist er wirklich? Fotos, die eine Geschichte erzählen. Erschreckend.«[79] Im Spätsommer greifen weitere Illustrierte das Thema auf, so etwa *Das Neue Blatt*, das vom »Drama um Rudi Carrell«[80] spricht, oder die Illustrierte *Neue Post*, die im September erstmals »schockierende Krebsgerüchte«[81] erwähnt. Im Laufe des Herbstes verdichten sich die Gerüchte, Carrell leide an Krebs, immer mehr, was schließlich auch die Boulevardblätter auf den Plan ruft, obwohl Rudi weiterhin beharrlich zu den Gerüchten schweigt und zu keinerlei Auskünften zu seinem Gesundheitszustand bereit ist. Im November 2005, neun Monate nachdem Rudi die Diagnose Lungenkrebs erhalten hat, platzt schließlich die Bombe. Carrells zweiundneunzigjährige Schwiegermutter Erna Bobbert, Ankes Mutter, ist es, die der Illustrierten *Das Neue* gegenüber bestätigt: »Dass es Krebs ist, ist definitiv. Ich bin vor gut vier Wochen zu ihm nach Syke gefahren. Rudi hat ja schon eine Chemobehandlung hinter sich. Aber er will einfach nicht über seine Krankheit sprechen.«[82] Die Zeitungen in ganz Deutschland melden daraufhin die Erkrankung des Entertainers und fragen – wie etwa der Kölner *Express* – besorgt: »Wie schlimm ist es?«[83] Am 15. November 2005 verkündet dann auch die *Bild*-

Zeitung: »Abgemagert – Haarausfall – Kaum noch Auftritte: Wie krank ist Rudi Carrell?«[84]

Carrell selbst ist in diesen Tagen für die Presse nicht zu erreichen, auch sein Umfeld hält sich bedeckt, niemand jedoch dementiert die Gerüchte um Carrells Krebserkrankung. Die Reporter versuchen daraufhin das Naheliegende und wenden sich an Carrells Kollegen aus *7 Tage – 7 Köpfe*, die Rudi bereits im Februar über seinen Zustand informiert hat, doch auch hier stoßen sie auf eine Mauer des Schweigens. Bernd Stelter lehnt jede Stellungnahme ab: »Dazu sage ich nichts. Dazu bin ich zu nah dran.«[85] Nur Jörg Knör bricht schließlich das Schweigen und bekennt: »Wir machen uns Sorgen. Rudi geht es sehr schlecht. Er sieht schlimm aus.«[86] Nicht allein aufgrund seiner Erkrankung, sondern auch weil die Quote seiner Comedyshow nach der langen Laufzeit mittlerweile auf unter zehn Prozent abgesunken ist, entschließt Rudi sich, mit der Show Schluss zu machen und sich damit auch als Produzent aus dem Fernsehgeschäft zurückzuziehen. Ohne Wehmut bekennt er: »*7 Tage – 7 Köpfe* ist von all meinen Shows am längsten gelaufen und war wirklich die schönste Arbeit. Sieben Komiker, die sich mögen und gut miteinander harmonieren, das war toll. Ich lache so unheimlich gern, und die Zusammenarbeit war wirklich toll. Einc tolle Erfahrung.«[87] Die letzte Ausgabe, für die ein Rückblick auf zehn Jahre und fast dreihundert Ausgaben geplant ist, soll am 30. Dezember 2005 ausgestrahlt werden; als Stargast hat Carrell Harald Schmidt eingeladen, der erstaunt ist, wie professionell Rudi immer noch arbeitet: »Carrell saß allein im Büro, auf dem Schreibtisch lag seine Armbanduhr, und er überprüfte die Zeitlimits seiner Kollegen. Er hatte immer noch alles unter Kontrolle. Da habe ich nur gedacht: Respekt!«[88] Carrell verabschiedet sich mit einem stummen Gag aus der Show – er tritt aus den Kulissen, zieht an einer Kordel, worauf sich ein volles Glas Wasser auf Schmidts Hose ergießt, winkt und tritt ab.

Die Sendung wird am 20. Dezember 2005 in Anwesenheit von Pressevertretern voraufgezeichnet, und sehr zum Verdruss Carrells verrät die *Bild*-Zeitung bereits einen Tag später, wie Rudi sich zehn Tage später vom Bildschirm verabschieden wird: »Stummer Abschied im TV.«[89] Wütend schreibt Rudi Carrell am 22. Dezember an *Bild*-Chef Kai Diekmann: »Ich möchte Ihnen mitteilen, dass ich es nicht länger hinnehmen werde, von Ihrer Zeitung lebendig begraben zu werden. Die heutige ›Stumme-Abschied-Geschichte‹ ist pervers und absurd und ein Beweis dafür, dass Sie sich meinen Tod nur noch herbeisehnen. Morgen werde ich aus beruflichen Gründen noch einmal Ihre Zeitung lesen müssen und dann ist auch damit, Gott sei Dank, Schluss.«[90] Noch am selben Tag antwortet der *Bild*-Chef Carrell: »Ich finde es sehr bedauerlich, dass Sie sich durch unsere heutige Berichterstattung verletzt fühlen. Das war nicht unsere

Absicht. Anlass unserer Berichterstattung war eine ausdrückliche Presseeinladung Ihres Senders RTL zur Aufzeichnung der letzten Folge von *7 Tage – 7 Köpfe* sowie entsprechende Berichterstattung der Deutschen Presse-Agentur, die gestern von einem ›wortlosen Sekunden-Auftritt‹ berichtete. In dem Bericht wurde ausdrücklich Bezug auf Ihre Erkrankung genommen. Wie Sie wissen, berichteten – im Gegensatz zu *Bild* – zahlreiche Zeitungen und Illustrierte seit vielen Wochen über Ihre Erkrankung. Erst nachdem Sie selbst am 21. November in der niederländischen Illustrierten *Prive* und anschließend mit *Bunte* offen über Ihre Krebskrankheit sprachen (... ich weiß, dass ich Krebs habe ...), hat *Bild* entsprechend berichtet. Ihre Äußerungen ließen für uns den Schluss zu, dass Sie mit diesem sehr persönlichen Thema nun durchaus öffentlich umgehen wollen. *Bild* ist seit Jahren einer Ihrer treuesten Fans. Ich bedaure sehr, dass Sie mit unserer Berichterstattung unzufrieden sind, hoffe aber, dass Sie die Hintergründe des heutigen Berichts jetzt besser verstehen können.«[91] Rückblickend befindet Kai Diekmann: »Ich glaube, was Rudi als Fernsehprofi bei der ganzen Sache in Wirklichkeit geärgert hat war die Tatsache, dass *Bild* vorab seinen Schlussgag verraten hat, mit dem er sich endgültig vom Bildschirm zurückziehen wollte. Damit haben wir ihm natürlich die Überraschung genommen. Aber das war nicht unsere Schuld. Sein Sender hat das doch vorab verraten, dpa hat eine entsprechende Pressemeldung herausgegeben, wir haben nur darüber berichtet. Aber das hat ihn als Profi sicherlich sehr gewurmt, und so erkläre ich mir die harsche Reaktion.«[92]

Jede Meldung über Carrell ist mittlerweile heiß begehrt, und da Rudi nach der Bestätigung der Krankheit zu keinen weiteren Statements zu seinem Befinden oder seinem Gesundheitszustand mehr zu haben ist, wird jede noch so kleine Meldung aufgebauscht. Als Rudis Tochter Annemieke Mitte Dezember der Presse auf Nachfrage berichtet, dass Rudi an seinem einundsiebzigsten Geburtstag ganz normal arbeiten und im Fernsehstudio sein wird, meldet eine Illustrierte: »Rudi Carrell feiert nicht einmal mehr seinen Geburtstag«, was Carrell sehr ärgert: »So eine schwachsinnige Meldung; ich habe mein ganzes Leben lang meinen Geburtstag nie gefeiert, sondern war die letzten sechsundvierzig Jahre immer im Fernsehstudio. Warum sollte ich denn jetzt plötzlich vor einer Geburtstagstorte zu Hause sitzen? Ich hatte eine Sendung zu produzieren.«[93] Dennoch lösen die Meldungen über Rudis Erkrankung bei vielen Menschen Bestürzung aus. Annemieke erzählt: »Nachdem es in der Presse bekannt geworden ist, bin ich sehr viel von Menschen angesprochen worden, die mich baten, Rudi alles Gute und viel Kraft zu wünschen. Oft standen auch wildfremde Leute vor der Tür und drückten mir Päckchen mit Medikamenten in die Hand, die bei ihnen selbst oder bei Verwandten in der gleichen Situation geholfen haben sollen. So was ist wirklich sehr rührend und zeigt, wie sehr Rudi den Menschen doch ans Herz gewachsen ist. Es gab eine richtige Woge der Anteilnahme.«[94]

Nach dem Aus von *7 Tage – 7 Köpfe* hat Carrell keine weiteren beruflichen Pläne mehr. Ein letzter Wunsch muss leider unerfüllt bleiben – eigentlich hatte Rudi bereits damit angefangen, Texte und Lieder für einen Galaabend zusammenstellen, an dem er ein letztes Mal aus seinem Leben erzählen wollte. Doch die Probleme mit den Stimmbändern machen diesen Plan hinfällig. Sein Sohn erinnert sich: »Das hat Rudi sehr traurig gestimmt, er hätte das wahnsinnig gerne gemacht. Ich habe ihm dann gesagt: Jetzt, wo du schon mit so etwas angefangen hast, mach doch ein Buch daraus – schreib über dein Leben. Aber er sagte: ›Das kann ich nicht, da müsste mir jemand bei helfen, und ich weiß nicht, wer.‹ Und dann war er leider nicht mehr dazu zu bewegen, das Projekt weiterzuverfolgen.«[95] Doch bevor Rudi Carrell sich hierzu weitere Gedanken machen kann – und bevor ihm die Anfrage, an *diesem* Buch mitzuwirken, auf den Schreibtisch flattert –, fahren Rudi und Simone im Januar 2006 erst einmal in Urlaub, ziehen sich vier Wochen auf die einsame Karibikinsel Petit Saint-Vincent zurück, auf der sie bereits im Vorjahr Urlaub gemacht hatten. Noch im Urlaub erfährt Rudi, dass ihm Anfang Februar 2006 der Ehrenpreis der Goldenen Kamera überreicht werden soll. Er ist hocherfreut angesichts dieser großen Ehre, nur eins stört ihn: Die Veranstalter haben Jerry Lewis als Laudator für ihn vorgesehen: »Wieso Jerry Lewis? Mit dem habe ich nichts zu tun, und außerdem halte ich ihn für den größten Armleuchter, der in der ganzen Branche herumläuft. Wenn einer das machen kann, dann nur Alfred Biolek.«[96] Rudi macht sich sofort Gedanken über seine Dankesrede, notiert sich Gags und Witze, weil er sich so präsentieren will, wie er sich zeitlebens präsentiert hat, und gleichzeitig der Situation ihre Schwere nehmen möchte: »Eine Rede ohne dieses Heischen nach Mitleid, keine guten Vorsätze, kein Zeigefinger. Ich dachte mir: Mach es witzig. Mach es so, wie du bist, wie sie dich kennen. Mein Publikum soll mich nicht als Sterbenden in Erinnerung halten.«[97] Schon für den Einstieg seiner Rede, bei dem die Menschen zum ersten Mal erleben werden, dass er Probleme mit den Stimmbändern hat, wählt er einen Gag: »Mit dieser Stimme kann man in Deutschland immer noch Superstar werden.« Fast alle Gags hat er sich im Urlaub ausgedacht, nur zwei Dinge kommen am Tag der Preisverleihung noch hinzu – der Hinweis auf Axel Springer und den Fall der Berliner Mauer sowie der Satz: »Es war eine Ehre für mich, in Deutschland Fernsehen machen zu dürfen.« Rudi erzählt: »Das habe ich ganz spontan hinzugefügt – ich wusste noch nicht, dass ich das sagen werde, als ich auf die Bühne trat.

Ich habe es gesagt, weil ich es in dem Moment so empfunden habe und auch wirklich so empfinde. Ich bin diesem Land wirklich wahnsinnig dankbar.«[98]

Nicht nur Fernsehzuschauer und Journalisten sind begeistert, auch vielen Kollegen ringt Rudis Auftritt Respekt ab. Frank Elstner befindet: »Das war einfach sensationell. Das muss man erst mal schaffen, so einen Auftritt!«[99] Jürgen von der Lippe bekennt: »Das würde man sich wünschen, auch einmal so die Bühne verlassen zu können.«[100] Und auch Thomas Woitkewitsch ist beeindruckt: »Das war das Beste, was er je im Leben gemacht hat. Das war Spitzenklasse, das ist nicht mehr zu toppen. Rudi hat ein wahnsinniges Gefühl dafür, sich in die Lage des Publikums hineinzuversetzen. Er weiß schon vorher ganz genau, wie das ankommt, was er macht. Ich kenne keinen, der Pointen so gezielt setzen könnte wie er. Sein Auftritt bei der Goldenen Kamera hat wirklich noch mal allen gezeigt, dass er ein absoluter Vollprofi ist, dass ihm niemand etwas vormachen kann.«[101] Aber auch Rudi selbst ist voll und ganz zufrieden mit seinem Auftritt, den er als würdigen und glanzvollen Schlusspunkt seiner Karriere betrachtet. Nach der Sendung ruft er seine Tochter Annemieke an, die die Verleihung der Goldenen Kamera am heimischen Fernsehapparat verfolgt hat, und sagt ihr: »Nach so einem Auftritt kann eigentlich nichts mehr kommen. Danach kann man nur noch sterben.«[102]

Wie angekündigt, bleibt die Entgegennahme der Goldenen Kamera Rudis allerletztes Erscheinen in der Öffentlichkeit, danach zieht er sich radikal ins Privatleben zurück. Nicht nur, weil er das Gefühl hat, dass man einem so perfekten Abgang aus dem Rampenlicht keine weiteren Auftritte mehr folgen lassen darf, sondern auch, weil ihn die Anstrengungen der Reise, aber auch die Strapazen, die mit dem Auftritt bei der Preisverleihung verbunden warten, sehr geschwächt haben und er sich entkräftet fühlt. Die Chemotherapien vermögen es auf Dauer nicht zu verhindern, dass der Tumor in der Lunge immer weiter wächst. Die Ärzte, die ihm vor einem Jahr eine Lebenserwartung von einem Jahr vorausgesagt haben, sagen ihm nun mit noch ernsterem Unterton: »Es ist abzusehen.« Rudi Carrell nutzt die Zeit, die ihm noch bleibt, um viel mit seiner Familie, mit seinen Kindern und Enkelkindern, zusammen zu sein – zum ersten Mal in seinem Leben ist Rudi wirklich nur noch Familienmensch. Er nimmt sich Zeit für Gespräche, so etwa auch für Aussprachen mit seiner Tochter Caroline: »Im Nachhinein habe ich das Gefühl, dass ich Rudi oft sehr Unrecht getan habe. Ich habe etwas von ihm erwartet, was er nicht ist und mir nicht geben konnte. Als Kind und Jugendliche habe ich immer davon geträumt, einen ganz normalen Vater zu haben. Aber das ist Rudi nicht. Nur erkenne ich jetzt erst, dass man einen Mann wie Rudi eigentlich nur so nehmen kann, wie er ist.« Auch über die Tatsache, dass Caroline Rudi in der Vergangenheit manches Mal auch vor den Kopf gestoßen hat, sprechen die beiden: »Ich war immer ehrlich zu ihm und habe ihn dadurch sicher manchmal auch gekränkt: Man kann einem Mann wie Rudi nicht sagen: ›Das kannst du nicht, lass das!‹ Das geht einfach nicht. Da herrschte dann auch schon mal sechs Wochen Funkstille, aber wir haben uns nie ernsthaft zerstritten. Ich wusste immer, dass er mir helfen wird, wenn ich mal Probleme habe. Und auch wenn Rudi kein Mann ist, der einem sagt ›Ich liebe dich‹, so habe ich doch immer gespürt, dass mein Vater mich liebt.«

Alte Spannungen spielen jetzt keine Rolle mehr zwischen den beiden: »Ich habe mich lange Zeit dagegen zu wehren versucht, dass Rudi so dominant in meinem Leben ist. Ich fühlte mich so unselbstständig, abhängig von ihm und ihm verpflichtet. Es war ganz schwer für mich, meinen eigenen Weg zu finden und zu gehen. Im Nachhinein tut es mir Leid, dass ich Rudi so oft zurückgestoßen habe – weil ich ihm damit wehgetan habe, aber auch, weil ich es viel leichter gehabt hätte dadurch. Ich habe erst spät akzeptiert, dass man einer Vaterfigur wie Rudi Carrell ohnehin nicht entkommt – ich bin und bleibe immer die Tochter von Rudi Carrell. Und heute bin ich endlich stolz darauf. Wir haben heute den allerbesten Kontakt, wenn wir einfach nur beieinander sitzen und gar nicht reden. Man muss mit Rudi nicht viel reden, um ihm nahe zu sein. Das funktioniert bei ihm anders. Worte sind überflüssig. Man kann mit ihm schweigend durch den Park spazieren oder zusammen Fernsehen schauen, und trotzdem sind das ganz intensive Momente der Nähe. Ich wünschte, ich hätte das eher entdeckt.« Caroline empfindet es als große Bereicherung, dass nun nichts mehr zwischen ihr und ihrem Vater steht, dass sie einfach die Zeit mit ihm genießen kann, die noch bleibt: »Ich glaube einfach, es ist alles gesagt, keiner von uns Kindern hat das Gefühl, dass es noch etwas zu klären oder zu besprechen gibt. Das ist doch toll. Es ist für mich so bereichernd zu sehen, wie Rudi mit dem Wissen umgeht, dass er bald sterben muss. Er hatte früher immer sehr viel Angst vor dem Tod. Und jetzt, wo der Tod immer näher kommt, hat er es akzeptiert. Und ich glaube, das hat etwas mit seiner Art zu tun. All das, was mich früher so an ihm gestört hat, was ich als egoistisch empfunden habe, das erkenne ich nun als seine Qualitäten. Wenn er nicht so wäre, wie er ist, dann hätte er nie so mit dieser Diagnose umgehen können. Er lebt absolut im Hier und Jetzt und ist vollkommen im Reinen mit sich. Früher habe ich seine Art zu leben immer kritisiert. Heute finde ich: Jeder sollte so leben.«[103]

Am 17. März 2006 sorgt ein letztes großes Interview mit Rudi Carrell, veröffentlicht im Magazin der *Süddeutschen Zeitung*, für Furore. Im sechsstündigen Gespräch, das er nur ein einziges Mal für eine zwanzigminütige Pause unterbricht, berichtet Rudi, dass er fühlt, dass er bald sterben wird, und er es für illusorisch hält, die großen Rhododendren vor seinem Haus noch einmal blühen zu sehen: »Vor einem Jahr haben die Ärzte gesagt, dass die Zeit, die mir noch bleibt, absehbar ist, aber da habe ich gedacht: ›Noch einmal Frühling! Noch einmal meine Bäume und Pflanzen blühen sehen!‹ Und dann verging ein ganzes Jahr. Aber jetzt haben die Ärzte es wieder gesagt. Mit einem noch ernsteren Unterton. Und jetzt glaube ich es ihnen. Ehrlich gesagt, ich fühle es sogar.«[104] Auf die Frage, ob er an ein Leben nach dem Tod glaubt, antwortet er abgeklärt: »Nein. Dann ist es eben aus.«[105] Auch Fragen nach seiner Beerdigung beantwortet er ganz offenherzig – und wie gewohnt mit einem Gag. Auf keinen Fall wolle er eine große öffentliche Beerdigung, aus Angst vor einem Erscheinen der Jakob Sisters: »Mit ihren komischen Pudeln zerstören sie doch jede Atmosphäre. Keine öffentliche Beerdigung aus Angst vor den Jakob Sisters. Das können Sie ruhig schreiben.« Schon immer hat er mit Gags und Pointen auf heikle Themen reagiert – so auch bereits 1977, als er in einem Interview auf die Frage, ob er Angst vor dem Tod habe, flachste: »Der Tod schreckt mich nur deshalb, weil ich gerne in einer Liveshow über den Weltuntergang berichten würde.«[106] Die Witze scheinen Carrell zu keiner Zeit auszugehen, auch in seinem letzten Interview nicht, in dem er noch einmal bestätigt: »Ich bleibe ein Profi – bis zum Schluss.«[107]

Die Art und Weise, wie locker und unbekümmert Rudi mit seiner Krankheit und der Tatsache, dass er in nächster Zeit sterben wird, umgeht, beeindruckt viele Menschen. Ebenso die Ruhe, die Carrell in dem Gespräch mit den *SZ*-Journalisten ausstrahlt: »Ich habe mich mit meinem Tod abgefunden. Was soll ich denn noch trauern? Ich muss dankbar sein. Ich habe ein so tolles Leben gehabt. Ende.«[108] Besonders zwei Aussagen Rudis, nämlich dass er nicht daran glaube, in diesem Jahr noch einmal seine Rhododendren blühen zu sehen, sowie sein Geständnis »Ich fühle den Tod«, sorgen in ganz Deutschland und den Niederlanden für Erschütterung. Doch entgegen seiner eigenen Befürchtung, den Frühling nicht mehr zu erleben, bessert sich sein Zustand im März und April plötzlich noch einmal deutlich. Das mag daran liegen, dass er langsam, aber sicher den Frühling kommen spürt, hat aber sicherlich nicht unwesentlich auch damit zu tun, dass sein Sohn Alexander mit seiner Familie und mit Rudis kleiner Enkeltochter Georgia zu Besuch kommt und ganze drei Monate lang bleibt. Ein Besuch, der Rudi noch einmal großen Auftrieb gibt. Alex, der in den zurückliegenden vier Jahren in Sydney als Produzent von Fernsehfilmen und Kurzfilmen gearbeitet hat, hatte den Besuch eigentlich erst für Mai geplant, hatte dann jedoch, nach der zeitweiligen Verschlechterung von Rudis Gesundheitszustand und der neuerlichen Diagnose der Ärzte, kurzfristig umgeplant und sich Ende März mit seiner Frau Kylie, deren Sohn Julian und ihrer gemeinsamen Tochter Georgia nach Deutschland aufgemacht: »Es war eine komische Situation, ich hatte zuerst Probleme damit, früher zu kommen, weil ich nicht wollte, dass Rudi es falsch versteht. Aber ich bin sehr froh, dass ich gekommen bin. Rudi geht es jetzt, im April, wesentlich besser als vor einem Monat, als wir ankamen. Es war gut, dass ich gekommen bin, und es ist toll, dass ich so viel Zeit mit Rudi verbringen kann.«[109] Auch seine Töchter und Enkel kommen in dieser Phase sehr oft zu Besuch, und Rudi nutzt die Zeit, die ihm noch bleibt, um Geschichten aus seinem Leben zu erzählen: »Er redet sehr gerne von früher, von schönen Momenten in seinem Leben. Er spricht viel von seiner Fernseharbeit und ist wirklich stolz darauf, dass er vieles gemacht hat, was wirklich zeitlos ist – schon in der holländischen Zeit. Er ist dabei überhaupt nicht wehmütig, sondern sehr witzig und liebevoll – und sehr dankbar dafür, dass er so ein tolles Leben hatte.«[110] Aber Carrell schwelgt nicht nur in Anekdoten, ihm ist darüber hinaus wichtig, seine Angehörigen ganz genau darüber in Kenntnis zu setzen, wie er sein Erbe aufgeteilt hat, und geht ganz offen mit diesem Thema um, damit es für niemandem eine Überraschung ist. Und er ist sehr mit sich zufrieden, dass er alles geregelt hat, dass alles in trockenen Tüchern ist. Seine Tochter Caroline bemerkt: »Etwas anderes hätten wir auch nie von Rudi erwartet. Er führt immer noch Regie.« Und Rudis Sohn Alexander gesteht: »Er hat jedem von uns ganz genau erklärt, was wer erbt, damit es bloß keinen Streit um das Erbe gibt, aber das ist auch etwas, was ich für völlig ausgeschlossen halte. Nicht nur, weil Rudi das alles perfekt gemacht hat, sondern auch, weil er zu uns allen sein ganzes Leben lang immer so extrem großzügig war, dass keiner Grund hat, sich zu beschweren. Mir ist es auch gar nicht wichtig, was ich erbe, mir ist wichtig, dass ich hier bin und viel Zeit mit ihm verbringe.«

Da sich Rudis Zustand wieder gebessert hat, traut er sich Ende März sogar eine kleine Reise zu – Rudi und Simone sind zu einer Geburtstagsfeier von gemeinsamen Freunden eingeladen, die im Chiemgau stattfindet: »Ich fahre auf jeden Fall mit dem Zug. Das mit dem Fliegen und dann noch mit dem Taxi ist ja viel zu teuer. Ich habe eine Bahncard, da kann ich für den halben Preis fahren.«[111] In München trifft Rudi Simone, die mit dem Auto vorausgefahren war. Die beiden fahren bei schönstem Föhnwetter weiter nach Aschau im Chiemgau, wo das Fest im Restaurant von Heinz Winkler stattfindet – Simone erinnert sich: »Rudi sagte, das hätte ich nicht gedacht, dass ich noch mal die schneebedeckten Alpen sehe. Das war ein ganz tolles gemeinsames Erlebnis. Aber es war leider auch unsere letzte Reise, das wird künftig nicht mehr möglich sein, weil es Rudi einfach zu sehr angestrengt hat.«[112]

Zurück in der Ruhe Wachendorfs, erholt Rudi sich jedoch wieder. Wohl nicht zuletzt der nahende Frühling gibt ihm noch einmal einen Kraftschub; denn entgegen seinen Erwartungen darf er doch noch einmal den Frühling und den Sommer erleben – für den naturverbundenen Carrell war die Show, die die Natur bietet, zeitlebens immer die einzige, die seine eigenen Shows schlagen konnte. Sehr zu Rudis Freude blühen die hunderte Jahre alten Rhododendren vor seinem Anwesen in diesem Jahr geradezu um die Wette. Ostern 2006 findet ein großes Familientreffen statt, zu dem nicht nur alle seine Kinder und Enkel anreisen, sondern auch seine Geschwister aus Holland, zudem auch Ankes Schwester Birgit, die aus Australien gekommen ist: »Es war mir wichtig, Rudi noch einmal zu sehen und Abschied von ihm zu nehmen. Wir haben sehr viel über meine verstorbene Schwester gesprochen, und er hat mir gesagt, dass er neben Anke beigesetzt werden will, und ich weiß, dass Anke das auch so gewollt hätte. Sie hat mir immer gesagt, auch noch als Rudi nicht mehr bei ihr lebte: »Ich möchte so gerne mit der alten Frau Carrell zusammen alt werden. Sie hat ihn immer ›die alte Frau Carrell‹ genannt, ich weiß auch nicht, warum. Und sie hat mir auch gesagt, dass sie gerne einmal zusammen mit ihm beerdigt sein möchte.« Da das Anwesen in Wachendorf nach Rudis Tod höchstwahrscheinlich verkauft werden wird, äußert Rudi den Wunsch, dass beide Urnen zusammen auf einem kleinen Friedhof in der Nähe von Wachendorf beigesetzt werden, überlässt diese Entscheidung aber letztlich seinen Kindern.

Nicht nur mit Birgit spricht Carrell in diesen Tagen viel über seine verstorbene Frau, sondern auch mit Sohn Alexander: »Er spricht mehr und mehr von Anke, und je näher der Tod rückt, desto wichtiger wird ihm das Thema. Und er hat mir gesagt, dass er sich darauf freut, dass er Anke bald wiedersehen wird, dass er bald bei Anke ist.«[113] Birgit reist, ohne sich zuvor von Rudi zu verabschieden, wieder nach Australien ab: »Ich bin am letzten Tag nicht mehr zu Rudi gegangen, um mich zu verabschieden. Das konnte ich nicht, was hätte ich in so einer Situation sagen sollen? Wir wussten ja beide, dass wir uns nie wiedersehen werden. Ich habe ihm dann lieber, als ich zurück in Australien war, einen Brief geschrieben, in dem ich ihn gebeten habe, meine Schwester zu grüßen und Anke einen Kuss von mir zu geben.«[114] Das Familientreffen nutzt Rudi auch dazu, von seinem Bruder Adriaan und seiner Schwester Truus Abschied zu nehmen, deren gesundheitlicher Zustand wesentlich besser ist als seiner – rund einen Monat nach dem Familientreffen bekennt sie: »Bei mir ist nur die Lunge befallen, während es bei Rudi halt sehr viele Metastasen gibt. Doch auch mein Tumor wächst wieder, sodass ich bald eine Chemotherapie machen muss. Aber wenn ich Rudi besuche, sagte er mir: ›Wir reden weder über deine noch über meine Krankheit. Genieß das Haus. Er sitzt am liebsten an der Bar und verfolgt das Fernsehprogramm. Fernsehen war einfach sein Leben. Er hat wirklich fürs Fernsehen gelebt.«[115] Und Sohn Alexander bestätigt erstaunt: »Er hat jeden Tag noch Ideen für neue Shows, ihm fällt immer noch was ein – ich glaube, Rudi hat in seinem ganzen Leben nur 0,1 Prozent der Ideen umgesetzt, die er gehabt hat.«[116]

Über Showideen spricht Rudi nach wie vor, über Schmerzen nicht. Annemieke findet: »Ich glaube, er macht das vor allem, weil er uns nicht zur Last fallen will. Wenn ich ihn frage, wie es ihm geht, sagt er immer: ›Alles wunderbar!‹ und wechselt das Thema. Als ich ihn neulich einmal fragte: ›Brauchst du was? Kann ich was für dich tun?‹, da hat er ganz lange nachgedacht, und nach ein paar Minuten sagte er: ›Du könntest mir ein Schweppes bringen.‹ Dieser Mann ist einfach unglaublich.«[117] Seine Frau Simone gibt zu bedenken: »Es ist einerseits ein Gewinn, wie Rudi mit seiner Krankheit umgeht, weil er es uns allen dadurch so leicht macht, aber es hat auch seine Nachteile. Es ist einfach wahnsinnig schwer, von Rudi zu erfahren, wie er sich wirklich fühlt. Darüber spricht er nicht gerne. Aber so ist er eben, so war er sein ganzes Leben lang, und das müssen wir akzeptieren. Ich denke, dass es für ihn genau die richtige Methode ist, mit dem Sterben und der Krankheit umzugehen. Mir bleibt nicht viel anderes übrig, als es Rudi so angenehm wie möglich zu machen. Natürlich hat er weniger Appetit als früher, aber ich bemühe mich, ihn immer wieder zum Essen zu animieren, mache ihm ein tolles, opulentes Frühstück am schön gedeckten Tisch, kleine Snacks zwischendurch. Und das sind schöne Momente. Es wird sehr schwer für mich werden, wenn Rudi stirbt. Ich bin überzeugt davon, dass ich nie wieder einen Menschen so lieben werden wie Rudi – mit dieser großen Intensität von Anfang an.«[118]

Über Schmerzen spricht Rudi vor allem auch deshalb nicht, weil er selbst bereits zweimal geliebte Menschen an schwere Krankheiten verloren hat und insofern weiß, wie schwierig und belastend die Situation für die Angehörigen ist. Alexander erklärt: »Rudi hat es nicht ertragen, meine Mutter leiden zu sehen. Er hat sie sehr geliebt, und das war schlimm für ihn. Ich glaube, deshalb redet er heute nicht über seine Schmerzen, er will von niemandem bemitleidet oder bedauert werden. Alle sollen ihn ganz normal behandeln. Er will einfach die wenige Zeit, die ihm noch bleibt, genießen, anstatt über seine Krankheit zu sprechen. Auch uns gegenüber spricht er nicht von Schmerzen, aber ich kann mir einfach nicht vorstellen, dass er keine hat.«[119] Doch wenige Tage nachdem Alexander diese Vermutung ausspricht, äußert Rudi dann doch zum ersten Mal, dass er Schmerzen habe. Annemieke, die sich rückblickend ärgert, diese erste dahingeworfene Bemerkung nicht gleich ernst genommen zu haben, erklärt: »Wenn er, der sonst nie über Schmerzen spricht, es plötzlich doch tut, dann hätte ich ihn sofort ins Auto packen und nach Bremen in die Klinik fahren müssen. Aber ich habe in der Situation nicht geschaltet.«[120] Am Montag, dem 1. Mai, entschließt Rudi sich dann doch dazu, sich zur Untersuchung in die Klinik fahren zu lassen. Den Fahrern des Krankenwagens, der ihn abholt, gibt er als Erstes Anweisungen zur Fahrstrecke, wie sich sein Assistent Sören Haensell erinnert: »Er sagte den Leuten ganz genau, wie sie fahren sollten, und als diese meinten, dass das viel länger dauert, sagte Rudi: ›Keine Autos, keine Staus, keine Presse.‹ Und dann wurde es natürlich auch so gemacht, wie Rudi es wollte. Und die Presse bekam wirklich keinen Wind von dieser Geschichte.«[121] Der ursprüngliche Verdacht auf eine gebrochene Rippe bestätigt sich nicht, Rudi hat eine leichte Lungenentzündung, die behandelt und von den Ärzten schnell in den Griff bekommen wird, sodass Carrell bereits nach fünf Tagen wieder entlassen wird und das Wochenende mit seinen Kindern und Enkeln verbringen kann.

Dennoch baut Rudi im Laufe des Monats ab, er wird immer schmaler, auch seine Stimme wird immer schwächer, das Sprechen strengt ihn mehr und mehr an. Trotzdem hält er an seinem ganz normalen Alltagsleben fest, will, dass alles so wie immer abläuft, auch wenn er sich nun häufiger mal zurückzieht und schlafen muss, weil er schnell ermüdet. An in der Presse kursierenden Gerüchten, er säße im Rollstuhl, könne nicht mehr sprechen, müsse künstlich beatmet oder gar künstlich ernährt werden, ist nichts dran – hierzu wird es glücklicherweise nie kommen. Auch in dieser Zeit ist Carrell immer noch zu teils erstaunlicher Aktivität fähig, so etwa, als ihn Mitte 2006 ein holländisches Fernsehteam in Wachendorf besucht: »Rudi hatte zugesagt, dass sie auch ein paar Bilder von ihm und Georgia drehen durften. Er wollte mit ihr die Ziegen füttern gehen. Beim Zaun der Wiese angekommen, staunten alle, dass er über den Zaun kletterte und dem Team Anweisungen gab, wie sie zu drehen hatten. Alexander hatte sich vor einer Woche schon gewundert, warum Rudi sich eine kleine Schaufel und Harke hatte besorgen lassen. Rudi wollte sich nämlich auf seinem kleinen Golfwagen filmen lassen und hatte sich gedacht, dass es blöd aussieht, wenn da Golfschläger rausschauen. Deswegen hat er sich diese Requisiten besorgen lassen. Und so ist er für das Team über sein Grundstück gefahren, so als ob er noch Gartenarbeiten machen würde. Die Redakteurin hat sofort auf das Band geschrieben: ›Regie: Rudi Carrell‹.«[122]

Dass Rudi trotz allem immer noch zu solchen Leistungen in der Lage ist, erstaunt auch seine Frau Simone: »Es ist ein kleines Wunder, dass wir es bis hierher geschafft haben. Wir denken momentan nur in kleinen Schritten, in Etappen. Die nächste Etappe ist die Fußball-WM, auf die Rudi sich unglaublich freut. Die WM 1974 hat er teilweise im Stadion miterlebt, und für ihn als absoluten Fußballfan ist es natürlich das Größte, jetzt noch mal eine WM in Deutschland mitzuerleben.«[123] Auch Rudis Sohn Alexander bestätigt: »Wir hoffen alle, dass er das Endspiel erlebt. Das wäre toll.« Rudis Neugier auf die Welt versiegt zu keinem Zeitpunkt. Seine Frau erzählt: «Das Tolle ist, dass Rudi wirklich immer noch ein ganz großes Interesse daran hat, was in der Welt vor sich geht. Er ist geradezu süchtig nach Nachrichtensendungen und nach dem Internet, schaut sich nach wie vor jede neue Show im Fernsehen an und guckt jeden Morgen zunächst einmal nach den Quoten des Vortags. Wenn Rudi mal sagen würde, mich interessieren keine Zeitungen und kein Internet mehr, und mich interessiert kein Fernsehen mehr, dann wäre es zwei Minuten vor zwölf.«[124]

Doch hierzu wird es nie kommen, auch in den letzten Wochen seines Lebens ist Rudis Neugier auf die Welt ungebrochen. Jeden Morgen liest er, wie er es sein ganzes Leben lang getan hat, als Allererstes einen riesigen Stapel Zeitungen und Zeitschriften – und wie in den zurückliegenden vierzig Jahren auch, gilt sein erster Griff täglich der *Bild*-Zeitung. Einen Einschnitt in sein Alltagsleben stellt der 30. Mai dar, an dem sich Alexander mit seiner Familie wieder nach Australien aufmacht. Rudi erzählt: »Morgen sehe ich meine Enkeltochter zum letzten Mal. Das ist schlimm. Das ist wahnsinnig schwer.«[125] Vom Start der Fußball-WM an schaut er sich jedes Spiel an, fiebert mit und drückt dem deutschen Team die Daumen. Am 4. Juli lässt Rudi sich zu seiner wöchentlichen Routineuntersuchung in das Bremer Klinikum fahren, seine Ärzte bitten ihn, für zwei Tage zur Beobachtung zu bleiben, spätestens für Freitag ist seine Entlassung geplant. Am Tag seiner Einlieferung schaut er zusammen mit seiner Frau Simone das Halbfinalspiel Deutschland–Italien und am nächsten Tag noch das zweite Halbfinalspiel Portugal–Frankreich. Simone gesteht: »Ich habe ganz fest daran geglaubt und gehofft, dass ich das Endspiel am Sonntag mit Rudi zu Hause würde sehen können. Und das habe ich ihm auch gesagt – aber leider hatte ich Unrecht.«[126]

Zwei Tage vor seinem Tod besucht seine Tochter Annemieke ihn in der Klinik: »Obwohl ihm das Sprechen schwer fiel, wollte er die ganze Zeit reden – und jeder zweite Satz von ihm war ein Gag. Das war unglaublich. Ich hab dann auch gesagt: ›Papa, wir müssen nicht die ganze Zeit reden, wir können auch einfach schweigend zusammensitzen.‹ Aber das war völlig undenkbar für ihn. Er machte weiter seine Show. Er hat sich bis ganz zum Schluss so wacker und tapfer gehalten – er war immer gut drauf. Das war absolut phänomenal.«[127] Am nächsten Tag ist Rudi zwar noch ansprechbar, aber seine schlimmer werdenden Schmerzen müssen mit Morphiumgaben gelindert werden. In den Mittagsstunden des 7. Juli 2006, wenige Minuten vor vierzehn Uhr, schläft Rudi im Beisein seiner

Frau und seiner ältesten Tochter Annemieke für immer friedlich ein. Seine Familie, der es gelingt, Rudis Tod noch drei Tage vor der Öffentlichkeit geheim zu halten, versammelt sich am 9. Juli, um in aller Stille von Rudi Abschied zu nehmen – bevor die Nachricht des Todes von Deutschlands größtem Showmaster die Runde macht.

Epilog
Ein deutscher Holländer

Exakt zwanzig Jahre nach Kriegsende startete Rudi Carrell seine Karriere in Deutschland. Nachdem Hitler seine Truppen 1940 in das neutrale Nachbarland hatte einmarschieren lassen, das Land fünf Jahre lang die Besatzung durch die Nazis hatte erdulden müssen, ausgeplündert worden war, Systemgegner und in den Niederlanden lebende Juden in Konzentrationslager gesperrt, deportiert und umgebracht worden und zudem viele holländische Männer zum Arbeitseinsatz in Deutschland gezwungen worden waren, war die Mehrheit der Holländer verständlicherweise alles andere als gut auf die Deutschen zu sprechen. Auf Jahre, ja auf Jahrzehnte hin wirkten und wirken die Wunden, die der Krieg und die Besatzung in das einstmals sehr freundschaftliche deutsch-niederländische Verhältnis geschlagen haben, nach. Die Ressentiments gegen die Deutschen sind lange Zeit enorm groß, wie nicht zuletzt auch der deutsche Prinz Claus von Amsberg erfahren musste, als er sich anschickte, der Ehemann der zukünftigen niederländischen Königin zu werden. 1944 hatte er als junger Mann zunächst als Flakhelfer seinen Dienst geleistet, war dann aber als Angehöriger eines Panzerregiments für Hitler in den Krieg gezogen. Nach seiner Entlassung aus amerikanischer Kriegsgefangenschaft hatte er als Diplomat Karriere gemacht. Seine Verbindung zu Kronprinzessin Beatrix wurde vom Königshaus zunächst über Monate geheim gehalten. Erst im Juni 1965, nach der Veröffentlichung von Paparazzifotos des Paares, wurde die Verlobung der beiden bekannt gegeben – was zu wahren Entrüstungsstürmen in der holländischen Bevölkerung führte.

Bei offiziellen Anlässen, bei denen Claus fortan als ständiger Begleiter der Thronfolgerin auftrat, wurde immer wieder die Parole »Claus raus!« skandiert; in den Straßen fanden sich Hakenkreuzschmierereien und Plakate, die Claus von Amsberg in einer Uniform der deutschen Wehrmacht zeigten. Bei einer Unterschriftenkampagne sprachen sich über fünfundsechzigtausend Niederländer gegen die Eheschließung aus. Claus von Amsberg zeigte Verständnis für die aufgebrachte Stimmung und stellte sich ganz offen der Kritik und den Fragen – und dass er dies schon in exzellentem Niederländisch tun konnte, brachte ihm viele Sympathien ein. Als das Paar im März 1966 in Amsterdam heiratete, gab es neben Protestlern auch bereits Hunderttausende jubelnde Holländer. In der Folgezeit leistete der Prinzgemahl gemeinsam mit seiner Frau, die 1980 zur Königin der Niederlande gekrönt wurde, einen wesentlichen Beitrag zur deutsch-niederländischen Aussöhnung. Als er 2002 starb, galt er längst als das beliebteste Mitglied der Königsfamilie. Holländische Zeitungen sprachen in ihren Nachrufen vom »Gewissen des Landes« und von »einem Mann, auf den wir alle stolz sein können«.[1]

Rudi Carrell, bei Kriegsende gerade einmal zehn Jahre alt, entstammt einer Generation, die mit dem Deutschenhass ihrer Eltern aufgewachsen ist. Nicht zuletzt, weil seine liberal denkenden, freiheitsliebenden Eltern ihm schon als Kind vor Augen geführt haben, dass die Welt nicht schwarz-weiß ist, dass nicht alle Deutschen automatisch schlechte Menschen und nicht alle Holländer per se gute Menschen sind, hat Carrell nicht in die gleiche Kerbe gehauen wie viele seiner Landsleute, sondern er begegnete den Deutschen zeitlebens mit einer Offenheit und Herzlichkeit, wie es wohl bei wenigen Holländern seiner Generation der Fall ist. Da er selbst keine nationalen Vorbehalte kennt, appellierte er bei seinen Landsleuten immer wieder dafür, optimistisch nach vorne zu schauen, statt pessimistisch zurück, zwar nicht zu vergessen oder unter den Teppich zu kehren, was geschehen ist, aber dennoch an eine gemeinsame Zukunft zu glauben, statt immer wieder die alten Ressentiments zu beschwören: »Ich habe das nie verstanden. Ich habe immer gesagt: Hört doch auf damit, lasst uns lieber alles dafür tun, dass so etwas nie wieder passiert. Ich war in meiner Jugend schon absolut begeistert von der europäischen Idee.«[2] Als Rudi Mitte der sechziger Jahre das Angebot unterbreitet wird, in Deutschland Fernsehen zu machen, zögert er keine Sekunde – nicht nur, weil die Karrierechancen im größeren Nachbarland verlockend für ihn sind, sondern auch, weil er neugierig auf die Deutschen ist.

Neben Johannes Heesters und Lou van Burg war Rudi Carrell in den sechziger Jahren der berühmteste Holländer, der in Deutschland Fuß fasste. Ausländische Stars wie Carrell, die in dieser Zeit dazu bereit waren, ihre Karriere nach Deutschland zu verlagern, wurden von den Deutschen mit offenen Armen empfangen – schließlich schienen sie nach einer Zeit der internationalen Ächtung Deutschlands der Garant dafür zu sein, dass das Land allmählich wieder Anschluss an die Welt findet und es langsam wieder aufwärts geht. In den Niederlanden hingegen war man zur gleichen Zeit verständlicherweise alles andere als begeistert darüber, wenn Stars das Land verließen, um im großen Nachbarland Karriere zu machen. Auch als Rudi Mitte der sechziger Jahre nach Bremen zog, um seine *Rudi Carrell Show* fortan einem deutsche Publikum zu präsentieren, musste er sich die Frage gefallen lassen, ob ihm seine Arbeit fürs holländische Fernsehen nicht mehr gut genug sei und warum, wenn er schon ins Ausland gehe, dies ausgerechnet die Deutschen sein müssten. Seine Antwort, dass er sich in Holland durch nichts mehr inspiriert fühle, dass er den Wechsel brauche, um künstlerisch nicht auf einer Stelle zu treten, und er sich zudem schlicht und einfach auf die neue Herausforderung freue, lassen nur die wenigsten seiner Landsleute gelten.

In der Bundesrepublik wusste man freilich auch in dieser Zeit bereits schon sehr genau über die Ressentiments Bescheid, auf die die Deutschen in Holland stoßen. Und da Rudi Carrell als einer der prominentesten Vertreter der Niederlande gilt und in Interviews in deutschen Zeitungen gleichsam für sein Land mitspricht, wird er immer wieder auf die frostigen Beziehungen zwischen den beiden Ländern angesprochen, darauf, dass Deutsche in den Niederlanden oftmals unfreundlich behandelt oder gar angefeindet werden und dass viele Niederländer etwas gegen die Deutschen hätten. Doch bei solchen Fragen wiegelt Carrell mit seinem typischen, lakonischen Humor immer nur ab: »Ob die Holländer was gegen die Deutschen haben? Ach was. Die müssen sich nur immer über irgendwas unterhalten, weil's doch bei uns keinen Stierkampf gibt.«[3] Carrell war von Beginn an stets um eine vermittelnde Rolle bemüht – immer ging es ihm darum, die Brisanz aus der deutsch-niederländischen Beziehung zu nehmen und mittels Gags und Pointen auf seine Weise für eine Aussöhnung der Völker und für gegenseitiges Verständnis zu werben. Für die Deutschen stieg Rudi Carrell in den vier Jahrzehnten, in denen er in Deutschland höchst erfolgreich Fernsehen machte, geradezu zum Synonym für die Niederlande auf. Ein Reiseführer, der der Frage nachgeht, was die Deutschen mit ihrem Nachbarland am ehesten assoziieren, kommt zu dem Schluss: »Die Niederlande? – Klar doch, das ist Ajax Amsterdam, das sind Rudi Carrell und Linda de Mol, sind die Tomaten aus dem Supermarkt und die bunten Miniholzschuhe in Tante Adelheids Wohnzimmerschrank – und natürlich Windmühlen und Tulpen.«[4] Selbst Lästermaul Stefan Raab muss anerkennen: »Der sympathische Käskopp hat in den letzten einhundertfünfzig Jahren unser Hollandbild mehr geprägt als jeder Tulpenverkäufer, von dem man auf dem Wochenmarkt übers Ohr gehauen wurde.«[5]

Rudi Carrell hat seine Herkunft nie verleugnet, hat nie ein Hehl aus ihr gemacht und war schon allein durch seinen holländischen Akzent zeitlebens als Niederländer erkennbar – in Deutschland ist er so immer ganz bewusst als Star aus Holland wahrgenommen worden, auch dann noch, als er schon seit Jahrzehnten im deutschen Fernsehen präsent war. Carrell hat auch ganz bewusst immer wieder Gags auf Kosten seiner Herkunft gemacht, wenn etwa in der Sendung *7 Tage – 7 Köpfe* regelmäßig das Klischee des Wohnwagen fahrenden Holländers bedient wurde oder er das Bonmot zum Besten gab, dass er wohl vor allem deshalb so beliebt in Deutschland sei, weil den Deutschen eben *ein* Holländer im Fernsehen lieber sei als hunderttausende auf der Autobahn. Aber wenn er über seine Heimat frozzelte, dann immer nur in äußerst liebevoller Weise, seine Herkunft hat er nie kleingeredet.

Dennoch sind noch lange nicht alle seine Landsleute gut auf ihn zu sprechen. Die Tatsache, dass Rudi sich wiederholte Male geradezu euphorisch zu seiner Wahlheimat Deutschland äußerte und er 1978 gar mit den Worten »Ich liebe Deutschland mehr als mein Vaterland« zitiert wurde, ließ viele Niederländer auf Distanz zu ihm gehen, ebenso wie die Art und Weise, wie unbescheiden und scheinbar arrogant Carrell aufgetreten ist, wenn er nach seinen großen Erfolgen in Deutschland in seine Heimat zurückkehrte. Henk van Gelder, einer der führenden Kritiker der Niederlande, analysiert rückblickend: »Nach seinem Wegzug nach Deutschland verspielte er in seinem eigenen Land viele Sympathien, was nicht zuletzt damit zu tun hatte, dass Rudi noch nie ein großer Diplomat gewesen ist. Wenn er wieder einmal kam, um eine niederländische Show zu machen, ging das damit einher, dass er Interviews gab, in denen er frei heraus und ohne Bedenken über seinen großen Erfolg in Deutschland sprach – und das hatte genau den entgegengesetzten Effekt, denn in dieser Zeit machte man in den Niederlanden lieber durch falsche Bescheidenheit von sich reden, statt dadurch, frech die Wahrheit zu sagen. Recht schnell sah das niederländische Publikum in ihm einen arroganten Aufschneider. Und daraus folgte dann auch, dass seine Leistungen in Deutschland selten so geschätzt wurden, wie sie es verdient hätten.«[6]

Dass Rudi Carrell sich von Beginn an in Deutschland wohl gefühlt hat, das hat er in unzähligen Interviews freimütig zum Ausdruck gebracht. Er identifiziert sich immer voll und ganz mit dem Land, *in* dem er Fernsehen macht und *für* das er Fernsehen macht. Als leidenschaftlicher Zeitungsleser ist er immer bestens über die Zustände im Land informiert, nicht zuletzt, weil er auch in Deutschland immer aktuelle Aperçus in seine Shows einbauen will und eine Sendung wie *Rudis Tagesshow* geradezu davon lebt, dass er sich in ihr auf eine völlig neuartige Art und Weise mit der deutschen Politik und den deutschen Politikern auseinander setzt, so wie hiesige Fernsehkabarettisten das sich bis dahin eben noch nicht getraut hatten – was den *Tagesspiegel* im Rückblick konstatieren lässt: »Carrell hatte als Holländer erfreulich wenig Respekt vor den ungeschriebenen Gesetzen der deutschen politischen Korrektheit.«[7] Aber sowenig Respekt Rudi auch manches Mal hatte, so sensibel war er dennoch, wenn es um heikle deutsche Themen wie etwa die deutsch-deutsche Frage ging. In einer Zeit, in der viele Politiker hierzulande den Gedanken an die Wiedervereinigung Deutschlands weit von sich wiesen und es gerade in linken Kreisen als unschick galt, einen Zusammenschluss beider deutscher Staaten als politisches Ziel auf die Tagesordnung zu setzen, erklärte gerade er, der Holländer Rudi Carrell, genau dies zu seiner Herzensangelegenheit. Als ihn 1977 ein Journalist nach seinem größten Wunsch fragte, meint er zu dessen Verblüffung: »Ich habe die Mauer in Berlin gesehen. Und neulich hat mir ein niederländischer Juso gesagt, diese Mauer sei gut und wichtig, und ich habe ihm geantwortet, ich wünschte, dass eine solche Mauer in Amsterdam stände und ich dann auf der richtigen Seite und er auf der falschen Seite lebte.«[8] Als Rudi im Februar 2006 die Goldene Kamera in Empfang nimmt, bezeichnet der Showmaster aus Holland den 9. November 1989 als eine Sternstunde seines Lebens: »Der Fall der Mauer ist eins der schönsten Erlebnisse, die in meinem Leben passiert sind.«

Rudi fühlt sich mit dem Land, das ihm zu solch einem Renommee verholfen hat und in dem ihn fast jeder Bürger, ob jung oder alt, auf der Straße erkennt, so wohl, dass er zeitweise sogar mit dem Gedanken spielt, die deutsche Staatsangehörigkeit anzunehmen. 1978 äußert Rudi am Rande der Feiern zu seinem fünfundzwanzigjährigen Bühnenjubiläum den Wunsch, einen deutschen Pass zu bekommen: »Einem Land, dem ich so viel zu verdanken habe, in dem möchte ich auch wählen dürfen.«[9] Ende 1978 stellt er bei der zuständigen Behörde in Wachendorf sogar einen Antrag auf einen deutschen Ausweis – der niedersächsische Ministerpräsident Ernst Albrecht erklärt daraufhin bereits, dass er es als große Ehre betrachte, wenn Rudi Carrell 1980, nach Ablauf der entsprechenden Frist, Deutscher werde. Doch den Plan, die deutsche Staatsbürgerschaft zu erlangen, lässt Rudi in der Folgezeit stillschweigend wieder fallen – an seinem Lebensabend bekennt er: »Ich war von klein auf so von der europäischen Idee fasziniert, dass ich mir irgendwann gedacht habe: Was soll ich mit einem deutschen Pass? Ich bin Europäer, warum sollte ich meine Staatsbürgerschaft wechseln, wenn ich ohnehin an ein vereinigtes Europa glaube?«[10] Fortan macht er seine Zugehörigkeit zu seiner Wahlheimat vor allem davon abhängig, dass Deutschland schließlich das Land sei, in dem er seine Steuern zahle: »Das deutsche Finanzamt liebt mich, weil ich in den neununddreißig Jahren mindestens fünfundzwanzig Millionen Euro Steuern gezahlt habe.«[11] Für Rudi ist die Sache damit auch ohne deutschen Pass klar: »Ich habe noch einen holländischen Pass, aber für das Finanzamt bin ich schon seit Jahrzehnten deutsch.«[12]

Aber nicht nur in pekuniärer Hinsicht fühlt sich Rudi deutsch, sondern auch, wenn es um den Fußball geht. Carrells Kollege Wim Thoelke erinnert sich in seinen Memoiren: »Es ist ein besonderes Erlebnis, mit diesem Paradeholländer gemeinsam die Fernsehübertragung eines Fußball-Länderspiels zwischen Holland und Deutschland zu sehen. Er hält in allen kritischen Fällen laut, fanatisch und undiplomatisch zur deutschen Mannschaft.«[13] Nur einmal, bei der Fußball-WM 1974, war Rudi weniger diplomatisch und hielt gleichermaßen zu seinem Heimatland wie zu seiner Wahlheimat, was ihn bei den anderen Fußballfans ganz schön in die Bredouille brachte: »Ich bin damals aus der Kneipe herausgeflogen, weil ich für beide Länder hurra gerufen habe. Erst schoss Holland ein Tor, und dann ging ich in die Luft. Dann fiel das 1:1 für Deutschland – und da ging ich wieder in die Luft. Das konnten die nicht kapieren, da haben sie mich rausgeschmissen. Und das 2:1 habe ich verpasst.«[14] Doch Fußballfan Carrell liegen letztlich das Geschick und Fortkommen der deutschen Mannschaft immer wesentlich näher am Herzen als das Schicksal der Oranje-Kicker – 2001 bekennt er etwa: »Wenn Holland nicht zur WM fährt, ist das für mich nicht besonders traurig. Aber wenn Deutschland nicht dabei ist, dann ist das für mich eine Katastrophe. Ich bin ein Fan des deutschen Fußballs.«[15] Bis kurz vor seinem Tod verfolgt Rudi mit großer Begeisterung die Fußball-WM 2006; wiederum fiebert er aufseiten der deutschen Elf und gesteht: »Wenn Deutschland jetzt verliert, dann würde die ganze euphorische Stimmung zusammenbrechen, und das fände ich sehr schade – das würde dann kaum noch Spaß machen hinzuschauen. Ganz heimlich tippe ich auf uns.«[16]

Die Tatsache, dass Rudi einerseits so fest in seiner deutschen Wahlheimat verwurzelt ist, andererseits aber stets holländischer Staatsbürger geblieben ist, sich zudem immer auch zu seinem Geburtsland bekannt hat und von den Deutschen auch immer als Holländer in Deutschland – wenn man so will: als »deutscher Holländer« oder als »holländischer Spaßvogel der deutschen Nation«[17] – erkannt worden ist, fungiert er wie kaum jemand anderer als Symbolfigur der deutsch-niederländischen Aussöhnung. Für seine diesbezüglichen Verdienste wurde er am 18. Juni 1985 in Deutschland mit dem Verdienstkreuz Erster Klasse des Verdienstordens der Bundesrepublik Deutschland ausgezeichnet. Der niedersächsische Minister für Wissenschaft und Kunst, Johann-Tönjes Cassens, würdigte bei der Verleihung nicht nur Rudis Leistungen für das deutsche Fernsehen, sondern auch ausdrücklich seine Verdienste als Mittler zwischen den Niederlanden und Deutschland. Kurz bevor Carrell den Preis entgegennahm, erklärte er gewohnt flapsig: »Wenn ich sehe, wer alles so ein Ding kriegt – da habe ich das allemal verdient.«[18] Im Rückblick von zwanzig Jahren jedoch gibt er sich weniger lässig: »Das hat mich schon sehr stolz gemacht, das muss ich zugeben.«[19]

Sein Heimatland macht lange Zeit keine Anstalten, Rudi Carrell seinerseits für seine Verdienste um die deutsch-niederländische Aussöhnung zu ehren. Als der mit vielen deutschen und internationalen Fernsehpreisen überhäufte Bundesverdienstkreuzträger Carrell danach gefragt wird, ob es eine Auszeichnung gibt, die er sich noch wünsche, antwortete er im April 2001 unumwunden: »Endlich mal einen Preis in Holland, so etwas wie das Bundesverdienstkreuz. Denn ich habe wahnsinnig viel getan für die Aussöhnung zwischen Holländern und Deutschen. Ich werde ihn sicher bekommen, aber wie ich Holland so kenne, erst nach meinem Tod, posthum.«[20] Doch da irrte Rudi sich glücklicherweise – auf Vermittlung seines langjährigen Weggefährten, des in den Niederlanden hoch geschätzten Komponisten Tonny Eyk, dem die gleiche Ehrung bereits 1996 zuteil geworden war, wird Rudi Carrell im Jahr 2001 von Königin Beatrix der Niederlande zum »Ridder in de Orde van de Nederlandsche Leeuw«, zum Ritter des Niederländischen Löwenordens, ernannt. Dick Benschop, der niederländische Staatssekretär für Europäische Angelegenheiten, der Rudi die Auszeichnung im Auftrag der Königin überreicht, konstatiert, dass Rudi Geschichte geschrieben habe, dass er nicht nur das deutsch-niederländische Verhältnis verbessert habe, sondern auch die Fernsehunterhaltung mit seinem typisch niederländischen Humor bereichert hat – worauf der sichtlich gerührte Carrell gewohnt frozzelnd feststellt: »Sie geben mir das Ding doch nur deshalb, weil ich nach Deutschland abgehauen bin.«[21]

Trotz dieser hohen königlichen Ehrung befindet Rudis holländische Kollegin Mies Bouwman, dass Carrell in seinem Heimatland nie die Anerkennung zuteil geworden ist, die ihm aufgrund seiner Leistungen eigentlich zugestanden hätte: »Er hat doch wahnsinnig viel für unser Land getan, er hat Holland wundervoll repräsentiert – und ich finde bis heute, dass sein Land ihm das nie genug gedankt hat. Wenn man sieht, wer hierzulande alles mit Preisen überhäuft wird, dann hätte Rudi allemal welche verdient. Ich finde, Holland hat ihm nie das gegeben, was ihm zugekommen wäre, und das finde ich sehr traurig, denn Rudi hätte es wirklich verdient.«[22] Rudi selbst jedoch zeigt sich an seinem Lebensabend vollkommen zufrieden mit der Anerkennung, die er in Holland heute genießt, und widerspricht Mies Bouwmans Einschätzung: »Nein, ich finde das nicht, dass ich in den Niederlanden zu wenig geachtet werde. Die holländische Presse hat immer sehr viel über mich geschrieben, die *Volkskrant* hat ein letztes großes Interview mit mir gemacht, und gerade entsteht in Holland noch eine Fernsehdokumentation über mein Leben und mein Schaffen – und schließlich habe ich auch die Ehrung von Königin Beatrix bekommen. Was will ich mehr? Man muss bedenken: Ich habe fünf Jahre Fernsehen in Holland gemacht und vierzig Jahre in Deutschland, da kann man nicht erwarten, dass ich dort noch den gleichen Stellenwert habe wie hier.«[23] Und dass Rudi seinem Heimatland tatsächlich nicht gram ist, zeigt die Tatsache, dass er, obwohl Deutschland zu seiner neuen Heimat geworden ist, bis zuletzt eine tiefe innere Verbundenheit zu den Niederlanden verspürt hat. Noch im März 2006 verriet er seinem guten Freund Tonny Eyck, dass es sein letzter großer Wunsch sei, Ende April den »Koniginnendag« in Amsterdam zu feiern.[24] Doch Rudis Gesundheitszustand ließ diese Reise nicht mehr zu.

Rudi Carrell war von jungen Jahren an im tiefsten Herzen ein Europäer, ein Mensch, der als Kind den Krieg und die deutsche Besatzung miterlebt hat, der Hunger leiden und frieren musste und der dennoch nie verzagt, wütend oder wehmütig zurückblickte, sondern immer nur nach vorne. Neben den großen Erfolgen, die er in seinem Beruf feiern konnte, war es das Schönste für ihn, miterlebt zu haben, dass wir heute in Europa in einer Welt des Friedens und der freien Grenzen leben. Mit dem Wunsch des europäischen Zusammenwachsens im Herzen hat er in seinem Metier alles in seiner Macht Stehende dazu beigetragen, um diesem Ziel einem Stückchen näher zu kommen – schon Mitte der sechziger Jahre ließ er, einmal in seiner holländischen, einmal in seiner deutschen *Rudi Carrell Show*, Kinder symbolträchtig den Schlagbaum zwischen Deutschland und den Niederlanden zersägen und hat damit in seiner Sendung etwas vorweggenommen, wofür die Politik noch Jahrzehnte brauchte. Im Rückblick erklärt er: »Ich bin stolz, dass ich von Anfang an im Fernsehen für ein vereintes Europa plädiert habe. Ich bin Europäer, da fühle ich mich wohl.«[25] Obwohl er zeitweise auch Wohnsitze in Frankreich, Belgien und Spanien hatte, war sein Herzensanliegen immer die Aussöhnung zwischen Deutschland und den Niederlanden – und durch sein konsequentes Eintreten hierfür ist er jemand gewesen, der sich fraglos »besonderer Verdienste für die deutsch-niederländischen Beziehungen verdient gemacht hat«, wie es der niederländische Außenminister Bernard Rudolf Bot im Mai 2006 bestätigt. Kurz nach seinem Tod erklärte der niederländische Botschafter in Berlin, Peter van Wulfften Palthe, entsprechend: »Rudi Carrell war von enormem Wert für die deutsch-niederländischen Beziehungen. Er war in Deutschland enorm beliebt und hat dadurch sicherlich positiv auf das Bild eingewirkt, das die Deutschen von den Niederländern haben.«[26] Und da die Aussöhnung Deutschlands und der Niederlande der Herzenswunsch und das Lebensthema Rudi Carrells gewesen ist, soll dieses Buch, das sich auf die Spuren dieses »deutschen Holländers« gemacht hat, mit Versen von Rudis Landsmann Herman van Veen schließen, die dieser 1999, als er für seine Verdienste um die deutsch-niederländischen Beziehungen geehrt wurde, sprach – und die genauso gut auf Rudi Carrells großes Engagement für die Annäherung unserer beider Länder passen:

Missbraucht, vergewaltigt, erniedrigt,
Ist die deutsche Sprache in Nederland vorsichtig aufgestanden
und über ihren Schatten gesprungen.

Im Frühling der sechziger Jahre
Haben wir zögernd die Worte wie Reisig aufgesammelt,
Niederländisch und Deutsch miteinander vermählt.
Nederlands en Duits met elkaar getrouwd.[27]

Kollegenschelte

Rudi Carrell über...

PETER ALEXANDER

Er ist ein hochtalentierter Sänger, aber er macht Operettenprogramme mit Einlagen. (1971)

Ich denke oft an ihn. Manchmal möchte ich ihm zurufen: Wenn man schon Künstler ist und geliebt wird von so vielen Menschen, muss man das auch genießen. Lachen, winken, Hände schütteln. Das ist doch schön. (2003)

Ein Gigant. Neben mir der einzige echte Showmaster in Deutschland. Ein Juwel! (2006)

Peter war der witzigste Geschichtenerzähler, dem ich je begegnet bin. (2006)

WOODY ALLEN

Er ist der neue Charlie Chaplin. (1975)

BRIGITTE BARDOT

Die BB würde ich gerne mal wieder lachen sehen. Seit Jahren guckt sie nur traurig. (1984)

GILBERT BÉCAUD

Dieser Mann ist enorm. Gewaltig. Wenn ich so einen Mann sehe, dann denke ich: Eines Tages mache ich so was auch. (1960)

ERIKA BERGER

Ihre Aufklärungsserie ist für mich die komischste Show, die ich je gesehen habe, obwohl sie bestimmt nicht komisch sein will. (1988)

DAGMAR BERGHOFF UND CAROLINE REIBER

Das sind nette Tanten, die nett »Guten Abend« sagen können. (1992)

AXEL BEYER

So einen Mann gibt es halt nur einmal. (1988)

Alfred Biolek
Er soll mal gesagt haben, ich sei sein Lehrmeister gewesen. Wenn ich ihn treffe, werde ich ihm sagen: Das nimmst du zurück. (1983)

Roberto Blanco
Ob das mein Nachfolger wird, das wird sich erst noch zeigen. (1979)
Mit Roberto kann man stundenlang zusammensitzen und lachen. (2006)

Dieter Bohlen
Eine Witzfigur. (2006)

Vicco von Bülow/Loriot
Alles, was der gemacht hat, war ein bisschen zu lang. Wenn er statt fünfundvierzig nur dreißig Minuten Sendung gehabt hätte, wäre er Weltklasse gewesen. So war er nur ein sehr guter Deutscher. (1983)

Lou van Burg
Der hat doch alle in die Tasche gesteckt. (1975)
Er war kein Showmaster, sondern ein Showmann. Nichts an ihm war natürlich. Alles war Show. (1976)

Sabine Christiansen
Da passiert ja nichts. Unendlich fad. (2004)

Karl Dall
Wir waren die dicksten Kumpel, und er hat mich zweimal wahnsinnig enttäuscht. (1997)

Bo Derek
Die ist für mich ein Gräuel. Ich kann mit überkandidelten, hochgestylten Frauen nichts anfangen. (1984)

Olli Dittrich
Ein großes Talent. Ein Starparodist. (1997)

Frank Elstner
Für mich macht der eine Weltklasseshow mit kapitalen Fehlern. Warum muss ich eine halbe Stunde warten, bis die erste Wette losgeht? Und hundert Minuten Länge – das befriedigt nur noch die Eitelkeit. (1983)
Frank Elstners *Wetten dass?* ist für die achtziger Jahre das, was *Am laufenden Band* für die siebziger Jahre war. Das ist meine liebste Fernsehsendung. (1984)

Wenn ich je auf etwas eifersüchtig war, dann auf die Idee von *Wetten, dass?*. (1987)
Ich bin ein Perfektionist – im Gegensatz zu ihm. (1993)

Anke Engelke
Da kommt zwar sensationelles Talent rüber, aber es fehlt die Wärme. (2002)
Zehntausend Euro, dass sie es nicht schafft. Sie ist ein sensationelles Talent, eine gute Sketchschauspielerin, sie kann singen, einfach alles – aber nicht eine tägliche Late Night Show machen. Die Fußstapfen von Harald Schmidt sind zu groß für sie. Ich befürchte, dass das in die Hose geht. Ihr fehlt die Talkbegabung. Sie kann nichts mit Gästen anfangen, kann einfach nicht reden. (2004)

Kurt Felix
Kurt Felix hat wunderbare Ideen. (1988)
Kurt Felix war ein total unterschätzter Mann. Kurt ist ein genialer Redakteur. (1993)

Paola Felix
Sie hat das Niveau einer Kinderstunde. (1989)

Rainhard Fendrich
Ob der das Gleiche schafft wie ich, bezweifle ich. (1993)

Herbert Feuerstein und Wigald Boning
Die haben mit meinem Beruf nichts zu tun. (1996)

Peter Frankenfeld
Das war eher ein Radiomoderator, zudem einer, dem gute Gagautoren gefehlt haben. (2002)

Joachim Fuchsberger
Der bringt es fertig, sich in einer einzigen Sendung zwölfmal zu entschuldigen. Wie kann man nur so viel Angst vor bösen Briefen haben! Schlimm genug, dass er dauernd über Krankheiten redet – aber wenn er dann noch der *Bild*-Zeitung anvertraut, welche Krankheit er hat, da hört es doch auf! (1983)

Thomas Gottschalk
Dieser Junge hat Zukunft! Ich könnte ihn mir als Nachfolger für mich selbst vorstellen. (1979)

Der Junge, ja, der hat es. Der Einzige, der es hat. Ein Talent. Wenn er die richtige Show kriegt, wird er der Größte sein. (1983)

Manche Sachen von Gottschalk sind einfach nicht zu überbieten. (1988)

Wunderkinder wie Thomas Gottschalk werden nur einmal geboren. (1989)

Thomas Gottschalk ist spitze. (1991)

Gottschalk ist sicher ein super Präsentator, aber kein Showmaster. Ein Showmaster muss singen, tanzen, alles können. (1996)

DIETER THOMAS HECK

Mein Lieblingsfeind. Der mag mich nicht, und ich mag seine Arbeit nicht. (1994)

Bei *7 Tage – 7 Köpfe* haben wir in den ersten fünf Minuten schon fünfzehn Lacher. Da ist Dieter Thomas Heck immer noch dabei, den Bürgermeister zu begrüßen. (1997)

JOHANNES HEESTERS

Der einzige Mann, der es geschafft hat, mich unter den Tisch zu trinken. (2006)

GÜNTHER JAUCH

Jauch ist ein Talent. Er sollte sich nur hüten, ein zweiter Gottschalk zu werden. (1988)

Er hat eine große Wärme, er ist ironisch, spöttisch, aber nie verletzend. (2002)

Jauchs *Wer wird Millionär?* ist die schönste Show im deutschen Fernsehen. Sie ist herrlich einfach. Zwei Leute sitzen sich gegenüber, sparsame Kulisse, Spannung, Emotionen – da steckt alles drin. (2003)

Wenn Günther Jauch witzig ist, lache ich mich kaputt. Er ist ein super Moderator. (2004)

Für das Gehalt, das Günther Jauch bekommt, könnte er wenigstens mal steppen lernen. (2006)

CHERNO JOBATEY

Der hat eine Stimme, als ob man mit einer Gabel über eine Tafel kratzt. (1998)

HARALD JUHNKE UND HANS ROSENTHAL

Juhnke wird nie ein Trumpf-Ass. Harald Juhnke und Hans Rosenthal, das sind doch alles Arschkriecher. Von denen erlaubt sich doch keiner was. Die sind doch so was von glatt, das ist ja nicht zum Aushalten. (1979)

Ich trinke wesentlich mehr als Harald Juhnke. Mit dem einzigen Unterschied, dass ich es zu Hause tue und es keiner merkt. (1984)

HAPE KERKELING

Das größte Unterhaltungsgenie im deutschen Fernsehen. Aber er hat sich auf Leute verlassen, die von unserem schwierigen Beruf keine Ahnung haben. (1997)

Der macht wunderschöne Sachen. (2004)

HILDEGARD KNEF

Da fehlt jedes Feuer. (1975)

Sie macht vieles verkehrt. Und dann die Art und Weise, wie sie sich verkauft… (1981)

JÖRG KNÖR

Der wird bestimmt nicht mein Nachfolger. Der hat sich voll auf die Imitation konzentriert und darüber vergessen, seine Persönlichkeit weiterzuentwickeln. (1989)

GABY KÖSTER

Sie ist für mich eine der komischsten Frauen der Welt. (1997)

MIKE KRÜGER

Seine Show *Vier gegen Willi* ist der reinste Schwachsinn. (1989)

Mike ist ein richtiger Freund geworden. Ich bewundere seinen Fleiß, seine Kreativität, seinen Humor und seine Golfschläge. (2006)

HANS-JOACHIM KULENKAMPFF

Kulenkampff ist in seinem Rahmen der beste Showmaster, den ich kenne. Das hat mit Showbusiness allerdings nicht das Geringste zu tun. (1971)

Man muss naiv sein in diesem Beruf und ein bisschen dumm. Das ist das Problem von Kuli. Der denkt zu viel. (1977)

Kuli fragt zu viele andere, was ankommt. Das ist ein Fehler. (1977)

Wichtig ist, dass man überzeugt ist von dem, was man macht, dass man dahintersteht und nicht, wie Kulenkampff immer durchblicken lässt, dass man eigentlich etwas Besseres ist als nur Showmaster, nämlich ein richtiger, seriöser Schauspieler. Ha, die gibt es doch wie Sand am Meer. (1983)

Kulenkampff war Showbusiness. Der kam vom Theater und hat mit dem Publikum gespielt. Er war für uns alle ein Vorbild. (2002)

Robert Lembke
Er ist der beste Talkmaster. Der hat immer noch etwas im Ärmel, eine Schublade mehr im Kopf, wo er was rausholt. (1983)

Jürgen von der Lippe
Der hat ein großes komisches Talent. In *So isses* ist er hervorragend, es muss ja nicht gerade *Donnerlippchen* sein. (1988)

Sandra Maischberger
Sandra ist eine ziemlich kalte Frau. Wärme hat sie nicht. Sie ist eine Journalistin, die mit Politikern super umgehen kann, aber sie ist nicht geeignet für eine Talkshow mit Publikum. (2003)
Sie kann nur auf zwei Arten gucken: ernst, nicht ganz so ernst. Da fehlt jede Wärme. Sie liebt ihre Gäste nicht. (2004)

Michael Mittermeier
Wie der den Saal beherrscht und die Kamera, das ist Weltklasse. Da stimmt alles. (1999)

Linda de Mol
Es gibt keine weiblichen Showmaster. Bis auf Linda de Mol, die ist sehr vielseitig. (1992)

Désirée Nosbusch
Sie ist sicher eines der wenigen großen Talente. Sie hat das Zeug, eine professionelle Fernsehpräsentatorin zu werden. (1988)

Dieter Nuhr
Einer der besten Komiker. (2001)

Kai Pflaume
Er ist nett, charmant und spricht richtig gutes Deutsch, aber ich warte immer noch auf den ersten Gag aus seinem Mund. (1997)
Kai Pflaume ist in meinen Augen kein Mann. Aber viele Frauen schwärmen von ihm, weil er ein liebes Weichei ist. (2006)

Jörg Pilawa
Bisher war er nur nett, aber nicht witzig. Das Talent dazu hat er. (2001)

Stefan Raab

Keine Selbstironie. Du musst auch mal Witze auf deine eigenen Kosten reißen. Du musst als Clown auch mal selber die Torte ins Gesicht kriegen. (2002)

Ich bin kein Kid mehr, ich muss Raabs Sendung nicht gucken. (2003)

Ilja Richter

Ein großes Talent, aber er imitiert nur noch, er ist immer ein anderer, nur nicht er selbst. Da müsste mal einer kommen, der ihm sagt: Nun halt mal die Hände still, den Kopf ruhig, lass mal dein Herz sprechen. (1975)

Leslie Roberts

Meine Klagemauer. (1984)

So einen Mann gibt es nur einmal. (1987)

Leslie war mein geistiger Vater. Er war enorm wichtig für mich. Er war der einzige Freund, den ich im Leben hatte. (2006)

Hans Rosenthal

Mit ihm ist es so wie mit allen diesen Amateur-Showmastern. Die Leute freuen sich einfach, wenn in dieser knallharten Zeit ein netter Mensch kommt, der ihnen gute Besserung wünscht und ihnen sagt, welche Ehre es ist, in dieser wunderschönen Stadt, in dieser wunderschönen Halle auftreten zu können. (1983)

Dalli Dalli fand ich kindisch. Hans Rosenthal war kein Showmaster, er war ein Fernsehunterhalter. (2002)

Heinz Schenk

Der hat sein Publikum und arbeitet hart. Ich habe Respekt vor Menschen, die hart arbeiten. (1983)

Harald Schmidt

Der Harald ist kein Mann fürs Volk, total ungeeignet für *Verstehen Sie Spaß*. Diese Sendung braucht einen harmlosen Moderator. Man nimmt die Menschen in den Filmbeiträgen auf die Schippe. Dann muss ein Mensch kommen, der alles wieder gutmacht. (1993)

Ein Genie. Nur die Showbeiträge sind katastrophal. (1993)

Ich finde Harald ein Genie. Ich mag ihn aber nicht im Fernsehen. Das deutsche Volk kann nicht über einen lachen, der es nicht wirklich mag. Harald liebt die Zuschauer nicht. (1997)

Brillant! (2006)

Atze Schröder

Der Mann hat Zukunftspotenzial. (2002)

Barbara Schöneberger

Der muss man noch ein wenig helfen. (2004)

Wim Thoelke

Laaaangweilig. Da knistert nichts! Wie leicht manche Leute doch ihr Geld verdienen. Und dazu »Wum« und »Wendelin« von Loriot. Grauenhaft! Wie kann der Mann so etwas machen? Und es kommt an. Aber wenn sie's weglassen, merkt es keiner. (1983)

Herman van Veen

Der ist sehr nett. Ein so intelligenter Mensch. (2006)

Otto Waalkes

Otto ist der beste Komiker seit Otto, sage ich immer. Aber ich sage auch zu ihm: Setz dich erst mal hin, sing ein ruhiges Lied. Und dann kannst du ausflippen. Ihm fehlt die Wärme. Aber sagen Sie das mal jemandem, der fünf Millionen Mark im Jahr verdient. Otto ist der Ersatz für den Dorftrottel, den man früher hatte. Ich weiß gar nicht, wo die heute alle sind. Hat man die weggesperrt? (1983)

Otto ist ein begnadeter Komiker. (1988)

Otto-Filme sind Schwachsinn. Da ist nichts Vernünftiges dran. Es war das Schlimmste, was ich je gesehen habe. (1988)

Kollegen über Rudi Carrell …

Peter Alexander

Rudi, du bist und bleibst unser aller Herzblatt. Noch ein Rat vom Älteren an den Jüngeren: Mach es so wie ich, und das habe ich von dir gelernt: Lass dich überraschen. (2006)

Hugo Egon Balder

Wir verehren ihn alle wie einen Guru. (2004)

Axel Beyer (ARD-Unterhaltungschef 1991–1995)

Wir sind befreundet. Ein Mann, der bei uns fünfundzwanzig Jahre gute Arbeit abgeliefert hat, ist immer ein Thema. Carrell ist einer der Allerbesten, ein absoluter Profi. (1994)

Alfred Biolek

Carrell ist der Beckenbauer des Showgeschäfts. (1975)

Rudi Carrell war viele Jahre die Inkarnation der großen Samstagabendshow im öffentlich-rechtlichen Fernsehen. (1999)

Rudi hat sich seinen Erfolg extrem hart erarbeitet. (2005)

Sein Leben war und ist die Arbeit. Ich kenne wenige Leute, die ein so reduziertes Privatleben gehabt haben wie Rudi. Aber was er machte, war Kult, war ganz große Klasse. Er ist ein Stück deutscher Fernsehgeschichte. Seine Sendung *Am laufenden Band* war gigantisch, sie war das *Wetten dass?* der siebziger Jahre. (2006)

Dieter Bohlen

Rudi ist wirklich ein Vorbild für mich, der blickt voll durch. Wenn der sagt, moderieren ist nicht mein Ding, dann glaub ich das. (2006)

Mies Bouwman

Rudi Carrell ist auf dem Gebiet der Fernsehunterhaltung vielleicht der Einzige, der es schaffen wird. (1963)

Was Rudi damals in seiner holländischen Show gemacht hat, fand ich einfach phantastisch. Er war etwas ganz Besonderes. Was mich besonders beeindruckt hat, war sein wahnsinniges Gefühl für Details. (2006)

Bernhard Brink

Rudi, du bist für mich einfach ein Riese! Auch, weil du immer deinen Weg gegangen bist und oft Dinge ausgesprochen hast, die andere sich nicht zu sagen trauten. (2006)

Jochen Busse

Ich weiß nicht, was Rudi Carrell für ein Mensch ist. Ich kenne Rudi nur beruflich. Ich glaube, Rudi ist auch nur beruflich. (2002)

Marc Conrad (RTL-Programmdirektor 1992–1998)

Carrell ist eine Bereicherung unseres Programms, besitzt Kreativität und Professionalität. Wir sind sehr stolz, dass er zu unserem Team gehört, und viele von uns können sich von seinem Wissen eine Scheibe abschneiden. (1994)

Karl Dall

Rudi Carrell ist ein eitler Selbstdarsteller. (1997)

Sein Leben war eine einzige Show, sein Tod scheint es auch zu werden. (2006)

Heinz Eckner

Ich habe mit ihm zwölf Jahre zusammengearbeitet. Wir waren Kollegen, aber keine Freunde. (1984)

Anke Engelke

Ich spiele in einer anderen Liga als er. Ich spiele sexy Frauenfußball – der nicht. (2004)

Frank Elstner

Rudi ist das Gegenteil von mir. Er probt bis zum Umfallen, duldet keine Fehler und vergreift sich gegenüber Kollegen auch mal im Ton. Er will der Beste sein. Für dieses Ziel ist ihm nichts zu schade. (2006)

Rudi ist der größte Profi, der in unserem Metier arbeitet. Seine Detailliebe und Perfektion sind ein Vorbild für jeden, der ordentlich arbeiten will. Ich mag ihn, ich bewundere ihn sehr. (2006)

Kurt Felix

Rudi war der genialste TV-Entertainer im deutschsprachigen Fernsehen, der in seiner Wirkungszeit nachhaltige Fernsehgeschichte geschrieben hat. Ich kenne keinen, der professioneller und mit mehr Verve gearbeitet hat. Rudi ist der Inbegriff für Qualitätsarbeit, vor und hinter der Kamera. (2006)

Rudi war jederzeit fähig, die Fernsehlandschaft richtig, objektiv und fair einzuschätzen. (2006)

Thomas Gottschalk

Der Einzige, der aus einer guten Idee eine gute Show machen kann, ist Rudi Carrell. (1997)

Rudi Carrell ist für das Publikum zur festen Größe und zum Bestandteil des Lebens geworden. (2006)

Dick Harris

Carrell ist ein Mensch wie alle anderen, mit guten wie mit schlechten Eigenschaften. Niemand ist vollkommen und unfehlbar, ausgenommen der Papst, aber der macht auch keine Fernsehshows. (1987)

Freunde braucht er nicht. Er hat Feinde genug. Er ist bauernschlau und hat ein präzises Gefühl dafür, was Publikum und Sendeanstalten möchten. (1993)

Rudi ist zäh, Rudi ist kein Mensch, der schnell aufgibt. (2006)

Günther Hassert

Ich habe als Regisseur drei Shows mit ihm gemacht. Es ist ganz fürchterlich, mit ihm zusammenzuarbeiten. Er degradiert jeden zum Statisten. Ich habe nicht mit ihm gestritten, sondern still und leise den Kram hingelegt. Ihm hat wohl nie jemand gesagt, was Regie ist, und so lernt er es auch nie. (1984)

Dieter Thomas Heck

Carrell hat von mir geklaut. (1990)

Thomas Hermanns

Rudi Carrell ist ein absolutes Vorbild für mich. (2006)

Harald Juhnke

Dass der Rudi mehr trinkt als ich, das wusste ich schon immer. Was er über mein Rumtorkeln meint, ist nicht bösartig gemeint. Wir haben immer ein gutes Verhältnis zueinander gehabt. Wer von uns wie viel trinkt – da stehen wir doch drüber. (1983)

Andrea Jürgens

Ich habe Rudi Carrell meine Karriere zu verdanken. Das werde ich ihm nie vergessen. (2006)

Hape Kerkeling

Ohne Rudi würde ich nicht das machen, was ich heute mache. (2006)

Seit Rudi Carrell mich zu Hause besucht hat, gelte ich mehr in der Nachbarschaft. (2006)

Jörg Knör

Rudi war immer mein Idol, ich bin einer seiner größten Fans. Ich wäre am liebsten selbst Rudi Carrell gewesen. (2006)

Rudi ist bei seinen Shows und seinen Gags immer vom Leben ausgegangen, er hat das Publikum nie von oben herab behandelt. Und das hat ihn ausgezeichnet. (2006)

Mike Krüger

Rudi ist trotz seiner Erfolge bescheiden geblieben. (1999)

Meine Frau sagt immer schon, du bist ja schon wie Rudi. Ich weiß jetzt nicht, ob das gut ist. (2002)

Rudi Carrell hat mich ins Fernsehen geholt, ich habe ihm deshalb viel zu verdanken. Er hatte immer ein unheimliches Gespür dafür, was die Leute mögen. Es gab kaum ein Detail in seinen Sendungen, um das er sich nicht persönlich gekümmert hat. Im Job war er zwar immer knallhart, aber privat ist er ein großzügiger, warmherziger Mensch. Das verkennen viele. (2006)

Jürgen von der Lippe

Hat Rudi Carrell was am Kopf? (1989)

Man könnte meinen, er sei ausgewandert, so lange hat man nichts mehr von ihm gehört. (1994)

Ich glaube, es gibt keinen Menschen in unserer Branche, der Rudi Carrell nicht als Vorbild betrachtet. Es gibt in diesem Land keinen anderen, der sich so auf die Erzielung komischer Wirkungen versteht wie er. (2006)

Ingolf Lück

Als Kind wollte ich sein wie er. (2006)

Michael Mittermeier

Rudi Carrell ist der amtierende T-Rex der deutschen Fernsehunterhaltung. Schon als Kind hat er mich mit Sendungen wie *Am laufenden Band* saugut unterhalten. Rudi ist ein Meister des Entertainments, ein Showmaster – mit seinem Wohnwagen immer auf der Jagd nach der perfekten Show. Sein kreativer Drang, dabei immer wieder neue Wege zu gehen, hat mich als Künstler sehr beeinflusst. (2006)

Friedrich Nowottny

Rudi Carrell ist der klassische Geschäftsmann aus den Niederlanden. Er quält sich, hockt bei brütender Hitze in einem Übertragungswagen oder friert stundenlang vor einem Haus, um Erfolg zu haben. Und genau das merkt sein Publikum. (1992)

Stefan Raab
Der sympathische Käskopp hat in den letzten hundertfünfzig Jahren unser Holland-Bild mehr geprägt als jeder Tulpenverkäufer, von dem man auf dem Wochenmarkt übers Ohr gehauen wird. Rudi, wir verneigen uns vor dir und bedanken uns für vierzig Jahre Fernsehgeschichte. (2002)
Rudi Carrell ist nicht nur ein Titan des deutschen Fernsehens. Er ist auch die Frau Antje des Entertainments. (2002)

Beatrice Richter
Rudi rackert sich Tag und Nacht für seine Shows ab. Für mich war es nicht immer einfach, mit ihm zu arbeiten, denn er ist ein sehr strenger Lehrer. Von ihm habe ich gelernt, was man sich erlauben kann und was nicht. Durch ihn bin ich das geworden, was ich heute bin. (1984)
Ich habe Rudi meine Karriere zu verdanken und wirklich sehr viel von ihm gelernt. Wir haben damals mit *Rudis Tagesschau* ein Stück Fernsehgeschichte geschrieben, und ich bin wirklich stolz darauf, dabei gewesen zu sein. (2006)

Ilja Richter
Seine Show *Am laufenden Band* brachte einen Gag nach dem anderen. Carrell gehörte damals zu meinen Göttern. (1999)
Er ist nicht wegzudenken aus dem deutschen Showgeschäft. Carrell war ein Erneuerer. (2006)

Leslie Roberts
Als sein künstlerischer Berater kann ich Rudi nur loben. Er ist sanft wie ein Lamm. Nur Schwätzer kann er nicht leiden, aber er ist jedem Argument zugänglich. Man muss ihn nur zu nehmen wissen. (1984)

Hans Rosenthal
Ich kann den Rudi nicht ernst nehmen. Das war bestimmt erst der Auftakt. Carrell wird noch schlimmer über die Kollegen herziehen. (1979)

Michael Schanze
Das Klauen von Ideen hat uns Rudi Carrell vorgemacht. (1989)

Gisela Schlüter
Dieser Mann ist ein Unmensch. So etwas habe ich noch nie erlebt. (1984)

Harald Schmidt
Carrell wittert als alter Showhase, dass mit mir eine Generation kommt,

die genau das kann, was er nicht kann: spontan reagieren und improvisieren. (1993)

Rudi war für mich die personifizierte Show, Traum-Einschaltquoten, Riesenpresse, absoluter Megastar der ARD. Er war der Allergrößte. (1994)

Das Tolle bei Rudi war immer die absolute Leichtigkeit. Ich wollte immer so sein wie er. (2002)

Rudi Carrell war früher mein Vorbild, der einzige witzige Showmaster im deutschen Fernsehen. Auch ich wollte als Junge immer richtiges Showbusiness machen. Seine Professionalität erstaunte mich immer wieder aufs Neue. (2006)

Bernd Stelter

Wenn man von Rudi gelobt wird, ist das natürlich ein Moment, wo man den Rotstift und den Kalender raussucht und den Tag ganz dick anstreicht. (2002)

Wim Thoelke

Rudi Carrell wirkt schnoddrig und oberflächlich. Aber das ist er nicht. Er ist in Wirklichkeit leicht verletzbar und setzt deshalb seine oft aggressiven Sprüche als vorsorgliche Abwehrmaßnahme ein. (1995)

Dass er ein ausgezeichneter Profi ist, weiß man. Als Perfektionist bereitet er alles so sorgfältig vor, dass eigentlich nichts mehr schief gehen kann. Rudi ist ein harter Arbeiter, der sich um alles kümmert und von seinen Mitarbeitern viel verlangt. (1995)

Rudi Carrell ist ein großer Gewinn für das Showbusiness in unserem Lande. (1995)

Helmut Thoma

An Carrell kommt keiner mehr vorbei. (1992)

Ernst-Marcus Thomas

Rudi Carrell ist ein Mann, der ein großes Herz für junge Talente hat. (2006)

Thomas Woitkewitsch

Rudi hat in meinem Leben eine enorm große Rolle gespielt, und ich habe viel Grund, ihm dankbar zu sein. Die Zeit bei *Am laufenden Band* waren mit Abstand die härtesten Jahre meines Lebens. Aber es war zugleich auch die produktivste und lehrreichste Zeit. Ich habe von Rudi wahnsinnig viel übers Fernsehmachen gelernt. (2006)

Rudi Carrell über Rudi Carrell

Ich bin ein Künstler. Ein Star. (1953)
Ich glaube an mich selbst. Denn ein Künstler, der nicht selbst an sich glaubt, ist wertlos. (1960)
Ich arbeite hart für meinen Job. Ich bin ein seriöser Spaßvogel. (1960)
Ich bin ein echter Holländer. (1962)
Ich bin besessen vom Fernsehen, von der geschäftigen Welt der Studios. (1962)
Ich bin überhaupt nicht arrogant, bin es nie gewesen. (1962)
In den Niederlanden kann man kein Star werden. Holländer halten nichts von Stars. (1962)
Holland ist einfach zu klein, um sich eine internationale Karriere aufzubauen. (1964)
Ich bin gerne ein bekannter Mann. (1965)
Ich kann mir keine Mittelmäßigkeit erlauben. Was ich mache, muss gut sein, spitze. (1966)
Ich bin Holländer, das merken sie an meinem schlechten Deutsch. (1967)
Jeder Gag ist mein Kind. (1969)
Ich bin Ideenentwickler, Texter, Regisseur, Showmann und Sänger in einem. (1970)
Ich möchte das beste Deutsch sprechen, was je im deutschen Showgeschäft gesprochen wurde. Aber das beste Deutsch läuft mir immer weg, wenn ich nervös werde. (1971)
Ich bin nicht dickköpfig, ich bin eigenwillig. (1971)
Ein Künstler muss sich manchmal vor sich selbst schützen. (1971)
Meine Mittel sind begrenzt. Ich könnte in Amerika arbeiten, aber die kochen da auch nur mit Wasser. Der deutschsprachige Raum ist groß genug. Er reicht mir. (1971)
Mir fehlt die Unbefangenheit, die ich früher hatte. Ich weiß zu viel vom Showbusiness. (1971)
Meine Frau stellte mich vor die Alternative: entweder ich oder das Fernsehen! Ich entschied mich für das Fernsehen. (1973)
Wer in Deutschland einmal ein Star geworden ist, der bleibt immer einer. (1973)
Ich habe mich schon immer für alles interessiert, was um mich herum passiert, ich bin halt furchtbar neugierig. (1973)
Ich halte nichts vom angeblich so beliebten radebrechenden Ausländer. Ich werde mein Deutsch aufpolieren, bis es perfekt ist. (1973)
Ich war auf der Volksschule in Holland. Man hat mir gesagt, das reicht aus, um Showmaster zu werden. (1974)
Ich bin pausenlos im Stress. (1975)

Leider gibt es von meinem Kaliber zu wenige. (1975)

Das deutsche Publikum ist meine Lebensversicherung. Es hat mehr Sinn für Jux und Schabernack, als ihm miesepetrige Kritiker nachsagen. (1976)

Wenn ich zu einem Psychiater ginge, würde der bestimmt feststellen, dass ich meschugge bin. Ich bin verrückt. Wer so viel arbeitet wie ich, muss verrückt sein. Von früh bis nachts sitze ich am Schreibtisch und brüte über neuen Gags. Ich kann gar nicht normal sein. (1977)

Ich bin ein Riesenarschloch. Ich bin egoistisch, fast egomanisch, übelnehmend, eitel, unstet, nachtragend und untreu. Nur meinem Beruf bin ich treu. (1977)

Ich bin unheimlich ehrlich. Im Fernsehen kann man nicht lügen. Es würde bemerkt. Dieses Medium zwingt zur Ehrlichkeit. (1977)

Ich bin der glücklichste Mensch von der Welt. (1977)

Als kreativen Showmaster finde ich mich enorm gut. (1978)

Ich kann ohne Show nicht leben. Sie ist für mich wie Rauschgift. (1978)

Ich liebe Deutschland mehr als mein Vaterland. (1978)

Mein Leben war meschugge. (1979)

Ich brauchte nie in meinem Leben das große Glück zu suchen, weil es mir fast immer nachgeworfen wurde, wie anderen Menschen das Pech. (1979)

Ich bin nicht entdeckt worden, ich bin geboren. (1979)

Wird sich einen Monat nach meinem Tod noch irgendjemand an meine Shows erinnern? (1979)

Wir Holländer haben keine Hemmungen. Eigentlich denkt jeder Holländer, dass er ein geborener Showmaster ist. (1980)

In meinem Leben ist beinahe alles passiert – oder kann alles passieren. Wo auch immer ich hinkomme, irgendetwas passiert. (1981)

Ich klaue nur die besten Gags aus den besten Sendungen der Welt. (1981)

Ich wäre sicher ein hervorragender Journalist geworden, weil ich Phantasie habe und neugierig bin. (1984)

So viele Shows kann ich gar nicht machen, dass mir nichts mehr einfällt. (1984)

Ein Scheißberuf, Schwerarbeit. Ich bin total verrückt, kein Mensch kann diesen Stress auf Dauer aushalten. Daran gehe ich noch einmal kaputt. (1984)

Solange mich die Leute auf der Straße anlachen, macht es ja auch Spaß. (1984)

Wenn ich nicht zeitlebens auf dem Lande gelebt hätte, wäre ich schon längst in der Klapsmühle. (1984)

Ich habe das Gefühl, dass die großen Samstagabendshows verschwinden werden. Ich müsste mich schon sehr täuschen. (1986)

Ich denke deutsch, ich schlafe deutsch, und ich träume deutsch. (1987)
Ich bin ein Perfektionist. (1988)
Ich bin sehr rechthaberisch. (1988)
Ich schäme mich für jeden Deutschfehler. (1988)
Menschen zu erfreuen, das ist ein großes Glücksgefühl. (1988)
Ich denke, dass ich mittlerweile der kreativste Fernsehmann Europas bin. (1989)
Ich denke, ich bin einmalig. (1989)
Die erste Show ist bei mir immer genauso perfekt wie die letzte. (1989)
Fernsehen ist meine Droge. Ich bin für das Medium geboren, so wie Charlie Chaplin für den Film. (1990)
Ich bin ein absoluter Glücksfall fürs Fernsehen. (1990)
Ich bin ein Einzelkämpfer. Für Gefühlsduseleien habe ich im Leben nie Zeit gehabt. Freunde habe ich nicht, will ich nicht. (1990)
Lieber ein Carrell im Fernsehen als hunderttausend Holländer auf der Autobahn. (1990)
Ich bin nicht charmant. Dafür bin ich zu versaut. (1993)
Ich will nicht sagen, dass ich besser geworden bin, aber die anderen werden immer schlechter. (1993)
Vielleicht bin ich zu ehrlich. Das macht es manchmal schwer. (1997)
Ich habe als der Jüngste angefangen. Allmählich bin ich der Älteste hier. Das ist schon komisch. (1997)
Mein Herz hängt nicht an der Fernsehunterhaltung. Ich habe alles gemacht und alles erreicht, was möglich ist. (1997)
Wir alten Knacker funktionieren wieder. (1997)
Fernsehen ist eine Sucht, die einen nie loslässt. (1999)
Rudi Carrell ist Arbeit. Ich bin ein Arbeitstier, unheimlich ehrgeizig und fleißig, was meinen Beruf angeht. (1999)
Ich habe den Deutschen das Lachen beigebracht. (1999)
Ich war nie ein harmoniesüchtiger Kriecher. (2001)
Wer das tut, was ich tue, der muss ein sehr großes Ego haben. (2002)
Ich mache jetzt Schluss und meine es ernst. (2002)
Ich werde bis zu meinem Tod weitermachen. Ich bin zu neugierig, um früh zu sterben. Solange ich kreativ bin, werde ich weiterleben. (2002)
Die Sprache ist bis heute mein Problem. Mir fehlt die Kindheit in Deutschland. Bestimmte Sachen kann man nicht nachholen. (2002)
Der Beruf des Showmasters wird aussterben. (2002)
Ich bin nie enttäuscht worden, weil ich keine Freunde hatte. (2002)
Menschlichkeit ist das Wichtigste, um so lange Erfolg zu haben im Showgeschäft. (2002)
Wenn ich heutzutage auf die Straße gehe, ist das ein roter Teppich. (2003)
So was wie mich gibt's nur einmal. (2004)

Ich war ein Besessener, ein Perfektionist. (2004)
Ich bin ein Preuße. Ich komme nie zu spät. Ich habe nie meine Sendezeit überzogen. (2004)
Ich habe keine Sehnsucht mehr nach der ersten Reihe. Der Druck ist weg. Das habe ich lange genug gemacht. (2004)
Die meisten, die eine Rolle in meinem Leben gespielt haben und für mich wichtig waren, sind bereits tot. (2004)
Insgesamt hatte ich wohl über zwei Milliarden Zuschauer. (2004)
Ich bin dankbar. Ich bin in Deutschland Showmaster Nummer eins und nicht Nummer vier. In dem Sinne habe ich Glück gehabt. (2006)
Ich arbeite am liebsten allein, bin fast autistisch. (2006)
Ich habe immer denselben Albtraum: Ich stehe auf einer Bühne vor vollem Haus – und mir fällt nichts ein. Ich stehe da, und es kommt einfach nichts. Kein Witz, keine Idee, kein Gag. Nichts! Alle schauen mich an. Entsetzlich! Schweißausbrüche! Diesen Albtraum habe ich noch heute. (2006)
Ich werde noch lange als Wiederholung weiterleben. (2006)
Ich bin stolz, dass ich nie den Grimme-Preis bekommen habe. (2006)
Ich bleibe Profi – bis zum Schluss. (2006)

ANHANG

Anmerkungen

Prolog

1 RC im Interview mit dem Autor, 1. 5. 2003.
2 *Der Spiegel*, 24. 6. 1974.
3 *Kölner Stadt-Anzeiger*, 29. 12. 1979.
4 *Frankfurter Allgemeine Zeitung*, 18. 12. 2004.
5 *Süddeutsche Zeitung*, zitiert nach *Die Tageszeitung*, 30. 12. 2005.
6 *Süddeutsche Zeitung*, Magazin, Nr. 11, 17. 3. 2006.
7 Jochen Busse, zitiert nach *Höchstpersönlich*, Radio Bremen – ein Film von Heidi Nullmeyer, 11. 10. 2002.
8 Alfred Biolek im Interview mit dem Autor, 21. 3. 2006.
9 RC, zitiert nach *Höchstpersönlich*, Radio Bremen – ein Film von Heidi Nullmeyer, 11. 10. 2002.
10 RC in einer E-Mail an den Autor, 23. 2. 2006.

1. Eine Kindheit in Holland

1 RC: *Gib mir mein Fahrrad wieder*. Wien, München, Zürich, Innsbruck 1979, S. 25.
2 Vgl. *Alkmaarsche Courant*, 16. 8. 1996.
3 Vgl. *Alkmaarsche Courant*, 4. 4. 2006 und 25. 4. 2006.
4 RC in einer E-Mail an den Autor, 3. 4. 2006. Das Haus im Bergerweg 44, in dem RC seine Kindheit verbrachte, steht heute nicht mehr, dort wurde eine Reihe moderner Bürogebäude errichtet.
5 Leserbrief an das *Noordhollandse Dagblad*, April 2006. Dank an Ruud Schmitz, Alkmaar.
6 Truus de Leeuw im Interview mit dem Autor, 21. 5. 2006.
7 Gezinskaart Alkmaar, »Familie Kesselaar-Houtkooper«. Für die Recherchen zu RCs Abstammung danke ich sehr herzlich Hans Koolwijk, Alkmaar, sowie Jan van Baar, *Regionaal Archief*, Alkmaar.
8 Johannes Jacobus Kesselaar wurde am 23. 11. 1875 in Alkmaar und Geertruida Brouwer am 2. 9. 1873 in Hoogwoud geboren. Für die Auskünfte und sorgfältigen Recherchen zur Familiengeschichte der Kesselaars bin ich Hans Koolwijk, Alkmaar, zu allergrößtem Dank verpflichtet.
9 Geertruida Bouwer starb am 10. 12. 1929.
10 Geertruida Wilhelmina Schieberger wurde am 11. 8. 1868 in Amsterdam geboren und heiratete Johannes Jacobus Kesselaar am 22. 10. 1930
11 Johannes Kesselaar hatte noch vier jüngere Geschwister, die ebenfalls sämtlich in Alkmaar geboren worden sind: Johannes Gerardus Kesselaar (geb. 19. 12. 1877), Geertruida Elisabeth Kesselaar (geb. 25. 2. 1881), Elisabeth Kesselaar (geb. 17. 2. 1884) und Willem Kesselaar (geb. 2. 8. 1888).
12 Johannes Kesselaar wurde am 28. August 1833 in Hoorn geboren. Sein Vater gilt als unbekannt, seine Mutter ist die 1799 in Hoorn geborene und ebendort am 9. 11. 1859 gestorbene Geertje Kesselaar. Für diese Auskünfte danke ich Yvonne Hanou, Westfriesisches Archiv.

13 Carrells Urgroßvater, Johannes Kesselaar, wurde am 28. 8. 1833 in Hoorn geboren. Seine erste Frau Maartje Herman wurde am 27. 9. 1834 geboren, ebenfalls in Hoorn, sie starb am 15. 10. 1867 in Alkmaar. Kesselaars zweite Frau Aagje Blokker wurde am 11. 7. 1846 (oder 1848) in Hoorn geboren. Beide ließen sich am 12. 6. 1875 endgültig in Alkmaar nieder.
14 In seiner Autobiographie *Gib mir mein Fahrrad wieder* (S. 262) führt RC aus, dass seine Vorfahren schlesischer Abstammung sind und ursprünglich Keßler geheißen haben; hierzu finden sich auch in seinem Privatarchiv Notizen, die RC Ende der siebziger Jahre von einem Rechercheur aus Alkmaar bekommen hat, doch weder in den Archiven von Alkmaar noch in denen von Hoorn lässt sich diese deutsche Herkunft rekonstruieren. Es sieht alles danach aus, dass RCs damaliger Kontaktmann versehentlich eine falsche Spur verfolgt hat und die Gezinskarte einer in Alkmaar lebenden Familie Keßler mit der der Familie Kesselaar verwechselt hat. Dank für Recherchen in diesem Kontext an Hans Koolwijk, Alkmaar.
15 Maria Margaretha van Doorn wurde am 3. 11. 1878 und Wijbrand Houtkooper am 28. 2. 1872 in Alkmaar geboren.
16 RC in einer E-Mail an den Autor, 30. 3. 2006. Eine Fotografie aus dem zweiten Jahrzehnt des letzten Jahrhunderts zeigt das »Kaffeehuis De Korenbeurs« von Wijbrand Houtkooper.
17 RC im Interview mit dem Autor, 20. 3. 2006.
18 Vgl. *Alkmaarsche Courant*, 30. 4. 1949.
19 RC in einer E-Mail an den Autor, 6. 4. 2006.
20 Alle vier Kesselaars geben sich als »De vier K's« andere Namen: Andries nennt sich André, Jan nennt sich Jean, Klaas gibt sich den Künstlernamen George, und Piet wählt den Namen Pierre.
21 RC im Interview mit dem Autor, 20. 3. 2006.
22 RC: *Gib mir mein Fahrrad wieder*, ebd., S. 154 f.
23 RC im Interview mit dem Autor, 20. 3. 2006.
24 Catharina Houtkooper, zitiert nach den Erinnerungen von RC, im Interview mit dem Autor, 20. 3. 2006.
25 RC im Interview mit dem Autor, 20. 3. 2006.
26 Truus de Leeuw im Interview mit dem Autor, 21. 5. 2006.
27 RC im Interview mit dem Autor, 20. 3. 2006.
28 Truus de Leeuw im Interview mit dem Autor, 21. 5. 2006.
29 RC im Interview mit dem Autor, 20. 3. 2006.
30 Adriaan Kesselaar im Interview mit dem Autor, 23. 5. 2006.
31 RC im Interview mit dem Autor, 20. 3. 2006.
32 RC in einer E-Mail an den Autor, 30. 3. 2006.
33 RC, zitiert nach *Der Spiegel*, 24. 6. 1974.
34 RC im Interview mit dem Autor, 20. 3. 2006.
35 Ebd.
36 Ebd.
37 Truus de Leeuw im Interview mit dem Autor, 21. 5. 2006.
38 RC im Interview mit dem Autor, 20. 3. 2006.
39 RC in einer E-Mail an den Autor, 30. 3. 2006. Andries Kesselaar hat das damalige Geschehen hier offensichtlich falsch ausgelegt, denn die Bombardierung des Flugplatzes von Bergen in der Nacht vom 10. Mai 1940 ist historisch dokumentiert. Auch die Tatsache, dass der Feuerschein Richtung Westen zu sehen war, legt nahe, dass Rudi Carrell an diesem Tag Augenzeuge genau dieses Vorgangs geworden ist. Die brennenden Öltanks bei Amsterdam wären von Alkmaar aus in südlicher Richtung zu sehen gewesen.

40 Tagebucheintrag vom 11. 5. 1940, zitiert nach: Ralf Georg Reuth (Hrsg.): *Joseph Goebbels. Tagebücher*. Bd. 4 (1940–1942). 2. Aufl., München 1999, S. 1417.
41 Vgl. Henry Picker: *Hitlers Tischgespräche im Führerhauptquartier*. Frankfurt/Main, Berlin 1993, S. 22.
42 Henry Picker, a.a.O., S. 455.
43 RC in einer E-Mail an den Autor, 30. 3. 2006.
44 Nicolaas Beets, der als einer der ungewöhnlichsten Schriftsteller und Dichter niederländischer Sprache gilt, wurde 1814 in Haarlem geboren und starb 1903 in Utrecht. Sein wichtigstes Werk ist der Erzählband *Camera Obscura*.
45 RC im Interview mit dem Autor, 20. 3. 2006.
46 Ebd.
47 RC in einer E-Mail an den Autor, 3. 4. 2006.
48 RC im Interview mit dem Autor, 20. 3. 2006. Hierbei handelte es sich um die Konservenfabrik *Hoogstraaten*, einen der wenigen damals in Alkmaar errichteten Betriebe, der sich direkt gegenüber dem Haus der Kesselaars befand.
49 RC im Interview mit dem Autor, 20. 3. 2006.
50 Ebd.
51 Ebd.
52 Ebd. Truus de Leeuw bestätigt dies im Interview mit dem Autor, 21. 5. 2006.
53 RC: *Gib mir mein Fahrrad wieder*, ebd., S. 39.
54 Vgl. Nanda van der Zee: *»Um Schlimmeres zu verhindern« – Die Ermordung der niederländischen Juden. Kollaboration und Widerstand*. München, Wien 1999, S. 152.
55 Vgl. hierzu Marion Schreiber: *Stille Rebellen – Der Überfall auf den 20. Deportationszug nach Auschwitz*. Berlin 2000.
56 Has Rauter, zitiert nach Nanda van der Zee: *»Um Schlimmeres zu verhindern«*, ebd., S. 288. Hans Rauter wurde nach dem Krieg zum Tode verurteilt und am 25. März 1949 hingerichtet.
57 RC: *Gib mir mein Fahrrad wieder*, ebd., S. 36.
58 RC in einer E-Mail an den Autor, 30. 3. 2006.
59 Truus de Leeuw im Interview mit dem Autor, 21. 5. 2006.
60 Ebd.
61 RC in einer E-Mail an den Autor, 30. 3. 2006.
62 Truus de Leeuw im Interview mit dem Autor, 21. 5. 2006.
63 Vgl. Henk van Gelder: *De Schnabbeltoer*. Amsterdam 2005, S. 15.
64 Henk van Gelder, a.a.O., S. 16.
65 Es existiert kein Dossier zu André Carrell/Andries Kesselaar im *Centraal Archief Bijzondere Rechtspleging* (CABR). Mitteilung von Sierk F. M. Plantinga vom *Nationaal Archief* in Den Haag, 10. 4. 2006. Dank für Hinweise und Recherchen in dieser Angelegenheit an Hans Koolwijk, Alkmaar.
66 RC: *Gib mir mein Fahrrad wieder*, ebd., S. 26.
67 RC, a.a.O., S. 25.
68 RC, a.a.O., S. 24.
69 RC, a.a.O., S. 24.
70 RC, a.a.O., S. 41.
71 RC im Interview mit dem Autor, 20. 3. 2006.
72 Ebd.

2. Conferencier Kesselaar

1 Nanda van der Zee: *»Um Schlimmeres zu verhindern.« Die Ermordung der niederländischen Juden. Kollaboration und Widerstand*. München, Wien 1999, S. 223.

2 Vgl. Nanda van der Zee, a.a.O., S. 314.
3 RC im Interview mit dem Autor, 20. 3. 2006.
4 Ebd.
5 Ebd.
6 Brief RC an seine Eltern, 5. 8. 1945, Privatarchiv RC.
7 RC im Interview mit dem Autor, 20. 3. 2006.
8 Wessel Boonstra in einem Leserbrief an das *Noordhollandse Dagblad*, April 2006. Dank an Ruud Schmitz, Alkmaar.
9 Jacob Sins in einem Leserbrief an das *Noordhollandse Dagblad*, April 2006.
10 Sonja Karseboom in einem Leserbrief an das *Noordhollandse Dagblad*, April 2006. Sonja Karseboom spricht von einem *Duppie*. Dies ist die umgangssprachliche Abkürzung von *Dubbeltje*, einer Münze im Wert von zehn Cent zur Zeit des Guldens. Der Verständlichkeit halber wurde dies hier mit »Münze« übersetzt.
11 Scarpbook RC 1953–1958, Privatarchiv RC. Im niederländischen Original bezeichnet RC das erwähnte Lied als *Schudden met je gat*, was jedoch wörtlich schwer ins Deutsche zu übersetzen ist, weswegen hier zum englischen *Shake Your Ass* gegriffen wurde.
12 RC im Interview mit dem Autor, 25. 4. 2006.
13 Toon Hermans wurde am 17. 12. 1916 als Antoine Gérard Théodore in Sittard geboren und starb am 22. 4. 2000 in Nijmegen.
14 RC in einer E-Mail an den Autor, 30. 3. 2006.
15 RC im Interview mit dem Autor, 20. 3. 2006. Seit 1999 gibt es in den Niederlanden eine von Tonnie Ector gegründete Jazzband namens *Nachtbraker*.
16 RC im Interview mit dem Autor, 20. 3. 2006.
17 Truus de Leeuw im Interview mit dem Autor, 21. 5. 2006.
18 Ebd.
19 RC im Interview mit dem Autor, 20. 3. 2006.
20 RC: *Gib mir mein Fahrrad wieder*. Wien, München, Zürich, Innsbruck 1979, S. 28 f.
21 Truus de Leeuw im Interview mit dem Autor, 21. 5. 2006.
22 Vgl. *Alkmaarsche Courant*, 19. 11. 1988.
23 RC im Interview mit dem Autor, 20. 3. 2006.
24 Ebd.
25 Truus de Leeuw im Interview mit dem Autor, 21. 5. 2006.
26 RC im Interview mit dem Autor, 20. 3. 2006.
27 Ebd.
28 Ebd.
29 RC in einer E-Mail an den Autor, 7. 4. 2006.
30 RC: *Die Welt ist eine Show*. Düsseldorf 1972, S. 9.
31 Zeugnis der *Hoornsche Crediet- en Effectenbank N.V.*, 29. 11. 1952, Privatarchiv RC.
32 RC im Interview mit dem *SZ-Magazin*, 17. 3. 2006.
33 *Alkmaarsche Courant*, 1950, Scrapbook RC 1953–1958, Privatarchiv RC.
34 Zeitungsausschnitt, um 1950, Scrapbook RC 1953–1958, Privatarchiv RC.
35 Zeitungsausschnitt, 1952, Scrapbook RC 1953–1958, Privatarchiv RC.
36 RC im Interview mit dem Autor, 20. 3. 2006.
37 RC im Interview mit dem Autor, 20. 3. 2006.
38 Zeitungsausschnitt, 18. 10. 1953, Scrapbook RC 1953–1958, Privatarchiv RC.
39 Scrapbook RC 1953–1958, Privatarchiv RC.
40 RC, zitiert nach *Westdeutsche Allgemeine Zeitung*, 18. 3. 1967.
41 Jan Hof: *En dan nu uw aandacht voor... Opkomst, glorie en verval van het Nederlandse varieté*. Rijswijk 2001, S. 80.

3. Von Alkmaar nach Hilversum

1 RC im Interview mit dem Autor, 20. 3. 2006.
2 Scrapbook RC 1953–1958, Privatarchiv RC. »Wahrheit« in der zweiten Zeile des Gedichts bezieht sich auf die links orientierte Zeitung *De Waarheid*, die nach 1945 die wichtigste Tageszeitung der Niederlande war.
3 *Alkmaarsche Courant*, 17. 8. 1953.
4 RC in einer E-Mail an den Autor, 12. 4. 2006.
5 Privatarchiv RC.
6 RC in einer E-Mail an den Autor, 11. 4. 2006.
7 Vertrag, 24. November 1953, Privatarchiv RC.
8 Steuererklärung RC für 1953/54, Privatarchiv RC.
9 RC, zitiert nach Henk van Gelder: *De Schnabbeltoer*. Amsterdam 2005, S. 194.
10 Programmzettel, 1953, Scrapbook RC 1953–1958, Privatarchiv RC.
11 Zeitungsausschnitt, 1953, Scrapbook RC 1953–1958, Privatarchiv RC.
12 RC: *Die Welt ist eine Show*. Düsseldorf 1972, S. 10.
13 Brief vom 24. 7. 1951, Privatarchiv RC:
14 Ebd.
15 Zeitungsausschnitt, 1953, Scrapbook RC 1953–1958, Privatarchiv RC.
16 Zeitungsausschnitt, 1955, Scrapbook RC 1953–1958, Privatarchiv RC.
17 Zeitungsausschnitt, 1953, Scrapbook RC 1953–1958, Privatarchiv RC.
18 RC im Interview mit dem Autor, 20. 3. 2006.
19 Ebd.
20 RC im Interview mit dem *SZ-Magazin*, 17. 3. 2006.
21 Ebd.
22 RC: *Gib mir mein Fahrrad wieder*. Wien, München, Zürich, Innsbruck 1979, S. 59.
23 RC im Interview mit dem Autor, 20. 3. 2006.
24 Programmzettel, 1953, Scrapbook RC 1953–1958, Privatarchiv RC.
25 Brief vom 21. 12. 1953, Privatarchiv RC.
26 Eintrag vom 14. 9. 1954, Scrapbook RC 1953–1958, Privatarchiv RC.
27 Zeitungsausschnitt, 1954, Scrapbook RC 1953–1958, Privatarchiv RC.
28 Zeitungsausschnitt, 1955, Scrapbook RC 1953–1958, Privatarchiv RC.
29 Ebd.
30 Eintrag 1954 (Unterschrift zu einem Bild von Anny Palmen), Scrapbook RC 1953–1958, Privatarchiv RC.
31 Vgl. RC: *Gib mir mein Fahrrad wieder*, ebd., S. 52.
32 Eintrag, 1954, Scrapbook RC 1953–1958, Privatarchiv RC.
33 RC im Interview mit dem Autor, 20. 3. 2006.
34 Vgl. *Alkmaarsche Courant*, 25. 4. 2006.
35 RC im Interview mit dem Autor, 20. 3. 2006.
36 Zeitungsausschnitt, 1955, Scrapbook RC 1953–1958, Privatarchiv RC.
37 Zeitungsausschnitt, *Alkmaarsche Courant*, 1955, Scrapbook RC 1953–1958, Privatarchiv RC.
38 RC in einer E-Mail an den Autor, 30. 3. 2006.
39 RC in einer E-Mail an den Autor, 11. 4. 2006. Auftritte vor Alten und Kranken gab es etwa am 27. April 1955 im *Parochiehuis* in Amsterdam-Noord und am 8. Mai 1955, dem »Befreiungstag«, in einem Krankenhaus in Vlaardingen.
40 Diese Notiz bezieht sich auf einen Konzertabend im *Kennemer Theater* in Beverwijk am 21. 11. 1953, Scrapbook RC 1953–1958, Privatarchiv RC.
41 RC im Interview mit dem *SZ-Magazin*, 17. 3. 2006.
42 Zeitungsausschnitt, 1954, Scrapbook RC 1953–1958, Privatarchiv RC.

43 RC im Interview mit dem Autor, 20. 3. 2006.
44 Steuererklärung RC für 1953/54, Privatarchiv RC.
45 Ebd.
46 Ebd.
47 Programmhinweis, 1953, Scrapbook RC 1953–1958, Privatarchiv RC.
48 RC im Interview mit dem Autor, 20. 3. 2006.
49 Zeitungsausschnitt, 1954, Scrapbook RC 1953–1958, Privatarchiv RC.
50 Honorarzettel *Stichting Nederlandsche Radio Unie*, Hilversum, 1955, Privatarchiv RC.
51 Zeitungsausschnitt, *Alkmaarsche Courant*, 1956, Scrapbook RC 1953–1958, Privatarchiv RC.
52 Zeitungsausschnitt, *Het Nieuwsblad*, September 1956, Scrapbook RC 1953–1958, Privatarchiv RC.
53 Vgl. Henk van Gelder: *De Schnabbeltoer*, ebd., S. 195.
54 Zeitungsausschnitt, 1956, Scrapbook RC 1953–1958, Privatarchiv RC.
55 Zeitungsausschnitt, 1957, Scrapbook RC 1953–1958, Privatarchiv RC.
56 Brief vom 6. Oktober 1956, Scrapbook RC 1953–1958, Privatarchiv RC.
57 Zeitungsausschnitt, Januar 1957, Scrapbook RC 1953–1958, Privatarchiv RC.
58 Zeitungsausschnitt, 1957, Scrapbook RC 1953–1958, Privatarchiv RC.
59 Vgl. etwa den Fanbrief an RC vom 6. 3. 1957, Privatarchiv RC.
60 Handschriftlicher Liedtext, Privatarchiv RC.
61 Programmankündigung, *AVRO*, 1956, Scrapbook RC 1953–1958, Privatarchiv RC.
62 Honorarzettel *Stichting Nederlandsche Radio Unie*, Hilversum, 1956, Privatarchiv RC.
63 Zeitungsausschnitt, 1957, Scrapbook RC 1953–1958, Privatarchiv RC.
64 Truus de Leeuw im Interview mit dem Autor, 21. 5. 2006.
65 RC im Interview mit dem Autor, 20. 3. 2006.
66 RC: *Gib mir mein Fahrrad wieder*, ebd., S. 158.
67 RC, a.a.O., S. 167.
68 Sint Pancras gehört heute zur Gemeinde Langedijk.
69 Vgl. RC: *Gib mir mein Fahrrad wieder*, ebd., S. 144.
70 RC, a.a.O., S. 59.
71 Ebd.
72 Ebd.
73 Hans und Truus de Leeuw im Interview mit dem Autor, 21. 5. 2006.
74 Ebd.
75 RC im Interview mit dem Autor, 25. 4. 2006.
76 Annemieke Kesselaar-Klar im Interview mit dem Autor, 4. 5. 2006.
77 RC, zitiert nach einem Zeitungsausschnitt, 11. 1. 1958, Privatarchiv RC.
78 Artikel in *Tussen de Rails*, Sommer 1963, Scrapbook RC 1963, Privatarchiv RC.
79 RC, zitiert nach einem Zeitungsausschnitt, 8. 12. 1962, Scrapbook RC 1962, Privatarchiv RC.
80 RC, zitiert nach einem Zeitungsausschnitt, 1960, Scrapbook RC 1960, Privatarchiv RC.
81 RC zitiert nach einem Zeitungsausschnitt, 11. 1. 1958, Scrapbook RC 1958–1960, Privatarchiv RC.
82 Vgl. *Hörzu*, Nr. 14/1977.
83 Geburtsanzeige, 20. 8. 1958, Privatarchiv RC:
84 RC, zitiert nach einem Zeitungsausschnitt, 19. 12. 1959, Archiv des Autors.
85 RC, zitiert nach einem Zeitungsausschnitt, Februar 1960, Scrapbook RC 1960, Privatarchiv RC.

86 RC, zitiert nach einem Zeitungsausschnitt, Sommer 1960, Scrapbook RC 1960, Privatarchiv RC.
87 Annemieke Kesselaar-Klar im Interview mit dem Autor, 4. 5. 2006.
88 RC im Interview mit dem Autor, 25. 4. 2006.
89 RC: *Gib mir mein Fahrrad wieder*, ebd., S. 157.
90 Ebd., S. 157.
91 RC im Interview mit dem Autor, 25. 4. 2006.
92 Annemieke Kesselaar-Klar im Interview mit dem Autor, 4. 5. 2006.
93 RC zitiert nach einem Zeitungsausschnitt, 19. 12. 1959, Archiv des Autors.

4. Wat een geluck – »Welch ein Glück«
1 RC im Interview mit dem Autor, 20. 3. 2006.
2 Zeitungsausschnitt, 1957, Scrapbook RC 1953–1958, Privatarchiv RC.
3 Zeitungsausschnitt, 1962, Scrapbook RC 1962, Privatarchiv RC.
4 Zeitungsausschnitt, 2. 5. 1959, Scrapbook RC 1959/60, Privatarchiv RC.
5 RC, zitiert nach einem Zeitungsausschnitt, 8. 12. 1962, Scrapbook RC 1962, Privatarchiv RC.
6 RC, zitiert nach einem Zeitungsausschnitt, Februar 1960, Scrapbook RC 1960, Privatarchiv RC.
7 Zeitungsausschnitt, Juni 1959, Scrapbook RC 1960, Privatarchiv RC.
8 RC, zitiert nach einem Zeitungsausschnitt, Februar 1960, Scrapbook RC 1960, Privatarchiv RC.
9 RC in einer E-Mail an den Autor, 27. 4. 2006.
10 Adriaan Kesselaar im Interview mit dem Autor, 23. 5. 2006.
11 RC, zitiert nach *Beatrijs*, Nr. 13, 26. 3. 1960, Scrapbook RC 1960, Privatarchiv RC.
12 RC, zitiert nach einem Zeitungsausschnitt, Februar 1960, Scrapbook RC 1960, Privatarchiv RC.
13 Ebd.
14 RC, zitiert nach einem Zeitungsausschnitt, März 1960, Scrapbook RC 1960, Privatarchiv RC.
15 Zeitungsausschnitte 1954, Scrapbook RC 1953–1958, Privatarchiv RC.
16 Zeitungsausschnitt, 21. 10. 1961, Scrapbook RC 1961/62, Privatarchiv RC.
17 RC im Interview mit dem Autor, 20. 3. 2006.
18 Catharina Kesselaar, zitiert nach einem Zeitungsausschnitt, 1963, Scrapbook RC 1963, Privatarchiv RC.
19 RC in einer E-Mail an den Autor, 20. 4. 2006.
20 Zeitungsausschnitt, Sommer 1960, Scrapbook RC 1963, Privatarchiv RC.
21 RC im Interview mit dem Autor, 25. 4. 2006.
22 Zeitungsausschnitt, August 1960, Scrapbook RC 1960, Privatarchiv RC.
23 Ebd.
24 RC, zitiert nach einem Zeitungsausschnitt, März 1960, Scrapbook RC 1960.
25 Ebd.
26 RC im Interview mit dem Autor, 25. 4. 2006.
27 Jasperina de Jong, zitiert nach Henk van Gelder: *De Schnabbeltoer*. Amsterdam 2005, S. 250.
28 RC im Interview mit dem Autor, 20. 3. 2006.

5. Von Hilversum nach Montreux
1 RC, zitiert nach einem Zeitungsausschnitt, 1962, Archiv des Autors.
2 RC im Interview mit dem Autor, 20. 3. 2006.

3 RC in seiner Dankesrede bei der *Goldenen Kamera*, 2. 2. 2006.
4 Eintrag September 1961, Scrapbook RC 1963, Privatarchiv RC.
5 *Muziek-Express*, »Populariteitspoll«, 1961, Scrapbook RC 1961/62, Privatarchiv RC.
6 RC: *Die Welt ist eine Show*. Düsseldorf 1972, S. 14.
7 RC, a.a.O., S. 15.
8 Zeitungsausschnitt, Januar 1962, Scrapbook RC 1961/62, Privatarchiv RC.
9 Zitiert nach Dick Harris: *Taxi naar het paradijs*. Baarn 1987, S. 86.
10 RC, zitiert nach *Beatrijs*, Nr. 13, 26. 3. 1960, Scrapbook RC 1960, Privatarchiv RC.
11 RC: *Die Welt ist eine Show*, ebd., S. 88.
12 RC, zitiert nach einem Zeitungsausschnitt, 1966, Archiv des Autors.
13 RC, zitiert nach einem Zeitungsausschnitt, Februar 1962, Scrapbook RC 1962, Privatarchiv RC.
14 Zeitungsausschnitt, November 1962, Scrapbook RC 1962, Privatarchiv RC.
15 RC, zitiert nach einem Zeitungsausschnitt, November 1962, Scrapbook RC 1962, Privatarchiv RC.
16 RC: *Die Welt ist eine Show*, ebd., S. 84.
17 RC im Interview mit dem Autor, 20. 3. 2006.
18 RC, zitiert nach einem Zeitungsausschnitt, Sommer 1960, Scrapbook RC 1963, Privatarchiv RC.
19 RC, zitiert nach einem Zeitungsausschnitt, Januar 1962, Scrapbook RC 1962, Privatarchiv RC.
20 RC: *Die Welt ist eine Show*, ebd., S. 15 f.
21 Zeitungsausschnitt, November 1961, Scrapbook RC 1961, Privatarchiv RC.
22 RC im Interview mit dem Autor, 29. 5. 2006.
23 Leslie Roberts, zitiert nach einem Zeitungsausschnitt, Januar 1962, Scrapbook RC 1961/62, Privatarchiv RC.
24 RC im Interview mit dem Autor, 20. 3. 2006.
25 RC, zitiert nach einem Zeitungsausschnitt, Januar 1962, Scrapbook RC 1961/62, Privatarchiv RC.
26 Zeitungsausschnitt, 9. 3. 1962, Scrapbook RC 1962, Privatarchiv RC.
27 RC, zitiert nach einem Zeitungsausschnitt, 8. 12. 1962, Scrapbook RC 1962, Privatarchiv RC.
28 RC, zitiert nach einem Zeitungsausschnitt, 6. 4. 1962, Scrapbook RC 1962, Privatarchiv RC.
29 RC, zitiert nach einem Zeitungsausschnitt, 6. April 1962, Scrapbook RC 1962, Privatarchiv RC.
30 RC im Interview mit dem Autor, 20. 3. 2006.
31 RC, zitiert nach einem Zeitungsausschnitt, 1. 6. 1962, Scrapbook RC 1962, Privatarchiv RC.
32 RC, zitiert nach einem Zeitungsausschnitt, April 1962, Scrapbook RC 1962, Privatarchiv RC.
33 RC, zitiert nach *Telegraaf*, 21. 9. 1983.
34 Eintrag 1954 (Unterschrift zu einem Bild von Dick Harris), Scrapbook RC 1953–1958, Privatarchiv RC.
35 RC im Interview mit dem Autor, 20. 3. 2006.
36 Ebd.
37 Ebd.
38 Ebd.
39 *Het Vaderland*, 22. 9. 1962.
40 Zeitungsausschnitt, 22. September 1962, Scrapbook RC 1961/62, Privatarchiv RC.

41 Ebd.
42 Vgl. Zeitungsausschnitt, November 1962, Scrapbook RC 1961/62, Privatarchiv RC.
43 RC im Interview mit dem Autor, 20. 3. 2006.
44 Zeitungsausschnitt, 1963, Scrapbook RC 1961/62, Privatarchiv RC: »Seine TV-Produktionen werden als die besten TV-Produktionen angesehen, die durch einen niederländischen Künstler auf den niederländischen Bildschirm gebracht werden.«
45 RC in einer E-Mail an den Autor, 10. 4. 2006.
46 RC im Interview mit dem Autor, 20. 3. 2006.
47 Mies Bouwman im Interview mit dem Autor, 21. 4. 2006.
48 Ebd.
49 Zeitungsausschnitt, Juni 1962, Scrapbook RC 1962, Privatarchiv RC.
50 Zeitungsausschnitt, Januar 1961, Archiv des Autors.
51 RC, zitiert nach einem Zeitungsausschnitt, 8. 12. 1962, Scrapbook RC 1961, Privatarchiv RC.
52 RC im Interview mit dem Autor, 20. 3. 2006.
53 Truus de Leeuw im Interview mit dem Autor, 21. 5. 2006.
54 Mies Bouwman, zitiert nach *Televizier*, März 1963, Scrapbook RC 1963, Privatarchiv RC.
55 RC, zitiert nach einem Zeitungsausschnitt, 1962, Scrapbook RC 1962, Privatarchiv RC.
56 Annemieke Kesselaar-Klar im Interview mit dem Autor, 4. 5. 2006.
57 RC, zitiert nach einem Zeitungsausschnitt, November 1962, Scrapbook RC 1961/62, Privatarchiv RC.
58 Vgl. Zeitungsausschnitt, November 1962, Scrapbook RC 1961/62, Privatarchiv RC.
59 Annemieke Kesselaar-Klar im Interview mit dem Autor, 4. 5. 2006.
60 RC, zitiert nach einem Zeitungsausschnitt, September 1962, Scrapbook RC 1962, Privatarchiv RC.
61 Zeitungsausschnitt, 1962, Scrapbook RC 1961/62, Privatarchiv RC.
62 RC, zitiert nach einem Zeitungsausschnitt, 8. 12. 1962, Scrapbook RC 1962, Privatarchiv RC.
63 RC, zitiert nach einem Zeitungsausschnitt, Dezember 1962, Scrapbook RC 1962, Privatarchiv RC.
64 Zeitungsausschnitt, Sommer 1963, Scrapbook RC 1963, Privatarchiv RC.
65 Ebd.
66 RC, zitiert nach einem Zeitungsausschnitt, Mai 1963, Scrapbook RC 1963, Privatarchiv RC.
67 Zeitungsausschnitt, Sommer 1963, Scrapbook RC 1963, Privatarchiv RC.
68 Ebd.
69 RC im Interview mit dem Autor, 20. 3. 2006.
70 RC: *Die Welt ist eine Show*, ebd., S. 93.
71 RC, a.a.O., S. 94.
72 Ebd.
73 RC, a.a.O., S. 94 f.
74 RC, a.a.O., S. 98 f.
75 RC, a.a.O., S. 98.
76 RC, a.a.O., S. 18.
77 RC, a.a.O., S. 105.
78 RC im Interview mit dem Autor, 20. 3. 2006.
79 Lou van Burg: *Lou van Burg erzählt – Aus dem Leben eines Fernsehstars*. Berlin 1961, S. 198.
80 RC: *Gib mir mein Fahrrad wieder*. Wien, München, Zürich, Innsbruck 1979, S. 287.

6. Shootingstar in Deutschland

1 RC, zitiert nach einem Zeitungsausschnitt, 8. 12. 1962, Scrapbook RC 1962, Privatarchiv RC.
2 RC, zitiert nach *Volkskrant*, 18. 3. 2006.
3 Vgl. *Hörzu*, Nr. 19/1977.
4 *Der Spiegel*, 31. 8. 1955.
5 RC im Interview mit dem Autor, 20. 3. 2006.
6 Hans-Joachim Kulenkampff, zitiert nach *Rhein-Zeitung*, 14. 4. 1989.
7 RC, zitiert nach *Stern*, 14. 4. 1983.
8 RC, zitiert nach *Westdeutsche Allgemeine Zeitung*, 18. 3. 1967.
9 RC: *Gib mir mein Fahrrad wieder*. Wien, München, Zürich, Innsbruck 1979, S. 38.
10 RC im Interview mit dem Autor, 20. 3. 2006.
11 RC, zitiert nach *Ruhr-Nachrichten*, 10. 2. 1973.
12 RC: *Die Welt ist eine Show*. Düsseldorf 1972, S. 19.
13 RC, zitiert nach *Neue Rhein-Zeitung*, 24. 11. 1970.
14 RC, zitiert nach *Rheinische Post*, 28. 5. 1966.
15 RC im Interview mit dem Autor, 20. 3. 2006.
16 RC im Interview mit dem *SZ-Magazin*, 17. 3. 2006. Hierzu auch: RC im Interview mit dem Autor, 20. 3. 2006.
17 RC: *Gib mir mein Fahrrad wieder*, ebd., S. 10.
18 Zeitungsmeldung des Jahres 1965, zitiert nach *Kölner Stadt-Anzeiger*, 17. 12. 1999.
19 Mies Bouwman im Interview mit dem Autor, 21. 4. 2006.
20 RC im Interview mit dem Autor, 20. 3. 2006.
21 Ebd.
22 RC: *Die Welt ist eine Show*, ebd., S. 32 f.
23 *Hamburger Abendblatt*, 20. 10. 1965.
24 Alfred Biolek in seiner Laudatio zur Überreichung des Münchhausen-Preises der Stadt Bodenwerder an RC, Mai 2005.
25 RC im Interview mit dem Autor, 20. 3. 2006.
26 RC im Interview mit dem *SZ-Magazin*, 17. 3. 2006.
27 RC in einer E-Mail an den Autor, 31. 3. 2006.
28 RC im Interview mit dem Autor, 25. 4. 2006.
29 Jan Hof: *En dan nu uw aandacht voor… Opkomst, glorie en verval van het Nederlandse varieté*. Rijswijk 2001, S. 211.
30 RC im Interview mit dem Autor, 20. 3. 2006.
31 Dick Harris im Interview mit dem Autor, 3. 5. 2006.
32 RC im Interview mit dem Autor, 20. 3. 2006.
33 RC, zitiert nach *Die Zeit*, 26. 3. 1971.
34 RC, zitiert nach einem Zeitungsartikel, 1966, Archiv des Autors.
35 Mike Leckebusch, zitiert nach *Fernsehwoche*, Nr. 10/1970.
36 RC, zitiert nach *Neue Rhein-Zeitung*, 24. 11. 1970.
37 Dick Harris im Interview mit dem Autor, 3. 5. 2006.
38 RC: *Die Welt ist eine Show*, ebd., S. 21.
39 Mike Leckebusch, zitiert nach *Fernsehwoche*, Nr. 10/1970.
40 RC: *Die Welt ist eine Show*, ebd., S. 68.
41 Zeitungsausschnitt, 1966, Archiv des Autors.
42 Catharina Houtkooper, zitiert nach einem Zeitungsausschnitt, 1966, Privatarchiv RC.
43 RC, zitiert nach *Ruhr Nachrichten*, 10. 2. 1973.
44 *Hörzu*, 18. 1. 1975.

45 Wim Thoelke: *Stars, Kollegen und Ganoven. Eine Art Autobiographie*. Bergisch Gladbach 1995, S. 418.
46 RC: *Die Welt ist eine Show*, ebd., S. 7.
47 Leserbrief von RC, *Hörzu*, Nr. 13/1966.
48 RC im Interview mit dem Autor, 25. 4. 2006.
49 Annemieke Kesselaar-Klar in einem Telefonat mit dem Autor, 27. 4. 2006.
50 RC, zitiert nach einem Zeitungsartikel, 1966, Archiv des Autors.
51 RC: *Gib mir mein Fahrrad wieder*, ebd., S. 70.
52 RC in einer E-Mail an den Autor, 12. 4. 2006.
53 Annemieke Kesselaar-Klar im Interview mit dem Autor, 4. 5. 2006.
54 RC im Interview mit dem Autor, 30. 5. 2006.
55 Ebd.
56 Truus de Leeuw im Interview mit dem Autor, 21. 5. 2006.
57 RC im Interview mit dem Autor, 25. 4. 2006.
58 Dick Harris: *Taxi naar het paradijs*. Baarn 1987, S. 83.
59 RC im Interview mit dem Autor, 25. 4. 2006.
60 RC in einer E-Mail an den Autor, 2. 6. 2006.
61 Truus de Leeuw im Interview mit dem Autor, 21. 5. 2006.
62 Annemieke Kesselaar-Klar im Interview mit dem Autor, 4. 5. 2006.
63 Truus de Leeuw im Interview mit dem Autor, 21. 5. 2006.
64 Annemieke Kesselaar-Klar im Interview mit dem Autor, 4. 5. 2006.
65 Ebd.
66 RC, zitiert nach *Westdeutsche Allgemeine Zeitung*, 18. 3. 1967.
67 RC im Interview mit dem Autor, 20. 3. 2006.
68 RC, zitiert nach *Westdeutsche Allgemeine Zeitung*, 18. 3. 1967.
69 Dick Harris, zitiert nach einem Zeitungsausschnitt, 1966, Archiv des Autors.
70 RC, zitiert nach *Die Zeit*, 26. 3. 1971.
71 Annemieke Kesselaar-Klar im Interview mit dem Autor, 4. 5. 2006.
72 RC im Interview mit dem Autor, 25. 4. 2006.
73 Hans de Leeuw im Interview mit dem Autor, 21. 5. 2006.
74 André Carrell, zitiert nach Jan Hof: *En dan nu uw aandacht voor… Opkomst, glorie en verval van het Nederlandse varieté*, ebd., S. 78.
75 RC im Interview mit dem Autor, 25. 4. 2006.
76 Truus de Leeuw im Interview mit dem Autor, 21. 5. 2006.
77 RC im Interview mit dem Autor, 25. 4. 2006.
78 RC, zitiert nach *Hörzu*, Nr. 14/1977.
79 RC: *Gib mir mein Fahrrad wieder*, ebd., S. 47.
80 RC im Interview mit dem Autor, 29. 5. 2006.
81 Truus de Leeuw im Interview mit dem Autor, 21. 5. 2006.
82 Catharina Kesselaar, zitiert nach einem Zeitungsausschnitt, 1963, Scrapbook RC 1963, Privatarchiv RC.
83 RC, zitiert nach *Neue Rhein-Zeitung*, 13. 8. 1968.
84 Ebd.
85 Ebd.
86 RC im Interview mit dem Autor, 20. 3. 2006.
87 RC, zitiert nach *Neue Rhein-Zeitung*, 24. 11. 1970.
88 RC: *Gib mir mein Fahrrad wieder*, ebd., S. 311 f.
89 RC, zitiert nach Lukas Bernhard: *Alfred Biolek. Szenenwechsel. Vom Fernsehmacher zum Fernsehstar. Eine Biographie*. Düsseldorf 2000, S. 66.
90 RC: *Gib mir mein Fahrrad wieder*, ebd., S. 318.

91 Lou van Burg: *Lou van Burg erzählt – Aus dem Leben eines Fernsehstars.* Berlin 1961, S. 120.
92 RC, zitiert nach *Neue Rhein-Zeitung*, 13. 8. 1968.
93 Ebd.
94 Ebd.
95 Ebd.
96 RC, zitiert nach *Neue Rhein-Zeitung*, 24. 11. 1970.
97 RC, zitiert nach *Ruhr-Nachrichten*, 10. 2. 1973.

7. Rudi auf allen Kanälen

1 RC im Interview mit dem Autor, 20. 3. 2006.
2 Dick Harris: *Taxi naar het paradijs.* Baarn 1987, S. 83.
3 Dick Harris, a. a. O., S. 82.
4 Dick Harris im Interview mit dem Autor, 3. 5. 2006.
5 Thomas Henschke: *Hans Rosenthal – Ein Leben für die Unterhaltung.* Berlin 1999, S. 78 f. Das genaue Datum der Sendung, in der RC bei Rosenthal zu Gast war, lässt sich nicht mehr eruieren, vermutlich fand der Auftritt in den Jahren 1969 oder 1970 statt. Für Auskünfte in diesem Zusammenhang danke ich Thomas Henschke.
6 RC: *Die Welt ist eine Show.* Düsseldorf 1972, S. 114.
7 RC, a. a. O., S. 121.
8 RC im Interview mit dem Autor, 20. 3. 2006.
9 Ebd.
10 RC: *Die Welt ist eine Show*, ebd., S. 124.
11 Wim Thoelke: *Stars, Kollegen und Ganoven – Eine Art Autobiographie.* Bergisch Gladbach 1995, S. 448.
12 RC: *Die Welt ist eine Show*, ebd., S. 106.
13 RC, a. a. O., S. 107.
14 RC, a. a. O., S. 108.
15 Ilja Richter mit Harald Martenstein: *Spot aus! Licht an! Meine Story.* Hamburg 1999, S. 160.
16 Ilja Richter mit Harald Martenstein, a. a. O., S. 161.
17 Ilja Richter mit Harald Martenstein, a. a. O., S. 167.
18 RC: *Die Welt ist eine Show*, ebd., S. 108.
19 Annemieke Kesselaar-Klar im Interview mit dem Autor, 4. 5. 2006.
20 RC: *Die Welt ist eine Show*, ebd., S. 111.
21 Theo Lingen, zitiert nach RC: *Die Welt ist eine Show*, ebd., S. 112.
22 RC, zitiert nach *Die Zeit*, 26. 3. 1971.
23 Ilja Richter mit Harald Martenstein: *Spot aus! Licht an! Meine Story*, ebd., S. 164. RC war zu diesem Zeitpunkt noch nicht verheiratet: Mit Ehefrau ist Lebensgefährtin Anke Bobbert gemeint.
24 Annemieke Kesselaar-Klar im Interview mit dem Autor, 4. 5. 2006.
25 Ilja Richter mit Harald Martenstein: *Spot aus! Licht an! Meine Story*, ebd., S. 164. RC war zu diesem Zeitpunkt noch nicht verheiratet: Mit Ehefrau ist Lebensgefährtin Anke Bobbert gemeint.
26 RC, zitiert nach *Die Zeit*, 26. 3. 1971.
27 Ebd.
28 RC, zitiert nach *Ruhr-Nachrichten*, 10. 2. 1973.
29 RC, zitiert nach *Die Welt*, 20. 9. 1975.
30 RC: *Die Welt ist eine Show*, ebd., S. 49.
31 RC im Interview mit dem Autor, 29. 5. 2006.

32 RC in einer E-Mail an den Autor, 1. 6. 2006.
33 RC im Interview mit dem Autor, 20. 3. 2006.
34 Ebd.
35 Ebd.
36 Ebd.
37 Caroline Engel-Kesselaar im Interview mit dem Autor, 24. 6. 2006.
38 RC, zitiert nach *Westdeutsche Allgemeine Zeitung*, 18. 3. 1967.
39 RC, zitiert nach *TV Hören & Sehen*, Nr. 10/1970.
40 Caroline Engel-Kesselaar im Interview mit dem Autor, 24. 6. 2006.
41 *Hörzu*, 18. 1. 1975.
42 Annemieke Kesselaar-Klar im Interview mit dem Autor, 4. 5. 2006.
43 Caroline Engel-Kesselaar im Interview mit dem Autor, 24. 6. 2006.
44 Caroline Engel-Kesselaar im Interview mit dem Autor, 24. 5. 2006.
45 Adriaan Kesselaar im Interview mit dem Autor, 23. 5. 2006.
46 Birgit Baum im Interview mit dem Autor, 19. 6. 2006.
47 *Hörzu*, 18. 1. 1975.
48 RC: *Gib mir mein Fahrrad wieder*. Wien, München, Zürich, Innsbruck 1979, S. 135.
49 Anke Kesselaar im Gespräch mit RCs Assistenten Sören Haensell, Interview mit dem Autor, 29. 5. 2006.
50 Birgit Baum im Interview mit dem Autor, 19. 6. 2006.
51 Mitteilung von Astrid Havel, Artevent, Wien, 3. 5. 2006: »Leider müssen wir Ihnen mitteilen, dass es André Heller aus zeitlichen Gründen nicht möglich sein wird, sich der u. a. Angelegenheit zu widmen.«
52 Für Recherchen in diesem Zusammenhang danke ich Helge Reindl, Wien.
53 RC: *Gib mir mein Fahrrad wieder*, ebd., S. 108.
54 RC, a. a. O., S. 109.
55 RC, a. a. O., S. 110.
56 Ebd.
57 RC, a. a. O., S. 113.
58 Birgit Baum im Interview mit dem Autor, 19. 6. 2006.
59 RC, zitiert nach *Bild am Sonntag*, 27. 11. 1983.
60 Birgit Baum im Interview mit dem Autor, 19. 6. 2006.
61 *Express*, 26. 4. 1979.
62 André Heller, zitiert nach Marvin Chalda, Gerd Dembrowski (Hrsg.): *Die neuen Heiligen – Reportagen aus dem Medien-Himmel*. Aschaffenburg 2000, S. 24.
63 Günter Rohrbach, zitiert nach Knuth Hickethier: *Geschichte des deutschen Fernsehens*. Stuttgart, Weimar 1989, S. 380.
64 RC, zitiert nach *Die Welt*, 20. 9. 1975.
65 RC, zitiert nach *Stern*, 28. 8. 1975.
66 RC: *Die Welt ist eine Show*, ebd., S. 20.
67 *Hörzu*, zitiert nach RC: *Die Welt ist eine Show*, ebd., S. 38 f.
68 RC, zitiert nach *Die Zeit*, 26. 3. 1971.
69 Ebd.
70 Ebd.
71 *Münstersche Zeitung*, 8. 12. 1973.
72 RC im Gespräch mit dem Autor, 29. 5. 2006.
73 RC, zitiert nach *Münstersche Zeitung*, 8. 12. 1973.
74 RC: *Die Welt ist eine Show*, ebd., S. 19.
75 *Münstersche Zeitung*, 8. 12. 1973.
76 Vgl. *Der Spiegel*, 24. 6. 1974.

77 RC im Interview mit dem Autor, 20. 3. 2006.
78 RC im Interview mit dem Autor, 29. 5. 2006.
79 Vgl. Zeitungsausschnitt, 10. 11. 1962, Scrapbook RC 1962, Privatarchiv RC.
80 RC, zitiert nach *Bunte*, 29. 6. 2006.
81 Wim Thoelke: *Stars, Kollegen und Ganoven – Eine Art Autobiographie*, ebd., S. 418.
82 RC im Interview mit dem Autor, 20. 3. 2006.

8. Erfolge am laufenden Band

1 RC, zitiert nach *Rheinische Post*, 9. 4. 1974.
2 *Süddeutsche Zeitung*, 27. 4. 1976.
3 Zitiert nach *Die Welt*, 18. 12. 2004.
4 Erich Hellweis, zitiert nach *Hörzu*, 18. 1. 1975.
5 Ulrich Diekmeyer, zitiert nach *Hörzu*, 18. 1. 1975.
6 RC, zitiert nach *Der Spiegel*, 24. 6. 1974.
7 Alfred Biolek im Interview mit dem Autor, 21. 3. 2006.
8 RC im Interview mit dem Autor, 20. 3. 2006.
9 Ebd.
10 Alfred Biolek im Interview mit dem Autor, 21. 3. 2003.
11 Ebd.
12 Thomas Woitkewitsch im Interview mit dem Autor, 5. 5. 2006.
13 RC im Interview mit dem Autor, 20. 3. 2006.
14 Mies Bouwman im Interview mit dem Autor, 21. 4. 2006.
15 Mies Bouwman in einer E-Mail an den Autor, 24. 5. 2006.
16 RC im Interview mit dem Autor, 20. 3. 1006.
17 Ebd.
18 Mies Bouwman im Interview mit dem Autor, 21. 4. 2006.
19 RC im Interview mit dem Autor, 20. 3. 2006.
20 *Die Zeit*, 26. 3. 1971.
21 RC im Interview mit dem Autor, 20. 3. 2006.
22 Ebd.
23 RC, zitiert nach *Die Welt*, 20. 9. 1975.
24 Thomas Woitkewitsch im Interview mit dem Autor, 5. 5. 2006.
25 Leslie Roberts, zitiert nach *Hörzu*, 30. 3. 1984.
26 Annemieke Kesselaar-Klar im Interview mit dem Autor, 4. 5. 2006.
27 RC im Interview mit dem Autor, 29. 5. 2006.
28 Ebd.
29 Mies Bouwman im Interview mit dem Autor, 21. April 2006.
30 Kurt Felix im Interview mit dem Autor, 16. 5. 2006.
31 Leslie Roberts, zitiert nach RC: *Gib mir mein Fahrrad wieder*. Wien, München, Zürich, Innsbruck 1979, S. 182.
32 RC im Interview mit dem Autor, 20. 3. 2006.
33 Thomas Woitkewitsch im Interview mit dem Autor, 5. 5. 2006.
34 Jörg Knör im Interview mit dem Autor, 24. 4. 2005.
35 Thomas Woitkewitsch im Interview mit dem Autor, 5. 5. 2006.
36 Ebd.
37 RC im Interview mit dem Autor, 20. 3. 2006.
38 Alfred Biolek im Interview mit dem Autor, 21. 3. 2006.
39 *Welt am Sonntag*, 3. 12. 1978.
40 RC: *Gib mir mein Fahrrad wieder*, ebd., S. 51.
41 RC im Interview mit dem *SZ-Magazin*, 17. 3. 2006.

42 Dick Harris: *Taxi naar het paradijs*. Baarn 1987, S. 83.
43 Jörg Knör im Interview mit dem Autor, 24. 4. 2005.
44 Annemieke Kesselaar-Klar im Interview mit dem Autor, 4. 5. 2006.
45 RC, zitiert nach *Bunte*, 16. 12. 2004.
46 RC: *Gib mir mein Fahrrad wieder*, ebd., S. 183.
47 RC: *Die Welt ist eine Show*. Düsseldorf 1972, S. 41.
48 RC im Interview mit dem Autor, 20. 3. 2006.
49 Thomas Woitkewitsch im Interview mit dem Autor, 5. 5. 2006.
50 *Die Welt*, 10. 1. 1975.
51 *Hörzu*, 18. 1. 1975.
52 RC, zitiert nach Nina Schindler (Hrsg.): *Flimmerkiste – Ein nostalgischer Rückblick*. Hildesheim 1999, S. 423.
53 *Rheinische Post*, 9. 4. 1974.
54 *Der Spiegel*, 24. 6. 1974.
55 Ebd.
56 *Bild*-Schlagzeilen vom, 19. 1. 1978, 24. 1. 1978, 2. 8. 1978, 19. 4. 1979, 19. 6. 1979, 1. 9. 1979 und vom 12. 11. 1979.
57 RC im Interview mit dem Autor, 20. 3. 2006.
58 Dick Harris im Interview mit dem Autor, 3. 5. 2006.
59 Hans Rosenthal: *Zwei Leben in Deutschland*. Bergisch Gladbach 1987, S. 182 f.
60 RC, zitiert nach *Ruhr Nachrichten*, 10. 2. 1973.
61 Hans Rosenthal, zitiert nach Thomas Henschke: *Hans Rosenthal – Ein Leben für die Unterhaltung*. Berlin 1999, S. 24.
62 RC, zitiert nach *Der Spiegel*, 24. 6. 1974.
63 RC, zitiert nach *Neue Rhein-Zeitung*, 13. 8. 1968.
64 Pierre Kartner, zitiert nach Ingo Schieweck (Hrsg.): *»Laß dich überraschen…« – Niederländische Unterhaltungskünstler in Deutschland nach 1945*. Münster 2005, S. 79.
65 RC, zitiert nach *Ruhr-Nachrichten*, 16. 4. 1970.
66 Wim Thoelke: *Stars, Kollegen und Ganoven – Eine Art Autobiographie*. Bergisch Gladbach 1995, S. 247.
67 RC im Interview mit dem Autor, 20. 3. 2006.
68 RC: *Gib mir mein Fahrrad wieder*, ebd., S. 201.
69 RC im Interview mit dem Autor, 20. 3. 2006.
70 Für die Recherche in diesem Fall danke ich Helge Reindl, Wien, sehr herzlich.
71 RC, zitiert nach *Westdeutsche Allgemeine Zeitung*, 18. 3. 1967.
72 *Stern*, 28. 8. 1975.
73 Telegramm Rudi Wolpert an RC, 11. 1. 1979. Privatarchiv RC.
74 RC: *Gib mir mein Fahrrad wieder*, ebd., S. 208.
75 RC im Interview mit dem Autor, 20. 3. 2006. Zunächst kam *Am laufenden Band* tatsächlich monatlich, ab 1975 in einer Frequenz von sechs Wochen.
76 Anke Kesselaar, zitiert nach RC: *Gib mir mein Fahrrad wieder*, ebd., S. 146.
77 RC im Interview mit dem Autor, 29. 5. 2006.
78 RC: *Gib mir mein Fahrrad wieder*, ebd., S. 190.
79 RC, zitiert nach *Hamburger Abendblatt*, 19. 2. 1987.
80 Dick Harris: *Taxi naar het paradijs*, ebd., S. 83.
81 Alfred Biolek im Interview mit dem Autor, 21. 3. 2006.
82 RC im Interview mit dem Autor, 29. 5. 2006.
83 Alexander Kesselaar im Interview mit dem Autor, 25. 4. 2006.
84 Alexander Kesselaar, zitiert nach *Hörzu*, 30. 3. 1984.

85 RC zitiert nach *Gong*, 30. 11. 1984.
86 Anke Kesselaar, zitiert nach *Welt am Sonntag*, 3. 12. 1978.
87 Caroline Engel-Kesselaar im Interview mit dem Autor, 24. 5. 2006.
88 Annemieke Kesselaar-Klar im Interview mit dem Autor, 4. 5. 2006.
89 Caroline Engel-Kesselaar im Interview mit dem Autor, 24. 5. 2006.
90 Annemieke Kesselaar-Klar im Interview mit dem Autor, 4. 5. 2006.
91 Ebd.
92 Ebd.
93 Dick Harris: *Taxi naar het paradijs*, ebd., S. 84.
94 RC, zitiert nach *Hörzu*, Nr. 12/1975.
95 Zitiert nach *Hörzu*, 12/1975.
96 *Stern*, 28. 8. 1975.
97 RC im Interview mit dem *SZ-Magazin*, 17. 3. 2006.
98 RC: *Gib mir mein Fahrrad wieder*, ebd., S. 198.
99 Alfred Biolek im Interview mit dem Autor, 21. 3. 2006.
100 Alfred Biolek, zitiert nach Klaus Michael Heinz (Hrsg.): *Boulevard Bio – Die ersten zehn Jahre*. Köln 2001, S. 45.
101 Andrea Jürgens im Interview mit dem Autor, 13. 4. 2006.
102 RC in einer E-Mail an den Autor, 2. 6. 2006.
103 Ebd.
104 RC: *Gib mir mein Fahrrad wieder*, ebd., S. 16.
105 RC, a. a. O., S. 19.
106 RC, a. a. O., S. 62.
107 RC, zitiert nach *General-Anzeiger*, 4. 10. 1979.
108 Günter Rohrbach, zitiert nach Knuth Hickethier: *Geschichte des deutschen Fernsehens*. Stuttgart, Weimar 1989, S. 380.
109 *Welt am Sonntag*, 3. 12. 1978.
110 *Kölnische Rundschau*, 26. 5. 1979.
111 *Frankfurter Allgemeine Zeitung*, 1. 9. 1979.
112 *Die Welt*, 2. 1. 1980.
113 *Bild am Sonntag*, 30. 12. 1979.
114 RC, zitiert nach *Express*, 27. 8. 1979.
115 RC und Thomas Gottschalk, zitiert nach *Quick*, 15. 11. 1979.
116 RC, zitiert nach *Bild am Sonntag*, 30. 12. 1979.

9. Auszeit ohne Pause

1 RC im Interview mit dem Autor, 29. 5. 2006.
2 RC in einer E-Mail an den Autor, 2. 6. 2006.
3 Annemieke Kesselaar-Klar in einer E-Mail an den Autor, 27. 5. 2006.
4 Annemieke Kesselaar-Klar im Interview mit dem Autor, 4. 5. 2006
5 Annemieke Kesselaar-Klar in einer E-Mail an den Autor, 27. 5. 2006.
6 Ebd.
7 Annemieke Kesselaar-Klar im Interview mit dem Autor, 4. 5. 2006.
8 Caroline Engel-Kesselaar im Interview mit dem Autor, 24. 5. 2006.
9 Alexander Kesselaar im Interview mit dem Autor, 25. 4. 2006.
10 RC im Interview mit dem Autor, 29. 5. 2006.
11 Annemieke Kesselaar-Klar im Interview mit dem Autor, 4. 5. 2006.
12 *Bild*, 8. 5. 1980.
13 *Bild*, 28. 5. 1980.
14 RC in einer E-Mail an den Autor, 12. 6. 2006.

15 *TZ*, 3. 7. 1980.
16 Diese Angabe bezieht sich auf den Prozess gegen die Zeitung *TZ*, gegen den Kölner *Express* gab es ein eigenes Verfahren.
17 RC, zitiert nach *TV Hören & Sehen*, 7. 12. 1984.
18 RC, zitiert nach *Bild am Sonntag*, 25. 10. 1981.
19 RC, zitiert nach *Rheinischer Merkur*, 6. 2. 1987.
20 RC, zitiert nach *Aachener Volkszeitung*, 28. 3. 1981.
21 *Stern*, 14. 2. 1983.
22 Beatrice Richter im Interview mit dem Autor, 2. 4. 2006.
23 Ebd.
24 Annemieke Kesselaar-Klar im Interview mit dem Autor, 4. 5. 2006.
25 Ebd.
26 Caroline Engel-Kesselaar im Interview mit dem Autor, 24. 5. 2006.
27 *Stern*, 14. 4. 1983.
28 *Bild*, 24. 2. 1981.
29 RC, zitiert nach *Aachener Volkszeitung*, 28. 3. 1981.
30 RC, zitiert nach *Bunte Wochen-Zeitung*, 3. 11. 1981.
31 *Frankfurter Allgemeine Zeitung*, 1981; zitiert nach *Kölner Stadt-Anzeiger*, 17. 12. 1999.
32 RC, zitiert nach *Bunte Wochen-Zeitung*, 3. 11. 1981.
33 *Bild*, 30. 12. 1981.
34 RC, zitiert nach *Bild am Sonntag*, 28. 2. 1982.
35 *Bild*, 3. 3. 1982; *BZ*, 3. 3. 1982; und *Funk Uhr*, 27. 3. 1982.
36 *Hörzu*, 17. 12. 1982.
37 *Penthouse*, 4/1981.
38 Beatrice Richter im Interview mit dem Autor, 2. 4. 2006.
39 RC, zitiert nach *TV Hören & Sehen*, 7. 12. 1984.
40 RC im Interview mit dem Autor, 29. 5. 2006.
41 RC: *Gib mir mein Fahrrad wieder*. Wien, München, Zürich, Innsbruck 1979, S. 187.
42 RC, zitiert nach *Rheinischer Merkur*, 6. 2. 1987.
43 Annemieke Kesselaar-Klar in einer E-Mail an den Autor, 12. 6. 2006.
44 RC im Interview mit dem Autor, 29. 5. 2006.
45 Vgl. *Kölner Stadt-Anzeiger*, 17. 12. 1999.
46 Zitiert nach *Die Weltwoche*, 26. 2. 1987.
47 Zitiert nach *die tageszeitung*, 19. 2. 1987 und 20. 2. 1987.
48 Fritz Pleitgen in einer E-Mail an den Autor, 23. 6. 2006.
49 Alexander Kesselaar im Interview mit dem Autor, 25. 4. 2006.
50 RC in einer E-Mail an den Autor, 26. 6. 2006.
51 RC, zitiert nach *Stern*, 14. 4. 1983.
52 Helmut Kohl, zitiert nach *Interpress*, Nr. 124, 7. 12. 1994.
53 Friedhelm Ost, zitiert nach *Bild am Sonntag*, 22. 2. 1987.
54 RC: »Früher war alles anders. Die Shows der Neunziger«. In: Nina Ruge, Stefan Wachtel (Hrsg.): *Achtung, Aufnahme!* Düsseldorf 1997, S. 28.
55 Fritz Pleitgen in einer E-Mail an den Autor, 23. 6. 2006.
56 Jürgen von der Lippe im Interview mit dem Autor, 6. 5. 2006.
57 RC im Interview mit dem Autor, 20. 3. 2006. Bei Abschluss des Manuskripts stand RC noch mit Radio Bremen in Verhandlungen darüber, ob der Sender ihm eine finanzielle Beteiligung an der Auswertung seiner alten Shows für eine DVD-Veröffentlichung zugesteht.
58 RC im Interview mit dem Autor, 20. 3. 2006.

59 Ebd.
60 Dick Harris, zitiert nach *Gong*, 1. 6. 1984.
61 Birgit Baum im Interview mit dem Autor, 19. 6. 2006.
62 RC in einer E-Mail an den Autor, 15. 6. 2006.
63 Annemieke Kesselaar-Klar in einer E-Mail an den Autor, 12. 6. 2006.
64 Birgit Baum im Interview mit dem Autor, 19. 6. 2006.
65 RC: *Gib mir mein Fahrrad wieder*, ebd., S. 107.
66 Annemieke Kesselaar-Klar im Interview mit dem Autor, 4. 5. 2006.
67 Birgit Baum im Interview mit dem Autor, 19. 6. 2006.
68 Anke Kesselaar, zitiert nach *Bild der Frau*, 14. 5. 1984.
69 Alexander Kesselaar im Interview mit dem Autor, 25. 4. 2006.
70 Birgit Baum im Interview mit dem Autor, 19. 6. 2006.
71 Ebd.
72 Ebd.
73 Annemieke Kesselaar-Klar im Interview mit dem Autor, 4. 5. 2006.
74 Birgit Baum im Interview mit dem Autor, 19. 6. 2006.
75 RC in einer E-Mail an den Autor, 20. 6. 2006.
76 Germaine Busset in einer E-Mail an den Autor, 2. 7. 2006.
77 Germaine Busset in einer E-Mail an den Autor, 27. 6. 2006.
78 Germaine Busset in einer E-Mail an den Autor, 2. 7. 2006.
79 RC in einer E-Mail an den Autor, 20. 6. 2006.
80 Beatrice Richter im Interview mit dem Autor, 2. 4. 2006.
81 Annemieke Kesselaar-Klar im Interview mit dem Autor, 4. 5. 2006.
82 Birgit Baum im Interview mit dem Autor, 19. 6. 2006.
83 RC in einer E-Mail an den Autor, 29. 6. 2006.
84 Ebd.
85 Birgit Baum im Interview mit dem Autor, 19. 6. 2006.
86 Annemieke Kesselaar-Klar im Interview mit dem Autor, 4. 5. 2006.
87 Ebd.
88 Zitiert nach *TV Hören & Sehen*, 7. 12. 1984.
89 RC im Interview mit dem Autor, 20. 3. 2006.
90 Birgit Baum im Interview mit dem Autor, 19. 6. 2006.
91 *Hamburger Morgenpost*, 18. 11. 1983.
92 *Bild am Sonntag*, 27. 11. 1983.
93 *Hamburger Morgenpost*, 18. 11. 1983 und 25. 11. 1983.
94 RC, zitiert nach *Quick*, 18. 7. 1985.
95 Anke Kesselaar, zitiert nach *Hörzu*, 30. 3. 1984.
96 Alexander Kesselaar im Interview mit dem Autor, 25. 4. 2006.
97 Ebd.
98 Ebd.
99 Caroline Engel-Kesselaar im Interview mit dem Autor, 24. 5. 2006.
100 Ebd.
101 Alexander Kesselaar im Interview mit dem Autor, 25. 4. 2006.

10. König des Samstagabends

1 RC: *Gib mir mein Fahrrad wieder*. Wien, München, Zürich, Innsbruck 1979, S. 120.
2 Vgl. Jürgen Trimborn: *Fernsehen der Neunziger – Die deutsche Fernsehlandschaft seit der Etablierung des Privatfernsehens*. Köln 1999.
3 Helmut Thoma im Interview mit dem Autor, 12. 5. 2000.
4 Lutz Hachmeister: »Das Programm ist das Programm. Mentalitäten und Stereotype

im medienpolitischen Feld«. In: Helmut Monkebusch (Hrsg.): *Fernsehen, Medien, Macht und Märkte*. Reinbek 1994, S. 54.

5 Thomas Gottschalk: »Unterhaltung ist das Schwerste überhaupt«. In: Sabine Jörg (Hrsg.): *Spaß für Millionen – Wie unterhält uns das Fernsehen?* Berlin 1982, S. 30.

6 Vgl. *Express*, 25. 11. 1983.

7 *Bild der Frau*, 21. 11. 1983.

8 Vgl. *Quick*, 2. 3. 1988.

9 Vgl. etwa *Gong*, 30. 11. 1984, oder *Gong*, 3. 1. 1986.

10 RC, zitiert nach *Hamburger Abendblatt*, 19. 2. 1987.

11 RC in einer E-Mail an den Autor, 21. 6. 2006.

12 RC, zitiert nach *Westdeutsche Allgemeine Zeitung*, 31. 5. 2006.

13 *Hörzu*, 23. 4. 1982.

14 *Teutopress*, Juni 1983.

15 *Bild am Sonntag*, 3. 7. 1983.

16 RC, zitiert nach *Hörzu*, 15. 7. 1983.

17 RC, zitiert nach *Hörzu*, 20. 1. 1984.

18 *Hörzu*, 20. 1. 1984.

19 Susanne Schult: *Rudi Carrell – Das Image eines Stars in der Geschichte des deutschen Fernsehens*. Osnabrück 2000, S. 92.

20 Gisela Schlüter, zitiert nach *Hörzu*, 30. 3. 1984.

21 Annemieke Kesselaar-Klar im Interview mit dem Autor, 4. 5. 2006.

22 RC, zitiert nach *Express*, 27. 8. 1979.

23 RC in einer E-Mail an den Autor, 2. 6. 2006.

24 *Hörzu*, 17. 2. 1984.

25 *Bild*, 4. 6. 1984, und RC, zitiert nach *Bild der Frau*, 12. 6. 1984.

26 RC, zitiert nach *Hörzu*, 30. 3. 1984.

27 *Gong*, 3. 1. 1986.

28 RC, zitiert nach *Gong*, 3. 1. 1986.

29 Vgl. *Bild*, 26. 11. 1982.

30 *Bild*, 5. 5. 1983.

31 RC, zitiert nach *Funk-Uhr*, 16. 6. 1983.

32 Annemieke Kesselaar-Klar im Interview mit dem Autor, 4. 5. 2006.

33 RC, zitiert nach *Funk Uhr*, 16. 6. 1983.

34 *Funk-Uhr*, 16. 6. 1983.

35 RC im Interview mit dem Autor, 20. 6. 2006.

36 RC im Interview mit dem Autor, 25. 4. 2006.

37 RC im Interview mit dem Autor,, 20. 3. 2006.

38 RC in einer E-Mail an den Autor, 27. 6. 2006.

39 RC: *Rudis Herzblatt*. München 1990, S. 7.

40 Ebd.

41 Susi Müller im Interview mit Dennis Lehmann, zitiert nach: http://www.daserste.de/herzblatt/susi.asp.

42 Wim Thoelke: *Stars, Kollegen und Ganoven – Eine Art Autobiographie*. Bergisch Gladbach 1995, S. 445.

43 So etwa *Liebe auf den ersten Blick* (ZDF 1992), *Lustfaktor 10* (WDR 1993), *Straßenflirt* (Pro 7 1994), *Luft und Liebe* (RTL 2 1994), *Heart Attack* (tm 3 1995), *Sommer sucht Sprosse* (Sat 1 1996), *Bzzz – Singles am Drücker* (Sat 1 1997), *Single P@rty* (RTL 2000) und *Flash! – Die Singleshow* (9 Live 2001).

44 http://www.br-online.de/kultur-szene/sendungen/herzblatt.

45 RC im Interview mit dem Autor, 20. 3. 1006.

46 RC, zitiert nach *Gong*, 30. 11. 1984.
47 RC, zitiert nach *Gong*, Nr. 40/1976.
48 *Hamburger Morgenpost*, 7. 12. 1989.
49 RC, zitiert nach *Hörzu*, 15. 6. 1990.
50 RC im Interview mit dem Autor, 29. 5. 2006.
51 RC, zitiert nach *Express*, 27. 8. 1979.
52 Hans Rosenthal, zitiert nach *Express*, 28. 8. 1979.
53 RC und Harald Juhnke, zitiert nach *Express*, 25. 11. 1983.
54 Jörg Knör im Interview mit dem Autor, 20. 4. 2006.
55 Alfred Biolek im Interview mit dem Autor, 21. 3. 2006.
56 Hape Kerkeling im Interview mit dem Autor, 15. 5. 2006.
57 RC und Wim Thoelke, zitiert nach Wim Thoelke: *Stars, Kollegen und Ganoven.* Ebd., S. 447.
58 Wim Thoelke, a.a.O., S. 445.
59 RC, zitiert nach *Express*, 7. 12. 1989.
60 Jürgen von der Lippe im Interview mit dem Autor, 6. 5. 2006.
61 Hape Kerkeling im Interview mit dem Autor, 15. 5. 2006.
62 Ebd.
63 Frank Elstner im Interview mit dem Autor, 8. 5. 2006.
64 Kurt Felix im Interview mit dem Autor, 16. 5. 2006.
65 Kurt Felix in einer E-Mail an den Autor, 16. 5. 2006.
66 *Bild*, 15. 9. 1997.
67 *Bild*, 2. 7. 1987.
68 RC, zitiert nach *Express*, 10. 7. 1988.
69 RC im Interview mit dem Autor, 29. 5. 2006.
70 Birgit Baum im Interview mit dem Autor, 19. 6. 2006.
71 RC, zitiert nach *Express*, 10. 7. 1988.
72 RC in einer E-Mail an den Autor 2. 7. 2006.
73 RC, zitiert nach *Gong*, 27. 11. 1987.
74 RC, zitiert nach *Bild am Sonntag*, 10. 7. 1988.
75 *Bild der Frau*, 21. 9. 1987.
76 Alexander Kesselaar im Interview mit dem Autor, 25. 4. 2006.
77 RC zitiert nach *Bild am Sonntag*, 31. 3. 1991.
78 *Bild am Sonntag*, 31. 3. 1991.
79 RC in einer E-Mail an den Autor, 29. 6. 2006.
80 *Quick*, 2. 3. 1988.
81 Frank Elstner im Interview mit dem Autor, 8. 5. 2006.
82 RC zitiert nach *medien-telegramm*, 17. 5. 1988.
83 Ebd.
84 RC, zitiert nach *Express*, 10. 7. 1988.
85 RC, zitiert nach *Rheinische Post*, 16. 11. 1989.
86 RC, zitiert nach *Westdeutsche Allgemeine Zeitung*, 31. 5. 1988.
87 RC, zitiert nach *Quick*, 2. 3. 1988.
88 RC, zitiert nach *Express*, 10. 7. 1988.
89 Hape Kerkeling im Interview mit dem Autor, 15. 5. 2006
90 Harald Schmidt, zitiert nach: »Herr Schmidt sieht lange fern. Fünf Jahrzehnte Fernsehunterhaltung«. WDR, 17. 4. 2006.
91 Tonny Eyk im Interview mit dem Autor, 20. 4. 2006.
92 *Quick*, 2. 3. 1988.
93 RC, zitiert nach *medien-telegramm*, 17. 5. 1988.

94 RC, zitiert nach *Westdeutsche Allgemeine Zeitung*, 31. 5. 1988.
95 RC in einer E-Mail an den Autor, 29. 6. 2006.
96 RC, zitiert nach *Express*, 10. 7. 1988.
97 *Bild*, 12. 9. 1988.
98 RC, zitiert nach *Express*, 21. 4. 1991.
99 RC, zitiert nach *Hörzu*, 15. 6. 1990.
100 RC im Interview mit dem *SZ-Magazin*, 17. 3. 2006.
101 RC im Interview mit dem Autor, 29. 5. 2006.
102 Wim Thoelke, zitiert nach *Hörzu*, 16. 6. 1989.
103 RC im Interview mit dem Autor, 29. 5. 2006.
104 Harald Schmidt, zitiert nach: »Herr Schmidt sieht lange fern. Fünf Jahrzehnte Fernsehunterhaltung«. WDR, 17. 4. 2006.
105 *Hörzu*, 15. 6. 1990.

11. Erfahrungen an neuen Ufern

1 *Kölnische Rundschau*, 23. 7. 1991.
2 *Express*, 28. 10. 1979.
3 RC, zitiert nach Gong, 5. 1. 1986.
4 RC, zitiert nach *medien-telegramm*, 17. 5. 1988.
5 RC, zitiert nach *Rheinischer Merkur*, 6. 2. 1987.
6 RC, zitiert nach *medien-telegramm*, 17. 5. 1988.
7 RC, zitiert nach *Express*, 10. 7. 1988.
8 RC: *Gib mir mein Fahrrad wieder*. Wien, München, Zürich, Innsbruck 1979, S. 253.
9 RC, zitiert nach *Süddeutsche Zeitung*, 14. 8. 1990.
10 RC, zitiert nach *Hamburger Morgenpost*, 20. 5. 1988.
11 RC, zitiert nach *Kölnische Rundschau*, 30. 1. 1992.
12 Vgl. *Kölner Stadt-Anzeiger*, 4. 8. 1989.
13 RC, zitiert nach *Kölner Stadt-Anzeiger*, 31. 8. 1988.
14 Friedrich Nowottny, zitiert nach *Prisma*, 16. 5. 1992.
15 RC, zitiert nach *Stern*, 6. 12. 1991.
16 *Rheinische Post*, 30. 1. 1992.
17 RC, zitiert nach *TV Movie*, 7. 3. 1992.
18 Henning Röhl, zitiert nach *Express*, 19. 6. 1992.
19 RC, zitiert nach *Express*, 3. 7. 1992.
20 *Kölner Stadt-Anzeiger*, 20. 6. 1992.
21 Axel Beyer, zitiert nach *Süddeutsche Zeitung*, 3. 7. 1992.
22 Wolfgang Feller, zitiert nach *Bild*, 23. 4. 1993.
23 RC, zitiert nach *Bild*, 23. 4. 1993.
24 *Express*, 16. 7. 1992.
25 Harald Schmidt, zitiert nach *Stern*, 19. 5. 1993.
26 RC, zitiert nach *TV business*, 1. 12. 1992.
27 RC, zitiert nach *Süddeutsche Zeitung*, 27. 8. 1992.
28 *Express*, 27. 9. 1992.
29 RC im Interview mit dem Autor, 29. 5. 2006.
30 RC, zitiert nach *Rheinische Post*, 30. 3. 1993.
31 *Bild*, 25. 11. 1992.
32 RC, zitiert nach *TV business*, 1. 12. 1992.
33 RC, zitiert nach *Rheinische Post*, 30. 3. 1993.
34 *Bild am Sonntag*, 13. 6. 1993.
35 Zitiert nach *Die Welt*, 2. 7. 1993.

36 *Express*, 13. 7. 1993.
37 *Rheinische Post*, 13. 7. 1993.
38 RC im Interview mit dem Autor, 20. 5. 2006.
39 RC, zitiert nach Susanne Schult: *Rudi Carrell – Das Image eines Stars in der Geschichte des deutschen Fernsehens*. Osnabrück 2000, S. 100.
40 RC zitiert nach Ingo Schiweck (Hrsg.): *»Laß dich überraschen...« – Niederländische Unterhaltungskünstler in Deutschland nach 1945*. Münster 2005, S. 271.
41 Alexander Kesselaar im Interview mit dem Autor, 25. 4. 2006.
42 John de Mol, zitiert nach *Focus*, 18. 10. 1993.
43 Thomas Woitkewitsch im Interview mit dem Autor, 5. 5. 2006.
44 Ebd.
45 *Bunte Wochen-Zeitung*, 7. 3. 1992.
46 Vgl. *Express*, 4. 1. 1994.
47 RC, zitiert nach *Hörzu*, 30. 3. 1984.
48 *Stern*, 14. 4. 1983.
49 RC, zitiert nach *Stern*, 19. 5. 1993.
50 Annemieke Kesselaar-Klar im Interview mit dem Autor, 4. 5. 2006.
51 RC zitiert nach *Stern*, 19. 5. 1993.
52 Hape Kerkeling im Interview mit dem Autor, 15. 5. 2006.
53 Alexander Kesselaar im Interview mit dem Autor, 25. 4. 2006.
54 *Bild am Sonntag*, 16. 5. 1993.
55 Zitiert nach *Bild am Sonntag*, 23. 5. 1993.
56 *Stern*, 19. 5. 1993.
57 RC, zitiert nach *Stern*, 19. 5. 1993.
58 RC im Interview mit dem *SZ-Magazin*, 17. 3. 2006.
59 Annemieke Kesselaar-Klar im Interview mit dem Autor, 4. 5. 2006.
60 RC zitiert nach *Stern*, 3. 4. 1997.
61 Annemieke Kesselaar-Klar im Interview mit dem Autor, 4. 5. 2006.
62 RC im Interview mit dem *SZ-Magazin*, 17. 3. 2006.
63 Zitiert nach *Express*, 4. 1. 1994.
64 RC, zitiert nach *Süddeutsche Zeitung*, 10. 3. 1994.
65 RC im Interview mit dem Autor, 29. 5. 2006.
66 RC, zitiert nach *Die Welt*, 7. 1. 1994.
67 Marc Conrad, zitiert nach *Die Welt*, 7. 1. 1994.
68 *Bild*, 27. 3. 1994.
69 *Süddeutsche Zeitung*, 26. 4. 1994.
70 Axel Beyer, zitiert nach *Die Welt*, 13. 12. 1994.
71 *Süddeutsche Zeitung*, 21. 12. 1994.
72 RC in einer E-Mail an den Autor, 29. 6. 2006.
73 Ebd.
74 Alexander Kesselaar im Interview mit dem Autor, 25. 4. 2006.
75 RC, zitiert nach *Stern*, 3. 4. 1997.
76 RC, zitiert nach *Welt am Sonntag*, 8. 6. 1997.
77 RC, zitiert nach *Stern*, 3. 4. 1997.
78 RC, zitiert nach *Der Tagesspiegel*, 9. 6. 1996.
79 Hugo Egon Balder (mit Bernd Philipp): *Ich habe mich gewarnt*. Berlin 2004, S. 206.
80 Jörg Knör im Interview mit dem Autor, 24. 4. 2006.
81 Bernd Stelter, zitiert nach *Höchstpersönlich*, Radio Bremen – Ein Film von Heidi Nullmeyer, 11. 10. 2002.
82 Hape Kerkeling im Interview mit dem Autor, 15. 5. 2006.

83 Michael Mittermeier in einer E-Mail an den Autor, 27. 5. 2006.
84 Karl Dall in einer E-Mail an den Autor, 12. 4. 2006.
85 Vgl. *Bild am Sonntag*, 4. 12. 1994.
86 Alexander Kesselaar im Interview mit dem Autor, 25. 4. 2006.
87 RC, zitiert nach *Focus*, 16. 9. 1997.
88 Karl Dall, zitiert nach *Bild am Sonntag*, 21. 9. 1997.
89 RC im Interview mit dem Autor, 29. 5. 2006.
90 *Frankfurter Allgemeine Sonntagszeitung*, 22. 12. 2002.
91 RC, zitiert nach *Hörzu*, 18. 12. 1999.
92 RC, zitiert nach *Süddeutsche Zeitung*, 20. 12. 2002.
93 Annemieke Kesselaar-Klar im Interview mit dem Autor, 4. 5. 2006.
94 Thomas Woitkewitsch im Interview mit dem Autor, 5. 5. 2006.
95 Kalle Pohl in einer E-Mail an den Autor, 8. 5. 2006.
96 RC, zitiert nach *Express*, 3. 7. 1992.
97 RC, zitiert nach *Focus*, 15. 9. 1997.
98 RC, zitiert nach *Bild*, 18. 9. 1997.
99 Birgit Baum im Interview mit dem Autor, 19. 6. 2006.
100 Annemieke Kesselaar-Klar in einer E-Mail an den Autor, 12. 6. 2006.
101 Birgit Baum im Interview mit dem Autor, 19. 6. 2006.
102 RC, zitiert nach *Stern*, 3. 4. 1997.
103 Germaine Busset in einer E-Mail an den Autor, 2. 7. 2006.
104 RC, zitiert nach *Hörzu*, 18. 10. 2003.
105 RC im Interview mit dem Autor, 20. 3. 2006.
106 Annemieke Kesselaar-Klar im Interview mit dem Autor, 4. 5. 2006.
107 RC im Interview mit dem Autor, 20. 3. 2006.
108 Sören Haensell im Interview mit dem Autor, 29. 5. 2006.
109 RC zitiert nach Ingo Schieweck (Hrsg.): *»Laß dich überraschen…« – Niederländische Unterhaltungskünstler in Deutschland nach 1945*. Münster 2005, S. 232.
110 RC in einer E-Mail an den Autor, 29. 6. 2006.
111 RC zitiert nach *Bunte*, 16. 12. 2004.
112 Vgl. *Kölner Stadt-Anzeiger*, 17. 12. 1999.
113 *Hörzu*, 18. 12. 1999.
114 Alexander Kesselaar im Interview mit dem Autor, 25. 4. 2006.
115 Birgit Baum im Interview mit dem Autor, 19. 6. 2006.
116 RC zitiert nach *Bild am Sonntag*, 30. 9. 2001.
117 Caroline Engel-Kesselaar im Interview mit dem Autor, 24. 5. 2006.
118 Birgit Baum im Interview mit dem Autor, 19. 6. 2006.
119 RC, zitiert nach *Bunte*, 31. 5. 2000.
120 RC, zitiert nach *Bunte*, 16. 12. 2004.
121 RC, zitiert nach *Bild*, 27. 12. 2002.
122 RC in einer E-Mail an den Autor, 29. 6. 2006.
123 RC, zitiert nach *Bunte*, 5. 4. 2001.
124 RC in einer E-Mail an den Autor, 29. 6. 2006.
125 Simone Felischak im Interview mit dem Autor, 29. 5. 2006.
126 Ebd.
127 RC im Interview mit dem Autor, 29. 5. 2006.
128 Alexander Kesselaar im Interview mit dem Autor, 25. 4. 2006.
129 Susanne Hoffmann, zitiert nach *Bunte*, 5. 4. 2001.
130 Annemieke Kesselaar-Klar in einer E-Mail an den Autor, 12. 6. 2006.
131 Susanne Hoffmann, zitiert nach *Express*, 31. 3. 2001.

132 RC, zitiert nach *Bild*, 7. 2. 2003.
133 RC, zitiert nach *Bunte*, 5. 4. 2001.
134 Simone Felischak im Interview mit dem Autor, 29. 5. 2006.
135 Ebd.

12. Hinter den Kulissen

1 *TV Today*, 14. 12. 2002.
2 *Neue Rhein-Zeitung*, 19. 12. 2002.
3 *Bild*, 28. 8. 2006.
4 *Bunte*, 9. 1. 2003.
5 RC, zitiert nach *Neue Rhein-Zeitung*, 19. 12. 2002.
6 RC, zitiert nach *Neue Rhein-Zeitung*, 19. 12. 2002. Vgl. hierzu auch *Bild am Sonntag*, 30. 12. 2001: »Nächstes Jahr will Rudi Carrell aufhören.«
7 *Neue Rhein-Zeitung*, 19. 12. 2002.
8 *Express*, 22. 4. 2001.
9 *Bild am Sonntag*, 9. 9. 2001.
10 *Süddeutsche Zeitung*, 20. 12. 2002.
11 *Bild*, 27. 12. 2002.
12 *Frankfurter Rundschau*, 20. 12. 2002.
13 *Der Tagesspiegel*, 30. 12. 2002.
14 *Der Tagesspiegel*, 19. 12. 2004.
15 RC im Interview mit dem Autor, 20. 3. 2006.
16 RC, zitiert nach *Bild*, 28. 8. 2002.
17 RC, zitiert nach *Süddeutsche Zeitung*, 20. 12. 2002.
18 Ebd.
19 RC, zitiert nach *Bild*, 27. 12. 2002.
20 RC, zitiert nach *Süddeutsche Zeitung*, 20. 12. 2002.
21 RC, zitiert nach *Express*, 22. 4. 2001.
22 RC im Interview mit dem Autor, 29. 5. 2006.
23 RC, zitiert nach *Der Tagesspiegel*, 9. 6. 1996.
24 Annemieke Kesselaar-Klar im Interview mit dem Autor, 4. 5. 2006.
25 RC zitiert nach *Süddeutsche Zeitung*, 2. 5. 1998.
26 Wim Thoelke: *Stars, Kollegen und Ganoven – Eine Art Autobiographie.* Bergisch Gladbach 1995, S. 447.
27 *Süddeutsche Zeitung*, 2. 5. 1998.
28 *Der Tagesspiegel*, 30. 12. 2002.
29 RC, zitiert nach *Bild am Sonntag*, 28. 9. 2003.
30 *Frankfurter Allgemeine Zeitung*, 24. 2. 2004.
31 *Der Tagesspiegel*, 19. 12. 2004.
32 Jörg Knör im Interview mit dem Autor, 24. 4. 2005.
33 Hape Kerkeling im Interview mit dem Autor, 15. 5. 2006.
34 Annemieke Kesselaar-Klar im Interview mit dem Autor, 4. 5. 2006.
35 Hape Kerkeling im Interview mit dem Autor, 15. 5. 2006.
36 Ernst-Marcus Thomas im Interview mit dem Autor, 25. 5. 2006.
37 Annemieke Kesselaar-Klar im Interview mit dem Autor, 4. 5. 2006.
38 RC, zitiert nach *Express*, 20. 9. 2002.
39 Simone Felischak im Interview mit dem Autor, 29. 5. 2006.
40 Alexander Kesselaar im Interview mit dem Autor, 25. 4. 2006.
41 Simone Felischak im Interview mit dem Autor, 29. 5. 2006.
42 Ebd.

43 Alexander Kesselaar im Interview mit dem Autor, 25. 4. 2006.
44 Annemieke Kesselaar-Klar im Interview mit dem Autor, 4. 5. 2006.
45 Caroline Engel-Kesselaar im Interview mit dem Autor, 24. 5. 2006.
46 Simone Felischak im Interview mit dem Autor, 29. 5. 2006..
47 RC, zitiert nach *Bunte*, 13. 2. 2003. Im *Bunte*-Artikel findet sich an dieser Stelle fälschlich der Name »Simone« statt »Susanne« – dieser Fehler wurde im Zitat stillschweigend korrigiert.
48 Vgl. *Bild*, 5. 2. 2005.
49 Ebd.
50 Annemieke Kesselaar-Klar im Interview mit dem Autor, 4. 5. 2006.
51 RC, zitiert nach *Express*, 24. 9. 2004.
52 *Die Welt*, 18. 12. 2004.
53 RC, zitiert nach *Express*, 24. 9. 2004.
54 RC, zitiert nach *Express*, 18. 12. 2004
55 RC, zitiert nach *Bunte*, 16. 12. 2004.
56 Ebd.
57 RC, zitiert nach *Express*, 18. 12. 2004.
58 Ebd.
59 Alfred Biolek im Interview mit dem Autor, 21. 3. 2006.
60 Caroline Engel-Kesselaar im Interview mit dem Autor, 24. 5. 2006.
61 RC im Interview mit dem Autor, 20. 3. 2006.
62 Simone Felischak im Interview mit dem Autor, 29. 5. 2006.
63 RC im Interview mit dem Autor, 20. 3. 2006.
64 RC, zitiert nach *Volkskrant*, 18. 3. 2006.
65 Simone Felischak im Interview mit dem Autor, 29. 5. 2006.
66 Annemieke Kesselaar-Klar im Interview mit dem Autor, 4. 5. 2006.
67 Caroline Engel-Kesselaar im Interview mit dem Autor, 24. 5. 2006.
68 RC, zitiert nach *Volkskrant*, 18. 3. 2006.
69 Annemieke Kesselaar-Klar im Interview mit dem Autor, 4. 5. 2006.
70 Simone Felischak im Interview mit dem Autor, 29. 5. 2006.
71 Alexander Kesselaar im Interview mit dem Autor, 25. 4. 2006.
72 Annemieke Kesselaar-Klar im Interview mit dem Autor, 4. 5. 2006.
73 RC im Interview mit dem Autor, 29. 5. 2006.
74 RC: *Gib mir mein Fahrrad wieder*. Wien, München, Zürich, Innsbruck 1979, S. 323.
75 Thomas Woitkewitsch im Interview mit dem Autor, 5. 5. 2006.
76 Annemieke Kesselaar-Klar im Interview mit dem Autor, 4. 5. 2006.
77 RC, zitiert nach *Bild am Sonntag*, 4. 9. 2005.
78 Hanns Joachim Friedrichs, zitiert nach *Der Spiegel*, 27. 3. 1995.
79 *Das Neue*, 23. 7. 2005.
80 *Das Neue Blatt*, 7. 9. 2005.
81 *Neue Post*, 14. 9. 2005.
82 Erna Bobbert, zitiert nach *Express*, 14. 11. 2005. Frau Bobbert bestätigte die Krebserkrankung Carrells zuvor gegenüber der Zeitschrift *Das Neue*.
83 *Express*, 14. 11. 2005.
84 *Bild*, 15. 11. 2005.
85 Bernd Stelter, zitiert nach *Express*, 14. 11. 2005.
86 Jörg Knörr, zitiert nach ebd.
87 RC im Interview mit dem Autor, 20. 3. 2006.
88 Harald Schmidt, zitiert nach *SZ-Magazin*, 17. 3. 2006.
89 *Bild*, 22. 12. 20025.

90 Schreiben von RC an Kai Diekmann, 22. 12. 2005. Mit freundlicher Genehmigung von RC und Kai Diekmann.
91 Ebd.
92 Kai Diekmann im Interview mit dem Autor, 10. 7. 2006.
93 RC im Interview mit dem Autor, 20. 3. 2006.
94 Annemieke Kesselaar-Klar im Interview mit dem Autor, 4. 5. 2006.
95 Alexander Kesselaar im Interview mit dem Autor, 25. 4. 2006.
96 RC im Gespräch mit Hape Kerkeling, zitiert nach einem Interview des Autors mit Hape Kerkeling, 15. 5. 2006.
97 RC im Interview mit dem *SZ-Magazin*, 17. 3. 2006.
98 RC im Interview mit dem Autor, 20. 3. 2006.
99 Frank Elstner im Interview mit dem Autor, 8. 5. 2006.
100 Jürgen von der Lippe im Interview mit dem Autor, 6. 5. 2006.
101 Thomas Woitkewitsch im Interview mit dem Autor, 5. 5. 2006.
102 RC, zitiert nach Annemieke Kesselaar-Klar im Interview mit dem Autor, 4. 5. 2006.
103 Caroline Engel-Kesselaar im Interview mit dem Autor, 24. 5. 2006.
104 RC im Interview mit dem *SZ-Magazin*, 17. 3. 2006.
105 *Bild*, 17. 3. 2006.
106 RC, zitiert nach *Hörzu*, 4/1977.
107 RC im Interview mit dem *SZ-Magazin*, 17. 3. 2006.
108 Ebd.
109 Alexander Kesselaar im Interview mit dem Autor, 25. 4. 2006.
110 Annemieke Kesselaar-Klar im Interview mit dem Autor, 4. 5. 2006.
111 RC im Interview mit dem Autor, 20. 3. 2006.
112 Simone Felischak im Interview mit dem Autor, 29. 5. 2006.
113 Alexander Kesselaar im Interview mit dem Autor, 25. 4. 2006.
114 Birgit Baum im Interview mit dem Autor, 19. 6. 2006.
115 Truus de Leeuw im Interview mit dem Autor, 21. 5. 2006.
116 Alexander Kesselaar im Interview mit dem Autor, 25. 4. 2006.
117 Annemieke Kesselaar-Klar im Interview mit dem Autor, 4. 5. 2006.
118 Simone Felischak im Interview mit dem Autor, 29. 5. 2006.
119 Alexander Kesselaar im Interview mit dem Autor, 25. 4. 2006.
120 Annemieke Kesselaar-Klar im Interview mit dem Autor, 4. 5. 2006.
121 Sören Haensell im Interview mit dem Autor, 29. 5. 2006.
122 Annemieke Kesselaar-Klar in einer E-Mail an den Autor, 15. 5. 2006.
123 Simone Felischak im Interview mit dem Autor, 29. 5. 2006.
124 Ebd.
125 RC im Interview mit dem Autor, 29. 5. 2006.
126 Simone Felischak im Telefonat mit dem Autor, 13. 7. 2006.
127 Annemieke Kesselaar-Klar in einem Telefonat mit dem Autor, 11. 7. 2006.

Epilog – Ein deutscher Holländer

1 Zitiert nach *Die Zeit*, 10. 10. 2002.
2 RC im Interview mit dem Autor, 20. 3. 2003.
3 RC, zitiert nach *Westdeutsche Allgemeine Zeitung*, 18. 3. 1967.
4 Reinhard Tiburzy: *Niederlande*. 2. Aufl., Köln 2001, S. 10.
5 Stefan Raab, zitiert nach *TV Today*, 14. 12. 2002.
6 Henk van Gelder in einer E-Mail an den Autor, 27. 4. 2006.
7 *Der Tagesspiegel*, 19. 12. 2004.
8 RC, zitiert nach *Hörzu*, Nr. 14/1977.

9 RC, zitiert nach *Welt am Sonntag*, 3. 12. 1978.
10 RC im Interview mit dem Autor, 20. 3. 2006.
11 RC, zitiert nach *Bunte*, 16. 12. 2004.
12 RC, zitiert nach Stern, 3. 4. 1997.
13 Wim Thoelke: *Stars, Kollegen und Ganoven – Eine Art Autobiographie*. Bergisch Gladbach 1995, S. 447.
14 RC, zitiert nach *Süddeutsche Zeitung*, 29. 10. 1994.
15 RC, zitiert nach *Bild am Sonntag*, 30. 9. 2001.
16 RC in einer E-Mail an den Autor, 30. 6. 2006.
17 *TV Hören & Sehen*, 7. 12. 1984.
18 RC, zitiert nach *Hamburger Abendblatt*, 19. 2. 1987.
19 RC im Interview mit dem Autor, 20. 3. 2006.
20 *Express*, 22. 4. 2001.
21 RC, zitiert nach *Kölner Stadt-Anzeiger*, 29. 5. 2001.
22 Mies Bouwman im Interview mit dem Autor, 21. 4. 2006.
23 RC im Interview mit dem Autor, 29. 5. 2006.
24 Vgl. *Telegraaf*, 27. 3. 2006.
25 RC, zitiert nach *Express*, 22. 4. 2001.
26 Peter van Wulfften Palthe, zitiert nach *De Gelderlander*, 14. 7. 2006.
27 Herman van Veen, zitiert nach Ingo Schiweck (Hrsg.): *»Laß dich überraschen…« – Niederländische Unterhaltungskünstler in Deutschland nach 1945*. Münster 2005, S. 150.

Alle Übersetzungen aus dem Niederländischen erfolgten durch den Autor.

Zeittafel

1934 19. Dezember, Geburt als Rudolf Wijbrand Kesselaar in Alkmaar, in der niederländischen Provinz Noord-Holland

1940 15. Mai, Besetzung der Niederlande durch deutsche Truppen, Alkmaar erhält einen deutschen Ortskommandanten

1941 1. April, RC wird in die *Openbare Lagere School* in der Snaarsmanslaan eingeschult.
12. April, erster britischer Luftangriff auf Alkmaar

1942 5. März, Deportation eines Drittels der in Alkmaar lebenden Juden

1944 12. November, Razzia in Alkmaar, unzählige Bürger werden zum Arbeitseinsatz in Deutschland zwangsverpflichtet

1945 8. Mai, Kriegsende, Befreiung Alkmaars durch britische und kanadische Truppen. Im August Reise von RC nach Dänemark

1947 1. April, Wechsel von RC auf die *Uitgebreid Lagere School* in der Krelagestraat; hier engagiert er sich in der Theatergruppe und gründet eine Schülerzeitung

1948 18. Dezember, am Vorabend seines 14. Geburtstags steht RC zum ersten Mal als Conférencier bei einer Schulaufführung auf der Bühne

1949 Auszeichnung mit dem Vortragskünstlerpreis von *Radio Hilversum*. Entschluss, die Schule zu verlassen

1950 Dreimonatiger Aufenthalt in Paris, danach Beginn einer Banklehre, die er nach einem Jahr abbricht, um sich von seinem Vater, dem Conférencier André Carrell, in dessen Metier ausbilden zu lassen

1953 17. Oktober, RC tritt in Arnheim zum ersten Mal als Berufskünstler auf, es ist die Geburtsstunde des Showmasters RC. Kurze Zeit später macht er sich beruflich selbstständig und gründet *Rudi Carrell's Cabaretgezelschap*

1953–1956 Rund 800 Bühnenauftritte in ganz Holland, vereinzelte Engagements beim Rundfunksender AVRO

1955 Umzug nach Loosdrecht, wo RC zunächst ein Jahr im Haus seiner Eltern in Nieuw-Loosdrecht wohnt, dann jedoch ein Eigenheim in Oud-Loosdrecht bezieht

1956 29. September, erster Fernsehauftritt von RC.
Festes Engagement beim niederländischen Rundfunksender AVRO: RC tritt rund 200-mal als *Krantenjongen* (»Zeitungsjunge«) in der populären Radiosendung *Bonte Dinsdagavondtrein* auf

1957 16. Mai, RC heiratet seine erste Frau Truus de Vries in deren Geburtsstadt Sint Pancras, Noord-Holland

1958 20. August, Geburt der ersten Tochter Annemieke

1959 1. Mai, Kabarettpreis des *Internationaal Culturel Centrum* in Amsterdam.
RC verlässt seinen bisherigen Sender AVRO und wechselt zur VARA

1960 9. Februar, nachdem RC mit seinem Schlager *Wat een geluck* das Nationaal Songfestival gewonnen hat, vertritt er damit die Niederlande beim Grand Prix Eurovision de la Chanson in London, wo er den vorletzten Platz belegt.
20. August, Präsentation der ersten eigenen Fernsehshow bei VARA

1961 1. Juli, Start einer eigenen Kabarettshow unter dem Titel *Schermutselingen*, Premiere in Amsterdam.
10. September, RC bekommt mit der *Rudi Carrell Show* eine eigene, monatlich ausgestrahlte Fernsehshow beim niederländischen Sender VARA. Schnell steigt er zum beliebtesten Fernsehunterhalter der Niederlande auf. Die erfolgreiche Show moderiert er bis zu seinem Wechsel nach Deutschland im Frühjahr 1965 und erneut 1967/68

1962 15. Juli, Geburt der zweiten Tochter Caroline

1963 Auszeichnung mit der *Zilveren Nipkowschijf*, des wichtigsten von den Kritikern vergebenen Fernsehpreises der Niederlande

1964 5. Mai, für die Episode *Robinson Crusoe* von der *Rudi Carrell Show* wird RC mit der Silbernen Rose von Montreux ausgezeichnet, was die internationale Aufmerksamkeit auf ihn lenkt und ihm zahlreiche Angebote einbringt.
3. Oktober, die prämierte Sendung wird im niederländischen Original mit deutschen Untertiteln in der ARD ausgestrahlt; dies ist der Startschuss für Carrells deutsche Fernsehkarriere

1965 25. Oktober, RC ist zum ersten Mal mit einer eigenen Show im deutschen Fernsehen vertreten. *Die Rudi Carrell Show* wird von Radio Bremen für die ARD produziert, folgt dem Konzept der *Rudi Carrell Show* in den Niederlanden, erfährt gleich eine hohe Akzeptanz beim Publikum und läuft sehr erfolgreich bis 1973. Bis zum Jahr 1968 tritt RC vereinzelt immer wieder auch im niederländischen Fernsehen auf
Umzug von Loosdrecht nach Bremen

1966 Erste USA-Reise

1967 RC trennt sich von seiner ersten Frau Truus, die gemeinsam mit den beiden Töchtern Deutschland wieder verlässt und das Haus in Loosdrecht bezieht.

Die Scheidung wird erst 1973 ausgesprochen. In Bremen hat RC kurz zuvor seine neue Lebensgefährtin Anke Bobbert kennen gelernt

1968 15. Mai, André Carrell, der Vater von RC, stirbt im Alter von 56 Jahren in Loosdrecht
Erste deutsche Schallplattenaufnahme (Single *Ein kleines Kompliment / Ich geh' an deinem Haus vorbei*)
7. Dezember, die *Rudi Carrell Show* kommt erstmals in Farbe
Dick Harris übernimmt das Management von RC

1969 12. Januar, RC moderiert erstmals auch im deutschen Hörfunk; der Hessische Rundfunk strahlt fünf Folgen (alle zwei Monate) von *Rudis Radioschau* aus.
Zusammen mit Chris Howland moderiert RC eine durch 20 deutsche Städte führende Unterhaltungstournee und lässt sich auch in der Folgezeit immer wieder für Bühnenauftritte engagieren

1970 Erster Kinofilm: *Wenn die tollen Tanten kommen*, in dem RC an der Seite von Ilja Richter mitwirkt

1971 In diesem Jahr kommen gleich drei neue Kinofilme mit RC in der Hauptrolle in die deutschen Kinos: *Die tollen Tanten schlagen zu*, *Tante Trude aus Buxtehude* und *Rudi, benimm dich!*
Aus steuerlichen Gründen Übersiedlung nach Belgien

1972 RC lässt sich für drei Jahre im südspanischen Marbella nieder

1973 15. Dezember, die letzte Ausgabe der *Rudi Carrell Show* geht über den Sender

1974 1. Februar, RC heiratet seine zweite Frau Anke Bobbert.
27. April, Ausstrahlung der ersten Ausgabe von *Am laufenden Band* im Samstagabendprogramm der ARD

1975 18. Januar, RC wird seine erste *Goldene Kamera* überreicht; im selben Jahr bekommt er auch erstmals den *Bambi* verliehen.
RC veröffentlicht die Langspielplatte *Rudi Carrell*. Sein Lied *Wann wird's mal wieder richtig Sommer?* wird zum Sommerhit des Jahres

1976 Juli, zusammen mit seiner zweiten Frau Anke erwirbt RC ein großzügiges Anwesen in Wachendorf bei Syke, südlich von Bremen

1977 3. Juni, Geburt von Sohn Alexander.
Erkrankung Ankes an chronischer Polyarthritis

1978 17. Oktober, RC feiert sein fünfundzwanzigjähriges Bühnenjubiläum mit Partys in Köln und Bremen.
Pressemeldungen, dass RC beabsichtige, deutscher Staatsbürger zu werden, wovon er jedoch schließlich wieder Abstand nehmen wird.
RCs Lied *Goethe war gut* stürmt am Jahresende die Hitparaden

1979	31. Dezember, trotz großer Zuschauerproteste beendet RC seine Erfolgsshow *Am laufenden Band* und kündigt an, sich ins Privatleben zurückziehen zu wollen
1980	RC bezieht mit seiner Familie eine Villa in Éze an der Côte d'Azur und legt eine einjährige Fernsehpause ein
1981	1. Januar, RC präsentiert das TV-Special *Rudi kann's nicht lassen*, in dem er Lieder von seiner neuen Platte *Rudi, Rudi noch einmal* singt. 12. Oktober, Start der neuen Satiresendung *Rudis Tagesshow*
1982	Für *Rudis Tagesshow* wird RC erneut mit der *Goldenen Kamera* ausgezeichnet und gehört damit abermals zur Spitze deutscher Fernsehentertainer
1983	31. Dezember, erste und einzige Ausgabe der Show *Unterm Regenbogen*, die beim Publikum und bei den Kritikern durchfällt
1984	7. April, Start von RCs neuer Show *Die verflixte 7*, die dreieinhalb Jahre im Samstagabendprogramm der ARD zu sehen sein wird. 14. Mai, erstmals meldet die Presse Ankes Rheumaerkrankung
1985	Bei einer Produktionssitzung bei Radio Bremen lernt RC seine zukünftige Lebensgefährtin Susanne Hoffmann kennen. RC wird für seine Verdienste zur Verbesserung des deutsch-niederländischen Verhältnisses mit dem Bundesverdienstkreuz I. Klasse ausgezeichnet
1987	15. Februar, ein kurzer Film, *Rudis Tagesshow*, der sich über den iranischen Revolutionsführer Ajatollah Khomeini lustig macht, führt zu weitreichenden diplomatischen Verwicklungen. 8. März, nach sechs Jahren wird *Rudis Tagesshow* trotz nach wie vor hervorragender Einschaltquoten eingestellt. 2. Juli, in der deutschen Presse werden erste Gerüchte laut, dass RC eine Geliebte hat. 9. Oktober, Start von RCs neuer Flirtshow *Herzblatt*, die im Vorabendprogramm der ARD für sensationelle Einschaltquoten sorgt
1988	5. März, RC startet in der ARD seine neue Überraschungsshow *Die Rudi Carrell Show*, mit der er ernsthaft *Wetten, dass?* Konkurrenz macht
1989	RC kritisiert seinen Haussender WDR öffentlich
1991	Erste Gerüchte, dass RC dem öffentlich-rechtlichen Fernsehen den Rücken kehren könnte und damit liebäugelt, zum Privatfernsehen zu wechseln. Der Versuch von Sat 1, RC der ARD abzuwerben, scheitert. September, RC gründet zusammen mit dem niederländischen Fernsehproduzenten Joop van den Enden die Produktionsgesellschaft *JE Entertainment* mit Sitz in Köln
1992	Wechsel zu RTL, Arbeit an neuen Showkonzepten

1993 8. Mai, die erste von zehn Folgen der neuen Carrell-Show *Die Post geht ab*, die das Konzept von *Am laufenden Band* aufgreift, startet bei RTL. Zwar wird die Sendung ein Quotenflop, bringt RC aber eine Gage von hunderttausend Mark pro Folge ein

1994 RC trennt sich gegen eine Millionenabfindung von seinem Geschäftspartner Joop van den Ende

1997 23. Februar, RCs neue und von ihm selbst produzierte Comedyshow *7 Tage – 7 Köpfe* geht bei RTL auf Sendung. Die Show wird in der Folgezeit mit zahlreichen deutschen und internationalen Fernseh- und Comedypreisen überhäuft und läuft bis Ende 2005 erfolgreich auf RTL.
RC bekennt sich nach zwölf Jahren öffentlich zu seiner Lebensgefährtin Susanne Hoffmann, woraufhin seine Frau Anke ihn auffordert, das gemeinsame Anwesen in Wachendorf zu verlassen

1998 Bei RCs Lebensgefährtin Susanne Hoffmann wird ein Gehirntumor festgestellt

2000 23. Februar, Anke stirbt im Alter von neunundfünfzig Jahren; ihre Urne wird auf dem Anwesen in Wachendorf, das RC am Tag nach dem Tod seiner Frau wieder bezogen hat, beigesetzt.
Kurz nach Ankes Tod überwirft RC sich mit seiner langjährigen Lebensgefährtin Susanne Hoffmann

2001 7. Februar, RC heiratet überraschend seine dritte Frau Simone Felischak; die Trauung findet in Australien statt, wo mittlerweile RCs Sohn Alexander lebt.
9. März, RC wird in Lausanne die *Goldene Ehrenrose* verliehen, die zu diesem Zeitpunkt erst neunmal vergeben worden ist
Königin Beatrix der Niederlande ernennt RC zum Ritter des niederländischen Löwen-Ordens

2002 20. Dezember, RC zieht sich vom Bildschirm zurück und verkündet, fortan nur noch als Produzent der Erfolgsshow *7 Tage – 7 Köpfe* arbeiten zu wollen

2003 6. April, RCs langjährige Lebensgefährtin Susanne Hoffmann stirbt an den Folgen eines Gehirntumors

2004 Februar, RC prophezeit Anke Engelke in der Talkshow *Beckmann*, dass sie mit ihrer neuen Show *Anke Late Night* grandios scheitern wird, womit er ein heftiges Rauschen im deutschen Blätterwald verursacht; letztlich jedoch wird er mit seiner Vorhersage Recht behalten

2005 Januar, kurz nach seinem siebzigsten Geburtstag im Dezember des Vorjahres erfährt RC, dass er an Lungenkrebs erkrankt ist.
April, erste Gerüchte von einer ernsthaften Erkrankung von RC tauchen in der Presse auf.
14. November, der Kölner *Express* und einen Tag später die *Bild*-Zeitung melden in riesigen Lettern, dass RC Krebs hat.
23. November, RC bestätigt offiziell, dass er an Lungenkrebs leidet.

31. Dezember, RC nimmt in der letzten Ausgabe der von ihm produzierten Show *7 Tage – 7 Köpfe* seinen Abschied vom Bildschirm. Die deutsche Presse berichtet ausführlich über RCs Rückzug aus dem Fernsehgeschäft

2006 2. Februar, RC wird nach einem dreiwöchigen Karibik-Urlaub mit dem Ehrenpreis der *Goldenen Kamera* für sein Lebenswerk ausgezeichnet; sein bewegender Auftritt bei der Preisverleihung ist am nächsten Tag Gesprächsthema Nummer eins in ganz Deutschland. RC zieht sich mit diesem letzten Fernsehauftritt aus der Öffentlichkeit zurück und lebt fortan zurückgezogen auf seinem Anwesen in Wachendorf
17. März, das Magazin der *Süddeutschen Zeitung* veröffentlicht auf 22 Seiten ein ausführliches Interview mit RC, das im deutschsprachigen Raum und in den Niederlanden hohe Wellen schlägt
7. Juli, RC stirbt in den Mittagsstunden im Bremer Klinikum im Beisein seiner Frau Simone und seiner ältesten Tochter Annemieke
10. Juli, RCs Tod wird in der Presse gemeldet

Verzeichnis der Fernsehshows

FERNSEHSHOWS IN DEN NIEDERLANDEN

RUDI CARRELL SHOW (1961–1965/VARA, die mit der Silbernen Rose von Montreux ausgezeichnete Folge *Robinson Crusoe – Het Onbewoonde Eiland* wurde am 5. 5. 1964 ausgestrahlt)

RUDI CARRELL SHOW (1967–1968/VARA, erste Sendung 7. 10. 1967, letzte Sendung 19. 5. 1968, insgesamt acht Folgen)

UNICEF IN HET ZILVER (1972/VARA, drei Shows zum 25-jährigen Bestehen des UNICEF-Kinderfonds in den Niederlanden)

RUDI KANN HET NIET LATEN. LIEDJESPROGRAMMA (16. 11. 1980, Nederland 1)

DE 1, 2, 3 SHOW (11. 11. 1983/KRO, einmalige Show, bei der Spenden für die niederländische Wohltätigkeitsorganisation *De Zonnebloem* gesammelt werden)

FERNSEHSHOWS IN DEUTSCHLAND

RUDI CARRELL SHOW (1964/ARD, niederländisches Original mit deutschen Untertiteln, 30minütiges Special, »Montreux-Show«, Ausstrahlung am 3. 10. 1964)

RUDI CARRELL SHOW (1965–1973/ARD – Radio Bremen, erste Sendung am 25. 10. 1965, letzte Sendung am 15. 12. 1973, ab 1968 koproduziert vom Süddeutschen Rundfunk)

RUDI ZEIGT'S MAL WIEDER. DAS BESTE AUS DEN RUDI CARRELL SHOWS (1972/ARD, Radio Bremen)

POP 73 (2. 9. 1973/ARD, SFB, Sondersendung von der Internationalen Funkausstellung Berlin, RC als Moderator)

AM LAUFENDEN BAND (1974–1979/ARD, WDR & Radio Bremen, erste Sendung am 27. 4. 1974, letzte Sendung am 31. 12. 1979, insgesamt 51 Ausgaben)

DIE 1000-KILO-SHOW (7. 7. 1979/ARD, WDR & Radio Bremen, Zusammenschnitt der Highlights aus *Am laufenden Band*)

RUDI KANN'S NICHT LASSEN. GESCHICHTEN UND LIEDER MIT RUDI CARRELL (1. 1. 1981/ARD, WDR)

RUDIS TAGESSHOW (1981–1987/ARD, Radio Bremen & WDR, erste Sendung am 12. 10. 1981, letzte Sendung am 8. 3. 1987, mit Unterbrechungen 1983 und 1985; die einen politischen Eklat auslösende »Khomeini-Show« lief am 15. 2. 1987)

UNTERM REGENBOGEN (31. 12. 1983/ARD – WDR, die Show wird nach nur einer Ausgabe wieder eingestellt)

DIE VERFLIXTE 7 (1984–1987/ARD, WDR, erste Sendung am 7. 4. 1984, letzte Sendung am 7. 12. 1987, insgesamt 20 Ausgaben)

RUDI MACHT'S MÖGLICH (8. 7. 1984, 15. 7. 1984, 22. 7. 1984/WDR)

ERSTE MÜNCHNER GAUDI-OLYMPIADE (September 1984/ARD, BR, Sondersendung aus der Münchner Olympiahalle, RC als Moderator)

Oma-Opa-Mama-Papa-guck-mal-Show (1987–1988/ARD, RC als Regisseur, Idee und Produktion Annemieke Kesselaar)
Herzblatt (1987–1993/ARD, BR, erste Sendung am 9. 10. 1987, nach 120 Ausgaben letzte Sendung mit RC als Moderator am 23. 4. 1993; die Sendung wird mit anderen Moderatoren fortgesetzt und erst im Juni 2006 eingestellt)
Die Rudi Carrell Show (1988–1992/ARD, WDR, erste Sendung am 5. 3. 1988, letzte Ausgabe am 12. 12. 1992, insgesamt 33 Ausgaben)
Oh, du mein Herzblatt. Das Beste aus Herzblatt (1988–1999/ARD, BR, Ausgaben am 30. 9. 1988, 6. 10. 1989, 28. 9. 1990 und am 27. 9. 1991)
Rudis halbe Stunde (ab 1989/ARD, in loser Reihenfolge in den dritten Programmen der ARD; RC präsentiert Komisches und Kurioses sowie Geschichten rund um seine alten Shows)
Rudis Lacharchiv (ab 1989, ARD, in loser Reihenfolge in den dritten Programmen der ARD; RC präsentiert Sketche sowie Geschichten rund um seine alten Shows)
Rudis Tiershow (1992–1993/ARD, erste Sendung am 4. 4. 1992, letzte Sendung am 30.10.1993)
Live gesungen: Gala mit den Imitatoren der Rudi Carrell Show (20. 8. 1992/ ARD, WDR)
Das Beste aus der Rudi Carrell Show (22. 8. 1992/ARD, WDR)
Die Post geht ab (1993/RTL, erste Sendung am 9. 5. 1993, letzte Sendung am 11. 7. 1993, insgesamt 10 Ausgaben)
Rudis Urlaubsshow (1994–1996/RTL, erste Sendung am 24. 4. 1994)
Prominenten Playback Show. Stars imitieren Stars (1. 1. 1994/RTL)
Die verflixte 60. Rudi Carrell zum Geburtstag (12. 12. 1994/ARD, WDR)
Rudis Hundeshow (1995–1996/RTL, erste Sendung am 4. 2. 1996, Fortsetzung von *Rudis Tiershow*)
7 Tage – 7 Köpfe (1996–2005/RTL, erste Sendung am 23. Februar 1996, letzte Sendung am 31. 12. 2006; mit der Sendung am 20. 12. 2002 zog RC sich vom Bildschirm zurück und fungierte fortan – bis auf Gastauftritte – nur noch als Produzent der Show)

FERNSEHAUFTRITTE (AUSWAHL)

Weekend-Show (AVRO, 19. 9. 1956)
Nationaal Songfestival (AVRO, 9. 2. 1960)
Grand Prix d'Eurovision de la Chanson (29. 3. 1960)
Die Silberne Rose von Montreux (ZDF, 20. 8. 1964)
Gut gefragt ist halb gewonnen (ZDF, 3. 3. 1969)
Drehscheibe (ZDF, 25. 3. 1969)
Stars in der Manege (ZDF, 27. 12. 1969)
Schlager für Schlappohren (ARD, 7. 6. 1971)
Paul's Party (ZDF, 1971)
Samstagabend mit Seth (BR, 1973)
Peter Alexander präsentiert Spezialitäten (ZDF, 12. 2. 1974)
Zum Blauen Bock (ARD, 1974)
III nach Neun (Radio Bremen/NDR, 6. 2. 1975)
Die aktuelle Schaubude (NDR, 5. 4. 1975)
Die Drehscheibe (ZDF, 20. 6. 1975)
Das aktuelle Sport-Studio (ZDF, 13. 12. 1975)

Musik aus Studio B (ARD, 19. 1. 1976)
Die Drehscheibe (ZDF, 3. 5. 1976)
Je später der Abend (ARD, 10. 7. 1976)
Kinder als Gäste im Fernseh-Abendprogramm (WDR, 16. 2. 1977)
Erst der Bürger, dann der Staat (BR, 26. 5, 1977)
Schüler-Express (ZDF, 7. 10. 1977)
Ein Platz an der Sonne (ARD, 1977)
Hitparade (ZDF, August 1978)
Hitparade (ZDF, 5. 2. 1979)
Musik ist Trumpf (ZDF, 20. 9. 1980)
Wetten, dass? aus Mainz (ZDF, 4. 4. 1981)
Schulfernsehen: Monarchien in Europa (BR, 6. 7. 1981)
Bio's Bahnhof (ARD, 28. 10. 1982)
Sport III (Radio Bremen, 10. 4. 1983)
Peter Frankenfeld (ZDF, 29. 5. 1983)
NDR-Talkshow (NDR, 17. 2. 1984)
Blickpunkt Sport (BR, 5. 3. 1984)
Ein schönes Wochenende (BR, 14. 9. 1984)
BR intern (BR, 1. 7. 1984)
Wer bin ich? (ARD, 1. 11. 1984)
Heut abend (ARD, 11. 1. 1985)
III nach Neun (RB, 6. 12. 1985)
Donnerlippchen (ARD, 3. 5. 1986)
Showgeschichten (ARD, 23. 7. 1986)
Stars in der Manege (ARD, 6. 12. 1986)
Verstehen Sie Spaß? (ARD, 16. 5. 1987)
Tele Ass (ZDF, 1. 10. 1987)
Ich stelle mich (WDR, 4. 11. 1987)
Wie Denken die Welt bestimmt (ZDF, 21. 12. 1987)
Freitagnacht (NDR/RV/SFB/HR, 15. 4. 1988)
Wetten, dass? aus Münster (ZDF, 14. 5. 1988)
Bayernstudio (BR, 18. 8. 1988)
Hape's Happening (BR, 5. 12. 1988)
Zähne hoch und Kopf zusammenbeißen (BR, 21. 2. 1989)
Pleiten, Pech und Pannen (ARD, 27. 2. 1989)
Capriccio (BR, 2. 5. 1989)
Erstens (BR, 20. 1. 1990)
Verstehen Sie Spaß? (ARD, 17. 2. 1990)
Liebesbarometer (BR, 19. 10. 1990)
1990 – Das Jahr (ARD, 30. 12. 1990)
Wetten, dass? aus Xanten (ZDF, 29. 6. 1991)
Bayernstudio (BR, 4. 10. 1991)
Superfan (RTL, 30. 1. 1992)
Wie bitte? (RTL, 8. 2. 1992)
Showfritz (ARD, 20. 2. 1992)
Superlachparade (ARD, 29. 2. 1992)
Boulevard Bio (ARD, 31. 3. 1992)
Superfan (RTL, 2. 4. 1992)
First Love (Tele 5, 5. 4. 1992)
Kanal fatal (BR, 10. 4. 1992)

Showmaster (RTL, 26. 4. 1992)
Hast du Worte (ARD, 5. 6. 1992)
Showmaster (RTL, 28. 6. 1992)
Total banal (NDR, 23. 9. 1992)
Wir über uns (BR, 3. 1. 1993)
Bitte lächeln – Gala '93 (ORF 1, 12. 11. 1993)
Die aktuelle Schaubude (NDR, 19. 11. 1993)
Das Jahr 1993 (ARD, 30. 12. 1993)
Bitte lächeln Gala '94 (ORF 1, 16. 12. 1994)
RTL Special (RTL, 19. 12. 1994)
Eine fast normale Gala (NDR, 16. 12. 1995)
Promis, Talk und Kabarett (NDR, 14. 10. 1996)
Bambi 1996 (ARD, 1. 11. 1996)
Manngold (tm 3, 28. 12. 1996)
Lachsalven und Juxraketen (ARD, 31. 12. 1996)
Rolle rückwärts (ARD, 31. 1. 1997)
Boulevard Bio (ARD, 13. 5. 1997)
Gesundheit (ZDF, 29. 7. 1997)
Die Lotto-Show (21. 10. 2000)
Wer wird Millionär? Prominentenspecial (RTL, 30. 11. 2000)
Die Harald Schmidt Show (Sat 1, 18. 12. 2002)
Sommerfest der Volksmusik (ARD, 21. 6. 2003)
Wetten, dass? aus Karlsruhe (ZDF, 4. 10. 2003)
Das Quiz mit Jörg Pilawa. Prominentenspecial (ARD, 18. 3. 2004)
Dittsche (2. 5. 2004)
Gottschalk & Friends (ZDF, 2005)
Die Goldene Kamera (ZDF, 2. 2. 2006)

HÖRFUNK IN DEUTSCHLAND

Rudis Radio-Schau (1969/Hessischer Rundfunk, fünf Sendungen: 12. 1. 1969, 7. 4. 1969, 10. 5. 1969, 22. 6. 1969, 9. 11. 1969)
Schnitzeljagd – Ein Radio-Suchspiel (3. 4. 1971/Radio Bremen 1)
Musik im Prominentenlook (16. 4. 1971/SWF 1, Gastauftritt)
Unsere Starparade (14. 10. 1971/SWF 1, Gastauftritt)
Rias-Parade '75 (14. 11. 1975/Rias Berlin, Gastauftritt)
Gast in der Diskothek (9. 5. 1975/München 1, Gastauftritt)

KINOFILME

Wenn die tollen Tanten kommen (1970) – Regie: Franz Josef Gottlieb, Buch: Erich Tomek, Darsteller: RC, Ilja Richter, Chris Roberts, Theo Lingen, Jochen Busse, Gunther Philipp, Toni Sailer, Manuela u. a.
Tante Trude aus Buxtehude (1971) – Regie: Franz Josef Gottlieb, Buch: Kurt Nachmann und August Rieger, Darsteller: RC, Ilja Richter, Chris Roberts, Christian Anders, Jochen Busse, Gunther Philipp, Graham Bonney, Hubert von Meyerinck u. a.
Die tollen Tanten schlagen zu (1971) – Regie: Franz Josef Gottlieb, Buch: Erich

Tomek, Darsteller: RC, Ilja Richter, Theo Lingen, Hans Kraus, Gunther Philipp, Trude Herr, Klaus Wildbolz, Jane Tilden u. a.

Rudi, benimm dich! (1971) – Regie: Franz Josef Gottlieb, Buch: Erich Tomek, Darsteller: RC, Chris Roberts, Ernst H. Hilbich, Hans Kraus, Angelika Ott, Pit Krüger, Gunther Philipp u. a.

Hochwürden drückt ein Auge zu (1971) – Regie und Buch: Harald Vock, Darsteller: Roy Black, Uschi Glas, Georg Thomalla, Peter Weck, Fritz Eckhardt, RC, Chris Roberts u. a.

Crazy – Total verrückt (1973) – Regie: Franz Josef Gottlieb, Buch: Harald Vock, Darsteller: Ulrich Beiger, RC, Cornelia Froboess, Hans Kraus, Angelika Ott, Georg Thomalla u. a.

Himmel, Scheich und Wolkenbruch (1979) – Regie: Dieter Böttger, Buch: Felix Dvorak, Darsteller: Peter Wyngarde, Marlène Charell, Eddi Arendt, RC, Heinz Eckner, Guido Baumann u. a.

Starke Zeiten (1988) – Regie: Klaudi Fröhlich und Siggi Götz, Darsteller: Michael Winslow, RC, Karl Dall, Wolfgang Fierek, Ottfried Fischer, Hans-Joachim Kulenkampff, David Hasselhoff, Mareijke Amado, Gerd Dudenhöffer u. a.

FERNSEHFILME/AUFTRITTE IN SERIEN

Glückspilze (1971) – Regie: Thomas Engel, Buch: Horst Pillau, Darsteller: Heli Finkenzeller, Lou van Burg, Peter Frankenfeld, Viktor de Kowa, Marianne Koch, Lil Dagover, Käthe Haack, Margit Schramm, Dieter Thomas Heck, Heinz Erhardt, Katja Ebstein, Rudolf Prack, Willy Birgel, Rudolf Schock, Edith Hancke, Ilse Werner, RC, Willy Millowitsch, Udo Jürgens, Max Schmeling u. a.

Dreifacher Rittberger (1987) – Regie: Bernd Schroeder, Buch: Elke Heidenreich, Darsteller: Tana Schanzara, Maria-Grazia Kinski, Roswitha Wolf, Jochen Busse, Konstantin Wecker, RC

Mit Herz und Schnauze/Episode *Lass dich überraschen* (25. 1. 1992) – Darsteller: Maria Sebald, Horst Niendorf, Karin Hardt, RC als er selbst

Ritas Welt/Episode *Die Wasserschlacht* (8. 10. 1999) – Darsteller: Gabi Köster, Frank Vockroth, Franziska Traub, Lutz Herkenrath, als Gast: RC als holländischer Wohnwagenfahrer

Das Amt/Episode Die Akte Carrell (15. 2. 2002) – Darsteller: Jochen Busse, Ulrike Bliefert, Thorsten Nindel, Claudia Scarpatetti, als Gast: RC als er selbst

Bücher, Lieder, Platten

BÜCHER

Die Welt ist eine Show. Schwann Verlag, Düsseldorf 1972
Spielen mit Rudi Carrell – 113 Spiele für Party und Familie. Falken Verlag, Niedernhausen 1976
Gib mir mein Fahrrad wieder. Molden Verlag, Wien 1979
Rudis Herzblatt. Urban, München 1991

LIEDER AUF DEUTSCH

Aber dennoch hat Herr Meier (1980/Musik: Christian Bruhn, Text: Michael Kunze)
Bescheuert (1975)
Donnerstag, der zehnte (1975)
Du bist mein Hauptgewinn (1977)
Eine Insel für mich allein (1980/Musik: Christian Bruhn, Text: Michael Kunze)
Es wird ein Prachtkerl (1980/Musik: Christian Bruhn, Text: Michael Kunze)
Für dich allein
Goethe war gut (1978/Musik: Cy Coben, Text: Thomas Woitkewitsch)
Der Herr gab allen Tieren ihre Namen (1982/Musik: Christian Bruhn, Text: Michael Kunze)
Heul nicht (1975)
Der Hund vom kleinen Fritz (1980/Musik: David Louis, Text: Rudi Carrell, Originaltitel: Het hondje van Dirkie)
Ich geh' an deinem Haus vorbei (1968)
Ich liebe dich (1976/Musik: Rund Bos/Huge Verhage, Text: Thomas Woitkewitsch, Originaltitel: Liveling)
Ja, wenn ich Kanzler wär (1980/Musik: Gérard Lenorman, Text: Thomas Woitkewitsch, Originaltitel: Si j'étais président)
Kind, das ist kein Mann für dich (1980/Musik: Christian Bruhn, Text: Thomas Woitkewitsch)
Ein kleines Kompliment (1968)
La, la, la
Liebling, die Deutschen sterben aus (1980/Musik: Christian Bruhn, Text: Thomas Woitkewitsch)
Mahlzeit (1980/Musik: Christian Bruhn, Text: Michael Kunze)
Mein Dorf (1982/Musik: Jean Ferrat, Text: Thomas Woitkewitsch, Originaltitel: La montagne)
Die Mütter im Park (1979)
Nun sitz ich da
Rosi, lach mich noch mal an (1976)

Sauregurkenzeit (1980/Musik: Christian Bruhn, Text: Thomas Woitkewitsch)
Showmaster ist mein Beruf (1982/Musik: Henk Elsink, Text: Thomas Woitkewitsch)
Sie hat noch nie (1980/Musik: Cy Coban/Charles Grean, Text: Thomas Woitkewitsch, Orignaltitel: Never Been Kissed)
Trimm dich und halte dich fit (1973)
Trink doch einen mit (1976)
Wann wird's mal wieder richtig Sommer? (1982 / Musik: S. Goodman, Text: Thomas Woitkewitsch, Originaltitel: City of New Orleans)
Wasser in den Wein (1975)
Wenn die Sonne scheint
Wer kann heut noch richtig flirten?
Wir sind alle kleine Sünderlein
Wir sind zwei, mein Hund und ich (1976)
Zuviel Schaum, zuwenig Bier (1980 / Musik: Christian Bruhn, Text: Michael Kunze)

(Die Lieder, die speziell für RCs Fernsehshows entwickelt wurden, etwa die Lieder der Überraschungsshow *Rudi Carrell Show* (»Rudigramme«) wurden nicht in diese Liste aufgenommen)

SCHALLPLATTEN/CDs

Singles

1968: *Ein kleines Kompliment/Ich geh an deinem Haus vorbei*
1973: *Trimm dich und halt dich fit/Wir sind alle kleine Sünderlein*
1975: *Wann wird's mal wieder richtig Sommer?/Heul nicht*
1975: *Ich liebe dich/La, la, la*
1976: *Trink doch einen mit/Wer kann heut noch richtig flirten?*
1978: *Goethe war gut/Mein Dorf*
1979: *Trink doch einen mit/Die Mütter im Park*
1980: *Zuviel Schaum, zuwenig Bier/Der Herr gab allen Tieren ihre Namen*
1980: *Sie hat noch nie/Aber dennoch hat Herr Meier*

Langspielplatten

1974: Ein Abend mit Rudi Carrell (Europa/Sketche und Lieder mit RC, Heinz Eckner und Renate Pichler u. a.: Wie kommt man zum Rathaus?/Die Stewardess/Der Hoteldetektiv/100 Mark zu gewinnen/Demnächst in diesem Theater/An so einem Sonntag/Kneipen- und Hotelgespräche/Auf dem Rummelplatz/Beim Schuster/Ein Gespräch auf der Straße/In einem Restaurant/Jede Zeit hat ihre Witze/Kaninchen und Hase/Darf ich diesen Tanz, Madame.../Nulpen aus Amsterdam u.v.a.)

1975: Rudi Carrell (music records/*Showmaster ist mein Beruf/Mein Dorf/Bescheuert/Wasser in den Wein/Ein Lied/Wann wird's mal wieder richtig Sommer? / Ich liebe dich/Donnerstag, der Zehnte/Nun sitz ich da/Heul nicht*)

1980: Rudi, Rudi noch einmal (Ariola/*Sie hat noch nie/Mahlzeit/Eine Insel für mich ganz allein/Sauregurkenzeit/Der Hund vom kleinen Fritz/Liebling, die Deutschen sterben aus/Aber dennoch hat Herr Meier/Der Herr gab allen Tieren ihre Namen/Kind, das ist kein Mann für dich/Es wird ein Prachtkerl/Ja, wenn ich Kanzler wär/Zuviel Schaum, zuwenig Bier*)

CDs

1996: SCHLAGER AM LAUFENDEN BAND (Ar-Express, Sony BMG/*Aber dennoch hat Herr Meier/Der Herr gab allen Tieren ihren Namen/Der Hund vom kleinen Fritz/Eine Insel für mich allein/Es wird ein Prachtkerl/Mahlzeit/Sie hat noch nie/Ich liebe dich/Mein Dorf/Wann wird's mal wieder richtig Sommer?/Goethe war gut/Kind, das ist kein Mann für dich/Liebling, die Deutschen sterben aus/Sauregurkenzeit*)

2000: RUDI CARRELL – DAS ULTIMATIVE ALBUM (Delta Music/*Goethe war gut/Aber dennoch hat Herr Meier/Der Herr gab allen Tieren ihre Namen/Wann wird's mal wieder richtig Sommer?/Kind, das ist kein Mann für dich/Es wird ein Prachtkerl/Ich liebe dich/Mein Dorf/Sauregurkenzeit/Zuviel Schaum, zuwenig Bier/Liebling, die Deutschen sterben aus/Mahlzeit/Sie hat noch nie/Showmaster ist mein Beruf/Der Hund vom kleinen Fritz/Eine Insel für mich allein*)

2003: KEIN SOMMER OHNE RUDI (Koch Universal, Universal Music/*Wann wird's mal wieder richtig Sommer?/Aber dennoch hat Herr Meier/Der Herr gab allen Tieren ihren Namen/Eine Insel für mich allein/Goethe war gut/Kind, das ist kein Mann für dich/Ja, wenn ich Kanzler wär/Mahlzeit/Sauregurkenzeit/Mein Dorf/Showmaster ist mein Beruf/Trink doch einen mit/Wenn die Sonne scheint/Bescheuert/Sie hat noch nie/Wer kann heut noch richtig flirten/Der Hund vom kleinen Fritz/Zuviel Schaum, zuwenig Bier/Es wird ein Prachtkerl/Liebling, die Deutschen sterben aus*)

2006: RUDI CARRELL – DAS BESTE (Joan Records/*Showmaster ist mein Beruf/La, la/Eine Insel für mich allein/Ich liebe dich/Wer kann heut noch richtig flirten/Rosie, lach mich noch mal an/Du bist mein Hauptgewinn/Mahlzeit/Goethe war gut/Liebling, die Deutschen sterben aus/Der Herr gab allen Tieren ihren Namen/Die Mütter im Park/Trink doch einen mit/Sauregurkenzeit/Ja, wenn ich Kanzler wär/Zuviel Schaum, zuwenig Bier/Aber dennoch hat Herr Meier/Es wird ein Prachtkerl/Bescheuert/Kind, das ist kein Mann für dich/Mein Dorf/Der Hund vom kleinen Fritz/Sie hat noch nie/Wenn die Sonne scheint/Wann wird's mal wieder richtig Sommer?*)

Werbeverträge, Preise und Auszeichnungen

WERBEVERTRÄGE (AUSWAHL)

1963	*Yokol*-Oberhemden (Niederlande)
1967	Feinstrumpfhosen der Marke *Opal*
1970	*Glücksspirale*
1972	*Glücksspirale*
1975	*Volkswagen*, VW-Käfer
1977	*ARD-Fernsehlotterie*
1978–1981	Handelsgruppe *Edeka*
1991	Versandhaus *Quelle*
1990–1994	*De Kuyper Royal Distillers*

PREISE UND AUSZEICHNUNGEN

1949	Vortragskünstlerpreis, Radio Hilversum
1959	Erster Preis der Jury und Publikumspreis des Concours voor Cabaretartiesten des *Internationaal Cultureel Centrum Amsterdam*
1963	Zilveren Nipkowschijf, Silberne Nipkowscheibe, der *Gesellschaft der Radio- und Fernsehkritiker der Niederlande* für die *Rudi Carrell Show* als beste Fernsehsendung des Jahres
1964	Rose von Montreux, Silberne Rose für die Episode *Robinson Crusoe* der niederländischen *Rudi Carrell Show*
1968	Die internationale Jury des Fernsehwettbewerbs von Montreux spricht RC eine spezielle Anerkennung für den spontanen und menschlichen Charakter der *Rudi Carrell Show* in den Niederlanden aus
1970	Silberner Bambi
	Silbernes Mikrofon der Münchner *Abendzeitung* als beliebtester Gastgeber im Showgeschäft
1974	Goldene Kamera, Publikumspreis als bester Quizmaster
	Der goldene Bildschirm, Preis der Zeitschrift *TV Hören & Sehen*
1975	Löwe von Radio Luxemburg, Ehrenlöwe
	Bambi
	Goldene Sonne der Stadt Marbella
1979	Bambi
1980	Bambi
1982	Goldene Kamera für *Rudis Tagesshow*
	Goldene Europa für *Rudis Tagesshow*
1984	Auszeichnung der *European TV Magazines Association* als bester europäischer Showmoderator
1985	Bundesverdienstkreuz der Bundesrepublik Deutschland, I. Klasse

1987	Besondere Erwähnung von *Rudis Tagesschau* beim Internationalen Fernsehfestival in Montreux Karl-Valentin-Orden der Münchner Faschingsgesellschaft Narrhalla
1991	Goldene Kamera, Publikumspreis als »Bester Show-Gastgeber« für *Die Rudi Carrell Show* Romy, Fernsehpreis des *Wiener Kurier*, Auszeichnung als bester Showmaster
1998	Bambi, Kategorie »Beste Fernseh-Comedy«, für *7 Tage – 7 Köpfe* Bambi, Leserpreis für die beliebteste Comedysendung Goldener Löwe von RTL, Kategorie »Beste Fernseh-Comedy«, für *7 Tage – 7 Köpfe*
1999	Goldener Gong, Kategorie »Beste Fernseh-Comedy«, für *7 Tage – 7 Köpfe*
2000	Penning van verdienste (Verdienstmünze) der Stadt Alkmaar
2001	Deutscher Comedypreis, Ehrenpreis für das Lebenswerk Rose d'Or (früher *Rose von Montreux*), Ehrenrose Königin Beatrix der Niederlande ernennt RC zum Ridder in de Orde van de Nederlandse Leeuw (»Ritter des Niederländischen Löwen-Ordens«) Alexander-Graham-Bell-Medaille der *Fördergemeinschaft Gutes Hören* und des *Forums Besser Hören*
2003	Deutscher Fernsehpreis, Ehrenpreis der Stifter Romy, Österreichischer Fernsehpreis, Platin-Romy
2004	Deutscher Comedypreis, Sonderpreis für Ausdauer und Kreativität für *7 Tage – 7 Köpfe* Till-Eulenspiegel-Satirepreis, Bremen
2005	Aufnahme in die *Hall of Fame* des Festivals Rose d'Or in Luzern Münchhausen-Preis der Stadt Bodenwerder
2006	Goldene Kamera, Ehrenpreis für das Lebenswerk

Dank an

(In Deutschland, Österreich und der Schweiz:) Peter Alexander (Wien), Hugo Egon Balder (Rösrath), Robert Bales (Köln), Verena de la Berg (München), Erika Berger (Köln), Burkhard Bergermann (Hamburg), Axel Beyer (Köln), Prof. Dr. Alfred Biolek (Köln & Berlin), Dr. Norbert Blüm (Bonn), Dr. Barbara Bongartz (Berlin), Ulrich Brock (München), Jochen Busse (Köln), Germaine Busset (Zürich), Petra Cichos (München), Karl Dall (Hamburg), Kai Diekmann (Hamburg), Rainer Dresen (München), Heinz Eckner (Köln), Frank Elstner (Baden-Baden), Kurt Felix (St. Gallen), Frank Fleschenberg (München), Franz Josef Gottlieb (Wiefelstede), Sören Haensell (Bremen), Johannes Heesters (Starnberg), Thomas Henschke (Berlin), Thomas Hermanns (Berlin), Dieter Hildebrandt (München), Hannes Hoff (Köln), Johannes Jacob (München), Andrea Jürgens (Recklinghausen), Mark Keller (Überlingen), Hape Kerkeling (Düsseldorf), Herbert Kistler (Hamburg), Dieter Klar (Buxtehude), Jörg Knör (Köln), Mike Krüger (Quickborn), Jürgen von der Lippe (Köln & Berlin), Dieter Löbbert (Bad Reichenhall), Michael Mittermeier (München), Fritz Molden (Wien), Eric Nellessen (Wuppertal), Esther Ofarim (Hamburg), Fritz Pleitgen (Köln), Kalle Pohl (Köln), Dieter Pröttel (Berg), Helge Reindl (Wien), Simone Rethel-Heesters (Starnberg), Beatrice Richter (Berlin), Christiane Schindler (Hamburg), Harald Schmidt (Köln), Hella von Sinnen (Köln), Marko Sopora (Pfaffenhofen), Elisabeth von Sothen (Hamburg), Prof. Dr. Helmut Thoma (Köln), Otto Waalkes (Hamburg), Jutta Wielpütz (Köln), Thomas Woitkewitsch (Köln);

(in den Niederlanden und Belgien:) Eric Arends (Amsterdam), Jan van Baar (Alkmaar), Kees de Bakker (Schoorl), Shishir Bestebreur (Utrecht), Nicolette Bloemberg (Hilversum), Jeroen de Boer (Hilversum), Wessel Boonstra (Alkmaar), Minister Dr. Bernard Bot (Den Haag), Mies Bouwman (Elst), Joop Bulten (Kerkrade), Irma Burger (Hilversum), Joop van den Ende (Amsterdam), Tonny Eyk (Badhoevedorp), Jan van Galen (Hilversum), Jack Gadellaa (Hilversum), Henk van Gelder (Amsterdam), Mart Groentjes (Alkmaar), Barenda Grutterink (Den Haag), Dick Harris (Den Haag), Arnoud Jansen (Alkmaar), Sonja Karseboom (Alkmaar), Adriaan Kesselaar (Alphen aan de Rijn), Vera Keur (Hilversum), Hans Koolwijk (Alkmaar), Joop Koopman (Hilversum), Anne-Marie Leen-

dertse-Venekamp (s' Gravenhage), Truus und Hans de Leeuw (Hilversum), Harry Meulman (Hilversum), Hannah de Ligny-Moens (Alkmaar), Pia van der Molen (Naarden), Maarten van Nissen (Amsterdam), Marie van Rossen (Alkmaar), Ruud Schmidts (Alkmaar), Jacob Stins (Alkmaar), Ernst-Marcus Thomas (Amsterdam), Erika und Ludwig Trimborn (Meyerode), Hans Visser (Alkmaar), Dolf Vlaanderen (Alkmaar), Martine van Vorst (Breda);

(in Australien:) Birgit Baum (Sydney);

und für ihr großes Vertrauen ganz besonders *hartelijke dank* an

Rudi Carrell
&
Simone Felischak,
Annemieke Kesselaar-Klar, Caroline Engel-Kesselaar & Alex Kesselaar

Personenregister

R

S

T

Abbildungsnachweis

Bilder im Text:

Action Press, Hamburg/Franziska Krug: 12
Peter Bischoff, Worpswede: 200
SZ-Magazin Nr. 11/2006, Foto: Andreas Herzau: 10
Privatarchiv Rudi Carrell: 60, 110, 126, 158, 306, 392
Ullstein Bild, Berlin: 28, 76 (dpa), 242 (Estroff), 346 (Teutopress), 486 (KPA)
ZIK-Express, Köln: 450

Bildteile:

Bildteil I
Hans Koolwijk: 2
Privatarchiv Rudi Carrell: 1, 4, 5, 6, 7, 8, 9, 10, 11, 12, 13, 14, 15, 16, 17, 18, 19, 20, 21, 22, 23, 24

Bildteil II
Peter Bischoff, Worpswede: 4, 5, 7, 8, 9, 16
Privatarchiv Rudi Carrell: 1, 2, 3, 6, 10, 11, 12, 13, 14, 15, 17, 18, 19, 20, 21, 22

Bildteil III
Ulrike Beelitz, Hanstedt: 11
Peter Bischoff, Worpswede: 9, 12
Privatarchiv Rudi Carrell: 1, 2, 3, 4, 5, 6, 7, 8, 10, 13, 14, 15, 16
SZ-Magazin Nr. 11/2006, Foto: Andreas Herzau: 17